HUNAN MUSEUM
湖南省博物馆

陈建明　主编

中国博物馆学历史文献选编

第四辑

文物出版社

图书在版编目（CIP）数据

中国博物馆学历史文献选编·第四辑／陈建明主编．
—北京：文物出版社，2018.7

ISBN 978－7－5010－5462－6

Ⅰ．①中⋯　Ⅱ．①陈⋯　Ⅲ．①博物馆学－专题文献－
选编－中国　Ⅳ．①G269.2

中国版本图书馆CIP数据核字（2017）第285303号

中国博物馆学历史文献选编　第四辑

主　　编：陈建明

责任编辑：李缙云　刘永海
封面设计：程星涛
责任印制：梁秋卉

出版发行：文物出版社
社　　址：北京市东直门内北小街2号楼
邮　　编：100007
网　　址：http://www.wenwu.com
邮　　箱：web@wenwu.com
经　　销：新华书店
印　　刷：北京京都六环印刷厂
开　　本：889×1194　1/16
印　　张：25
版　　次：2018年7月第1版
印　　次：2018年7月第1次印刷
书　　号：ISBN 978－7－5010－5462－6
定　　价：200.00元

前　言

中国博物馆学文献选编的计划缘起于十多年前的中国博物馆学史研究课题。经国家文物局于 2002 年 3 月批准专项，湖南省博物馆组织课题组开展了为期三年的中国博物馆学史研究的工作。其主要成果，一是编辑了《中国博物馆学文献目录》，二是编写了《中国博物馆学大事记》，三是撰写了《中国博物馆学史研究报告》。在课题结题报告中，将计划开展《中国博物馆学文献选编》工作作为后续成果之一。

当年课题组为广泛收集中国博物馆学史料，全面反映中国博物馆学研究成果，曾赴全国各地查找资料，对全国知名博物馆专家和博物馆学学者、博物馆机构和教育科研机构进行了采访和调研，收集到上万份文献资料。特别是得到了吕济民、苏东海、王宏钧、沈庆林、罗哲文、于坚、甄朔南、朱凤瀚、李象益、齐钟久、胡骏、周宝中、马希桂、齐吉祥、郑广荣、安来顺、秦贝叶、牛燕、张承志、李保国、许治平、宋惕冰、杜耀西、刘超英、周士琦、史树青、齐秀梅、刘恩迪、任廷芳、杜娜希、李静茹、张连娟、孙果云、马承源、费钦生、杨嘉褚、徐湖平、宋伯胤、奚三彩、梁白泉、张文军、王学敏、汤伟康、张礼智、陈全方、杨嘉祐、侯良、高至喜、孙景云、梁吉生、冯承伯、傅玫、傅同钦、刘毅、郭长虹、黄春雨、朱彦民、宋向光、高崇文、史吉祥、昝淑芹、杨志刚、刘朝辉、霍巍、陈德富、马继贤、吴洁坤、高荣斌、吕军、严建强、朱戢、刘卫东等诸位先生的大力支持和帮助，许多珍贵史料就是他们无私提供的。当我们重新翻检开始选编之时，感激之情无以言表。尤其令人遗憾的是，其中几位已经永远离开了我们。愿这迟来的感谢能通达天庭。

尽管中国博物馆学是不是一门学科的争论至今不绝于耳，但我们收集到的成千上万篇文献已经证明，关于博物馆的实践总结和理论探索在中国早已开始并从未停止。中国博物馆学文献选编的任务，就是力图将在中国博物馆学发展史上具有重大意义的文献收录进来，在一定程度上勾勒出中国博物馆学的发展脉络，也为进一步开展学术研究提供便利，免于翻检之功。本次先期出版的四辑，收录了中国博物馆学早期的著作、译著和文集；博物馆学文章、论文和论文集的选编工作将随后展开。

曾有人说，中国博物馆事业就像一艘巨轮高速航行在没有航标的河流上，未免言过其实。但难以否认的是，与近年中国博物馆专业史无前例的大发展、大繁荣相比较，中国博物馆学理论研究的相对滞后是不争的事实。无论是基础理论的研究，即揭示博物馆的核心价值、基本功能、职业伦理，解决博物馆为何的问题；还是应用理论的研究，探讨博物馆收藏、科研、教育、传播，解决博物馆何为的问题，均为实践对理论的急切呼唤。愿《中国博物馆学历史文献选编》能借博物馆学先辈们的智慧，为我们前行的道路增添一缕光芒。

湖南省博物馆《中国博物馆学史研究》课题由陈建明策划提出并任责任人，聂菲、熊建华、游振群、张曼西、喻燕姣、间四秋、翁金灿、廖丹、李易志、唐微、张锋、吴彦波、李丽辉、舒丽丽、李慧君、刘平等人员做了大量的资料搜集整理和录入工作。

《中国博物馆学文献选编》第一至四辑由刘平、李慧君组织汇编，张艳华、李燕、赵月、赵抒清、许艳艳等人员编辑、校对。再次一并致谢。

最后，向出版本书的文物出版社各位有关人员，特别是责任编辑李缙云、刘永海致以我们最衷心的谢意。

陈建明
2016 年 11 月

凡　例

一、《中国博物馆学历史文献选编》收集博物馆学各个时期的基本文献分辑出版，为中国博物馆学系统留存历史资料。

二、考虑到著作权年限的相关规定，丛书选编的时间范围暂定为 1840～1966 年。

三、丛书选编首期出版四辑，收录 20 世纪 30 至 60 年代的单行本著作和文集。

四、丛书所收文献按现代汉语规范重新编排，原文中的明显错误或印刷失误，以及因排版方式不同方位词有异等作了修订，其余一仍其旧。

五、原文中漫漶莫辩的字词用“□”符号代替，部分配图亦存在模糊不清的情况，敬请谅解。

六、丛书对原文作者加以简介，附于文题之后；对博物馆机构和博物馆人物，以及相关的人名、地名进行了注释，详略不等；考辨不清的博物馆名称则未加注释，新识者教之。

七、注释统一采用脚注形式。原作者或原编者的注释在其后标明为“原文注”，译者的注释在其后标明为“译者注”，丛书编者的注释不另作说明。

八、错误及未尽之处，敬请专家和读者不吝赐教。

总 目 录

莫斯科历史与建设博物馆

苏联 И·罗曼诺夫斯基　著

博物馆科学工作研究所筹备处编　译

文物出版社

1958·4

И. РОМАНОВСКИЙ

МУЗЕЙ
ИСТОРИИ
И РЕКОНСТРУКЦИИ
МОСКВЫ

МОСКОВСКИЙ РАБОЧИЙ

1954

目　录

莫斯科……在俄罗斯人的心灵中
注入了多少美好的事物！
唤起了多少美好的回声！

А·С·普希金

通过莫斯科——我们走向未来。

А·Н·托尔斯泰

莫斯科历史与建设博物馆

在首都中心的新广场上有一座莫斯科博物馆，它是为了纪念莫斯科本身而建筑的，它纪念莫斯科英雄的过去、雄伟的今日和更美好的将来。

这个博物馆是从十九世纪末叶开始成立的，于一八九六年十二月一日首次开放参观。但是那个时候和其后二十多年博物馆的情况与现在很少有相同的地方。那时博物馆只反映了莫斯科城市经济状况的一方面，完全不去研究莫斯科多少世纪以来的历史。而且它的陈列品也很贫乏，到一九一七年这个博物馆总共才收集了约一千五百件陈列品。参观的人数也不多，一九一二年共有五千多人参观，这是在革命前整个时期中的最高的参观人数。

只有在伟大的十月社会主义革命以后，这个博物馆像我国其他文化教育机关一样，开始了一个不断增长、丰富和发展的时期。

莫斯科苏维埃接管这个博物馆以后，广泛地吸收了首都的科学技术和艺术方面的社会人士——最著名的市政经济理论家和实际工作者、工程师、建筑家、艺术家、博物馆学家来讨论博物馆的业务大纲。在一九二〇年到一九二一年间，在博物馆隶属下有十二个不同的社会委员会着手工作。

莫斯科苏维埃吸收参加博物馆工作的人员中，有著名的俄罗斯画家、绘画院士阿波林纳利·米哈依罗维奇·瓦斯涅佐夫。他在长久的年月中以学者素有的恒心研究了莫斯科历史上各时期的建筑、生活和风俗。他研究了许多文学原著、绘画原著、档案文件、考古发掘品和保存在博物馆里的莫斯科古代物品。在二十世纪初他已成为著名的画家，并荣获优秀的古代莫斯科专家的名誉。在他身上画家的卓越天才与历史学家和考古学家的正确科学知识结合起来了，他正是以这种天才描绘过莫斯科往日的面目。

瓦斯涅佐夫在一九二一年受博物馆的委托绘了两张水彩画，一张是《十四世纪上半叶莫斯科的木造克里姆林宫》，一张是《十五世纪末叶的石造克里姆林宫》。过了一年他又给博物馆画了第三张水彩画——《十七世纪末叶的克里姆林宫》，并在一九二五年画了一幅大油画——《十七世纪下半叶的红场》。

瓦斯涅佐夫的一生是与博物馆保持着非常密切的联系的（他于一九三三年逝世）。现在这所博物馆是收集有瓦斯涅佐夫所绘的莫斯科二十四幅画最全的一个博物馆。这些作品有很高的艺术价值，同时作为研究莫斯科历史的科学资料，也有很大的认识价值。

在伟大的十月革命以后头几年，关于市政经济方面的搜集品就有了显著的革新。在二十年代中期博物馆的陈列已经能够明显地表现出新的苏维埃生活，给市容和莫斯科人的生活带来了巨大的变化，也就是表现出千百万工人和他们家属由那些草屋、土房中，简陋的工人宿舍和临时搭建的工棚里搬到设备完善的住宅里去的情形，表现出莫斯科市容的整顿和美化的情况。

莫斯科人，从来没有像这样感觉到自己与故乡城市的命运和城市经济繁荣的血肉关系来关心这个博物馆。参观博物馆的人数在一九二三年就已经比革命前差不多增加了一倍，约有一万人，在一九二八年参观博物馆的人就有二万八千人。一年的参观人数要比革命前十年的参观人数还要多！

这个博物馆是与莫斯科一同成长起来的。莫斯科一天比一天迅速地发展着，建筑了许多工厂、高等学校、中等学校、科学研究所。首都的经济以飞快的速度向前发展，首都的中心区和四郊到处都竖立起新建筑物的脚手架，地下铁道和莫斯科运河也开始兴建了，大街上出现无轨电车。在三十年代初期博物馆差不多每一个月都得更换一次陈列，以便把莫斯科生活中的一些重要的变化通过陈列反映出来。

这个博物馆发展的真正转变时机是在一九三五年。大家都知道，一九三五年七月十日苏联政府和共产党中央委员会通过了载入史册的关于莫斯科建设总规划的决议。

为了满足莫斯科人对于莫斯科建设总规划的极大关心，为了使他们能够看到他们所希望看到的本市不久将来的情景，博物馆特设了一个首都建设之部，重新在有关城市经济各部门中组织陈列。博物馆为了满足观众的要求，同时着重开放反映出莫斯科历史上一些重要阶段的陈列。

不久，"莫斯科的过去"及"莫斯科的社会主义建设"——这两个题目成了莫斯科市立博物馆工作的主题，莫斯科苏维埃为了使这一变更完全相符起见，乃在一九四〇年把这个博物馆更名为"莫斯科历史与建设博物馆"。

在伟大卫国战争年代中，为了成立流动展览会和固定的展览会，曾广泛地利用这个博物馆纪念首都英雄往事的一些陈列品，开放展览时并举行报告会和座谈。我们可以列举几个报告会和座谈的题目，来说明这些展览会的内容和性质，如"我们的伟大祖先"、"俄罗斯国家是怎样产生和建立的"、"俄罗斯人民如何和何时击败外国侵略者"、"一八一二年的莫斯科"、"苏军的英雄道路"等等。

一九四七年当苏联全国隆重地纪念莫斯科的光荣八百周年时，博物馆举行了一次新的纪念性的陈列。这次陈列受到观众非常热烈的欢迎。

博物馆用自己的陈列品来叙述莫斯科光辉的、充满伟大事件的历史。观众由每个大厅走过，就好像作了一次经历若干时代的有趣的旅行。在一些图片、雕刻品、木刻、石版画、照片、手稿片断、古代传说、文件、模型上，给观众展开了关于这个伟大城市的过去和现在——由古代到今日的一些引人入胜的故事。

观众会探溯莫斯科历史上的一些最重要的转变。他们可以看到莫斯科是怎样产生和成长起来的，怎样由一个小城堡变为大国的首都，这个城市在各世纪怎样保卫俄罗斯国土免受外国侵略者的侵略，俄罗斯人民怎样一世纪一世纪地建筑起坚强的城墙来捍卫自己的首都。

过去曾经居住在莫斯科领土上的斯拉夫·维雅迪奇人的居住地会变成了犹里·多尔奇鲁基住的克里姆林宫。这座"小木头城"后来又成为伊万·卡里达的"橺木造的城"，德米特利·顿斯基的白石造的克里姆林宫，最后成为伊万三世的砖造克里姆林宫。封建割据时代的莫斯科就是这样一代一代地变成了一个强大的俄罗斯中央集权国家的首都——莫斯科。

观众可以看到俄罗斯人民在争取民族独立伟大斗争中所完成的丰功伟绩——推翻蒙古人的奴役，赶走波兰——立陶宛武装干涉者，战胜拿破仑大军，消灭德国法西斯军队……

博物馆的陈列品也叙述了俄国资本主义的形成、先进的莫斯科工人与资本主义进行英勇的斗争、推翻沙皇和资产阶级地主制度的情形，叙述了苏维埃国家的成立和巩固、莫斯科变为苏联首都的情形……

博物馆的观众可以看到今日的莫斯科，它是新文明活生生的象征，是社会主义工业、先进科学、文学和艺术的最大的中心；观众也可看到在各国人民之间宣布伟大的号召去争取和平和友谊的莫斯科。最后，他们还可看到不久将来的首都面貌，看到莫斯科人与我们多民族祖国的一切民族用日常劳动共同建设起来的那个莫斯科。

莫斯科对罗斯的团结作用

行人从公共汽车、无轨电车、小汽车水流般地来回急驶的、热闹的新广场上，转向两层古老建筑物的三角墙上标有建筑年代"一八二五年"的肃静的庭院。

莫斯科历史与建设博物馆的大门敞开着，行人走进一个与他们远隔数世纪、数千年的世界。他们在进口的第一个大厅里看见一小块制造粗糙的尖锐的燧石，这是一九四七年夏天一位莫斯科工程师在布特尔农庄地区自己的菜园里找到的。

考古家确定了这块石头的年代和用途。这块石头是值得博物馆参观者的注意的。这是我们所知道的莫斯科最古居民用以猎取野兽和打击敌人的一个箭头。根据许多的特征来看，这块石头是五千年以前人类用手制造的。

在玻璃橱里保存着其他一些古代的物品——珠子、用编条编成的金属项链、带七个叶的原始耳环、镶有宝石的戒指、带细致网纹的陶器……。人类的这些生活上的遗迹，是博物馆考古家在莫斯科和莫斯科近郊发掘古墓和所谓"古代遗址"时找到的；古代居住遗址周围筑有壕沟和土堤，这是我们祖先防御敌人攻击构筑的。观众看到这些陈列品的时候，对于原始公社时期住在现今莫斯科地区的斯拉夫—维雅迪奇人的生活习惯，就能有一个概括的了解。博物馆已将这些古代遗址用图画形式陈列出来。

这里有一个珍贵的陈列品：斯拉夫-维雅迪奇族少妇的半身像。这个半身像是斯大林奖金获得者、人像雕刻家 M·M·格拉西莫夫制作的。这个斯拉夫女人的面孔，不仅是艺术家的想象的结果，而且也是半身像作者格拉西莫夫在头盖骨的形状与人的外部轮廓之间发现了一定的相应关系，制作出来的科学作品。这个斯拉夫女人的面孔，是从兹文尼格勒德附近一个十一世纪古墓找到的女人头盖骨作成的。

在那遥远的年代里，这块现在筑有许多巍然矗立的克里姆林宫塔楼和新的高楼大厦的土地，这个生气勃勃、车水马龙的巨大城市，过去究竟是什么样子呢？

在博物馆的第一个陈列室里挂着 A·M·瓦斯涅佐夫画的一幅莫斯科自然景观的水彩画。在这幅水彩画不远处陈列着一张莫斯科地形图。如果观者留心看一下这些陈列品，就会看到很多意想不到的东西。

现在莫斯科所占的面积，从前大部分曾长满浓密的、几乎难以通行的绵延一百俄里的森林。这片森林逐渐被砍伐掉，就在这黑暗的密林里出现了一些能使阳光射进来的林中空地，为了纪念这些林中空地，迄今在莫斯科仍保留着一些名称，如：波利安卡（林中空地）、伏斯波尔胡同（原野边缘胡同）、处女地……

在这幅水彩画上画的森林、林中空地和沼泽中间可以看出有许多涂成白点的湖泊和蜿蜒如带的天蓝色大小河川，现在的莫斯科人往往猜想不到会有这些河流。顺着现在的聂格林纳大街、斯维尔德洛夫广场、革命广场和亚历山大洛夫公园的方向，过去曾是一条流入莫斯科河的聂格林纳河。一八一八年人们才把这条河导入下水道。就是现在命名为普罗托克胡同（离斯摩棱斯克广场不远）的普罗托克河，命名为杰尔诺格尔雅兹卡花园街的杰尔诺格尔雅兹卡河、杰尔托尔湍溪，汇流入雅乌河的杰乔勒河，以及瓦斯涅佐夫在画上所绘出来的其他一些小河，也是同样早就被导入下水道去了。

在这块多森林而潮湿的地区里，过去曾有许多野兽和鸟类，河川湖泊里繁殖有鱼类，浸水的草原供给牲畜丰富的饲料，生活在这里的斯拉夫—维雅迪奇人是很容易获得生活资料的。考古发掘品证明现在的莫斯科区域内的古代居民很早就从事较高级经济事业，经营农业。从十世纪和十一世纪起这里就已开始发展手工业。

博物馆在陈列台上陈列有一对双铧木犁用的金属犁头，这对犁头是不久以前在莫斯科扎尔雅基耶地区找到的。根据这对犁头的外形判断，它还没有用过。要知道这就是住在此地的手工艺人制造的。与这个惹人注目的陈列品并列摆着一幅《谢尔盖·拉顿涅日斯基生活》的古画的摹本。在古画上所画的正是用装有这种犁头的双铧木犁耕田的情景。

传说从前有人特别从过去散布在莫斯科地区的一些村庄和村镇中，把十二世纪初属于某一贵族妻子库赤卡的一些"美丽的红村"划分出来。后世史书曾称这些村落是莫斯科的根源。有一本古代俄罗斯小说写到，由这些村庄发展为莫斯科这样大的一个城市是令人惊奇的。观众在一个陈列台上可以看到这样一段话：

> 谁会想到，谁会推测到莫斯科能成为一个王国；谁会想到，谁会推测到莫斯科被称为一个国家呢？

考古学家确凿地证明了在库赤卡出现以前，莫斯科土地上很早就有人居住了。但是在我国的文献里，关于这些古代居民的生活没有提到，至少还没有发现这种文献记载。莫斯科首次记载在年鉴上是从一一四七年开始的，这一年就作为莫斯科成立的一年。

在那遥远的年代里，我国被分裂成许多互相敌视的小王国。但是在那时就有人理解到这种分裂是要消灭的，主张统一俄罗斯国土。我们所知道的十二世纪不朽诗篇《伊戈尔远征记》的无名天才作者就是这样的一位先知。在陈列栏里摆着摘自这一诗篇上的诗句：

> 内讧的种子播下了，而且芽儿已在萌动……
> 人的生命在王公们的叛乱里缩短了。
> 那时候俄罗斯国土上很少听到农民们的喊叫；
> 但乌鸦却一面分啄着尸体，
> 一面呱呱地叫个不停，
> 而寒鸦也在倾谈着自己的话语，
> 打算飞去寻找自己的猎物。

在罗斯封建割据状态下，十二世纪中期归苏茨达尔大公犹里·多尔哥鲁基统治的莫斯科的地位逐渐提高了。

北诺夫格勒德大公斯维雅托斯拉夫·奥立格维奇与其他封地的大公不睦，乃逃往北方奥卡河上的边远地区。犹里·多尔哥鲁基决定会见斯维雅托斯拉夫。

博物馆按照古像风格用木头做了一个栩栩如生的犹里像。下面就是由年鉴上引的第一次用文字记载莫斯科的原文：

犹里在信上说："请到兄弟这里来！到莫斯科来！"

过了九年，快到一一五六年时，莫斯科又被记入史册。这就是用古斯拉夫"字体"刻在木头上的文字——当时所采用的一种大型直线字体，这些文字是："……伟大的犹里·沃洛基米洛维奇大公在雅乌札河上游聂格林纳河口开始建筑莫斯科城。"

"建筑城市"当时的话就是说用木墙和壕沟把村庄围起来，这样在当时就成为能够防御的高地。建筑堡垒的地点选得很恰当，是选在一面有莫斯科河，另一面有注入莫斯科河的聂格林纳河保护起来的陡岬上。

A·M·瓦斯涅佐夫绘的一幅水彩画，描绘出这座"城"的构筑情况，这是克里姆林宫的发轫，观众可在地形图上看出这个城的轮廓。城圈面积并不太大，约为现在克里姆林宫的二十分之一。

位于俄罗斯广大平原中央的这一小块土地，注定了要完成一个伟大的历史任务——成为统一整个俄罗斯国土的核心，把分散的俄罗斯民族团结在一起。在博物馆的陈列栏上引了斯大林在莫斯科成立八百周年纪念贺词中说的一句话：

莫斯科在历史上的功绩在于它过去是、现在仍然是在罗斯建成中央集权国家的根基和创始者。

正因为如此，所以人民怀着崇敬的心情来纪念莫斯科的创造者。在博物馆第一个陈列室的中央陈列着犹里·多尔哥鲁基的巨大半身像，这是斯大林奖金获得者雕像家 C·M·奥尔洛夫的作品。这个半身像是用青铜铸造的，重一千二百公斤。将在苏维埃广场，对着莫斯科苏维埃大厦建筑的莫斯科创造者的纪念像，就是按照这个半身像丝毫不差地复制出来的。

雕刻家想象犹里·多尔哥鲁基是一位像史诗里所描写的那样俄罗斯勇士。他穿着盔甲，面貌刚毅，表现出一种泰然自若、胸有成竹的神情。他体现着俄罗斯人民——数百万无名的纯朴的人们数百年来建设和保卫莫斯科的优良品质。

* 　　 * 　　 * 　　 *

由多尔哥鲁基建筑起来的莫斯科城堡，有八十一年没有发生可怕的灾难。很早以前全罗斯就说有数目不详声势浩大的游牧民族——鞑靼人自东方草原入侵的消息。不久这群不计其数的匪寇在惨无人道的首领拔都率领下，拥至罗斯。一二三八年鞑靼军侵入莫斯科，在战斗中屠戮男丁，大肆掳掠，杀害了手无寸铁的妇女和儿童……

陈列室中有中国十二世纪画家画的一幅带色的蒙古骑兵画像的复制品。另外还有一幅从中国古瓶上摹绘下来的拔都汗的像。

在这些画的旁边陈列着摘自编年史上的一段原文，简练而准确地表达出蒙古入侵时的悲惨情景：

鞑靼人侵入莫斯科，是年冬占领莫斯科……虐杀老幼，城市、教堂……付之一炬，寺院村庄悉化为灰烬，横加掠夺，十室九空……

莫斯科似乎不能恢复过来了。风把烧毁了的村庄的灰烬刮得到处都是，被焚毁的村庄长满了杂草，使人难信这里曾经有过城堡。但是，莫斯科的人民是不忘故土的，鞑靼人走后，那些在深林和难以通行的沼泽里避难的居民，又回到这凄凉的废墟上。在密林中响起了伐木的声音，这是恢复起来的生活标志，不久在这块被烧过的旧址上又建起新城市来。

跟随着旧居民搬到莫斯科（形成大俄罗斯民族的中心）来的还有新的移民。他们到这里来是为了比较远些离开凶恶的邻居——鞑靼人。加之城市位置利于商业发展，这就更能促使人口汇集。

在一张"莫斯科是一个水陆枢纽"的地图上，观众可以看到，富有牲畜、蜂蜜和蜡的良赞[①]边区通往早就与西欧贸易的北俄大商业城市大诺夫哥罗德和普斯可夫[②]，由伏尔加河通往斯摩棱斯克，再沿德聂伯河[③]通往基辅和彻尔尼郭夫——南俄最古城市的水陆交通要道均交会于此。

莫斯科的人口逐年增加，由于农民和手工艺人的劳动，由于商队通行全国使它逐渐富庶起来，成长、强大起来……。但是受到外国侵略者压迫的那种令人难忍的痛苦仍笼罩着人心。

鞑靼人曾进行户口调查，向俄罗斯人抽税、勒索贡品。在陈列栏上写着摘自编年史上的一段话：

> 鞑靼人向莫斯科派遣了许多征税的人，他们向所有莫斯科的人民勒索贡品，到处安插自己的人：千户长、百户长、十户长。

紧接着下面是艺术家 C・B・伊万诺夫画的一幅著名油画《征贡使征税》的摹本。那个全副武装的征贡使（也叫做鞑靼收税者）骑着马，傲慢地监视着村民给他送毛皮、布匹、蜂蜜、成袋的粮食。你看一下远处站立着的农民的面孔，就会感觉到人民的意志是不会因折磨而屈服的。在俄罗斯人民的忧郁的目光中燃烧着一种不可扑灭的对奴役者仇恨的火焰。他们坚决地相信，俄罗斯人民取得世界上最宝贵的东西——自由和独立的日子必将到来。

但是，这样的一天并不是很快地到来。仅在十四世纪伊万・达尼洛维奇大公执政时，蒙古人的压迫才开始稍微削弱，当时人们把伊万・达尼洛维奇大公叫做"卡里达"，意即"钱囊"。在博物馆的一个陈列台上陈列有这个大公的画像。

卡里达得了"大公"的崇高称号，"大公"是封建公爵家族之长。但是，他没有搬到当时作为大公城的弗拉基米尔去，仍留在莫斯科。在陈列品中有一个复制的伊万・卡里达用的印。在印上刻有改莫斯科为"京城"的字样："伊万大公之印"。

标示莫斯科公国领土的一幅地图很惹人注意，这幅图是卡里达逝世时——一三四一年时候的国土，比犹里・多尔哥鲁基时代的莫斯科扩大得多了。当时莫斯科公国包括有兹维尼格罗德、谢尔普赫夫、鲁札、乌格利奇、加里奇、白湖……

就是莫斯科本身的面貌也改变了。此时克里姆林宫的旧木墙已经日渐倾颓。此外，它的外貌也与莫斯科的新使命不相称，莫斯科已经不是苏茨达尔公园城堡的边塞，而是大公的驻节地，人民公认为东北罗斯中心城市。卡里达修建了新的城墙——橡木造的城墙。他修筑这一堡垒的时候（一三三九～一三四〇）扩展了克里姆林宫的地面，把城墙向东移到现在红场这一边来。当时克里姆林宫是用莫斯科头一批石材建筑物——乌斯宾斯基礼拜堂、阿尔汗格尔斯克礼拜堂、斯帕斯教堂装饰起来的。

博物馆的观众在 A・M・瓦斯涅佐夫绘的一幅水彩画上可以看出克里姆林宫在那些年代里是什么样的。所有的建筑物，除了上述的几个礼拜堂以外，都是木质的。但是，莫斯科在拔都入侵以后，更加发展了。克里姆林宫墙的周围日渐繁荣起来，莫斯科河上帆樯林立，河岸上堆满了木头。右边可看出一些被烟和蒸气笼罩着的浴室。在克里姆林宫墙外远处有一些房子。在坚固的橡木墙前面几俄丈的地方，栽有很高的栅栏，这是在遭到突然袭击时的辅助防御工事。

---

① 现多称"梁赞"，下同。

② 现多称"普斯科夫"。

③ 现多称"第聂伯河"。

　　在卡里达后裔统治时代，莫斯科继续发展和富足起来，因而确定为罗斯国土上的一座最重要的城市。卡里达对于这个"大公"的称号是满足的。可是他的儿子西曼利改变了自己的称号，因此在他这个称号中着重指出了莫斯科在全俄罗斯的作用。博物馆陈列有西曼用的大印。在印上刻有"全罗斯大公西曼之印"的字样。这一行自尊的题词与其说是由于莫斯科大公的意图，不如说当时莫斯科的实际情况就是如此。

　　莫斯科在全俄罗斯事业中起领导作用，在卡里达的孙子——季米特里·伊万诺维奇执政时，表现得更加明显，后来历史给他起了一个光荣的名字，叫做顿斯科伊。在那些年代里，罗斯西方出现了一个新敌国，这就是好战的大公奥尔格尔德所统治的立陶宛。因此，在莫斯科周围决定筑一道坚固的城墙。这座城墙是在一三六七年开始建筑的，施工进度很快，就像编年史上所记载的"不停地修建"。到一三六八年围绕莫斯科中心加了一道新城墙，这是东北罗斯最初修筑的石造城墙。

　　有一位不知名的画家给编年史画了一幅工笔画，表现这个建筑物的修筑过程，就是当时的人们也不能不对这项建筑的规模和修筑的速度表示惊讶。观众看一下工笔画，就会看到建筑者是怎样把石灰石板抬上城墙，怎样用简单的工具把石头一块一块地堆砌起来。

　　有一幅地形图标示出新克里姆林宫的轮廓，它的面积又大大地扩展了。

　　莫斯科人并没有白白地建筑了这座石墙。建筑者刚一建成他们的建筑物，建筑物就显示了它的防御的作用。有一张古画描绘出莫斯科被奥尔格尔德军包围的情形。奥尔格尔德军曾两次迫近首都，把莫斯科近郊焚毁，但是碰到难以攻下的克里姆林宫石头城墙，却遭到了挫败，而一无所得地滚了回去。

　　在瓦斯涅佐夫画的一幅水彩画上，描绘出季米特里·顿斯科伊时代的克里姆林宫。有许多满载人和货物的驳船和帆船在莫斯科河岸上卸货。克里姆林宫的里面像从前一样是一些木造建筑物，间杂一些克里姆林宫礼拜堂的白点，呈现出一片暗色。筑有耸入云霄塔楼的高大而坚实的白石城墙向左右两边伸出去。城墙上面筑有齿形的垛口，在塔楼里有一些狭小的孔隙——枪眼，克里姆林宫的卫士可从这里用箭和长矛击退敌人。当时的兵器——弩炮和石炮都是由这些枪眼里放出去的。画家非常传神地描绘出这个堡垒的威力，使人感觉到这一堡垒是难以攻克的。

　　最近在札尔雅基耶的考古发掘证明，莫斯科在最初奠基克里姆林宫的时代，并不包括克里姆林宫墙。这一城墙主要是靠着由俄罗斯其他地方汇聚来的居民逐年扩展起来的。外来的人——农民、手工业者和商人就在城墙附近定居，或者像当时所叫的"落户"（由此而引出"城郊"一词），大部分人是来自北方或东北方。克里姆林宫南面城墙紧挨莫斯科河，从这方面能够挡住鞑靼人的侵袭。西边是通立陶宛的大路。

　　在博物馆陈列的一幅十四世纪莫斯科示意图上，可看出莫斯科城向东北扩展的情况。这幅画的下面注有编年史上的原文，清楚地反映出当时俄罗斯人对莫斯科的印象，原文说：

　　　　莫斯科城——编年史者注——伟大而美妙，物华天宝，人杰地灵。

　　莫斯科示意图近旁的一些陈列品，说明罗斯在十四世纪末叶开始展开反抗蒙古人的斗争情况。在一幅特制的地图上标示出这一斗争具有决定意义的关头——著名的一三八〇年库里科沃会战。大家都知道，莫斯科军队在这一骇人听闻的战斗中是与玛迈汗率领的无数鞑靼大军作战的。与莫斯科人在库里科沃战场一同作战的还有由其他各国来的俄罗斯人——雅罗斯拉夫里人、科斯特罗马人、乌斯秋格人、科洛姆纳人、白湖人等等。莫斯科的旗帜在这次斗争中成了全民与外国侵略者斗争的旗帜。

　　这幅地图还指出双方在这一具有历史意义的会战中的战术情况和军事配备情况。在一个古俄罗斯画家画的一幅古画上，描绘出会战时期库里科沃广阔战场的一角。在画的下面注有摘自《远征顿河》上的一些话，这是十五世纪描述这一巨大事变的叙事诗，它说：

> 厉剑击在蒙古人的盔甲上叮当响，他们毫不留情地撕杀，他们的大公从马上跌下来，死尸遍野，血流成河……

与此地图并排陈列着在一块木板上绘的库里科沃会战英雄季米特里大公的彩色画像，从此时起季米特里大公荣获顿斯科伊大公的称号。

鞑靼人被彻底击败了。但是库里科沃大战并未结束蒙古人的压迫，而只是这一压迫结束的开端。过了两年，另一个汗，名叫脱脱迷失经过东南方的沙漠窜入罗斯。季米特里·顿斯科伊未能迅速召集起军队，由于在库里科沃血战中死掉很多的士兵。他到科斯特罗马去召集人马，期望莫斯科能以其坚固的城墙守住，等到鞑靼人因长期包围到精疲力尽时，他再来救援莫斯科。

但是留在莫斯科的贵族、高级僧侣，甚至季米特里的亲信因他离开莫斯科，都认为没有救助而发生动摇，相继逃亡。就在这紧急关头，普通的人民——莫斯科的农民、手工业者、小商人才是真正的爱国者。人民摒弃了变节的贵族领导，纷纷起义，他们发誓："捍卫莫斯科，战到最后一人。"为了不使鞑靼人隐藏在与城墙毗连的房子里躲避刀箭，手工业商人亲自烧毁自己的住宅，撤到克里姆林城内。

画家 Г·Э·李斯涅尔绘了一张水彩画，描绘出莫斯科被脱脱迷失包围的情况。脱脱迷失攻城攻了三天三夜并没有把莫斯科攻下来。克里姆林城的保卫者顽强地抵抗住兵力占优势的敌人的疯狂进攻，他们射箭、投矛、倾倒开水、用燃烧着的松香击败了敌人。传说在这些日子里克里姆林城第一次用大炮射击敌人。

在这张画的下面注有摘自编年史上的一段话：

> 一三八二年鞑靼人攻城，发弩如雨，借云梯登城，莫斯科市民用沸水泼洒他们，投掷石块，有的人射箭，有的人用大炮射击……

脱脱迷失放弃了用强攻的方法侵占克里姆林城的念头，开始采用和谈的办法。脱脱迷失的使者向莫斯科人提出，叫莫斯科人开城给鞑靼人一些赎金，然后鞑靼人就撤向奥尔达。当莫斯科人同意时，鞑靼军乘机涌入城内，屠杀其保卫者，抢劫并放火焚烧城市。

但是，鞑靼人庆祝他们用背信弃义、违反誓约换来的胜利的时辰并不长久。一听到季米特里·顿斯科伊召集了强大的军队准备开赴莫斯科时，脱脱迷失就把他的军队从莫斯科撤走。莫斯科又重新建设和繁荣起来，增加了许多人口。因此全国人民深切了解，只要莫斯科存在，罗斯也就会存在！

莫斯科城被脱脱迷失破坏后，居民集中到莫斯科来的比以前更多。当时莫斯科居民中有不少的手工艺人——首饰匠、兵器匠、木刻家、骨刻家、陶工、铸钟匠。装置在莫斯科克里姆林宫斯帕斯塔楼里的第一个大时钟——今日各钟的祖先，就是其中一个匠人在一千四百零四年造出来的。有一幅古画绘有这个钟的外形，在此画的下面注有编年史上的一段原文，说明这个钟对当时人起了什么样的影响：

> 一四○四年夏大公想在自己的宫院内安装一座钟。……这座钟当时叫作计时器，每隔一点钟都用锤子敲钟一次，用来计算昼夜的时间；可是这座钟不用人敲，而是由一个机器人自动开门出来鸣钟报时。这是人们用非常巧妙的智慧创造出来的。

观众在博物馆这一单元的墙上，还可看到季米特里·顿斯科伊继承者——瓦西里一世和瓦西里二世所发行的货币。其中有一个货币是在瓦西里二世执政时，由杰曼铸造的，一九四八年被博物馆考古家在嘎嘎林胡同二十号房的院内发现出来。这个货币上铸有一个骑士，手持长矛正在刺杀一条凶龙（当时俄罗斯人暗示这条龙为鞑靼人），上面还铸有"全罗斯的瘟神"几个字。这就是说，在那些年代里，人们口头上常说的不是大公，而是"瘟神"，这不只是莫斯科公国，而是全罗斯的！

莫斯科成长巩固起来了，俄罗斯各族人民团结一致的伟大思想，也随着莫斯科成长起来，并牢固地掌握住人心。统一的中央集权的俄罗斯国家终于在十五世纪七十年代伊万三世执政时形成了。博物馆陈列中有他的画像。

有许多统计图指出俄罗斯国家在三百年内——从十二世纪到十五世纪形成和不断发展的情况。从统计图上非常清楚地看出俄罗斯国家每隔十年向四方扩张国土的情况，虽然很慢，但是不断地扩展。十五世纪末叶，这个国家已经不是国土直径只有两百俄里长、犹里·多尔哥鲁基最后的一个继承者执政时的一个小国了，而是幅员广大的国家，东至乌拉尔，北至白海，西至立陶宛、波兰，西北至瑞典边境和立窝尼亚骑士团，东南至鄂克河以外的沙漠——当时这地方有一个形容尽致的名称，叫做"不毛之地"……

俄罗斯人民把自己的国家变成一个强国后，终于实现自己的宿愿——彻底解脱了蒙古人的那种令人可恨的压迫。伊万三世利用敌人阵营中的内部矛盾，停止给鞑靼人纳贡。金帐汗阿赫马特曾用一道傲慢的"敕令"回答莫斯科的这一行动。阿赫马特要求马上纳贡，并且用各种镇压手段进行威胁。观众可在陈列台上看到这一敕令上的一些话："阿赫马特通知伊万，如果在四十天内不给我纳贡，我就把高山、森林、甜水、旷野全都要去……"。但是，传说伊万三世当时把可汗的"印章"——作为"国书"用的绘有可汗肖像的金版掷在地上，并用脚踏坏。

博物馆陈列有 H·C·舒斯托夫美术院士绘的一幅摹本画，充分表现出这一富有戏剧性的紧张场面。伊万三世穿着华丽的大公服，站在高处，在他脚下掷有可汗的印章。他的面容显得十分坚决。鞑靼使者在盛怒之下，想扑向伊万三世，但被大公的卫士紧紧地抓住。

一四八〇年阿赫马特向莫斯科进军，奔向西方的乌格拉河，他想在这方面与他的盟国立陶宛会师。莫斯科军队迎击阿赫马特。

有一幅古画描绘出双方军队从十月初到十一月中旬在乌格拉河上对峙的情况，鞑靼人怕严寒来临，退向南方。

在这幅古画的下边注有摘自编年史上的一段原文，反映出当时人对这一事件的看法，原文说：

> 大公防守乌格拉河。阿赫马特率领全部兵力逼近乌格拉河，开始攻击我军，我军还击……。阿赫马特震惊，十一月十一日率领鞑靼人逃走，只杀得丢盔弃甲……呵！勇敢的俄罗斯子弟忠勇地保卫了自己的祖国，捍卫住俄罗斯的国土！

在辉煌的库里科沃会战后整整一百年，由于乌格拉河保卫战，最后结束了蒙古人的长期压迫，俄罗斯国家开始坚定不移地走上了完全独立自主的道路。关于这一伟大事件的消息很快的传到西欧各国，这些国家十分清楚地懂得，只有罗斯才能在两个多世纪期间用自己的血肉保卫自己免受蒙古人的蹂躏。

*　　*　　*　　*

十五世纪末叶，为了装饰莫斯科和加强它的防御工事，做了许多事情。季米特里·顿斯科伊时代用石灰石建筑的克里姆林宫城墙维持了有一百多年，受过许多次火灾和战斗的考验，而在这些年代里由于普遍地使用火器，加之冲击技术特别发达，因而这个城墙已不能完成它的防御使命。于是在十五世纪八十年代中叶决定用砖建筑新的城墙。克里姆林宫的领土又向东面扩展，终于扩展到现在的范围。在博物馆特制的一幅图上说明克里姆林宫每一次改建——从伊万·卡里达到伊万三世——领地的扩展情况。

克里姆林宫内部也开始建筑，建筑了新的乌斯宾斯基礼拜堂、布拉哥维申斯基礼拜堂、格拉诺维达雅殿。有许多图片、水彩画、照片表现这些建筑物。当时除了莫斯科人以外，还从普斯柯夫、弗拉基米尔、诺夫哥罗得①、特维尔各城市挑选了许多优秀的俄罗斯工匠，参加建筑工程。

Ａ·Ｍ·瓦斯涅佐夫画了一幅水彩画，描绘出十五世纪末叶克里姆林宫的情景。高大的齿状城墙——直到现在仍保存原样——安全地保护着广阔的城市，在克里姆林宫的中央乌斯宾斯基礼拜堂的金顶耸立在那些低矮的木头建筑物的上面。在画面上标示石头建筑物的白色斑点大大地增多了，一座木桥横跨莫斯科河的两岸，在从河岸通往现在的红场的坡上房屋栉比。桥上非常热闹，有骑马的，有步行的……

大概在那些年代里不仅是在欧洲，而且就是在全世界再没有像克里姆林宫那样难以攻克的城堡了。无论是从实质上，或从外貌上来说，克里姆林宫都是莫斯科和全国的中心，是创造克里姆林宫的人民的威力的象征。

莫斯科城堡体系是在十六世纪内不断发展起来的。

古罗斯的最强大而且最危险的敌人，是早在十六世纪初由金帐汗奥尔达分裂成为几个独立的汗国，其中最著名的有嘉桑汗国、克里木汗国和诺该汗国。这些汗国是不能够用任何一种攻坚的办法来征服罗斯的，但是它们进行强盗式的袭击经常使莫斯科惊惶不安。为了防御鞑靼人的侵袭，使热爱劳动的莫斯科人民免遭损害起见，乃于一五三六年至一五三八年把城内居民最多的一部——由北方和东北方与克里姆林宫毗连的所谓"广大的城廓工商业地区"，用一道坚固的砖墙围起来。有一幅古画绘有建筑这个新工事的情景，在这幅古画的下面注有一句编年史上的话：

……全罗斯伟大的伊万·瓦西里耶维奇大公命令把城建成石城……

这座城墙是由萨巴金塔楼（即今日的阿尔塞勒尔塔楼，位于现在的马涅什广场和克里姆林宫大街交叉的巷角上）延伸到捷尔任斯基街的广场上，城墙由这里成一直角折向莫斯科河（沿着新旧广场的界限），继之沿着河折回与克里姆林宫墙相连接。

把"广大的城廓工商业地区"围起来的这道城墙，就像克里姆林宫城墙一样，最后又建筑了一些塔楼。其中有一个是"弗拉基米尔塔楼"，位于现在捷尔任斯基广场的尼古拉大街口（今日的十月二十五日大街），这里陈列着一个塔楼的模型。但是，应该知道塔楼的顶是在十七世纪末叶才盖上的，而模型上所显示的拱门和行人侧道则是在十九世纪初才打通的。由建筑者双手造起来的塔楼原形比较简单、粗糙些。这样使人更能联想到它在军事上的用途。

重新建筑起来的这座"城"称作"契丹城"。编年史解释这个名称说，因为建筑者在把砖垒起来以前，曾筑了一道篱笆，他们把这道篱笆叫做"契丹"，因而得此名。

契丹城的城墙一直保存到我们这一时代。一九三四年因这道城墙妨碍交通，才把它拆掉。仅在斯维德洛夫广场和剧院大街——靠近"梅特洛波尔"旅馆的旁边，还留有此城墙的遗迹。

伊万四世执政头几年，就很注意组织俄罗斯的军队，特别注意炮兵兵种，把伊万三世在莫斯科建立

---

① 现多称"诺夫哥罗德"，下同。

的"炮厂"改为当时具有先进技术水平的大兵工厂。

A·M·瓦斯涅佐夫绘有一幅水彩画，描绘出这个军事企业具有特征的外貌。在这幅画的前景可看到一座横跨聂格林纳河的木桥。右边是一条通往山上去的大街，现在这条大街已改为剧院大街的一段，一股股的黑烟由设置在所谓"铸造库"的锻铁场的熔解炉冒出来，升入云霄。

这所"炮厂"曾培养出许多著名的俄罗斯工匠。其中最著名的有安德烈·查赫夫，他因铸了一座"炮王"而闻名，这门炮对当时炮兵武器来说是一门最大的炮。博物馆在 A·M·瓦斯涅佐夫绘的画旁边，陈列一个精制的安德烈·查赫夫造的臼炮模型和一些真的石弹——那些年代所使用的炮弹。

伊万四世关怀加强俄罗斯国家军事威力，得到了显著的成效。俄罗斯人在一五五二年集合了大量军队装备有一百五十门大炮（这个数目在当时来说是很大的），猛攻非常坚固的嘉桑城——嘉桑汗国的首都。因而沿伏尔加河和卡玛河的广大土地随着嘉桑的攻克，归还俄罗斯治辖。攻克嘉桑是俄罗斯军队具有强大威力和技术装备的明证。在历史上由俄罗斯人民编成的大量军队，初次通过挖得非常巧妙的坑道，使用炸药爆破了敌人十分坚固的要塞城墙，这是俄罗斯工兵爆破史的开端。

十六世纪有一个画家绘了一幅画，描绘出占领嘉桑城的情形，现在博物馆陈列有此画的复制品。观众可以看到城墙被炸飞上天去的情景。在画的下面注有摘自一本俄罗斯古书《嘉桑汗国历史》上的一段话：

> 城的许多地方都挖有坑道，城内到处燃起大火……城墙立即被炸开，大军当时冲进城来……嘉桑城就这样很快地被占领了，嘉桑王耶基格尔束手就擒。

后来伊万四世用了四年功夫，在一五五六年与诺该汗国首都阿斯特拉罕联合起来，才获得了这一辉煌的胜利。伊万四世为了纪念这些伟大的胜利，实现他在东征前所应许的诺言，决定在莫斯科建筑一座"盟誓庙"，他违反常规，没有把建筑这座庙的地点选在克里姆林宫内，而选在"广大的工商业地区"，他想以此引起曾被鞑靼汗国骚扰多少次住在莫斯科工商业地区人们的注意。博物馆陈列有一幅当代画家的画，描绘出这座庙——俄罗斯武功和威力的纪念塔隆重奠基的情景。

建筑者没有辜负人们对他们的信任，创造了建筑艺术上的奇迹，这个奇迹是在一块地上，用一个统一的思想彼此联系起来建成的九座庙，而这九座庙彼此都不相同。由于这座庙靠近与克里姆林宫城墙成平行的护城河，原先叫做"护城河屏风"礼拜堂。后来这座庙又增建了一个副祭坛，乃定名为瓦西里·布拉任内教堂①。

莫斯科人民对这座美丽的建筑物感到非常惊奇，创造了一种富有诗意的传说。说有一次国王把建筑者叫到自己的面前，问他们能否确实地重述出他们所建造的建筑物。建筑师回答说："能够"。国王大怒，下令把他们的眼睛弄瞎，使他们不能再建筑出比这座庙更漂亮的样式来。

但是，在这一传说中的诗意是比真实性大些。主要是因为人们在三百多年以来把瓦西里·布拉任内教堂建筑者的姓名忘掉了，才产生出这样的传说。仅在一八九六年于鲁勉柴夫图书馆②（今日的列宁图书馆）内才发现了有关这座礼拜堂的详细说明手稿，在建筑者的姓名中有两个俄罗斯工匠，一个叫做巴尔玛，一个叫做波斯特尼克。

---

① 现多称"瓦西里·布拉仁教堂"，下同。
② 现多称"鲁勉采夫博物院图书馆"，建于 1862 年，沙俄时代莫斯科第一个免费服务的公共图书馆。1925 年改名为国立列宁图书馆。

瓦西里·布拉任内教堂是古俄罗斯建筑上的奇迹，现在仍然屹立在红场上，这是首都最优美的装饰品之一。博物馆陈列有许多木雕、石版画、图片和做得非常美丽的大模型，给观众指出这个真正人民建筑创造上的无与伦比的形象。

伊万四世摆脱了鞑靼人的侵袭威胁以后，乃想再一次解决罗斯的一个历史任务——收复古斯拉夫西北方的土地，打开通往波罗的海的出路。一五五八年开始与用重兵占领波罗的海领地的立沃尼亚骑士团作战。后来因为与骑士团的战争变成了对波兰、立陶宛和瑞典的战争，延继了二十五年，因而未能如愿以偿。

大家都知道，俄罗斯通往波罗的海的出路的伟大任务，只有在彼得大帝执政时，才得解决，就像普希金所说的：彼得大帝"在欧洲打通了一个窗户，一只脚牢固地站在海边上"。但是，伊万四世为争取通往波罗的海所进行的二十五年战争，再一次在世界面前表现出俄罗斯国家的无穷威力，它能够同时与三个西方强国作战。画家Г·Э·李斯涅尔绘有一幅水彩画，描绘出这一战争开始的情景。伊万四世率领大军，由莫斯科出发远征西北。

伊万四世极盛时代在莫斯科和俄罗斯文化史上发生了一件最重要的事件——莫斯科印刷事业的开端。伊万四世是一个英勇的战士、热爱书籍的人和珍贵图书的收藏家，他在莫斯科建筑了一座印刷所——"印书坊"，设在契丹城内的尼柯尔大街，靠近现在的特列恰可夫大街。大约过了二十五年，在一五六四年伊万·费多洛夫和他的助手彼得·姆斯梯斯拉维茨在这里发行了一部在俄罗斯教育史上很著名的印刷书籍——《圣徒行传》。很久以来《圣徒行传》这本书被认为是莫斯科第一部印刷的书籍。现在已由苏维埃历史学家和目录学家断定有些书是在《圣徒行传》出版八年多以前刊印的。画家Г·Э·李斯涅尔绘了一幅水彩画，描绘出伊万四世与伊万·费多洛夫和彼得·姆斯梯斯拉维茨在这一所印刷厂内交谈的情景。伊万四世正在研究他们的生产工具和他们印出来的书样。

在伊万四世统治时代的后几年，大家都知道发生了兼并西伯利亚的事件。在一幅特制的地图上指出俄罗斯国家在十六世纪末叶围绕莫斯科所形成的一片广大无垠的土地。其边境北达北冰洋，东至叶尼塞河，东南接里海，西至德聂伯尔河及其以西地区……博物馆的观众细看这幅图时，就会情不自禁地回想起不久以前所看到的另一幅地图，回想起伊万·卡里达把谢尔普赫夫和兹维尼格罗德归并到莫斯科公国而引以为荣的版图。

在纪念这一时代的陈列品中，观众会注意到一幅在木头上绘成的《十四世纪末叶莫斯科防御工事》的图。这幅图更能引人注意。第一，它指出那些年代莫斯科是一座怎样坚固的城堡；第二，它说明今日首都在规划上的一些重要特点的起源。

莫斯科的街道网是由几道十分整齐而由同一中心发出的环形组成的，这些环形贯穿着许多通向各方的街道——就像光线由中心向边缘射出的半径一样。这幅图确凿地证明了就是在将来根据苏维埃首都建设总规划所保留下来的莫斯科成辐射的环形规划，仍然与我国这个伟大城市的光荣战斗历史有着密切联系。

在这幅图的中央是莫斯科的第一道"环"，这是十五世纪末建筑的克里姆林宫城墙。

第二道环按建筑年代来说是与克里姆林宫衔接起来的成半圆形的契丹城墙。

约在十六世纪末叶，在契丹城的周围已有了一个住有很多居民的新工商业区。为了保护这个新工商业区免受敌人侵袭，又建筑了一道墙圈。这道墙圈是沿着现在的林荫环城路修建的。南面没有筑墙，凭依着天然的莫斯科河。墙下面加筑了一道土围墙。到现在果戈列夫大街和雅乌札大街仍存有这个土围墙的遗迹。城墙上通行道路的地方都筑有城门。虽然老早没有了城门和城墙，但这些城门的名称如：尼基塔门、斯列金门、波克罗夫门和其他的门，到现在仍保存着。还在十八世纪后半世纪因为这些门没有用处，乃把它毁掉。开始用城墙圈起来的这块莫斯科新地方叫做石头城，后来叫做白城。

但是，这第三道城圈在那些年代里未能把莫斯科全部围起来。一五九一年夏，当白城的工程还没有完成时，莫斯科附近突然出现克里米亚汗国卡札·吉列依汗的大军。卡札·吉列依汗遭到坚强的抵抗，乃匆忙撤退。鞑靼人这次侵袭在历史上是最后一次侵袭首都。可是卡札·吉列依汗这次侵袭引起莫斯科的惊动，乃决定立即再建筑一道（第四道）城圈。

当时莫斯科的整个广大幅员（包括现在的花园环城路），是用一道高土墙，上面筑有坚固的木棚围起来的。为了便于通行大道，像白城一样留下许多城门。当时这个最大的工程——城墙和土围墙全长有十五公里——只用了一年时间就建筑好了。莫斯科人称赞这个工程修建神速，乃把白城和新木墙之间的一部分叫做"速造城"。为了纪念在一五九二年修筑的这座土墙，现在花园环城路仍保留若干街道名称如：土围墙（现在的契卡洛夫大街）、围墙路、钩状围墙、牛围墙……

除了在图上清楚地看出来的四道围城以外，莫斯科还有一些前方防御据点——当时人们把这些据点叫做"前哨"。这些前哨是配置在最受威胁方面的一些寺院，如丹尼洛夫、安德罗尼耶夫斯基、西蒙诺夫、诺沃杰维奇和顿斯基等寺院。

博物馆陈列了其中两个前哨——顿斯基寺院和诺沃杰维奇寺院的图画。这是典型的要塞工事。把广阔的庄园用坚固的石墙围起来。庄园的墙与克里姆林宫和契丹城的城墙一样，墙上筑有许多掩护战士用的垛子，四角各筑有一座便于瞭望和射击敌人用的高塔楼。但是，应当知道寺院的石围墙比原来的围墙修建得晚一些。原来的围墙是木头造的。画家绘出来的这种围墙，是十七世纪末叶具有的样子。

古老莫斯科的防御工事体系在今日莫斯科的规划图上为三道环形大干线。其中第一道环形干线是根据城市改建总图所包括的许多广阔的大街和广场而形成的半环形，这个半环形是沿着克里姆林宫墙外边和今日已经不存在的契丹城延伸出来的，其中包括有旧广场、新广场、捷尔任斯基广场、剧院大街、斯维尔德洛夫广场、猎人市场、青苔街。第二道环形干线是今日沿着白城方向延伸下来的林荫环城路（确切地说也是一道半环形）。第三道环形干线就是花园环城路，从前为速造城的那条线路。

在莫斯科主要的成辐射状的街道上也留有一些首都古代历史上的遗迹、古都长期与敌人斗争的遗迹和许多世纪以来与其他俄罗斯城市来往的遗迹。

往昔莫斯科局限在克里姆林宫和"广阔的工商业地区"的时代，在这范围以外只有通往四方的道路。北方沿着今日的捷尔任斯基大街有一条通往雅罗斯拉夫里的道路，西北方顺着今日的高尔基大街有一条通往特维尔的道路，西方沿着加里宁大街（从前叫做斯摩棱斯克大街）有一条通往莫日阿依斯卡和斯摩棱斯克的道路，东南沿着萨梁卡大街有一条通往良赞的道路……

当建筑白城和速造城时，上面已经说过在这些城墙上留有通行主要道路的城门。这些道路时过境迁已变成了大街，基本上仍保留着从前的方向，也就是保留着由周围各处通往克里姆林宫中心的半径。但是，除了这些大道以外，还有一些通往城郊和乡村的地方性质的道路。自然，建筑城墙的人没有考虑到这些道路，因而这些道路都被隔断了。后来，莫斯科与附近许多村镇的联系，是由集中在速造城和白城各城门的一些新道路而固定下来的。经年累月，这些偏僻的街道也都变成了稠密修建起来的大街。

正因为如此，阿尔巴特大街和沃罗夫斯基大街就像两条光线似地集向阿尔巴特广场，这里从前有与白城同名的城门；赫尔岑大街、冈查洛夫大街（有一条阿列克舍·托尔斯泰大街汇入此街）和小甲胄街集向尼基塔城门的广场；塔干大街、共产主义大街和沃龙佐夫大街集向塔干广场；卡鲁格大街、顿斯基大街和沙保洛夫卡大街集向卡鲁格广场……

首都道路网的历史所形成的这些特点，在博物馆陈列的许多从古代开始直到现代的莫斯科平面图上，以及在将来莫斯科改建后的那些平面图上，都能很清楚地看到。

在那些古老的莫斯科平面图中，博物馆陈列有一幅叫做《戈都诺夫设计图》，据说此图是在波里斯·戈都诺夫①的儿子费多尔②参加下完成的。А·С·普希金曾在他的不朽著作《波里斯·戈都诺夫》悲剧中记载有关这一张设计图的事。费多尔指着此图向他父亲说：

> 这是一张莫斯科的地图；
> 我们的帝国由边疆到边疆多么辽阔。
> 你看：这里是莫斯科，这里是诺夫哥罗得，
> 这里是阿斯脱拉罕。这是海洋，
> 这是毕尔姆大森林，
> 而这是西伯利亚。

从前莫斯科制图专家所绘的这幅图是多么需要啊，不久国外就把这幅图复印出版，由此可见一斑了。博物馆陈列的这幅图是一六一四年在荷兰印刷的，图上注有出版者葛谢尔·杰拉尔德的名字，由此可知此图是根据费道尔·戈都诺夫的图制成的。

＊　　＊　　＊　　＊

大家都知道，十七世纪初叶在我国历史上载有许多反对封建压迫和残酷剥削的农民起义事迹。由伊万·伊萨耶维奇·波罗特尼科夫领导的一次农民运动，范围特别广泛。博物馆陈列有这位著名人物的浮雕像。在浮雕像下面注有摘自十七世纪的一部《历次暴动编年史》上的一段原文：

> 贵族的奴仆和农民都集合起来了，就是连乌克兰的工商业区的人、兵士、长工也都奔向他们。于是开始把各城市的市长都捉起来关在牢里。贵族也把自己的家园毁掉……其中有一个安德烈夫大公手下的人安德烈耶维奇·梁契夫斯基——伊瓦什卡·波罗特尼科夫为他们的首领。

波罗特尼科夫于一六〇六年在普奇夫尔城做了一小部分起义农民的首领后，在很短时间内就集合了很大的兵力。他在这一年的八月里消灭了沙皇的大批军队后，向卡路格进军，沿途吸收了所有对沙皇不满的人参加到他的队伍中来，同时合并了一些贵族的军队。波罗特尼科夫差不多是以凯旋姿态向前进军。十月间他已逼近了莫斯科的科洛姆纳村。博物馆陈列有一幅图标出波罗特尼科夫向首都进军的路线。

这个农民领袖的号召引起了莫斯科平民的同情。沙皇的宝座发生了动摇。但是就在此时，波罗特尼科夫的"同路人"——与他合并的贵族部队，背叛他，倒向政府方面去。于是波罗特尼科夫被击溃而被捕杀死。波罗特尼科夫的失败原因，正如斯大林所指示的："农民起义只有与工人起义相结合，只有工人来领导农民起义才能获得成功。"（见《斯大林全集》第十三卷第一一二页至一一三页）

沙皇瓦西里·舒伊斯基镇压了此次农民运动。但是"贵族沙皇"的地位仍然是动摇不安的。俄罗斯王国在两年期间与波兰贵族进行了残酷的斗争。还在一六〇四年秋天波兰政府找到了一个如意的人，宣称这个人是被波里斯·戈都诺夫陷害被救出来的伊万四世的儿子季米特里王子。这个冒充王子的人把俄

---

① 现多称"鲍里斯·戈都诺夫"，下同。
② 现多称"费奥多尔"，下同。

罗斯西方土地献给波兰，换得大批金钱、人马和武器。

伪季米特里得到了背叛祖国的贵族的帮助，占领了莫斯科，并把波兰—立陶宛的军队开进莫斯科。但是一六〇六年由于莫斯科居民起义成功，将伪皇季米特里杀死，波兰—立陶宛军队的一部分被消灭，一部分溃散。虽然如此，波兰贵族仍没有安静下来。波兰贵族又赶忙找到一个亡命之徒，宣布他为"季米特里王子"，仿佛他是在莫斯科起义时由于发生奇迹而被救出来的人。一六〇八年夏，这个新冒充为王子的人率领大批波兰—立陶宛军队，在莫斯科附近的都申诺村安营扎寨。

波兰人为了切断莫斯科与俄罗斯北方各城市的联系，开向特罗伊杰·谢尔基耶夫修道院（现在的查哥尔斯克城）。但是，俄罗斯人民由周围的乡村集合在修道院的坚固城墙内，决心抵御干涉者。博物馆陈列有一幅仿绘画家 С·Д·米洛勒道维奇绘的彩色画，描绘出英勇防御的情景。和平的居民站在要塞的墙上，击退波兰人的冲击。波兰—立陶宛侵略者在这里碰到人民的不可征服的抵御力量。装备有炮兵的精锐波兰军队在修道院的城墙下驻扎了十六个月，但是并没有占领这个修道院，后来被迫撤退。

当时，舒伊斯基与瑞典结成联盟，得到瑞典一支五千人军队的援助。但这仅使他的地位更加恶化。因为波兰王希基茨孟德与瑞典为敌，遂公开与俄罗斯宣战，并立即把斯摩棱斯克包围住。就在这个危急时期，贵族推翻了舒伊斯基。瑞典人乘进攻紊乱情况夺取了诺夫哥罗德。而叛国的贵族政府更怕本国人民，宣布希基茨孟德的儿子——波兰王子弗勒基斯拉夫继承俄罗斯王位。一六一〇年九月波兰军队应贵族邀请，开进莫斯科城内。

看来似乎俄罗斯人民祖先用许多世纪的勤劳和鲜血建立起来的俄罗斯王国，现在弄成四分五裂了。波兰人占领了斯摩棱斯克和莫斯科，瑞典人占领诺夫哥罗德；此外波兰—立陶宛的亡命之徒匪帮集合在伪皇季米特里二世的周围，占领莫斯科邻近的都申诺村。

但是，在这严重时机广泛的人民反抗运动展开了，这次反抗运动的第一道闪光就是特罗伊杰·谢尔基耶夫修道院的英勇防御战。莫斯科爱国者向俄罗斯各城市散发檄文，号召起来保卫祖国。

观众在博物馆的墙上可以读到其中一份檄文上的激昂词句，这些词句令俄罗斯人回忆起作为俄罗斯国家"根基"的莫斯科所起的作用，其中有这样一些词句：

> 我们代表莫斯科国的全体人民告诉你们……我们大家要不想灭亡……就来和我们一齐来抵抗我们大家的共同敌人；你们要懂得这样一个道理：只有根基牢固，树才不会倒；没有根基，我们还依靠什么呢？

莫斯科人的呼声得到了许多城市的反应，到处开始成立大大小小的队伍来反对干涉者。但是后备军还没有开到莫斯科，莫斯科人的起义于一六一一年三月十九日就自发地爆发了。画家 Г·Э·李斯涅尔绘的一幅水彩画，描绘出这次起义的情景。

观者在此画旁边的墙上，可以读到摘自波兰亡命之徒马斯凯维奇写的《札记》上的一些话，马斯凯维奇是组织侵略军和直接参加与起义者作战的人。他的回忆明显地描写出人民战士的特殊战术，其中有这样一些话：

> 俄国人从炮楼上把野炮搬下来，摆在街上射击我们。我们从壕沟攻击他们，他们马上用桌子、板凳、木柴把街堵上；我们撤退引诱他们离开围墙；他们手持桌子和板凳追击我们，他们刚一发现我们要转回来作战，他们立即堵住街道，隐在垣墙内用枪射击我们，而其他的人则准备好从屋顶、垣墙和窗内用火绳枪、石头、棍棒打我们。

固守在斯列金卡的季米特里·米哈伊洛维奇·帕沙尔斯基侯的部队积极参加了这次起义。这个勇敢的统帅曾经负过伤，但是大家仍然把他由莫斯科运回特罗伊杰·谢尔基耶夫修道院。博物馆给观众陈列有这个民族抗敌英雄的木雕半身像。

波兰人感到莫斯科居民纷纷起来斗争的可怕，放火烧毁白城和土城，而他们自己则撤到克里姆林宫城墙和契丹城里面去。大火延烧了两昼夜，克里姆林宫和契丹城的四周成了一大片焦黑的瓦砾场……

虽然干涉者用这种野蛮办法暂时镇压住了起义，但是立即爆发了游击战争。复仇的人民得到了一个"游荡人"的绰号，阻碍粮食运往克里姆林宫，使侵略者不得安静。在一面墙上可以看到摘自马斯凯维奇《札记》上的一段引人注意的引文，叙述一六一一年游击队的行动：

> 如果我们来叙述当时所遭受的灾难，是罄竹难书的。不能生火，不能停留一分钟，当时就会突然出现游荡人。只要是有丛林，他们就散布在我们周围……。游荡人抢走储备品，立即消声匿迹。波兰人就连抢来的一些东西，很少能运进首都来。

当时莫斯科继续向各城市发出檄文，号召由强盗手中拯救出首都，伏尔加河岸上的古城下诺夫哥罗德首先发起了这个崇高的爱国活动。当地村长库赤玛·札哈尔耶维奇·米宁收到莫斯科的檄文后，召集农民、手工业者、小商人发表了激昂的演说，要求大家立即成立人民自卫军。博物馆陈列有一幅画家 К·Е·马柯夫斯基绘的《米宁》名画摹本，反映出成为人民反抗波兰—立陶宛干涉者转折点的这个关头的情况。这幅在十九世纪末叶绘的画，对伟大俄罗斯作家高尔基发生了很深的印象，他曾描述这幅画说：

> ……你站着细看十几分钟，你就会看出集合起来"创造历史"的群众的那种真正的、激动的、十分可怕的力量。米宁站在大桶上的形象是非常好的；显然，为什么大家那样激昂地围住他，这是他的一把火把群众燃烧起来……马柯夫斯基所描绘的群众，深刻地表现着是人民的——这就是从前下诺夫哥罗德全体人民集合起来捍卫莫斯科的情景，他们大公无私地、热烈地脱掉自己的衣服，为自己祖国捐躯，在所不计。

这里陈列有这个成为民族解放运动英雄的普通俄罗斯人——库赤玛·米宁的木雕半身像。
在半身像的架上注有摘自米宁所发表的具有历史意义演说上的一段话：

> 人民不只一次把木犁换成了利剑，人民的力量由此也成长起来了。我们要去援助莫斯科国，我们什么都不要吝惜，卖掉自己的庄院，把一切东西都献出来，如果还不够，则典当自己的孩子老婆，无论如何也不要使军队缺吃少用！

大家按照米宁的意见，推选在一六一一年三月十九日莫斯科起义著名的季米特里·米哈伊洛维奇·帕沙尔斯基大公为统帅。义勇军由米宁和帕沙尔斯基率领，于一六一二年七月下旬进抵莫斯科，围住克里姆林宫和契丹城。

波兰人一再企图拼命冲出俄罗斯军队的重围，但都遭到失败。在契丹城的弗拉基米尔城门附近（现在地下铁道车站"捷尔任斯基广场"的地点）发生了大战。博物馆陈列有一幅 Г·Э·李斯涅尔绘的水彩画，描绘出这次战斗的情景。

一六一二年十月二十二日义勇军发起冲锋把干涉者驱出契丹城，四天以后困守在克里姆林宫内的侵略军投降。观众在 Г·Э·李斯涅尔绘的一幅《克里姆林宫交还给米宁和帕沙尔斯基》画上，可以看到侵略军队投降的情景。

博物馆陈列有四幅图，表现人民与波兰—立陶宛干涉者作战的几个最重要阶段。其中有一幅图反映出在俄罗斯全国所发生的一些事件，其他几幅图反映出在莫斯科领土内所展开的一些事件。

博物馆陈列有许多木刻和照片，显示出战斗英雄——米宁和帕沙尔斯基在红场圣瓦西里·布拉任内教堂旁边树立的精美纪念像。这座纪念像是雕刻家 И·П·马尔托斯的作品，是在一八一八年刚刚结束人民反抗新武装干涉者——拿破仑大军不久建立起来的，使人更加回忆起十七世纪初期类似这次斗争的事件。永远纪念米宁和帕沙尔斯基的思想远在一八〇三年就产生了。可是这种思想不是由沙皇政府机关里产生出来的，而是由当时那些最先进的团体里产生的。这是充满热情的爱国志士和先进的文学家、伟大的拉基舍夫的学生和信徒——瓦西里·波浦卡耶夫在"文学、科学和艺术爱好者自由协会"上提出的提案。

波浦卡耶夫的理想得到了 И·П·马尔托斯的响应，马尔托斯就在一八〇四年作出了第一个式样的纪念像，按照雕刻家的思想，认为这两个英雄——米宁和帕沙尔斯基都应站着。但是，可以断言这种决定在贵族沙龙里认为是不恰当的。贵族认为："怎么能把一个'庄稼人'米宁看做是同等的人物，使之与帕沙尔斯基大公并肩而立呢?!"可是雕刻家就用一种仿佛从上面压下来的力量使大公"坐下"，这样一来，使得站立着的米宁的形象更加受到人们的尊敬。因而结果是适得其反，因为米宁的形象体现了广大人民群众，在结构中更居于主导地位。这个纪念像由于是莫斯科的第一个雕刻纪念像，因而在首都历史上是很出名的。

侵略者被赶走后，开始重建被破坏和烧毁了的首都。莫斯科又像从前被拔都和脱脱迷失破坏后一样，很快地医好了自己的创伤。没有十年功夫，莫斯科比武装干涉者入侵以前更加富庶，人口更加多了起来。

在十七世纪后半世纪又出现了对城市装饰的关怀。就在这些年代里建筑了克里姆林宫的塔楼，使之具有为今日莫斯科人所喜爱的那种华丽的尖顶。

位于克里姆林宫东墙和契丹城之间的莫斯科主要广场早先叫"烽火"或"大市场"，不久以前才改叫今日的名字——红场。那时这个名词有双重意义，包括有"美丽"和"主要"广场的意思。现在这个名词更加上一个新意义，令人想到世界上第一个社会主义强国的国旗颜色。

А·М·瓦斯涅佐夫绘的一幅大画，描绘出十七世纪后几十年红场情景，经常吸引住观众的注意。画的右面是克里姆林宫墙，斯巴斯塔已装饰阶梯式的尖顶，正面是瓦西里·布拉任内教堂，广场上到处都是人。我们可以看到许多的长凳、带盖的大躺箱和沿街叫卖小贩的货摊，靠着克里姆林宫有几个小铺子。在画的右角上有一个戴高帽的官员站在地方厅的台阶上宣布沙皇的命令……

在这幅画的下面注有摘自此画作者著的一篇文章上的引文，富有诗意地描写出十七世纪莫斯科的面貌，引文说：

> 克里姆林宫永远是城市的中心。莫斯科赖它生存。人民生活的巨浪由此浸浸着红场、契丹城的大街小巷……。红场也就是大市场，对莫斯科来说，也就像集议场与古罗马城的关系一样。这里建有宣读沙皇诏书的白石筑带栏干的圆高台。红场从早到晚麇集一些闲人和忙人。

这个孜孜不倦的艺术家把莫斯科这一时代的历史，还绘成其他的一些画幅，这些画都保存在博物馆内。这里有两幅克里姆林宫繁荣时代——十七世纪末叶的水彩画：《白城的有七座塔尖的塔楼》和《契丹城的斯巴斯水门》。观众在这些画上一眼就可看到筑有耸入云霄"伟大伊万"钟楼的克里姆林宫、契丹城墙、墙桅如林的莫斯科河岸……。这里还有一幅《木造城墙附近景色》的石版画……

只要凝视一下这些画，就会感觉到莫斯科开始了一个尖锐的社会对比时期，因为在克里姆林宫内那些华丽的石建屋宇几乎把以前那些朴素的木头建筑物全部挤掉，而在城的四周到处散布着那些用稻草盖的、破旧不堪的茅屋……

十七世纪在罗斯历史上是一个各省间商品交易加强和商品流转逐渐发展的时期。博物馆陈列有一些引人注目的图表，如"十七世纪俄罗斯国家的通商路线"和"由其他城市运入莫斯科的货物"，都说明了这个过程。非常清楚地看出许多广泛联系全国各城市和各乡村的水陆支线都汇集在莫斯科，把莫斯科变成了全俄罗斯的市场。俄罗斯与各国之间的国际贸易也扩大了。

莫斯科在十七世纪具有了商业城市特点的面貌。观众在博物馆陈列的许多陈列品中可以看出这些特点来。这里有 A·M·瓦斯涅佐夫绘的一幅水彩画，描绘出古老莫斯科的"树皮市场"和一幅鞋铺的画，这幅画是由高尔什金大使阿达姆·奥列阿利著的一本《莫斯科旅行记》（一六四七年出版）上摹绘下来的。这里还有一幅也是瓦斯涅佐夫绘的水彩画，描绘出斯巴斯克桥上一些书铺的情景。

莫斯科到处都有商业，就连白城和土城也是作买卖的，但是契丹城和红场是莫斯科整个商业活动的集中地。这幅《十七世纪莫斯科市场》的画，以及此画下面的说明就指出了契丹城商业的特点。这里的商业都按照摊床摆开，其中每一种行业专卖一定的货物，有木匠铺、旧衣铺、鞋铺、鱼行、青菜摊、锅铺、锁店、面包铺、点心铺，总共有七十多种不同的行业。

老早在莫斯科就已根深蒂固了的手工业生产，继续不断地发展着。博物馆陈列有一幅古画的摹本，描绘出当时的一个裁缝店的情景。在这部门的陈列品中，有一个古代陶窑的模型很惹人注意，这个窑是博物馆考古家于一九四六年在沃洛达尔斯基大街附近找到的。

但是，随着商业和手工业的发展，人民所受的剥削和压迫也更加厉害。农民在十七世纪完全被束缚在土地上，变成了地主的活财产。由于商业的繁荣，促使商人地位的提高，商人的财富也靠着农民和手工业者的劳动积累起来。后来，为了管理这个集中起来的国家，需要成立许多"下达命令"的衙门，这些衙门当然也是由农民和手工业者出钱来维持的。因此，十七世纪后半叶在莫斯科和全国的历史上标志着阶段矛盾非常尖锐的时期。

这种紧张局势是于一六四八年在莫斯科形成的。贵族莫罗佐夫和他的助手——法官普列谢夫和书记特拉韩尼奥托夫用各种舞弊行为、苛捐杂税和贪得无厌的行贿，引起了全国的愤怒。当莫罗佐夫为了补充沙皇国库把盐价提高十几倍时（当时盐由国家专卖），莫斯科人再也不能忍受了。他们迎面奔向由寺院返回首都的沙皇，送上一份"请愿书"，请求处分莫罗佐夫和他的一伙。但是，沙皇拒绝同人民谈话，沙皇卫队抓了几个控诉的人，并把他们送到刑讯室。想再向沙皇控诉，仍然是无效的。莫斯科人民当时对沙皇的司法失掉希望，乃用粗木棍、斧子和石头武装起来，猛冲克里姆林宫的尼柯尔门。

在画家 Г·Э·李斯涅尔绘的一幅《盐案起义》的大水彩画上，清楚地反映出这种情景。

在水彩画的旁边也有一张卷成卷的纸，这就是当时一般向上呈送的"请愿书"。在这张请愿书上写着莫斯科人向沙皇提出的一些真情实话，其中说：

> 我们用血泪向你陈诉，你的那些掌权的破坏誓言的人、平民的迫害者和吸血鬼、我们大家的毁坏者、全国的统治者——他们用一切方法来折磨我们，压迫和欺诈我们。

沙皇慑于人民的愤怒，把普列谢夫和特拉韩尼奥托夫判处死刑，为了使他的宠臣莫罗佐夫免受不可避免的刑罚，把他流放到辽远的寺院去。

沙皇为了压制人民的不满情绪，采取已经试验过的方法——搜捕和镇压，并制定了一部新法律全书——《沙皇阿列克谢·米哈伊洛维奇法典》。在一个陈列栏上陈列有摘自此《法典》第二章的一段内容说：

> 凡是在任何人群中传说或听到对沙皇陛下和他的贵族有谋叛行为或恶意诽谤不报者，处以死刑，绝不宽赦。

但是，被压迫阶级不顾沙皇的威胁，仍然不只一次自发地起义。

一六四八年又有一批新的"迫害者、吸血鬼和毁坏者"来代替已处死刑的普列谢夫和特拉韩尼奥托夫。一六五六年沙皇国库又空虚了，政府乃采取措施，伪造货币，用大量铜币代替银币，并令按银币同值使用，因而各种货物的价格猛涨。后来，于一六六二年劳动人民陷于绝望，乃投奔当时沙皇住在莫斯科附近的科洛姆纳村，要求收回铜币，并处罚发行的人，但是沙皇令卫士攻击群众，把他们赶向莫斯科河岸。有许多人被打死打伤，许多人淹死在河里。

在Г·Э·李斯涅尔绘的一幅《铜币起义》的水彩画上，描绘出沙皇这次镇压人民的悲剧情景。在此画的旁边陈列有摘自审讯参加起义人的"口供"（证词）上的一些话，说明人民起义的原因：

> 从前一个手工艺人同妻子一天买一个银币的面包就能吃饱，而现在他得用二十个银币才能买到过去一个银币所能买到的面包。

几十个人在刑讯室受折磨，许多人死在断头台上，但是第二年铜币就被迫停止流通了。

有一幅古画的摹本描绘被压迫阶级的另一起义事件，这是在顿河哥萨克人斯切潘·奇莫非耶维奇·拉辛领导下的农民起义，这次起义与"盐案起义"和"铜币起义"不同，它具有广泛的、全俄罗斯的性质，斯切潘·拉辛为了推翻沙皇官吏的政权，到处宣布废除农奴法，解放"有纳税义务的人"，免除各种徭役和杂税。农民军队曾占领了察里津、萨拉托夫和萨马拉。但这支军队在西姆毕尔斯克附近遭受失败。当拉辛回到顿河打算在这里重新召集军队时，有钱的哥萨克把他抓住，送到莫斯科处刑。观众在一幅画上，可以看到这位英勇的农民首领被锁在车上，运往莫斯科去的情景。他虽然带上了镣铐，但仍引起官方的恐惧。在车台上他的身旁站着两个手持月牙斧的卫士。一六七一年九月斯切潘·拉辛被处死刑。但是人民仍然怀念着他，在他们编的歌曲和故事里歌颂着他。

博物馆有不少的陈列品是纪念十七世纪莫斯科文化生活史的。

在建筑家克瓦林格绘的一幅画上，描绘出一所新建的美丽的"印刷场"，这是在这一世纪代替在波兰和立陶宛侵扰年代中所焚毁的古老建筑物，而修建起来的一所建筑物。

有一幅古画摹本描绘出那时的一所莫斯科学校的情况。

在陈列橱内保存有一个代书人挂在皮带上用的墨水瓶，很惹人注意。这个橱里还有装放当时写字用的鹅毛笔的"笔盒"、旧式烛台、锁、钥匙、一大套莫斯科手工艺人制的特种陶器。这些手工艺品是在雅乌札河口附近从前陶器村的领土内发掘出来的。

观众会很好奇地看到一根架在两个支柱上的很普通而一触即烂的木头，这是从地里挖出来的，过去是铺设莫斯科十七、十八世纪最热闹的一条木头马路用的一块木头。

博物馆所陈列的这些各种各样的陈列品，给观众展开了这个伟大城市五个半世纪的历史。看到在犹里·多尔哥鲁基时代那样小的莫斯科，竟变成了世界上最大城市之一，变成了形成俄罗斯民族文化的中心，变成了与优势敌人进行残酷战斗时保护了自己独特民族发展权利的强大俄罗斯国家的首都。

贵族和商人的莫斯科

大家都知道，一七一三年莫斯科已不是俄罗斯的首都了，沙皇彼得大帝和政府机关搬到一个新城市——彼得堡去了。

但是，莫斯科并没有因此衰落下去。由于这里有许多文化机关、工商企业和大量手艺精巧的匠人，莫斯科多世纪以来与俄罗斯一切城市的联系，以及数百年来人民把莫斯科当作罗斯中心的看法，这样就保证了这个城市进一步的成长和发展。

十八世纪的头二十五年由彼得大帝所颁布的关于整顿城市的一套兴革命令，就可看出莫斯科的情景。博物馆在陈列台上陈列有摘自这些命令中的一些最重要的命令，这些命令使得当时的莫斯科产生了一种特有的面貌。

远在一六九九年就颁布了一项打扫城市的命令，这是独创的卫生法律的起源，当时欧洲各国都还没有这样的命令。

彼得大帝为了防止莫斯科发生定期性的火灾，于一七〇一年命令在焚毁地点建筑石头的宫殿，并令贫穷的人建筑土房。一七一五年为此特别颁布了一项修盖房顶的命令，其中指出："各处的屋顶要用砖瓦和草皮盖，不许用板条和薄板。"

彼得大帝还很关心把莫斯科的弯曲街道弄整齐，下令在克里姆林宫和契丹城内建筑新房时，不许在庭院的深处而要沿街"成一条线"建筑。

一七〇〇年颁布了一项用"野石头"铺砌大街的命令，开始撤除过去用木头铺设的马路。一七〇五年彼得大帝又记起修筑马路的事，敕令所有到莫斯科去的农民，运送一定数量的石头。

一七〇九年禁止在克里姆林宫和契丹城内建筑木头房。但是五年以后，由于彼得堡缺少建筑石头建筑物的工匠，彼得大帝乃下令全国停止建筑石头建筑物，莫斯科也不会例外。

由于这一禁令和首都在彼得堡的关系，贵族都离开了莫斯科，莫斯科在彼得大帝时代的建筑物是保存得不多的。其中最著名的有克里姆林宫内的兵工厂大楼（古代的萨巴金塔楼曾因此大楼而得到今日兵工厂的名称），和建筑师 И·П·札鲁得内依建筑的所谓"敏什柯夫塔楼"（位于清水池附近电报局胡同内）。博物馆陈列了许多图片和版画，表示这些建筑物。

其中有一个陈列栏陈列着在这些年代由莫斯科市产生出来的一个机关——彼得大帝把它叫做"市政局"。这个市政局明显地表现了它的阶级特点。莫斯科居民被分成两个等级——"正式居民"和"非正式居民"。前者是掌握有生产资料的商人、厂主、小商人和手工艺人。后者是"贱民"，也就是那些"以当雇工为生和干粗活的人"。当然，只有那些"正式居民"才享有市政局的选举权。

有两件陈列品——一件是 М·В·聂斯契尔罗夫绘的画，另一件是所谓"留须证"的模型，可以看出这些年代莫斯科生活中的一些有趣的生活细节。彼得大帝见到俄罗斯古老的生活方式阻碍了俄罗斯经济和军事的迅速发展，他反对穿俄罗斯旧式长袍和留胡须。在聂斯契尔绘的一幅画上，可看到彼得大帝的士兵按照沙皇命令，在街上剪碰见的贵族所穿的长襟外衣。"留须证"是一块小四角形的牌子，付留须税以后，才发给此牌。在此牌上两面都刻有字，一面刻的是："已纳留须税"用以代替收据，另一面刻着带有宣传意义的几个字："胡须是多余的累赘"。

在彼得大帝时代，莫斯科开始建立了相当大的工业企业，如：制呢工厂、帆布工厂和供给日益成长的俄罗斯海军用的制帆工厂。博物馆陈列了一幅地图，标示这些制造厂的分布情况。

在彼得大帝执政以后的年代里，莫斯科具有了"贵族式首都"的面貌。有许多退职的高官携带着仆人、家属和一些食客，由彼得堡搬到这里来。还有在图拉和西姆毕尔斯克附近依靠剥削农奴劳动发了财的贵族，以及由梁赞、库尔斯克、宾金斯克等领地发了财的贵族，因嫌乡村生活枯燥无味也搬到这里来。于是也把一些投机商人引到莫斯科来。有一些手工艺人为了谋生也汇集在此地。

莫斯科大部分仍然是木头建筑物，但是石头建筑物显然日益增多了。定居在莫斯科的最富有的贵族建筑了宏伟的楼房，花费很多金钱装饰它。特别是在十八世纪后半期莫斯科建筑了许多雄伟的贵族庄园。那些年代中的许多杰出的建筑型式，就是现在也仍然是首都的装饰品。有许多水彩画、版画和图片描绘了这些建筑物。

博物馆的观众可在一幅彩色版画上，看到伟大的俄罗斯建筑家瓦西里·伊万诺维奇·巴仁诺夫以其伟大的天才在马赫夫拐角处朝向伏龙芝大街建筑的一所非常华丽的房子，现在这所房子已作为列宁图书馆。这里也有当代另一个俄罗斯著名的建筑师——马特维·费道罗维奇·卡札柯夫的杰作，这就是在哥罗赫夫大街（现在的卡札柯夫大街）建筑的拉祖莫夫伯爵官邸，今日这里已成为斯大林体育学院。这里还有 М·Ф·卡札柯夫在特维尔大街（现在的高尔基大街）建筑的莫斯科总督的官邸。在这所建筑物里很容易了解到莫斯科苏维埃大厦的情况。一九三九年因为要扩充街道曾拆除这所建筑物的一部分，后来在一九四五年这所建筑物改建成两层。这是一幅《彼得大帝的皇宫》（位于列宁格勒公路上）的版画，也是卡札柯夫的杰作。

在这些非常华丽的大厦的图片旁边陈列着十八世纪俄罗斯建筑艺术上的伟大代表人物的肖像，这些富有创造性的建筑物的遗产教育了俄罗斯的历代建筑家。

在十八世纪莫斯科周围建筑了许多华丽的庄园，形成一个"腰带"形状。博物馆陈列有许多水彩画、版画、照片，给观众说明阿尔汗格尔斯克领地（尤苏波夫大公的庄园）、库斯柯夫和奥斯坦金领地（谢列梅契夫伯爵的领地）、库兹敏克领地（高立岑大公的领地）的情景。这些贵族的庄园都是由农奴出身的工匠——建筑师、艺术家、雕刻家、木雕刻家被迫用自己的劳动建筑起来的。这些庄园都是艺术品，都是由下层社会的天才创造出来的艺术品，对于我们是非常珍贵的。

在十八世纪后半期莫斯科进行了"公用"的巨大建设事业。在一幅版画上画有沿着莫斯科河建筑的规模宏大的"教养院"，这是在一七六五～一七七二年为了收养孤儿和当时被人称作弃儿的私生子而建筑的。一七七九年开始建筑莫斯科头一批水道管，用了二十五年功夫到一八〇五年才建成。博物馆陈列有一件档案文件——叶凯德琳二世关于拨发建筑水道管用款的命令，说明了这是莫斯科城生活上的一件大事。

就连在彼得大帝时代所创办的一些莫斯科工业也逐渐发展起来了。到十八世纪末叶莫斯科已有了几十所相当大的工厂。

观众满有兴趣地看到一所"呢绒宫"的外貌。在陈列台上并列摆着摘自档案上有关这个纺织厂工人控诉的引文，描绘出真正暗无天日和可怕的生活。

工人要求不要强迫他们在企业附近老板开设的小饭铺和杂货铺买东西，因为"这些铺子卖的东西价钱非常贵，因而我们在小饭铺吃东西很不合算。"他们控诉工厂经常降低工资，控诉甚至在契约期满以后还把被雇的工人（非农奴）扣留在纺织厂内，控诉在规定工作时间以外无偿地强迫做各种杂活，其中包括站岗。"由于站岗——工人控诉说——我们往往受很大的罪，没有吃，没有工资。"最后，大多数人都控诉老板和监工头的虐待，他们说："这些狗东西往往用鞭子死命地打人，并给带上镣铐拘禁起来。"

在莫斯科的工人居住地和服侍豪华宫庭和庄园的奴仆中间，对压迫者的仇恨逐年加深，终于要找时机爆发出来。一七七一年这个时机到来了，当时生活在难以形容的暗无天日里的"呢绒宫"工人中间发生了鼠疫，瘟疫很快地传遍了莫斯科，一年功夫就死了几十万人。莫斯科人民，对这个可怕的灾难陷于绝望，对于商人、贵族和大官员纷纷逃离莫斯科，毫无办法消灭这个瘟疫感到十分愤怒，奋起反对当局。莫斯科的广大群众纷纷起来捣毁官员的官邸。博物馆陈列有一幅描绘这次起义的一个场面的水彩画，这是从贵族历史家称作"鼠疫暴动"取来的题材。

在这幅水彩画的下边注有摘自叶罗波金将军向彼得堡递呈报告中的一段原文：

> 人民由于激怒，像一群猛兽，发生了这次暴动……。在这次暴动中，他们专找贵族人员、包揽词讼者、工厂人员，特别是那些分裂派信徒。这次鲁莽行动，迫不得已使我们放了几炮和几枪，击毙百余人，逮捕了二百四十八人，其中有一些人受了伤。

"鼠疫暴动"以后过了两年，莫斯科又燃起了人民的愤怒火焰。在遥远的叶克河上（乌拉尔）哥萨克叶美连·伊万诺维奇·普加乔夫联合了贫穷的哥萨克人起来反抗贵族。在很短期间内这次运动就漫延到乌拉尔、伏尔加河的中下游。贵族抛弃他们的领地逃走，大多数人都逃到莫斯科来。人民竞相传告，都说不久就可解脱贵族的那种不能忍受的压迫。莫斯科也是人心动荡。观众可在博物馆的陈列台上读到一段很惹人注意的引文，这段引文是从叶凯德琳时代的一个贵族作家和农学家 A·T·巴洛托夫著的回忆录上摘下来的，可以从中看出当时莫斯科人民大众的心情。他说：

> 所有的农奴和我们的奴仆还没有看到普加乔夫就已暗地里归顺了他，一般说来他们的心中都是七上八下地等待着那个还在远方的普加乔夫，早日迫近莫斯科来燃起人民暴动的火焰。

但是纯朴人民的心愿未能实现。伏尔加河那边调来了精锐的部队，一七七四年底他们把俘获的叶美连·伊万诺维奇·普加乔夫装在木笼里运到莫斯科来。一七七五年一月十日在巴洛特广场将他处死。在当时亲临现场目睹处刑的 A·T·巴洛托夫绘的一幅画的摹本上，出现有贵族政府将这个农民领袖处刑时的凄惨场面。

博物馆的观众可以看到位于契丹城复活门附近现已不存在的一座建筑物（现在这里成为历史博物馆）的模型。一七五五年春根据 M·B·罗蒙诺索夫建议在这里创立了俄罗斯第一所大学。俄罗斯的这所高等学府在俄罗斯文化史上起了很大的作用。莫斯科大学的许多学生都获得了俄罗斯科学、文学和艺术上的荣誉。

在这个古代建筑模型旁边陈列着一个陈列台，这是专为纪念莫斯科大学创始人、俄罗斯科学和世界科学的奇才——米哈依尔·瓦西里耶维奇·罗蒙诺索夫而设的，普希金曾说过："罗蒙诺索夫创立了第一所大学。最好是说他本人就是我们的第一个大学校。"观众在这里可以看到这位科学思想泰斗的画像，在他的著作旁边摆有他生前出版的两本古老的教科书，一本是梅列基·斯莫特立采奇著的《文法》，一本是列昂基·马格尼采奇著的《数学》。这两本教科书不只教育了当时一代的俄罗斯人，其中也有米哈依尔·瓦西里耶维奇·罗蒙诺索夫，他以后把这两本书叫做《我的学问入门》。

　　不远处陈列着亚历山大·尼古拉耶维奇·拉迪谢夫和尼古拉·伊万诺维奇·诺维柯夫的画像。А·Н·拉迪谢夫是《彼得堡至莫斯科旅行记》名著的作者，他是第一个公开在俄罗斯书刊上号召消灭农奴法和推翻专制政体的人，他的大部分青年时光是在莫斯科度过的。Н·И·诺维柯夫是一个出版家，他的活动在莫斯科最为广泛。他在莫斯科大学租用的印刷厂里刊印了大批书籍，销行全俄罗斯。

　　博物馆陈列中有一幅在一七八〇年建筑的《彼得罗夫大剧院》的水彩画，这是因为这个大剧院位于彼得罗夫大街拐角处而得名的（现在这里已成为大剧院）。当时为了建筑和装饰这种巨大的建筑物总共只用了五个月的时间，因而剧院开幕时在开幕词中特别指出这点，惊动了全体观剧的人，观众在水彩画的下面可读到开幕词的一段原文：

> 仅仅在很短的日子内就建成了这样巨大的建筑，
>
> 而且还把它弄得很体面，——
>
> 难道这是可以想象得到的吗?!

　　这个建筑开始了莫斯科大剧院的光荣史，它成为俄罗斯音乐和舞蹈艺术的重要的培养场所。

　　邻近的几个陈列台是纪念十八世纪俄罗斯伟大统帅——亚历山大·瓦西里耶维奇·苏沃洛夫而设的。莫斯科和全俄罗斯人民有权为这位著名人物而骄傲，他创立了新式的军事学校，他为俄国建立了驰名全欧洲的军功。苏沃洛夫生在莫斯科，他在这里度过了童年和青年时代。博物馆描绘了尼基塔门（在赫尔岑大街四十二号）附近一所房子的外形，上面挂着一块注有"А·В·苏沃洛夫曾住在此处"字样的门匾。

　　苏沃洛夫的油画像栩栩如生地表现出他那种特有的面貌，并有许多的版画、石版画、铅笔画描绘出他在作战上的丰功伟绩。翻印的苏沃洛夫著的《胜利的科学》第二版（一八〇九年版）第一页，是很重要的，这位著名的统帅把这一页叫做《我的战术原则简述》。在博物馆的陈列台上陈列着许多摘自士兵歌颂苏沃洛夫的军歌中的引文，这些引文显明地说明俄罗斯军人对他们统帅的崇高评价。

　　博物馆专设一个陈列部门来纪念俄罗斯人民抵抗一八一二年法国侵略俄国的斗争，莫斯科在这次斗争中起了非常重要的作用。

　　大家都知道，拿破仑率领由德国人、荷兰人、意大利人、瑞士人和波兰人编成的大军，于六月十二日未经宣战就侵入俄罗斯边境。俄罗斯军队由于数量少不能抵抗拿破仑的大军，开始向国内后方撤退。这次撤退引起人民非常不满，于是沙皇亚历山大一世宣布组织后备军抵抗敌人，博物馆观众可在一幅图画上，看到成群的莫斯科的自卫军。普希金后来回忆人们那种爱国热情的情景时说：

> 你记得：军队一队跟着一队像水似地流过去，
>
> 　　　　我们与年老的乡亲分别了。
>
> 　　　　就是有军事科学庇护我们，
>
> 　　　　也不愿毫无作为地回来；
>
> 　　　　我们只美慕那些视死如归的人……

　　全国都要求任命老将军、苏沃洛夫的战友——米哈依尔·伊拉里昂诺维奇·库图佐夫为统帅。亚历山大一世因嫌库图佐夫独立不羁，不大喜欢他，但此时在社会舆论压力下也不得不让步。观众在博物馆里可看到这位受人称赞的统帅的画像。在此画像下面注有摘自Л·Н·托尔斯泰伟大史诗《战争与和平》上面的一段话：

不顾皇上的意志，

而是按照人民的意志，库图佐夫被选为统帅。

拿破仑大军日益迫近莫斯科。贵族和商人开始弃城逃跑。博物馆有一幅画绘着许多轿车、拉货大车正从莫斯科开出。

八月二十六日在波罗金诺的旷野上展开了史无前例的大战，不论在军队数量上和激烈程度上都是空前的。后来拿破仑称这次战争为"巨人的会战"。博物馆陈列了一幅地形图，表现两军开战前的配备情况。观众可看到库图佐夫用的一支望远镜和他的皮夹子（模型）。此外有许多图画和版画描绘出这次会战的一些个别情节。这里还陈列有一八一二年俄罗斯军人使用的各种武器——长枪、手枪和战刀，以及由波罗金诺原野上收集来的大小炮弹丸。

拿破仑驱使他的军队数次进攻库图佐夫的坚固阵地，但是每次都被击退，遗尸遍野。拿破仑在夜间把他的军队撤离波罗金诺。战场仍归俄罗斯人所有。过了几年拿破仑被囚禁在圣耶林纳岛上，他在回忆录中写道："在我指挥的所有各次战争中最可怕的一次，是我在莫斯科附近指挥的战争。法国人不愧为胜利者，可是俄国人获得了不可战胜的权利。"

库图佐夫虽然在波罗金诺会战获得了胜利，但仍按照事先拟定的计划，下令向莫斯科撤退。九月一日库图佐夫在莫斯科附近的一个小村庄非立（现在这个村庄已划入莫斯科市区）召开了军事会议。博物馆陈列了一幅保存在特列恰可夫画廊①里画家 A·基夫申柯名画的复制品，描绘出这个具有历史意义的事件。俄罗斯军队的将军们集合在一所普通的农舍里，年迈的大元帅坐在一个屋角里，将军们的面孔都很激动，正在解决这样一个问题：与敌人进行莫斯科保卫战，还是把古老的首都让给敌人。大多数人都赞成进行保卫战，但是库图佐夫却下令撤退。在这幅画的下面注有库图佐夫出席军事会议时说的一段话，他说：

拿破仑是一股狂暴的洪水，我们还不能阻挡住它。莫斯科就是一个大嘴，将把拿破仑的急流一口吞下去。

九月一日夜间俄罗斯军队开始撤离莫斯科。九月二日昼间法国的先遣部队进入莫斯科，这个带有戏剧性的情景，绘有一幅图画。

法军进城后，莫斯科各处立即燃起大火。九月三日夜全城各角落都燃烧起来了。有一幅水彩画和一些当代人绘的写生画，画出火烧莫斯科城的情景。

占领古都莫斯科，正如库图佐夫所预见的，并没有给侵略者带来一点好处。在莫斯科周围、在法军的交通线上越来越激烈地燃烧起全民游击战的火焰。农民和市民自动地编成小队和支队，袭击掉队的法军士兵和征粮人员，几十几百地把他们消灭掉。博物馆陈列有一幅这种游击队领导人的照片（这是从当代人绘的图片照下来的），这个领导人是莫斯科附近巴夫洛夫村的农民，名叫杰拉西姆·库林。这幅画是很生动的，描绘出农民出身的游击队员，就在吓呆了的法军炮兵面前，大胆地拉走大炮的情景。

为了打游击战曾成立了一些由俄罗斯军队指挥的骑兵特别支队。在博物馆的墙上陈列有这些支队的一些著名的指挥官如：Д·B·达维道夫、И·C·道洛赫夫、A·C·非格涅尔的画像。

---

① 现多称"国立特列恰科夫美术博物馆"，位于莫斯科，由俄国纺织业巨子帕维尔·米·特列恰科夫、谢尔盖·米·特列恰科夫兄弟于 1856 年创立，当时称为"特列恰科夫画廊"，1881 年对外开放，1892 年，帕维尔将兄弟两人的所有收藏品捐献给莫斯科市政当局，1918 年，博物馆收归国有，下同。

当法国人捕获到游击队员时，就非常残酷地把他们处死。在一幅此事件目睹者绘的图画上，描绘出在克里姆林宫枪毙一批游击队员的悲惨情景。

后来在十月间拿破仑意识到继续占领莫斯科就有全军覆灭的危险，于是决心撤离莫斯科。在他撤离以前，曾下令破坏克里姆林宫、宫墙、塔楼，并烧毁在九月大火没有烧掉的一切建筑。但是，已经瓦解了的法军士兵没有十分确实完成这个命令，而且由于倾盆大雨妨碍了放火者，但仍然破坏了不少的建筑。火药库的一部分建筑被炸毁，几座克里姆林宫的塔楼、"伊万钟王"、希蒙诺夫寺院和其他一些建筑物也都被炸毁了。有一幅水彩画和一些从当时人绘的图画摄成的照片，描绘法军撤离莫斯科的情景。

有一张画绘有克里姆林宫尼古拉塔楼被炸后塔顶塌毁的情景。

保存在博物馆的几张一八一二年莫斯科的平面图，非常引人注意。有一张图标示出城内被火烧毁的部分，另一张图标示出被爆破毁坏的部分。因而莫斯科保留下的建筑物就不多了，九千多所建筑保存了二千五百余所。城内有四分之三的地方都成了废墟……

拿破仑撤离莫斯科后，向南奔向卡路格，打算在这里补充一下给养，以便向西作长途行军。但库图佐夫在小罗斯拉夫里打断了拿破仑的去路，因而拿破仑只得转向库图佐夫给他留下的唯一去路——奔向莫日依斯卡，这座城已被"胜利者"法军由斯摩棱斯克向莫斯科推进时，烧光抢光。

从这一天起战局无可争辩地完全决定了。"不可战胜"的拿破仑改穿普通军官的服装逃回法国。在拿破仑率领入侵俄罗斯的几十万"大军"中，生还西欧的仅有几万人，其余的人则把他们的尸骨遍布在他们所梦想征服的国土上。

莫斯科在法军破坏后不久就恢复了常态。在烧毁的木头房子的地基上，建筑起新的房子，不断地出现石头建筑物，其中许多建筑都是由头等建筑师——О·И·保越、Д·И·德日梁尔基、А·Г·格立高尔耶夫按照"安比尔"① 古典格式建筑起来的。

在这些年代里曾建筑了跑马厅、萨梁卡十四号大街的监护会议院大厦、诺汶斯基大街（现在的柴柯夫斯基大街）的嘎嘎林大公爵官邸、波瓦尔斯基大街（现在的沃洛夫斯基大街）的育马场（现在这里已成为高尔基博物馆）。О·И·保越把烧毁了的彼得洛夫大戏院建成莫斯科人最熟悉的大剧院，Д·И·德日梁尔基修复了被火焚毁的莫斯科大学大厦（这所大厦过去是М·Ф·卡札柯夫建筑的）。这些十九世纪头三十年莫斯科所建筑的优美样式，可在博物馆陈列的一些水彩画、版画、照片上看到。从十九世纪二十年代中期起，莫斯科就比一八一二年以前的莫斯科更加美丽了。

这些年代在普列奇斯金卡、奥斯托仁卡，阿尔巴特、波瓦尔斯基等地区内，不仅建筑了许多华丽的贵族宫殿，而且还建筑了不少贵族的私邸，由这种建筑的外形来看就知道住在里面的人是很闲逸的。有一幅画说明了这种寄生生活的经济基础，这个基础就是一些穿着破草鞋和烂衣服的农奴，从他们的乡村把一些食品——成袋子的米面、白菜、黄瓜、各种果子酱、熏鸡、腌肉等等，供给住在莫斯科城里过冬的老爷们。

但是一八一二年的英雄史诗对于贵族阶级来说，并不是不留痕迹地滑了过去。起来了一代新的贵族青年人，他们寻求实现某种"理想"来代替获得"农奴"，来代替追求官职和爵位；他们幻想消灭农奴法，限制或者甚至于推翻沙皇专制政体。于是就发生了贵族解放运动，后来这次运动的活动家由于在圣彼得堡起义失败的日期——一八二五年十二月十四日，起名叫作"十二月党人"。莫斯科以这些著名的十二月党人——И·Д·雅库什金、М·Ф·奥尔洛夫、А·М·穆拉维耶夫、П·А·穆汗诺夫、Н·

---

① "安比尔"一词俄文原文为 Aмпер，意为拿破仑一世时代的建筑装饰式样。——译者注

И·屠格涅夫和普希金的朋友 И·И·普申等生活在此城内，而感到骄傲。博物馆陈列有这些人的画像。

有几个陈列栏是为纪念俄罗斯诗学和世界诗学的太阳——我国伟大诗人亚历山大·谢尔杰耶维奇·普希金而设的，他的生活和创作与莫斯科有着最密切的联系。

有一本从一七九九年出生登记册上抄下来的有关这位诗人诞生事迹的副本，很惹人注目，上面写道："五月二十七日住在十六品官员伊万·瓦西里耶夫·斯克瓦尔佐夫庄园内，有一位名叫谢尔杰·李沃维奇·普希金的居民家里生了一个儿子——亚历山大"（这个记录是按照原用正字法抄下来的）。人们在巴乌曼大街十号房作了一块纪念匾，这是因为在出生登记册上提到从前这里曾有一所房子。

在画家 Б·С·杰珉柯夫绘的一幅水彩画上，绘有一所早已不存在的筑有顶楼的一层木质房子，这所房子位于大哈立通尼耶夫胡同（现在的八号房），普希金童年时（一八〇三年到一八〇七年）曾住在这里。П·谢列梅契夫绘的一幅水彩画，绘有为普希金所称赞的莫斯科附近的札哈尔银诺小村，普希金从一八〇六年至一八一〇年的夏季曾在此小村住过。

在一幅特制的"普希金在莫斯科的地点"的图上，标有一百多所曾为普希金住过或到过的房子。其中有一个地点是金娜依达·沃尔康斯卡娅的沙龙（位于高尔基大街十四号房内），这是博物馆陈列的画家 Г·Г·姆雅萨耶道夫绘的一幅画的摹本；另一个地点是诗人 Д·Д·汶涅维琴诺夫的房子，这所房子到现在还保存在克立沃柯林胡同四号，普希金曾在这里初次朗诵完《波里斯·戈都诺夫》一书，在 Б·С·杰珉柯夫绘的一幅水彩画上绘有这所房子。

在一张照片上照有在自流花园街上的十二号房，十二月党人尼基塔·穆拉维耶夫即是亚历山大·格立高尔耶汶·穆拉维耶夫的妻子同她的父母曾在这所房子住过，她曾自愿跟着自己被流放的丈夫到西伯利亚去。这所房子之所以在俄罗斯文学史上值得注意，是因为普希金曾托穆拉维耶娃雅给流放的十二月党人带去一封著名的信，在这封信上说：

> 在西伯利亚的矿藏的深处，
>
> 保持着高傲的耐心；
>
> 不要丢掉写你们那种富有悲伤情调的作品，
>
> 不要忘掉你们那种崇高理想的愿望。
>
> 十二月党人——诗人 А·И·奥道耶夫斯基回给普希金的一首诗说：
>
> 我们不会丢掉写我们那种悲伤的作品，
>
> 因为，星星之火足以燎原……

过了七十五年列宁创办革命马克思主义者的头一份全俄罗斯报纸时，把它叫做《火星报》，这就是从十二月党人回答普希金的那句预言"星星之火，足以燎原"摘下来给这报题的名。

有许多陈列品也反映出普希金在创作上与莫斯科的联系。博物馆把他在莫斯科著作的和有关谈到这个光荣城市的一些作品，列成一览表。在此表的第二张上列有这样一些俄罗斯文学和世界文学的杰作名称，如：《波里斯·戈都诺夫》、《耶夫杰尼·奥涅金》的第七章、《奥涅金旅行记》以及其他一些作品。

观众会注意到一个模型，这就是那个非常著名而为莫斯科人所喜爱的、树立在普希金广场的普希金铜像模型。这个模型有一公尺高，是在杰出的雕刻家——已故的 А·М·奥别库申院士亲自指导下铸成的。这位雕刻家曾用了很长的时间作这个雕刻品。在博物馆陈列的这个模型，显然就是他最后做的一个模型。虽然这个模型与铜像很相似，但多少还是有点差别。

十九世纪前半叶在莫斯科历史和全国历史上标志了一些著名事件——十二月党人的运动和俄罗斯文

学的兴盛。同时莫斯科的经济也有了迅速的发展，把它从一个"贵族式的首都"变成了一个工商业的首都，出现了代替贵族阶级统治的资产阶级。

博物馆陈列了一幅地图，在图上用圆圈标示出莫斯科于一八三一年设立的一些工业企业，非常清楚地说明这一点。工业企业的数目比十八世纪末叶增加了很多。有一张莫斯科居民统计表非常引人注意，这张统计表是与一八三一年比较，按照阶层分类统计的。当时商人阶级在数量上已经超过了贵族。

在画家萨伊托夫画的一幅水彩画和其他一些陈列品上，显示出建筑在莫斯科河外边的一些典型的商人住宅。这些住宅与贵族的独立庭院有很大的区别，虽然这些住宅主人的财富并不次于中等贵族。这种建筑质量好而坚固，没有任何"浮华的设计"。这里的一切都要求舒适方便。高大的围墙、坚固的大门使人有一种生活闭塞、避人耳目的感觉。

在十九世纪三十年代画的一幅石版画上，描绘出一个商人全家游玩的情景。贵族阶级在这个时期还看不起商人，认为他们是从农奴出身不久的"平民门第"，但是商人本身已经感觉到自己的力量。你看那个充满优越感的商人，穿着长襟大礼服，戴着高大的礼帽，昂首阔步地走在全家的前头，而他那盛装的老婆和养得肥胖的女儿每移动一步，风儿就把她们的宽大长裙轻轻吹动……

在这幅石版画旁边陈列着摘自 В·Г·伯林斯基于一八四四年发表的《圣彼得堡和莫斯科》一篇文章上的一段话，他说：

> ……莫斯科逐渐分成商业区、工业区和手工业区。它把棉织品供给全俄罗斯，莫斯科远近各地和各县都布满了工厂。你在莫斯科到处都会遇见商人，所有一切都告诉给你，莫斯科主要是一个商人阶层的城市。

发展工业和活跃商业都需要改善交通。一八五一年莫斯科隆重地纪念通往圣彼得堡第一条铁路的开放。这条铁路全长六百余公里，是当时世界上最长的一条铁路。博物馆的观众可在那些年代绘的版画上，看到由莫斯科开出第一列火车的那种有趣的情景。一辆微不足道的小火车头与我们现在常见的"ФД"和"ИС"火车头比较起来，简直像玩具一样，拉着一辆类似旧式四辆马车的客车和两节敞车——一节敞车坐的是军乐队，另一节坐的是一队士兵。

在阶级矛盾日益滋长的情况下，从四十年代起就开始燃烧起新的社会运动，反对买卖农民的奴隶制度、沙皇的专制政体和官吏的专横。博物馆陈列有许多著名的莫斯科人——这次运动的主要活动家的照片。

这里有著名的革命民主主义者、伟大的政论家和文学批评家维萨里昂·格里高尔耶维奇·伯林斯基的照片，伯林斯基对于俄罗斯文学进一步发展有着良好的影响。这里也有亚历山大·伊万诺维奇·赫尔岑的照片，他是一位杰出的作家和革命战士，他是俄罗斯自由刊物在国外的创始人，列宁描写他的为人时说："他在十九世纪四十年代农奴时代的俄国，达到了与当代最伟大的思想家并驾齐驱的高度。"[1] 这里还有诗人、政论家和革命活动家尼古拉·波拉东诺维奇·奥格列夫的照片，他与赫尔岑在伦敦刊行了《北斗星》杂志和著名的革命杂志《钟声》……。使农民从农奴制度下解放出来，就是鼓舞这些光荣战士争取自己国家美好未来的最近的政治目的。

从十九世纪五十年代末起，农民反对地主的起义越来越多，而且声势越来越浩大。沙皇政府怕引起总的爆发，乃于一八六一年废除农奴法。从此时起莫斯科由于流入了大批谋求工作的农民，人口激增。

---

① 《列宁文选》十八卷第九至十页。——原文注

博物馆陈列了一些图表，反映出十九世纪后半叶莫斯科发展的情况。十九世纪六十年代初莫斯科的人口不到四十万，八十年代初有七十五万余人，而到这一世纪末叶有一百余万人。四十年之间新人口的洪流就超过了从前七百年慢慢发展起来的人口。

新兴的工业企业在莫斯科一个跟着一个建立起来。博物馆有许多照片、石版画、水彩画描绘有这一时期的一些工厂，如商人波罗郝夫办的印花工厂，这所工厂是在十八世纪末期创办而在十九世纪后半时期发展起来的。现在这所工厂已成为规模宏大的纺织联合企业——"Ф·Э·捷尔任斯基三山纺织工厂"的一小部分。这里可以看到一个具有事业心的法国人博洛卡尔办的香料工厂的情景，博洛卡尔靠着残酷剥削工人几十年，竟由一个小手工肥皂商人成为拥有百万资本的资本家。另一个外国人顾让开办了制造钉子、螺丝、电线、屋面铁皮的工厂。十月革命后，苏联规模宏大的"镰刀和锤子"冶金工厂就是在这个简陋企业的基础上创办和发展起来的。

与莫斯科资本主义工业化的同时，开始了大规模的铁路建设。十九世纪七十年代初铁轨就已从莫斯科伸向俄罗斯各处，在这时期照下的一些照片上，可以看到莫斯科的头一批车站情景。大量的移民通过这些车站流入莫斯科，就是在莫斯科工厂加工用的原料也运到这些车站来。博物馆陈列有一张"莫斯科是十九世纪的铁路枢纽"照片，就说明了莫斯科的作用，它是俄罗斯贸易交通的最重要的交叉点，随着铁路的发展它的作用更为加大了。

莫斯科在十九世纪最后十年内大大地改变了它以前的面貌，获得了典型的资本主义城市的轮廓。大量的人群不断地从俄罗斯各角落流入莫斯科，人们对住所的需要激增，因此，占有地皮的人为了追求利润，便将自己的单层小木头房子拆毁，急忙地建筑所谓"有收入的房子"——三四层的石头楼房。

虽然莫斯科的建筑不断地增加，但仍未能消灭掉那些木头房子。在市区工业企业的周围建立起了工人住的村镇，这些村镇都是匆忙钉在一起的、不成样子的茅草房和木板房。在画家О·马林诺夫斯基画的一幅画上，描绘有这样的村镇，可是这幅画很难更深刻地表现出那种贫困、简陋、肮脏的情景，也许是画家用的颜邑太浓，多少失去了真实性。这是当时莫斯科另一个工人区——所谓"卡洛门卡"区，靠近顾让办的工厂。这个地区是用照相机的公正的镜头拍摄下来的，同样使人感觉到这个地方是陋巷、肮脏、贫困……

这里还有一个很细致地表现出莫斯科工人宿舍布置的模型，一大间屋子被隔成许多小房间。在绳子上挂上旧被、破被单，用破布缝起来的窗帘当作隔墙。工人的全家都栖居在这样隔起来的一间小屋里，全家人一个挨着一个地睡在仅有的一张床上，床上睡不了的人就并列睡在脏地板上。没有一分钟得到安静、休息。当这个小屋的人刚躺下睡觉；而另一间小屋的人起来去上夜班；在第三间小屋有一个女孩子不停地踏着缝纫机，吱吱地响着赶制定活；在第四间小屋里有一个生病的孩子在哇哇啼哭……

莫斯科的"社会地理"在十九世纪后三十余年，具有非常明显的阶级性质。在莫斯科中心设备完善的华贵楼房里，仅仅住着一些地主、厂主、银行家、大商人、达官和付了高价被审定合格的知识界。工人们完全被排挤到城郊去。

但是，在资产阶级住宅区中间仍然保存有各种各样的禁区和城市贫民的独立住宅。其中最显著的是札尔雅基耶市场和赫特洛夫市场（现在的高尔基广场）。

博物馆陈列了札尔雅基耶一所房子的模型，这所房子是朝向院子一面的。人们一眼就可看出这所房子的建筑特点，因为在进门处周围有许多突出的走廊。第二层楼上的住户要想回家时，必须从外面顺着梯子爬上走廊，才能进家。这是房主借着这种"合理化"可以避免牺牲掉楼梯间占用的地方。

博物馆用各种陈列品反映出"赫特洛夫"居民的生活。观众可以看到市场的广场、小饭馆、破布旧衣摊。画家 B·A·西莫夫绘的一幅水彩画很惹人注目，这幅画描绘出排列在小客店门前的行列。西莫夫很生动地描绘出被资本家解雇的各型人物。

博物馆陈列的许多陈列品，说明资本主义化的莫斯科的城市经济。观众可以看到 A·M·瓦斯涅佐夫绘的一幅描绘十九世纪八十年代苏哈列夫广场（现在的集体农庄广场）情景的大幅水彩画，在广场的中央是在十七世纪末期建筑的苏哈列夫水塔，从前这里设立一所俄罗斯技术学校——彼得大帝创办的一所研究数学和"航海"学的学校（因为这所学校妨碍城市交通，于一九三四年搬到别处去了）。观众对这幅画不只注意到苏哈列夫水塔，在这幅画的前景是一个设有水池的配水喷泉，喷泉的周围放有许多担水桶。左边完全是乡村景色，有一个年青姑娘挑着水桶。并列着是一个双手提着水桶的男人，和一个拿着大肚茶壶跑向水池来的小女孩。像这样的水池，观众也可在画家 B·杰列尔绘的卢拜广场（现在的杰尔仁斯基广场）的画上看到。

住在这种配水喷泉附近的莫斯科人认为比那些住在城郊的人幸福，因为那些人在十九世纪末叶还是从池塘和水井里汲水。

莫斯科仅在一八九〇年才开始装置自来水管，来补充旧的梅奇申斯基自来水网。博物馆陈列有一张十九世纪九十年代莫斯科自来水管网分布图。由图上可以看出越接近市中心，自来水管网越密。虽然装设自来水管的款项是从全体住户、其中包括工人住宅区收集来的，但市政局还是首先尽力保证住有资产阶级的市中心的用水。

一八九八年莫斯科终于装设了下水道。但是下水道网也都分布在中心地区，而在城郊仍然是长期保存着污水坑。

城市交通方面的情况也是很坏的。观众在一张照片上可以看到一辆类似狭长的四轮大车的旧式马车，在车上两边背靠背坐着八个人，两个人坐车后面，第十一个乘客与驾驶双套马的马车夫并排坐着，这就叫做大型带盖的马车——也就是莫斯科头一批公用的多座马车。莫斯科的这种大型带盖马车是在十九世纪四十年代出现的，在莫斯科生活中一直保持到一九〇三年。

一八七二年曾修筑了头一批用马拉客车的铁路。在十九世纪八十年代照的一张谢尔普郝夫斯基广场（现在的道布雷宁斯基广场）的照片上，观众可看到两匹马在铁轨上拉着一辆装有六条板凳的小客车。

有一个模型表示出进一步改善了的城市交通工具——行驶在铁轨上的双层马车。

莫斯科的第一辆电车是在十九世纪末——一八九九年出现的。莫斯科的旧式电车厢又小又低，与行驶在铁轨上的马车没有多大区别，二十世纪初在莫斯科的各种类型的大街上都可看到这种电车。

通过一件件的陈列品，在观众面前展开了带有一切矛盾的资本主义化的莫斯科的面貌，这些矛盾就是商人住宅的豪华和工人住区的贫困，突飞猛进的工业和城市经济的落后。

十九世纪后半期的莫斯科生活，不仅表现在这些对照上。由于机器工业和铁路、批发贸易和银行事业的迅速发展，地主想使农业合理化，提高地产的收益，都提出了培养大量供使用的知识分子的问题，因而莫斯科在这些年里增加了许多高等学校。

有一张照片照的是一八六五年在彼得罗夫·拉祖莫夫村建立的一所"农林学院"的楼房，后来在这个基础上发展成为我国最大的一所农业高等学府——季米梁节夫大学[1]。

在另一张照片上照的是在一八七二年开办的女子高级训练班的楼房，这是我国在莫斯科给妇女创办

---

[1]　现多称"季米里亚席夫农业大学"，刚成立时被称为"彼得罗夫农学院"，后为纪念俄罗斯植物生理学家克·阿·季米里亚席夫（1843～1927）而改名。

的头一个高等学校。

就在这个时期还创办了头一批莫斯科比较大众化的文化教育机关——博物馆、公共图书馆、图画陈列馆，其中有许多机关是在苏维埃时期大大地巩固和发展起来的，一直到现在还继续着它们的活动，这是俄罗斯文化引以自豪的。博物馆陈列有许多版画、图画、照片，表明其中一些著名机关的建筑物，如鲁勉柴夫图书馆，这个图书馆在一八六二年成立时只有二万八千五百册藏书，到现在已变成世界上最大的书库——拥有一千六百万册藏书的苏联国立列宁图书馆①；如一八七二年成立的工艺博物馆②；一八八三年开办的历史博物馆③；和反映俄罗斯绘画艺术最伟大的宝库——特列恰可夫绘画陈列馆④。

俄罗斯文学上的许多著名人物都在莫斯科生活和工作过，他们在这里创办和发展了我国科学、文学和艺术上的许多基地。博物馆有许多陈列品反映了莫斯科在这方面的历史。

有一个陈列台陈列着莫斯科小剧院的建筑物，以及这个剧院在一八八八年成立的剧团的全体人员。在这陈列台附近有一张伟大俄罗斯戏曲家 А·Н·奥斯特洛夫斯基的画像。这位戏曲家的全部创作事业与小剧院有着最密切的联系。因此，十九世纪八十年代的莫斯科人把这个剧院称做"奥斯特洛夫斯基之家"，而且给这位伟大戏曲家作了纪念像，都不是偶然的。雕刻家 Н·А·安得烈夫作的雕像是在我们这一时代（一九二九年）造的，已安装在小剧院的墙壁上。

观众就在这一部分可以看到一八九八年于莫斯科创办的"通俗艺术剧院"的剧团照片，这个剧院是由著名的舞台艺术革新者 К·С·斯坦尼斯拉夫斯基和 В·И·涅米罗维奇·丹钦柯两个人创办的。后来这个剧院以莫斯科艺术剧院闻名，对全世界戏剧文学起了很大的影响。在一个陈列台上陈列有这个剧院创办人和初期（一八九八～一九〇〇年）主要演员的画像。

这一系列的陈列品，令人回想起莫斯科对于创造优美的俄罗斯文学这一伟大事业的巨大贡献。

在一张照片上照出位于道尔高·哈莫夫尼克胡同（现在的列夫·托尔斯泰大街二十一号）的一所简陋的两层楼房，世界文学巨人、伟大的俄罗斯作家列夫·尼古拉耶维奇·托尔斯泰曾在此处居住和工作了许多年。托尔斯泰的创作也和普希金的创作一样是与莫斯科有着不可分的联系，在他著的那部动人的史诗《战争与和平》内有很多篇幅是献给莫斯科的，他的作品的一览表包括了全部或部分在莫斯科和莫斯科附近写的作品，据编目提要者的统计就有一百多种。

在 Б·С·杰珉柯夫绘的一幅水彩画上，画着位于清水池大街二十一号一所外表一点也不惹人注目的普通房子。在十九世纪和二十世纪之际，莫斯科许多进步文学家每周星期三经常在这里——作家 Н·Д·切列谢夫家中集会。在他家参加"星期三集会"的有 А·П·契柯夫、А·М·高尔基、В·Г·柯罗连柯、Д·Н·马敏·西比尔雅克、Н·Н·兹拉托夫列特斯基、А·С·绥拉菲莫维奇、В·В·维列萨耶夫。他们曾在这里初次朗诵完高尔基著的一部著名的剧本《在人间》，后来这一剧本在俄罗斯所有的剧院以及西欧和美国的许多剧院上演，获得了很大的成功。出席"星期三集会"的还有其他艺术各界杰出的代表人物，如：画家 И·И·列维坦、В·М·瓦斯涅佐夫和 А·М·瓦斯涅佐夫两兄弟、伟大俄罗斯歌唱家和演员 Ф·М·莎良宾、作曲家 С·В·勒赫曼尼诺夫。

这一时代的社会特点与普希金时代和十九世纪四十年代使莫斯科丰富起来的那些文艺沙龙和文艺小组是迥然不同的，参加切列谢夫举办的"星期三集会"的人中间，几乎没有一个贵族。如 А·П·契柯

---

① 现多称"俄罗斯国立列宁图书馆"，前身为鲁勉采夫博物院图书馆，1925 年改名为列宁图书馆。
② 现多称"莫斯科工艺博物馆"，1872 年建立之初被称为"莫斯科应用科学博物馆"。
③ 现多称"俄罗斯国立历史博物馆"，建于 1873 年，1883 年向公众开放，是俄罗斯从古到今历史文物的最大收藏点。
④ 现多称"国立特列恰科夫美术博物馆"，下同。

夫是塔干罗格小商人的儿子；А·М·高尔基是一个手艺匠的儿子，而他自己从前曾是下城"木工车间的木匠"；Н·Н·兹拉托夫拉特斯基生在弗拉基米尔省的一个小官员的家庭里；В·В·维列萨耶夫是土拉省一个医生的儿子；А·С·绥拉菲莫维奇是顿河哥萨克居民区下库尔马雅尔村的一个贫农的儿子；瓦斯涅佐夫两兄弟生在维亚特省尔雅包夫村的乡村牧师的家里。列维坦和莎良宾也是由社会下层出身的。

在这个局部的例子上，我们可以看出十九世纪末叶新兴的"自由民主知识分子"已经牢固地占领了俄罗斯文坛。

还有另外一个情况值得注意的是，几乎所有参加"星期三集会"的人，除了好客的主人Н·Д·切列谢夫本人以外都不是在莫斯科诞生的，而是俄罗斯各边区、各省的人。

自从首都由莫斯科搬到圣彼得堡时起，差不多过了二百年，但是莫斯科仍完全保持着全俄罗斯中心的作用，逐渐把全国一些最积极的因素吸引到本身上来。"莫斯科"——伟大的俄罗斯编剧家А·Н·奥斯特洛夫斯基于一八八一年写道——"是一个永远复兴的城，是一个永远年青的城；通过莫斯科伟大俄罗斯人民的力量像波浪似地流向全俄罗斯。"

莫斯科的光荣革命史

博物馆有很多的陈列栏，是为纪念莫斯科工人阶级反对沙皇专制制度和资产阶级地主制度英勇斗争的历史而设的。

博物馆的观众可以看到社会民主革命团体萌芽和初步发展时代的莫斯科。在观众面前陈列着的各种各样的陈列品，说明了一九〇五年到一九〇七年第一次俄国革命时期、二月资产阶级民主革命时期、准备坚决击溃资本主义制度时期和十月革命战斗时期的莫斯科。

陈列是从俄国工人阶级的形成开始叙述的。

在废除农奴制度后的初期，莫斯科工人极大部份仍与农村保持着联系，饥饿把农民由乡村逼到莫斯科来。其中许多人，初来时认为他们在工厂里的工作是零活，希望不久又重回乡村，然而事实热情地粉碎了他们的幻想。以前卡格·雅罗斯拉夫或弗拉基米尔等省的农民，一旦在工厂中找到了工作，很快地就认识到，要想从这个地狱逃出去，是不可能的，注定了要做资本的雇用奴隶，过那暗无天日的生活。

当时莫斯科工厂付给的工资是非常低的，例如纺织工人，每月十五个卢布，就算是高工资了。还有不少这样的工人，每月只得到十个甚至八个卢布。

一个工作日是很长的，通常不少于十二到十三小时，还有许多企业部门则长达十四到十五小时。童工也和成年人工作一样长的时间，所不同的，就是他们所得到的工资比成年人少二分之一或三分之二。

难以忍受的生存条件，引起了工人的愤慨，自十九世纪七十年代开始，莫斯科工业中的罢工事件发生得越来越多。通常这些罢工都被沙皇的警察凶暴地镇压下去，但是每次罢工都使工人直接与专制政体发生冲突，使他们看出沙皇政权实际上就是地主和资产阶级的执行权力的机关。工人的阶级觉悟和政治觉悟提高了，十九世纪七十年代在莫斯科革命小组的成员中除了知识分子以外，已经有工人参加了。

博物馆观众在一个陈列台上可以看到当时一位先进的莫斯科职工——纺织工人罢工组织者彼得·阿列克谢耶维奇·阿列克谢耶夫的相片。彼·阿·阿列克谢耶夫于一八七七年被捕并被控告，他在著名的"五十人政治诉讼案"上发表了慷慨激昂的革命演说。博物馆陈列有阿列克谢耶夫出庭时最后说的一段话：

> 千百万工人们！高举起你们那健壮有力的拳头彻底粉碎由士兵刺刀保护的专制压迫！

弗·依·列宁以后称这个演说为"俄罗斯工人革命家的伟大预言"①。画家 Г·В·伊万诺夫绘的一幅画，描绘出阿列克谢耶夫在法庭上的情景。这里还陈列有一张阿列克谢耶夫演说集封面的照片，这本演说集是由一个革命小组秘密印发的。

十九世纪八十年代中期，第一个俄罗斯马克思小组"劳动解放社"在国外瑞士安排好了出版工作，

---

① 《列宁全集》第四卷第三四六页。——原文注

于是开始把秘密刊印的马克思、恩格斯的著作和格·弗·普列汉诺夫解释科学社会主义基本问题的著作传入俄罗斯。莫斯科产生了许多具有马克思主义思想的青年所成立的小组。由于真理的力量，以及对社会生活现象作无与伦比的深奥的科学分析，使得俄罗斯一批又一批新起人物拥护马克思主义。

马克思主义者的势力增长了，但是有一部分知识分子，还是相信那错误的、有毒的民粹派思想。为了顺利地发展革命运动，必须首先粉碎这一反动思潮，就在那时候——一八九四年初，弗·依·列宁来到了莫斯科。

当时在莫斯科举行了俄罗斯医师与生物学家代表大会，其中有很多俄罗斯各地有革命情绪的知识分子。于是利用这个良机组织了许多秘密会议，在会上热烈的讨论了社会生活中的一些重要问题。在一次秘密会议上，有当时著名的民粹派领袖——用笔名"В·В"发表很多文章的作者、В·П·伏龙佐夫作了报告。会议中大多数人是属于民粹派的，但是除了民粹派分子以外，还有马克思主义者，其中就有发言驳斥民粹派的弗·依·列宁。弗拉基米尔·依里奇的姐姐А·И·乌里扬诺娃·叶里扎洛娃，在她的回忆录中曾谈到过列宁这篇对全国革命生活起了巨大作用的演说。"我记得"——А·И·乌里扬诺娃·叶里扎洛娃写道——"我的弟弟那时是一个二十三岁的青年，他同一群青年人站在通往另一房间的门口，先讲了几句大胆而带讽刺的话，逼使所有的人——大多数极不以为然的人——转过头来看着他，然后他开始讲话了。他勇敢地、坚决地、具有青年人的全部热情和信心以及用武装起来的知识，彻底粉碎了民粹主义。民粹派开始把声调放低了，漫不经心地发言，最后完全销声匿迹……马克思主义者大大地抬起头来了，而这个斥责'В·В'这样彻底的'彼得堡人'的名字，曾在所有人的口里流传一时。"[①]

博物馆陈列有画家А·В·莫拉沃夫一幅画的摹本，描绘出弗·依·列宁发表反对民粹派伏龙佐夫的演说的情景。

弗·依·列宁居留在莫斯科，使所有马克思小组的工作活跃起来了。在列宁领导下，于一八九四年一月，把拥护马克思主义观点的工人小组统一为"莫斯科工人联盟"。博物馆陈列了一张在德国大街（现称巴乌曼大街）上的一幢房子的照片，全莫斯科马克思主义组织会议，曾在这所房子内举行过好多次。

博物馆的观众极有兴趣地看到列宁名著《什么是"人民之友"以及他们如何攻击社会民主党人》第三版封面的照片，在封面上印着此书是由"社会民主党人地方团体"出版的，但是事实上这本小册子是在莫斯科一部份一部份地印行的，为了迷惑警察的搜查，才故意印上"地方团体"的字样。

这份秘密出版物花费很大的力量，用胶印机只印出了数百册，可是列宁的这部天才著作，不仅很快地为莫斯科和彼得堡的革命运动积极活动家所通晓，而且全俄罗斯的革命运动积极活动家也都知道了。这部杰作有好些本都被读破了，一再传抄，在所有秘密会议中也朗读过，被看作最珍贵的东西，由一个城市传到另一个城市去。

列宁主义的这个带有纲领性的头一个文件，对革命运动进一步发展有非常大的影响。被彻底揭穿了的民粹派主义，由于遭受列宁给它的致命打击已经不能再恢复元气了。九十年代末，民粹派脱离了俄罗斯社会生活的舞台，而俄罗斯新生一代革命者大多数都是在统一信仰马克思和列宁学说的精神下培养了出来。

一八九五年莫斯科工人，首次组织庆祝无产阶级的国际团结日——五月一日。关于这个重大的事件博物馆陈列有一张图表，图表上表明了参加这一次莫斯科示威运动的各企业和工人的数目。

[①] 见《无产阶级革命》杂志一九二三年第二期十四页А·И·乌里扬诺娃·叶里扎娃著的一篇文章。——原文注

有一张图表标示出苏联共产党伟大的缔造者和领袖弗·依·列宁在十九世纪九十年代和我们这一世纪初期，在莫斯科居住过的地点。

博物馆的其次一个部门是为纪念一九○五年到一九○七年资产阶级民主革命而设的。在一个陈列台上陈列着弗·依·列宁说的话：

> 没有一九○五年的"总演习"，一九一七年十月革命的胜利是不可能获得的。①

众所周知，一九○五年一月九日在彼得堡发生了沙皇政权屠杀手无寸铁的工人的惨案，挑拨者加邦牧师煽动工人前往冬宫向"沙皇"请求取消资本家对他们的难以忍受的剥削。"流血星期日"的消息，激起了莫斯科所有的劳动人民。布尔什维克党莫斯科委员会号召工人举行抗议罢工，成千上万的劳动人民响应了这一号召。博物馆陈列有一张特制的图表，记载着莫斯科工人参加一月政治罢工的人数。

为了能迅速地把党内文件供给彼得堡、莫斯科和其他工作中心，党中央委员会把一个最重要的印刷所由外高加索搬到莫斯科来，这个印刷所设在森林大街五十五号。博物馆给观众陈列一个制作得很精致的模型，说明这个秘密印刷所的布置。为了掩护秘密印刷所工作，在租赁的房子里，开设了一个批发干果的商店。由商店的地下室又挖了另一个地下室，由一个狭窄的、掩蔽得很仔细的地道通往此屋，印刷机、储备的铅字和纸张都安放在地下室里。在森林大街这所印刷所里就印发了许多布尔什维克即时评论一些极重要政治事件的小册子。博物馆陈列着两本这种小册子。从一九○五年夏天起，这个印刷所安排好印刷通俗的《工人》报的事宜，在博物馆里可以看到四份这种报纸。

弗·依·列宁看了《工人》报创刊号后，给中央委员会送去一份他对创刊号的评论，在一个陈列栏上陈列有这个评论，上面写道：

> 亲爱的同志们！我已经收到了《工人》报创刊号。这份创刊号产生了极好的影响。可以相信，叙述生动，内容通俗，这个艰巨任务，将来会由这份报纸担负的。叙述的语气和性质是新颖的。战斗精神是旺盛的。总而言之，我衷心地祝贺它的成就和进一步发展。②

从一九○五年秋季起，莫斯科开始了新的革命运动高潮。罢工规模非常广泛，在所有重要工业部门相继爆发罢工，铁路员工、冶金工人、印刷工人、纺织工人都联合罢工了。而且罢工运动还波及商业职工、事务员、面包工人。博物馆陈列有这个时期的一张很珍贵的照片，观众都能认出来这是苏维埃广场附近现在的高尔基大街。大街上满是警察和军队，他们正射击位于格林尼谢夫胡同角上的一幢房子，这幢房子的下层是菲利波夫大面包房。罢工的面包工人，为了躲避袭击他们的警察和哥萨克兵，都冲进这所房子，爬上屋顶和顶楼，用石头砸警察。虽然这次冲突结束时逮捕了两百个面包工人，但是，人民却又一次表现了他们坚决斗争的意志。

十月十八日，也就是在宣布臭名远扬的沙皇《自由》宣言书的次日，莫斯科工人遵照党的号召，由莫斯科委员会委员尼古拉·爱尔涅斯托维奇·巴乌曼率领向塔干监狱前进，去拯救被监禁的革命党人。当游行队伍经过德国大街的时候，有一个被警察雇用的黑帮分子扑向巴乌曼，用一节沉重的铁管子打在他头上。杰出的无产阶级的活动家尼古拉·巴乌曼就这样在他的岗位上牺牲了。后来苏维埃莫斯科把以前的德国大街及大街附近地域以他的名字命名。

---

① 《列宁全集》第三十一卷第十一页。——原文注
② 《列宁全集》第三版第八卷第二○二页。——原文注

观众在当年照的一张照片上，可以看到埋葬巴乌曼的情景，他的这次出殡是令人感动的革命力量的检阅。莫斯科的劳动人民整天都在送殡。在博物馆陈列台上陈列着在安葬巴乌曼之后莫斯科党委员会印发的传单上的一段话，上面说：

> 莫斯科的工人和所有的居民永远不会忘记十月二十日这一天的。我们安葬了我们的一位领袖——巴乌曼同志。但是，这个悲惨的殡仪行列已经成为有组织的无产阶级庄严凯旋的游行。我们高举着数十面红旗，唱着庄严的歌曲，勇敢地、骄傲地穿过莫斯科。

一九〇五年十一月，莫斯科的工厂，按照彼得堡的例子，选出了工人代表苏维埃。党通过莫斯科苏维埃，号召工人们立即开始准备武装起义。十二月初，莫斯科开始了普遍政治性的罢工。事先组织好的武装革命工人部队，都聚集在工人区。市内街上不久就出现了许多街垒。起义的群众，用摘下的大铁门、推倒的电线杆、翻倒铁轨上的电车车皮将街道堵塞起来。又把摘下的商店铁招牌，从院子里扔出的大桶、箱子、劈柴也都堆在这里。莫斯科以惊人的速度布满了数百个大大小小的街垒。

有一个布景箱显示出在皮明诺夫大街（现称红无产阶级大街）搭筑的街垒。做这个布景箱的艺术家，忠实地反映出了那些英勇的街垒保卫者——一些遵照党的号召起来反对那令人痛恨的专制制度的普通莫斯科工人的面貌。街垒本身也很清楚，它是用各种物件巧妙地堆积起来的。

博物馆陈列了一张特制的、指出各街垒的布置和武装革命工人部队集中地点的平面图。在资产阶级居住的中心区域，几乎连一个街垒也没有，革命群众的力量都集中在花园环城路以外地区。

为了对抗起义的群众，除了警察以外，还调来了配有机枪和炮兵的军队。警察和沙皇军队除了装备和军队训练方面占显著的优势外，就是在数量上也占很大的优势。革命群众企图由城郊冲进城市中心没有成功，但是花园环城路一线，仍用街垒组成的一道铁链坚固地守住。

莫斯科省长杜巴索夫被革命工人那种空前未有的顽强精神吓坏了，要求从彼得堡调增援军，十二月十五日把谢明诺夫近卫团调到莫斯科。跟着又调来拉多格步兵团的一部，从此时起反革命方面的力量转为优势。

到十二月十六日，起义者手中只剩下了一个勃列斯尼亚区，活着的武装革命工人由莫斯科其他各地区，都汇聚到此地来。勃列斯尼亚的一条重要干线——勃列斯尼亚大街整个都用街垒堵塞起来。军队企图击退工人，但没有成功。当时军队曾使用了大炮，炮兵连从库得林广场（现称起义广场）连续不断地向勃列斯尼亚射击。最后，沙皇军队在炮火准备之后，大胆地进行猛攻。当他们攻到波罗郝罗夫纺织场时，武装的革命工人以准确的射击，又把他们阻止在那里。

莫斯科党委会在遵照列宁的指示通过决议之后，武装工人队伍才有组织地放弃了他们所占据的大楼。沙皇军队占领了燃烧着的、破坏了的、沾满鲜血的勃列斯尼亚，在画家 и·高留什金·索罗柯普多夫绘的巨幅画上，描绘出这次战斗的一个场面——骑兵部队进攻街垒的情景。

作为革命运动史中最光荣一页的莫斯科无产阶级英勇的十二月武装起义，被镇压下去了。莫斯科的工人区，溅满了鲜血。专制制度又能苟延一时。

反动的悲惨年月来临了。但是在残酷战争中成长壮大的、不屈不挠的布尔什维克革命党，也就是社会革命党，顽强而有计划地指导着工人，准备着未来的战斗，同时坚信新的革命高潮和革命的最后胜利是会到来的，就像黑夜以后必然会有日出一样。莫斯科党的组织，虽然处在特别困难的情况下，但仍能在党的队伍中保持铁的党纪，并且把绝对大多数先进的莫斯科无产阶级团结在自己的周围。

一九一二年，莫斯科又轰轰烈烈地掀起了一次非常广泛的革命运动的高潮。由于连拿金矿的工人被枪杀，莫斯科多数大型企业都联合起来罢工。就在这年，伟大列宁的战友——约·维·斯大林参加了莫斯科布尔什维克组织的工作。斯大林从流放所逃回来后，在莫斯科秘密地住了一些时候。他在这里写了"五一节万岁！"的传单。博物馆陈列了这个传单的照片。

俄罗斯刚刚医治好日俄战争的创伤，于一九一四年又卷入新的帝国主义战争。博物馆观众可在一张四十年前的照片上，看到莫斯科人正在读贴在街上的关于战争开始的通告。

地主资产阶级的报纸赶紧发出假惺惺的爱国情调，预言很快就能击溃"普鲁士的野蛮人"，号召人民忘掉"内讧"，甘心情愿地为保护资本家和地主的利益去流血牺牲。在这混浊的谎言激流中，传出了一个正义的呼声。这就是列宁的强有力的呼声，布尔什维克党的呼声。博物馆陈列有列宁在一九一四年三十三期莫斯科《社会民主》报上发表的一篇《战争与俄罗斯社会民主政治》文章的照片。伟人的劳动人民领袖、共产党的缔造者，勇敢地公开宣布："将现在的帝国主义战争变为国内战争，这是唯一正确的无产阶级的口号……"[①]

沙皇政府加强了对工人阶级组织的迫害，来回答列宁的宣言。莫斯科逮捕的事件接踵而起。为了协助莫斯科的布尔什维克人更快地安排好党的工作，列宁把维·米·莫洛托夫派到莫斯科来。莫洛托夫从三月起到一九一五年被奸细告密而被捕的六月初止是居留在莫斯科的。博物馆陈列着波斗里赫二十一号房里的一间朴素而小的房间的模型，莫洛托夫为了躲避沙皇警察的追踪，曾在这里秘密地住了几个月，直到现在这所房子还存在着。

二月资产阶级民主革命的消息，于二月二十八日夜由彼得堡传到了莫斯科。所有的工业企业立即遵照莫斯科布尔什维克党的号召，开始选举工人代表苏维埃。无数的游行工人与参加游行的莫斯科驻防军的兵员由四郊汇合到复活广场（现在的革命广场）的莫斯科市杜马的门前。莫斯科的无产阶级提醒了资产阶级的注意，要是抛开广大人民群众是不能解决革命根本问题的。博物馆陈列了一张照片显示出一九一七年二月二十八日这次游行的一个场面。

在这个时期所拍摄的另一些照片上，显示出推翻专制制度之后头几天几个不同的场面。这里有一张照有一群人的照片，从外表上看像是一些工人正逮捕几个惊慌失措的警察。这里还有一张照有一个便衣人的照片，像是大学生，配带红臂章荷枪站岗，这是刚成立的民兵的代表之一。

博物馆专设一个部门，来纪念具有全世界历史意义的时期——开辟人类历史新纪元的伟大十月社会主义革命准备和实现的年月。

通过许多原件、抄本、图画、图片、照片、幻灯片以及图表，博物馆的陈列在观众面前展开了在一九一七年三月至十一月短期间内充满许多事件的狂烈的风暴。

在一张特制的图表上，列有莫斯科在一九一七年所发生的一些最重要的政治事件的日期。

四月十四日，莫斯科党委会通过在各企业部门里组织赤卫队的工人队伍的决议。

六月十八日，临时政府为了执行它主子——英、法帝国主义分子的命令，驱使俄国士兵向莫斯科的工人进攻，工人们遵照党的号召，举行示威游行，高呼"打倒战争！"、"打倒资本家总长！"、"全部政权归苏维埃！"的口号。

七月六日，莫斯科劳动人民响应了彼得堡冶金工人群众罢工的七月事变。

八月十二日，在莫斯科召开了所谓"国务会议"。在大剧院大厅里，聚合了各"色"反革命分子——大地主和大资本家，沙皇军队的将领和军官，哥萨克省的代表。疯狂的科尔尼洛夫将军要求"立

---

① 《列宁全集》第二十一卷第十七页。——原文注

即废除各委员会和苏维埃"。八月下旬科尔尼洛夫企图粉碎彼得格勒的苏维埃，曾把军队调到彼得格勒来。博物馆陈列有在一九一七年八月三十日《社会民主》报第一百四十六号报上发表的莫斯科党委会的宣言："党号召全体劳动人民，拿起武器，把反革命叛乱的企图镇压下去。"

劳动人民同心协力地粉碎了地主和资本家的阴谋。科尔尼洛夫冒险行为的结果，反而进一步巩固了布尔什维克的威信，表现了布尔什维克是能抵抗住反革命唯一可靠的强大力量。莫斯科的赤卫队在这些日子里更加壮大起来了。博物馆陈列有一本工人参加赤卫队的签名簿和一个莫斯科外区赤卫队队员的队员证。

群众情绪的转变显著地表现在莫斯科苏维埃的代表的成分上，九月五日布尔什维克提出的，关于为政权交与革命无产阶级和农民而斗争的决议在投票上取得了胜利，苏维埃的多数代表赞成这个决议。这次具有历史意义的投票的结果是 375 票赞成，254 票反对，博物馆中有特制的图表说明这一情况。

在博物馆绘制的另一张图表上，表示出九月二十五日莫斯科各区议会改选的结果，在这时期以前，这些区议会中的大多数属于反革命党。这次布尔什维克争取到三百五十席，而社会革命党人及孟什维克，总共只有一百三十五席。

有一张标示莫斯科部队选举结果的图表，很引人注目。在克里姆林宫各兵营里，二千零二十九张选票中有一千八百一十二票投布尔什维克。在重炮队制造厂里，二千三百四十七张选票中布尔什维克就得二千二百八十六张选票，也就是说超过了 98%。

在布尔什维克争取群众和在莫斯科各工厂里组织工人赤卫队伍的同时，反革命也准备着战斗。成千的军官由全国各地汇集到莫斯科来。莫斯科市长鲁德聂夫，开始把武器按户发给资产阶级的居民，莫斯科军区司令官尔雅勃采夫上校由兵营里把机枪搬出来，布置在军官学校和准尉学校附近。哥萨克的部队也集结在莫斯科附近。

关于彼得格勒具有全世界历史意义的事变消息，莫斯科迟一昼夜才得到，因为莫斯科与彼得格勒间的电话通讯在事变发生前夕中断了一天。十月二十五日早晨，莫斯科苏维埃才得到由彼得格勒拍发来的关于推翻临时政府以及把全部政权转交给苏维埃掌握的电报。莫斯科党委会建立了领导起义的战斗指挥部，第五十六团的士兵，遵照这个指挥部的命令，占领了邮政局、电报局和电话局。

莫斯科从那时候起，开始展开了夺取政权的斗争，这个斗争延至十一月三日。博物馆在一张特制的图表上，按日期标出这次事变中一些最重要的事件。

十月二十五日下午六时，在工艺博物馆的大礼堂里，召开了两个苏维埃——工人和士兵代表的联合会议。按照布尔什维克的提议，组织了革命军事委员会，以便支持彼得格勒苏维埃。

数小时后，市议会也召开了会议。因为市议会从六月起就没有改选过，所以在它的成员中反革命党的代表仍占多数。市议会为了支持临时政府和与苏维埃作斗争，成立了"社会安全委员会"。

由布尔什维克领导的革命司令部从十月二十五日夜至二十六日，开始在莫斯科展开积极战斗行动。反动势力同时也活动起来了。

革命军事委员会下令，在每个地区建立战斗指挥部夺取武器库武装工人。为了保卫莫斯科苏维埃大楼，革命士兵自行车连开到这大楼来，向莫斯科所有的部队散发了解释所发生事件的意义的命令。博物馆观众可读到在陈列柜里陈列着的这个命令的原文：

> 彼得堡的革命工人和士兵在彼得堡工人和士兵代表的苏维埃领导下，开始与背叛革命的临时政府作坚决的斗争。莫斯科的士兵和工人的职责，就是要在这次斗争中，支持彼得堡的同志。莫斯科

工人和士兵代表苏维埃，为了领导斗争，成立了革命军事委员会并使之开始执行职权，革命军事委员会宣布：

　　1. 全莫斯科的警备队，应立即作好战斗准备。每个部队，应准备好，一俟军事革命委员会的命令到达就能立刻出发。

　　2. 凡不是由革命军事委员会发出的、或者没有军委会签字的任何命令与指示，不应执行。

夜间，区代表、部队代表以及赤卫队代表，都来到了莫斯科委员会大楼，大家都要求发给武器。革命军事委员会乃决定夺取克里姆林宫，命令兵器库司令员卡依果罗多夫将军打开兵器库，并开始分发武器。

尔雅勃采夫的司令部也同时行动起来了。夜间士官生占据了马术学校大楼，次日早晨包围了克里姆林宫。由兵器库开出的满载武器的卡车也都被士官生劫去了。

在力量的对比方面，反革命终于没有占优势。工人队伍继续武装起来，革命士兵连续不断地往莫斯科苏维埃大楼汇集。在包围市中心的士官生和军官所组成的薄弱战线周围，形成了一道训练较差、装备不良、但为百战百胜的革命热情燃烧起来的工人和兵士的防线，而且这道防线上的队伍越来越多，变得更加严密，更加有力。

为了加强莫斯科苏维埃的保卫工作，决定召集"敢死队队员"。这是在莫斯科的人们，把一群因为在前线有革命活动被临时政府逮捕的士兵的称呼。他们在敢死队队员监狱里拘禁了很长时间以后，又被转送到莫斯科布特尔监狱，由于莫斯科苏维埃布尔什维克党团的要求，才把他们从布特尔监狱中释放出来。

武装的"敢死队队员"的队伍向苏维埃大厦进攻，在红场与士官生的队伍发生冲突，展开了激战，双方都遭受极大的损失，但是"敢死队队员"终能冲进特维尔广场。这是莫斯科第一次比较大的巷战——在那时以前，双方只限于小调动和小冲突，博物馆里有一幅画得非常生动的巷战图的复制品，描绘出这次巷战的情景。

十月二十七日夜间，配备在霍顿卡的炮兵旅士兵，归革命军事委员会指挥，编成配有全套弹药的炮兵连。博物馆观众在一张照片上可以看到，摆在莫斯科苏维埃大楼旁边的大炮。

十月二十八日清晨尔雅勃采夫决定把驻扎在克里姆林宫里的革命兵士肃清。他给别尔津准尉打电话说，起义已被镇压下去了，革命军事委员会已被查封，继续抵抗也没有用了。尔雅勃采夫命令打开大门，让士官生进入克里姆林宫，并且下令解除所有士兵的武装。别尔津想用电话与革命军事委员会联系，但因为电话线已断，没有联络上。这个入党不久没有经验的青年军官就轻信了尔雅勃采夫的挑拨，接受了他的无耻的带有威胁性的要求。

大门打开了，士官生闯进克里姆林宫，在行进中用集中的机枪火力，扫射解除武装的士兵。他们用步枪、手榴弹和装甲车追击那些想逃生的士兵。刹那间，整个广场躺满了死尸。幸免的兵士与赶来援助的兵器库工人，一同徒手冲向士官生，夺他们的步枪，但是白卫匪兵的力量仍占优势。士官生残酷地镇压手无寸铁的、受骗的士兵的这一情景，博物馆陈列有幻灯片，这幻灯片是根据保存的文件——脱险士兵的回忆制出的。

关于在克里姆林宫发生的可怕的屠杀消息，又引起了人民新的愤怒。十月二十八日白天，全城到处都激烈地展开工人、兵士与士官生和军官的小冲突，工人和士兵驱逐了许多据点的白卫匪军，并且夺取了他们的阵地。

十月二十九日，革命者的炮兵开始向聚集在尼基塔门附近的士官生轰击，然后赤卫队伍沿着特维尔大街推进，通过战斗占领了市政大楼。

到了十月三十日，几乎所有郊区都转到起义的无产阶级手里。但是反革命的军队仍占据城市中心——克里姆林宫、契丹城、复兴广场、剧院广场、马术学校大楼。反革命军队在市中心以外地区的据点有亚历山大洛夫军事学校（在阿尔巴特广场）、阿列克谢耶夫学校（在列福尔多夫）、建筑在普列奇斯金卡（现在的克罗波特金）的莫斯科军区司令部大楼、阿尔巴特地区和奥斯多任卡地区（现在的地下铁道广场）。

十月三十日白天攻下了阿列克谢耶夫学校。在争夺这座埋伏有数百名士官生的大楼时，列福尔托夫纺织工人的组织者、老布尔什维克 Ⅱ·Ⅱ·舍尔巴柯夫牺牲了。博物馆观众可以看到这位十月战斗英雄的照片。

在奥斯多任卡和普列奇斯金卡也展开了激战，士官生在这里掩护通往亚历山大洛夫军事学校和莫斯科军区司令部的要道。博物馆给我们这一代人及后辈，在幻灯片中保存了在争夺奥斯多任卡牺牲的两位十月战斗英雄的面貌，一个是布尔什维克工人 Ⅱ·Г·多布雷宁，一个是商业学院学生柳霞·柳茜诺娃，苏维埃莫斯科就用他俩的名字来称呼谢尔普郝夫广场和小谢尔普郝夫大街。

当白卫匪军渐渐耗尽的时候，新的增援部队从四面八方汇向起义的工人和士兵。波罗的海的水兵及彼得格勒赤卫队，也调来帮助莫斯科人。由莫斯科远近各地，调来了许多革命队伍。其中有一支队伍，是由年轻的布尔什维克指挥员米哈依尔·瓦西里耶维奇·伏龙芝指挥的。这位十月英雄后来因战胜高尔察克和弗兰格尔的军队而成名，并成为陆海军的人民委员，博物馆陈列有一张幻灯片，其中有他的肖像。

到了十一月一日夜间，起义的结局是确定了。白卫匪军从各方面退却了。

十一月二日，尼基塔门附近展开了长期的、残酷的战斗，工人和士兵在这里用白刃战击退了白卫匪兵。博物馆陈列有画家 Г·Э·李斯涅尔绘的一幅画，表现这次战斗的情景。

同天，米·瓦·伏龙芝的队伍在战斗中占领了剧院广场上的"地下铁道"饭店大楼。博物馆陈列了一张幻灯片表现冲击这个大楼的情景。

革命军的炮兵用直接瞄准法射击市议会大楼和历史博物馆——白匪在莫斯科中央地区占领的最后一个堡垒。士官生从这里逃往克里姆林宫，但是工人的队伍紧紧地包围着克里姆林宫。

十一月二日（十五）晚上，"社会安全委员会"的代表在投降书上签了字。革命军事委员会向各部队发布了命令，博物馆陈列有这个命令的副本，上面写道：

> ……革命军胜利了。士官生及白匪军投降了。社会安全委员会被解散了。资产阶级的一切力量彻底被粉碎，接受了我们的条件投降了。莫斯科的工人和士兵，以最高贵的代价夺取了莫斯科全部的政权。我们大家都来保卫这个工农兵新的革命成果……

十一月三日拂晓，赤卫队和革命士兵的队伍占领了克里姆林宫，解除了埋伏在宫内的士官生和军官的武装。博物馆陈列有一幅画，描绘出莫斯科人为了争取苏维埃政权所进行的长期斗争结束时的情景。

从十一月三日（十六）起，在莫斯科的数百年历史中，揭开了新的一页，莫斯科成为了苏维埃的莫斯科。

莫斯科——苏维埃的首都

苏维埃政权已经获得了决定性的胜利。

不久产生了政府所在地的问题。莫斯科是必然要当选的，因为它是俄罗斯古老的首都，是位于国家中心的一个最大的城市，便于政府与国家的各边区各省进行联系。

在一个陈列台陈列着列宁草拟的关于政府迁都莫斯科的计划纲要：

（1）选择莫斯科为政府所在地。

（2）每个部门只许迁往少数的中央行政机构的领导者，人数不得超过二、三十人（包括家属在内）。

（3）不论何种情况应立即迁移国家银行、黄金及准备发行的国币。

（4）开始卸载莫斯科的重贵物品。①

政府迁都是在一九一八年三月十一至十二日举行的。三月十二日在克里姆林宫的上空飘起红旗。三月十六日《消息报》登载了正式的通知书，在陈列台上陈列有通知书原文：

> 通知所有的人们。苏维埃共和国联邦政府、人民委员会和国家政权最高机关——工农兵代表和哥萨克代表的苏维埃中央执行委员会都迁到莫斯科来了。联络地址：莫斯科克里姆林宫，人民委员会或者苏维埃代表中央执行委员会。

有两张照片表现莫斯科劳动人民在一九一八年三月十二日庆祝游行的情形。

博物馆有许多陈列品，说明莫斯科在国内战争时期的生活情形。在特制的一张重要图上，表现各战线配置情况。

在这些英勇的年代里，莫斯科不仅是与本国的反革命和外国的武装干涉者作斗争的总司令部，而且也是补充红军战斗力的重要根据地。莫斯科不断地把它的最优秀的人材，派往各战线的最重要地区去。博物馆陈列着一张引人注目的莫斯科部队战斗路线示意图。

克·叶·伏罗希洛夫由察里津发出的一份电报复制品，正好说明这张示意图，电报写道：

> 昨天由莫斯科第一批来到的罗果日——西蒙诺夫苏维埃第三十八团已经参加了战斗。由于我观察了该团的行动，我很高兴能够断定，这个团的指挥员是善于指挥的，青年士兵是勇敢的，全团是有觉悟的。总之，我希望，新成立的莫斯科罗果日——西蒙诺夫苏维埃第三十八团将在战斗中不断地巩固和锻炼起来，并在最近时日里会得到荣誉的，这个荣誉也将是母亲莫斯科的荣誉。

> 南线第十集团军司令员克·伏罗希洛夫

博物馆观众在当时拍照的一张照片上，可以看到列宁和米·依·乌里扬诺娃前往参加一九一八年七

---

① 《列宁全集》第二十七卷第四十五页。——原文注

月四日在莫斯科举行的苏维埃第五次代表会议的情形。另一张照片显示出大会代表群集在大剧院附近的情景。

大会结束时通过了俄罗斯苏维埃联邦社会主义共和国的宪法，这是第一部苏维埃宪法。陈列台上陈列着经大会批准后立即出版的宪法原本小册子。

代表大会召开过后几个星期，莫斯科及全国都被革命敌人用前所未有的凶暴手段——行刺弗拉基米尔·依里奇·列宁所震惊。博物馆陈列着莫斯科党委会发给列宁出席一九一八年八月三十日巴乌曼地区和莫斯科河以南地区群众大会用的出席证的照片。列宁带着这个出席证，来到了米海里松工厂（现称弗拉基米尔·依里奇工厂）向工人演讲。博物馆陈列有画家Б·弗拉基米尔斯基绘画的复制品，表现这次演讲的情形。大会结束后，当弗拉基米尔·依里奇往汽车走去时，社会革命党人卡普兰用手枪向他射击。在仿绘画家M·索科洛夫绘的一幅画上，表现着行刺时的情景。

就在八月三十日当天晚间，由莫斯科拍发出全俄中央执行委员会的电报通知书，在陈列台上陈列有通知书的原文：

> 通知所有的工农和赤卫队代表的苏维埃、全体军队、所有的人，数小时前发生了谋害列宁同志的凶暴事件。列宁同志对俄国的工人运动及全世界工人运动的作用和意义，是全国广大工人群众所共知的……
>
> 我们号召同志们要保持镇静，加紧自己的工作，以备与反革命分子斗争……
>
> 要镇静！要有组织！所有的人都应该坚毅地站在自己岗位上！让队伍团结得更加紧密起来！
>
> 全俄中央执行委员会主席 Я·斯维尔德洛夫

这里，陈列着一九一八年九月某日第一集团军战士致列宁的电报。这份电报说明了苏维埃人民是怎样回答社会主义革命敌人的恶毒行刺行为的。红军战士通知关于占领西比尔斯克——列宁故乡的消息时写道：

> 敬爱的弗拉基米尔·依里奇！攻下了您的故乡，这是对您的第一个伤口的回答，我们将攻下萨马拉来回答您的第二个伤口。

并排陈列着列宁的回电上面说：

> 攻下西比尔斯克——我的故乡对我的伤口是最有效的最好的绷带。我感到充满了空前未有的欣慰和力量。我祝贺获得胜利的红军战士，并代表所有的劳动人民，感谢他们所做出的贡献。[①]

一九一八年十一月七日来临了，这是伟大十月社会主义革命第一个周年纪念日。在庆祝中将一块纪念碑嵌进朝向红场的克里姆林宫城墙上，来纪念十月革命牺牲的战士。博物馆陈列着这个有题词的纪念碑的画片，题词为：

> 为争取和平、各族人民友爱团结而牺牲的人们，永垂不朽！

苏维埃共和国与许多敌人的斗争，因经济的破坏变得更加复杂了。乌克兰、北高加索、西伯利亚等

---

① 《列宁全集》第二十八卷第七十五页。——原文注

产粮区，都被国内战争的各个战线切断了。彼得格勒和莫斯科的粮食感到特别缺乏。有些日子，莫斯科的工人领到的口粮，都不得超过一百公分面包，有时因为积贮的粮食完全没有了，连这个吃不饱的口粮也不能发给。于是从莫斯科、彼得格勒和其他工业中心派遣购粮工作队到乡间去购买粮食。

有一张特制的图表标示出莫斯科工人参加这次为粮食斗争的人数。一九一八年，莫斯科派遣了由三千七百零三人组成的七十一个余粮征集队，一九一九年派遣了四百五十三个余粮征集队，共一万二千四百一十九人。在当年拍摄的一张照片上，出现有由莫斯科出发采购粮食的工作队。

英勇的精神，不仅仅表现在各个战场上和采购粮食的斗争中，而且已经浸透到后方所有工人的全部生活中去了。一九一九年春季，莫（莫斯科）喀（喀山）铁路线列车编组站的机车库的共产党员工人实行第一个义务星期六，在业余时间为修理机车和车箱，无偿地工作了六个多小时，不要报酬。热情的铁路员工的创举，迅速得到其他部门工人的响应，并且推广到全国各地。博物馆给观众陈列了一张照片，显示出一九二〇年五月间，在克里姆林宫内实行共产主义义务劳动星期六的情形。照片的前景是一群工人正用手抬一根沉重的木头。列宁也与他们在一起抬木头。

在陈列橱里面陈列着列宁著作的《伟大的创举（论后方工人的英雄主义。论"共产主义星期六义务劳动"）》一书的初版。弗拉基米尔·依里奇极力赞扬这个人民运动。"共产主义义务劳动星期六"——他写道——"是非常有价值的，它是共产主义的真正开始……"

一九二〇年拟定了著名的俄罗斯电气化的列宁计划，简称为全俄电气化计划。博物馆观众在画家Д·那尔班江画的复制品上看到弗·依·列宁和约·维·斯大林正在仔细研究地图——俄罗斯电气化计划的情景。在另一张照片上显示有实现全俄电气化计划的情形：卡希尔发电站的外型，这是按照全俄电气化计划供给莫斯科电力而建立的第一个发电站。

一九二二年，在莫斯科召集了第一次全苏苏维埃代表大会，在大会上各苏维埃共和国自愿结合成为联合国家。莫斯科是俄罗斯联邦的首都，并成为苏维埃社会主义共和国联邦的首都。在博物馆陈列的一幅特制的统计图上表现出这一具有历史意义的事件。

国内战争刚一结束，就开始恢复和发展全国国民经济。国民经济恢复得非常迅速。正如图表所示，莫斯科工业产值在一九二〇到一九二一年，曾降至一亿六千零六十万卢布，到了一九二五和一九二六年则达到了十一亿一千一百七十万卢布，即超过了战前水平。

这些简单数字的后面有着莫斯科工人的英勇忘我的劳动。有一张照片上照出约·维·斯大林在一九二四年向莫斯科"吉纳莫"工厂工人演讲的情形。这张照片并列摆着斯大林应工人请求在《红色纪念册》上写的一段原文。这些话现在听起来就是已实现了的预言，原文是；

> 我希望吉纳莫工厂的工人以及全俄罗斯的工人使我国的工业繁荣起来，使俄罗斯无产阶级的人数在最近时期内增加到两三千万人，使农村中的集体经济繁荣起来，使私营经济受到集体经济的影响，使高度工业化和农业集体化最后把工厂的无产阶级与田地上的劳动者团结成为一支社会主义的大军……①

自从苏维埃政权建立起最初几个月，就已开始改建的莫斯科城市经济，随着莫斯科工业的成长一齐发展起来了。

观众由一张图表上（博物馆将苏维埃政权初年莫斯科苏维埃在城市经济方面所采取的一些最重要措

---

① 《斯大林全集》第六卷第三二一页。——原文注

施列成了图表），可以看出由一九一八年至一九二〇年间已有五十多万工人和他们的家属迁入设备良好的原先资产阶级的住宅里去。莫斯科多少世纪以来所形成的"社会地理"已起了巨大的变化。一九一七年以前，在花园环城路以内各地区很少遇见工人居民，其人数不足百分之五。然而到了一九二〇年，住在花园环城路以内的工人数目增加到百分之四十到五十。有一张当年拍摄的照片是这张图表的鲜明的解说，照片显示出一个工人家庭正在收拾刚由旧主人——商人让出来的新房间。在博物馆特制的一幅平面图上标出列宁在革命年代里在莫斯科常到或出席演讲的地点。在 H·A·安德烈夫制作的精美的雕刻像上，在许多照片和画家绘的速写画里，都出现有伟大领袖的容貌。

这里还陈列着列宁的党证照片，和他的莫斯科苏维埃代表和莫斯科苏维埃俄罗斯共产党（布）党组组员的证件照片（两个证件都是第一号）。并排陈列着一九二四年二月七日莫斯科苏维埃全体大会议决的一段原文，这段原文曾刊登在同年二月八日《消息报》三十二号上，原文写着：

> 我们要把弗拉基米尔·依里奇·列宁选为莫斯科劳动人民的代表，永远保留在莫斯科工农兵代表苏维埃的名单中。授与弗拉基米尔·依里奇的第一号代表证，将来不再填发给其他任何一个选出的莫斯科工农代表苏维埃的代表。

我国的无产阶级，把自己的队伍更加紧密地团结在共产党的周围，来回答列宁的逝世。数十万莫斯科工人在这个时期入了党。

党引导国家沿着工业的道路前进。首都的工业逐年发展起来。博物馆陈列有许多照片，显示出莫斯科旧企业的改建和新企业的建立，博物馆观众可以看到新建的社会主义工业企业，如斯大林汽车厂、拉·莫·卡冈诺维奇第一轴承工厂、"规尺"制造厂、"铣刀"制造厂以及其他一些厂。在观众面前陈列着莫斯科各主要工业企业的车间的照片，这些车间是在第一个五年计划内重建和根本改装的，其中有："镰刀与锤子"工厂倾倒钢水的马丁炉车间、"红勇士"工厂橡胶硫化车间、莫斯科国家发电站第一机器室、红丘毛织联合制造厂的纺织车间、"巴黎公社"鞋厂的传送装置、阿·伊·米高扬肉类联合制造厂脂肪车间，"红无产者"工厂机床传送装置……

在博物馆这一部门中，还陈列有反映一九一三年到一九三九年莫斯科工业发展情形的图表。这样神速的发展，世界各国的历史上是从来没有过的。一九一三年莫斯科的工业总产值不到十亿卢布，一九二八年工业总产值已达二十亿卢布，一九三二年为五十亿六千万卢布，而一九三九年则达到了一百八十亿九千万卢布。在图表的下面注有一段简短而深刻的说明，原文说：

> 一九四〇年莫斯科工业的产值比一九一三年增加了二十倍，而比伟大十月社会革命前全俄罗斯工业的产额几乎多一倍。

莫斯科制造的发动机、农业机器、化学肥料大批地送往田间。先进的莫斯科工人，在集体化的事业上起了巨大的作用，党把这些先进的工人与其他企业中心的工人一起派往乡间，担任集体农庄的领导人、鼓动者、宣传员、组织者。在农业社会主义改造的伟大事业中，莫斯科的农学家、饲养员、兽医、工程师和技术师也都曾到乡间去积极地参加劳动。

文化也蓬勃迅速地成长起来了。共产党要将莫斯科建设成为世界上最大的科学、文化和艺术的中心。

一九四一年六月，苏维埃人民的和平劳动，被希特勒德国背信弃义的侵犯破坏了。博物馆特设一个大厅来纪念在反法西斯主义伟大卫国战争年代中莫斯科的情形。

观众在一张照片上，可看到莫斯科人在值得纪念的一九四一年六月二十二日聚集在各条大街的无线电扩音器周围，听取苏维埃人民委员和外交人民委员会副主席莫洛托夫的广播演讲。与照片并列陈列着摘自这个演讲词中的一段话：

今天早晨四点钟，德国军队没有向苏联提出任何要求，也没有宣战，就侵犯我国……我们的事业是正义的。敌人必定失败。胜利一定属于我们。

另外一张照片是国防人民委员会主席约·维·斯大林在一九四一年七月三日向苏维埃人民广播演讲时的情景。就在照片附近陈列有斯大林讲的一段话：

首先必须使我们苏联人彻底了解威胁我国的深刻危险……我们应当立刻在战争规范上改造我们的全部工作，一切服从于战线上的利益，服从于组织击溃敌人的任务。①

全苏维埃人都听到了这个号召。博物馆陈列有许多新闻照片显示出莫斯科人响应了这个号召去保卫祖国的情景。

这里有列宁区志愿参加义勇军的签名的照片，克拉斯诺波列斯宁区志愿参加义勇军的签名的照片。这里也有莫斯科工具厂的义勇军的照片，虽然他们还穿着便服，但已整队开往集合地点。人民武装起来了。

战胜敌人不仅仅表现在各战场上，在后方生产上，各车间和各实验室里，也都做好了战胜敌人的准备。有一张照片表现莫斯科"红无产者"车床制造厂的人事科。桌子前面站着一群青年人。这些青年男女就是已上前线去的工人的儿女和弟妹。他们来到工厂替他们父兄做车床工人。在另一张照片上出现一些上了岁数的人，差不多都是老年人，这是领了养老金的巴乌曼电车车库的退休工人和家庭主妇，他们又回到工厂来代替穿上军服的晚辈进行生产。

所有莫斯科的居民，连老带幼都参加了对敌人的斗争。在一张照片上照有附设在莫斯科学者之家内的一些缝纫间的情景，科学工作者的妻儿，正给战士缝制衬衣和制服。另一张是附设在莫斯科少年宫里的制造厂的照片，这里正在制造卫生箱，用以包装运往前线去的药品和绷带材料。这里还有一群莫斯科女演员的照片，显示出她们在护士训练班受训的情形，莫斯科学生正在医院中看护受伤战士的照片……

法西斯分子在战争一开始就企图用空袭来威吓莫斯科。但是莫斯科全城却有充分准备来对付空中的强盗。各条大街、广场、林荫大道、房顶都满布了高射炮和机关枪。勇敢的高射炮手击落了很多标有卍字符号的法西斯飞机。博物馆陈列着画家 B·皮涅金绘的一幅画，表现出高射炮连保卫克里姆林宫的情形。在仿绘画家 Д·莫恰里斯基绘的一幅水彩画上，表现出在苏军剧院附近的另一高射炮连的情景。

为了扑灭烧夷弹，曾由居民组织了一些空袭时值班的自卫队。博物馆陈列了一个自卫队的照片。当时在所有的企业中也都组织了这种自卫队。一九四一年七月法西斯匪徒曾向沃依柯夫工厂投掷了大量的"烧夷弹"，但是，所有的烧夷弹都没有成灾。当法西斯匪徒的飞机被驱逐出莫斯科时，工厂的防空积极分子在被他们扑灭的一大堆燃烧弹旁照了像。这张相片已转送给博物馆，迄今仍陈列在这里。

敌人利用了突然袭击的优势才能接近莫斯科。一九四一年十月中旬，法西斯匪军离首都总共只有一百公里到一百二十公里的距离国防委员会下令宣布莫斯科戒严。在陈列台上陈列有这个命令的原文。

① 《论苏联伟大卫国战争》，一九五二年国家政治书籍出版局第五版第十三——十四页。——原文注

　　苏联军队英勇地抵抗敌人优势的兵力，将敌人阻止在通往首都的各个要冲上。与此同时莫斯科人把故乡的城市变成一个难以攻破的堡垒。博物馆观众在许多新闻照片上看到男女老少在城郊各街道上建筑反坦克障碍物的情景，他们正在挖掘壕沟，用旧铁轨装置"棱形拒马"，建造椿砦，建筑街垒……这里有战士在最挨近通城市各要道附近建造"土木工程火力点"的照片，也有一张新预备队通过大街和莫斯科河区武装起来的工人队伍进军的照片……

　　苏军执行最高统帅部的战略计划，由防御转为进攻的时机到来了。一九四一年十二月六日开始向敌人猛攻，彻底粉碎了莫斯科附近的德国法西斯匪军，这是希特勒分子在欧洲战争开始以来第一次最大的惨败。就在苏维埃首都的城墙下，彻底消灭了那轰动一时的希特勒军队"无敌"的神话。博物馆陈列有一个特制的电气化图解，说明莫斯科附近大会战的全部军事战略情况。

　　有许多单独的陈列台，是为纪念这次大会战的英雄而设的，他们的名字将永远活在苏联人民的心里。

　　在一张巨幅画上，说明了苏联英雄共青团员飞行员维克托尔·塔拉里欣的功绩。一九四一年八月七日夜间，他在发出空袭警报时起飞，就在通往莫斯科的要冲上空，单独与敌人的一架轰炸机进行战斗。当他把所有的子弹用尽而且负伤时，用自己的飞机撞击敌机。

　　这是死后追赠为苏联英雄崇高称号的特等射手共青团员Н·В·柯夫萧夫和М·С·波里凡诺夫的陈列台。他们受了伤并被法西斯匪徒包围住，但仍继续消灭敌人，为了不叫敌人活捉去，用最后一颗手榴弹炸死自己。在З·С·拉基琴娜雕塑的一座《最后一颗手榴弹》的石膏像上，表现他们壮烈牺牲时的情景。

　　有许多陈列品是为永志不忘地纪念着年青的莫斯科女英雄卓娅·柯斯莫捷绵斯卡娅而设的，她在一九四一年十二月初，在莫斯科省维列依区彼得里斜沃村，被法西斯匪徒折磨致死。在一张半身照片上和З·С·拉基琴娜雕塑的赤陶土像上，表达出这位为了人民幸福而献出自己生命的英勇女游击队员的光辉灿烂、充满贞洁神采的面貌。

　　观众就在博物馆的这一部分里，可以看到另外两张苏联英雄的相片，一张是在一九四一年十一月十八日英勇牺牲的近卫师师长И·В·潘菲洛夫少将，他在通往莫斯科的最近的要冲上沃洛柯拉姆公路附近阻住希特勒分子优势兵力的进攻；另一张是近卫骑兵军军长Л·М·多瓦托尔少将，他是在一九四一年十二月十九日在莫斯科附近的战斗中英勇牺牲的。

　　陈列柜里特别慎重地保存着许多可纪念的物品，这些物品是与那些对于保卫莫斯科做了许多事情，而在与敌人斗争中献出了生命的苏军指挥员的光荣名字分不开的。这里陈列有潘菲洛夫和多瓦托尔将军的战刀，以及潘菲洛夫批注的《列宁全集》第六卷。

　　雕刻家Л·И·皮萨列夫斯基雕塑了Л·М·多瓦托尔将军骑在马上的雕像。在雕像的旁边，陈列着多瓦托尔穿的军氅。这件军氅曾伴随这位在伟大卫国战争中牺牲的英雄遗体运到莫斯科。

　　在画家П·索柯洛夫—斯卡尔绘的巨幅油画里表现出莫斯科附近发生的这次具有历史意义战斗中的一个场面，强大的苏联坦克，在风雪交加中疾驰。许多被俘的法西斯官兵，高举着双手，在苏联步兵押解下，沿着大路边道，垂头丧气地曳足而行。

　　在莫斯科附近，击溃了德国法西斯军队，给血腥的希特勒政体一个致命的打击。但是，大家都知道苏维埃人民过了漫长的三年半时间，才最后把红旗插在柏林的德国国会大厦上，将这只遍体鳞伤的野兽打死。这三年半时间就像战争初开始最困难的年月一样，莫斯科人在各前线上作战，在工厂里工作，保障供应前线一切必需品，尽其所能献出了一切东西——金钱、劳力，为了战胜敌人，在必要时不惜献出自己的生命。

博物馆陈列着很多照片，反映出莫斯科人参加战争的各种各样的方式。这里有一张在一个工厂的车间里修理被敌人击伤的苏联飞机的照片。另一张是另一个工厂修理被敌人炮弹打伤的重型坦克车的照片。在这些日子里，莫斯科的每一个企业都在为战争、为胜利而工作。所有的人都参加了全民社会主义竞赛，为了更好地完成生产计划，更多地支援前线。

莫斯科人对于粉碎敌人的伟大事业的贡献，是值得称赞的。当战争胜利结束后，苏联最高苏维埃主席团于一九四五年六月六日下令颁发"一九四一～一九四五年伟大卫国战争时期英勇劳动"奖章。博物馆观众可以看到这种奖章和简要说明，指出曾有八十多万莫斯科人受到这种崇高的奖赏。

莫斯科人还把自己的储蓄用在战争上。博物馆有一张特制的图表指出在战争年代里莫斯科人认购战时公债三十八亿两千三百万卢布，缴纳国防基金款二十六亿一千八百万卢布，给苏军购制坦克和飞机捐献了四亿九百万卢布。莫斯科人对于国防总共献出了六十八亿五千万卢布。

有许多照片显示首都捷尔仁斯基区的劳动人民向军事统帅部捐献坦克和莫斯科人向军事统帅部捐献驱逐机的隆重场面。

人民战士、人民劳动者终于获得了自己英勇战斗和热情劳动的成果。一九四五年五月九日这个具有历史意义的纪念日子来到了，那天的无线电向全世界宣告，法西斯军队全部无条件投降了，残暴的希特勒政体垮台了。在博物馆特设的一个陈列台上，表现出莫斯科在胜利日那天，各广场和各大街都挤满了狂欢的人民的情景。在这里我们还可以看到一九四五年六月二十四日那天，在红广场上举行隆重的胜利大阅兵的情景。由各战场编成的混成团——世界上最精锐的步兵、威力最大的炮兵、最强大的坦克都在以分列式前进，世界无双的英勇飞行员飞翔在广场上空。

博物馆观众就在这里，还可看到苏联最高苏维埃主席团于一九四四年五月一日颁发的"保卫莫斯科"奖章。曾有一百多万优秀的忘我保卫故乡城市的莫斯科人，获得了这种奖章。

伟大城市的社会主义建设

由于国家经济力量有了巨大的增长，在三十年代初已经能够全面地规划从根本上改建首都的任务，把贵族和商人的旧莫斯科改建成为一个社会主义的新莫斯科，使他成为与强大苏联首都的名字相称的城市。

在一九三一年六月召开的党中央委员会全体大会上，全面地讨论了首都城市经济的情况，并责成莫斯科各机关"开始认真地、有科学根据地拟定进一步扩展和建设莫斯科市的计划"。

许多最著名的苏联建筑家、工程师、医生、经济学家都参加了制定这个未来莫斯科的完整无瑕而包罗万象的计划。有很多具体建议是由那些对故乡城市改建计划表现莫大关心的莫斯科的工人和职员提出来的。

一九五三年七月十日苏联政府和党中央委员会通过了具有历史意义的关于《莫斯科市改建总计划》的决议。这个计划的各项从头至尾都贯串着对首都人民福利的最大关怀。

在博物馆为纪念莫斯科的改建而设的陈列部门里，陈列了一幅大型图表，指出首都在改建工作完成后，道路网的情况。这里还陈列有摘自一九三五年七月十日苏联人民委员会和联共（布）党中央委员会决议上的一段原文：

> ……在确定莫斯科的计划时，必须保存这个城市在历史上已经形成的基础，但是，要重新计划，彻底改善城市街道网和广场。

这个彻底的改建工作，基本上在伟大卫国战争前就已实施了。经过几年时间就已完成了莫斯科狭小弯曲街道的扩展和展直的巨大工作，使其适合现代高速度运输的需要。

当扩展街道时，不免要触及某些保存下来的大而好的房子，于是新莫斯科的建筑者，就把这些大楼搬移开。例如，在扩展高尔基大街时，为了保存街头的一幢四层楼房，乃把它向街区以内移了数十公尺。现在这所楼房已被新建的六号大楼的正面遮着。建筑在高尔基大街和花园胡同的拐角处的莫斯科苏维埃大厦和眼科医院大楼也是这样迁移的。不但使眼科医院搬了家，而且还把它转了九十度，以前，这所医院的正面朝高尔基大街，现在，它的侧面转向大街，并使医院的正面朝向花园胡同。

博物馆陈列有我们提到的那所位于高尔基大街头上的楼房的模型，由这个模型上可以看到楼房搬家的有趣的作业。人们从下面将楼房挖开，使之与地基分离。到能抽出砖时将装在转辊上的铁梁导入楼房下面。然后将与电力卷扬机相连结的坚韧钢索固定在铁梁上。电动机发动后，卷扬机的主轴慢慢地转动，卷起钢索，于是楼房就以每分钟移动六到八公分距离的速度平稳地离开原地。

莫斯科的工程师，在这项复杂的工作中达到了如此完善的地步，甚至在移动楼房时也不需要居民迁出。居民就是留在自己的住宅里，也都感觉不到自己的住宅在移动。在楼房开始移动前一分钟，有一间屋子的桌上放有倒满水的玻璃杯，水并没有洒出来。为了不影响居民日常生活的便利，把一些有伸缩性的水龙带和备分电线安装在自来水管、排水管、电灯线和电话线上。当楼房离开它原来的地方时，水龙带和电线逐渐放开。

在很多陈列台上陈列着有关莫斯科许多街道在改建前和改建后的宽度的报导。

花园环城路的宽度已由四十公尺展到现在的七十公尺。其车行道的宽度由十二公尺展到十五公尺。高尔基大街的宽度现在已展到四十公尺，从前这条大街连两旁人行道在内街宽只有十六到十八公尺。假使这条大街现在仍然保持原先的宽度，不难想象，在这条热闹的街道上会发生一些什么样不幸的事。

梅山前街由十五公尺展到二十五——四十公尺，卡鲁格大街由十八公尺展到四十二——四十五公尺，莫日依斯卡公路由十二公尺展到五十——七十公尺。还有许多其他街道也都展宽了。

莫斯科的街道在十月革命前主要是用碎石铺敷的。当然，在城市中心，也会遇到很少几条柏油路、方石砌的道路。现在即使乘车数小时，由莫斯科的一端到另一端，所有通过的道路都是柏油路。

在博物馆的一个陈列栏上有一段说明：

> 到一九三九年，大街小巷改善路面的总面积，由十八万五千平方公尺（革命前）扩展到四百九十万平方公尺，即几乎扩展了二十五倍！

当然，这段关于一九三九年的说明，已落后于现代的实际情形。仅在一九四九年到一九五三年期间莫斯科铺设的柏油马路已有三百万平方公尺左右，此外，首都各房屋的院内也铺敷了一百万平方公尺左右的柏油马路。

把碎石铺的马路改成柏油路，不仅使莫斯科的街道便于汽车行驶，而且大大地改善了城市的卫生情况，便于清扫街道。莫斯科成为世界上最整洁的一个城市。在二十五年前，打扫街道用的唯一的"工具"是清道夫用的笤帚和铲子。而现在，首都则用装有各种各样机械的汽车清除灰尘、垃圾和积雪。博物馆里陈列着的许多照片可以看到这些机器工作的情形，装有刷子的汽车清扫街道，随着就把灰尘抽吸到特制的贮尘槽里去。继之洒水车往清扫过的路面上洒水。冬天大街上开出许多搂雪的"自动犁雪车"、破冰车和装运雪的卡车。

有许多照片显示出莫斯科在改建前和改建后的一些最重要的街道。这里并排陈列着两张莫日依斯卡公路的照片。右边一张照片是在二十五年前照的一条街道，而左边一张照片则是最近照的。对比一下这两张照片，博物馆观众不禁会给自己提出一个问题：究竟这条旧街给我们留下了什么东西呢？只有一个答案：除了这条街的名称，什么也没有留下。现在已把街道两旁的紧靠在地面上的单层破旧房子都清除掉了，耸立起了七八层的高楼。车马通行道展宽了数倍。连以前方石砌的马路也没有了，街道完全是用柏油铺的，高大的路灯柱子上，安装着光线强烈的电灯，一到夜间这些电灯的明亮灯光便照耀着大街。

当博物馆观众对比一下高尔基大街、猎人市场大街、梅山前街和其他的街道在改建前和改建后的照片时，他们也会产生这样印象：街道简直认不出来了。例如，这张猎人市场大街照片，观众大概只有凭着苏维埃大厦才能认得出在他面前的猎人市场大街。

有一个陈列台是专为纪念首都的一些新桥和河岸街而设的。莫斯科的旧桥，对现代的莫斯科已不适用。旧桥的宽度对现代街道的交通，显然不够。此外，这些旧桥很低地悬在水面上，使伏尔加河上的高大的轮船不能通过首都。

新桥的建筑是从一九三六年秋季开始的。到一九三八年五月一日经过了一年零九个月，建成了九座桥梁：五座大的桥梁——大石桥、克里米亚桥、大河口桥、大红丘桥通过莫斯科河，红丘桥、铸铁桥和小石桥通过排水运河；小河口桥通过雅乌札河。过去的新生桥也加高和加宽了。在这一期间又建造了两座十字交叉高架桥和一座地下铁道桥。

在城市建设的全部历史中从来没有见过一个城市同时建筑十三座桥的事情。莫斯科的十座旧桥是在六十年内一个跟着一个建筑成的。

旧博洛金诺桥比较晚些，在伟大卫国战争以后，才开始改建和展宽的。

在许多水彩画和照片上，照有新大石桥、莫斯科河桥、地下铁道桥和大石桥的一段防护铁栅栏的情景。

最宽的旧桥只有二十一公尺宽。而新桥中最窄的桥——克里米亚桥，它的宽度也有三十八点五公尺。其他桥梁的宽度都有四十公尺。世界上所有的桥梁中，只有一座桥（在巴黎）有这样的宽度。莫斯科河上的一些新桥高出水面均达八·五——九公尺。沿河两岸，这些桥梁仍有高悬在河岸街上的栈桥。由于有这样的设备，河上的交通就不会防碍街上的交通。纵横交错的汽车巨流才能不断地疾驰着。旧桥的外形既不精致而又显得笨重。所有的新桥，都具有巍伟的拱门、厚重的低垣、精心雕凿的金属栅栏，成为首都的装饰品。

有许多照片，表现为整备和建筑莫斯科河岸街所进行的巨大工作。

三十六年前，莫斯科河和雅乌札河的两岸只筑有长达两公里余的护岸墙，沿河岸街也没有通道。许多地方的私人房屋和用栅栏围起的私人土地，都紧靠着水边。沿河岸街的建筑非常简陋。仅仅在莫斯科河岸街、索非亚河岸街和拉乌什河岸街上筑有贵族和商人的独宅大院。在河的其余部分的两岸，散布着一些即将倒塌的土墙小屋和仓促钉成的木头码头。河岸街被认为是城市的"僻静地方"。当时人们根本没有打算把这些地方整顿一下。

在博物馆的陈列台上陈列有首都改建总计划中的一项，上面说：

> 把莫斯科的河岸变成城市的主要干线，用花岗石修饰河岸，并沿河岸街建筑宽阔的通道——沿河全岸筑成设有穿行交通的街道。

这个巨大的计划，大部分已经实现了。莫斯科河、雅乌札河和排水运河的两岸，都装饰了花岗石的和混凝土的护岸墙。河边修建了宽阔的人行道，用低垣或带花边的铁栏干与水隔开。护岸栏干之间筑有许多美丽的花岗石的石级，通向河边，码头旁停放着许多轮船、汽艇和小游艇。

在许多特设的陈列台上，陈列着许多为纪念苏维埃最大的水利工程——莫斯科运河的陈列品。观众可以看到这条运河与外国最长的运河——巴拿马运河和曼彻斯特运河相比较的说明。曼彻斯特运河长五十七公里，巴拿马运河长八十公里。莫斯科运河长达一百二十八公里。虽然如此，莫斯科运河总共只用了四年又八个月的时间就建筑好了，可是曼彻斯特运河的建筑工程却继续了七年之久，而巴拿马运河则用了十一年才建成。

另一个说明，介绍莫斯科运河在工程技术上的建筑，指出在运河沿线，建筑了十一个水闸、七座铁路桥、十二座公路桥、五个抽水站和二百四十个其他技术设备。

这里陈列了一个运河水闸的模型。在照片上可以看到船舶通过水闸的过程。

在其他一些照片上现出希姆金河车站的一座优美的大楼和建立在运河外港的列宁和斯大林巨大的雕刻像。

不久以前观众在陈列栏上看到题词的原文还这样说：

> 莫斯科运河把我们的首都变成三海——里海、波罗的海和白海的港口。

可是到一九五二年这个题词经过了修改，以列宁命名的伏尔加—顿河运河修建完成后，莫斯科成为五海——以上三海加上黑海和亚速海的港口。

这条运河的通航意义固然伟大，但是，在供给莫斯科用水方面所起的作用更加伟大。

在三十年代初，就显露了替莫斯科寻觅新的用水水源的迫切需要。由于城市居民日益增加，对水的需要也就更加增多了。我们可以很简单而精确地计算一下：假设五百万居民每人一昼夜比较节省的用水标准为十二桶，则莫斯科每昼夜需水六千万桶。可是一昼夜注入莫斯科河的水刚刚够这个数目。这就是说，全城很快就能把莫斯科河"喝干"。

自从莫斯科河与伏尔加河连接起来以后，首都用水的问题才彻底解决。根据莫斯科改建计划修建的斯大林供水站是欧洲最大的，观众在供排水设备和煤气装置陈列室里可以看到这个供水站的全景和操作示意图。在革命前，莫斯科的每一个居民一昼夜消费水量为六十一公升，而现在，一昼夜三到三百公升，如需要时，还能稍微增加些水量。每个居民用水的平均消费量，这是城市设备完善和卫生状况的正确标志，莫斯科用水平均消费量就比欧洲和美洲的许多最大城市都要高。

博物馆有许多陈列品反映出莫斯科城市经济最重要的一个部门——世界上最好的莫斯科地下铁道的发展情景。有许多照片显示出地下铁道车站——"苏维埃宫"站、"吉纳莫"站、"航空站"、"马雅可夫斯基"站、"库尔斯克"站和"基也辅"站等在地面上的外室和地面下的大厅。

从一九三二年开始修建到一九三五年五月十五日完成的第一条地下铁道，这是苏联工业化在科学上和技术上达到成熟地步的明证，是首都建筑者能在最短期间解决了工作量非常大和工作性质非常复杂的技术任务的明证。这是对莫斯科工人和工程师的特殊"考验"，他们光荣地经受了这次考验。

在这个建设中，莫斯科的青年曾起了巨大的作用，国家对于首都男女青年这种忘我的劳动有极高的评价。在博物馆的陈列栏上陈列着的苏联中央执行委员会决议的原文上写道：

> 由于莫斯科共青团组织在动员最优秀的共青团员去顺利地建设莫斯科的地下铁道事业上有特殊的功勋，奖以列宁勋章。

这个决议的旁边陈列着另一个决议，上面说：

> 为顺利地完成莫斯科地下铁道的建设工作，特以中央执行委员会和苏联人民委员会议的名义向男女突击队员、全体工程师、技术人员和建筑地下铁道修建队的男女工人致谢。

地下铁道的建筑工作已经有二十一年没有间断了。甚至在最困难的战争年代，当法西斯军队位于通往莫斯科的附近要冲时，改建莫斯科的巨大工作也没有中断过。

在博物馆的一个陈列栏上陈列着在卫国战争年代里修建的第三条地下铁道线的图解，这是早在一九四三年就已完成的莫斯科河以南地区的地下铁道和在一九四四年开始通车的波克罗夫地区的地下铁道。这里陈列有一段历史文件的原文——苏联最高苏维埃主席团的命令，上面说：

> 因为获得列宁勋章的"地下铁道修建队"能在战时困难条件下出色地完成了国防委员会修建的以卡冈诺维奇命名的第三条莫斯科地下铁道的任务，奖以劳动红旗勋章……莫斯科、克里姆林宫、一九四四年六月二日。

在这个文件的旁边，博物馆的观众可以看到在战时艰苦年代中建成的许多地下铁道车站的照片，如

"新库兹涅茨"站、"巴乌曼"站和"电力工厂"站等。在这些车站用大理石修饰的墙壁上刻有足以自豪的题词："建于伟大卫国战争年代中"。

在博物馆陈列的一张大图上，标示着地下铁道已建成的线路和计划建筑的线路。这里有一条地下环行线，它把首都很多车站连接起来，并把整个首都中央地区围绕起来。这条环行线不久以前在图上还是用虚线标示的计划建筑线路。但是这张图与莫斯科作为一个港埠的说明发生了同样的变化。这条虚线已经取消了，环行线的大部分从别洛露西亚车站到克里姆林宫广场已成为实线了。再过些时候，地下铁道的大环行线将全线通车，那时，莫斯科地下交通线的长度将达到六十公里。

不久将开始修建第五条莫斯科地下铁道，它是由两条路线组成的：一条由现有的鹰匠——高尔基中央文化休憩公园铁道线延伸到列宁山的国立莫斯科大学新校舍地区；另一条由现在的"植物园"延伸到全苏农业展览会。

在我们这个时代，莫斯科地下铁道列车，每天运送约有二百二十五万乘客，这个数字比世界上最老的伦敦地下铁道多一倍有余。在莫斯科有地下火车以来十八年期间，已运送了数十亿旅客，这个数字比全地球上的人口还要多几倍。

在伟大卫国战争年代中，就已经开始建设并在颇大程度上建成了萨拉多夫与莫斯科间的煤气输送管，它是国内第一条最长的煤气主管，长达八百四十三公里。在煤气装置的陈列室里陈列着许多照片，可以看到：在莫斯科郊区安装煤气管的情形，在首都住宅内安装煤气炉的情景，某一住宅内装置得很清洁的煤气锅炉房和各种各样煤气设备的实物。

莫斯科的煤气装置，安装得特别迅速。目前，首都已有数十万幢住宅安装了煤气设备，因而莫斯科百分之九十以上的居民都使用了煤气。莫斯科煤气的年消费量，比巴黎、柏林和芝加哥的煤气年消费量都要多。莫斯科每个居民的煤气平均消费量也超过西欧和美国许多最大的城市。

煤气装置不仅使莫斯科人享有最便利、最低廉的日常生活的燃料，同时还改善了劳动人民的卫生条件。现在首都的空气很少被燃烧固体和液体燃料时游离到大气中去的烟和煤烟弄污了。而且停止砍伐首都周围的大片森林——它是清新空气最宝贵的储藏地。

由于街道的展宽和铺敷柏油、莫斯科河的充水、河上建筑的花岗石护岸、新建的桥梁，使整个市容骤然改观。而且因为大规模建设了住宅和公共宿舍，也大大地改变了莫斯科的面貌。

博物馆观众看得出，莫斯科到一九四〇年时就已建筑了四百九十万平方公尺的新住宅面积。这个面积比革命前莫斯科全部住宅的面积多百分之四十。目前，首都又建筑了九百万平方公尺面积的住宅。这就是说，新莫斯科在苏维埃掌握政权三十六年功夫就成长起来了，而旧的莫斯科却用了八百年才建成。现在十个莫斯科人中，至少有四个人已住在伟大十月革命后建筑的房子里了。

有许多照片、图画和水彩画显示出一些新的住宅和公共宿舍，如青苔街的列宁图书馆，猎人市的苏联部长会议大厦和"莫斯科"旅馆，公社广场的苏军剧院，马雅可夫斯基广场的柴可夫斯基音乐厅，处女地的米·瓦·伏龙芝军事学院，沿高尔基大街、卡鲁格大街、梅山前街、美丽池塘街、斯摩棱斯克河岸街和其他莫斯科大街的一些高大住宅。

博物馆观众，看到现代莫斯科大街的照片时，常常停留在所谓"丹加乌埃罗夫卡"（在恩图吉阿斯特公路）大幅风景画的前面。过去丹加乌埃罗夫卡是一个典型的工人区，盖满了简陋的土房及茅屋，没有任何市政设施。现在呈现在博物馆观众眼前的是莫斯科市的一班风光——宽阔的柏油大马路和宽阔的人行道、盖满了设备完善的和绿化的高大而美丽的房屋，与首都中央区域的大马路一点没有区别。

在这方面莫斯科改建的总计划与在巴黎、伦敦、东京和其他资本主义国家的大都市所进行的那些小规模修建是有所不同的。资本主义国家的城市修建事业，常常局限于整修若干资产阶级居住的中央地区，而郊区工人的住宅区在全部资本主义城市建筑史上从未引起过工程师和建筑师的注意。

博物馆陈列有一个精制的石膏模型，显示出别洛露西亚车站广场的改建计划草案。这件陈列品是在六年前安装在博物馆的。现在观众在这个模型旁边陈列的一张大新闻照片上可以看到这个广场。观众把这两件陈列品比较一下的时候，就会深信我们苏维埃的计划对未来提供出一个极确实的概念。伟大的俄罗斯作家阿列克谢·马克西莫维奇·高尔基的纪念像就树立在计划草案规定的地点，现在这纪念像的周围已成为青翠的小花园。就是连建筑在衔接高尔基大街和列宁格勒公路的高架桥下面的隧道方向，也是一点都不差的。

莫斯科改建的总计划，预计在一九三五年到一九四五年十年内完成。在这短期间内有四年是反对德国法西斯战争的年代。虽然如此，到了伟大卫国战争末期，这个计划的任务基本上是完成了。现在修建莫斯科的工作正按照苏维埃政府批准的在一九五一年到一九六○年十年新的总计划进行。

到了一九六○年，莫斯科将变成什么样呢？

世界各大城市都有为纪念大城市的历史而设立的博物馆。但是没有一个博物馆陈列了讲述这个城市未来的陈列品。显然，他们怎么能够预言巴黎、伦敦、纽约、芝加哥的命运呢？至多他们凭着前几年的经验，机械地搬运过来预测未来，告诉你在某年伦敦或纽约将有多少居民。谁也不敢预言经过十年后，某一条街，某一个地区将变成什么样。

宿命论者用安然的态度来回答城市未来的问题时说，巴黎和伦敦、芝加哥和罗马、纽约和东京到底有多少居民那是将来命中注定了的。确实，当国家政权和国家经济掌握在贪得无厌的资本家手中时，只有一个获取最大利润的愿望促使他们行动，谁也不能预言未来。

而在我们国家里，情况却是另一个样。因为对最大限度地满足人民经常增长的物质和文化的需要的关心，是最高的法则。莫斯科历史与建设博物馆，在各国首都的博物馆中是唯一无二的，观众能在这里看到自己城市的最近将来。为此，只要走进莫斯科改建新的总计划陈列室就行了。在这里陈列的许多模型和从建筑设计图上拍摄的照片上，可以看到苏维埃首都的未来面貌。

观众在莫斯科建筑和设计的巨幅透视图前停留一下，倾听讲解员的讲解后，就不禁会对那为莫斯科人建筑新住宅的巨大规模感到惊奇；对于为解决莫斯科复杂的交通问题，使莫斯科的旧街适合于现代高速汽车行驶的需要，而加宽街道的果断性、英明的预见性和节约原则表示惊讶。

观众看得出，在最近的将来，除了现在的林荫环城路和花园环城路外，将修建两条新的环行干线。其中一条环城路将建筑在花园环城路的外围，大概沿着从前会计局围墙的那条线。这条长约二十六公里的环城路可以减轻花园环城路和贯穿市中心各条干线的负担，并使这条路绕着市中心与外围地区直接相互联系起来。另一条是巨大的公园环城路，这条有六十到六十五公尺宽的环城路几乎把整个首都建有房屋的地区围绕过来。公园环城路将迎接由城外各条公路驶向首都的大批过路汽车，使这些运输线换成城外其他方向。

有一条广阔的干线将伸向新建的西南区的中心——列宁山上的国立莫斯科大学的广大校址。

将继续进行加宽和整直莫斯科的一些成辐射状的旧街工作。在需要拆毁许多保存完整的房屋的地方，将新建许多平行干线，例如新阿尔巴特干线，在博物馆陈列的一张图上，可以清楚地看到它的方向。

为了改善首都设有斯大林汽车工厂、卡冈诺维奇第一轴承工厂、基洛夫"吉纳莫"工厂、自行车工厂以及其他最大的工业企业的最大工业区的交通，将架设一座"汽车工厂"桥使这些地区与莫斯科河的对岸连接起来。

不久，在首都各干线上，将出现一种莫斯科人未见过的新设备，这种设备能大大地提高街道的通行能力，加速运输工具的运动，同时将更加便于行人的通行。这种设备就是大家称作的"车行横断路"，也就是在街道两边设置的横断大街的通路。车行横断路可使纵横交错的运输工具的巨流不必在红绿信号灯附近彼此轮流等候通行。现在莫斯科桥与河岸街成交叉处的情况就是巨流般的汽车一辆跟着一辆疾驰过去。

在花园环城路与高尔基大街交叉的马雅可夫斯基广场上将修建第一条车行横断路。在离交叉点不远地方的花园环城路基的中央建筑一条逐渐下降的露天凹道，沿花园环城路驰来的汽车将开进此凹道。这条凹道就在两条路交叉点的下面穿过一个隧道，这个隧道能同样由一条徐缓上升、逐渐与花园环城路汇合的凹道通到广场对面去。凹道的两头将留有十分宽阔的车行道，以便汽车从花园环城路转向高尔基大街和由高尔基大街转向花园环城路。这样一来，花园环城路上的交通将经过隧道，而高尔基大街上的交通仍像现在一样在大街路面上行驶。行人不许通过隧道。计划在隧道两边平行建筑两条专为行人通行的地下通道。

博物馆陈列有许多照片，表现绿化莫斯科的各种不同情景。观众可以看到如何用卡车把多年生的树木运到栽植地点，如何把树木移植在预先准备好的深坑内，以及绿化后的街道外貌。仅仅在一九五〇到一九五二年期间，莫斯科就种植了一百余万棵大树和五百余万株丛树。最近几年以来，更加普遍地注意绿化。就是在通向莫斯科的城郊公路两旁也注意到绿化。在离首都五十公里半径内的公路，将种植许多果树。

博物馆陈列的一个将开辟在奥斯坦金苏联科学院①的中央植物园的模型很引人注目。这个植物园的规模和设备在世界上是属于第一流的。

在首都改建新的总计划中，特别注意住宅和文化生活的建筑。最近几年以来在新沙滩街、卡茹霍夫和莫斯科的其他地区，建筑了许多设备完善而美丽的房屋。住宅的建筑工程进行得尤其快。一九五一年莫斯科人获得了七十五万三千平方公尺新的住宅面积，一九五二年获得了七十八万二千平方公尺住宅面积，过两三年后，建筑者每年将建筑不少过一百万平方公尺的住宅面积。在一九五一到一九六〇年十年内，将建筑一千万平方公尺的住宅面积。同时，莫斯科将出现有二万六千个床位的一些新医院、共有二万五千座位的一些电影院、四百所学校建筑物、新商店、食堂、幼稚园和托儿所。在莫斯科周围一些风景最美丽的和对健康有益的地方将建筑一些能容纳有十万人的别墅区。

只要看一下莫斯科的计划，就可以知道很多地方的未来命运，甚至连一些最细微的地方，都由首都的建筑工程师和计划者研究到了。博物馆陈列有数十张建筑设计图纸，经过若干年后这些图纸将变成真实的和住满人的房子。

在这些设计图纸和模型中所设计的一些高楼大厦特别引起观众的注意。

外国的一些高楼大厦是因为土地地段涨价才在大城市的中心建筑起来的，因而迫使土地占有者尽力来利用每一公尺土地使之发挥最大的效果。在美国称为"摩天楼"的一些多层建筑物极大多数都是黑暗的、不像样的盒状建筑物。居住在这些建筑里是非常不愉快的，住在底层的居民得不到阳光和空气。

博物馆观众在陈列台上读到的苏联部长会议关于建设高楼大厦的决议，预先就警告建筑工程师不要

---

① 苏联的最高学术研究机构，1724 年建于圣彼得堡，起初名"圣彼得堡科学和艺术院"，1803 年改称"俄罗斯皇家科学院"，1917年到 1925 年称"俄国科学院"，1935 年 7 月正式更名为"苏联科学院"，1991 年更名为"俄罗斯科学院"，下同。

摹仿外国的形式，决议指出：

> 这些建筑物的轮廓，应具有自己独特建筑艺术的风格，应使之与在历史上形成的城市建筑术和未来的苏维埃宫的轮廓相协调。因此，所设计的建筑物，不应成为人所共知的外国多层建筑物的翻版。

博物馆陈列着若干高楼大厦的设计图纸和模型。这些建筑物与美国的那些毫无生气的摩天楼有着天壤之别。我们所有的高楼大厦都很壮丽，而且样式带有某种特殊轻松活泼的风格。这些大厦都成阶梯状耸入云霄。莫斯科的高大建筑工程具有这种特殊的阶段形状，对于卫生方面是非常重要的。巨大建筑物各部分的空气和阳光都很充足。

博物馆陈列的许多高大建筑物的模型和设计图纸，已失去"观察未来"的意义。有些设计图纸不是已成为盖好了的建筑物，就是正在紧张建筑中。例如，建筑工程师Д·Н·切楚林和А·К·罗斯特柯夫斯基设计在铁匠河岸街建筑的巨大住宅的模型的情况就是这样。在这所建筑物内已住有数百个莫斯科家庭。根据建筑工程师В·Г·盖里弗列赫和М·А·明库斯的设计在斯摩棱斯克广场建筑的二十六层办公大楼已经建成且被使用了。在起义广场建筑的巨大住宅和其他一些高大房屋也都快完工了。

根据建筑工程师Л·В·鲁德聂夫、С·Е·切尔内舍夫、П·В·阿布罗西莫夫和А·Ф·赫尔雅柯夫的设计建筑起来的国立莫斯科大学校舍也已使用。这所建筑物是欧洲最高大的建筑，它那宏伟而优美的轮廓不仅在莫斯科市内能够看得很清楚，就是离首都数十公里的地方也能看见。

这所建筑物无论在建筑艺术上和工程技术设备上，在全世界上都是无比的。仔细观察一下，就会知道这所建筑物实际上并非一个建筑物，而是将用途和建筑构思统一起来，互相联系着的许多单独建筑物的总体。列宁山上建立起一个完整的城市，这个城市有数万人口，而它所占的面积连同通往此城的通道在内共有三百二十公顷。

国立莫斯科大学的中央大楼，计有三十二层。大楼上面竖立一个五十八公尺高的尖塔，尖塔的顶端闪耀着七公尺高的五角星。中央大楼的总高度达二百五十公尺左右。

国立莫斯科大学的壮丽校舍的高度是极高的，可是它容量也非常大，超过二百六十万立方公尺。如果有一个人愿走遍大学的全部四万五千间房间，徒步应走一百四十五公里的路。另一个有趣的计算：假使你想要走遍所有房间，每间房仅停留一分钟，那么就需要花费约一个月的时间。

为这所大学建筑的全国最巨大、最美丽的建筑物，具有极深远的意义。为了进一步繁荣苏维埃人民的文化，党和政府对这所建筑物表现了深切的关怀，对我国的科学表现了最大的注意。

博物馆的观众在仔细观看高大建筑物的模型，和看到相继建筑在莫斯科大街和广场上的建筑物的时候，就会对自己社会主义祖国与祖国的首都充满喜悦和骄傲的情绪。现在的莫斯科已经非常美丽了，但是，再过十年，它将变得更加美丽。

改建首都的意义对它的居民来说是极大的，对于苏联其他各大城市说来意义也很大。而且人民民主国家的各大城市，也应当详细地研究莫斯科作为具有和平创造性城市建筑试验室的经验。

赠给莫斯科的礼物

观众通过博物馆各陈列室的许多陈列品，研究了莫斯科从发生到现在所经过的伟大的历史道路，以及看到它的光明的未来以后，可以看到赠给莫斯科的很多礼物，这些礼物是为庆祝莫斯科八百周年光荣纪念日，为世界各国人民之间和平与友谊的喉舌而赠给莫斯科的。

博物馆的观众在这个陈列室里对莫斯科的感触比在其他各陈列室里更为强烈，感觉到莫斯科不仅是与我们多民族祖国的各族人民的历史有着密切联系的城市，而且也是具有伟大国际意义的中心，是给全世界人民带来幸福的新文明的生动的标志。

在"莫斯科——和平的旗手"的陈列室里收集了许多反映出莫斯科在全世界所展开的为争取和平的伟大斗争中所起的主要作用的陈列品。

在这一部门的陈列品中有授予"加强国际和平斯大林国际奖金"获得者的奖状样品，由莫斯科派往参加全苏代表大会和保卫世界和平大会代表的委任状，以及莫斯科人为表达他们拥护和平事业的坚决意向，对战争贩子必败而和平劳动阵营必获全胜的坚定信心而致苏维埃保卫和平委员会的信件。

在这一部门里还陈列着莫斯科人的代表所收到的世界各国和平保卫者赠送的礼物——手帕、小旗、纪念册、书籍……

在华沙参加过第二届世界和平代表大会的代表 M·高列洛夫斯卡娅受意大利米兰市妇女的委托，把九十六面小旗转交给了博物馆作为赠送给莫斯科人的礼物。每面小旗上都绣着"和平"和赠送者的名字。Л·柯斯莫捷绵斯卡娅也是第二届世界和平代表大会的代表，她把自己的一本签满题词、大会代表对莫斯科——伟大和平旗手表示敬爱而题记的笔记转送给博物馆。

由"法苏"协会收到了一本以世界各国儿童间的和平与友谊为题材、法国儿童画了非常朴实而真诚的图画的纪念册。

苏联作家 K·斐定与 Б·波列沃依将一九五一年八月在柏林召开第三届世界民主青年联欢节期间用世界各国文字出版的报纸和他们以世界各国人民的友爱为题目作的论文转送给博物馆，在第二届世界保卫和平大会期间华沙的无线电台曾广播过这些论文的原文。

纪念陈列室一进门口就陈列着在莫斯科八百周年纪念日奖给莫斯科的列宁勋章的巨大模型，在此模型旁边并排陈列着苏联最高苏维埃部长会议的命令原文：

由于莫斯科的劳动人民对祖国有卓越的功绩，在与德国侵略者的斗争中表现了刚毅和英勇，在发展工业和文化以及实现城市改建总计划中获得了成绩，值此莫斯科八百年周年纪念日之际，奖给苏联社会主义共和国的首都——莫斯科以列宁勋章。

在一些特制的纪念册里，搜集有许多反映出纪念会情景的照片，博物馆观众在这些照片上可以看到：张灯结彩的大街和广场，在克里姆林宫内以列宁勋章授给莫斯科苏维埃代表团的情景，代表团沿着仪仗队和首都工厂代表在莫斯科苏维埃大厦为迎接代表团而排列的队伍由克里姆林宫走向苏维埃广场的情景，以及在苏维埃广场上给莫斯科创立人——尤里·多尔哥鲁基奠立纪念像举行庆祝会的情景。

这里还陈列了在莫斯科纪念日时获得各种勋章的首都各企业和各机关的名册。在这个光荣的名册里列有莫斯科地下铁道、莫斯科鲁布辽夫与斯大林自来水站、莫斯科电车、莫斯科煤气工厂、包特金医院、高尔基文化休憩公园以及"莫斯科住宅建筑"公司。在这个名册的旁边还陈列着因改建莫斯科的优秀工作而获得各种奖章及勋章的三千二百二十七个莫斯科人的证明书。

苏联全国都在庆祝莫斯科的八百周年，就连许多别的国家也都庆祝了这个纪念日。

在陈列室的玻璃橱里，放着许多用皮子、绸缎以及丝绒做成的华丽的、烫有金银色文字的和镶饰金属与五彩宝石的文件夹，在这些文件夹内保存有许多向莫斯科祝贺的电信。许多工人、集体农庄庄员、科学家和艺术家在庆祝首都八百周年纪念日时，都指出莫斯科对祖国的伟大功绩，他们写道：莫斯科在苏维埃人民的生活中过去和现在都具有极其重大的意义。他们希望敬爱的首都更加昌盛繁荣。

许多贺信还附有凝结了顽强劳动和发明创造的礼物。例如：这个大幅嵌板画是莫斯科斯大林区劳动人民送的礼物。这个嵌板画系玻璃科学研究院实验工厂制成的，在从里面被发光灯照亮的透明背景上，可以看到克里姆林宫和带有"莫斯科：——一一四七～一九四七"简略字样的苏联国徽的形象。

莫斯科省克拉斯诺波利安卡区的劳动人民，送了一个绘有大克里姆林宫用外面涂漆的坚韧纸制成的文件夹，作为他们的贺礼，这是斐多斯金诺村的优秀艺人的作品。

弗拉基米尔省的劳动人民好像与斐多斯金诺村的人民竞赛似的，也同样用涂漆的坚韧纸制成、并绘有以首都一个英勇战斗历史作题材的工笔画的小盒赠送给莫斯科。这个小盒是姆斯杰尔村制造的，这个村庄与斐多斯金诺村都是民间工艺美术的发源地。

列宁格勒的劳动人民，将自己的贺词，装在题词列宁格勒——莫斯科、用华丽绿宝石镶成白麂皮制作的精美的文件夹内。在文件夹的旁边陈列着一个大瓷花瓶，这是列宁格勒罗蒙诺索夫工厂——俄罗斯最古老的瓷器制造企业的制品。罗蒙诺索夫工厂的艺术家把这个花瓶绘上了图画。在许多圆形饰物里绘有古代莫斯科的风景和题词，其中有第一次在编年史上记载莫斯科的事迹——尤里·多尔高鲁基大公向他的同盟者斯维雅托斯拉大公发出的号召："请到兄弟这里来！到莫斯科来！"；第二个题词是："莫斯科是苏联的首都。摘自《宪法》第十二章，第一百四十五页。"

另外还有一个用悦目的红玉色水晶玻璃制成的花瓶也是很有名的，这是著名的"鹅晶"工厂的出品。在玻璃上面用复杂的方法蚀出克里姆林宫的外貌和米宁及波热尔斯基的纪念像。

土拉的兵器工人把一支镶嵌了金属、雕刻了花纹和镶有宝石的猎枪赠给敬爱的莫斯科作为礼物。

乌拉尔人送的一些珍奇礼物，很引起观众的注意。大家都知道在莫斯科八百年纪念时曾发出一种镀有蓝色和白色珐琅、镌有苏联国旗、放礼炮时的克里姆林宫斯帕斯塔和"莫斯科——八百年"题词的特制纪念章。斯维尔德洛夫省人也赠送给莫斯科这样一个放大数十倍的纪念章。这个大纪念章是用镀金的银子、琉璃、红宝石和绿宝石制成的。莫斯科人从新莫斯科河大桥铁栏杆的手工而熟知的著名卡斯林美术铸造匠人用生铁作了一件雕刻品，表示男女工人持着苏联国徽和各加盟共和国的国徽在红场沿着斯帕斯塔楼行进的情景作为送给莫斯科的礼物。

在一个陈列橱的中央，陈列着一个大宝盒，这是俄罗斯苏维埃联邦社会主义共和国部长会议赠给莫斯科的礼物。盒框是银质的，盒壁是用磨光的乌拉尔石英大理石板制成的。骨架饰以各种贵重的宝石——黄宝石、紫水晶、绿宝石和红宝石。莫斯科"俄罗斯宝石"工厂的工人在制造这种艺术品时，特别细心地镶嵌宝盒和研磨宝石。

在这个宝盒的旁边陈列着另一个宝盒，这是俄罗斯苏维埃联邦社会主义共和国最高苏维埃主席团的礼物。这个用涂漆的坚韧纸做成的宝盒，是弗拉基米尔省著名的巴列赫村制造的。盒盖上有巴列赫村艺术家绘制的五幅工笔画：《俄罗斯苏维埃联邦社会主义共和国国徽》、《红场》、《莫斯科苏维埃大厦》、《大剧院》和《希姆金河车站》。在宝盒的前盒壁上绘着《在莫斯科附近击溃德寇》的画，宝盒的两侧和后盒壁绘着《库利柯沃战役》、《驱逐波兰武装干涉者出境》以及《在一八一二年击溃法国人》等画。

多少世纪以来，莫斯科与俄罗斯是团结在一起的。莫斯科离不开俄罗斯，而俄罗斯也离不开莫斯科。许多住有俄罗斯人的城市、边疆和省份，都以庆祝莫斯科的光荣纪念日作为他们的神圣职责。陈列礼品的陈列室同样确凿地证明了我们祖国其他各民族也都感到自己与莫斯科有着不可分离的连系。

在陈列室的中央陈列着莫尔达维亚苏维埃社会主义自治共和国赠送给莫斯科的礼物，这是用浅色橡木作的很精致的一张桌子。莫尔达维亚人民在他们的祝词里称这张桌子为"集体农庄丰收桌"。桌子上铺着绣有各色丝线和珍珠的亚麻台布。按照莫尔达维亚的古俗，沿台布的四边，饰有钱币、玻璃珠和金属闪烁的物品。在桌子中央放着一个像船似的雕刻的椭圆形大木盘。木盘里面盛满用木头精制的一束黄金色的麦子——好客与丰收的象征。

陈列室的四壁挂着许多精美的葛布兰式花毡、壁毡和刺绣，这是各民族共和国最优秀的民间艺人制成的、赠送给敬爱的莫斯科的礼物。

乌克兰赠送了一个巨大的饰以刺绣的壁毡。壁毡上绣着"苏联各族人民的兄弟般友谊"的标题。

土耳克明尼亚赠送了一个绣有列宁肖像的毛毯。

乌兹别克斯坦把一个用手工绣的斯大林绣像赠送给莫斯科作为礼物。

塔什克斯坦的刺绣女工绣了一个大的、华丽的壁毡。壁毡的下面绣有"塔什克妇女赠给亲爱的莫斯科"的字样。

卡查赫斯坦的绣毡工人，赠给莫斯科若干巨大的葛布兰式的花毡，每一条花毡都能遮满大房间的一面墙壁。

阿捷尔拜疆的祝贺信册是一件精美的艺术作品。这个共和国的最优秀的首饰工人花费了极大的精力来制造这件作品。这件作品上饰有黄金、贵重的宝石和刻有精工刻制的象牙。阿捷尔拜疆的人民以诗歌表达了自己对莫斯科的情感。

> 莫斯科呀！你是我们的幸福，你是我们的圣城！
> 人类与你的美丽融成一片。
> 莫斯科！你的爱，像阳光一样照耀着我们。
> 你是那样深厚、蓬勃地永世常存！

爱沙尼亚苏维埃社会主义共和国用异乎寻常的方法把祝贺信送到了莫斯科。爱沙尼亚的运动员由塔林到莫斯科举行接力赛跑呈送这封祝贺信。

格鲁吉亚制成了一件精美的礼物送给莫斯科。这件礼物是弗拉基米尔·伊里奇·列宁的青铜半身像，系著名的格鲁吉亚雕刻家、苏联美术学院正式研究员 Я·И·尼柯拉德杰的作品。

许多外国的国家和城市也送给莫斯科很多的礼物。

观众刚一走上进入礼物陈列室的楼梯时，就注意到一个描述古罗马角斗士的精美青铜像。这个雕像是著名的波兰雕刻家维隆斯基的作品，系波兰首都华沙赠送给莫斯科的礼物。

布拉格把一套最精细的咖啡瓷具赠送给莫斯科作为礼物。

在这套瓷具的旁边陈列着保加利亚祖国阵线全国委员会赠予莫斯科的刻有贺词的铜板。观众在这块铜板上的原文下面看到已故保加利亚人民领袖"格奥尔吉·季米特洛夫"的签字。

在一个陈列橱里，陈列着一个"和平"纪念碑的大青铜模型，这是在匈牙利首都——布达佩斯为纪念苏军英雄而建立的。在模型的大理石座架上，重刻着原纪念碑上的题词："匈牙利人民向解放者——苏联英雄致谢。一九四五年。"在这个题词的下面还有另一个题词："布达佩斯赠予莫斯科。一九四七年九月六日。"

在壁上挂有巨幅《乡村生活》画，这是著名的罗马尼亚艺术家格利高列斯库的手笔，作为布加勒斯特市居民的礼物。

莫斯科收到阿尔巴尼亚赠送的许多贵重而又使人喜爱的礼物。这里陈列有一套阿尔巴尼亚的古代武器，镶嵌黑金、珊瑚、精美的宝石雕刻花纹的银质军刀、短剑、手枪，一个极精致的银宝盒和一个阿尔巴尼亚民族英雄——在十五世纪与土耳其侵略者斗争中出名的斯堪吉尔别格的小雕像。

蒙古人民共和国的代表团送给莫斯科一本装有蒙古首都乌兰巴托各种风景照片的纪念册。这些风景画足以了解蒙古过去三十年期间，在自己的人民革命党领导下和苏联人民兄弟般援助下所经历的多么伟大的道路。蒙古由一个被本国封建制度和外国资本家残酷剥削的国家，以及由一个注定要日趋灭亡的贫穷国家，变成了一个有先进农业、日益成长的工业和为顺利发展民族文化的本国人民知识分子的繁荣富强的国家。

德国的维马尔和来比锡两个古城赠送了许多祝贺信和一幅绘有来比锡市自治局的水彩画。

中国送的礼物——十幅由都锦生织锦厂用丝织成的精美织锦，引起普遍的赞扬。其中四幅是弗·伊·列宁、约·维·斯大林、毛泽东和朱德的半身像。其余六幅是风景画，这些风景画绣得非常细致，绣得使你感到像天然风景一样，当看到这些画的时候，你绝难相信所有这些画不是艺术家画的，而是用手织成的。纺织工人的这些无可伦比的惊人的技巧，说明了中国人民具有高度的艺术文化和劳动文化。

许多资本主义国家的人民也庆祝了莫斯科八百周年纪念日。

意大利首都——古罗马城，送给莫斯科一个惹人注目的青铜雕像，这座雕像描绘了卡皮托利山丘上的一只母狼正在喂两个小孩——罗穆拉和列马两兄弟的情景，据古代神话传说，他俩是罗马的创立人。

法国送给莫斯科八百周年纪念日的礼物是一个由著名的谢弗尔瓷器厂制造的精美的花瓶。

芬兰首都——赫尔辛基随着祝贺信送了一个优美的水晶玻璃花瓶。

挪威首都——奥斯陆赠送了贺词，这个贺词是装在外面饰有奥斯陆市徽很艺术的文件夹内的。

丹麦首都——哥本哈根赠给莫斯科一个瓷花瓶，瑞典首都——斯德哥尔摩送了一个用研磨玻璃制成的绝妙的长颈玻璃瓶，在瓶上用蚀镂法制出一幅《采集葡萄》图。

曼谷的市长，由遥远的泰国送来了一个用乌银制成的雪茄烟盒，盒盖上雕刻着《捕象》图。曼谷市的另一件礼物是用贵重木头雕成的象。

阿比西尼亚首都——亚的斯亚贝巴把一个刻有阿比西尼亚国徽的雕刻品送给莫斯科作为礼物。这个国徽是用白银、象牙和乌木制成的。

荷兰古城阿姆斯特丹的市政府，赠送了一幅美术石板画——十七世纪阿姆斯特丹的风景。

奥地利首都——维也纳为了表示奥地利人民摆脱了法西斯的压迫向苏联致谢，赠给莫斯科一首赞美歌谱，这首歌谱系作曲家弗兰茨·谢列姆戈菲尔在苏军解放维也纳周年纪念日时写作的。歌谱和祝贺信一同装在一个饰有珐琅和镀金的木匣里。匣盖上绘有维也纳市自治局的工笔画。

　　欧洲一个最小国家卢森堡公国送的礼物很引人注意，这是一张易北河上爱施小城的一条最普通街道的照片。这条街道是因为根据居民的愿望称为"斯大林格勒大街"而驰名的。

　　博物馆的观众离开礼品陈列室，都为这些说明苏联各族人民最紧密的团结、说明苏联各族人民热爱自己的首都和说明莫斯科作为世界各国人民间的和平与友谊的喉舌的具有伟大国际意义的各种陈列品所感动。

博物馆的科学工作

莫斯科历史与建设博物馆是一个特殊的文化教育机关。它除了陈列自己的陈列品外还兼做许多其他的工作，如学术研究、出版事业、收集书籍、参考咨询以及其他等等工作。因为大多数博物馆的观众，只限于参观陈列室，似乎有必要引导他们到这些陈列室的"后面"去，让观众看看他们通常不常去的博物馆另外一些部分。

最近几年以来博物馆的考古工作有了很大的发展。

考古学家于一九四八年在从前的马厩村的地区内（在阿尔巴特与克罗波特金街之间）发现了大量的宝物——伊凡四世时代藏在扑满里的一千六百七十五个钱币。离从前的显圣教堂不远处（靠近现在的伏龙芝大街）曾发现了一六〇三年埋葬的物品。在墓穴里有一条保存得很好的"束发带"，这是在金银线织锦缎上绣得很精细的头饰。在莫斯科若干地方，发现了古代木桥的遗迹。在红场附近发现了许多铁弹和石弹——古代的炮弹。

离莫斯科不远的地方，曾掘出二千年到二千五百年以前的称为"季雅柯夫文化"的许多遗址（季雅柯夫文化是因在离莫斯科八——九公里的季雅柯夫村，初次发现那个时代的遗址因而得此名）。

但是，所有这些发现在科学上的价值，还远比不上博物馆与苏联科学院物质文化历史研究所在一九四九年至一九五一年在莫斯科最古的一个地区——从前称为工商业地区的札尔雅基耶共同进行发掘工作的结果。

考古学家挖进地层六至八公分深时，就达到成为所谓最古的"文化层"的最低层了。考古学家的工作获得了极大的成就。由于札尔雅基耶的土壤过于潮湿，使木造房子的下层结构受到损坏，因而在数百年前这个地区居民住过的木造房子很少保存下来。在考古学家面前一个地层接着一个地层打开了一本各世纪的史册。这里到处散布着带绿釉的陶片，与在基辅的十一世纪地层里发现的陶片一模一样，考古学家们在这里可以看到最古老移民的遗迹。这里发现的许多玻璃手镯，根据它们所有的特征看来，显然是十一世纪的物品。在十一到十三世纪的地层里曾发掘出许多玻璃珠子、水晶珠子、饰有精细花纹的青铜发针、骨头针、铁锤刀、长矛的尖头和骨制箭头。

这样就彻底击破了资产阶级历史家所散布的传说，他们说莫斯科在尤里·多尔高鲁基大公时代，似乎只是一个大公小庄园，难以置信是一个文明的前哨。在札尔雅基耶最下层发现的古物确凿地证明：远在编年史初次记载莫斯科河岸上出现莫斯科的事迹以前，在克里姆林宫后来扩展的领地上的附近，那些年代就已经有很多的移民，而且手工业和商业相当发达。

考古学家发现了冶金生产的遗迹——炉滓和铁块。在这里还发现了许多小铸范，可以看出是做首饰用的。在十二世纪的地层里，发现了皮鞋制造场的残余物品：碎皮子、半腐烂的皮鞋和消除皮毛的"灰汁坑"。另外有一件发现的物品也很引人注意，这件发现的物品是印有各种清晰的印章的商品铅封，其中有一个印章是主教画十字用的笏杖套。结果证明在十一世纪时日耳曼的某一个城市的主教曾使用过这个印章。

在大约计算为十四——十五世纪的地层里面，发现木造马路附设有排水用的特种设备——排水沟和许多用圆木凿成的管子，由此可以证明，那时城市建设有比较高的水平。

在属于十五、十七世纪的地层里发现了许多物品。有一个十五世纪的饰有精美彩饰的木雕十字架很引人注意。十六世纪某一个巧匠雕刻的并且绘有工笔画像的主宰者小神像，具有很高的艺术价值。在这地层里还保存有琥珀戒指、古代战士环甲的残物、车和雪橇的碎片、滑雪杖、木茶碗、木匙和木盘。这里还发现有陶制墨水瓶、蜡烛台、用木头和骨头做成的棋子，这些东西说明了工商业地区居民的文化水平。

所有这些古物，共有五万余件，全部移交博物馆处理。其中有一部分已陈列出来。当然不能仅从博物馆的这一狭隘观点来看札尔雅基耶的发掘工作，这一发掘工作的一些重要报告丰富了莫斯科过去历史的概念，但是这些报告还有待于作进一步的科学研究。

博物馆的一种经常工作，是解答各机关和个人所提出的大量关于莫斯科方面的质疑和询问。这些询问的题目是多种多样的。回答这种问题的工作人员，往往需要由这一部门知识转到另一部门知识上去。例如：由阿·米瓦斯涅佐夫的创作提要转到莫斯科民间创作上去，由莫斯科街道的照明历史转到高楼大厦建筑上去，以及其他等等。

下面几个询问是近年来博物馆收到的，可以作为例证。

面包烤制研究所对于十九世纪莫斯科的面包制造业的情况很感兴趣。

电影制片厂为了制造影片，需要开列一个莫斯科各个纪念像的清单，和说明其建立的简史。

交通部询问莫斯科车站发展历史。

小儿科大学需要了解关于革命前莫斯科儿童保育院和教养院的一些材料。

格列柯夫军事艺术学院，请求把博物馆现有的自古代至十九世纪初俄罗斯军人的武器和服装式样告诉他们。

一九四九年苏军剧院上演Д·阿维尔基耶夫根据十七世纪一部俄罗斯小说写的《弗罗尔·斯柯别耶夫》剧本时，这个剧院的一批导演和演员都到博物馆来征求意见。按照戏剧的进程，他们应表演出古代莫斯科人民群众郊游的情景。为了不违背历史的真实性，剧院的工作人员请求给他们说明举行郊游的地点，当时人民娱乐的心情，各阶层人穿着的服装和那个时代的乐器。博物馆的工作人员给导演和演员作了几次小型"报告会"，此外还临时借给他们几件陈列品，因而舞台设计员、小道具管理员、剧院服装设计员可以根据这些陈列品把十七世纪莫斯科的风俗习惯在舞台上表现出来。

有些问题是外埠提出来的。例如：有位正在绘《舍夫琴科和谢波金在莫斯科的会见》的基辅画家，请求告诉他有关反映乌克兰天才歌唱家和伟大俄罗斯演员在莫斯科相会年代中的文献和照片材料。

乌拉尔河沿岸驻防部队的战士很想知道克里姆林宫的斯帕斯塔楼和全国各地在午夜都能由无线电听到钟声的著名自鸣钟的历史。

别洛露西亚有许多公民，请求把克里姆林宫的红宝石五星的建立和构造的情况告诉他们。

太平洋舰队的海员们来信说，他们在空闲的时候，常常谈到关于莫斯科的一些事情。下面就是一些问题：如莫斯科哪一条街最长，哪一幢住宅最大，哪一个建筑最古老，在莫斯科是否能一概找得到苏联各民族的代表？

博物馆回答说：首都最长的街道是长达十五公里余的花园环城路，不久以前的最大住宅是一九三一年建筑在别列钦涅夫河岸街上的政府机关工作人员的住宅，可是现在要算铁匠河岸街建的一幢房子最大了；首都最古老的房子是在一二八二年亚历山大·聂夫斯基的儿子丹尼伊尔·亚历山大罗维奇大公执政时建筑的丹尼洛夫寺院，但是由于年代已久，这个建筑物完好的部分已不多了！至于最后一个问题，仅仅在莫斯科大学就有五十种以上民族的大学生上学，由此可以推测到莫斯科是一个能真正代表苏联所有主要民族的地方。

博物馆广泛地利用它现在附属的图书馆进行科学工作。这个图书馆在一九一三年成立时藏书很少（约有一千三百册），在革命以后的年代里才大大充实起来。直到现在这个图书馆已收集了十万余册书。当然，这个数目对于苏联首都大众图书馆来说并不算大。莫斯科有数十个比这个藏书数目大许多倍的书库。但是博物馆的这十万册藏书，是一类专门的藏书，大多数是有关莫斯科，有关莫斯科的历史、政治生活、经济生活和文化生活，有关莫斯科的人民与机关、建筑物与设备的书籍，或者是一些具有博物馆价值的古书，这些书都是在莫斯科出版的，因而成为莫斯科古代文化的文献。

博物馆有一本古书是在三百年前——一六六四年在莫斯科刊印的。这本书除了古老以外，它的封面也是很有名的，封面装有沉重的镶银的书皮，书皮上饰有很细致而复杂的美术图案。图案有一部分是压印在银面上的，有一部分是从里面压出来的。制造这个艺术品的匠师，曾把两个字母"I"和"C"编成的印记留在银面上。

另一本古书——《论叶弗列姆·西林的生平与箴言》较这本书迟出版八年，装有带金属扣的薄皮封面。博物馆收藏的这一本书是此书出版机关——莫斯科宗教会议印刷所赠给驻康斯坦丁诺波尔俄国大使馆翻译员伊万·雅柯夫列夫的。在封面上压印有书主的简名"И"和"Я"两个字母。

在这些珍本中还有一本合韵诗篇，是十七世纪著名的启蒙者、俄罗斯第一批"小说"作家之一西米昂·波洛茨基编著的。这本在一六八〇年出版于莫斯科的诗篇，饰有根据名画家西蒙·乌沙可夫绘的画制成的版画。

图书馆有一本在一七八七年记录的手稿——《全基督教徒总会的答案》，由于原手稿上保存有书主的题词——"此手稿为工厂人员尼基塔·加尔金·叶列梅叶夫的儿子、厂主冈察罗夫先生所有"很引人注意。

有关莫斯科历史的各方面的材料，可在十八世纪八十年代出版的各期《莫斯科时报》上找到，但是，到了十九世纪初期，此报全市只保存了一份。

图书馆收集的旅行指南，有关莫斯科的就有一百多种。其中有早在十八世纪末叶出版的，也有在苏维埃最近年代出版的。读者若按照年月秩序翻阅一下，就会很清楚的看到这个伟大城市的建设过程，同时还可看到莫斯科是如何成长起来的，它的居民是如何增加起来的，它的生活是如何改变和丰富起来的。

一般说来对城市经济方面的问题收集得特别丰富，尤其是莫斯科市政经济方面的问题。长期以来，图书馆精细地收集了莫斯科市政局、各城市机关和莫斯科苏维埃的全部出版刊物，其中有许多刊物渐渐地成为书报介绍的珍品。甚至像全世界最大的列宁图书馆，有时候把研究莫斯科市政经济的读者介绍到博物馆的图书馆来。

图书馆还正进行科学书报介绍工作。一九四八年开始有系统地编纂在期刊上发表的一切有关莫斯科的论文目录。现在业已登记了一万二千多篇论文和小品文。图书馆愿以有关莫斯科的各种知识帮助一切有志于研究这方面问题的人，图书馆可借给书报，介绍目录，并编纂有关莫斯科各种问题的书刊目录。

博物馆还进行着出版事业，在二十年代曾出版了许多图书目录和指南。近来着手定期出版《博物馆报告书》。一九五〇年出了《博物馆报告书》创刊号，登载了博物馆学术会议会员 Π·В·绥琴著作的有关莫斯科从建立起到一七六二年的建筑史计划论文的全文。现在《博物馆报告书》第二期正在印刷，继续登载这篇论文自一七六二年至一八一二年期间的一些材料。目前正准备出版第三期，将发表几篇各种历史题目和考古学题目的著作。

不管博物馆的咨询工作、出版工作和科学研究工作进行得多么广泛，而博物馆全体人员的最迫切的任务是经常地检查和更换陈列品，因为每一个博物馆都生活在自己的陈列品中，就如同作家生活在自己的著作中、艺术家生活在画中、作曲家生活在乐曲中一样。这种检查应该经常地进行，因为在博物馆陈列室里所表现出来的莫斯科并不是不变更的，而是在逐日改变的。

莫斯科的某所新的大厦是否已建成，新建的地下铁道是否已通车，是否又改建了一个广场，是否又绿化了一条大街，是否又给杰出的文化活动家立了纪念像，所有这一切都可以在博物馆的陈列中看到。

乍看起来，经常审查陈列的这一繁重的任务，好像只是现今从事莫斯科研究的科学工作者的工作，好像在一度举行过陈列的反映首都往事的一些陈列室中，如果陈列办得很好，就可以不再变动了。但是事实上并不是这样。大家都知道，历史不能改好，也不能改坏，过去什么样，就是什么样。但是，我们对他的认识还是不断地丰富。昨天我们还认为是合乎历史事实的事物，今天也许是不完整、不确切，多少需要加以审查的了。在新近考古发掘品的影响下，由于发现了从前不知道的历史根源，可以发生这种情况，或者在某理论家综合自己的思想，重新阐述从前已知事实的影响下，可以发生这种情况。

经常检查和更换陈列是博物馆各部门的一个法则，因此博物馆的科学工作者对这件事，需要付出自己大部的精力。

更换陈列时，是否每次都需要全部重新组织过，抑或增加数种新陈列品，博物馆的工作人员有责任解决在科学上和历史上的宣传任务。他们应当由每天在莫斯科所发生的许多事件中，由丰富我们对这个伟大城市往事知识的许多新的事实中，来选择为数不多，但是最重要、最真实、最明显、最能引起观众的兴趣和注意的事件。

博物馆工作人员将这些事件选定了之后，应立即解决摆在他们面前的第一个问题：陈列什么？紧接着第二个问题是怎样陈列？用塑像、用画图、用图解、用图表、用照片、还是用模型？

博物馆在吸收艺术家、雕刻家、模型制造专家和石膏造型专家创作新陈列品时，向来不把自己所愿构成陈列品限制得很严。博物馆经常积极参加图画、雕刻、浮雕、模型创作工作，使之达到最大限度的表现力，同时使未来的陈列品得到在历史上具有的正确程度。

博物馆的工作人员，在增添新陈列品时，务必考虑到这些陈列品是否与陈列着的旧陈列品相配合，所有这些新陈列品是否陈列得很严整、连续，是否能流畅地说明莫斯科的往事或者现在发生的事件。

虽然如此，但仍然不够，半数以上的博物馆观众参观陈列室时都陪有说明员。观众不仅观看陈列品和阅读标在陈列品下面的简要说明，而且还要听说明员的讲解。假使说明员的讲解很生动、清楚、有系统和有表情，那么就可以弥补陈列品的不足，解释出观众所不了解的地方，正确地引导观众的思想，并且以所报导的与陈列品有联系的一些细节，使观众所看到的陈列品活跃起来。

因此，对每一个陈列主题，都应事先编成说明书，由博物馆召集科学工作人员开会讨论批准。除去事先"检查"以外，还要作最后的检查。即当说明员一面陪同观众参观陈列室一面讲解时，应注意观众的反映，根据这些反映提出某些修正案，再由科学团体讨论研究。

所有这一切精细而复杂的工作，都是博物馆在"后台"进行的，也有不少的观众在通过陈列室时会推想到，大批的科学工作人员为了把我们伟大首都的过去、现在和未来介绍给他们，花费了多么巨大的精力。

经常地补充陈列品，也是博物馆全体人员的迫切任务。

战后这几年来，博物馆大大地充实了。现在博物馆保存了十万多件物品，比伟大十月革命前几乎多到七十倍。这个大量陈列品的一部分物品正在陈列着，其余的物品则保藏在所谓"仓库"里，但是其中有许多物品借给博物馆工作人员及其他研究者作科学工作使用。

莫斯科在十八世纪末叶和十九世纪初叶的用水供应史的丰富手稿案卷（约有一万一千页），能给热心于古代研究者许多新的材料。

一九一二年拟制的莫斯科地下铁道计划的材料也是属于技术历史这一方面的。

最近，博物馆收到了艺术家阿·米·瓦斯涅佐夫的一部分手稿案卷——他的札记和关于莫斯科过去的一些论文草稿。

在博物馆的藏品里，保存了全套的莫斯科计划，其中有一件珍品，是一七七五年编制的已失传的莫斯科《幻想计划》副本（即重新计划草案），这一副本是当时在世界上仅有的两本中的一本。

值得提到的是，在博物馆的陈列品中，有不少的物品是愿意充实自己家乡城市博物馆的莫斯科人赠送的，同时这种礼物的数量逐年有显著的增加。仅仅在最近三年（一九五〇年~一九五二年）内，博物馆就收到了赠送的二千余件陈列品，其中有许多具有高度陈列价值的物品，例如，从博罗金诺战场拾来的大小炮弹丸，属于杰出的共产党和苏维埃国家的活动家 Г·К·奥尔忠尼启则、年青的莫斯科女英雄卓娅·柯斯莫捷绵扬斯卡娅、为保卫莫斯科在战场上牺牲的将军 Л·М·多瓦托尔和 И·В·潘菲洛夫等的私人文件、衣服和其他纪念物品。

博物馆藏品的特点，就是它具有多样牲。博物馆为了某种目的——为了说明首都的过去和现在收集来的物品，按照物品的样式和大小、制造的时间和地点、使用的方法以及制作的材料将藏品分类。这里保存有：地里发掘出来的古代"莫斯科人"——斯拉夫·维雅迪奇人的装饰品及劳动工具，十六世纪俄罗斯军人戴的盔甲和环甲，以及多瓦托尔将军用的腰刀，遥远的阿比西尼亚赠给莫斯科作为礼物的阿比西尼亚国徽，此外还一同陈列着离博物馆一公里处的莫斯科美术工业学校学生的制造品；博物馆工作人员在博物馆大楼里绘制的图表；许多的油画、水彩画和铅笔画；用木头、石膏、大理石和金属制的雕刻像，旁边陈列有玻璃、瓷器、水晶玻璃和洋瓷。陈列品中还有各种的印刷品、书籍、报纸、杂志、版画、石印、照片、底片和幻灯片；各种纺织品、绸缎、丝绒、织锦、呢绒、印花布、地毯和葛布兰毯子；用木头、骨头、石头、皮革、毛皮、钢、生铁、金银和贵重宝石做的物品；模型、计划、图解、图表；一吨多重的尤里·多尔高鲁基的半身像；此外还有一个放在手掌上很难看见的极小的十七世纪的银币。

博物馆的这些藏品的特点是它本身产生出来的，是由这个伟大城市的千百万各种各样的事件所形成的积极生活创造出来的。

观众的印象

伟大十月革命之后,博物馆的参观人数骤然增加,这些年来仍在继续不断地增加着。一九四八年参观博物馆的有四万八千人,一九五〇年有十三万一千人,一九五一年有十四万三千人,一九五二年有十四万五千人。

每天都有五百余人走过博物馆的陈列室。博物馆的陈列品能引起观众什么样的感觉和思想呢?观众能下什么样的结论呢?

对这个问题,在观众的留言簿上可以得到答案。我们顺便说一说这本很快就被写满的留言簿吧!这一本放在博物馆出口桌子上的有五百页的大型厚笔记簿,经过四五个月就完全写满了。写满之后,把它送到档案室去,然后放上一本新的,可是新的留言簿又是很快地写满了。仅战后这几年来博物馆就登记了数千条留言。

翻阅任何一本留言簿,都可以找到许多有趣的留言。例如在博物馆观众中可遇到各种不同年龄的人,他们不仅只是作一次参观,而且都愿对所看到的东西,表达出自己的意见。这里有各种科系的大学生、大批随历史教师来博物馆参观的学生团体、许多早就亲自参加创造莫斯科新的历史的成年人,以及携带自己儿孙来博物馆参观的莫斯科老住户,以便启发他们的后辈对自己家乡发生与年俱增不可磨灭的爱慕。

来博物馆参观的,不仅是莫斯科人。在留言簿上的签名中,几乎发现有苏联各共和国各地区各省的城乡名字。在来自别洛露西亚戈美里市的少先队员签的大型童体字旁边和卡巴尔达苏维埃社会主义自治共和国的下巴克桑镇中学生签的大型童体字旁边是"乌克兰人小组"签的小而密的签字;"克尔契"青年旅行家的签字旁边是"诺沃西比尔斯克"学生的签字;"塔什干大学生"的签字旁边是"海参威来人"的签字;此外还有普斯可夫"铁路学校学员"、"伊奥什卡尔·奥拉市师范学校大学生"、"摩尔达维亚的农学家"、"乌发的教育家"、"齐略宾斯克拖拉机制造者"、"顿巴斯煤矿工人的子弟"的签字……

观众的兴趣是各种各样的。有些人特别注意根据莫斯科改建总计划改造莫斯科的巨幅图画,有些人注意首都各种各样古代建筑物的富丽和奇特,另外还有些人对在他们面前顺序展开的莫斯科的数百年历史感到惊奇……

所有的观众离开陈列室时,对于这个古老的而又永远年青的城市发生了热爱与尊敬的心情。许多人赶紧把自己涌现出来的思想与感情写在留言簿上,这些题词反映出了各种各样的个性和风格。

民航局的通讯员写道:

我在莫斯科住了一辈子,以为对莫斯科了解得很清楚。但是,当我参观博物馆以后,我了解了许多新东西。现在我对古老的莫斯科完全有另一种看法,我已清楚地看到,不久的将来莫斯科会变成什么样子。

莫斯科的一个中等学校的学生写道：

我们很高兴地看到在莫斯科八百周年纪念日送给首都的礼物，这些礼物表达了全世界各国人民和我国人民对于伟大莫斯科寄与的无限热爱——我们非常幸福，能够生长在作为全世界和平旗手的苏联首都！

有一个观众写道：

博物馆用实物很显明地表现出莫斯科发展的历史道路，表现出莫斯科的光荣英勇的道路，莫斯科与我们伟大国家的各族人民有着血肉相关的联系。在这里深刻感到莫斯科是我们国家的心脏。

卡冈诺维奇第一轴承工厂青年女工们写道：

资本主义国家工人的贫苦和艰难的生活条件，使我们感到非常的惊奇。

这是一个简单而又动人的题词：

莫斯科多么美丽啊！生活在莫斯科，建设莫斯科，是多么高兴的事。莫斯科大学建筑工程磨石工人沙莫夫题。

还有一个更短的题词：

博物馆是歌颂我们莫斯科的绝妙的赞美歌！

在留言簿上有很多用各国文字写的题词。这些题词每月都能看到，而在十一月和五月里，当许多外国代表团来到苏联与我们一同庆祝伟人十月革命节和五一劳动节周年纪念时，这些题词往往一个跟着一个地题在留言簿上。

战后这几年以来到博物馆来参观过的人是多么广泛啊！意大利职工会的工作者，捷克斯洛伐克的新闻记者，意大利的青年代表团，丹麦的妇女代表团，波兰、中国、阿尔巴尼亚、罗马尼亚、印度、保加利亚、朝鲜、匈牙利、法国等国人民的代表团以及遥远的澳大利亚的代表团都参观过博物馆……

好像在地理影片里一样，在我们面前展开了五大洲，各大陆和各岛屿的一张长表，展开了一张被海洋隔开的、有着不同气候的、不同经济状况的、不同语言和文化的各民族和国家的名单。在对我比较熟习的西欧各民族用的拉丁文旁边，还有由上而下顺着纸张成狭条写的，巧妙的中国和日本的象形文字，有图案似的阿拉伯字母和印度文字。虽然词汇和字母不同，但是感觉和思想是非常接近的。

捷克斯洛伐克的新闻记者写道：

我们知道，莫斯科是怎样成为第一个社会主义国家的首都的……我们在博物馆里又重新看到了我们逗留在莫斯科时，使我们充满高兴、赞美和骄傲的那些事情的缩影，那就是成为我们以及全世界劳动人民伟大典范的莫斯科人和苏维埃人民的巨大建设事业。

意大利代表团的一个团员写道：

我们看到了人民力量能够为人民幸福所创造的一切事物之后，使我们深受感动。我们现在和将来要更加顽强斗争，争取在意大利建立一个为人民和为和平的人民政府！

有四个英国人写道：

莫斯科的历史，是永远期望和平，永远准备抵御侵略者保卫和平的城市的历史。这一点是我们愿在英国讲述的。

参观过博物馆的丹麦妇女代表团在《苏联妇女》杂志上发表了一篇评论。妇女代表说：

> 在参观莫斯科历史与建设博物馆时，我们对改建计划和编制这个计划的远见产生了极其深刻的印象，我们很高兴看到，这里在建设工业和其他企业的同时，还建筑有住宅、联合医院、夜间休养所、儿童保育院以及其他职工公用机关。

在博物馆贵宾的名单上，有著名的"加强国际和平斯大林国际奖金"获得者坎特伯雷教堂的主教——英国人休勒特·约翰逊及巴西进步作家若热·亚马多。在这些人名旁还列有法国和国际共产主义运动最老的活动家马尔赛·卡申的名字。

在很厚的博物馆观众留言簿上，用各种文字的笔迹表示了莫斯科的名字在全世界善良人的心里所引起的敬爱和尊敬的心情。

全世界进步人类的视线都集中在莫斯科——强大的社会主义国家的首都，苏维埃政府和苏联共产党中央委员会的所在地。

莫斯科是和平的希望，它本身体现了各国人民对美好将来的坚决的信心，它给各国人民指出了走向幸福自由的最可靠的、亲身经历过的共产主义的道路。

（王贵珍、张椒萍等合译　宋惕冰校订）

博物馆藏品的保管与修复

M·B·法尔马考夫斯基　著

戴黄戎　译

文物出版社

1959 年 4 月

目　录

第一篇　保　管

术语"保管"的意义；保持"Status quo"；对长期保存的主张

"保管"和"修复"的概念包括着极广范围的问题。这些问题是关系着合理的保管博物馆藏品，关系着防止这些藏品的毁坏，关系着使这些藏品尽可能恢复其原始面貌的。

因此，这些概念就包含着可以称为一切博物馆工作者起码学识的那些必要的和基础的关于物品的知识，并且如果没有这种知识，那么就不应该使任何人来对博物馆藏品进行直接工作。

在这一工作中，如同在旧的医学中一样，科学的论据是在很长时期的经验论、匠人习气和不少巫术气氛之后才出现的。

在现在，这已经是不可想象的。在合理的经验论的成就下铺下了科学基础，经验论中许多东西已经被抛弃掉了，而对于巫术气氛的行为宣告了不调和的斗争。精密的科学实验成果代替了由经验论方法所积累的观察。

保管一语起源于拉丁文动词 Conservo，它的意思是"保存"物品，显然是保存其完整。在这里"保管"物品——是表示把物品保存得使它既能够不失去自己区别于他物的突出的特性和历史文物的特征，又能够保存其本性。

人们常常说，重要的是保存物品的"Status quo ante"（拉丁文）。翻译过来就是"以前曾具有的状况"，即物品在其未被搬入博物馆之前所具有的状况。但是，保存绝对的原状，这其实是幻想，这是达不到的，因为，仅仅是从无生物也生存着，而且它们根本不可能是永久不变的这一点来讲，就根本不能保持物品在被获得时的状况。甚至于任何矿物的结晶都会发生各种变化的，何况我们所研究的那些物品，那就更不能保持绝对的原状（Status quo）了。

我们举一个最简单的例子，它会说明这问题的。假如，我们往地志博物馆拿一件可以标志当地特征的地方服装。这件衣服在某时曾经是日常用的，当然它是曾经受到太阳光的作用，曾经受到含水气的大气和日常一切偶然性质的条件的作用的。所有这些都能减弱物品，使物品所由制成的材料的状况发生变化。

柏林实验研究所的研究，以及不列颠纺织厂协会所作的研究都肯定说：遭受过太阳光作用的丝织物品，事实上是逐渐消耗着，在三个月不断的阳光作用下就要丧失其耐久性的百分之九十五。一切布匹在消耗程度上要少些，但就其本质说来，一切布匹也会发生同样情形的。

这就是说，曾经穿过的、并且即使只感受过几次阳光的衣物，那就已经遭受到开始损坏的刺激。能否把这种刺激停止，以便使物品再不损坏下去呢？这正是保管的任务。我们必须用一切办法来防止物品的自然朽坏现象。

保管必须是给物品创造某些条件，使物品免于遭受到损坏或不再受到损坏，并且延缓物品的自然朽坏。

在现在，大家都研讨着长期保存的主张，这种主张非常为博物馆界人士所注意。首先，这就是把博物馆或博物馆藏品的全部都放置在能够用自然的办法尽可能地阻碍自然变旧作用的条件下，屡次在永久结冻条件下发现古代巨象（猛犸）的事情，就使我们联想起这种主张；这些古代巨象直到我们现代仍然保存得那样好，以至于这些象肉在解冻以后，都变成相当柔软，变成狗和食肉动物能食用的了。

当然，这种主张仅能够应用某些极少物品，这些物品是我们要留传给我们远代的后辈，以便在五千年——一万年以后使我们的后代能得到这份博物馆全套藏品，而从这份藏品来判断我们的文化的——仅仅对于这种极少物品才能实行这个主张。

第二种主张：就是在尽可能完全与大气作用隔离，与一切不相干的物理化学影响隔离的条件下，预先防止物品的毁坏。这就是一九三九年纽约世界展览会上实现的所谓"致我们后辈的文献"。为了这个文献，曾经征募与搜集到从各方面标志着（在资产阶级世界的理解中所认为的）当代文化的整套物品；并且还附加上一份当代社会的社会制度的简要说明等等。这一切都封在最不易受周围环境化学作用的物质所制成的特别器皿里；从这些器皿中排除空气并放入惰性气体。在惰性气体内，在用不锈钢和珐琅质制成的外壳中，把物品包在巨幅绫子内，这些物品就被安置在纽约展览会地区内深度二十公尺的花岗岩断面的特备的深洼里。在这个致我们后辈的文献中，所有博物馆以及能够这样或那样预计长期存在的其他机构，都要作为遗产给下几个时代的所有机构留下简要的说明材料。这文献到他们手里能保存得多好，当然这是我们不得而知的。

在这一方面，我们苏联科学院文献保管与修复试验所所做的那些实验是极有趣的。这些实验的对象乃是我们时代最优秀的纪念物——斯大林宪法全文。试验所所长恩·波·吉洪诺夫用显微镜刻写方法把文件全文缩写到面积仅占一又二分之一平方公分。缩小到这种程度的全文，印到特制的不坏金属合金板上，并在这合金板上用腐蚀方法刻出来。整个小合金板灌制到特制的玻璃小夹板里。这种玻璃是不受周围大气作用的。这样的文物可以毫无毁坏危险而保存到七百年到八百年之久。这种文物，是要在显微镜下，或者把它反射到银幕上去，才能读得出上面的文字来的。

实现这种对最珍贵文物的保存，我们的科学能使文物持续保存到几个世纪之久。

当然，我们不知道在改善保管方法的工作中最近的将来会给我们提出什么来；但是无论如何这还是目前人们预计能够将物品保管到无数年后的一些方法。

这是很自然的，只有极简单的保管方法，在小型的博物馆里才能够实现，然而对宪法全文所作的实验，在我们苏联试验所中已经是一种极现实的和以后可行的方法了。

我们再来分析两个主张的第一种的办法吧。

当然，在博物馆中创造永久结冻的温度是谈不到的。但是，同样也不可以认为这种主张是空想的臆造。应当找出来在博物馆的条件下可以实现，并且在一定限度内保证不开始毁坏的那些温度极限。

下面就是作为大可值得注意的一个例子。在纽约地下铁道博物馆实用艺术部所得到的结论认为是必须把自己的藏品保存在温度零上四度的黑暗房间内。如果严格的保持住这些条件，那么就能完全保证避免发生最主要的破坏作用的现象；特别是：防止光的作用，保证物品不变的体积、不变的湿度，以及彻底消灭对破坏物品起巨大作用的微生物的发展条件。在一定水平上的温度和湿度能用设置调节空气的特殊仪器来保持稳定。

这样，看来是最难的某些保存的条件，是可以在博物馆中实现的，并且有些博物馆中在实践上已经实现着。但是只要记住一点——甚至于在这些条件下，也谈不到绝对地保持原状的。

处理考古材料是特别困难和麻烦的。在这种状况下，谈保持原状甚至于是一种罪过：难道能尽量保存在古代织物和皮革中迅速发展着的破坏状况吗？当进行着腐败的变化，进行着木、骨、角的物质瓦解，金属的矿化，这时候还能保持这种状况吗？

我们有责任去处理物体的这种状况，改变这种状况，而不是因为根据理解得不正确的原则而使其保持完全原封不动；因为我们这种顽固的保存只能损害物品而不能保存它。发掘时，很多物品在一发现它们的时候看来是保持得很好的，而过一些时候就失掉自己色彩，并且往往完全毁坏；这些物品往往简直是眼见着在我们手里就要毁灭掉的，因此就需要采取紧急的办法来预先防止这种毁灭。例如黑城在考兹洛夫氏进行发掘时候的许多文物①以及我国南方草原的巨形墓葬中的许多织物都曾发生过这样的毁坏。因此，没有特殊专家的严肃的参与，那么往往会使最贵重的物品遭到不可弥补的损失的。

应该直言不讳地说，因过分地爱护这些物品不放心其他专门人材接近这些物品而给物品造成的这种损害，不仅是在旧时代的组织得不好的发掘时，或者在没有技术上十分精练的工作人员的小型的简陋的博物馆里才会发生，就是在那些高枕无忧的认为自己有足够的业务知识的大型博物馆里，或者在那些还没有通晓某些现在已成为起码的组织规则的大型考察队中也会发生的。

关于考古发掘问题在开罗（一九三七年三月）的国际会议上，已对关于考查队的组织、考查队的成员、装备等等作了详细规定，但是会议上所制定的组织标准，它所涉及的当地以及小型博物馆中藏品的保管的问题，对于我们考古实践来说还是有很大距离的。

但是，如果不固执于"考古学上的不可侵犯"原则，以及因此不盲目地崇拜这个原则，那么就应当严肃地对待博物馆物品进行处理的问题，即严肃地对待修复的问题。

博物馆藏品保管的一般条件
博物馆建筑物的设计条件

因为在博物馆里保管物品首先是由建筑物的设计条件，即建筑物的大气生活条件来决定，所以博物馆工作者也首先应当注意这一方面。

博物馆的建筑条件决定于下列各要素：照明，空气状况（即空气的气体成份），温度，湿度，积污程度（尘土含有量）以及支配与管理这些要素的可能性。在没有最后的一个条件的地方，就需要特别严格地对待那已经确定作为不变的条件或既有的那种设计条件。如果这种设计条件不能合乎基本要求，那么博物馆工作者的责任就是尽全力保护那些交付于他掌管的博物馆藏品，避免粗暴地将这些藏品导致可以遭到毁灭的人所共知的条件中去。每个博物馆工作者都因其保存历史文献和文化纪念品而对国家和人类负有巨大责任。

下面所叙述的关于博物馆建筑物条件的一些简明知识，乃是每个博物馆工作者所必备的技术常识的起码的和基本的部分。

一、光线

博物馆中所有物品可能处在下面三种状况下：（一）它可能是陈列出以备群众观看；（二）它可能放

---

① "当我们发现这些佛像时（在网状织物上的中国字画），在我们面前呈现了浸润在淡兰色和淡红色光彩中的神妙的坐像。这幅佛像给了我们一种神采奕奕、庄严穆肃的感觉；我们很久的被它所吸引着而不能离开——它是如此的难于模拟。但是刚刚从织物的这边或者那边一拿，大部分的色彩立刻就脱落了，而所有的迷人力量也和色彩一起像轻渺的幽灵一样消失了，先前的美丽只残剩下淡淡的回忆了……"（见考兹洛夫著：《蒙古、青海与甘南藏区和黑城》，一九二三年版，五五四页。）——原文注

在储藏库中为了保存；（三）它可能放在资料室内、试验所内、工场内，供某种研究与加工之用。

如果说在储藏中最好是完全不用自然照明（在工作时间再开电灯），那么对于陈列的物品说来，照明就是决定物品可以使人看见的显明程度的基本条件。外国的大博物馆，伦敦国家陈列馆以及斯堪地那维亚和德国的某些博物馆，为了这个目的甚至于拒绝使用自然照明而采用电光，他们的理由是因为电光照明是经常的，并且是可以调节的力量，而太阳光却是具有毁坏性质的。

对于资料室和试验所工作来说，只有绘画是要求日光的，而所有其他各种文物是在任何照明下都能够加工与研究的。

在我们工作中，我们仍然用自然照明，而电光照明只是用在晚间，或者在较暗的房间里。

于是，在我们面前是一个如何解决这深刻矛盾的问题，这矛盾就是：陈列要求强光以便最大限度提高物品的显明程度；而保存的目的又要求最大限度晦暗和避免太阳光线。

现代科学在分析太阳光和它各个光线对一些物质材料的作用时，得出了结论说：看不见的紫外线是特别起作用的光线。这不是说其他光线是无害的，不过紫外线这种光线其化学的活动性是非常显著的。因此，重要的是保护博物馆藏品，特别要避免这些光线；因为这些光线看不见，并且不易受到普通的博物馆的注意和管理。

普通窗户玻璃能够阻止住一定数量的紫外线。所谓玻璃板，即磨光的厚玻璃则能阻止更多一些的紫外线，但是阻止紫外线最多的玻璃是铅玻璃，换言之，即水晶玻璃。这种玻璃里作为溶剂的乃是氧化铅。现在研究出一类能阻止大量紫外线的特殊玻璃。在某些博物馆里，就是用这种玻璃修成整面采光壁的。这既能满足陈列的目的，又能保证避免有害光线的过度的作用。

以下讲到各种物质材料时，将到处指出该物质材料对光线作用的感应性的大小。现在作为一般规则应当公认：必须保护博物馆一切藏品，使之不受直接太阳光的照射，而在有绘画、文件（在纸上、古代草纸上、羊皮纸上的）、织物、公文的地方，在晴天的日子里，窗户必须要用窗幔遮上。

完全避免太阳光几乎是不可能的。就是说，不管我们怎样把光源遮掩得严密，而这光线总要有一定数量渗到室内来，并且相应的损坏着物品。因而，问题就在于如何使这种损坏能够被阻止在某种程度之内。感应最灵敏的是绘画和织物，因为在这里遭受损害的乃是在化学成份上最纤细的、最脆弱的质地，是作为视觉印象基础的东西——色彩。

为了避免普通窗户的某些不便，往往在博物馆中设置屋顶光源。这种光源对陈列是方便的，但是它不是对一切物质材料都方便的。而供给屋顶光源的这种构造本身就是一个蓄热装置，因此对待它要极其慎重，并且要采取一切办法来使玻璃层不致过热。例如，俄罗斯博物馆①（列宁格勒）新建陈列室的玻璃屋顶之间，在夏天，温度就升到了六十五度。目前还未必能有普通的、可采用的办法，用来足够有效地防止这种过热现象。因此，在较热的地方，根本应该拒用这种屋顶光源。虽然，我们知道在开罗（埃及）设有在玻璃屋顶之间不断流水的装置，但是这并不是到处都可能采用的。无论如何，当临到酷暑时期，这些屋顶之间必须设置白布制的窗幔，使这窗幔把全部屋顶的玻璃天花板遮盖好，并且要注意在屋顶玻璃建筑（圆顶、屋盖）与天棚（大厅中的天花板）之间装设强力通风器。

这就产生电力照明及其无害性质的问题。

电力照明在我国几乎是到处都能用的。在太阳光常常是特别可怕的破坏因素的中央亚细亚地方。改用电力照明的办法是极引人注意的。

---

① 位于圣彼得堡，1895 年由亚历山大三世下令创立，1898 年在米哈伊洛夫宫对外开放，下同。

因此，电力对图画或一般地对博物馆藏品（我们把图画、文件和织物当作是感受刺激最灵敏的物质材料）是否能起任何一种特别的损坏作用的问题，就是很严重的问题了。在这里，结果是取决于电力照明的设计方式的。有一些电力光源是极富于紫外线，甚至于比太阳光还更多，例如弧光碳素灯就是这样的光源。这种灯发射巨大数量的紫外线，因此，作为博物馆经常照明，当然是不能用的。同时有另一种灯，按其光的性质相当接近于日光，还有试验室用来试验褪色程度的特制的灯，这种灯几乎可以传达出全部太阳光。

必须考虑在这样的条件下，中央亚细亚和高加索的许多博物馆中改用电力照明，并不是毫无意义的事或者不能实现的事情。在一切附属房间里、储藏室里，电力照明是很适当的，只有绘画修复工作室要例外。

二、空气、空气的气体成分；温度，采暖方式

空气是氧气和氮气的混合物，在这两种气体中纯氮气并不活泼，而氧气则起氧化作用，特别是当氧气处于臭氧状态下的时候（O_3）。除此之外，在空气中还有微量的氩、氖、氙气和氦气，还有较多的水蒸气和二氧化碳。在城市条件下最常遇见的使空气偶然污杂的，除二氧化碳之外，就是含硫磺的气体、硫化氢和氢氧化铵。如果对待博物馆藏品一般地说来是稍为严肃些的话，那么就应该很严肃地对待博物馆内的空气成分。

在没被污染的正常空气中，一切有机成分物质材料（如纤维、皮革、油脂、漆、大部分色彩、纸等等）都进行着缓慢的和不断的氧化。质密的石、陶器、贵金属变化得非常缓慢，所以假如空气大体上清洁，而温度的平均变动是在正常限度内而且没有特别突变时，那么这些东西在实际上被认为是不变的。但是，如同以后在分析各个物质材料时将要弄清的那样，这对一切列举的物质材料并不是都有相同作用的。

空气的污染起着巨大作用，特别是大城市里。

关于水蒸气的作用，以后作专门讲述。在这里应该说的是：在温度有着巨大变动时，空气中所含有的水就能够起最有力的机械破坏作用，因为水冻结在物质材料的空隙内（例如：大理石、砖等等）时体积上就增大起来，以不可阻止的力量涨裂着这物质材料。在没升火的博物馆房间内，也能够有像在露天地所发生的这种现象。

除水蒸气之外，在空气中经常有二氧化碳（CO_2），它和水在一起就形成活动性极大的反应剂，这种反应剂就能够溶解那些看来似乎很坚实的材料，例如像大理石。

但是对博物馆藏品材料是真正灾害的乃是亚硫酐气体。这种亚硫酐气体与空气中的水结合在一起，首先成为不稳定的亚硫酸，而后硫酸离子 SO_3 和水就能够形成对所有各种博物馆藏品的材料都起破坏作用的极有力量的硫酸 H_2SO_4。

还有另外两种上面所提到使空气污浊的气体——硫化氢和氢氧化铵——也是具有特别大的活动性的。

亚硫酐气体的主要来源是煤烟，因此最新式的以及西欧的部分博物馆建筑，都修建在城郊，并用公园环绕起来，以避免和大小工场、作坊等等毗邻。其他两种气体的主要来源是污水洼、厕所、屠宰场、牲畜栏、马舍和某些生产部门。这就使我们严格地对待在博物馆内部布置辅助设备的问题和严格地对待博物馆庭院必须保持整然有序的问题，至于与博物馆邻近的地区就不用谈了。

如果说我们用采暖的方法能够抵制温度的变动，用换气的方法能够抵制空气的污染，那么很明显，

我们就必须对这些问题研讨得更为详细。最后的一个问题往往能获得特别重要的意义，因为它能使我们来解决博物馆生活中另一种极端重要的情况——这就是防治空气的硬质污染物：煤烟和灰尘。

如同观察博物馆陈列品时必须要有光线一样，正常的温度也是博物馆可以利用的条件之一。因此，正常的采暖设备问题必须首先得到解决。

我们许多博物馆还有着普通室内用的暖炉，即所谓荷兰火炉（编者注：荷兰炉即壁炉）来采暖。不管什么种类的临时性火炉，或者俄罗斯式火炉，在博物馆中都是不能使用的。对于木材采暖也同样可以这样说的，但可不能这样来谈块煤采暖。当然最好是这种块煤采暖能够带有密闭的炉门，而不是带有可以自由开闭的炉门；因为这种炉门能够发生煤气（CO），除此之外，带有自由开闭炉门的火炉其生火过程本身就要求极大的劳动。

应当尽全力强调在炉子中不用可以发生亚硫酐气体的块煤，因为亚硫酐气体本身也能直接起作用，它能使一些物质褪掉色彩、变质，或者它大量地吸掉大气中的水而变成硫酸，而因为它是酸类，所以对一切物品都会起最大的破坏作用。列宁格勒的夏园中大理石塑像就是受这种作用而令人痛心的证明。所有这些塑像都从上到下被腐蚀了，并且有些地方它们都像溶化了的糖一样。

这种现象之所以发生，是因为列宁格勒的大气充满着因工场，轮船以及以块煤为主要燃料的其他地方所产生的亚硫酐气体。亚硫酐气体能使大理石变为易被水洗刷的石膏。这样，就发生了一种钙因化学变化而成为另种钙的现象，于是大理石制的物品就渐渐成为脆弱的了。这是在露天中发生的，而在露天地里无论怎样还是进行着空气的强力清洁作用，特别是从海上和河上有风吹来的时候。

块煤在博物馆内往往带更大的害处。亚硫酐气体能使绘画失色，能使纸张，织物失色和变质。因此，用块煤生火炉是在任何情况下也决不可以的。因此用木柴生火的荷兰火炉，对博物馆说来就往往有着较大的优点。

但是这种火炉也有木质的缺点。第一个和主要的缺点就是：在博物馆房屋内造成了开放火源，使火灾的危险就能够增大起来，并且用荷兰火炉采暖的房屋无论如何温度也是不够均匀的。靠近火炉周围的空气比屋子另一角的空气往往较热。特别不方便的不能是把火炉安在窗子旁边，结果室内各部温度的差别几乎是不能消除的——窗旁的寒冷空气常常不能烤暖。除此之外，把劈柴搬进来的同时就能够带进来垃圾，与垃圾同时经常也能带来些能使博物馆藏品遭受巨大损害的害虫。最后，这种火炉要求极多的劳动：如果在博物馆内有四十台火炉，那么为了生火往往需要费去许多劳动力。在大建筑物里力求采用暖气，这是很自然的，因为它能顺着管子把阿马士式燃烧室内的热气送出来。生火的地方在地下室的某处，空气在铁制燃烧室中被火烧热，热气从这燃烧室中顺着按在墙里的管子输送出去，通过出气口到达大厅里。大的建筑物必须有若干个生火的地方。

这种采暖方式在节省燃料和劳力的意义上是方便的，它能够避免由木柴产生的一切灰尘和泥垢，而使室内因来自离大厅很远的单一热源所生的热气变为温暖。但是这种采暖方式有很大程度使人不快的特性。首先，烧得过热的空气是那样干燥，以致使湿度往往远离了正常的限度，结果使木器家具逐渐干裂，织物过度干燥等等。这时必须人工地使空气湿润，或者采用另种采暖方式。

阿马士式采暖的另一缺点是：对空气进行加热的燃烧室内所供给出来的空气本身总是带有一定数量的过烧微尘，特别是燃烧室过烧金属的微粒。

例如，曾经一度布置为国立俄罗斯博物馆历史生活分馆（列宁格勒）的伯布林斯基的古老邸宅里，甚至于挂在墙上的、四周镶得很好的水彩画和油画，都在其玻璃下面熏进去了微细的过烧微尘，这些画挂得离烧热空气的出口处越近，那么污积程度也越厉害。

在国立俄罗斯博物馆内，当一九三九年对采暖进行总体改修的时候，曾经从内墙把生铁管子拆除下去，因为旧式的阿马士式采暖方式的热气常常从这些铁管子的各个地方漏出来，原来这些管子已充满大量没能通过换气口找到出路的红褐色煤烟。正是这种煤烟在别的地方进到建筑物的空气里来了。

这样，阿马士式采暖方式是有着一系列极严重的缺点的。因此特别修建用来作博物馆的新建筑物，已经完全拒用这种采暖方式了，但是在旧的宫廷中、邸宅中，这种采暖方式几乎是共同的。它要求对放出来的烧热了的空气必须进行过滤以及使这种空气湿润。

其次一种采暖方式——这就是用烧热了的水蒸气或烧热了的水来采暖。蒸气采暖方式，当然在经济上是极其有利、在管理上是很方便的，因为可以在离得很远的锅炉里使蒸气变热，而采暖又可以在任何时候关闭，或减低。但是这种采暖方式能放出极高的温度，因此在放热器或暖气管上平常往往因发热而很快地附着上灰尘。这种灰尘和干燥程度很大的空气附着在一起，乃是这种采暖方式的严重缺点。

从而，我们只剩下了水热采暖，而现在几乎在所有巨大的博物馆里采用的正是这种方式的采暖。这种方式采暖具有蒸气采暖易于操纵的那些巨大优点，而在这里暖气管子又不能发生那样强的放热，因为它的界限是低于一百度，这就是说因烤热而堆积的尘土也要少些。但是，所造成的空气向暖气管流动以及容易堆积尘土的情况，仍然是需要注意的。为了尽可能长久些保护陈列品免于这种煤烟，就应当把暖气管安置在屋子中间，或者安在窗户下面。

所有这些采暖方式都要求付以极大的注意和经常的监督。大博物馆现在已经使用自动监督调节温度的采暖方式，并在大厅中及储藏室中已转变成条件经常不变的大气。

博物馆室内温度的平均变动，一般地认为一年间以十二度到二十五度之间为界是可以的。当然，向来认为较相当的是平均温度，即：在湿度（用水热采暖）约在百分之四十五到百分之六十五之间（空气潮湿时，湿度在百分之七十以内的条件下），温度为十六度——十八度。

三、湿度

到现在我们仍然把博物馆藏品安放在样式极其繁多的建筑物内。甚至像特列恰柯夫绘画馆这样最大的博物馆从前也不过是设在一个商人的普通私人住宅里，陈列馆的奠基人特列恰柯夫一点一点地才把自己的住宅改建为整个陈列馆的。像普斯可夫省的商人普留希金所收藏的上等的日用生活物品，也给放在普通住宅内了。在现在，小的地志博物馆也常常是设在一般的住宅房屋内，有时甚至是在居住用的木房内。

这就是说，当我们讲到博物馆设计方式时，我们也必须注意到普通木房的类型，注意到为了特别用作博物馆而改修的石造房屋的类型，注意到专为作博物馆之用的石造房屋的类型，最后，还有利用来作博物馆的宫院类型。在类型如此繁多的房屋内，是不可能有相同的设计方式的。

对于用火炉采暖的木造房屋要提出和专为博物馆而修建的巨大石造房屋完全不同的要求。但是，虽然如此，仍有一些首先必须研究的共同原则。

仅从下面所举的事实就能指出这是多么重要的。在列宁格勒最为富丽堂皇、外表看来很适于作博物馆建筑物，就是现在作为俄罗斯博物馆的旧时称为米海依洛夫宫的建筑物。但是，这个建筑物有许多严重的缺点。例如，在冬天的过程中，当采暖设备不完善或很简陋因而使墙壁完全冻透了的时候，那么春天当观众来到馆内，并带进来温暖的空气时，大理石的地面上就往往积了差不多将近一寸多深的水，而且水还不断地从墙壁上往下淌。所以，我们必须掌握住建筑物的设计方式，以便不使这种现象发生。在建筑物里如果达到了这样潮湿的程度，那显然是在修建这个建筑物时把某项问题忽略了因此才形成了这样严重的后果：绘画剥落了，绘画的底布膨胀起来了，跟着开始了底布生霉以及油色发白。

另种情形是：几年前在一个绘画陈列馆里发生了暖气破坏事故，于是在极短的时间内两个大厅里的绘画就完全发白了。究竟原因是什么？应当把它找出来。应当决心分析这些原因，善于采取紧急措施来制止这种事件的发展。

要是在我们那些一切似乎都准备得很好，能够保存贵重财产的很好的博物馆内还会发生这种现象，那么在那根本不曾准备用来保存艺术和历史文物的房屋里会发生些什么事情呢？然而，只要房屋本身多少是合乎规格的，那么不管甚么样的房屋对财产都会有大小不同的保护作用的。

一切的建筑物，像上面所谈到的，一定要首先从下列四点来观察：温度、湿度、室内空气中含有灰尘的数量和质量，以及空气的气体成分。

但是不能把这些需要注意的事项视作毫无关联的，因为这些设计条件的要素彼此之间是密切关联着的。

其实，关于在博物馆建筑物内应当保持什么样的温度的问题，与其说是为了达到保管上的要求，不如说是为了来馆参观的群众的方便。

建筑物中内的温度本身，并不是在设计条件中感到特别困难的因素。在许多博物馆都曾进行了巨大的和精密的实验，伦敦国立陈列馆、美国博物馆，以及在我国（苏联）莫斯科纺织科学研究学院所作的这些实验的结果，已确认为：在变化缓慢的情形下，温度本身对物品是不起特殊破坏作用的；因而，如果一年之内，室内温度发生从摄氏十二度到二十五度的正常变动，那么对博物馆收藏物品是不会造成什么损害的。

要是对于绘画、纸、织物之类容易感应的物质材料都不会造成损害；那么对于金属、石、陶器之类的物质，只要大的温度变化不是突如其来的话，这些物质就甚至于是不会受到什么影响的。

伦敦国家陈列馆，在其关于温度、氧气和水对艺术作品的影响的细部问题上所作的实验是极有趣的。这个实验弄清楚了建筑设计上各要素间的密切关系。为了弄清楚这个问题，曾用专为试验温度的能够密闭的用不同方法制造成的玻璃器皿，在器皿中安放了被实验的物质材料标本。从密封的一套器皿中把空气排出去，使物品保持在近乎真空的状况中。在排除空气后，往另一套器皿中导入某种不活泼的气体（氮、氖或氩）；在一些器皿中装入活泼气体（氢）——但不要有氧气；其次，一些器皿中装入氧气；再次，在一些器皿中装入带有大量水蒸气的普通大气。

一般地最易于起变化的水彩画，在真空中和不活泼气体中，当温度从零下十度变动到零上三十七度的时候，很长一个时期内并没有任何变化；在氧气中变化极为微小；氢气中亦同；而在充满水蒸气的大气中，色彩就完全消失得踪影不见了。

从这些实验看出：当温度变化时，基本的破坏因素并不是温度本身而是水；这水原来是最有力的破坏者或触媒剂。因此，研究我们室内湿度的问题，乃是最重要的、最基本的问题，单单研究调节温度是不能使博物馆学者解决所发生的一些问题的。

首先应当弄清什么叫作湿度。有两种不同的湿度概念：绝对湿度和相对湿度。

绝对湿度——这是一定房舍内一立方公尺空气中所具有的水蒸气的公分数。

相对湿度——这是一定房舍内空气湿度与空气到达饱和状态所需要的水蒸气的百分比。

例如，在一定房舍内，一定温度下，空气达到饱和状态需要十公分水蒸气，现在我们这里没有这样数量的湿气，那么相应的仪器就会告诉我们湿气与饱和状态的百分比。

既必须测量绝对湿度，又必须测量相对湿度。如果我们知道在这个房间内一立方公尺空气中含有五点五公分水蒸气，那么我们按照所制出的表就能确定出，在什么温度下，五点五公分的水蒸气能足以使这房间内的空气达到百分之百地饱和，使得墙壁上会流下水来。

从表上，我们可以确定出：当室内温度降低到五度——六度时，就要发生这种情况；那也就是说，我们在任何情况下也不应当使温度降落到五度——六度。这些材料能使我们确定出应当在什么限度内继续保持采暖。

相对湿度的百分比直接指给我们：空气充满着多少水气，它还差多少就接近露点，也就是说还差多少就接近于使水从空气中落下来；而水从空气中落下来的情况是绝对不能允许发生的。

这样，我们既必须知道绝对湿度，又必须知道相对湿度。如果我们在仪器上看到湿度等于百分之四十五，那么我们就可以完全放心，只要尽力继续保持它就行了。但是，只要这个相对湿度开始显著变化，那我们就必须弄清这湿度变化的原因。如果找不出任何特别原因，而相对湿度的百分比却不断增大，那么我们就必须首先提高温度，因为空气越温暖，就越能保持水蒸气处于平衡的地位，不使它到达落下水滴的状况。

相反地，如果我们过于降低湿度的百分比，那么这能够造成极糟糕的结果。

我们举这样一个例子：几年前，国立爱尔米塔什博物馆[①]曾把采暖设备改修了，在那时候做了一件粗心大意的事情——没装设使空气湿润的机器。于是开始了空气的猛烈干燥，相对湿度在某些大厅里下降到百分之三十到百分之二十五，而且在某一个大厅里甚至下降到百分之十九。这样，灾祸降临了：一切木制的物品都干燥得开始裂开。

由此可知，空气是应该使之湿润的。关于在博物馆条件下使空气湿润的问题是极其复杂的问题。平常最简单的使空气湿润的方法是这样的：把水注到大铁盘上，而把这些铁盘放在热的暖气管上。当然，这仅仅是临时应付的办法，这种办法不容易受到正确的调节的。

如果发生着有系统的剧烈干燥，就必须改变采暖方式，或者暂时全然停止采暖，以便利用经过墙壁的自然的通风使湿度适应于现有温度。不管怎样，这些问题必须与采暖工程师和建筑师共同解决。

湿度对各种不同物品的作用是不同的。关于这个问题以后将详细讲到。现在只应当注意到：一切具有有机基础的物质材料，当湿度过高的时候，就能够成为发展微生物的极良好的营养料。当纤维物品（织物、纸、树木、皮革）湿度加大时，体积就剧烈地变化着，因此也就能够发生一系列极其严重的现象。由于空气湿度的程度具有重大意义，所以研究出了测定它的一种仪器。

能同时观察温度和湿度的较好的与最简单的仪器是阿夫古斯特式双球湿度计。这种湿度计的物理根据是：如果水在蒸发，那么在蒸发物体的表面上，温度就要下降；因为精确定量的热已消耗于水的蒸发上。如果我们拿来两个完全相同的温度计，其中一个有着自由升降的水银柱，而另一个，我们用湿布把水银球缠上，那么水从这湿布上开始很快地蒸发，由于蒸发而水银就冷却下来，于是温度计就表示出低于摆在旁边的自由升降水银柱的温度计所表示的温度。

当室内空气越干燥的时候，也就是当室内空气越易于吸收、越大量吸收水蒸气的时候，蒸发进行得越快，潮湿的温度计上的温度也下降得越低。从表上很容易找出：在两个温度计上所表示的温度差别下将有什么样的相对温度。

这样，能够同时用来测量温度和湿度的最简单的基本仪器，就是阿夫古斯特式双球湿度计。必须记

---

　　① 现多称"国立艾尔米塔什博物馆"，又称"冬宫博物馆"，位于圣彼得堡，1764 年在俄国女皇叶卡捷琳娜二世宫廷收藏品基础上建立，1852 年对外开放，1917 年十月革命后，博物馆收归国有，下同。

住：阿夫古斯特式双球湿度仪器必须放置在能让空气在它周围自由流通的地方，不然的话，仪器周围就会发生停滞性的湿度，因而湿度的度数也将极不准确。在观察以前，一定要用十分钟到十五分钟左右的时间观察清楚水银球周围的湿布是否确是潮湿的，因为水银球距离水的表面过远，则湿布易于变干。水银球离水面的正常距离是一公分到两公分左右。

在注入新鲜水以后三十分钟到四十分钟以内不可以进行观察。

不管我们用什么样的湿度计，必须要有关于这个仪器的说明书，因为，湿度针所表示的往往要大于或小于正常温度计所表示的。最糟的情况下，这种差别能有很大的距离。因此，在开始观察之前，首先要在气象站或在学校的物理研究室里检查两个温度计的度数，在计算差别时并要注意到那些误差。

另一类型的仪器是单球湿度计，特别是索秀尔式发丝湿度计。

索秀尔式湿度计所根据的物理原则是：若干物质在加大湿度时，其体积按其向一定方向伸展的特点平均地增大。物质中，在体积上按其只向一个方向增大得最均衡的特点说来，首先必须指出头发来。头发对湿度变化的感觉最为锐敏，并且只要在若干距离内对除净脂肪的头发呼一口气，那么它马上就延长起来，并且它几乎完全是在长度方面增大而在其直径方面增大得极少。

头发的变粗对于我们说来是没有任何作用的，而起作用的只是它的变长。

在索秀尔式湿度计中，在仪器上端把除净油脂的女人头发固定在卡子内，下端缠在一个轴的周围，在这个轴上附着一个指针。头发在适当的延性能力内被精确的平衡小秤锤拉紧着；湿度增大时，头发伸长，小秤锤就向下拉动，于是指针就转动了。

索秀尔式湿度计指出相对湿度的百分数。为了计算，在特制半圆的小平板上刻有由十到一百的刻度。由于绝对干燥的空气以及只有百分之十的湿度的空气我们很难遇到，所以实际上这些低于十的极限刻度是不需要的。

因为索秀尔式湿度计立刻就能给我们指出相对湿度，所以这个仪器是极为方便的。但是问题在于头发本身不是能够持久的物质，它能够变化，并且使人遗憾的是这种变化在下面说到一些情况下是相当剧烈的，这些情况就是：在湿度低于百分之三十的时候，头发就会过于发干，因此它表示的就可能是不确实的；在湿度高于百分之七十五到百分之八十的时候，头发所表示的也同样不够确实。当相对湿度在百分之三十到百分之八十之间时，湿度计能表示较为精确的度数。除此之外，应当记住：头发存在能够衰老的特性。每一种物质都有它自己的弹性限度，如果物品经常遭受某种外在力量的作用，那么这种弹性就与时间成比例地逐渐地减落。

检查阿夫古斯特式双球湿度计和索秀尔湿度计时，可以用或多或少能免于这些缺点的仪器；这种仪器就是阿斯满式双球湿度计。

这种仪器所根据的原则和阿夫古斯特式仪器所根据的原则一样，但是它们之间却有极为本质的差别。如果你把阿夫古斯特式双球湿度针放置在经常空气流通的房屋内，在这房屋内人们经常走来走去，空气没有停滞的现象而蒸发也进行得正常，那么在这种房间内双球温度计将表示出完全正确的湿度变化，但是如果你把它挂在墙上，并且用匣子装起来的话，那么湿度的度数就渐渐地变化着，因为在匣子里没有空气的自由流动，于是就能形成了停滞性的湿度。因此，阿夫古斯特式双球湿度计必须时时安放在空气自由流通的地方，并且在任何情形下也不能把它盖上。不可以把阿夫古斯特式双球湿度计挂到柜子和图画后面以及挂到僻静的屋角。

为了防止这个缺点，在阿斯满式双球湿度计上装有人工通风器，装有能使小通风器动转的时钟式的机械；在最新的构造中，这种通风器是电动的。借助于这种通风器，周围空气的交流才能不停地进行，水蒸气才能正常的蒸发，仪器也就得出完全正确的度数了。

　　为了有足够的材料来判断博物馆室内湿度的季节性变动来及时采取必要的措施，就必须系统地每天早晨和在工作结束前对湿度进行观察，并且记录下观察结果。

　　仅靠一天的记录是不能得出关于温度及湿度所发生的变化的正确概念的，因为在一天之中温度和湿度的外部条件，以及博物馆内（由于有参观的群众）的条件都常在变化着。

　　必须在月末把观察所得都转记在耗①米方格纸上，以便得出能标示出博物馆内空气状况变动的曲线。如果温度曲线进行得完全均衡，而湿度曲线忽高忽低地跳动时，那么就应当弄清这种不相称的原因。为了弄清这原因，就必须对外界湿度和温度同时进行观察，因为一切屋子都对外界大气条件起着反应，虽然在程度上是不同的。把当天来馆的观众数对比一下是很重要的。

　　假设你注意到：今天室内温度没有变化，而湿度显著上升了，为什么发生了这种情形呢？外面温度是零上二度，雪在急剧的融化着，晴雨气压急速下降了，在这个时候室内湿度增大了的情况是完全可以理解的；另外一个原因可能是因为昨天有十名参观的人，而今天是五百名。每个人在一小时之内能呼出四十公分水蒸气。你想想看：五百人会带进来多少水呢？很明显，湿度是应当剧烈增高的。

　　下面的例子就能证明观众来馆所造成的这些变动是如何巨大了。

　　在俄罗斯博物馆中，湿度的测量指明了：在一九三九年春天一个极好的日子，没有雨，没有融雪，在利未坦展览会上，到四点钟以前，湿度由百分之六十上升到百分之九十五，结果画上的底布都垂落下来了。这种情况之所以发生，是因为当天参观展览会的观众是三千七百人，只要他们每人在馆内只停一小时，那么每个人都把四十公分的水分带进室内来，就是说带进展览会大厅内的水分总共是一百四十八公斤。湿度在一天结束前剧烈地升高的问题当然是很自然的了。

　　为了真正熟悉房屋内设计条件，必须既在室内对温度和湿度进行观察，又要对室外的温度、晴雨气压，以及来馆参观人数也同样进行观察。

　　如果所有这些情况都表现在曲线上（例如整个春季的），那么在明年就能够知道什么时候会发生什么事情，应当注意什么，应当事先采取什么办法。

阿夫古斯特式双球湿度针用法须知

　　在用白麻布缠好水银球的温度计下面，放一个装水的小杯；球和水的距离必须是一到二公分。在水蒸发时就从布上吸出了热量，因而带有浸湿麻布的温度计的温度将要下降。室内空气越干燥，那么蒸发就越多，浸湿的温度计的温度就下降得越低。两个温度计上度数的差别就规定出空气中湿气的数量。为了算出这湿气的数量，应当按表在上面找出两表温度的差数，而按左行上找出湿温度计上的温度，按这两个度数数字就能找出相对温度的百分数。例如，如果我们两个温度计的差是三点五，而湿的温度计上的温度是十五度，那么空气的湿度就是百分之六十七。

　　因为所有温度计都有不大的误差，所以要根据仪器说明书来校正所观察到的数字：例如，如果说明书上载着："干、零度；湿、加零点二度"，那么仅仅要校正湿的温度计，在确定温度差之前要加零点二度。

　　仪器要挂在与眼睛相平的高度上，观察时不要呼吸，因为它很灵敏；必须把它挂在墙上或门内，使它的周围空气可以自由流通；不可以把仪器挂在柜后、屋角等地方，也不可以挂在落着太阳光的墙上。

---

　　①　公制长度单位，"毫米"英文略写 mm 的旧译，下同。

湿度百分表

湿的温度计（℃）	干的与湿的温度计间的温度差（用百分比表示空气饱和的水蒸气）												
	0	$\frac{1}{2}$	1	$1\frac{1}{2}$	2	$2\frac{1}{2}$	3	$3\frac{1}{2}$	4	$4\frac{1}{2}$	5	$5\frac{1}{2}$	6
0	100	90	81	73	64	57	50	43	36	31	26	20	16
1	100	90	82	74	66	59	52	45	39	33	39	33	19
2	100	90	83	75	67	61	54	47	42	36	31	26	23
3	100	90	83	76	69	63	56	49	44	39	34	29	26
4	100	91	84	77	70	64	57	51	46	41	36	32	28
5	100	91	85	78	71	65	59	54	48	43	39	34	30
6	100	92	85	78	72	66	61	56	50	45	41	35	33
7	100	92	86	79	73	67	62	57	52	47	43	39	35
8	100	92	86	80	74	68	63	58	54	49	45	41	37
9	100	93	86	81	75	70	65	60	55	51	47	43	39
10	100	94	87	82	76	71	66	61	57	53	48	45	41
11	100	94	88	82	77	72	67	62	58	55	50	47	43
12	100	94	88	82	78	73	68	63	59	56	52	48	44
13	100	94	89	83	78	73	69	64	61	57	53	50	46
14	100	94	89	83	79	74	70	66	62	58	54	51	47
15	100	94	89	84	80	75	71	67	63	59	55	52	49
16	100	95	90	84	80	75	72	67	64	60	57	53	50
17	100	95	90	84	81	76	73	68	65	61	58	54	52
18	100	95	90	85	81	76	74	69	66	62	59	56	53
19	100	95	91	85	82	77	74	70	66	63	60	57	54
20	100	95	91	86	82	78	75	71	67	64	61	58	55
21	100	95	91	86	83	79	75	71	68	65	62	59	56
22	100	95	91	87	83	79	76	72	69	65	63	60	57
23	100	96	91	87	83	80	76	72	70	66	63	61	58
24	100	96	92	88	84	80	77	73	70	67	64	62	59
25	100	96	92	88	84	81	77	74	70	68	65	63	59

　　在观察之前应当检查在水银上的麻布是否干燥；如果必须把麻布润湿（插入小杯中），那么只有过十五分钟～二十分钟之后，当已经蒸发得正常的时候才能够进行观察。注入净水后，观察不能早于二十五分钟～三十分钟。

　　一天要记录两回湿度度数：在工作开始时和在工作完毕时。

　　同时必须记载外界空气温度与气压，以及一天之内在博物馆内参观的人数。

　　所有这些材料在月底都填记在曲线图表上。

四、通风

在博物馆内我们时刻都能遇到湿度很高以及气体及硬质尘埃把空气弄得很污浊的情形。因此，不管我们用的是什么样的采暖方式，都必须考虑到最好的通风方式。

最简单的通风方式是换气窗。在大多数不大的博物馆里，这还是目前唯一能用的换气方式。

因此，必须善于管理换气窗。打开换气窗时，必须考虑外部大气条件和内部湿度。如果室内很热并且非常干燥，而外面是酷暑的干燥天气，那么敞开换气窗只能把空气的干燥程度加重而已。如果博物馆内是有适度的湿度的空气，而外面冷并且下雨，或者外面暖和而同时雪在剧烈溶化，当然换气窗就能够把相当量的潮湿空气卷吸到室内来。

从这儿得出结论：作为一般规则，在室内有适度的或者稍高的湿度下，必须在空气还干燥和凉爽的早晨把换气窗打开。这主要是指冬季、春季和秋季的部分月份，也就是早晨温度常低于零度的那些时候。我们把比室内空气湿度小的空气引进来，于是我们室内湿度就减低。这很重要；相反，在温暖、炎热或者潮气很大的日子不能够把换气窗打开，因为这样会把过于饱和着湿气的室外空气导入温度较低的室内来，而室外空气为了自己已经达到完全饱和就要求水分比较少的空气，这样就使室内湿度加重了。

当春天开始变暖的时候，遵守这一点，对于采暖设备不完善的建筑物是特别重要的，因为这时候能把饱和着因溶雪而产生了水蒸气的温暖空气放进室内，从而招致木质、皮革、纸张、墙壁等等的迅速结露和发潮现象。有时候这样的发潮现象能把古老建筑物中珍贵的壁画导致毁灭。这种情况下，应当把下面的规则当作必须遵守的规则：门窗只能在早晚打开，并且尽可能不从向阳的那面打开。因为使建筑物的变暖进展得尽可能的缓慢是很重要的。轻微的过堂风能够有助于干燥，但是剧烈的使物体迅速干燥的过堂风是能够起毁坏性作用的，它能引起壁画的表皮剥落以及木质的迅速发干。

测定外面的空气是否饱和着湿气，可以用晴雨气压表。如果在该地的正常平均晴雨气压是七六〇粍，那么更高的压力就表示外面的空气干燥。这时当我们把换气窗和窗户打开的时候，那就会使室内干燥。如果压力低于正常气压，这就表明着外面的空气饱和着或大或小程度的水蒸气。

在列宁格勒，平均的或正常的晴雨压力一般认为是七百五十二粍。这就是说，如果是七百四十粍，这就是告诉我们在外面已发生了或将要发生泥泞、潮湿现象，如果在冬天——那就是要开始化雪，如果是在夏天的月份里——这就是要有骤雨。因此，在这些条件下，虽然天气可能看来是适当的，但也绝对不应把换气窗打开。

在列宁格勒的条件下，如果晴雨压力是七百六十到七百六十五粍那么就可以大胆地把换气窗打开，因为我们往室内导进来的是较为干燥的空气；当然，如果外面下雾、下雨、阴天，那就没有必要来看晴雨计了。

有换气窗并且用普通火炉采暖的地方，在生着火炉的时候也会发生很剧烈的通风，特别是当换气窗正开着时。

用暖气采暖时，就必须采用另一种方法。在每个设备良好的博物馆里都必须有用鼓风机把空气抽换出去的设备；为这个目的，一般都装设着带有电动机的换气机（"热风"牌的），这种换气机可以用较大或较小的能量把空气从室内抽换出去。

单凭抽换是不能解决通风的问题的，因为把空气抽出去的同时，热量也会被抽出去，因此在良好的通风设备中必须设有补送滤过热气的装置。如果要把用作博物馆的屋子布置得更合理、更正确，就也必须保证补送弄暖了的空气，并且弄暖和了的空气还要不含灰尘、不过分干燥。由于这原因，就必须安置滤过器和湿润器。关于创造带有滤过器和湿润器的完备的通风的问题，是很复杂的问题，并且只有熟悉博物馆生活种种条件的专家工程师才能解决。

通风之所以需要，并不只是为了使空气清新与保持正常湿度，此外，它还能排除灰尘；并且因为空气中和灰尘在一起还带有大量的植物性的以及动物性的微生物，所以从博物馆中把无用的空气抽换出去的时候，我们就能使博物馆免于微生物的孳生了。如果室内不通风，那么我们将不仅把空气弄浊，而且也将使那些能变成微生物的营养料的物品染上细菌，下面的情况就能表明甚至于普通的、并非特别污浊的空气中就饱和着多少霉菌的种子和细菌。

大家都知道，精制胶、鱼膘胶、木工用胶、精制浆糊、酪素、洋粉（Arap – arap 海草淀粉）及其他带粘性的物质，都是对繁殖一切霉菌、蕈类、微菌等等的极适当的营养料。

在考古工艺学院的试验所里，对用于绘画的以及用于修复的粘着物作了试验，研究了它们对于感染各种微生物的敏感程度。结果是：如果我们把精制胶或洋粉的杀过菌的溶液注入杀过菌的试验管内，并且在研究室和试验所的普通大气中进行这种试验，那么进到管内的试验所内的空气就已经足够使浆糊感染上微生物，经过若干时间在密闭的试验管内就繁殖起"Peniclliun""Aspergillus"等普通霉类的群落。如果毫无阻挡地在博物馆内积累起带有微生物的灰尘时，那么像贴在浆糊上的水彩画或者胶合板家具之类的物品会发生什么现象，是可以想象得出的。对这些微生物必须用通风的办法排出去。

我们用同一办法也能把在这房间里工作着的人们所排出的有毒气体（碳酸、氢氧化铵）给排除出去，同时也能排除那些由其他各种来源所发生的气体。

由此可见，没有正规的通风设备，就不能在博物馆确定出合理的设计条件。

第二篇　修　复

第一节　术语"修复"的意义、根本原则、西欧及苏联修复工作历史简说

如前面曾经说过的，要求对博物馆物品进行处理，以防止有历史价值的文物变成一堆金属的氧化物或细碎的灰尘是极常有的情况。对这种情况的处理通常称为修复工作。

修复（Реставрация）一词，发源于拉丁文的动词"restauro"，它的意思是"我把某物复原"。由这个字而生"Restauratio"一词，它的意思是"恢复原状"。

保存到博物馆内的物品，乃是历史文物。假如，在博物馆里有某一种具有一定历史意义的金属物品，那么这个物品就证明着它所从属的那一时期内居统治地位的生活习惯和嗜好，就证明着在一定发展阶段上该文化中金属的出现；如果这件物品具有军事意义，它就证明着军事的特点，如果它是劳动工具，那么它又证明着劳动过程等等。

所以，我们绝对不可忘记：博物馆藏品的性质是极为多方面的，因而当我们把物品修复的时候，必须尽力保存它一切特点，因为这些特点能够说明这一物品作为历史文物的种种意义。

关于修复工作者能够做什么以及什么是他不能做的问题，甚至到现在还是没有充分明确规定好的问题，例如在最近以前还曾认为修复一幅图画，就是说用新鲜颜色把它重新画一遍，并涂上新的光油。

当然，现在谁也不敢公开地走从前修复工作者们的老路，把发暗了的绘画用新鲜颜色来重新涂画一遍了。但是遗憾的是：这种方法到现在仍然为许多修复手艺匠在实践着。

作为博物馆绝对应当遵守的原则，现在公认为：在修复时不得用自己的"创造"掩盖上原作者的真实原物。这是每一个修复工作者所必须遵守的最主要的和最起码的第一条规则。如果原物有某些残缺、剥落的地方，而它们妨碍着人们想象出原来在完整时的情况时，那么有时为顾及到我们的视觉，或者为了必须巩固已脱落下的东西时，不得不做某些修补，但是不能超过这个残缺的范围，而关于这些修复品本身的性质、它们的规模、进行工作的方法——关于这些问题，如果没有和专家们进行过全面的讨论，是不可以贸然解决的。

如果要从一些碎片修复成原始民族的器皿（陶器钵、瓶），那么这些碎片必须拣选拼合起来，并要把它们粘上，但是在这些碎片之间常常有很大的残缺部分出现，使人不能把器皿的形状完整地恢复起来，虽然残片的大小和它的凹凸面可以让我们确切地估计出器皿的形状来。

在这种场合下，修复工作者有权在充填好残缺部分之后来恢复原形，并有权把那些假如不充填好缺残部分就粘接不到一起的器皿的各部分用别种物质（如用石膏）补上。

艺术纪念品底修复，常常引起特别重大的争辩。例如大家都知道，到我们手里的大理石塑像往往是残缺不全的——没有手指头、鼻子、手等等。把这些残缺部分补充恢复起来的企图，到目前为止，都没

有成功——粘补上的鼻子只不过是粘补上的而已，它无论如何也不能代替丢失了的，因为大多数的修复工作者不能具有塑造这个塑像的艺术家所曾具有的那种感觉以及对形体底把握；因此现在大家都宁肯把残缺了的塑像保持它的原样不动了。不久以前还认为：把所找到的没有胴体的头部按到所找到的没有头部的胴体上，以及把头部、手、脚拿来添到古代残缺不全的纪念像上都是可以的。

在西欧一些大博物馆里，有许多古代希腊和罗马的塑像就是带有这种后来添补的部分的。这在斯特拉斯堡和慕尼黑的博物馆里是特别惊人的，因为在这里许许多多杰作都被那些进行修复工作的学者们用他们那些严重的破坏着古代纪念像规律的、笨重不堪的以及极端拙劣的添补部分弄成畸形了。在现代，这样的改塑和修复的"学者们"在许多博物馆中已不复存在了。

作为修复的第二条原则，必须规定如下：在修复时，不得把自己那些能够改变物品文物意义的，以及对于保持该物完整上并非绝对必要的臆测和增添部分加进物品中来。

下面的规定必须是第三条原则：修复工作首先必须防止破坏性作用的一切原因和结果，以及去掉一切不相干的附着杂质。关于恢复残缺部分的问题，每次都必须在专家委员会上讨论。

第四条原则：如果对修复对象的本质没有精确的知识、没有修整该物技术的精确知识，如果对所使用试剂的性质及其作用性质没有精通的知识，不许可进行任何修复工作；不论任何修复方法，如果这些方法的本质不明或被保持着秘密，那么这些方法就是不许可采用的。

最后，第五条原则：必须从各方面来研究每一个失败，并弄清这一失败的原因，而整个工作过程以及这过程的结果在一切修复工作中都要记载下来，不管这个修复是多么微小。

作为现在保管与修复的理论与实践基础的一些规定和原则，都仅仅是博物馆工作人员在不久以前，即在十九世纪的九十年代才得出来的。可以把这个年代认为是博物馆保管事业中划时代的界限。在这个时代以前是经验论在统治着的时代。

不应当以为经验论中任何合理的东西也不曾有过，相反，几千次细小的观察，几百万次对生活材料的实验，这正是修复经验论所从而成长起来的基础。许许多多现在所公认的、对于易发生病变的物品的保护与诊治办法，就正是用经验论的方法所发现的。

问题并不在于经验论不好，而是在于它对博物馆物品修复的问题上没有规定出明确的目的，以及没有规定出可行的修整界限。不好的乃是那种秘密与巫术行为的气氛，因为，到如今还没有最后敛迹的那些修复匠人正是用这种秘密与巫术般行为把自己的手艺包藏起来，并且越来越看得清楚，甚至于在有学问的保管工作者和修复工作者中间也常常遇到那些把自己知识用秘密的外衣包藏起来的旧人物。甚至于博物馆修复工厂也有时认为自己所达到的成果是自己独有的产权，并且顽强地守着达到这些成果的一些途径，把这些途径用某种秘密的迷雾掩藏起来。

这已经是和犯罪行为相接近了。

修复工作的实践和博物馆保管工作，在旧时的俄罗斯当然是经验论者广阔的活动分野。远在十七世纪，俄罗斯就已拥有巨大的宝藏，特别是下面几处：兵器库的数量极丰富的藏品，壮观的莫斯科东正教大主教的圣器及法衣贮藏库，特罗依茨克—谢尔吉耶夫大修道院①的精彩的藏品，守洛维茨寺院②、基辅

---

① 现多称"谢尔吉圣三一大修道院"，位于莫斯科以北的谢尔吉耶夫镇，由圣徒谢尔吉圣·拉多涅日斯基创建于 14 世纪中叶，是俄罗斯东正教的历史中心。1920 年起谢尔吉圣三位一体大修道院古建筑群成为受国家保护的历史艺术博物馆。1933 年列为世界文化遗产。

② 现多称"索洛维茨基修道院"，位于俄罗斯北部的索洛维茨基群岛，建于 14 世纪。17 世纪，该地一举发展成为整个地区的经济、文化、军事和宗教中心。其后，修道院一度被关闭，代之以国有农场。1923 年，群岛成为特殊的狱营，其后成为海军的训练场地。1967 年，成立了博物馆保护区，1990 年开始重新修建，恢复了往昔面貌。1993 年被列为世界文化遗产。

城别乔尔大修道院①、诺夫哥罗得城尤利耶夫寺院②的精彩的藏品等。

在那里也曾使用过某些保管方法，这些宝藏能够保存到今天的事实本身就证明着这些保管方法不是没有成绩的。这些物品都是用那极能遮光的粗布保存起来，或者装在厚重的柜子和箱子里保存起来的。这些物品每年都拿到外面来两回，通通风、抖抖灰尘，怕蛾子、蠹虫的丝织物则用雏菊（除虫菊）之类的香草等物放在中间。但是在另一些情形下，物品只是存起来，锁起来而已，因而就常常遭到全部朽坏。许多寺院里就是这种情形，这些寺院在革命前就保存过朽坏了的富丽织物的残存部分。

也曾经进行过修复，但那是什么样的修复呢？至于绘画和神像，那是每样都要反复被涂刷过五回、十回以上的。所有教堂的每幅古代壁画都被廉价的彩色和色油重新涂画过。例如，基辅城中从十九世纪的亮油表皮下暴露出许多十二世纪壁画原作，其中就有一个令人惊叹不置的索非亚女神。这类办法有时甚至于还用到织物上来。例如诺夫哥罗得城索非亚中央寺院③曾有极为壮观的十六世纪刺绣纪念品。这是伊凡雷帝为了纪念被他杀死的儿子而献给寺院的巨幅刺绣。这纪念品是有极重要的价值和意义的。刺绣在蔚蓝色丝绸上用丝绒和金丝绣成的，人物虽仍完整，但底子却因自然变化作用而逐渐朽坏了。在十九世纪，就曾对这幅献祭的刺绣进行过修复。为了这个目的，使用了蔚蓝色的油色，把粗布的托底从下面垫到朽坏了的底子下边，并且在这托底的粗布及残余的丝织物的上面涂上了油色。修复的结果，极珍贵稀有的纪念物被毁坏了。所幸，十七世纪、十八世纪中我们还不曾看到这类事实，但是重新描绘神像和壁画的事却是很平常的。织物、刺绣、金属，看来是由于尽量不施以修复而被保存下来了。

当彼得一世开始在国外搜集艺术纪念品藏品的时候，为了修复雕塑物曾经聘请过意大利的修复工作者。这是第一次请外国专家协助。但这位专家的工作方法和工作结果如何，我们是不得而知。

在叶卡特琳娜二世④和尼古拉一世当朝的时候，曾在国外大量地收买各种艺术品，并同时对这些物品进行了修复。为了修复曾聘来了意大利的艺术家，他们主要是专门修复从意大利大量买来以充实各博物馆的那些绘画。这些从国外聘来的修复工作者，培养出了俄罗斯的修复工作者——西得洛夫姓一家、瓦西列夫姓一家，以及其他的一些修复工作者们。他们曾几代相传地，用八世纪的方法在爱尔米塔什博物馆和宫廷里工作。

这些修复工作者全然没能使物品免除一切彩刷；相反，他们用新鲜亮油来把绘画涂抹上一层，并且反复涂抹，把褪色了的和脱落了颜色的地方都给添补上了。总而言之，虽然这工作做得很好看，比起俄国普通神像画匠做得更为纤巧些，但是在原则上，他们的技巧也不过就像从前刷神像的工作实践而已。像这样的修复工作的遗迹，直到现在仍然使许多杰出的绘画纪念物弄得不成样子。

我举一个极显明的例子。在国立俄罗斯博物馆保藏着十八世纪最后二十五年间有名的俄罗斯画家列维茨基所作的极优秀的肖像画集。他还画了许多从斯摩里学院毕业女生的肖像。这就是所谓俄罗斯博物馆中的"斯摩里学院毕业女生肖像画陈列馆"——这是十八世纪俄罗斯绘画的杰作。在尼古拉一世的时候，这些肖像画的极为鲜明的色彩不能符合当时宫廷的时尚；宫廷的时尚要求暗的色调，所以所有这些优秀的绘画上都盖上了黄色亮油，而把落了色的地方用油色补上，这些油色现在已经发白了。由于这种涂改，把整集的斯摩里学院毕业女生肖像画都弄得不像样子了。因为在宫廷里工作着的仍然是在爱尔米

---

① 疑为基辅的佩乔尔斯克修道院，建于 1051 年，是东正教最重要的宗教中心之一，于 1990 年被联合国教科文组织列入世界文化遗产名录。

② 现多称"尤里耶夫修道院"，建于 11～12 世纪，是俄罗斯最古老的修道院之一。

③ 现多称"圣索菲亚大教堂"，位于诺夫哥罗德，建于 1045 年至 1050 年，是俄罗斯保存最好的 11 世纪教堂，也是俄罗斯境内现存最古老的建筑。

④ 现多称"叶卡捷琳娜二世"。

塔什博物馆的那些修复工作者，总是按照他们从意大利学来的那套规矩，所以我们所看到的修复方法就都是千篇一律的了。

　　像这样的刷新修补，往往是在类似行加冕礼之类的各种盛大节日前进行，并且是成批地对几十种以及几百种物件进行刷新。这样一来，旧俄罗斯时代唯一庞大的、藏满极罕见的艺术纪念品的、曾经是修复工作者给宫廷进行包修包补机构的帝宫爱尔米塔什博物馆，在修复工作上就成为了轻率和卤莽的工作方法的温床了。在一九一五年的时候，曾发生了巨大的争斗，这争斗是由于爱尔米塔什博物馆内许多贵重绘画经过愚钝而又自以为是的修复工作者之手遭到了破坏而引起的。仅仅是在这一九一五年以后才开始恢复了正常状态。在这时候破天荒的听到化学家兼艺术学家、精通自己所长和对绘画有深刻修养的专家萨温斯基的呼声传来。

　　在革命前，正式的修复工作集中在皇家考古委员会的手中。但是事实上它的范围只限于建筑纪念物，并且在这个范围内也是除了做一些琐碎的工作之外，就是许许多多粗暴行为。这种现象的发生主要是由于缺乏原则性的规定，并且有时还是由于缺乏技术知识所致。至于博物馆的财产（在狭义上说来的财产），那就都是听凭每个博物馆能够如何处理便如何处理，认为需要怎样处理便怎样处理的。在许多大博物馆里，常常有从一般技术人员出身的修复工作者，而他就按照自己的意见和做法来粘补、刷洗某些博物馆藏品，仅只在极少的情况下那些在科学上有素养的专家才来参与到这一工作中来。例如，大家都知道，有一次为了修复爱尔米塔什博物馆内的许多大件的银质物品，曾聘请来铸币厂化学家魏森别格尔，由他的手把一个车尔托木雷茨基的大型银瓶修复了的。但是，这只是发生于极其各别的情况下，而一般的修复工作还仍然操持在那些不学无术的匠人手里。这些人的操作方法有时是带有毁坏性质的。这一点，在第一次世界大战年代中，以及特别是在战后的年代中，已经查明了。

　　例如，在伟大十月社会主义革命后的前几年，在爱尔米塔什博物馆内检查了一些浮出一种白色薄层的大型古代花瓶。检查这些薄层时判明这是食盐；因此修复工作者就用盐酸来刷洗这些花瓶，可是他们并没有把这些盐分洗净，部分食盐留了下来，而现在由于化学变化的结果形成了结晶盐，于是它们使得花瓶的部分表层和表层上的绘画都剥落了下来。

　　在革命前，唯一力图把修复和保管事业置于科学基础之上的博物馆，就是列宁格勒的人文博物馆（以前是俄罗斯博物馆分馆），但是第一次世界大战使得这一事业的发展停置于原地了。

　　在俄国，大体上只是重复着西欧的那些罪恶行为，因为西欧在九十年代以前也同样是手艺匠人习气和不学无术的风气在统治着。

　　在九十年代，弗利德利赫·拉特根（Friedrich Rathgen）博士在柏林开始了工作。他的工作是修复及保管的历史上的分水岭。他是优秀的化学家和组织者，这位学者在若干年间使柏林一切国立博物馆（除绘画陈列馆外）都把他们的藏品交付给他所创立的实验室来修复和预加防护。他的工作思想和方法，作为规则逐渐深入到那些设备多少比较完善了的博物馆中去。

　　在研究修复和保管方法的工作上，慕尼黑的施米特，哥本哈根的罗珍贝尔格，雅典的鲁左普洛斯等人，几乎是同时开始的。

　　这些工作的结果，使得一系列物质现在都有完全经过检验并经确切规定了的修复方法，都有考虑得很周密的保管制度。

　　在帝国主义战争时期，西欧的许多最大的博物馆所遭受的，和我国博物馆在帝国主义战争末尾和国内革命战争开始时期所遭受的大致上是相同的：没有燃料，没有熟练的工作人员，许多博物馆的部分房舍不得不占用为病院和供其他军事目的之用，于是保管工作显然就要遭受到严重的损害。

这些条件使得伦敦不列颠博物馆①藏品的保管问题尖锐化，于是那时候博物馆就求援于所谓科学工业研究学院，请该院进行观察，并请他们对由于燃料不足、潮湿等而遭受了损害的藏品的挽救办法进行探讨。这项工作由该学院委托给化学家亚历山大·斯考特（AL Scott）执行。

斯考特以极其认真的态度和深邃的知识对种类极其不同的材料所构成的藏品进行了观察；这些工作长达五年之久，而学院关于这些藏品的结果经常地向不列颠博物馆进行报告。

这样的总结报告发表了三个，在这些总结报告中斯考特首先叙述着自己对拉特根方法的检查中所观察到的情况。此外，他提供了一系列自己的方法。

在开罗（埃及），化学家鲁卡斯（A. Lucas）研究了在埃及的气候条件下保管考古纪念物的特殊条件，他组织了在设备上很科学的修复试验所，参加了直接的修复工作，出版了许多研究报告和参考书。

在二十世纪二十年代末，华盛顿博物馆②（美国）请求哥伦比亚大学试验所组织青铜修复的工作。哥伦比亚大学教授考林·芬克（CoLin Fink）和他的助教爱尔德利基（Eldridge）担负起研究用电解法恢复青铜的方法，他们的著作也发表过。

尼考尔萨的研究以及许多美国的、德国的和别国的化学家的研究都是在这个年代。

可以大胆地说，拉特根的工作（始于十九世纪九十年代）在修复事业中引起了一种革命，它带着完全不同于以往的一种性质，即试验室试验法的性质。

我们曾谈到了拉特根、斯考特以及其他人士等所进行的对博物馆协会有极重要成果的工作，但是所有他们这些工作不过只是一些私人的创举而已。这种私人创举正是西欧修复和保管事业的特征。

虽然有著名的学者、专家，他们能够解决化学上及物理上极复杂的问题而又从事于修复工作，但是国家并不关心这些工作，并不把这些工作拟出计划，并不给以资助；国家对这工作采取袖手旁观的态度。处于这种情况，就使得博物馆个别的联合起来，来研究博物馆学的一些问题。博物馆的这种联合在英国和美国就存在着。

在一九一四年到一九一八年间的战后，曾在国际联盟内以学院的形式组织了国际博物馆联合组织来协助参加国际联盟的各国人民间广泛的文化交流。这个学院的机关刊物是《博物馆》杂志。这本杂志发表了博物馆工作的许多论文，这杂志阐明着陈列的大纲、方法和技术的一些问题，阐明着博物馆藏品保管与修复的办法等。

国际联盟博物馆联合组织曾组织了四次关于博物馆学问题的国际会议；在罗马——一九三〇年，在雅典——一九三二年，在马德里——一九三四年，在开罗——一九三七年。

这几次会议的所有材料都发表在《博物馆》杂志上和单行版本上。

在三十年代初，这个复杂的编辑部曾组织了关于织物保管及其修复问题的国际调查表。曾从世界上几十个最大的博物馆得到了答复。

在苏联，对博物馆藏品的修复工作这一方面作了什么呢？我们从沙皇俄国所继承下来的那份遗产，实质上等于零。如果说巨大文物底修复还算是曾经作过，而博物馆物品的修复方法却根本不曾有过。

革命后最初几年我国就成立了国立机构，这些机构在修复事业上曾起了很大的作用。在莫斯科曾组织了国立中央修复工场，其任务是在科学监督下利用旧有的修复工作者的经验，把古代俄罗斯小型车床和巨幅绘画这些最优秀的纪念物显露出来（即：使纪念物脱离尘垢、脱离最近年代以来所涂抹上的颜料

---

① 又称"大英博物馆"。
② 现多称"美国华盛顿国立史密森博物学院"。

而显露出原貌）。被显露出来的纪念文物目录是庞大的，国家甚至于在那些艰苦的年代里都不惜巨资来正确地进行艺术纪念物的保护与修复事业。

莫斯科的几座工场被决定作为专门进行实际修复工作的工场了。

理论上的问题和广泛的试验工作在另一个国立机构里展开，这个机构就是列宁格勒国立物质文化历史科学院附设考古工艺学院。按马尔、费尔斯满和欧利颠堡等人的主张，这个学院的建立既是为了从考古纪念物的性质和对这些纪念物加工的技术方面来研究考古纪念物，又是为了研究对这类文献的修复与保管的科学方法。

这个学院首先在实践上对拉特根、斯考特、斯米特、鲁左普洛斯、罗珍贝尔格及其他人士的方法进行了检查，并且根据自己的工作而出版了一些关于金属、陶器等保管和修复的工作指示。此外，并翻译了斯考特的几个总结报告，因为学院在自己的工作指示中还不能包罗了一切材料。马尔委托这个学院来布署保存萨尔蒂可夫·谢德林公共图书馆的巨大数量的书籍宝库。新的工作把许多优秀专家们聚集在自己的周围，并且在保存书籍和文献的问题上奠定了一套巨大的系统的科学工作的基础，结果就建立了科学院文献保存及修复工作的专门试验所。

现在学院改组为对内性质的修复工场，在这里只进行实际的修复工作。

从理论上研究、大量的试验，以及对材料的直接实践——通过这几种办法而灌输到修复和保管工作中去的那些思想，已经那样地成为日常现象并深入到稍为通晓博物馆工作的工作者们的心里，以致我国已再不会返回到陈旧观点去了。

把艺术博物馆交付给苏联人民委员会附设艺术事业委员会的同时，艺术事业委员会博物馆部就组织了特设的修复委员会，它制定工作计划和实现国家为研究修复和保管方法以及支援博物馆所制订的总政策路线。

从一九四五年，国立中央艺术工厂和学术委员会一起开始工作了，于是在修复工作、修复工作的计划和配合上的一切科学的和实际的工作就交给这艺术工厂了。

我们博物馆内修复工作实践的状况和革命前的状况是不能相比的。在这一方面，新的思想也使得博物馆学家对于修复的目的和修复的方法的观点改变了，实际上优秀的中央博物馆转变成布署严密的工厂组织，在这里不是自以为是的手艺匠关起大门来完成自己的"奇迹"，而是有素养的艺术家、工艺家们在化学家和物理学家的密切参加下进行着严格地受到监督的工作，这工作的所有阶段都用摄影记录下来，而在最重要的情形下还要用 X 光分析和折光分析方法记录下来——这些就更不用说和革命以前比了。国立爱尔米塔什博物馆、国立俄罗斯博物馆、科学院物质生活历史学院（列宁格勒）、国立特列恰可夫陈列馆（莫斯科）等处都附设有上述那种工厂。这些工厂除了执行自己博物馆内部的工作外，并且广泛地对外地博物馆进行援助，派遣专家在当地进行修复工作，并解答当地工作人员的问题。

考古工艺学院当时出版的工作指示，曾起了巨大的作用，指示上所刊载的话深入到了我们苏联的最辽远的各个角落。

第二节　材料的性质及其性质的研究方法

首先应当记住：如果对制成某物的材料的性质没有实际的根据材料，如果不知道物品材料的特性及其加工技术，就根本不可以着手进行修复；如果技师不确切地知道他手中所有的绘画是油画还是矿物色画，或者是油脂树脂混合色画的时候，那么他就没有权利进行修复，因为他能够轻易地把应该修复的物品给弄坏。

最近几年试验室的实践中的一个情况就能更好地说明这点。十年前,在开尔奇(克里米亚港市——译注)发掘的时候发现了埋藏的宝物:在粘土瓮中发现了两千多个铸币;这些铸币从里到外都生满了绿色氧化物而结成为一些绿色的大块了。从每一个考古学家都熟悉的氧化物的绿色看来,在这种情况下,大家都以为在手中的乃是铜质或青铜质的铸币埋藏物,在考古登记簿上也就这样登上了。这些铸币就交付给考古工艺学院试验所来进行清洗。经过仔细的研究后,我们怀疑这可能是另外一种物质,绝不可能完全是铜质。更确实的分析确定出这些是地道的劣质银,含有大量的铜的成分。这种铜在当地的条件下矿化成为碳铜盐而把所有铸币粘结到一起了。清洗时,从绿色的硬壳下显露出了白色的、完全纯净的铸币。如果没有事先的研究,这工作或许就以极不好的结果而结束,因为银质经不住平常应用于铜质上的那些方法;反之,用来洗净和恢复银质的那种反应剂正是能破坏铜的。这种情形在每个修复试验所的实践中都存在着;但是,在那平常进行工作时要求很急,不能把研究进行到底就停顿下来了的地方,这种情形就更多了。

研究的方法分为若干种:放大镜分析、显微镜分析、化学分析和物理化学分析。

放大镜的研究方法——这是不用仪器的视力研究的方法。当然,进行这种工作的人,在鉴别材料上必须有相当的素养。修复工作者应当事先熟悉他必须修复的那些材料的基本特征、物理上的特性以及它们的工艺技术;然而他不能对各行都是专家,他不能不集中于对某一部门的深刻研究;可是博物馆工作者既进行着历史的或经济的科学研究工作,而且在他自己职责内又有着多种多样的藏品,那么他就必须更广泛地熟悉现存的修复方法。这并不是因为必须他自己来进行这种工作,而是因为他需要知道这种工作能够怎样和必须怎样来进行;他必须能够了解修复工作者们的工作,能够把自己的要求用鲜明具体的形式而不是“大体上差不多”的形式指示给他们;因为在后者的情况下,博物馆就要任凭修复工作者摆布,并且在这种情况下的工作,实质上就会成为不受监督的听其自便的工作。因此,博物馆工作人员必须熟悉能揭示出材料本性的那些较为复杂的方法。

因此,关于科学的修复的问题,首先依靠于对材料的正确的科学判断,对于工艺技术的熟悉;不管某些工作人员是怎样有经验,他们如果不顾冒着犯严重错误的危险,他们就不能在自己工作中局限于只用放大镜观察的方法。

为了不允许有这些错误发生,首先必须增强视力。为这个目的而有放大镜和显微镜等仪器,它们能够扩大我们的视力到十倍、二十倍、一百倍、五百倍、一千倍,甚至于一千五百倍。这样扩大视力就能使我们以极大的正确程度来辨识各种材料。

我举一个例子。

国立俄罗斯博物馆里,在十九世纪的前半叶的巨匠的绘画中,有艺术家特洛皮宁的一幅画,画上盖满了黑色斑点。这幅画屡次被人问起:为什么不把这幅画拿去修复呢?原来,是因为修复工作者认为修复工作很复杂,不知道应当怎样来着手修复它。他们认为大约在五十年以前,这幅画因某种原因而受到了损害,有人把这幅画修整了,但由于这些修整部分不能够有原画的风味和有原来那样的颜料,所以这些修整的地方就渐逐地变化了,在这种情况下,它们发暗了并表现为黑色的斑点。当这幅画拿到傅艾世显微镜下扩大三十倍来研究的时候,发现黑色的斑点原来是霉——显微镜很清楚地指出了霉菌的构造。排除微生物的这一工作,当然是极为容易的,并且比起去掉涂抹的油色来,是完全用另一种方法来进行的。

另一个情况也是很有趣的。在基辅城过去的索非亚中央寺院里,对雄伟壮观的镶石嵌花的细工艺术品曾进行过修复。当进行完从镶石嵌花的细工艺术品上把煤烟和尘埃都除掉的部分修复工作之后，这件艺术品上出现了一种带白色的薄层。博物馆行政上担忧了，他们怕是在清洗灰尘时使这艺术品受到了损害。为这曾召开了由列宁格勒、莫斯科和基辅等城的专家们组成的大型委员会。显微镜分析解决了这个问题：细工艺术品上的玻璃块在显微镜下显示了在玻璃内开始了玻璃本身所独有的分化作用过程。所有的玻璃或早或晚都要产生这种作用的，而清洗灰尘只不过暴露了这个过程，至于灰尘本身，正是促进玻璃分化作用的。

由此可知，我们不仅要谈放大镜研究的办法，并且要对显微镜研究方法认真地予以注意。因为没有这种研究方法，那么很多的现象和很多的作用过程就不能够确定出来。

需要极费工的施行修复的每一件无比贵重的物品，必须从它的本性和工艺上的特点上来研究。这时候，我们常用放大镜观察和用能扩大我们视力的工具来观察。对于小型博物馆的实际工作说来，没有必要来用高倍显微镜之类的复杂仪器；因为这要求高度的技能，并且还必须准备显微器械或者用特殊光源，特别是当需要在反射光线下工作的时候。

平常只要有用于医疗上的双筒放大镜，即所谓皮肤病学上应用的放大镜就够用了。

这种放大镜的好处是在于它能给出足能扩大的倍数——一百六十倍，并且是用两只眼睛，不是像一般的显微镜那样用一只眼睛来进行研究，因此物品的立体状态立刻就能被感觉到。

较精确的鉴别使我们有时必须使用较复杂的方法，因而也就是使用那些要求特殊知识的方法来研究材料的性质。例如，用化学分析的方法。如果没有这种化学分析，物品就常常是我们绝对不能理解的哑物。这主要是指考古学物品而言，因为这种物品不同时用显微镜分析和作化学分析，就常常研究得不够详细，在这里，我们也从实践中举一个例子。

不久以前，在欧利维亚（在第聂伯尔河口的古希腊城市）发掘时，和别的物品一起曾出土了一小块某种粉红色的物质。人们认为这大概可能是一小块上了色的毛毡。可是当把这小块东西在显微镜下研究之后，原来它的构造不像毛毡的构造——显露出的构造不是个别纤维的样式，而是类似丝瓜绵网的植物小枝状的东西。在显微镜下更精确的研究得出了结论说：我们所有的乃是真正希腊海绵。剩下的问题只有说明粉红色了。在一系列反应之后，对颜色所作的化学分析得出了结论说：在我们面前的是所谓古代绛红。这种绛红是从地中海的特种软体动物（murex' Da 学名 mollusca）排出的，并且从每一个软体动物只能得出一小滴这种液体。这种液体先是黄绿色，之后是绿色、蓝色，最后变成绛红色。这种颜色在古代被认为是最美的，并且它有过奇昂的价格。大家所知道的用真正的绛红染上颜色来装饰的物品还只有不大的数量。而现在我们面前的正是用真正绛红染上色的海绵。看来，这块海绵曾在某绛红工厂内作为工具之用。这件文物在这样的分析之后就取得了绝对新的意义，并且在本质上是重新发现了。

由此可见，化学分析的方法同样能规定出材料的本性。

这些例子就证明着材料往往不能够依照外观来确定它。只有在长期的和详细的分析之后才有可能确定它。但是这就发生了一个问题：我们能否从博物馆藏品上取下某一部分来用于分析呢？有时候可能这种取下来一部分去作分析的办法对物品是完全无关紧要的；而在另一些情况下，不论用什么办法取下来一部分都是可怕的；能允许在画上刮下十公分颜料以便用来进行某种分析吗？当然不能，甚至任何人都不能允许拿下十分之一公分的。在这种情形下，必须用高倍显微镜分析的方法。

英国化学家罗力用下面的方法对颜料进行了研究：他在一个针尖上刻上最细小的刻纹而把某一绘画上的颜料到针尖上。当罗力用针来刺的时候，在这刻纹上就留下了显微镜下可以看到的微量颜料，这一点颜料就足够进行分析了。当然，只有极好的专家才能够进行显微镜分析的。

尽管是极少量的颜色，这样分析的精确性能够是极高的；考古工艺学院的试验所所作分析曾达到了百万分之一公分的精确程度。

但是，这还不是研究的精确程度极限，因为还有更精确的方法，特别是物理化学分析和分光镜分析的方法。在一些情况下，X光检查和紫外线检查（析光分析）常能够作出无法估计的贡献。

我们在研究被修复物品的材料并注意到这材料的所有工艺技术上的特性时，我们同时就必须研究应该消灭的那些破坏现象的性质。这些破坏现象可能由于空气中氧气、水、温度的一般性作用而发生，或可能由于物品在某种环境下的特殊生活条件所引起：在空气的大气里，在水里或者在地下。

也必须注意到几千年来埋藏在潮湿的地下的物品。由于它的周围条件的变化而发生的那些特殊后果。环境的变化能剧烈地破坏物品所习以为常的那些既成条件。应当采取一切办法，使条件的变化不致造成物品的毁亡。这就使进行发掘的科学工作者，或者从几世纪来不变的条件的古代建筑物中把物品迁移到博物馆来的科学工作者负起极其重大的责任。所有这些无穷无尽的"必须如何"、"应当如何"是很重要的事情，在修复工作时特别应当严格遵守。下面将叙述到不少冷眼看来是无足轻重的极细微之处，但是如果严肃地对待工作，这些事项却是完全必要的。

第三篇　各种材料制成的纪念文物的保管及修复

第一节　矽酸盐类和大理石

一、石　器

陶土和石的制品统一为一组同类的材料，是因为它们的保管和修复方法几乎是相同的。这是依这些制品的材料的本来性质决定的。但是，这种情况却要求极准确的鉴定；不然的话，我们就会糟踏不少的博物馆文物。

问题在于："石"的概念是包罗着如此多种的材料，以致于我们虽然在实践上似乎也明白"石"是什么，但是我们却不能指定出确切的特征；因此，如果我们想科学地看待关于这种材料的保管与修复的问题，那么就必须确切地断定我们所要修复的究竟是什么样的材料。

下面的几个例子将要说明这个问题。

例如，大家都或多或少地熟悉孔雀石（石绿）。如果把孔雀石和大理石来比较一下，它们的硬度和若干其他特征就多少是相同的，甚至于大理石的色泽有时都像孔雀石的色泽；但是化学成分上它们完全不同。一个是碳酸铜的氧化物，一个是碳酸钙，而且这些石质的其他特性也是不同的。石英或燧石之类的"石"，在特性上和上述的"石"或金钢石的区别之大，使得我们根本不能把它们放在一起比较。

因此，从材料本身看来，"石"的概念是极其不同的，所以就要求更加留意地对待这一材料的本性。我们在实践上必须把两种最主要类型的"石"区分出来：矽素（Silidum）属化合物——矽酸盐类；钙和镁属的天然化合物——石灰石、大理石、石膏、白云石及其他。

矽和氧的化合物（矽 SiO_2）是大量矿石的基本部分，这些矿石包括燧石和石英以至玄武岩、曹灰长石、花岗岩、长石等。

矽土的特点是对酸有非常大的抗性，只有氟酸能溶解它，盐酸能把它变成糊状，但不能溶解它；但是矽土和钾或矽和钠的化合物甚至在水里都能溶解（液体玻璃）。

相反，第二类的"石"（大理石及其他）对于某些酸类是极其敏感的，碳酸和钙、镁的化合物（$CaCO_3$，$MgCO_3$）就是这类的，它们缓慢地在水中溶解。但是如果后者含有在地下水中常有的碳酸，那么溶解就极为活泼。与硫酸根化合的钙（$CaSO_4$）——石膏与前面的钙化物有显著区别，因此在实际工作上又分为另一特别类的"石"。

作普通制品的石工艺技术，是最简单的工艺技术。平常石料不过受到简单的机械加工而已。首先把材料的多余部分简单地凿落下去，以后再琢磨、钻研。平常石头是不用化学方法加工的。

因此，对于石头说来，典型的加工方法只剩下机械加工了。对于这种加工的研究也同样可以用最普通方法——放大镜和显微镜分析的方法。

能够精确鉴定矿物的，当然不是历史学家或者经济学家而是博物学家。为了对材料进行初步鉴定，有下述最简单的化学反应。

对不很致密的石料的主要破坏因素，乃是与湿度结合着的剧烈温度变化。如果石料是多孔的，那么湿气落入孔隙中，在温度减低时它就结冻，水的体积就增大起来，于是石就会胀裂。这种变化我们可以在裸露在大气条件中的石制物品上观察得到。例如，在列宁格勒冬宫对面的广场上的巨大花岗岩石柱，正是因为水的作用造成裂隙而现出许多纹路的；因为水落在石的微小空隙中，在冻结时把它涨裂开了。这种现象在柱子的北面发生得特别显著，显然因为北面是受冻结作用较多的。

伊萨基辅中央学院的许多很壮观的柱子和涅瓦河、风汤卡河沿岸花岗岩的护岸石等，也发生着同样的现象。

在我国（苏联）气候下，石头的这种破坏现象是极其普遍的。在完全属于大陆性气候而寒冷变化得突然和剧烈的地方，除水之外，能起破坏作用的还有温度的变化。因为若干种类的石头具有不同的成分，其构成成分的膨胀系数也是不同的。

此外，对石头起巨大破坏作用的是空气的流动。当空气流动时，风能把大量的细砂吹起，而细砂就能把石的微小部分敲落下来。经常整个石头在风的作用下完全磨光了，这就是所谓的风化。但这也包含着水的冲刷作用。甚至在那些大气条件稳定平静的地方，风也是活泼的破坏因素，而在风大的国家里，例如在中央亚细亚的国家里，风化作用进行得非常迅速。

在较温和的空气条件下，最容易遭受灾害的是第二类的石制品，即带 CO_3 的钙化物（大理石、白云石）的制品，因为它们比矽酸盐类更易受水的冻结作用。遗憾的是，它们又更易受若干化学因素的作用。属于这些化学因素的，首先是亚硫酐气体。这种气体是因工厂、工场、轮船等锅炉燃烧块煤而大量的渗入工业城市的空气中的。这种亚硫酐气体和大气中水气化合就得出硫酸，于是就能起化学的变化作用使碳酸化合物受到破坏。因此，在这种情形下我们就看到大理石的破坏、石灰石建筑物（灰泥）等的破坏。

在这时候，碳酸钙变成了石膏，结晶化了，并且机械地破坏着表层，或者碳酸钙被水逐渐冲刷着。

第三类化合物（即石膏、透明石膏及其他）根本是不坚固的化合物，它们的硬度不大，主要用在制作小件物品上。

对于这一类的化合物，我们能看到它们受到极其多种的机械的和化学的损害。石头如果在地下，那么它就能够遭受另一种作用。原因是，地下水总能含有某种溶解盐，最常见的是氯化钠盐类。盐溶液渗入石内，特别是渗入孔隙多的石内，就会使它像海绵似地饱和起来；如果把这类浸满盐溶液的石放到相对干燥的条件下，那么水就开始迅速蒸发，从溶液内将分离出溶解盐的结晶；如果石质不是坚实的，在这时候它就会裂开。有时变化进行得那么剧烈，以致能使石头变成粉末，即使这种变化有时进行得不是那么显著，但是它所起的破坏作用却是最本质的，这些变化往往要到博物馆内，即在干燥的地方才暴露出来。有时在石制品的表面出现了白色薄层，这些薄层是由结晶形成的，这种结晶常常是相当大的。

溶解在水里的盐类，其种类可能是极复杂的：其中有一些是极易溶解的，有些却是很难溶解或者几乎是不能溶解的。那些易于溶解的盐类中，首先应当指出食盐，即氯化钠，它是几乎所有各种地下水污浊的主要因素。如果博物馆中空气是干燥的，这种氯化钠由于迅速地从水中分离出来，就会形成结晶；但如果在博物馆室内有很大的湿度，那么就又发生氯化钠的溶解，食盐就又浸入石制品的内部去，在干燥时就发生新的结晶作用等。

　　这些重复性的干燥和溶解过程，在博物馆的环境下就是主要的破坏因素。因此，我们平常首先要尽力排除氯化钠。第一，是因为它是最普遍存在的溶解盐的代表，而第二，是因为如果我们把氯化钠排除出去，那么另外一些可溶性盐类也能同样和氯化钠同时被排除出去。这里所说另外一些可溶性盐类就是：氯化钾、氯化锰、氯化钙、碳酸钠与碳酸钾等。

　　不可溶性的或难溶解的盐类，有极少量溶解在地下水中；但是，如果某种物品在地下曾埋藏几百年和几千年，那么无论如何，即使水中含有少量的这种难溶解的盐类，它也就会大量地积累起来的。因此，有时物品竟被这些盐类从里到外浸透，或者在物品的表面上结上厚厚的盐壳。我们最常遇见的是碳酸钙和硫酸钙的积层，即垩土和带砂、带粘土小块的石膏等的积层。

　　对从地下获得的物品所必须做的最要紧的事就是把可溶性盐类洗涤与排出去。这种过程，我们叫作浸灰取碱①作用过程，它是用或多或少较长时间在水中浸洗的方法来进行这一化学作用过程的。

　　从而，某种石质物品，我们估计在其中有某种盐类存在的话，那么必须首先把它好好地加以涮洗。为了这个目的，常常把它放到普通的水里；但是这水不应当是过硬的。我们每天换水，就能一天天地把氯化钠及其可溶性盐类从石制品内涮洗出去。对于氯化盐类的比例进行检查是极端必要的。这种检查是用百分之一点五至百分之二的硝酸银稀薄溶液（$AgNO_3$）②来进行的。

　　硝酸银遇到食盐或遇到其他含氯的化合物，就得出氯化银的白色沉淀。

　　所以如果在水里即使有少量的氯，我们也会得到白色浑浊物——后来就成为白色沉淀。有这种沉淀就证明还有氯存在，盐类还没有彻底涤清。只能允许有极微量的氯存在；不然的话，物品就要毁掉。

　　对那些坚硬的石类（如花岗岩、玄武岩、燧石），是不能用这种清洗方法的，因为水不能渗到这些石类内部去。在硬石上可能有由不可溶性盐类形成的薄层和表面的壳。

　　为了达到洗净的目的而把东西放在水里，常常是危险的。在这些场合下应当把物品用普通药用绷带缠上，或者在物品上涂抹可以让水渗透的某种加固物质，例如精制胶的薄膜或溶于丙酮（2%）中的赛璐璐膜。在这样保护下，浸灰取碱作用进行得相当缓慢，但是仍能够达到目的。

　　洗除盐类的另一方法是把盐弄到物品表面来。做法是：把滤过纸，撕成小碎块并放在有水的试验管里，之后把试验管好好震荡，得出稀释的软质物，把这软质物涂一薄层在某件物品上。这时，就会发生和把物品放在水中所发生的现象完全不同的现象：在水中发生着缓慢的扩散作用，而在该场合下，假如你把纸浆涂在物品上并且让纸浆干燥时，那么你就利用了另一种特性，即溶液的毛细管吸出作用。液体和盐类将从深处升到蒸发表面来。当纸干燥时，盐就在纸的表面上结晶出来。我们如细心地把纸当其干燥后揭下，那么我们同时就排除掉了一部分盐，这种作业手续往往要重复若干次。为了检查，你应当把揭下来的纸放到盛有蒸馏水的杯子内，用硝酸银来试验氯。

　　一切清洗手续都要慢慢地进行，在这里急躁能够使工作的一切结果弄毁。应当记住：在修复工作中，缓慢的、谨慎的工作乃是成功的关键。

　　斯考特在不列颠博物馆试验所里，在四个月到六个月，甚至用了更多的时间，只洗出了若干个物品。

　　可能还有更精细的加工方法，但是所讲过的就够了，特别是如果在自己工作中进行得很细心和周密的时候。

---

　　①　旧同"碱"，下同。

　　②　即十分之一的定量溶液 1/10N Ag——107.880 N——14.008 O_3——48.000，这种溶液在一公升水中就含有 169.888，简单说即含有一百七十克，即约百分之二。——原文注

不易溶于水的盐类中最常见的是碳酸钙、碳酸锰，或者硫酸钙。使它们从矽酸盐石上排出，一部分是用机械的方法排出来，另一部分（即石灰石类）是用盐酸的稀薄溶液（1.5%～2%）排出来。用盐酸之后必须细心地加以涮洗。从脆弱的石类（石灰石及其他）上施行这种排除手续时，应当极谨慎的进行，以便使盐酸不致把物品本身都溶化了。

常常有必要把正在粉碎下来或裂开来的石加固起来。第一种加固方法是用不溶解油脂浸润。最可靠的办法是用石蜡。用最不易溶解的石蜡，加热一百二十五度使它融化，或者将石蜡溶解在二甲苯油或甲苯油中，把烧热到一百二十五度的物品——即把其中不再有水的物品置入石蜡中。物品必须放在石蜡内一直到不再冒气泡为止。如果在作完这些以后把物品从石蜡中取出并让它很好地干燥时，物品就会有带油脂的、不漂亮的表层。这种多余的油脂，可以用轻微的加热予以排除，或者用棉或麻布制成的物品除去石蜡。

第二种方法是用某种树脂漆，特别是席拉克树脂（席拉克树学名是 Gummi Lacca，它是制假漆的原料。——译注）。把席拉克树脂溶于纯酒精内。平常百分之二的溶液就足够使用。要在这种树脂的溶液中把物品一直放到不冒气泡为止。结果可以得出相当持久的加固效果。但是，遗憾的是这种利用树脂的加固能得出不好看的和不必要的光泽。

第三种方法是用胶糊的方法。所有种类的胶糊中最适于加固的是精制胶（俄：Жепетин；英：Sela-tine。——译注）。

用百分之二至百分之五的精制胶溶液。这种溶液的制法是：量出必要量的精制胶以及相应量的水，把精制胶浸在这水中使胶完全变软，之后在盛着水的杯子上很好地挤出汁来，而以后把这水热到温度六十度到八十度之后，就一点点往水里投入浸软了的精制胶。物品常常就置入在这种溶液中，并且完全像用石蜡加固时的方法一样，一直把物品放到停止冒气泡时为止。

尽可能使溶液渗入得更深是很重要的。为此，必须使物品事先很好地干燥，假如它是温热的就更好。溶液当然必须是热的。

当气泡不再冒出时，就要把物品拿出来并使之干燥。平常单单这样的手续就足够使物品的所有部分都牢牢地粘结在一起了，在很少的情形下这种加固才需要重复。在胶糊还没有干固之前，胶糊的多余部分要用抹布擦掉。

但是，不能局限于这种办法。因为精制胶和所有胶糊一样，是易于遭受微生物侵袭的，因此使用精制胶我们就能够把石变成了发展微生物群落的活动地盘。这就需要事先采取办法，以便让精制胶变成微生物不可侵蚀的食物。为此，常常使蚁醛作用于已被加固的物品。把蚁醛（百分之四十的溶液，药房卖现成的，即弗尔马林①）注入杯子里、小盘里或放在吸水纸上；如果只让纸微微潮湿，有一茶匙就够了。用纸把物品包缠上并放在玻璃罩下，玻璃罩要放在一块板上，最好放在玻璃上，周围用粘土封好。把物品放在罩下，一直到第二天。应当在外面（在空气中）把罩取下，让物品通通风。这样加工的结果，精制胶就变为不溶于水以及不为微生物侵蚀的物质了。

可以用另一种涂制液来代替高价的蚁醛，这种涂制液就是白色明矾。明矾的用量是精制胶用量的百分之零点五，把这些明矾在使用胶糊溶液前放在胶糊溶液里去：带有明矾的胶糊溶液不可再用于第二次工作上。明矾应事先溶解于少量的热水中。我有一套藏品，它们几乎是在将近二十年前用精制胶加固的，而到现在还没有任何破坏的迹象，并且色彩绝对不受损害，没留下一点这种浸渍的痕迹，也没有遗

---

① 现多称"福尔马林"。

有光泽等。

第四种加固的方法，这就是用纤维素制品加固的方法（纤维素：俄：пеллулоза；英：Sellulose。——译注）。纤维素是一切植物性纺织物的基干（骨骼）的细胞质。从棉制粗布所浸渍的最清洁的水中，用最简单的方法就可以得到纤维素。我们在博物馆工作的普通条件下当然，不能够自己得到纤维素的溶液，因此我们应当用现成的纤维素制品。有各种各类的纤维素既成制品，最普通的和最可用的，就是醋酸电影胶片。电影胶片，是纤维素制品之一（醋酸纤维素），它的特点是具有不易燃烧或几乎完全不燃烧的优点。若干纤维素制品是极易燃烧并且甚至于是能爆炸的，用硝酸所制造的纤维素就是这样的（硝化纤维素等）。

首先应当把电影胶片上的相底膜除掉，为此要拿百分之五的普通苏打（即食用苏打）的溶液，在这溶液中把胶片煮沸，然后就把它在普通水中洗涮，把碱与盐的饱和液洗掉。得出来的是完全透明的洁净胶片，这种胶片可以在醋酸中溶解。作出百分之二或百分之三的溶液，用这种溶液浸渍物品；用把物品压置于溶液内的方法、或者用刷笔涂抹的方法。

当不能把物品压置于某种加固剂中的那些情形下，就用刷笔把这种加固剂涂抹在上面。当然，一切用刷笔涂抹的方法比起简单的压置在溶液中的办法都是极其麻烦的，但是脆弱易碎的物品只有使用刷笔涂抹加固剂的加固方法。席拉克及纤维素的溶液，可以用刷笔和喷雾器来涂抹。

我们常常需要进行把石制物品粘结在一起的工作。

在商店中贩卖的、称之为办公用胶糊，甚至于称之为阿拉伯胶水或者鳔胶之类的胶糊，是完全不同于真正的阿拉伯胶水和鳔胶的，乃是对许多物质都起有害作用的液体玻璃，一般地在博物馆中是根本不允许用这种胶糊的。廉价的纤维素制品是贩卖得很普遍的。属于这些制品的有：长枪牌、大力士牌、杰作牌及其他各种杂牌的胶糊。所有这些没有表示出化学成分的商品胶糊，在博物馆中是不能使用的；它们极不可靠，因为它们能形成一种易从坚硬的、特别是易从平滑的表面上脱落掉的薄膜，这就常能使粘接到一起的物品突然碎裂。

粘结小的石质物品可以用浸在醋（水中含百分之七至百分之八的醋酸）中的精制胶百分之二十五的溶液。

对于更大的物品则要用松明脂（提琴用的精制树脂）和蜡制的涂料，而它们用量的比率要看被粘结物件碎块的坚实程度和耐久程度来决定。一般的规则：物体材料越脆弱、物体重量越小，那么涂料也可以越软。处方：对于软的和中等的材料是：蜡——两份，松明脂——一份。先在温火上烤蜡，之后一点点地把捣碎了的松明脂撒上；为了使碎块或软质物品临时附着在一起，就要加上一些加热溶化了的猪油——多少不拘。

对于坚硬的物体及镶花嵌石工艺品：蜡——一份、松明脂——一份。第一种情形和第二种情形下，涂料要烤温了，物品也要烤温了，才能工作。当涂料冷却时，就要用熨斗把它烤温。

对于很坚硬的和较重的物体：第一种涂料——三份（但不要猪油），筛好的纯雪花石膏——一份。

对于需要预防触动和震荡的极少的条件下：蜡——四份，松明脂——两份，白色君士坦丁玛瑉脂——一份，虫胶——一份，这些组成部分逐渐调入溶解了的蜡里。涂剂要经常储备起来，用的时候要在加热状态下使用。

如果需要粘接大的大理石制物，就应当用洋灰。洋灰中最好的是可用在大理石技术工作的那种镁质洋灰。

有另一些用蛋白质物质（如：酪素、蛋类蛋白及其他）制成的很耐久的优良涂剂。酪素就是与水和脂肪在一起能形成乳剂的那种坚实部分。如果乳受到发酸作用，上面就分离出脂肪，下面就得出水和白色沉淀，即所谓凝乳。凝乳需要很好地把脂肪除掉，并且在三十度的温度下使之干燥。如果温度高些，凝乳易于过干，而如果低些——它就不会全部干燥好，并容易腐坏。干燥结果就能够得出很大的颗粒；要把大粒弄碎；如果精细地涮洗、干燥，就会得出可溶于氢氧化铵（阿摩尼亚水）的优等酪素胶糊。

如果把这种凝乳与水和石灰揉和到一起，就得出绝对耐久的极坚硬的涂剂。但是很明显，这种对极坚硬材料用来虽是极好的坚硬涂剂，对于脆弱物品却是危险的。

可用另种蛋白物质来代替凝乳，这就是和生石灰混在一起的蛋白。这可得出一种也具有很大耐久性、比酪素和生石灰更软的涂剂。如果用生石灰，硬化起来是相当慢，但却是可靠的。这种涂剂能用于一切陶片的粘接涂抹上。

为了粘结，要把需要粘在一起的那些部分干燥，并稍稍使之烤热，迅速地把涂剂抹上，把碎片粘在一起，并且把它们牢靠地捆上。如果没把蛋白逐渐冷却的时间错过的话，这种附着将是极其耐久的；因为石灰马上就能开始把蛋白凝结，因而应当用不多的分量来涂抹这种涂料，并且不要储备更多。为了使涂剂不把极脆的材料弄裂，在这种涂料中要放进某种中性充填物，如烧过的砖粉或大理石粉之类。

对于由盐类而碱化得很好的石制物品的保存，就在于使它们不有多余的湿度，假如它们是用精制胶粘结在一起的时候。必须记住：对于大理石和石灰石，亚硫酸气体和碳酸是极危险的，因此这些材料制成的贵重纪念物，在大城市里放在露天地上就往往能够受到严重的损害。为了预防这一点，这些纪念物可以用漂白蜡的薄层加工；这一工作要求有经验的大理石工或修复专家来参加。

大理石像的个别巨大部分往一起镶接时，同样要有经验的大理石工来参加，因为在这时候必须在大理石内嵌入铜质蕊（即铜筋骨）。

大理石的洗涤，可以用中性肥皂（儿童用肥皂）泡沫来进行，之后再很好地把肥皂的轻微痕迹洗掉。这痕迹可以用触觉鉴别出来。代替中性肥皂，可以拿百分之二的苛性苏打（腐蚀性苏打）溶液；但不可用碳酸制的食用苏打，因为它能溶解大理石。因为所有肥皂，甚至于中性肥皂，都因加水分解作用而在水中能游离出苛性苏打来，所以耽心使用纯苛性苏打是没有根据的。极讨厌的是任何种油脂对大理石都起作用，因为这些油脂在大理石上形成难看的、不溶于水（而溶于碳酸）的、石灰肥皂的油脂薄膜，为了既避免用苛性苏打，又避免用肥皂，洗大理石时可用肥皂根熬成的浓汁（Saponaria officinals）及其他或用百分之二的硼酸溶液，还可用氢氧化铵的稀溶液（百分之五至百分之十）。

二、陶器

陶器，在许多特性上它接近于石，因为它的化学成分的一部分是由矽土（SiO_3）和粘土化合而成的，即是和氧化铝（Al_2O_3）与水（H_2O）相化合的。

在许多关于石类物品中所讲到的办法，在讲陶器时也能重复到。它们的基本差别就在于陶器乃是人工构成的产品，而不是现成的自然材料。这就是说，问题是在于制造它时的某些工艺学上的特点，而不在于材料的性质。

这些工艺学上的特点就是：在制陶器所用的粘土中，含有在化学上结晶在一起了的水（H_2O），即含有的不是那种随着干燥就蒸发出去的那种吸湿性水，而是含有构成该化学物质所固有的水；高温可以使这种水排出去，但是粘土也就会因之丧失其造型性，丧失了与水可作成柔韧泥团的性质。这种固有水离开粘土时，粘土的性质就变成陶质，再不能在水中因湿润而涨大，也不能保持一定形状了。

因为各种自然粘土的特性不同，要求排除固有水所必须的温度也不同，又因为人类的制造性本身就可以制造出各种各样的陶器并且对这些种类的陶器可以用各种不同的温度使它来达到某固定的效果，因此能够制造出要求这种或那种温度，有时甚至于要求高温的、种类极其繁多的陶器。在最低级的粘土中，温度达到一百八十度时固有水就会排除出来；对于制造中等陶器的粘土，其烧成为陶器需要的温度大约是四百五十度到五百度；而对于瓷器则要求高于一千一百度、一千二百度，到一千四百度、一千五百度。这就是说，因为温度的巨大差别而得出来种类不同的各式陶器——从普通的直到耐火瓷器——所有这些都称为陶质器物，但是它们在特性上是极其不同的。陶器越致密，它就越接近于自然的矽酸盐类，并且在保管上使人耽心程度也越小、越能恒久不变。瓷器按其耐久性来说，几乎不亚于玄武岩，但是没烧好的新石器时代的陶器有时在地里常常完全破坏。有些粘土制品是完全没烧过的，只是干燥过的——如：土坯、巴比仑①时代的泥版、在其技术上还没有达到烧粘土的程度的原始民族的制品（例如西伯利亚丘吉其族等古游牧民族的制品）；为了使这些制品能够不透水，有时涂上脂油、松脂、浆糊；但这种浸涂剂大部分都极不可靠；当放在水中的时候，这种粘土制成的物品就会散碎开来了。

这样，对陶器所进行的一切工作说来，极端重要的乃是断定它的火候。最简单的办法就是从声音上来判断（陶器烧得敲起来越好，在敲它的时候声音就越响），或者从它吸着能力上觉察出来：如果用舌尖触及烧得正常的陶片，会觉出似乎往上吸着，没烧好的粘土是不能产生这样现象的。这个特性，在以极高温度烧成的器片上（瓷器、仿石器皿 Terra Sigillata）是不存在的，但是这类器片敲起来很响并且很坚硬。

陶器上常常附有各种琉璃和色彩，它们也和陶器材料本身同样是坚实的。它们或者和材料一起烧制上，或者是在经过主要火烧之后再烧制上去。陶器的装饰可能有极其多的种类，从机械地涂抹上的水色、胶色、油色开始，一直到使用一些主要是由金属氧化物制成的耐火颜料。

此外，在陶器的外表常挂有一层东西。在火烧时，这表层上所涂的物质能和陶器极其耐久地结合在一起。闪光的表层叫做琉璃，它们在化学成分上常常近似玻璃。琉璃总是很好地附着于带有它的陶片上。如果陶片在加热时有着一个膨胀系数，而琉璃有另一个膨胀系数，那么它们在加热时就要裂开，并且琉璃要脱离下来。琉璃除装饰之外，是保护陶片使之避免液体渗入的。

使陶土制品遭损坏的一些原因基本上是与损坏石制品的原因相同的。这些原因就是：严寒、水、各种盐类溶液的浸润及其他。

处理陶器的一般事项与处理石制品相仿，首先应当把陶器洗涤，以后再进行加固、粘结。

陶器和石制物品的区别就在于：虽然陶器与硝酸盐类石制器物的化学基础都是矽土，但是陶器只有在很好地烧过之后才有足够耐久的防水性。

因此，在使陶器受到某些与水有关的处理之前，必须要确定它耐水的程度：把一滴水滴在陶片上，稍等一会，用普通木杆的火柴来试试湿了的地方。如果陶片仍让火柴燃烧下去，那么陶器就是没有烧好了的、不能用水来浸湿的；如果对它还产生怀疑的话，那么应当把这种试验重复作三、四回。对没有烧好的陶器只能进行加固。

另一特点也是根据陶器工艺的性质出发的：虽然陶器的成分也是矽酸盐，但是与矽、石英等的区别乃是陶器十分多孔，因而它在其内部就集聚着盐类的积层。可溶盐类用一般的咸化作用和反复检查氯的方法可以排除出去。要看陶片的耐久程度，才能决定可以把它直接放在水里还是把它用纱布绷带缠好，或者用湿纸浆涂在它的上面。质地极不坚牢的陶片不用水来咸化，而是用稀释了的木醇酒精（百分之七

---

① 现多称"巴比伦"。

十五至百分之八十）。不溶解的硬皮和沉淀积层常常是由碳酸钙或石膏形成，再或是由矽土或粘土等形成的。第一种（碳酸钙）可以用下面的方法检查出来：一滴溶于水的盐酸（百分之二至百分之五，把平常有百分之四十的纯度的商品盐酸溶解而得）就能使之发出咝咝声。这样的硬皮可以用来浸渍在这种酸的稀溶液中（不得浓于商品盐酸的百分之五），把它用草刷子刷洗下去。此后，必须进行完全咸化以便把全部氯气都排除出去。硫酸石膏的沉淀物既然结晶化了，那么在博物馆的情况下就再也不能变化了。盐酸不能引起其中发出咝咝响声。在轻微加热下（一百八十度至二百度以内），石膏硬皮渐渐变成粉状物而易于用刷子弄掉。不断的加热以及机械的刷洗能够使这些沉淀物脱离物品。

矽土沉淀物以及被矽土变成了水泥（士敏土）的粘土的沉淀物不能受盐酸的作用也不能受文火的加热。这些沉淀物在博物馆的情况下也不起变化，因此在保存时不会受到损害的。

除了上述的精制胶糊、蛋白及酪素涂剂可用来粘结陶器之外，石膏与浓的木工胶糊合成的涂剂也很适用。这种涂剂变固得不快，但是事先把它准备出来以便用于整个工作过程是不可以的。

在粘接的陶器物品中没粘及到的地方用普通石膏（二份石膏加上一份水）充填，或者用水释了的石膏和淀粉糊精制成的涂剂（百分之十的淀粉糊精水溶纸在温水中溶化）来充填。在需要充填的空白地方下面填进蜡制、普通粘土制的小片，甚至于只填进致密的纸。当石膏微微发固（过十分钟到十五分钟）时，可以把底垫除下去让石膏自由固着。如果留下白色缝合痕迹和充填石膏的裂隙不很美观，那么可以用蛋白石灰（稍加些水）涂剂轻轻涂盖上。在这种蛋白石灰涂剂中作为充填物加入了砖粉或干燥矿物色（沥青制的赤褐色染料普鲁士红、氧化锰或氧化铁制的浓褐色染料等）。

陶器的加固，完全是重复着对于石制器物加工的方法，而在这里能得出最好结果的乃是：百分之二至百分之五的精制胶溶液和在弗尔马林蒸气中不断的加工。

三、玻璃

纯石英矽（即几乎是纯矽土）在极高的温度下（约一千七百度）可以溶化，和苏打或钾灰混拌在一起的矽土（或者与硫钠盐和炭混在一起的矽土）熔化得极为迅速（约在九百度），在冷却时，就得出透明的、几乎是无色的、无定形的物体，这种物体称为玻璃。

这种玻璃（即这种钠与钾的矽酸盐类）很易被酸类分解而形成含水的糊状溶液，由此就能得到所谓液体玻璃。为了使玻璃耐酸和耐水，在石英砂与熔剂的混和原料中加上石灰，这样就制成我们大家那熟悉的普通玻璃。可以用铅的氧化物代替钠和钾放到石英砂与熔剂的混和原料中，这样就得出来沉重的、非常透明的、折光率很大的水晶玻璃。玻璃和水晶玻璃能够注入模子里，能够吹制成物品，能够在机床上研磨加工、钻制加工以及使之发光泽。把某些有色的金属氧化物掺在石英砂与熔剂的混和原料中，就能把玻璃装饰成为带多种多样色彩的。例如，铁能得出微绿色、褐色、浓绿色；加上锰——得黑色；铀——黄绿色和黑色；铜——得出绿色、蓝色直到红色的、极其富丽的均匀色调，即金黄、红玉色；钴——强烈的蓝色；锰——紫色等等。

玻璃不受光的损害，平稳的温度变化（但不能高于熔点）、霉类及细菌都不能使玻璃受到损害。如果玻璃中有许多碱，像古代玻璃经常有硷的情况，那样玻璃在水的不断作用下能够把硷从玻璃中硷化出来；氢氧化铵、硫酸和碳酸之类都是可使空气及水污染的物质，在它们的共同作用下，上述的硷化作用就能剧烈增大。因此，在马厩、厕所、垃圾场、工场区等处的玻璃，就常常盖有虹色的或微白色的薄层——这是光在玻璃表层上的屈折；我们在它的表面上充填上水、油、漆、加拿大香脂（译注：一种树脂，这种树的学名是 Abies balsamea），就能得出这种放虹色的色泽闪变现象（"铱化"）。这种情况在发掘出来的古代玻璃上是常可以见到的。这种玻璃往往给人令人赞美的印象，但其实这并非它的原貌。这种情况偏偏常认作是古代玻璃制品的本来面目而为那些温情主义的博物馆学者们用心周到地保护着。

防止古代玻璃发白和铱化可用下面两种方法之一：一、用极困难的灼热方法来恢复失去了的表层（这方法是公元一世纪时罗马作家普利尼提倡的），即是用稀释了的硫酸（百分之一，注意处理）洗涮，使多余的表层中和的方法；二、用极普通的办法：用画家画图画时所用的乳香涂在玻璃表面上。为了使它涂在表面后不致损坏表面的性质，可以把它用包有棉花的布团蘸上松节油轻轻擦去。这种方法能大大地使玻璃加固，并能恢复它的本来面目。用熔化了的加拿大香脂来充填间层本来是更好，但是这样热处理要求有极大的经验；把溶在苯中的干燥加拿大香脂溶液导进去较为简单，在真空中则特别好。

在博物馆中最常接触到的破坏情况是普通机械的打碎、折破。因此，主要的工作也就是把打碎了的玻璃粘在一起，如同上面所讲到的对石制物品及陶器的粘接一样，精制胶糊是最好的粘接物。为了使这种胶糊不受潮湿损害，不用加添明矾，也不用把粘连在一起的物品放在蚁醛蒸气中，而用重铬酸钾把胶精鞣制（泡制）过。用二铬酸钾的千分之一到千分之二的溶液，开始粘连以前把这溶液的若干滴注入浆糊内很快地搅拌（应得出微带黄色的浆糊），用它把碎块粘在一起。要在相粘连的两方破片上轻轻涂抹。在轻轻的压力下能使它很快粘到一起，并且粘得很结实，只能在粘后最初几分钟内才能把粘到一起的地方在热水中化开。粘连之后，物品要放在光线下，胶糊逐渐发暗到几乎成黑色，于是就变成不溶于水的了。因此，以后再有任何破坏物也不能把这些相粘连的地方分开。

如果涂在粘接地方的浆糊是很薄一层，是涂在双方破片上，并且把破片挤得很好，结果多余的浆糊就从粘接的地方被压出来，而可以用小刀在它还没变硬的情况下弄掉，这样粘连的地方几乎看不出来，而且在有色玻璃上就完全看不出来。如果不愿粘接的地方有黑色的时候，那么就可以用酪素涂剂。在这些场合下，一切杂牌的胶糊以及纤维素制品都绝对不适用，因为它们以后会起从玻璃上脱落下的薄膜。

四、珐琅

珐琅——这是着了色的铅玻璃，即水晶玻璃。白色的完全不透明的珐琅，是在原料与溶剂的混和原料中加入锡的白色氧化物而得出来的。珐琅作为粉状放在金属的、绝对清洁的表面上，而在这表面上用焊灯使它溶化。关于玻璃所谈到的一切，对于珐琅也可以适用的。

珐琅的主要损害普通是它的部分或全部脱离了金属胎。这种现象的发生或是因为把珐琅涂在金属上的方法不正确，或者常常是由于被碰击、金属胎的起皱、胎子的破坏等。

如果金属胎子已很不成样子，那么珐琅的复原是极困难的，因为既要求把金属形状弄好，又要求保存珐琅。这种工作只有珐琅工匠才能完成——不过这也是在极少的情形下。在较为容易的情形下，用乳香漆或酪素涂剂就可以使珐琅的碎片很好地安置在原位上。溶在醋中的精制胶糊在这里是不适用的，因为铜的或银的胎子，特别是铁的胎子，能被醋氧化而得出氧化物的间层，这种间层又能使珐琅和胎子分离。在修复巨大物品以及在有必要用极牢的焊接剂时，可以使用粘接石制物品的第一号涂剂或第二号涂剂。

发掘出来的物品上的珐琅几乎总是带有像古代玻璃所具有的那种典型的损害痕迹，如发白、发生裂壳，甚至于材料大块的脱落。有时珐琅粉化而变成粗糙的碎粉。这种现象主要常发生在铜制物品上。在这时，珐琅受着损害的同时，还与铜的氧化物混淆在一起而完全改变了自己颜色。由于在这时不能用碱性洗槽（普通洗槽或含锌的洗槽）——因为这些洗槽对于珐琅本身是起作用的（参考关于铜的一章——原注），所以只有用弱酸洗槽。在我的实践中，用蚁酸（百分之十）和有一次用硫酸（百分之十加上一比一甘油）加上锌都得出良好的结果。后者作用过程必须要求很大的责任心和精密的中和作用。

已粉化成粉末状的古代珐琅的加固，和相同状况下玻璃上的多色装饰的加固相同，最简单的方法是用精制胶（百分之二）加固和不断地用蚁醛来加工，而对最美丽的要用加拿大香脂在苯中的（百分之十）溶液，因为加拿大香脂所具有的光线屈折系数几乎等于铅玻璃的光线屈折系数。

第二节 金 属

一、铜和铜的合金

金属中，铜是属于人类所掌握得最早的金属，在这点上，大约只有金才能够与之相抗衡。所以如此决定于下面两种情况：第一，在自然生成的情况下能够找到铜，虽然这样的铜较少；第二，铜矿有极鲜明的外貌特征，极易辨别出来，这种铜矿如：外面就覆有碎小的与较大结晶，而色彩和光泽与金相仿的硫铜黄铁矿，以及最便于加工的具有美丽的绿色或蓝色的碳酸铜矿。此外，由于铜的特性，在任何时代（从早期新石器时代直到现在为止）它都经常被用来制造各种制品，因为它具有可被最广泛利用的优秀工艺技术上的特点。

应当在制品中分别出纯铜和铜的合金。这在外貌上并不是什么时候都可以确定出来的，而在修复工作上这又是非常重要的。

纯铜——是富于展性、延性的微红色金属，比重8.9，熔点温度一千零八十三度。在极长的时期中，在制出的成品中根本不能见到纯铜。我们所知道的那些早期时代的物品是和各种自然污染物和混合物混在一起的铜，可能遇到的这些混合物是：铁、铅、锌，甚至有金和银。总之，我们所有的不是纯铜，乃是非生产制造的合金，即人们由于不会从矿中得出纯铜的情况下而制成的合金。在现代工业中，纯铜可以用对铜矿本身进行严格的选择以及用特别精密的电解的方法得出。电解铜的纯度是百分之九十九，甚至更高。

对我所说的这一切必须要注意，因为在铜内所发生的某些作用过程就说明在一些制品中铜是不纯的。

除那些自然的或者非生产制造的合金外，还广泛地使用着按计划制成的合金；其中主要的是与锡、锌的合金，其次，还有和铅的合金。铜与锡的合金叫做青铜，与锌（百分之三十二以内）的合金叫做黄铜，与铅的合金叫做黑青铜（紫铜）。最后的一种合金内永远是含有锡的。我们所谈的不涉及到铜与铝以及锰的合金，因为由这些合金制成的物品是属于最近年代的事，并且只有特种博物馆中——工业技术博物馆或军事博物馆中才会有这种合金。

掺入青铜中的锡的数量是很不同的，有时有微少的含量——百分之二、三，而有时含量达到很高的百分数——达到百分之二十到百分之二十二。掺入锡的基本原因是加大硬度。因为纯铜是相当柔软并易于朽坏，因而不便于做工具的。铜和锡合金制成的青铜就获得相当大的硬度并很不易曲折。

大量加入锌（到达百分之三十二）就大大地改变了金属的色彩以及它的其他性质。大量加入锌是为了使价格低廉，并为了使之具有某些特性；这些性质与其说是具有市场意义，莫如说具有工艺技术或者艺术上的意义。加入铅，一般是用来做成例如需要黑色的特殊青铜。这样的青铜——就是中国青铜。在东方——在中国或日本——有目的地加入金和银是为了得出具有特别氧化性质的青铜。这种青铜的表面氧化所发生的结果，不得出绛红色就得出珍珠灰色。这样做是为了艺术的目的。

现在，我们所知道铜不是铸的，就是压延的，很少是锻造的。但是更早期的制造方法当然不是铸造，也不是压延，而是锻造的。对于手中将要遇到早期青铜时代物品的人说来，了解这一点是很重要的。锻造本身在青铜制品的寿命中就能决定它某些现象。

我们现在所知道的最早的铜制物品一般都是用自然生成的铜制成的，即用在自然界中极难遇到，但是总会找到的那种纯铜制成的。这种自然生成的铜有很大的韧性和可锻性，它是用不加热或（稍后的一些年代中）加热而被锻成物品的。更晚近一些，就能从矿中熔炼出铜来了。

先铸后锻的制品是很常见的。由于有这样制造过程的是文物，所以必须确定这种工作究竟是怎样进行的。到现在为止，考古学家可以用"从纹理上"来确定的办法，但是这种断定是绝对不能过分要求精确性和客观性的。我们现在有优良的研究方法，这种方法使我们能够完全精确地断定出关于某些制品究竟是使用的何种方法，并且把它记载在摄影版上——这就是所谓金相学。金相学的研究方法就是：取出少量我们所需要知道的金属用做试验，把这个金属切片磨薄磨平稍稍腐蚀一下，于是在显微镜下就显出金属构造的全部情景。铸铜有着独具的构造，表现为不规则的结晶形，带有纹理明显的接合线；在锻的时候，结晶构造就破坏了，因为结晶被打平了，而结晶的接合线也就具有了平行于曾进行锻过的平面的沟纹。金相学的研究方法在显微镜下展示了这种情景，显微镜摄影能够把这种情景记录下来。

铜在空气中氧化得相当慢，开始得到的是红色的一氧化物，以后是黑色的氧化物 Cu_2O、CuO。

但是，因为空气中总是有着污染物，首先是二氧化碳，所以平常很少遇见纯一氧化物和氧化物，极常见的情况是这些化合物和碳酸化合物以及和它们的氢氧化物相混在一起。

大家都熟悉的铜制品上美丽的绿色和碧蓝色积层正是这种碳铜盐类。在一定条件下，如果这些化合物形成得缓慢，那么薄层就具有致密的、平整和闪耀的珐琅质状，这种珐琅质状的薄层完全不改变物品的形状，而这时人们就把它们称之为高贵的古铜绿。如果这些薄层形成得很快，那么这些薄层就呈粉状美观的绿层。致密的碳酸化合物不能使铜制品或铜合金的制品上发生特别使人耽心的现象。

氯接触到铜，就会对铜起完全不同的作用。氯对于铜是主要的破坏物，而铜和氯的一切化合（$CuCl$，$CuCl_2$）是实际上最常见的一种损害青铜的东西。

如果物品曾在地下，那么因氯而发生的破坏是不可避免的，因为地下水中，虽然在量上是极小但几乎永远是含有食盐（$NaCl$）的而食盐就能积极地作用于纯铜及其合金。在空气中氯的存在是相当常见的，因为植物、各种分解腐败物等都含有氯。在近海的地方，空气中就含有含氯的海水微粒。

这样，铜的制品就常常能够遭受到氯的作用，而铜与氯的化合恰好是极带危害性的，它不仅仅能够在铜制品上形成整片的硬皮，并且还能使全部金属变成剥蚀的碎块。这些化合物中最讨厌的乃是 Атакамит 矿石，它是经常遇见的一种矿石；它的成份是：$CuCl_2 \cdot 3CuO \cdot 3H_2O$，即氯化铜加氧化铜，加上在化学上结晶了的水。

这种最常见的氯化物使铆舶的或青蛔的物品覆上粗糙的硬皮，这硬皮常常具有杂乱的多疙瘩的气泡形状，这当然就能使某些制品剧烈地变成畸形，并能严重地破坏着金属了。

不可忽视：我们有的常常是青铜制品而不是纯铜制品。这就是说，必须注意能与混合物发生的那些各种变化。这些混合物就是：锡、锌、铅。这就大大地使腐蚀表皮的性质变为复杂，同时也使修复工作变得复杂。因为铜比锡易于受到破坏，而铅和锌在古代制品中并不起巨大作用，所以我们必须而且可能把自己的注意集中到铜的破坏作用以及消灭这些破坏作用上。

除了含氯的化合物以及氯化物外，表皮的成分可能还有硫化铜盐类以及他种使断定表皮成份变为复杂的盐类。

研究铜制品或青铜制品必须开始于断定在物品上所结的表皮上是否含氯，根据这点，就能够使用各种不同的加工方法。

用下面的方法来进行断定：用周边磨好了的普通玻璃罩，把它放在磨光玻璃上，在罩下放一碗水，碗上放上铜网，把研究的物品放到网上若干天（从一天到三、四天）。如果在腐蚀层上有含氯的化合物，那么在物品上就出现完全透明和无色的或稍带色的液体水滴；如果化合物中没有氯，就不会有水滴出来。这种现象可以这样来说明：氯化铜可溶于水，并且在罩下饱和着水气的大气中，氯化铜就能吸收水气一直到变成液体溶液为止；碳酸铜、一氧化铜和氧化铜都不生这种现象。这方法是丹麦学者哥本哈根博物馆的保管工作人员罗珍贝尔格指出的。他在铁及青铜的修复工作方面曾工作了多年。这种潮润室因而称之为罗珍贝尔格式潮润室。

如果我们发现了在皮壳上有氯化物，那么就是说排除这些积层是绝对必要的。

因为主要的破坏作用者是氯，又因为氯化铜（而不是含氯的铜）可溶于水，所以自然就要考虑到单纯把物品放在水中的方法，即用硱化的方法把氯排出去。曾经作过这样的试验，但是氯在物品中包含得非常牢固，因为含氯的铜和氯化铜是不溶于水的，单单用硱化的方法是不可能把氯从化合物中排出的，特别是当我们将在列宁格勒的条件下进行这种硱化的时候。而且在这种情形下，我们反将更多地使物品饱和氯，因为自来水管中的水为了消毒有时是要氯化的。

因此，应当拒绝使用单纯的硱化方法。应当用某些更应慎重的方法。这些方法可以是机械的、化学的和电气化学的。

机械的方法就是：因为害怕或者不善于应付化学物质，修复工作者就用手术刀、刮刀、耙子或某种磨研材料——白垩土、砂子、砖、金钢砂、砂纸等来擦洗铜制品。

当然，如果没有关于化学物质的精确概念，在修复时来使用这些化学物质，那是很危险的。但是，如果我们知道金属具有上述的结晶形构造（不管原形未动的，或者杂乱的结晶形），我们从一开始就会怀疑用机械的办法是否能够从物品上把这些长上的皮壳除去。由于在考古工艺学院试验所中对无数物品进行了精确的金相学观察，因此这一点已无条件地使我们相信了它的否定的结果。英国学者杰登司（Gettens）所作的用金相学摄影记载下来的优秀研究也得出上述的结果，那就是纯否定的结果。（R. J. Gettens – La corrosion récidivante des objets anciens en bronze eten cuivre. 《Mouseion》Vol. 35～36, 1936 年）

甚至于当我们得到的似乎完全是纯净的表层的情形下，这还不是说我们把全部粗糙的锈都弄掉了。虽然很遗憾的是这种方法在某些大博物馆中曾被运用过，而现在可不能不特别强调这种方法的全部幼稚性和无根据性了。但是可能发生这样一个问题，即：需要把所有的锈根本除掉呢，还是必须保存其某一部分呢？这里常常是美学、趣味以及好古的问题在反对着修复工作者和历史学家的意图。如果这锈是能够使物品免受其他种破坏作用的高贵珐琅状的古铜锈，当然就没有必要把它揭掉；因为我们一揭掉锈的时候，就可能使物品遭到损害，况且有着像孔雀石般珐琅状绿色的物品的外观又看来极为悦目，并且还带有时间上的一定痕迹——这锈特别能引起许多考古学家的注意。但是这仅仅在下述情况下才可以，即：这种锈真正是高贵的古铜锈，在这珐琅状古铜锈下面没有任何粗糙的锈。如果这种高贵的古铜锈掩盖着粗糙的锈或者掩盖着粉状物（这是常有的），那时候，必须把它弄掉；否则，物品在博物馆的保存条件下就已经注定遭受到逐渐破坏的命运了，甚至于这种珐琅状的古铜锈也会保不住了。如果这并不是珐琅状的古铜锈，而是呈粉状表层的粗锈，那么这种粗锈必须全部除掉，而不是像用机械方法那样仅仅从表面上除掉。

不可以认为永远应当拒用机械的方法。这种方法平常总是伴以别的方法，只不过它不适于用来作为独立的方法而已。

热工方法，即加热方法，在一定种类的制品时才有最有限的用途，并且仅仅当我们面前是铜制品而不是青铜制品时才能使用。因为锡所具有的熔点温度很低（二百三十二度，参考关于锡的一章），所以我们在加热时很容易把锡从合金中导出，于是锡就会呈现珊瑚状从物品深处跑出来。当然，这就彻底的破坏古代文物了。因此，我以为，最好完全拒用这种方法。

在化学方法上，我们利用能够溶解青铜或铜上积层的各种化学反应剂。其中占首位的是柠檬酸和氢氧化铵；柠檬酸属于弱有机酸类，它能相当慢地溶解氧化铜，溶解金属铜则要更慢些。这就创造了良好的工作条件，因为它能允许进行经常的检查并防止在洗涮时遭受损害的危险。溶液的浓度是百分之五。

铜的化合物极易被氢氧化铵破坏。氢氧化铵是无孔不入的，因此它被认为是最普通的手段和最可用的手段（一般称之为氨水）。不使用作为商品出卖的那种纯度的氨水，而是用大大稀释了的氨水。普通药房的氨水的浓度是百分之二十五；我们把这种氨水用水稀释成百分之五至百分之十的浓度——最好从更稀的浓度（百分之二）开始。这种浓度足够用来溶解铜和青铜上的积层。应当记住：氢氧化铵是有着双重作用的，它同时也会伤及金属本身的，因此如果用它，就要极为小心——必须仔细注意观察不使物品的一部分从液体下面露出，因为有空气的时候，氢氧化铵的作用马上就是最有破坏作用的。在不列颠博物馆（伦敦）的实践中，为了使氢氧化铵（NH_4OH）作用软化，取含氯化铵（NH_4Cl），有时加以含氯的锡及少量盐酸。在加入含氯的锡时就能使铜的部分恢复。

硝酸乃是能剧烈溶解一切铜的氧化物的化学试剂，但硝酸同时也是剧烈作用于金属本身的，因此在任何状态下也不应当使用它，虽然，我们在若干旧参考书中也常常发现介绍硝酸来用于洗刷铸币。

应当用更弱的酸类。这些弱酸中除上面曾经提及的柠檬酸外，还可以用醋酸和蚁酸，在这两种酸中如果恐怕酸的反应可能有害于物品，最好是单纯用蚁酸或者用加上氢氧化铵的蚁酸。这时得出来的蚁酸铵比纯氢氧化铵或蚁酸的作用较为平稳。试剂的平常浓度——不得高于百分之十五到百分之二十，稀有的场合下是百分之二十五。

在考古工艺学院试验所里，作为洗涮铜器的优秀的纯化学方法，采用了苏联青年化学家拉普切夫的特殊氨软膏。这种软膏的优点首先在于：氢氧化铵不是水溶液而是作用于肥皂液体中，而肥皂却具有惊人的湿润能力，因此它又能渗入到物品最深的空隙中去，从那里把空气排挤出来；这一点是普通溶液难以达到的。在水中因有石灰而是硬水的地方，是不能使用肥皂的。同样，覆有石灰的物品，为了避免形成不可溶解的石灰肥皂，不可以用肥皂加工。此外，肥皂比水是更能包容住氢氧化铵的，因此氢氧化铵的量就能够大大地减少；在软膏中只有百分之一点五的氢氧化铵就能得出完全令人满意的结果。由于在考古工艺学院试验所以及许多其他试验所中使用这种软膏的结果是绝对良好的（包括曾由化学家库里斯卡娅对此进行专门观察的乌克兰科学院物质生活历史学院试验所在内），所以我认为可以介绍这种软膏。对于大多数铜器和青铜制品它是完全有效同时又是温和的不剧烈的作用剂（有玻璃和珐琅嵌镶物的铜、青铜制品除外）。

这种软膏，任何博物馆工作人员都可以配制。配制方法：将上等肥皂或儿童用的肥皂一公斤在十公升水中煮释，往这种沸腾的溶液中注入四十克硝酸钠和六点六克的硼砂，将这些东西在一起搅拌并煮沸到完全混在一起后使之冷却，之后，往温和的软膏内注入相等于全部软膏重量百分之一点五的氢氧化铵，再将这一切好好搅拌，并注入能盖得很严密的玻璃罐内。

软膏的用法是：取一份软膏加上一半水（微温）使它能完全涂盖上物品。用来进行洗刷的洗槽、大槽、杯子或者罐子（玻璃的或瓷的），要用玻璃盖好。软膏发蓝就表示着作用的开始。过十二小时至十八小时，可以把物品提出，涮洗，检查，擦去软化了的皮壳，再放到软膏中去。这软膏是应当重新搅拌的。工作一直继续到所有皮壳溶解而物品呈现完全干净状态为止。此后必须在普通矿泉水中煮上两三回，最后在蒸馏水中煮沸。如果没有蓝色而开始得出带绿色的软膏，那么就必须在以前的浓度中用氢氧化铵重新净化这软膏。我们用这种方法在一槽内洗净过三、四百枚铸币，结果并没有延长时间；相反地，我相信这种办法非常能够节省时间。

清洗铜器和青铜器的最好的工作方法，应当认为是带有恢复作用的电解清洗铜器和青铜器的方法。这方法应当分为下面两种：一、使用别处电源来供给电流的；二、利用本身发电的办法，就是利用铜和其他与铜、锡有巨大电位差的金属相接触时在电解槽中局部发生电流的方法。第一种方法可以用蓄电池的正电（如达尼爱里电池、列克兰舍电池等），它的阴极是铜的，阳极是碳板。

在考古工艺学院中，工程师库尔纳克夫曾发明了一种利用照明电线、电流的特别装置。

后来库尔纳克夫把它安设在国立爱耳米塔什博物馆内，但是那里的人们没有利用它。

在这个装置中的电流来源是一般共同照明电线上的电流，这种电流首先进入整流器，即首先进入使照明电线上的交流电变为直流电的仪器。从电线上导来的电接到铁槽上，在这个槽内有磷酸氨的百分之十的溶液，在这溶液中放入铝制的电极棒，从这个电极棒上整好了的正电流就通到电解槽中去。

为了预防全部装置免于烧毁，在正电线路上安上由三个或四个碳素灯泡组成的电灯阻抗，正电既通过阻抗，就走到玻璃的（绝对不能是金属的）器皿中，物品就在这里进行洗净作用。正电在这里联接到阳极上，阳极是常用于列克兰舍电池上的那种普通碳素板。在碳素板中间放上要洗净的物品，于是它就成了阴极——负电，这种负电如同在无线电或者在电铃中一样的要被导去的。

如果不易找到铝电极棒，那么可以用废了的铝制食器卷成筒状来代替。这种装置的简单程度是在任何条件下都完全可以实现的，这一点也就是它之所以方便的地方。它对工作有利之点是不致过度腐蚀物品。在电解液中物品表面上会发生铜的化合物的分解——氯转到阳极上，而阴极上就恢复了纯铜，阴极正是这件要复原的物品。电解液平常用百分之二的苛性钠，整流器中用百分之十的磷酸氨。

电压不得高于二——三伏，密度不得超过 A $0.05 \sim 0.08 cm^2$。洗槽不进行加热。物品破坏得越严重，恢复进行的要越慢，因此对于腐蚀得剧烈的物品，最好用百分之二的碳酸钠（即苏达①）溶液。

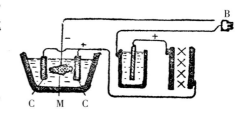

当在器皿中进行着电解过程时，整个物品上就能覆有氢气泡。如果恢复完毕，这些气泡就把物品围住而电解过程就停止下来了。这种过程进行的相当慢，依我看来，在某种程度上是肯定的优点，因为如果作用过程快，那么我们也许就不能够对物品如何被洗净着的过程加以监视。

如果物品相当大，那么就要放置若干个碳素板。如果洗净的是铸币，那么可以一下子加工几十个。为此，把一个联着一个，并且把和电线联在一起的铸币穿到铜丝上。铸币从器皿的一端安到另一端，使这些铸币浸在二行同样连续联结起来的碳素电极之间。必须注意使碳素板不要接触到铸币——在它们之间一定要有固定的但是不大的距离。如果我们把碳素板接近物品而不接触物品时，就能加大作用。

如果气泡停止往外冒出，而物品还没有洗净，那么大概是电解质丧失了力量，所以应当添注一些新

①　现多称"苏打"，下同。

的电解质。

洗净积层不很厚的铜器，平常要在这种装置里继续约两小时左右；如果有若干行碳素板，那么可以一回就放入五十——六十个铸币，这就将大大地增大工作速度：当检查后一批铸币时，第一批可能已经洗完了。在考古工艺学院中，这样带有种种电源的装置曾使用了许多年。在这许多年中始终是得出了良好的成果。

另一组洗净的方法是用建立局部化学充电池组来进行洗净的方法。这就是所说的自发电源的电解槽。为了建立这种电池组使其中能发生相互作用，必须和青铜制品或铜制品一起还要用与铜有着很大电位差的材料制成的某种物品。这种金属材料就是锌、铝、锰。平常都用锌，因为它是最便宜的。除锌外，在某些情况下取用锰或铝较为方便，并且我们现在遇到铝的机会是越来越大、越来越多了，因为铝比起锌在某些情况下更易找到。当损害程度严重的小件物品要进行洗净时，方便的办法是：取一小块吸湿棉，在吸湿棉上撒上锰粉，把物品包在中间，使它各方面都能接触到锰。把它用铜丝捆好，像平常那样放到槽内。

这种方法的运用有较复杂的方式和不太复杂的方式。应当从这些方式中把那些用剧毒物质作为电解质的方式除去（例如用锖酸）。因为在博物馆的条件下，无论如何是不可以利用这些物质的。我们通常用的电解质是苛性钠、苛性钾或者从百分之十到百分之二十五以内的氯化氨的溶液。

苛性碱类对于皮肤和眼睛角膜具有特殊作用，因此在使用苛性碱特别是热的苛性碱类时要加小心，不要把手放在溶液里、特别是热溶液里，绝不可以用手拿固体状态的苛性碱类（当制备溶液时），但是这碱类本身并不是不许自由处理的那种有毒物质。

整个工作进程是这样：取青铜物品，首先把它的油脂除去，因为油脂污垢会阻碍作用的进展而使获得相应的效果发生困难。为了除去油脂。物品在加入若干苏达或加入苛性钠（百分之二）的水内煮沸。当物品表面上的油脂除去后，把物品放到瓷碗里，瓷碗里放入若干颗粒状的锌。为了得出颗粒状的锌，把锌在铁锅内熔化好后使之成细条状的注入盛水的桶中，细小锌滴冷却后就成为细小的颗粒。用这样的锌把物品从上面覆上。

可以用薄板状的锌（或铝）来代替颗粒状锌，用薄板状的锌把物品精密的包好。之后，有锌的物品用苛性钠溶液浇灌，如果物品上有很严重的锈，要用较浓些的溶液，但却不应当用过浓的溶液，否则就不容易观察作用的进展。作用过程可以在冷却中进行或在加热状况下进行，冷却时的作用更为缓慢，但是它使我们有可能进行慎重仔细的监督，并且这样只需要作更少的工作；这一点在大量洗净时是特别重要的。平常在沸腾后一小时到一小时半以后，就能看到表面硬皮大大的软化，这样就易于把这些硬皮除掉，同时就部分地发生着恢复纯铜的作用，从铜的氧化物开始恢复为一氧化物，之后成为金属铜。

我们能看见绿色的生成物逐渐地变成橙红色，之后变成红色的光滑表面；这种表面是由铜的一氧化物组成。但是铜的一氧化物并不是我们所需要的，虽然有时候它很像金属表面而能把人欺骗。必须把作用过程进行到获得没有橙色和鲜红色调的致密的铜的表面为止。有时，如果有很厚的积层，那么这个作用过程就要延续到相当长的时间；这就只有耐心等待而不要加重浓度来强制加速它的进度。如果有过于腐蚀的危险，就应当把物品从槽内拿出来，洗净它，并且把它放在水中直到下次能够再着手进行这种洗涮工作。

有时候常发生个别部分特别顽强的情形，那时候就不用颗粒状锌而用粉状锌、细碎锯末状的锌，把这种锌放在那个顽强的地方，用同样苛性钠的液体来使之湿润，并且放置若干时间。

在极少的情形下，为了洗净个别斑点，不用苛性碱类而用大大稀释了的硫酸（百分之五以内），并且仅仅用几滴来用于湿润；这时候不要把这种涂剂放得太久，而要把它在每个斑点上擦抹，斑点一脱落，马上就要用水浸润物品，用苏达溶液（百分之五以内）中和它，并在水中煮沸。一般说来对于整个工作是不便用锌的粗粉末的，因为它们易于变成一整块而使电解质不易于接近到物品本身。

可以拿粒状的或片状的铝来代替锌。很简单又方便的办法是用包巧克力糖和其他糖果的铝叶纸，当然，要很好地洗去粘在上面的糖和巧克力。

甚至于普通的水也能作为电解质用，因为水有时并不是完全静止不变的，尽管它含有自由的活泼的氢原子（即离子化了的水）的程度是极小的。此外，它几乎总是含有使它可以成为电解质的溶解盐类。如果你拿来物品把它包在撒有锰粉的棉花内，把它浸湿，然后放到罗珍贝尔格湿润室内，那么用这种方法甚至就能够得出在苛性钠中得出的结果，只不过是较慢而已。我们曾用这种锰和微量水的方法洗净了若干青铜，使这些青铜成为完全平整的、光泽的了。

电解过程中，在与锌或铝接触的条件下，就能使金属得到恢复。但是这种恢复进行的深度如何是必须检查的。因为有时在恢复表层的条件下，它的表层下还残留着粗锈。在这些场合下，首先应当有足够的耐心，如果这表面硬皮与金属结合得不很严密的话，可以补充用机械的刷净方法把表面的硬皮揭下。这样，我们就能逐渐地除掉最后一层锈而得到金属面。有时恢复过程常常是延续到相当久的时期，但是我们如果珍贵这件物品，我们就必须牺牲时间，并且在这类情况下绝对不可以急躁进行。

带刻纹和镀金、镀银的铜、青铜制品是修复工作中特别困难的。物品上的金（参看关于金的一章）能够是极薄的，在这两种金属间（金与青铜之间）发生裂隙时，在金片下就能由于电解过程（化学电池组：金加上青铜状态的铜，再加上含有以酸或硷作为电解质的水）而发展腐蚀作用，并且同时较弱的金属（指铜）就能破坏，而破坏作用的产物就使金从青铜胎上分离。有时甚至相当厚的金片（薄的更不用说了）都能由于铜盐结晶作用的力量而裂开，这样物品就会丧失它所有的金的装饰。

在这里，最好的办法仍然是耐心和稳静的使用拉普切夫软管。

在不列颠博物馆试验所中对青铜制品进行过许多工作的化学家斯考特，他介绍对于物品用下列两种方法交替加工：一、由酒石酸加里钠百分之十五、苛性钠百分之五、水一百而制成的硷性溶液；二、百分之二十的醋酸溶液。这种加工一定要用硷性溶液来开始，用硷性溶液来结束。在槽与槽之间不进行洗涮。每一槽要延续一、二小时。我自己在实践中用蚁酸代替了醋酸，这样办法改善了结果。在加工后，应当在水中煮沸三次，最后一次煮沸要在蒸馏水中，每次煮沸都要三、四小时。

在器物上有银质镂花或者镀银的时候，第二种方法因为蚁酸对于银的特殊作用而较拉普切夫的软管好一些。

如果要用较快的速度进行大力的清洗时，那么就使用另一些方法，但是这些方法是要求非常谨慎从事的。这就是用硫酸溶液代替苛性硷溶液的办法。作用过程照下面所述这样进行：

取物品，撒上颗粒状锌并浇上由百分之十的硫酸溶液制成的电解质，结果，就能起非常猛烈的作用，整个溶液简直是沸腾着，氧化物的溶解和恢复以非常大的速度进展着，但作用的过程中有产生含硫化合物的危险，即得出硫酸和铜的化合物，这种化合物的本身是有害的。此外，作用过程进行得如此的猛烈，以致使掌握这个作用过程、把握住使物品清洗得足够好而又不致形成有害的化合物的瞬间，就成为相当困难的了。因此，如果我们希望作用过程较为柔和，就要用等量的硫酸和甘油的溶液。那时候作用过程进行的就能较为柔和、平稳，我们也就能够观察作用的发展过程。在作用结束以后，必须极其周到的洗净物品。因为在这时可能有酸的顽强作用，所以又必须使酸在弱硷性溶液中中和；例如放在氢氧化铵的百分之二的溶液中。从硫酸内把物品拿出来并冲洗之后，马上要在这种溶液中浸十分钟左右。在从氢氧化铵洗槽取出后仍应加以冲洗。一切冲洗都要在沸水中进行，而不是在凉水中。

当青铜上有珐琅或玻璃制的装饰时，就有使用酸性电解槽而不用硷性电解槽的必要。在这种情况下，可以，及较好的办法是用弱的醋酸或蚁酸来代替强的硫酸。

我以为，在地方博物馆工作人员的工作条件下，各种各样的参考书所介绍的几十种方法是毫无用处的。最好掌握两三种方法，但是要真正认真地把它们掌握好，注意所发生的一切，并且一定要把所有的观察过程及其结果，特别是失败的结果，都记载到自己的工作记事簿上，以便了解这些失败结果的根源，不致再犯这种错误。可是，常常在博物馆中，甚至于在最大的博物馆中，都用在盐酸中清洗铸币的办法。我坚决地劝告，除了陶器之外，绝对要把盐酸从一切修复工作中剔除出去；因为盐酸仍然会把氯导入物品中来，而排除氯是很困难的。如果没有真正的试验所的设备条件，最好不动用这种反应剂。因为盐酸极易挥发，所以全部空气也将充满盐酸蒸气，因之会使工厂中的一切物品被这种酸腐触和酸化。尽管一系列的教科书都推荐使用盐酸，特别是用于清洗铸币，但是我绝对不主张使用这种盐酸。

当物品已经完全洗掉粗锈之后，为了排除苛性钠以及其他一切物质，必须把它在水中煮沸两三次，每次都用半小时。

其次会发生这样一个问题：由于我们估计到铜和青铜对于外界因素（如氯、氢氧化铵及其他）很敏感，那么在清洗后如何来保存物品使之避免再受到破坏呢？

遗憾，被无条件公认了的方法，到现在还没有被发现。涂布上白色蜡，往往得出良好结果。为了涂蜡，要把蜡熔化好，把温热的物品放在里面不动，直到停止冒气泡后把物品拿出来擦干。这能起一定的保护作用，可以把物品预防到较长的时间。

覆上一层席拉克树脂能够起良好的保护作用。席拉克树脂的酒精溶液就涂覆上整个物品，它能产生一种膜，这种膜能够预防物品受外面空气影响，但是这种膜使物品具有令人感觉不舒服的涂了漆似的外貌。

最近非常流行的有由纤维原制成的各种漆，如"茶苯"、不燃性赛璐璐、玻璃纸浆等。但是这类的膜是有相当危险的，因为在纤维原制品中几乎永远是残存着游离酸（醋酸、硝酸、硫酸），这种游离酸对物品是起破坏作用的。在考古工艺学院试验所里用作试验的物品之一就是用溶解在丙酮中硝化纤维素胶稀溶液涂抹的，而它过了两年之后完全变成了含有易于辨识出的 HNO_3 的绿色粉末，其他物品也都覆上了同样成份的厚厚的绿膜。

这就是说，用来涂在物品上的纤维原制品因含有游离硝酸而成了新的大力酸化的原因。因此应当认为使用蜡或者用席拉克树脂，最后或者用高级凡士林擦抹，是良好的和较合理的办法。

二、铁

代替铜及青铜而来的是铁。铁在自然中分布的极为广泛，因为它是地壳主要组成部分之一。如果说人对于铁的注意是比铜晚些，这正是由于天生的纯铁几乎不能遇到，而铁矿又不像闪光的硫铜黄铁矿或者绿色碳铜孔雀石那样有令人注意的特点。此外，铁的制造本身也比铜的制造困难得许多。

铁的最初来源可能是现成的陨石铁。陨石是铁与其他重金属（如：镍、铬）的混合物，同时铁占的百分比在这里很高。

铁的比重7.8，熔点温度一千五百二十九度。

纯铁有锻性、延性，加热时这些性质就能大大提高。但是由于它熔点温度很高，所以当然就能发生关于铁的原始制造方法的问题。可以推测，并且人文材料也这样断言，最初的加工方法乃是长期的并且只是困难的冷锻。加热使铁变成更软、更为胶状化和更富延性，并且能使锻造过程变得更为容易些。

因此已经会在制造铜时用火的人类，在造铁时自然也要用火了。并且事实上，人类文化早期时代的巨量物品的本身不仅带有冷锻的痕迹，并且也有热锻的痕迹。对于历史学家极为关心的乃是完全正确和可靠地来断定：在什么时候我们有的铸铁、什么时候冷锻以及什么时候是热锻。

不管铁的来源是什么——是陨石或者是矿石，在熔化以及逐渐冷却后，铁的构造仍然是不规则形结晶的堆积，这是在显微镜下研究金属切片时可以断定的。在锻的时候，结晶就被压扁，而结晶间接触轮廓线条都延长起来，在显微镜下变成几乎是平行延伸的沟痕。用这样方法就有可能精确地和完全客观地断定任何铁器的制造方法，因为金相学的研究就能够指给我们：在该物中曾否一般地进行过锻造，是在大量加热之前或者是在之后锻造的，是否曾进行过双重锻造等等。

作这一类研究，要求有特殊素养，如果工作过程中有必要在古代物品中来断定这些工艺上的方法时（这对历史家还是非常重要的），那么当然就要请在冶金工场试验所工作的这方面的专家们援助。

铸铁是困难的事情，因为在高温下（一千五百二十九度）才能使铁熔化，并且如果不加强氧气的流入，铁就不能熔化。

在非洲和印度到现在还保留着极古老的对铁的加工方式：先往制铁的熔矿炉里运普通的木柴，人们用嘴来吹这些木柴。这当然是完全原始的设备，但是这种设备能给加入若干氧气。在另外一些情况下，对着木柴安置一架风箱，这风箱上制有送进空气的活门（气瓣）；风箱用脚来踏动。之后可以安置较为近代类型的锻炉用风箱，这种风箱设备在其设计上也重复着同样的送进和吸出空气的原则。这种送气方法的逐渐改善，使我们到达了鼓风熔矿炉，即带有自动流入空气设备的不断工作着的熔铁炉。用木炭进行熔化的结果，从这种熔矿炉中得出带有大量碳素和矿渣之类废物的铸铁。要把碳素和矿渣除掉。把铸铁重新加热和用铁工锤加工就能把碳素和矿渣除掉。这种铁在其构造上能够表示出有焊接和空隙的存在，这些焊接和空隙是在锻造平面上平行的分布着。

这些细节之所以应当知道，是为了了解在大气条件下，特别是在考古学的条件下——在地下所能发生的铁的腐蚀破坏过程。各种腐蚀作用都是从铁的表面开始。在铁的表面上，这些破坏作用就进行着，并且沿着结晶边缘向深处扩展，不管这些结晶是被保存原形未动或者在锻造时其形状和其连续性已被压扁、破坏。

必须注意到这种破坏作用的扩展，而不为物品外部的洁净所欺骗；因为外部的光泽还不能说明物品的完整程度。在博物馆中，我们常常看到拿到博物馆来的时候似乎多少还是良好状态的铁器，或者在外观上整理得很好的铁器，而简直是在博物馆学者的眼前就发生着这些铁器的进一步破坏。

铁的破坏的基本方式如下，在空气中铁要氧化，即与空气中的氧气化合。作为氧化的第一阶段，得出来一氧化铁（FeO）。如果有水附着到这种一氧化物上时（在一般的大气条件下永远是有水的），就得出氢氧化亚铁 $FeO + H_2O = Fe(OH)_2$。

一氧化铁易于氧化并进一步变为氧化铁（Fe_2O_3），与水则化合成氢氧化铁〔$Fe(OH)_3$〕。这就是大家所熟悉的那种铁锈。但是还有另外一些铁的化合物，其中特别有趣的是由 $FeO + Fe_2O_3 = Fe_3O_4$ 所组成的四氧化三铁，它是非常坚固的，并且如果它在铁器上形成膜，那么它就能预防铁器不再受进一步破坏——这就是所谓磁铁矿（Fe_3O_4），可用它按乌拉尔方法制造屋顶用铁瓦、涂黑武器、涂黑机器部件等等以保护物品不受腐蚀。

与氧的化合物最常遇到的是铁锈状态的氧化物，这种锈是很坚固的。如果铁器达到了这种的破坏程度，那么它只有停在这种状态下了；如果在铁锈下还保有着金属，那么铁的内部就会层层附着到铁锈表皮上，一直到整块铁都变成脆弱的铁锈为止。

如果说在没有水蒸气的绝对洁净的空气中而铁的腐蚀进行的极慢，那么在一般的含水的空气中这种现象就进行得很快了，这我们只要看屋顶铁瓦的发锈就可以知道。

更使我们耽心的是铁和氯的化合，这氯又能形成二氯化铁和三氯化铁的形状：二氯化铁（$FeCl_2$）和三氯化铁（$FeCl_3$）。这些化合物贪婪地吸收水而得出不坚固的、能在空气中扩散的化合物。

在地下发生着铁的大量破坏。促进这种破坏的乃是溶解在地下水中的酸类和盐类。最活泼的和普通的破坏作用物乃是氯化钠，它一般地在地下或多或少总是含有的。在腐败时所形成的二氧化碳也和硝酸及亚硝酸一样能破坏铁的，但是它们对于在地下的铁所起的破坏作用比起氯来是较小的。

因此，所有述及铁的破坏形式中，最使我们关心的乃是在有氯存在的地方所发生的破坏。因为氯是最积极的因素，而铁的二氯化物和三氯化物是极不坚固的；排除氯——这就是我们的基本任务，并且还要从最深的空隙极彻底地把氯排出去。铁器中含氯与否的问题，把这个铁器放在罗珍贝尔格湿润室中就能够测定出来，这就如同在对铜及青铜加工时我们所看到的那样。

能局限于机械加工吗？对于生锈的粗糙铁器是完全可以用机械加工的，但不过要在某种限度内。对铁器进行的工作可以按下列次序进行：试验氯之后，首先要从铁器上除掉粘在上面的土、小石、砂子等等，为此，我们就把铁器放在平常水内若干天。常常有这种情形：许多我们所曾经认为是半破坏了的铁器的东西，在这水里完全散开了，因为这些东西实质上不过是被破坏了的铁器的氧化物所着色了的土，或者不过是被石灰盐类或陶土化合物所不坚牢的胶着在一起了的土而已，在这里内部已经没有金属了。如果内部还保存着铁心，那么我们就用小刷子把那个浸湿了的东西刷洗好；之后必须把它煮沸，以便除去油脂、蜡油等，因为可能有这些油类存在于物品上，并使进一步的加工成为极端困难。在我们煮沸物品的水内，最好加百分之二的微量苏达、或者钾灰、或者苛性钠，以便使油脂完全溶解。再一步就要进行热工加工、化学加工或者电气化学加工，这一点，就要取决于物品的质量和我们的力量了。

热处理的根据是：铁加热到七百度的时候，即已经开始灼热的（红热）时候，物品内部的铁心和铁的氧化物就会发生不均衡的膨胀；铁的氧化物比金属心有着较小的膨胀系数，因此在冷却时铁心比表皮收缩的较为剧烈，表皮因而就脱落了。这样，我们把加热与冷却不断地交替进行，我们就能够使大部分表皮剥离。但是这种方法不能保证排除内部的、深处的破坏现象，所以物品深处的病症还能保留着。如果腐蚀的程度相当深入的时候，局限于单纯热处理就会像局限于机械加工一样的是自欺欺人。

这种热处理所能遇到的第二种阻碍就是：我们不能知道这件物品是什么形状；也许物品曾有过某种嵌镶物，或许有某种浮雕，因而如果我们用热工方法来加工的话，我们就会把这种浮雕毁掉。因此，假如我们必须要进行热工清洗时，那么就先要用一切可能的方法来进行研究，努力弄清在表层下面可能有什么东西；在发现嵌镶物或者浮雕的痕迹时，那么就要尽可能地沿着这些痕迹进行，用机械的方法把多余的积层除去。

在机械加工时，在热工加工时，都要有某些精确的处理方法，以便来确定在这件物品内是否有金属心。最可靠的乃是 X 光显微镜的研究，在物品被 X 光线照射过的时候，较硬的铁心的轮廓就比较明显了。于是，如果把物品从两三方面照射的话，你就能相当准确地断定在铁心中有什么东西。

但是也有更简单的方法。这样的方法，首先是用比重断定的方法。铁的比重约为 7.8，而铁与氧的化合物所有的比重是从 5.24 到 4.9，铁与氯的化合物就更轻些，这些化合物中最轻的，比重只达约 2.5。这样，如果某种铁器的比重为 3，那么很明显，在这件物品中只剩下细小的金属心了，其他一切都是某些铁与氯的化合物以及部分与氧的化合物。这种物品不可能洗净，只有把它照下相来，并且只有对它使用一些保存方法而已。

相反，比重是 6.5 时，我们就有根据找出良好的金属心。最简单的断定物品状况的方法是在手上掂掂份量，如果对铁器的研究有一定的素养，用这种方法甚至就能够断定最重的腐蚀情况。

如果说采用清洗方法时必须进行是否有金属心的研究的话，那么用热处理方法时不进行这种研究是绝对不可以开始工作的。尽管我们不很推荐热处理方法，但无论如何也应当指出怎样能较好地进行这种热处理方法，因为对于巨大的粗糙物品这种办法是完全可以使用的。这种方法有各种各样的进行方式。

第一种方法。用柔软铁丝把整个铁器缠好（这时必须尽可能把这个铁丝缠进物品的全部深陷地方去，当然要注意不破坏物品），之后把物品包在石棉厚纸中，再用铁丝把它缠好并加热。在开始赤热时进行加热。此后把物品很快地浸在苏打、钾灰或苛性钠的饱和硷性溶液中。在这种溶液中把物品煮沸两三小时。加热就能使某些碳酸化合物和亚氯化合物受到破坏和排除，而硷类液体就能形成可溶于水中的亚氯化钠或亚氯化钾，之后用在水中煮沸的方法把这些氯化物洗去。

当灼红物品冷却时，就在冷却的硷性溶液中发生着铁和表皮的不均衡冷却，因而表皮就剥离了。之后把物品打开、冲洗，在苛性钠的弱溶液中使之中和，再冲洗，最后再使之受到某些保存的措置。应当指出：这种方法只能用于粗糙物品，并且还仅是在有坚固铁心的情况下才能用。

这种方法可以变变方式：用很弱的硫酸溶液（0.5%）来代替硷性溶液，而使弱的硫酸溶液中和的是石灰乳液〔即在消化过烧石灰（CaO）时得出的在水中的苛性石灰溶液〕。后来这种方法改善成让物品在空气中冷却。

第二种方法。物品加热到开始赤热之前，并且这种加热一定要在中性的或还原状态下进行，以便不发生物品的进一步氧化。这种加热最好在电气坩埚内进行，为了能得出还原状态，在坩埚内或者铺放浸满松节油的纸，或者铺上浸满油的碎布片。

在这样加热之后，物品要没顶地浸在酒精、变性酒精或酒精原料内；必须很快浸润，应当把进行工作的器皿盖上盖子，以便不致发生酒精的喷火。既然把物品在变性酒精中放置若干时间后，就把它拿出来检查和除掉脱离开的表皮；一部分积层能脱落下来，另一部分则恢复成为一氧化铁和三氧化二铁，成为有金属光泽的几乎是黑色的暗色。如果把这一手续重复若干回，就能够达到使形状和表层几乎完全恢复，但是这个表层将成为微黑色。我们如用这种方法对某物加工，我们就将不是企图单纯地把破坏了的表皮从物品上揭去，而还企图部分地恢复破坏了的铁，把锈变为氧化程度较轻的形式——从氢氧化亚铁变为一氧化铁或三氧化二铁。

这方法的另一方式是把物品不浸在酒精中而浸在油类或脂肪中（石蜡、羊脂、麻油、大麻油等）。其结果大致相同。

在剥离表皮之后，就得出较平整的微黑色表面。利用这种方法时，不能有完全把握说在某些深处没有残留着腐蚀的根源，因为油脂不能渗透到所有结晶接缝中间去，而在这里，破坏作用就能够继续着。但是恢复一部分已破坏了的金属的这种主张本身是完全正确的，如果仔细地进行这一工作，这方法能够得出极适当的结果。

一般地说，这种热处理方法虽然也能得出从外表上看来全完适度的结果，但是可不能认为这种方法是绝对根本的方法。

化学方法的目的是使在铁器上形成的破坏产物变成可溶于水的形式。最好的反应剂，至少是在我的实践中曾得出了最好结果的那些最好的反应剂，可以认为是草酸，或者是作为较柔和的反应剂的草酸钾、柠檬酸以及柠檬酸氨，用这些反应剂的工作是简单的并且是一目了然的，可以直接看到物品所发生的情形。但是必须记住一条总的原则：任何时候也不可用很高的浓度，大于百分之十五到二十的浓度大部分都不能使用，应当从百分之五到十的浓度开始。

这时所得到的草酸铁或柠檬酸铁盐类，很易溶于水，并且当你把这些氧化物溶解之后，它们在水中煮沸时就可被洗掉。

遗憾的是必须指出：这种方法从外部结果看来似乎可以使我们完全满意，但是它不能彻底进行，因为在铁的深部孔隙中仍然保留着腐蚀的根源，而破坏作用仍然会继续进行。此外，必须注意：如果我们用酸性反应剂，那么在此后一定要用任何一种碱类使之中和，如用：苏打、钾灰、苛性钠等的百分之二至百分之五的溶液。在中和作用之后必须把物品在蒸馏水中煮沸，之后干燥之。

干燥时期对于铁器是极其重要的时期。起初，复原工作者经常遭遇到下面这样的现象：他努力地把物品洗净了，物品已具有完全良好的外观，他把物品放下来干燥，而干燥之后物品就变成全是黄色的了——原来是发生了新的氧化，又应当进行洗净等等。这种现象之所以发生是因为：空气中的氧遇到有水就又能使铁氧化，并且水本身也常是能起氧化作用的反应剂，例如，水内常为了防微生物而加入氯。这样一来，例如，自来水中的氯化了的水就是氧化剂；在其他一些地方使用对自来水臭氧化的方法，而由于臭氧也是氧化剂，所以臭氧化了的水也作为氧化剂而作用着。在泥沼水中可能有有机酸类等。所以应当采取某些办法来尽可能地避免新的氧化。为此，在最后洗净之后，受到各种煮沸的物品就要浸在酒精内（变性酒精原料及其他），并且在酒精内放置三、四小时。这个目的是：用酒精与水化合办法达到使酒精尽可能更深地渗到所有空隙中去。这时候酒精从百分之九十二到九十五的纯度变成纯度较低而且含水的了，但酒精会迅速地蒸发，可以不再发生生锈现象。

发生一个问题：我们怎么能够断定我们的水是酸性、是碱性或者是中性的呢？用特殊装置测定氢离子浓度的方法就能够完全正确地断定。现在，在有博物馆的许多中心城市中，都有完全中学（即十年制中学——译注），在这些学校里就有足够熟悉这方面知识的物理家。如果氢离子浓度是低于 4.3 的话，那么我们就认为这种水是酸性的；如果氢离子浓度是从 4.3 到 10 就是中性的；如果浓度值高于 10，我们就认为这水是碱性的。所以，如果把物理、化学教师作为能协助博物馆工作的爱好者吸引到博物馆工作中来，我们将永远并且到处能够获得关于我们将与之发生关系的那种水的较正确的具体材料。精确程度较差，但是足够达到我们目的的断定方法是可以用酚酞溶液，这橙色溶液遇酸则发白、遇碱则发红。

于是，应当指明：纯化学的方法也不能足够保证物品免于进一步破坏。剩下的就是电气化学的方法。

电气化学的方法分为：一、用自发电的，即在电解质中的物质之间创造局部电流的方法；二、借用通过整流器而来自电线的，或来自蓄电池的电。总之，是借用外来电源的电能的方法。这种用于铁的方法，在相当大的程度上和用于清洗青铜的那些办法相吻合，但是要在方式上有某些改变。例如，对于青铜我曾介绍了作为迅速作用手段之一的，使用锌和被甘油稀释了的硫酸；对于铁，这是绝对不能用的，因为硫酸能把整个的铁器毁掉。

自发电的方法，即利用发生局部电流的那些方法，主要仍然是根据下面原理：锌这种物质能吸收从铁的二氧化物在电解质内游离出来的氯。我们取锌（颗粒状也好、板叶状也好），如果是板叶状的锌，我们就用它包上；如果是颗粒状的锌，就把物品塞在里面，然后再浇注上苛性钠或亚氯氨的百分之十五溶液。平常这种作用过程进行的相当慢，不可以强制加速它，因为一切强制加速的办法都能使物品遭到完全破坏而宣告结束。最后，我们就能得出完全显然的、表皮的部分的溶解，使铁的某种二氧化物积层完全显然的变化为金属铁。

　　但是，在这里也要警惕马虎大意的情况，不要过早地认为物品已经清洗净。每一次都必须用机械方法进行检查，特别是在膨胀起了的地方。这些膨胀起来了的现象对于铁器是典型的，常有的情形是：在这膨胀起来的地方的下面内部有着黄色或红色的生成物。这就是说，上部硬皮恢复了，而内部还保留着腐蚀。在冷的作用过程中，第一种结果只能在十二小时到十八小时之后才能得出，在把电解槽加热到沸腾为止时，作用过程进行得极为迅速，常常过一小时半至两小时的时间，表皮就开始剥离了。

　　作为对这一方法的补充，特别是在用冷的作用方法时，也使用柠檬酸氨的化学清洗办法。

　　假如从作用一开始，恢复就能够不是从表面开始进行，不是从外面表层开始进行，而是从留在物品内的金属心开始进行的话，那当然是最好不过了。

　　在某些情况下，这是可能的，应当尽量把物品的金属心部分清洗得使铁能够有纯金属外貌。当使用利用外部电能的方法清洗铁器时，这一点特别重要。

　　这种能够使锌接触铁，使铁脱离腐蚀现象的方法，无疑地能带来良好的结果。在利用自发电流的方法时，如果使物品一部的铁心脱掉腐蚀，那么就可以开始从纯铁心处在物品上恢复二氧化物。但是，很遗憾，这并不是什么时候都能做到的，常常物品生满破坏的生成物，以致于几乎不可能达到纯铁的地方。

　　物品受到这样的加工以后，通常覆有黑色的脆弱积层，这是必须除掉的。除掉这些积层，可以用平常的草刷子或者用电动机带动的金属刷子。这些积层迟早要把它弄下去，因为在这些积层下面常常能够有没有受到加工的地方，那时候还要重复进行作用过程。

　　应当努力使铁器的加工以硷性作用来结束。因此，如果最后的过程是用柠檬酸或草酸清洗物品时，那么一定应当作苏打洗槽或者钠洗槽（百分之二至百分之五，煮沸一、二小时），以便不使再有酸的痕迹存在。清洗好了的物品要涮洗、干燥，而后在温度一百一十度的干燥橱内放置五、六小时；这时候我们就可以少耽心，因为在更深的空隙里已不再有水了。

　　关于用外部电源的电流在电解槽内恢复青铜和铜的办法，如果加添上刚才所写到一切办法，用于铁也是完全可以的。

　　除掉所述及的方法外，还有若干很好的恢复办法。这些方法在这里不加以叙述的原因，是因为这些方法要求用极缺少的材料，在事实上也几乎是难于使用的。用二氯化锡来清洗的方法就是这样的。在古老的博物馆里，在爱尔米塔什博物馆中也是一样，有一些物品就是用这种方法清洗的：这些物品在其表层上有薄薄的一层预防破坏的锡，但是这层锡也就自然能把物品的形状改变一些，并使这些物品具有铁所不具有的某种光泽，似乎是镀锡的铁。这一点就是所以反对使用这种办法的理由。

　　铁器如同所有别种器具一样，也是历史文献，因而也必须具有关于应当如何保存这些物品的最起码的基础知识。

　　最简单的方法是把铁涂盖上既能不改变铁的外貌而又能严密地与外界因素作用相隔离的漆。但是这种漆是没有的，所有的漆都总要改变物品的外观。如果不严格要求，那么就可以用席拉克树脂（溶于酒精的百分之二溶液）。这种树脂能够相当好地保护铁器，但是它能使铁器具有若干非铁所固有的光泽。极普遍的方法是石蜡，它在温度到达约一百二十五度时就熔化，而加热的铁器就可以浸在里面。这时物品必须加热到一百度以上，以便尽可能把所有水都驱除掉，但是不能高于一百二十度，不然就可能发生石蜡的起火现象。应当尽可能使该限度以内的石蜡的温度高些，以便使排出空气泡的现象完全停止。此后把物品从石蜡取出，当它还温热的时候用麻布片擦干——一定要用麻布，因为它比其他别的布都能更好地吸收多余的石蜡。如果在这以后在表面上仍然有多余的油脂，那么可以第二次地把物品加热，再用麻布擦去。

另一种方法——使用军队中用来保护武器的那些涂剂，即各种类型的凡士林油和油脂。但是用凡士林的时候要加小心，因为质量不好的凡士林油含有硫酸的残余。断定这一点是很简单的：取一把磨好了的钢刀，涂上你所试验的凡士林，把它放置若干天。如果有最少量的酸类的性质，那么钢就一定发乌。这就是说：这种凡士林油不是需要好好滤净，就是根本不适于使用的。

发掘出来的铁器常常脆弱得根本不可能对这些铁器进行清洗。可是如果要使它能保存若干时间，这又是必须的。在这种情形下，应当把物品加固。这种加固最好用浸润席拉克树脂或者轻微的精制胶溶液来实现，如同我们浸润陶器那样，不过要接着用弗尔马林加工。我有一些物品就是用这种方法约在十年以前加固过的，到现在，这些物品还没发生任何变化。因此，这样长的时间就已足够用来研究。但是应当记住：无论如何对于这些物品是不能保证其永久完整保存的。精制胶的加固剂一般地说可以使用，因为它有胶质溶液所具有的完全特殊的性质；在这类溶液中锈化过程进展得极慢，这如同从下表可以清楚地看出的那样（此表摘自克列尼格博士、教授所著《金属的腐蚀》一书，一九三六年版，第一〇七页）。

水内加入胶质对于在摄氏十度时电解质铁的腐蚀作用影响

加入百分之二的胶质溶液	相对的腐蚀作用	加入百分之二的胶质溶液	相对的腐蚀作用
不加入胶质溶液	一百	淀粉精	五十
糖	九十一	精制胶	五十
洋槐橡胶	六十三	蛋白质（蛋类的）	二十八
淀粉	五十	洋粉	十

常常有人推荐使用纤维原制的加固剂，我再一度地提起注意戒用这类加固剂，第一，因为到现在还没有纤维原的制品完全不含有任何一种酸的（或含醋酸，或含硝酸，或含硫酸）；第二，因为这种膜的永久性到现在还没被认为是无可非议的。此外，当物品表面的极小空间还没被这种漆膜覆上，而湿气可以渗进膜下的时候，这膜就逐渐变成灰色，而物品就要完全丧失自己的外貌。

三、金

"金"属于贵金属之类，即属于很少变化的金属之类。它的比重是 19.3，熔点温度是一千零六十四度。

金是广泛用于日常生活中所有金属内最不易受到破坏的金属。如果我们有纯金制的物品，那就可以确信地说，任何外部破坏因素对它也不能起作用的。

金很软，很韧，对一切酸类和碱类的抗力非常坚强，只有盐酸和硝酸的化合物（三份盐酸、一份硝酸，即所谓"王水"）能溶解金。真正的纯金不管放在什么条件下，它也仍然不会变化。

但是，由于金很柔韧，所以它易于受到各种机械作用，平常人工地在金内掺入所谓合金材料，使金变成为较硬的。一般作为合金材料的是铜。合金材料的量可大可小。作为合金材料的第二种物质是银，但是银本身很柔韧，易于腐蚀，平常使用这种合金材料时，是为了改变金的颜色，或者为了减低它的高昂的价格，因为纯金是相当贵的。一般人们说到纯金时，往往不注意到天然金几乎总是含有某些极少的银、白金等的混合物。

金质物品，作为早期时代艺术的纪念物，当然是无意中带进掺入物的纯金属。越往后，金就越在日常生活中流行，成为时尚，因此金的价格也就逐渐增大了。为了使金制品价格稍低些，制造金制品时就使用合金材料或不完全用金来制造物品，而利用它的极薄的片覆在某一金属上。开始用金片时是锻成的。这种锻金的方法能把金锻得极薄。锻得最好的金片看来像透露带绿色的光似的。

根据许多古代包金物品，我可以断言：金曾经放在一种极薄的树脂物质的薄层上。最初薄层包覆着青铜，后来大约是加了热，金层就附在青铜上了，看来，这是用热处理方法加工制造了。

金以及其他任何金属，例如铜，都有着各种不同的电位。这些金属之间有着很大的电位差，因此，在这些金属之间就能够发生相当活泼的局部化电流，只要这一组金属落在能作为电解质的纸体中，由于甚至于普通的水永远是较弱的电解质，所以只要这样一组金属处在湿润的条件下，那么就足够马上由于电解作用的结果而使较弱的金属、不太贵重的金属——在这时是指青铜或铜的破坏——的破坏作用发展起来。敷在金属之间的松脂物质乃是良好的绝缘体，它能预防这类由两种金属组成的制品免于受到破坏。

例如，现在在高加索还使用这类松脂敷底的方法把金包在铜质或铁质物品上。这就是古代技术的流传。那时的技术还不知道在后来才出现的镀金作用。

在较近一些时代已用另种方法进行镀金了：金与水银研成涂剂（汞齐，或名汞合金），用这种涂剂涂到加工的物品上，在不断加热下，水银就会蒸发，而金就严密地留附在另一金属上。遗憾的是，很难承认镀上的金是毫无非议地与银质、铁质或者青铜的基础焊接在一起了，因为在镀金上几乎永远能够有眼睛所不能看见的一些裂缝、空隙、微小的孔。这就足够使液体状态或气体状态的水钻到这里来，于是就会开始了电解腐蚀，也就是开始了不甚贵重的金属的破坏。

金可能用锻的方法或用铸的方法加工。如果是纯金，这对于保存上来说是没有什么值得考虑的；如果是与铜的合金，那么锻就有很大的作用，因为锻就不可避免地会有平行于加工平面的空隙出规。

于是，对贵重程度较次于金的金属开始了腐蚀。如果它的深层内渗进了水，那么这种腐蚀可能是很深的。

我们在金质物品所能够看到的那些破坏现象，平常都是微不足道的，并且这些破坏现象也都是附添部分发生氧化，即铜或银氧化的结果。铜的氧化表现为绿色薄层，这些薄层很容易用任何能溶解铜的酸类除去，甚至可用盐酸或硇（氢氧化铵）。但如果说金的合金破坏的少，那么很大的、密密附着在上面的、另一金属破坏作用的产物就常常在金上表现出来。例如，发掘出的金质物品常常覆满红色锈，这种锈是由于地下铁的氧化或者邻近铁器的氧化而发生的。这种红锈是很易于弄掉的，例如用盐酸就可弄掉。这样，金在其保存的意义上以及在其清洗的意义上是不要求很大关心和麻烦的，清洗困难的乃是金与别种金属的合金或者镶嵌、浮雕之类混合在一起的情况。

四、银

银——价值较低的贵金属，比重 10.5，熔点九百六十度。银如果没有被某些作用力剧烈的物质——亚硫酸气体、氯、氢氧化铵等——把空气污染了的时候，那么银在空气中的变化往往极小。银和金的相同点是：很软、可锻。但是与金相异点是：银对于许多反应剂反应迅速，在硝酸中完全溶解，与盐酸形成微带紫色的、脆弱的氯化银，与硫酸则形成黑色硫酸银。蚁酸对银的氧化物起着极有趣的作用：蚁酸溶液在加热时能破坏银的氧化物而从溶液中恢复纯金属银，而另一种金属的氧化物，例如在考古学条件下银的平常邻居——铜的氧化物，就仍然保持着溶解了的状态。

如上所述，银在硝酸内能完全溶解，但是在空气中不可能有这样大量的硝酸能够对银发生作用。但是，硝酸的另一化合物——氢氧化铵（NH_4OH）——是空气的极普遍的污染因素，而它对银的作用也是积极的。

值得很耽心的是银很易于被氯破坏，而氯又是能作为空气的污染因素而存在的元素，并且这种元素又一定能作为地下水的污染因素而存在。因此，银破坏的产物也常是氯化钠、氯化铵或者氯化钾对金属银作用的结果。各种破坏作用之中，最重的破坏乃是所谓角银（$AgCl$）——微带有褐色和紫色的灰色物质，角银是非常软的，以致用刀就可以切开它。如果纯银的比重是 10.5，那么角银的比重总共是 5.6，差别是很大的，这差别是表示着金属银的深刻的变化。

亚硫酸气体或者硫酸对于银的作用是剧烈的，能把银变成黑色的硫化银。能够人工地把银变成硫化银，得出暗灰色，几乎是黑色的优良的坚固物质，可以用它来作装饰物。大家都熟悉的高加索的和北俄罗斯的带有黑金眼的物品，就是这种硫化银的装饰物。由于这种化合物在空气中很耐久，所以有它的存在就能对银质物品起保护作用的。

机械清洗对于银不能起巨大作用，因为银是柔软和韧性的金属，而机械清洗就能够使银质物品受到损害。可以用两种办法进行化学清洗——使用碱类，或者使用酸类。碱化方法主要是用氢氧化铵。氢氧化铵是银的各种化合物的良好溶剂，首先是氯化银的良好溶剂。但是应当记住：氢氧化铵对于纯金属也有相当的作用，因此，使用氢氧化铵的时候，必须用不太强的溶液（百分之二至百分之五）。为了使氢氧化铵的作用不太剧烈，最好在拉普切夫软膏内使用它。

在考古工艺学院试验所里曾经有大量需要清洗的铸币，那时我们一回就直接把五、六百个铸币浸在盛有这种稀释了的肥皂的桶内，并且把这些铸币在桶内放置三、四昼夜。这些铸币每天都拿出来检查、洗涤，用机械方法刷洗等等。平常，在第三天、第四天的时候，所有生成积层就都被弄掉了。有的时候不是绿色的薄层而是出现红色的薄层，也就是二氧化物变成了一氧化物。

这种清洗可以加速。为此，要在从肥皂洗槽拿出后，好好地洗涤（物品在水中煮沸两三回），之后把银质物品放到蚁酸溶液里（约百分之十至百分之十五，但决不可高于百分之二十五）。蚁酸要加热到几乎沸腾的程度，但不可使之达到沸腾。平常这种蚁酸加工往往结束得很快。在蚁酸中洗涤一、两小时就足够排除各种薄层，甚至坚固的薄层都可除掉。此后，必须仔细地在沸水中洗涤。如果在用蚁酸加工后不加洗涤，把物品放置不顾时，那么酸就将要对那为了使柔软、有锻性、有韧性的金属银具有较大的硬度而加在银中的铜合金发生更进一步的腐蚀。

最古的银质物品，一般地都具有几乎纯金属银——百分之九十到百分之九十五的纯度（百分之五是意外的混合物）。在较晚的时代，银质物品中就开始掺入铜。在古代制品中这种铜常比银本身破坏得较严重。蚁酸的主要性质是：铜的和银的氧化物在这种酸内能够溶解，但是铜的氧化物溶液在蚁酸中支持得非常久。在很长的时间内铜不从这种溶液内沉淀下来。银的溶液在蚁酸中加热时就很快地分解出来。从蚁酸中，蚁酸的组成部分之一（碳酸）分离出去，而纯金属银的沉淀物就沉淀下来。这样，银就从蚁酸溶液（甲酸银）中逐渐恢复为金属银了。如果我们溶解着铜并与水一起排除铜的氧化物，那么我们就同时能够把银的氧化物恢复到金属银的状态。

很遗憾，这种恢复了的银，虽然在其成分上是纯金属银，但在其构造上是一块没有银质典型光泽的海绵状物。在这些场合下，必须使用热处理方法，即大约加热到五百度到六百度，这就能恢复其强韧性，于是银就得到了所谓收缩。这种收缩就使银致密起来，并且银不再是灰色海绵状物而成为真正致密的能受得住研磨的薄片了（斯考特方法）。如果银上只恢复了很薄的一层，就不要加灼热了——用毛布刷子加工其恢复了的表面就够了。

有时应当使蚁酸的过快作用缓慢下来。为此，取百分之二十五的酸溶液，并且往这溶液中加添氢氧化铵，直到这溶液有氢氧化铵的臭味为止；用这种办法就能得出蚁酸铵的溶液。也可能有另一些方式：不用氢氧化铵来减弱酸的强烈作用，可以用氯化铵来代替氢氧化铵。用蚁酸和复盐（甚至于只用后者）混合加工（即顺序交替地加工）的方法能得出良好的结果。

第三种对银的加工方法——这就是电气化学的方法。可以照旧用苛性钠作电解质，但最好不用纯苛性钠，而用加上氯化氨的，并且用铝来代替锌。往碱性电解质中加入少量蚁酸是很有益处的。换句话说，我们用所有这些方法乃是努力使电解槽的工作更为平稳更为柔和。锌能够生出与苛性钠的极度活泼的作用，因此我们不用锌而用铝。不用苛性钠而用氯化氨，或者把氯化氨加到苛性钠中去，这都是有上述那种目的的。为了避免手续上不必要的复杂性，在小博物馆的工作中可以在清洗银时利用更简单的化学方法。如果必须用电气化学对银加工的方法才是顶合适的话，那么可以用库尔纳克夫装置．因为这种装置是用不太强的溶液作用着的。

如果在银上形成了硫酸银的薄层（褐色或黑色），在轻轻的涂擦下不能弄掉它时，那么就要用硫代硫酸钠和次亚硫酸一氧化铜（$4Na_2S_2O_3 \cdot 3Cu_2S_2O_3 \cdot H_2O_3$）的双重盐类的百分之十到百分之二十五的溶液。此后必须进行普通在水内的煮沸。硫代硫酸钾的溶液（百分之十到百分之二十）对于硫化银也有着同样的作用。

常常能够遇到由极薄的金片或由镀金所装饰了的银质物品。这里能够发生在铜和青铜物品中与金联合在一起时所发生的同样作用过程。在这种情况下，用蚁酸或在拉普切夫软膏中加工也仍能得出良好结果。但是在这种情况下应当非常小心地进行工作，因此就应当用弱溶液来工作以便使检查监督的可能性加大。

银质物品的保存就完全如同保存金质物品一样，假如一般的说来博物馆的设计条件是正常的话，就不要求一些特殊的保存办法了。银不怕光、不怕严寒、不怕干燥空气，甚至于也不怕湿润空气——如果这空气中没溶有某些污杂物，就是说如果这空气中没有亚硫酸气体、硫化氢和氢氧化铵的话。如果在银上出现了某种暗灰色薄层的话，那么这就是在空气中有着某些硫化物的明显特征。这时就要改变保存条件而用硫代硫酸钠（摄影用的）的轻微溶液作用于它，使这些硫化物的薄层脱掉。

五、锡

锡（熔点232.4度，比重约7.3）在古代认为是和金银同等的贵金属。这一点可以用下面的原因来说明：第一，锡很稀少；第二，它能反抗许多对铜和铁起作用的反应剂（例如：醋酸、柠檬酸、草酸、果汁、葡萄酒），它有像银的光泽。

锡具有惊人的性质，如果它在化学上是纯的，那么它就能够具有三种完全不同的状态（同质异形变态）。大家都熟悉的白锡，即所谓β—锡，是带有很悦目光泽的白色金属，当它还新鲜的时候，他有极大的展性，能锻得比纸烟纸还薄的薄叶。但它不能延伸成丝，它能很容易地在其表面上形成保护自己的薄膜。纯铸锡有着结晶构造，因此在折弯的时候，就能发出独特的嘤嘤声。

锡很少没有混合物而独立存在。最常有的是含有铅；铅掺的越多，锡与铅合金的色就越灰。这时，锡的抗植物酸和脂肪酸的耐性就逐渐减少。

如果周围环境的温度下降到低于十八度时，锡就有变态的倾向。温度越低，这种倾向越大。如果温度低于三十度到四十度，锡就很迅速地转为新的形态——它变成灰色并且很脆，甚至把它还原到以前的温度条件下时，这种锡仍然保持其脆弱性和灰色。这种灰色锡就称之为α—锡。

在俄土战争的时候，曾在冬季从国外运来大批的锡。为了锡质用品，以及给器皿镀锡等，一部分锡在四十度严寒的冬天运到了莫斯科。到达了莫斯科的时候，这些锡板就都变成了灰色和非常脆弱的了——锡板落到地上就粉碎了。这种现象引起了大家的注意。为了查明原因，请来了彼得堡的院士弗利茨舍。他断定说：锡不能够经得起这种过低的温度，因为那时候锡能够变成另一种同质异形的东西，即变成 α—锡。

最后，在加热到高于一百六十度时，锡就显示它的第三种变态，这种变态所具有的脆弱性使它完全变成砂砾状。

在锡的这些变态中，每个变态与每个变态那是有区别的。我们对待锡要非常谨慎，尽管平常锡是极不易起变化的。

白锡变为灰锡时所发生的典型损害，获得了一个有些过分的名称，叫作"锡疫"。"锡疫"可能沿着表面，也可能从里到外地使物品感染，而在博物馆的情况下常发生的只不过是别的"疫巢"点而已。

一般地说来，对锡所进行的相当广泛的观察指明：锡质物品是常由已经变灰色的邻近物品感染的。这是因为这种灰色锡的极少颗粒既然落在冻成了 β—锡的锡上，就能使之转变为另种同质异形的形状，就像过冷的水中有一小块冰粒就能立刻唤起全面的冻结一样。

在博物馆的情况下，经常能碰到锡质物品。我们对于博物馆内锡的状况，比较是在不久以前（只是在二十世纪二十年代）才注意到。那时开展了相当大的运动来创造保存锡的办法。领导这个运动的是考古工艺学院，在这里也集中了对锡质物品修复方法的全部科学工作。我们曾研究了西欧以及我国学者关于锡的著作，着手寻求能使锡具有强度耐性的办法的工作。原来最实际的和最有效果的乃是把锡在水中长时间的煮沸。不过用水给锡加热是危险的，因为一到一百六十度的时候，锡就变成第三种变态，于是锡质物品就会散碎了。把锡在水中煮沸能阻止住已经开始了的转变为灰锡的作用过程，结果物品就能如同有免疫力了似的。

任何化学物质在这里是完全没有用的，因为发生的变化不是化学的，不是由于任何化合物的作用，而是物理的变化，即分子构造上的变化，所以用化学办法来防止这种变化是没有意义的。在我们博物馆中极繁多的锡质物品，以及在某些地方还是极贵重的锡质物品——对于这些锡质物品只有局限于用煮沸的办法。如果再进一步，那就只有局限于在相应的条件下保存了。这些相应的条件就是：应当在冷的时候把锡搬到较暖的屋子去。

六、铅

从很古的时候起，铅就被发现与熟悉了，但是很长时间内在日常生活中、在艺术中都没有起过重大的作用，因为铅是软的，很易由于外界的反应剂而变化，而且铅又特别重。事实上，铅的最重要用途是铸造货币、印刷，还有制铅白粉。这是在远东和在地中海盆地都同样的为大家熟悉的。我们看到罗马人把铅用于水道事业中，用于造船等。

铅的比重是从 11.25 到 11.4，熔点温度是三百二十六度，它能被硝酸很好地溶解，但是稀释了的硫酸和盐酸对于铅不能起破坏作用，因为在它表皮上能很快形成氯化铅和硫化铅盐的薄膜，这样就能够预防铅免于更进一步的腐蚀。

但是，弱的有机酸——醋酸——却能把铅完全溶解，还有含氨盐的水和含碳酸的水也同样能够把铅完全溶解。

铅的破坏开始于置于空气中。氧气对铅起着强烈的作用。铅如和氧化合，则得出一氧化物（PbO），这种一氧化物是一种白膜状态的东西，几乎在所有的铅质物品上都能看到。如果在空气中含有二氧化碳（而二氧化碳在空气中几乎是总有的），空气对于铅的作用就特别的剧烈（碳酸铅——$PbCO_3$）。复杂的氧化作用的结果，就形成所称为铅白粉的白色物质，它是由碳酸铅和氢氧化铅〔$2PbCO_3 \cdot Pb(OH)_2$〕组成的。处在碳酸或醋酸的强烈作用条件下的物品，平常要完全破坏掉，这些物品很难于拿到手里来。铅的强力破坏剂原是脂肪和油类。

虽然铅质物品对于一切种类的破坏作用都非常敏感，但是几乎完全破坏了的铅质物品有时竟几乎不改变物品的形状。例如，在几乎已经完全破坏了的铅铸币上常常还能认出上面的字。这是因为铅的氧化物很致密，而且氧化了的铅在体积上的变化并不像铁和银那样大。如果铅质物品覆满了膜，我们常不能够把这常是白的或微带黄色的、有时外部相当坚硬而内部都是碎散了的膜除掉。我们现在还没有任何一种完全可靠的和普通的手段来对于铅进行加工。

对于腐蚀程度不十分深的铅制物品，艺术历史博物馆修复工场（莫斯科）较成功地使用着电解加工的方法（锌微粉、蚁酸溶液）。

德国试验所认为用钾灰对铅进行加工的方法是清洗铅的良好手段（碳酸钾——三份，蒸馏水——一份）。把铅质物品放在这种溶液中煮沸五分钟到十分钟，之后冷却，再度煮沸，每十五分钟要拿出来并用软刷刷净。如果硬皮特别顽强坚固，物品就要放在锌板上，以后把这种加工手续继续下去直到除掉硬皮为止。在沸水中冲洗之后，把物品放在酒精内半小时，此后放到乙醚中半小时，必须使物品干燥。但是剩在弄掉了的硬皮下的东西常常一点也不像从前的物品，所以在利用物品作研究时，带有硬皮的氧化了的物品比起清洗了的物品往往能够提供较大的可能。因此，往往不对铅质物品进行清洗。

把铅的氧化物还原为金属铅，当然能够用电解的方法，但是还原了的铅往往是不能保持其形状的一块海绵状物而已。

铅质物品的加固必须在完全中和了的物质中进行。在席拉克溶液中或在溶化了的蜡中进行加固能得出最好的结果。

金属的保存与复原方法的论述以铅来结束的时候，不能不提起大家注意到金属破坏种类的极端多样性，以及因此而来的病态物品整治方法的多样性。如同对待病人，对待病态的金属物品也必须永远是一个个的疗治，不可能对一切情况采取完全相同的手段；相反地，在保存物品时却可有共同的卫生规则——这就是建筑物的合理的空气条件。

第三节　有机成分的材料

骨

骨中同时有两种成分存在——矿物质的成分和有机物的成分。骨的矿物质是由磷酸石灰构成的。这种磷酸石灰构成一种极其复杂的骨的结构，这种结构在阻抗裂开以及阻抗压力、折损等等作用上，是有着非常高的耐久性的。骨的有机充填物乃是油脂物质（骨髓）。因为骨有着双重性质，所以它就常常能起各种性质的变化。

充填于骨内的油脂物质，在氧化的影响下，在水解溶液的作用下，在各种酸性反应、硷性反应、微菌等的作用下，就会逐渐分解而裂开。这些油脂物质最后作用的结果是：部分油脂物质气化蒸发，部分油脂物质被细菌造成了盐类，于是本来是有机的骨现只剩下来矿物质基础了。对于这种矿物质基础，光以及纯水都不能起化学作用（水只能起机械作用而把其个别细小部份带走），因为组成骨骼的磷酸石灰是不能溶于水的，但是如有食盐存在，则能使水成为骨质的溶解剂。

某些酸类也有着同样的作用。

碱类对于骨的矿物质基础不能起作用，但是碱类能把油脂物质碱化。

在几千年的期间内，骨的矿物质大部破坏，但是多次发现旧石器时代人骨的事实就说明着骨质材料能够具有非常大的阻抗能力。在另一些情形下，往往能发现骨已处于矿化了的状态，在这种状态下，有机材料就逐渐被矿物盐类和酸类、特别是 SiO_2 和 $CaCO_3$ 所代替。

考古学家常常在发掘时遇见从外貌看来似乎是完全完整的骨，但有时对它稍微一经触动，就能够使之粉碎。因为骨在其机械的结构上已经破坏，而仅只因为几百年来毫无触动，骨块才保存着原来的外貌。所以在发掘时，当接触到剧烈破坏了的骨的时候，尽管它外面看来是完整的，首先也必须把它加固。

最普通的加固方法，就是用任何一种我们已经熟悉了的加固剂把骨浸润上（用刷笔或者用喷雾器）；最好用精制胶（精制胶溶液从百分之二到百分之五）。

为了使骨在其加固后能足够坚固，仍然必须用那种用于所有其他情况下的以蚁醛覆在精制胶上的办法。在野外作业时，平常都直接在发掘当地用蚁醛的稀薄溶液进行喷雾，或者用刷笔涂以蚁醛。这样，在当地就能够把骨加固得使它将完全能够拿得起来以及对它作进一步的操作。

第二种加固剂，可能在操作上更为轻易些——这就是石蜡。加热就可以使石蜡溶化，用这种溶化了的石蜡浇在骨上，就能够使它在博物馆条件下再来进行清洗整理。

第三种加固剂，可用"茶苯"，即纤维素制透明胶。只是应当记住："茶苯"胶是易发火的物质，因此有"茶苯"的地方绝对不许可吸烟。可以用"茶苯"来喷到骨上，或者把用刷笔涂在骨上。

当把骨从地下取出时应当记住：如果使从湿润环境中取出的骨过分干燥，那么它就要变得很脆，并且在转运或进一步操作时易于粉碎。因此，必须在当地进行加固，而不使之过于发干。像上面所说过的这种加固方法有时可能仍不够。因此，如果在我们面前有某一件很易碎散并且又是有很大价值的骨质物品时，就必须采取一切办法使之能在不受损害的状态下运到博物馆来。为此，则需要做一个较坚固耐久的套。

下面的方法是很好的：搅拌石膏，把从菩提树皮制的席垫上刮下来的纤维加到石膏里，或者把细碎的包装用刨木花加到石膏里，用这种混合物从露出这面把骨敷上。当石膏固着上了的时候，把骨质物品的表面更进一步的刷净，再敷上这种石膏绷带，但是不要压缩它，以便使它仍能是足够脆的。不应当忘记：石膏在冷却的时候体积要增大，而它就能够紧紧压迫处于这种套内的物品，因此，如果套整个是由石膏制成的，那么它只要一冷却，就会把物品压碎，如果把如刨木花和树皮制席垫的纤维之类的脆弱物质掺在石膏内，我们就能够预防极强的压力。此外，应当牢记：充满石膏的菩提树皮或者石膏，只能涂敷在已经用精制胶"茶苯"，或者用石蜡加固好了的骨上；不然的话，石膏就要牢牢地和骨附着在一起，而再想把石膏和易碎的骨分开就会很困难。甚至在进行加固以后，也应该在敷上石膏套之前用薄的软纸、细纱以及其他类似的东西把骨包起来。对于特别脆的物品，只有用匣子把物品连土一起拿起来。

在这种情形下，要照下面所叙述的方式来进行：制成比该物品尺码大、比该物品垂直尺码深的一个木框。把这个木框放在地表上，从旁面把土掘出去，木框就逐渐落下来。这样一直做到使物品下面也有了足够厚的土层为止。匣子与木框之间的所有空隙地方都要用石膏灌上，还应当从上面灌注石膏，以便使这个表面也不受到震荡。当各方面和上面都灌好了石膏，就把盖安上并用螺丝钉拧住，不要用钉子钉上，因为匣子受到锤子敲打的震动就能够使骨质物品粉碎。当匣子已经做好的时候，就开始从下面来进行清除，并把做底的木板一块接着一块逐渐地插进去，之后填进一块或两块横板，塞完后就把这一切都绑在一起，于是就可以把整个匣子翻转过来。需要很小心地翻转，在这种工作中需要很大的精确性、精密性，特别是需要有耐性。

既把匣子翻转过来，那么就必须把下面也灌注上石膏，并且用螺丝钉把底面的板子都拧牢。匣子运到地点之后，要从反面来进行开启。在进行刷净时，一露出骨的时候，马上就要一面往下刷土，一面进行加固。刷土与加固要同时进行。

这种方法叫做匣取法，这种方法不仅对于骨质物品、并且对所有其他要求特别细心的物品都可以适用。用这种方法可以取出织物、木、陶器；有时常常用很大的匣子，如同在取出现已绝迹了的动物骨骼时所特别使用的那种匣子一样。

现在，我们讲到了考古学上的骨器是特别难于处理的材料。但是，在博物馆中不仅有考古学上的骨器，还有极其多种多样的时代较晚的骨制品。

普通，骨的变化是开始于渐渐发黄和发干，因此在古代骨制物品上总能够清楚的看到有发黄的地方和裂罅。因为干燥的结果，骨质的外缘（例如：在小型贵重物品箱上、首饰匣上）就开始扭歪变形、裂开以至于终于脱落下来。为害最大的正是这种干燥的现象，这种现象之所以发生是由于原来充填在骨内的油脂物逐渐的分解消失，于是骨就发干起来，这种干燥起来的现象也就使骨在体积上稍微缩小些。预防这种发干现象几乎是不可能的，但是无论如何某些办法在这里还是可以使用的。最自然而又最有效的办法，本来能够用油脂物质来充填骨器。但是，新加进去的油脂物质也一样地易于分解。因此，需要选择一种不分解的充填剂。可以用矿物成分的油脂物质——石蜡作充填剂。把骨品浸渍上石蜡是保存骨品的最适当的方法，因为石蜡能给出不受粘着的油脂表面，所以在有必要粘连的时候，就要用汽油乙醚或用其他溶剂把石蜡从表面上除去。

如骨板之类的剧烈干燥了的骨器，可以在水与甘油混合液中煮沸，很好地加以拂拭，并在报纸下干燥之。这些骨器可以用精制胶糊（二十五份精制胶，加上一百份水，加上七份醋）或鳝鱼胶糊（鳝鱼胶二十份，加上一百份水）来粘连。

用在丙酮中稀释了的"茶苯"胶漆浸渍骨质物品，能得出从外表上看来是很好的结果：没有任何斑点的讨厌的光泽，骨的颜色也不变化，但是没有解决的问题就是"茶苯"胶漆的耐久程度的问题；其次，在长期保存时可以认为不可避免的，就是从"茶苯"中把游离的积极的酸排出去。

现在"茶苯"胶漆广泛地用于这类物品的加固上，并且有一些工作者认为它是最好的加固剂。无论如何，如果必须使用纤维素胶制品的话，那么最好不用"茶苯"而用任何一种其他的纤维素制品。溶解在丙酮中的电影胶片能给出最良好的结果。溶于丙酮后所得出的漆，可以用之浸渍和粘接骨质物品。在这种情形下，其他适用的制品最好的是苯化纤维素（Бензил - Целлулоза），它可溶于汽油内。应当记住："茶苯"只能用来作初步加工，而为了在博物馆中保存则必须使用更为永久性的加固剂。

尽管发黄了的骨（即剧烈浸透了油脂了的骨）比发白了的、丧失了油脂的骨，更能耐久些，但有时也会遇到除了把骨加固以外，还要把它漂白的情况。如果必须漂白，那么可以用双氧水（H_2O_2，市上出售的浓度）来进行，在较不易漂白的情形下要用百分之二的氯化石灰的溶液或用百分之二的草酸溶液。使用草酸时，需要知道草酸水溶液的纯度，用水将溶液稀释到百分之二至百分之五的浓度。

骨质物品是很坚固耐久的，如果用正确的方法发掘出、正确地加固好，那么它们将能很好地保持下去。如果是旧石器时代人头盖骨之类绝对稀有的物品时，那么对待这些物品当然就要特殊注意，并且不使之受到光线的无谓的作用，不使之受到温度的剧烈变化，总而言之，要把它们保持在正常的博物馆条件下，使之避免受到强烈的光的作用。

第四节　纤维物质

一、纺织纤维及纺织纤维的制品

纤维物质类包括着巨大数量的物品，这些物品在外貌上是极其多种多样，而按其性质的基本特征和工艺学上的本性是有着深厚的亲族关系的。它包括：一、可用于制备织物、线绳、丝绦、绳子等物的纺织纤维；二、皮革和皮革纸；三、木；四、纸。不过，纸不能组成独立一类，就是说，纸和第一类以及第三类是那样密切地关联着，但同时它的性质上又是那样独特，所以它值得在纤维物质制品行列中占有一个特殊地位。

在述及的四类中，使博物馆学者特别注意的应当是第一类和最后一类，即织物和纸。如果说关于纸的保管和复原的文献还算广泛，并且在这里也得到了极重要的成果的话，那么对于织物则是完全相反的，而在这一方面作拓荒者的荣誉就要属于我们苏维埃的学者们了。因此，我认为有必要在这种情形下稍稍详细些论述。诚然，若干年前国际联盟博物馆局（International office des Musées）曾对纺织品的保管及复原问题，对世界上除苏联以外的所有巨大博物馆进行了调查。

这调查的结果曾经发表在这个博物馆局所出版的杂志《Mouseion》上，这文章上的摘录曾刊载在杂志《苏联博物馆》上（一九三五年）。

读者如果通览这些文章之后，就一定会极度惊讶，因为这一调查的组织以及甚至作为这些总结的基础的思想是非常贫乏和有缺陷的。几乎任何人也没有越过最起码的经验论的方法，只有华盛顿博物馆保管工作者克里吉尔除了回答调查的问题之外，写了一篇文章，其中论述了他自己对修复和保管的观点，还有巴黎的 A·费得洛夫斯基——人文博物馆试验所主任——曾提出为进行织物修复与保管工作所需的若干科学前提条件。

这种思想贫乏和具有缺陷的原因只能是：从复原及保管的观点上看来，博物馆内的织物从来不曾是充分注意的对象。

但是，在我们博物馆中有一些材料，是独一无二的、在任何地方也从不曾发现过的、有世界意义的珍宝。例如，在爱尔米塔什博物馆中保存着一些织物，是从我国南部地区优秀的发掘工作中得出来的。在墓内曾发现了优异的古希腊的织物标本，其中有世界上任何一个博物馆里也没有的似这种织物的标本。收获最大的发现是在一八七八年——一八七九年间。关于这些次发现的材料报导，曾在一八八一年考古委员会的总结中刊出。载有这些发现物的壮观的复制图录指明了我们实在是拥有令人惊异的宝库。

在一九二四年到一九二五年，有名的旅行家考兹洛夫曾在蒙古进行了发掘。在属于纪元后最初几世纪的墓中曾发现了大量的中国制造的独一无二的具有极高价值的织物和当地的匈奴族的织物。在任何地方从来也没有发现过可以和这些织物相比拟的织物。在蒙古的发掘中所得到的发现物是那样富丰，以致于只有从这时候才能够讲到中国丝织物的历史。

当考兹洛夫发掘的织物运到列宁格勒的时候，这些织物送到了俄罗斯博物馆人文部（现在的人文博物馆）进行修复和清洗。在进行这工作之前，列宁格勒发生了巨大的水灾，把人文部的地下室灌进水去，在这些地下室内正保存着几万件物品——包括织物在内。所有这些物品都被水糟蹋坏了。

　　为了复原织物，在博物馆曾组织了特别工场，于是以非常的速度和巨大的技能把这些织物修复了（洗净了、把泥垢刷掉了等等）。考兹洛夫发掘出的织物也送到了这个工场来进行了修复。非常使人遗憾，对待这些织物也使用了对人文学织物所用的那些方法。但是，人文学织物的年龄不过只有二十年、三十年，最多也就是五十年而已，而考兹洛夫发掘出的织物的年龄却是两千年。

　　在清洗之后，这些织物起初在地理协会，以后在物质生活历史学院中进行了展览。最初所有这些织物看来都是很洁净和平整的，但是当请来纺织专家的时候，他们肯定的断言说，从织物上什么也没有剩下来：纤维弄毁了、色彩洗掉了，只有那些没交付修复的织物才能够给出色彩和纤维的真实面貌的概念。

　　由于这个问题，激烈的争辩就逐渐的展开了。关于应当如何修复与保存这些织物的问题，以及根本是否有清洗与修复这些织物的方法的问题，曾发生了许许多多不同的意见和争执。当大家开始参阅外国的和我们的文献时，发现原来关于这些问题文献上是只字皆无的。

　　有一些好的参考书（主要是德文的）是关于洗涤、拭除斑点之类问题的，但是这完全是另一件事。看来似乎外国博物馆的实践在这一方面能够给予我们一些什么。构成国外许多博物馆的主要财富的那些埃及考普特城以及叙利亚帕利里米尔城的织物，因其考古科学生活诸条件，曾将其壮观的境况一直保持到了我们今天，而这些织物使我们产生几乎是新织物的印象。因此，对于这些织物当然是不能够使用那些对埋在普通地下几百年甚至于几千年的织物所必须用来进行清洗和复原的方法。而从蒙古发掘出的织物甚至出在泥中，这就是说，比起考普特城的织物来是处在完全不同的条件下了。

　　保存与复原织物的新方法的计划工作委托给了考古工艺学院。在学院内曾组织了关于各种不同问题的一些工作组。为了研究讨论与咨询质疑曾吸收了纺织科学方面的最具威望的专家们。

　　对这些工作的领导就交付给我来担当。

　　整个工作的基本原则如下：如果对这一物品材料没有详密的研究（对于这一物品的个别地、而不是一般的研究）就不能采取任何一个步骤，因为这里的许多物品，无论在技术上、材料上、色彩上等等，都是各有不同的。要先对于织物材料进行研究，其次再来确定在科学上有根据的清洗与保管方法——这一原则到现在仍然是基本原则，忘掉这一条基本原则是不应当的。

　　上面所提到的克里吉尔所写的文章中说：只有在研究材料和研究材料性质之后，才能够采取保护织物的任何办法；如果没有这种研究，我们一般地就能冒着彻底毁坏所有藏品的危险。

　　学院曾将对于织物所进行的工作的某一些结果刊载在物质文化历史科学院的《消息报》上，题为：《对诺音乌拉城发掘出织物的工艺学研究》，但是整个关于复原和保存的部分仍未曾被涉及到。而关于考古工艺方法学的一些材料的出版（《论清洗织物问题》第八版）也没能弥补上这一空白。

　　因此，如果我们在博物馆中有纺织材料，那么我们在处理它们时必须是非常注意和谨慎的。因为，非常遗憾，对于博物馆藏品说来，我们到今天还没有关于这些材料加工方法印成的参考书。

　　纺织材料是由纤维制成。纤维有动物性的或植物性的。辨识植物性和动物性纤维的最简单方法是有如下述两种：一、在燃烧的时候，毛绒和丝能发出特具的焦烧角质的臭味，而植物性纤维——只是没有特别臭味的普通烟而已；二、在烧剩的动物性纤维的末端能够形成烧了的蛋白质的暗色小颗粒，而植物性纤维燃烧时变成少量的浅灰色灰烬，它的烧剩了的纤维有针状的尖锐末端。

　　动物性纤维是毛绒和丝；植物性的主要是麻和棉，但是考古材料中也常遇到苎麻纤维、荨麻纤维及其他。在其性质上来说，动物性纤维和植物性纤维都是纤维素。

　　在这以前我们曾讲到矿物的——即非有机物的材料，比较起来是具有很高的耐久性；而有机的纤维素在其性质上来说是非常易于变化和不稳定的。

一般地把能够从液体中沉淀成为肉皮冻状或胶糊状沉淀的物质称之为纤维素——即胶状物质。这种沉淀，有的能够重新溶于同一溶剂中，例如精制胶、木工胶、阿拉伯橡胶就是这类的；有的不能溶解，这一类的，特别是头发、绢丝、麻纤维、棉纤维等等。这些纤维是由动物有机组织的很复杂的纤维素溶液所造成，并且是这些溶液凝固的结果。这种凝固是在有机体生命过程中完成的，不管是动物或是植物都是一样的。

纤维的特点是它有吸水性以及吸收一般液体的性质。由于这种吸收，纤维就膨胀起来。这种膨胀能够是各种性质的：例如，材料在干燥时往往能恢复从前的状态，而在另一些情况下，如果超过某一膨胀限度，则不能恢复，而膨胀就变成经常不变的了。在这种经常性膨胀之后就能发生较持久的吸水现象。这不是机械的，而是化学的吸水现象。这样纤维就变成某种新的东西，这种新的东西能具有新的区别于原来基本材料的性质，这种新的东西大部分具有比基本材料较低的品质。

如果我们将要开始观察各种纤维，那么首先应当来研究毛绒，因为它是古代最普遍的纺织材料。

毛是圆柱形体，有时是带有内部细管的筒。这种细管大多数的情况下常常是几乎完全看不到。在某些类毛中，这种细管是根本没有的。对于毛是最典型的乃是毛的圆柱形体外布满鳞片。因为有这种鳞片所以造成很独具的特性——这特性就是能够弯曲、能够聚成毡子。鳞片能够密密地彼此相衔接，也可能扩展开来彼此之间有若干距离。这种情况就特别有助于造成毡子。毛纤维，就其化学成份来说，是由许多蛋白质构成的，因此它就具有蛋白质所一般具有的那些现象，其中包括复杂的蛋白质由于细菌的作用而分解成为复杂程度较小的物质的现象，即所谓腐败现象。

丝，与毛相反，是完全平滑的完整线条，没有微小的不平坦和粗糙的地方；在某些地方常常有结节，但是它是比较少的。在切片中，丝纤维是中间没有孔隙的密密的圆片，或者是稍微延长了些的圆多角形体。这种多角形体是野蚕丝所特有的，家蚕的丝切片却是完全圆形的。知道这一点，有时是非常有用处的。

问题在于我们研究的纺织材料，乃是历史文献，是一定时代、一定文化的纪念物。在考兹洛夫藏品中我所提到的，以及能给我们指出纪元开始后或者纪元前一二百年的中国纺织品特点的那些织物中，原来已经就有了半饲养蚕的茧丝，因为线条的切片是稍有角形的圆形。这证明着：中国的文化中在这个时候就发展着作为农业企业、作为人们对蚕进行选择和淘汰的一种职业的养蚕业。这时就已经不是单纯地采集野蚕的茧子而是养蚕了。我们如果知道这一点，那么我们就能对当时中国文化得出完全不同于那些没有这些材料的人所能想象出的概念。

丝和毛都能够吸收大量的水，并且虽然吸收了这些水，在外观上的变化却非常少，因此，毛吸收的百分之三十的水，在触觉上甚至于不能引起任何湿润的感觉。

所有动物性纤维都能较好地耐得起稀释了的酸类的作用，但是完全不能耐得住硷的作用。从日常生活中每个人都知道：毛织物品不能在硷性水中煮沸；因为能得出的只不过是浓稠的糊状物而已。

植物性纤维，按其构造上是大大地区别于动物性纤维的。麻的纤维内部一定要有细管。苎麻、荨麻以及其他植物纤维，都有同样的细管。任何如毛上的鳞片构造，在麻纤维上没有，同样在另外任何植物纤维上也没有。但是它们有某种别的东西，即折纹，这些折纹的性质比起鳞片来绝对是另一种东西。麻纤维在切片中是相当正的多角形，这多角形中间有细管。苎麻的纤维和荨麻的纤维，几乎和麻有相同的构造，只不过它们的多角形不太整齐，在尺度上又有些不同而已。植物性纤维不能经得起酸类的作用，而它却能较好地耐得住硷类作用。

由此可知，植物纤维在其性质上是完全与动物性纤维相反的，但是与动物性纤维相同的地方是植物性纤维也能大量地吸收水，并且能在水的作用下膨胀起来。毛和丝在长期膨胀之后，如果不是同时有高温的时候，能够恢复以前的状态，而植物性纤维却也可能不恢复其以前的状态。吸水现象造成后，这种现象能使纤维加水分解，而加水分解就能使纤维的蛋白质（纤维素）变为新的物质——变为氢化纤维素和氧化纤维素。氢化纤维素和氧化纤维素在干燥时变成不耐久，以致可以把它们一擦就能成为粉末。这种现象我们平常在考古织物中也能够观察到。

我们常常有一些已经染了色的、修饰过了的纺织物品。这些物品是用什么和怎样染的、怎样修饰的，以及这是怎样在纤维上反映出来的——这些问题，自然是我们必须关心的。所有纤维素，其中也包括任何织物的纤维在内，都能以非常大的贪婪性吸收着它们所接触到的一些液体。这些液体能从自己成分内沉淀出能被纤维永久吸收的某些物质。如果我们把毛纤维放在某一种染了色的液体内，即通称为染料（按其本质也是纤维素）的溶液内，那么纤维就会把一定数量的染料给吸收进去。但是，因为动物纤维和植物纤维对各种酸类和硷类是各有不同的反应，所以当然有一些色能被动物纤维吸收，而另外一些色能被植物性纤维吸收，这就要看这些色在其本性上和在其制造方法上是酸性的或者是硷性的了。

因此，如果我们有某种需要加工的纺织物品，那么我们首先必须研究其纤维的性质是什么样的；这时才可以预先推测这种纤维是可能如何染上色和怎样染上色的，而后来才能够研究与考虑对于这种纤维应当使用什么样的复原办法。

看来没有一种物质是人类没曾用来试验染纤维的。从很久以前，就使用了草、浆果来给纤维染色（现在在日常生活中仍然使用着浆果制的这种染料）。例如，在历史上大家都知道：罗马人征服莱茵河以南地方（古名戈利亚地方）时（即纪元前一世纪的时候），黄莓果就曾用来给奴隶的衣服染色。到处都曾经用黑色红醋栗、蒜、甜菜汁、胡萝卜汁、植物皮等等进行过染色，也曾用过有色的土、金属氧化物等染色。

曾经有一种意见说：为了使粗糙的矿物染料（染色大概是从这种染料开始的）能够附着，并且能够足够持久，所以在古代就把这种染料和某种粘连胶着物质化合到一起了。但是，也有不用一切胶着物质而单独使用这种染料来染色的方法。不久以前，伊里因斯基教授为了工业染色的目的而研究了这种普通的又令人信服的染色方法，他做出了在工场生产规模下这种染色方法的范例。

考古工艺学院的工作中，在研究考兹洛夫发掘的材料时，曾遇到了这种用矿物质染色剂染色的有趣例子。在材料中发现了一件非常薄的丝质绢网，这是加工技术很高的绢网，这种加工技术现在都甚至于很难于想象出来；这绢网是被染成鲜红色的。我们由于不止一次地反复研究，才断定这是朱砂〔或称辰砂，即硫化汞（HgS）〕。对纺织品使用朱砂，根本未曾听说过，因为纺织品染色时必须要染色原料能够溶于非常稀薄的纤维素，而朱砂是不能如此的。但是，使用朱砂的事实却是无可非议的。这朱砂是怎样被使用的这个问题，到现在仍然是无法知道的问题。

由此可见，和用浆果及其他方法染色方式一样，最古代的染色方式能够是不用胶凝物质而涂刷矿物色的方式。能够得出极稀薄溶液的植物性染料，比起矿物性染料有着较大的普及根据。

用花和浆果制的植物性染料来染色是很美丽的，极其多种多样的，但是这种染料往往是极不能持久的，常常只能保持极短的时间。

用树木、灌木、草茎叶中提炼出的各种色精来染色，比较耐久些。例如，在极多的植物中所常遇见的黄色染料就是这样的染料。而在我们苏联从极西到极东的广阔幅员上能出这种染料的植物有如鼠李（学名：Phamnus frangula）。鼠李在其叶子内，树皮内，特别是在其浆果内，都能给出染色物质。这些浆果不能食用，它们在溶液中用来染色时能给出很耐久的黄绿色。我曾试验用最普通的办法以鼠李提炼出的色精对各种织物进行了染色，得出了橙黄和绿色的优秀的色调。在这里我们已经有着很广的色调范围、可以适用的材料和很大的耐久程度。

能做出蓝色染料的植物是分布得很广的。在赤道下的一些国家里，这就是——印度蓝，在我们苏联即所谓大青（植物名，学名：Isatis tinctoria）。大青，以及它的各种各样的变种，都能做出蓝色染料。这种染料表明着：人类不仅经过了很好的观察，而且在文化的很早阶段上就已经了解了复杂的化学现象，因为假如你用这大青的浆液去染某种织物，那么只能得出肮脏的黄色，只有以后，它才开始发绿，通过在空气中的氧化后它才能得出非常经久不变的蓝色来，这就是所谓印度蓝色。

染色工作的进一步发展阶段，我们能够在使用某些红色染料这方面看出。这些红色染料中最普遍的乃是用茜草（学名：Rubia tinctoria）根煎出的汁液来染色。这种茜草在下列地方都能遇到：在里海沿岸低地的草原地带，在小亚细亚、伊朗、中央亚细亚的草原地带，在蒙古、中国及其他国家的草原地带。在我们苏联北方有一种近于茜草的一种草，它叫做细叶草（学名：Galium）。这种细叶草在其根上含有着和茜草相同的染色物质。

但是，如果你没有事先准备而单单用茜草的煎汁来染织物时，那你会得出黄色的色调。为了得出红色，就要把织物事先用媒染染剂加工，即用一定的盐类来加工，用这些盐类以后，茜色的染色液才能够在织物上由黄色变成红色，一直变到很深的色调为止。例如铝明矾用就能得出鲜红色或绛红色，这决定于各种加添剂——用铁的媒染剂得出红褐色；用锡的媒染剂，得出火红色。

柳的溶液平常能得出红褐色。如果把红褐色织物放到含铁的池沼水内，那么经过相当长的时期，织物就能变成微带蓝色的黑色织物。这里发生着溶解于池沼水中的铁和含在柳树和红杨（学名：Alnus）树皮中的单宁酸的化合。

人类观察着所有上面描述的那些现象，就逐渐研究出来了完全特别的和非常复杂的染色工艺。染色所用方法和材料都是与纺织物品本性本质非常接近的因素，这是很显然的。

这样，在复原织物时就应当弄明白纤维的来源、纤维的加工方法，它的染色等。织物因其纤维的性质而对于环境的所有物理和化学因素非常敏感（从对光和空气起都同样的敏感），所以上述工作还要复杂起来。

纤维本身在光线的作用下，不管是能够看见的光线或者是不能够看见的光线，特别是在不能看见的紫外线的作用下，它就能受到很强的变化。在帝国主义战争以后，对于在战时所暴露出的某些现象进行了细致的研究。曾经注意到：优秀的毛织品，根本不是穿旧了的，但处在太阳光线的较长时间的作用下，就丧失了它的耐久性。这种现象曾在柏林和伦敦的特殊试验所里进行过研究。

在最近几年，在莫斯科纺织学院中曾进行了一些很有趣的观察。判定了太阳光是能有系统地降低任何纤维的强韧程度的，最耐久的毛纤维大约在一年时间的太阳光作用后，就能减低这纤维强韧性的百分之二十五到百分之三十，这还是没有酸类、碱类及其他诸如此类物质的一切作用的情况下。在光线作用下，进行着毛的物质分解，并同时进行着硫黄的析出，这硫黄也要氧化，而终极的结果就能得出硫酸，硫酸对纤维的破坏作用就更要大了。如果拿强度较小的纤维，例如拿丝纤维作例，那么在太阳光的作用下只要三个月的期间几乎就能把丝织物给消灭掉。太阳光对于植物性纤维也起作用，但是不到那种程度。

由此得出第一条规则：当保管纺织物品的时候，不管是什么样的纺织物品，必须保护它们不仅避免直接阳光，并且根本要避免强光。

湿度不能不对纤维起作用，况且纤维本来就易于膨胀，在有湿度时就能丧失它所固有的性质。和光作用到一起的湿度，就能在庞大比例上增大着光的作用。在伦敦和在印度的干燥地方，曾经对完全相同的织物进行了观察。在印度，在赤道下，太阳光有着无比强大的力量，这力量当然要大于气候潮湿又多雾的伦敦了。但是，放置在很干燥的条件下的织品，比处在英国潮湿气候条件下的织品，前者的变化少于后者一倍。这样看来，不仅是阳光能给织物带来损害，而特别厉害的是太阳光与湿气的结合。

第二条规则：保护织品不受到光的照射时，也不要忘记保护织品不受到多余的湿度作用，就是说不要忘记注意室内的条件。

如果没有潮湿作用附合在温度作用一起，那么温度本身不管在任何程度是也不是纤维的破坏者。有湿气存在的时候，低温就能对织物起作用，机械地粉碎着它们，根本适当湿度百分比的过分提高，如果温度不足，则能促进微生物的发展。可能存在于空气中的亚硫酸气体、氢氧化铵等形式的硷类和酸类，它们的作用并不是毫无差别的。

对于毛织品起着很强作用的是硷类，而对植物性纤维起作用的则是酸类。

因此，在保管织物时，对博物馆空气的硷性污染物和酸性污染物都要注意。又因为不能把毛织物和麻织物以及其他任何种类的织物分开个别地保存起来，所以就有一条共通的规则：注意织物保存库中空气的清洁。

在自然条件下，能够发生着织物的逐渐朽坏作用。这样，织物一直能到达完全破坏。

如果讲到考古物品，那么原来织物以及织物的破片常常是几乎绝对是在地窖中发现的，很少是在城市中发现的。说明这点是很简单的：在城市中，织物曾处于湿气、太阳以及其他大气因素的作用下，因此这些织物就比和死人同时放在坟墓里的织物腐朽的更为迅速些。土原来是比空气和光都好的保存织物的手段。

但是在土中，织物常遭受到另些种类的破坏：织物在这里要被污染，而这些污染剂就能够对织物起着非常有力的作用。这些污染剂中首先就要指出水。水能导使膨胀，并且此外还能唤起独特的分解作用，即所谓水解作用。纤维的水解分解作用——这是在土中的织物所能发生的最危险的一件事。因为这种分解是不能在后来弥补的。水解作用能从纤维中析出某些物质，于是纤维就丧失了其耐久能力。

其次，能够发生由溶于水中的盐类而使织物污染的现象。织物靠近腐败着的死尸，就能浸渍到各种酸类及硷类。有些物质其本身并不是有害的，但是它有时对织物的污染却很剧烈（如：铁、橡胶制品）。这种使织物污染的现象是可能有的。上述这些就是能使处在土中织物受到破坏的东西。

由于所有这些反应剂作用的结果，我们就能够得到完全黑色的织物，从这种织物中已不可能找到从前色彩的痕述。

这样，如果着手复原织物，特别是考古学上的织物，那么就要注意织物在土中所能够发生的一切情况。所有反应剂的作用就复杂到这种程度，似乎在我们面前摆着的是一项没有任何可能来了解的任务。但是，某一些工作，是完全可能做的。

如果说只有那具有通晓纺织品工艺学，通晓这工艺学最主要部分的极有经验的工作者和有设备良好的工场才能够做得到对很贵重织物的复原工作的话，那么某些最简单的工作在较差的情况下是可以做的，但是要有一条绝对必要的条件——就是要有最详密和不急躁的准备，同时要精确地遵守修复工作的几条基本规则，以及不断地记录自己工作的一切阶段，并且对于失败和可疑结果的各种情况更要特别留意。如不遵守这些规则，那么最好不要触动织物，以免完全把织物弄毁。

首先发生一个问题，就是：怎样从织物上把那些几乎永远使古代织物污染的泥和土弄掉，以及怎样把埋没在土中的织物从里到外浸透的那种灰尘弄掉呢?

最好是用水蒸气流来排除灰尘和泥污。不可以把所有博物馆藏品用水来洗涤,把它们浸在水里。因为那时候你就没有把握避免一系列的意外事情,例如颜色的丧失、纤维的变弱等。

对于小的作业,用一个锌桶,桶上做一个空洞,空洞要带有弹性橡胶螺旋塞,以便用于注水。空洞旁面嵌入(固定住的,而不是焊上的)一个普通锌管或铜管,在这锌管或铜管上插入带有玻璃尖端的细胶皮管,这个桶内装满水,如果没有电热板的话,那么就在汽油炉上或酒精灯上把这装了水的桶加热。为了预防锌桶过热时能发生的爆裂,在弹性橡胶螺旋塞内插入高75~80厘米的细玻璃管。水在受到加热和形成蒸气的时候,就从管内开始上升;如果水升到了管的上端,这就是到达了加热的极限,应当把加热减低。结果,得出在一定的、不是很高的压力下的(不多于0.5大气压力)蒸气流。这样,我们曾经足够成功地加工了很多的物件。如果是电力蒸气发生器,那么事情当然就简单了。

在对织物开始加工之前,要从使织物完整的观点上把织物详密地检查一下。加工本身要像下面的方式进行。把织物放在过滤纸上或放在洁白的布片上,再用蒸气流加工。泥污将很快地吸到放在下面的过滤纸上。如果织物从表面这边特别受到泥污的话,那么最好从里面来进行工作。对待考古学上的织物需要特别谨慎,因为用水蒸气流尽可能更好些的来排除一切可溶性化合物是很重要的;为此可以不用过滤纸作底垫,而用普通药布把脱脂棉做成薄片作底垫。把需加工的物品放在这种薄片上之后,就把物品用同样的药布盖上,而只有在这时候才能通过药布用蒸气进行加工。我用这种方法做到了把最纤弱的物品清洗干净。

这时,在考兹洛夫的藏品中有军人头部像的织物。这是物品原主的第一幅而且是唯一的肖像。当时我从国家考古历史博物馆委员会接到这件织物来作试验,那时候,这件织物是一个黑色的不大的硬块。当时只能够极约略地说:这大概是毛织物。当然,关于织物的构造是不能谈的,根本谈不到能有什么绘像。从来任何人也没有想到在这件织物上还有什么刺绣。这一小块之所以挑选出来,因为它是完全不中用的、没有复原希望的。

水蒸气的作用与用溶剂的加工交替进行的结果(关于用溶剂加工的问题下面将谈到),一直把这件物品弄得能够看得见绣着军人头部的优秀的刺绣的地步;这件物品现在是爱尔米塔什博物第一种引以为骄傲的藏品。这就是由于细致和顽强工作所达到的结果。

在清洗织物时特别困难的问题是选择能够把较为耐久的污染排除掉的溶剂。

在最简单的情形下,最普通的水可能用作溶剂,有时候用酒精。常常必须因污染的性质而使用较复杂的溶剂。应当永远记住:所加工物品的本性要求自己的条件,因此就不可能有任何共同的适用于一切的手段。

首先用普通水这是完全很自然的。如果织物公认为是耐久的,而颜色不能因水而脱落的话,用水是可以的。在这些情况下,把织物放在稍微倾斜的铺着油布的桌子上,而在油布上面用洁白的毛巾盖好。织物也最好用细纱轻轻盖上,把织物用海绵蘸净水(最好用蒸馏水)润湿,同时轻轻敲打着织物,以便使水能润湿织物,溶化污泥,并且能浸入铺在下面的布片。这一直做到从桌子上淌下来的水变成清净的时候为止。在工作的时候应当观察白色布片上是否开始出现了颜色的痕迹;如果出现了颜色,马上就要停止冲洗,而把织物用温热的床单或过滤纸吸干。

很严重的问题是关于肥皂适用程度的问题。在下例情形下肥皂是不适用的:一、如果织物根本已朽旧而颜色又不耐久的时候;二、如果颜色能因水而褪掉的时候;三、如果水因有溶解性石灰而是硬水的时候;四、如果在织物上有白色薄层,这些薄层不溶于水,而看来这些薄层又是石灰性的时候。

把肥皂弄成为碎泡沫涂在湿润的织物上，而让它保留在织物上若干时候，之后就像上述那样用水清涤下去。要经常地注视是否颜色因肥皂而脱落，如果脱落的话，马上就要停止肥皂的作用，而用手或用过滤纸把肥皂除去，以后用蒸气把肥皂的残余除掉。肥皂要用中性的——儿童用的或化妆用的，根本不要用富于游离碱类的普通洗衣用的肥皂。最好用绝对没有碱类的肥皂根（Saponaria officinalis）。

可以推荐用为溶剂的最好手段，就是刚刚介绍过在机械地排除所附着的泥、土、灰尘时所使用的水蒸气。水蒸气与液体状态下的水相反的地方是：水蒸气能不牵涉到织物的颜色而作为某些复杂污染的溶剂。例如，用水蒸气可以排除溶解性盐类、某些胶凝物质、醣类物质、酸类和碱类的溶液。但是蒸气也要非常小心地使用，因为应当知道，我们有时对于物品着色的工艺技术、对这些色彩在目前的完整程度还是完全不清楚的。如果没有在物品的不重要的一小块上试验过某些溶剂对于它能起什么样的作用，绝对不可以在任何一件物品上加工。

如果水蒸气是不起作用的话，那么就要使用二氧化碳之类的化学反应剂来排除油类和树脂。这类溶剂之中最适用和最有力的乃是汽油（更有力的是苯），当然是要纯的汽油。汽油能非常有效地溶解各种油类的和树脂的污染，而不能破坏许多织物上既经保存得正常的色彩。虽然如此，我们在博物馆实践中必须拒用汽油，因为它具有很大的发火性能，而它的气体和空气的混合就同时能得出强烈的爆炸。

这样看来，虽然这一工作似乎很简单并且极有趣，而我们在博物馆的条件下必须完全拒绝这样工作，或者必须离火很远在露天地来进行这种工作。此外，古代织物被减退变淡了的色彩能够被汽油洗掉，所以必须事先作试验。

从而，应当选择一种不能具有那么强发火性能的溶剂。我所试验过的一切方法中，我认为最好的是四氯化碳（CCl_4）。这是一种完全不可燃烧的物质，并且，它的蒸气还能消火。四氯化碳能够极其有效地溶解油类和树脂。我个人在排除污垢上所进行的大多数工作，其中包括清洗有名的带有军人头部的绣像，——这些工作都是在用蒸气加工之后，用四氯化碳来进行的，而得到的结果是非常良好的。

四氯化碳的优点是：它对色彩绝对不起作用。织物色彩仍能保持完全未动。

但是任何一种溶剂、任何一个化学物质，都是带有一定的消极因素（缺点）。很遗憾，这些消极因素，也是四氯化碳所固有的：如果四氯化碳处于接触水的情况下，而水又永远含有着（即使是微量的）氢的积极离子 $H°$，那么从溶解中就能够分离作氯（Cl）的负离子，能够与 $H°$ 化合，而结果得出盐酸（HCl）。因此，应当采取办法以便使这种情况不致发生。氯离子的这种游离是在光下发生的，所以应当保存四氯化碳不在光下，并且尽可能不在铁桶中，因为如果稍微形成了盐酸，那么铁就会迅速破坏，并且以其自己的氧化物使纤维染上色。这种过程发生的很缓慢，并且我在我的实践中还没曾看到过这种现象，但是在理论上这种游离是可能的，所以需要事先防止它。

有一些物质，在其作用上以及在其性质上都极其近于四氯化碳。可以用来代替四氯化碳的物质有二氯化乙烷。因为这两种物质现在广泛地用于工业上，所以得到它们不是很困难的事。必须预先警告：大量使用二氯化乙烷是对健康有害的。

需要在你用水蒸气把织物加工完了并把它们干燥以后，才能使用化学溶剂。根本不应当在如四氯化碳或者二氯化乙烷之类物质中进行很长时间的洗涤，特别是当我们处理毛的时候，因为溶剂在很长时间工作下则能从毛纤维中把保持毛纤维弹力所必须含有的纤维的羊毛脂给抽出来。在古代织物中常常几乎都有羊毛脂的，因此就是保存少量羊毛脂的痕迹也是特别重要的。应当记住：博物馆工作者平常所接触的并不是好的、完整的、直接从活的植物上或动物上取来的那种纤维，而是已经朽旧了的纤维。织物越旧，那就越应当越谨慎地使用溶剂，因为毛纤维中的油脂量如同在老旧的织物中耐久的潜力一样，是极少的。

为了吸出污垢（树脂和油类），我们有时用苏克斯列特（Сокслег）氏器械。这器械的装置如图。

说明：①酒精灯　②在烧瓶中的溶剂　③溶剂的蒸气升到 A 管去　④蒸气通到有物品的气筒去　⑤气筒，其中放有加工物，从冷却器流来冷却了的溶剂也落入这气筒中　⑥蒸气的入口，冷却气的出口，变成了液体的溶剂蒸气从这里流下来　⑦蒸气凝缩器，用来使溶剂蒸气的冷却　⑧蓄水器，水管水从这里过近进去，由其上端流出　⑨冷却器由蒸气凝缩器⑦与蓄水器⑧组成　⑩从气筒这个 B 管中，多余的溶剂又流回到烧瓶里去

这构造的主要部分是气筒，其下部有蒸气入口的小孔，其上部有往冷却器中去的蒸气排出口。

把应当加工的物品放到气筒里。这个气筒在下面以管子与注入溶解液的烧瓶相迎接。当在灯上或在水槽上使液体加热时，溶剂的蒸气就从烧瓶升上来。进入气筒之后，这些蒸气就对放在那里的物品进行加工，而进一步通到冷却器中去，而在冷却器中又变成液体回到烧瓶来。用这种加工方法，一滴溶剂也不能消失到空气中去，这在节约的意义上当然是非常适当的。

这种加工方法的第二个优点是：物品受到蒸气加工，而不是浸在液体中来加工。在这件织物上的所有污垢，都能聚到烧瓶来，对这些污垢还能够进行化验。这一点是极珍贵的，因为重要的是我们常常需要知道这件或那件织物中究竟有什么样的污垢存在着。从我自己的实践中可以举以下一个例子。

不久以前，我们曾对几件带有秘鲁产黑褐色沥青色的衣服。这些衣服是我们苏联博物馆中这一类物品中独一无二的。它们的情况是严重得可怕，在用蒸气加工之后，这些衣服逐渐柔软起来了。但是在溶解污染物的时候，扩散出一种很强的香兰草（学名：Vanilla Planifilia）油香味。至于这肯定是香兰草油的问题我们还不能确定，但无论如何香味是非常相似的。如果这种加工是在苏克斯列特氏装置中进行，而污染剂也能聚集到烧瓶中的话，那么详细的化学分析也就能够断定出我们是实在接触到香兰草油，或者是别种另外的物质。香兰草油的存在是能证明着一种葬仪的资料。在这种情形下，当时是不可能用苏克斯列特式装置的，因为对象是非常庞大的，而我们试验所这一类型的巨大设备当时又不曾有，这样有趣的葬仪细节问题就没经过研究而放过了。

因为树脂和油脂物质的本性是多种多样的，所以它们对这些溶剂的反应也是极多种多样的。因此，在多数情况下最好不用一种溶剂，而用旨在能有多方面作用的各种混合物。

例如，不久以前在我们试验所内曾清洗了大批炮兵博物馆①的古代旗帜。这些旗帜（克里米亚战争时代的）是包在油布套子内，而保存在某些潮湿的地方。在这里，油布完全分解了，并且旗帜的丝织物被黑色粘着性物质几乎浸到了旗杆。任何个别取来使用的溶剂也没能把透明油布所变成的物质溶解掉。当我提议用一系列溶剂的混合物之后，则得到了优良的结果。这种混合物包括着：乙醇和戊醇、乙醚、醋化酵素、丙酮、苯和氯仿。这些溶剂都是取同量的。

有时候尽管用蒸气和二氧化碳类溶剂进行了许多工作，但是织物仍然继续保持着晦暗。在这些情况下，织物最常有的原因是由于铁的氧化物和橡胶类物质所污染。至于把织物掩盖上了的铁的氧化物，当

---

① 疑为"圣彼得堡炮兵博物馆"，全名为"炮兵及工兵部队、通信部队的军事历史博物馆"，前身为彼得保罗要防御网一部分的冠堡岛武器库。

然是有可以用来能够把它们溶解的方法，但是大部分这些方法对织物本身都是起着极有害的作用。例如，草酸就能够极好地溶解铁的氧化物，但是草酸对于纤维的作用是强的。因此，对于排除因铁而发生的褐色或黑色污染物的工作，就必须非常谨慎。

对于排除铁的氧化物这一工作，我曾进行了大量的试验。曾进行了约三千次观察，原来当我们用柠檬酸进行加工时，效果最大而同时对大多数古代色彩的作用又最小。柠檬酸使铁的氧化物变为可溶于水的柠檬酸铁，所以它就能被蒸气流从织物上驱除掉。但是在这里也应当记住：必要从弱浓度（百分之五至百分之十）来开始这个工作。

至于橡胶物质，那么它们密切与铁的氧化物联系着的某一部分，是能够与铁的氧化物同时脱落的，但是到如今我们还没有那么一种方法能够把橡胶物质排除而又不能破坏织物的。因此，一部分橡胶质的污染就要保留在织物上。

当织物被清洗好了的时候，它一定要弄掉所有化学溶剂的痕迹，这可以用蒸气流来细致地把反应剂的残存部分驱除掉的。

如果能把经常见到极朽旧了的织物加固，那该是合乎希望的。而遗憾的是：目前还不能介绍出一些完全适用于织物的加固剂。如果愿意使织物丧失其色彩而保持其外貌的话，那么就可以用精制胶的加固剂，即曾介绍用于陶器，用于石及金属的那种精制胶的加固剂。如果把它喷成雾状，则能得出较薄的层。

在考古工艺学院中，于一九三七年至一九三八年，曾对用溶解了的丝使纤维物质进行加固的工作进行了许多试验。丝在苛性钠中溶解了，之后用醋酸中和了，结果得出来可溶于水的物质。就用这种物质浸渍了丝织物、毛织物和麻织物。结果是很令人满意的：织物没有改变其颜色，改变其表面，也没有改变其触觉印象。但是加固剂的耐久性还没有试验出，所以目前还不能介绍这类加固方法。这些试验曾过早地中断了。

常常遇见一些指示说：用纤维素制品使织物加固不是绝对不可能的（原句是"是相对的可能的"——译注）。但是因为纤维素能使织物变成硬的，所以它比用精制胶加固的方法是没有任何优点的。况且精制胶的耐久性也曾试验过，而纤维素的耐久性我们却是不明的。关于各种各样的、成分仍然不明的那些商品加固剂，我不认为有必要来提及的。

二、皮革

这组中的许多材料，在其外部特征上和工艺学特点上是有着很大差别的。除了皮革（即去了毛的动物皮）外，下列各材料也属于这一类：毛皮（密布着绒毛的动物皮）、鱼皮、海生动物皮，还有肠衣。在这一组中用处最大的是狭义上的皮革。

在皮革的性质上和毛有着血统关系。皮革的基础是蛋白质，皮革除蛋白质外还有大量维持皮革弹性的物质，即大量的油脂和水。如果皮革制品在长时期中保存，丧失了一定量的水和油脂物质，那么它就要变成僵硬的，在这种状况下，皮革就易于形成裂罅、遭受破坏等等。

为了使皮革保持柔软和较富弹力的状态，要用特殊化学物质，或利用生物学作用过程，或者最后用浸入油脂的方法来对皮革加工，这种加工方法的名称就叫做硝皮（皮革的硝制）。常采用的办法是把皮革长期浸渍在从某些植物表皮（橡树、柳树、赤树、落叶松及其他）提炼出的硝皮物质中。

这种浸渍有时要继续半年以及甚至于更长的时间。古代皮革生产是相当长的过程。制作的结果，皮革就获得了很大的柔韧性，并且在较长期间内也不丧失其坚固性。使生产过程强制加速是为了扩大生产，而其结果则是现代皮革制品平均只能使用三、四年以内，同时保存起来不能超过十年至十五年。

速成的皮革加工方法是用铬明矾进行的。用这种方法时，皮革就获得相当的柔韧和坚固性，但铬制的商品皮革是不耐久的。

第三种方法——油浸方法，即用使油脂的方法硝皮。这种加工方法的结果，能得出很柔软的货色，有时在其柔韧性上甚至像天鹅绒（羚羊皮）。

我们在博物馆中能够遇到用一切可能方法加工的皮革。此外，还可能有用独特的不是用一般通用的方法加工制造的皮革，例如：用裸麦曲子、酵物残滓、各种草，以及用冷冻的方法。

皮革的加工方法是该历史文献的要素之一，但是在年头很久了的、大大变了样的物品中正确的判断定这种加工的方法，则要求在特殊试验所内来进行细致的分析——如果在收集这些物品时没有记载这些加工方法的话。皮革的加工在皮革耐久性上是相当重要的条件。例如，我曾经说过，如果使用缓慢硝皮的方法，加工过程就能进行的很柔和，而硝出来的产品对各种外部因素的抵抗则极为坚强。例如：常常遇见甚至十七世纪的物品，它们仍然保持着本身的弹性，而强制加速硝皮的方法是不能指望皮革长久使用的，这种货色过两三年就往往已丧失其柔韧性。

关于外部因素对皮革的作用，在博物馆的条件下所作的精确观察是很少的。首先，我们不能知道光究竟是有多大破坏性的因素，但是因为皮革所借以构成的纤细纤维按其化学成分以及按其本性来说是近于毛纤维的，所以我们就必须预料到：能够破坏普通毛纤维和植物纤维的太阳光线，特别是紫外光线，对于皮革也能起同样的破坏作用。

其次，大家完全知道，皮革因下述两种原则是不能经得起高温的：一、高温能加速从皮革内析出水气的过程，即能导使皮革迅速干燥，因而得出一切随之而来的后果；二、如果加热过高，皮革纤维就开始变成胶糊，而皮革便被煮熟。

若干年前，科学院人类学及人文学博物馆中，有某些皮革物品受到了损害。这些物品送到了考古工艺学院试验所来进行相应的加工。当详细研究这些物品的状况时，原来物品所处在的屋子的温度大约有一百五十度左右，这就造成皮革制品上有了隆起的地方。由于纤维变成了胶糊的缘故，所以纤维就变成非常脆弱和容易坏的了。

由此可知，第一、有一些温度极限，如果皮革物质超过了这极限就能过于干燥而变成脆弱的；第二、还有另一些温度极限，到达这种极限时皮革就要完全改变成为胶糊物质。

为了保存皮革，湿度是不可少的，但是湿度要适度的，即大约百分之七十左右；大量的饱和湿气能造成不好的结果——皮革会开始潮湿而腐败。应当记住，皮革乃是繁殖各种微生物的非常良好的基础。为了避免这一点，所以必须使用各种消毒物质阻止腐败生霉等等。

碱类能使皮革受到很剧烈的损害。碱类对皮革和织物都起作用，但是皮革在其性质当然比纺织纤维要粗糙些，所以碱类的作用也将缓慢些。

根据上面所述，可以对在博物馆中保存皮革所必要的一些条件做出若干结论。皮革不可以保存在采光很强的屋子里，不可保存在用太阳光采暖或用暖气采暖而达到很高温度的屋子里，不可以保存在湿度不超过百分之三十五到百分之四十的屋子里。如果湿度大于百分之六十，那么就最好了，但是不能高于百分之七十五。如果没有必要，那么不可使皮革受到碱类的作用，也不可使皮革受到酸类的作用。

如果皮革物品仍然干燥了，那么显然要在与上述相反的方向上来工作了。皮革过于干燥了——这就是说需要把它用水饱和到一定标准。为此，用食盐的稀薄水溶液（百分之五）把皮革物品放在其中，直到物品变成柔软时为止。必须要有盐，第一，这是为了使水消失染菌能力，因为盐是一定程度内的消毒剂；第二，这是为了盐能从大气中吸出一切可能的湿气，并且能在物品中保持其湿度。但是因为盐在极大干燥的条件下则结晶，所以它就也能够把皮革裂开，因而就不可以把皮革长期地放置在这种状态下而让它干燥下去。在变软之后，需要在净水中洗涤一下皮革，让水消下去直到使皮革变柔韧并微湿为止，之后再把皮革涂上油脂。

对于考古物品，我得到了最好结果的时候，是当我把皮革浸在有百分之五的食盐和百分之五十甘油的水中的时候。甘油的特点是它有绝大的吸湿性，因此甘油既然和水一同浸入到皮革内去，那么在以后当我们从皮革内排除多余的湿气时，甘油就能留在皮革内，并将保持一定的弹性。

为了补充由于不合理的加工或由于其他一些原因而可能发生的油脂缺乏，往皮革内还要导入若干量的蓖麻子油或羊毛脂。羊毛脂必须与某种不干油（例如：蓖麻子油）在一起涂刷。

因为常常旧的、腐败了的油脂能妨碍工作，所以最好用乙醚把物品的油脂除掉，从皮面上拂拭乙醚。

有时虽然没有事先把制品长期间内没浸渍在由五十份水、三十份酒精、二十份蓖麻油以及四份麝香樟脑所制成的乳剂中，但是这些制品也能变成了很柔软的。之后把这些物品用羊毛脂或纯凡士林来涂抹。

对于普通皮革制品可以使用鱼油或海豹油，但是对于博物馆藏品来说，如果不是为了作标本而制造鞣皮的话，这种用粗糙油脂使之油润大部的办法是不可以采用的，如果是为了这类目的，还有许多不干油可以用，例如：猪脂、马脂和狗脂。

但是，国立历史博物馆试验所很成功地使用了特殊制造出来的海豹和鱼油（即硫化了的并中和到中性茜草色素的油脂）。物品经过这种加工之后六年仍处于很好的状态。

对于薄皮革、毛皮，肠衣，用甘油与水（各一份）、蛋黄（二～三个蛋黄用一公升液体）所制的乳剂，能得出很好的结果。

但是不管使用什么样的手段来使皮革物品变为柔软，都必须使皮革不致受到腐败作用和生霉的危险，因而所有用来使皮革柔软的那些物品成份内都必须导入某种消菌防腐的物质。这类物质中，效果最好的是麝香樟脑，它的用量是约为该溶液或该涂剂全部量的百分之一左右，麝香樟脑是有相当香味和剧烈味道的白色结晶。麝香樟脑因为是芳香物质，所以它是易于蒸发的，因而它的作用也不能是长久的。必须时常重新导入麝香樟脑。麝香樟脑溶液于酒精，并能加入到液体状态下的油脂物或乳剂中去。除麝香樟脑外，酚（石碳酸）也是一种消毒剂。酚有刺激性臭味和剧烈味道，并且和麝香樟脑一样是能够挥发的。没有臭味，不能挥发，同时又能使物品变成不能为霉和菌所腐蚀的消毒剂之中，还有硫酸锌和水杨酸。但是硫酸锌也有着一些缺点。对于一切类型的皮革，蚁醛都是不适用的。

如果由于过度干燥的结果，而皮革制品（例如皮鞋）丧失了它的形状，那么校正它，就要把塞满潮湿燕麦的袜子放到里面去。燕麦逐渐膨胀起来，把皮革物品的形状整理好。此后，要给物品涂油，燕麦就取出去。

如上所述，属于皮革类的有极其多种多样的材料，从野兽皮开始一直包括鱼皮和肠衣在内。如果现在来详记地来研究这些材料的一切种类，那是很困难的，所以只能或多或少的谈到可用于一切皮革的方法。在这种情况下，基本的乃是：保持必要的，而不是过度的湿度，用涂油的方法弥补油脂物质的损失，以及保护材料不使微生物发展。

似乎在进行复原皮革的工作时使用在进行皮革原始加工时所使用的那些硝皮子的办法是最正确的。但是，这大部是不能达到的，并且这甚至有时是有害的：第一，因为我们几乎不可能做到满有把握地来谈原始的的硝皮子方法；第二，因为许多硝皮子的方法都是绝对不能用于博物馆藏品的。例如，把博物馆藏品放到硝皮溶液中去放置四、五个月之久，是可以的吗？一度铬化了的物品，使之再一次受到铬的作用，以及诸如此类的方法，是可以的吗？

因此，有些物质和有些加工手续虽然对于原物毫无相干，并且还能给原物带进某种新的东西，但是这些物质和这些加工手续却能保持材料处于多少可以勉强过得去的状况下，只要这样，我们就只有局限于这些物质和这些加工手续了。水、甘油、卵黄、羊毛脂、蓖麻油——这些就是归根结底最适用于大多数皮革材料的。麝香樟脑、酚、硫酸锌、水杨酸等可用来防止腐败过程。其次，谨慎、对于物品单独处理，以及一切的试验——这些都是必须的。不可以忘记：通常在我们面前的都是变朽了的材料，就是说，都是全然丧失了其某些性质的材料，其中包括已丧失对外部物理作用、化学作用，以及单单是机械作用等等的阻抗能力的性质。当把现代皮革工业中所通用的加工过程搬到复原工作中来的时候，注意到这一点是特别重要的。但是，对于这些加工过程是需要观察的，因为它们能够使我们获得很有用的办法和手段。

三、木

木质在其构造上属于纤维质；当我们在毛与皮革之间发现有相似之点，在木质和麻纤维之间我们也能发现同样的相似之点。木质的主要组成部分，乃是混杂了木质素（英：lignite；俄：Лигнин）和矿物质的纤维素。

纯棉纤维或纯麻纤维燃烧之后几乎不能剩下灰渣，而各类木料在燃烧之后，灰渣的数量可能相当大，在其成分上可能相当多种多样。因为木质本身的基础是纤维素，所以上面对于植物性的纺织品纤维所谈到的，显然在某种程度上也可以适用于木料（木料——在这里是木质材料的意思，以下仿此。——译者注）。

对于在博物馆中的木制物品，光能够起影响；但是它对木质的作用不像对麻织物或棉织物的作用那样快。关于太阳光对于有绘画残痕的木板所起的作用，我们在试验所内进行了试验，其结果是：放在日光下的木板，在两个月的工夫，在表层上就获得了新的颜色特征，这表层的厚度大约是0.5毫米。用带滤光器的石英灯照射110小时的时间内就能引起了更可以感觉到的变化。

因此，当在博物馆中保存木制物品时必须注意到：太阳光对于木料，特别是对古老木料的直接作用是相当强的。

湿度升高，则木料膨胀；干燥的时候，木料就缩小。这就能纯机械地强烈作用于木料的耐久性，直到裂开和有空隙为止。至于潮湿的木料能够成为微生物的良好营养料的问题，那就更不必说了。

平常博物馆的温度本身，如果不因湿度而变为复杂了的话，那么只要温度还在可以导使木质解体和碳化的高温点之前，这温度对于木料就不会起作用的。木料和织物比起来，对于其他破坏因素也是不太敏感的，例如对稀释了的酸类和碱类。但是浓硫酸或浓硝酸对于木质的破坏是极强烈的。在纯硫酸内，木料就要碳化。一般说来，木料的主要破坏因素是光和湿度，特别是后者。

破坏的基本形式乃是大家都知道的腐朽，即是能够把复杂的有机物质改制成复杂程度较小的物质的腐蚀性微生物进行工作的结果，由于腐朽的结果，木料就丧失其化学构造和机械构造。破坏的产物，一部分以气体的形式（氢氧化铵）扩散，另一部分则能被水冲洗下去。木料丧失自己物质的很大一部后，就渐渐变得越来越轻了。

当在正常的博物馆条件下保存时，二百年以内的木制品是不用特别操心的，只要在保存着一些木制品的屋子里保持适当的温度，不使这些物品受到光的强烈作用就可以了。但是保存同样的古物或者保存很旧了的物品，这是一件较复杂的事情。古代的木制物品平常都是在很坏的状况下到达博物馆的，因而首先必须把它们加固，常常甚至于在当地，即在发掘当地就要进行加固。作加固剂用的，可以推荐使用精制胶的稀薄溶液（2%～3%，不得高于5%）。

用精制胶浸渍之后，应当用蚁醛进行加工。如果不可能安置熏制的设备，那么可以用刷笔在覆有精制胶加固剂的物品表面上刷上液体溶液（10%）。有时必须用茶苯。如果物品的情况坏得不能用手拿的时候，那么不仅必须在当地把物品加固，并且还要用石膏来铸型。细心地把已朽的木块拿出之后，要把这已朽木块所占有的那个地方保留着，当往这里注入石膏时，石膏就能做出已毁坏了的物品的形状。此外，可以和周围的土一块把本制物品拿出来。

为了避免发掘出的、多少保存下来了的木制物品不致迅速发干，西欧的实践工作，主要是丹麦的实践工作，是使用纯甘油，或使用甘油与精制胶混合剂来浸渍物品的方法，对100份水用50份甘油和20份精制胶就完全够用了。

在这时候必须加入上面所提到的消毒物品。用这种成份把物品洒布上、或用刷笔浸润上，之后用石蜡把物品涂注上，这就如同对发掘出的骨制品所做的一样。在博物馆中可以再对物品作进一步清洗，这时应遵守的基本规则是：不使迅速发干，因为迅速发干能造成木质解体和裂开。

为了更进一步地保存，可以用石蜡把已变得很不坚牢的木制物品浸渍透（在25%的酸或甲苯中的溶液）。把物品长时期浸渍在溶液中之后，多余的石蜡用蘸润上二甲苯的布片来拂拭就能够除掉。用树脂、漆类等等浸渍，则能剧烈地使物品外形改变。纤维素制品在外观上可以得出良好的外貌，但是这些制品的耐久性是很成问题的。

四、纸

纸，其本身是很少作为博物馆陈列品的。但是，因为纸是人类思想所借以保存的材料，它起的作用是绝对重要的，所以应当受到保存。按对纸的需用量，可以判断某一国家的文化发达情况。

纸的性质极易受到一切可以想象到的各种破坏作用，纸的性质是与它的这种珍贵价值绝对不相适应的。因此，从纸的珍贵作用——即从人类思想的保存者的作用上、从这种材料的极其纤弱的性质上来考虑，纸的保存成为国外以及在苏联目前最细心研究着的对象。

讲到这一点的时候，必须指出苏联科学院文献保存与复原试验所在其开始创立到战争开始（一九三四年）前由吉洪诺夫所领导的期间内在文化上所起的巨大作用。建立这一试验所的主张，是和院士马尔的名字分不开的。他是列宁格勒国立公共图书馆的馆长，在1925年他建议考古工艺学院研究图书馆藏书，查明在这里所看到的各种不正常现象的原因，并提出防止这些原因的一些办法。学院组织了由造纸工艺专家、人文学者、微生物学者等专家所组成的委员会。作为学院中研究纸的问题的一个工作者，吉洪诺夫也被派作委员会的成员之一。后来，保存图书馆藏书的工作成了经常性的工作，吉洪诺夫就成了考古工艺学院的关于这一工作的永久代表。一九三四年，他把这项工作转移到苏联科学院图书馆来，在这里建立了特别试验所。这样，在我们苏联纸类材料的保存与修复工作就获得了科学基础和成为国立的组织机构了。

麻纤维、棉纤维、丝纤维、木质纤维——一般说来，一切能耐高度清洗和搅碎而不丧失一定程度耐久性的纤维都是制纸的原料。为了使纤维形成能够吸收墨水和色彩而不流散的致密薄层，纸浆中就加入某种胶凝物质：淀粉、精制胶、明矾、树脂。为了使纸有较大的重量和呈白色，纸浆中加入了白粘土、白垩土等。

用来制纸的纤维，是要经过仔细地洗涤的，如果纤维是由木质得到的，那么硫酸就能从木质中排出褐炭和其他污染物。在洗涤之后就进行漂白。为了漂白，可用下列强力的化学氧化剂，如：氯、高锰酸钾、过硼酸钠等。

在色素受到氧化作用而发生破坏过程之后，必须彻底加以洗涤和使之中和，但是由于对纸的大量需要，所以价廉的纸类那是经过强力的作用过程加以清洗、漂白和洗涤的。因此，在许多纸中残存着化学物质（硫酸、氯）的痕迹，这些化学物质的痕迹本身就带有使纸提前朽坏的因素。因此，一般地讲，手工生产的古代布片制成的纸远较现代廉价种类的纸耐久。例如，报纸之类的廉价纸有时只准备使它保持一天的寿命。

光对于纸有巨大的破坏力量，这是每个人都可以相信的。曝晒在太阳下的报纸，在两三天的工夫就能晒到拿在手中时成为碎块。窗户玻璃能够阻止住一部分这种作用过程，但不能防止。因此纸类材料的第一个保存条件就是与光的作用，特别是与直射阳光的作用绝缘。

空气，更确切地说，是空气中的氧气，对于纸的纤维起着氧化作用，但是如果空气中绝对没有水蒸气的话，这种作用也许就不会那么严重。如同在织物时所强调过的一样，不过在这里要以更大的程度来强调湿度能大大地加强光与空气作用的触媒作用的意义。但某种百分数内的湿度对于纸还是必要的，因为绝对干燥的纸是易于变碎的。

上面讲过：纸是用来作为书写和涂色的基础的，所以它往往是用淀粉糊或动物胶浆过的。这就是说，纸内添入了在试验所内用以培养微生物的特殊材料；换言之，纸在其开始制造时就成为生长霉菌和其他微生物的优良环境。这些有机物能吃掉胶糊的蛋白质和纤维本身的蛋白质，因此，纸就会丧失其凝集性成为脆的，或者由于微生物进行破坏性的腐败作用而导致它完全毁灭。因为这些微生物的发展要求有光、温度和湿度的一定条件，所以一些室内条件的问题在这里就获得绝对重要的意义。

应当提起一个常常能使纸制物品弄得不成样子的现象，这个现象就是黄褐色斑点。研究证明：这些斑点的黄色是因为在这些斑点中有氢氧化铁存在的原故。铁可能和水、和粘土、甚至和清洗得不够好的纤维，有时和颜色在一起带进纸内来。微生物把这种铁蓄积在自己居住的地点内，常常这些有害的微生物已经不复存在，但是它们的产物仍然以极其难于排除的斑点形式留下来。

最后，在纸上和织物上一样，一切污染现象都是可能有的。这些污染现象中，必须特别注意的是照明用的植物油的斑点。

如果再添上由于昆虫所进行的破坏（从小书蠹开始至相当大的硬翅类昆虫为止，如：尸蝇 Anobium Striatum，Ptinus fur）等，保存纸质材料的问题就往往头绪纷繁到极点，因而处理这些问题有时是绝对困难的。

必须把保存的问题和复原的问题区别于：属于保存问题的是防止环境的有害作用和害虫的一些办法；属于复原问题的是把材料所丧失了的性质使之恢复起来的那些力量所能及到的企图。

在保存纸质材料时，必须要遵守下面的一些条件：

一、防止光的强烈作用。最好在完全黑暗、只用电力来照明的或者在有着极散乱的光和阴影下的屋子里来保存贵重物品。极贵重的物品根本不可以用来展出，应当用照片副本来代替原本。无论如何也不能使之延续展出三、四个月以上，并且也不可以在任何借口下把它们放置在强烈的光线下。

二、在陈列着或保存着纸质材料的室内，如果温度是从摄氏 15 度 ~ 25 度的时候，湿度不得低于 35% ~ 40%，不得高于 65% ~ 70%。

三、一切纸质物品毫无例外，当它们进入博物馆的时候都必须用麝香樟脑或用蚁醛熏制过，必须用软毛刷把尘土和污染物清除掉。上面带有昆虫活动痕迹的，要对这些痕迹进行特别的消毒（麝香樟脑不可用于涂了漆的或有油色的物品上）。

进行纸质物品的复原必须严格地考虑委托进行这一工作的人的科学素养。缺乏素养的工作者所带来的害处会大于益处的，他可能完全把贵重的物品毁坏掉。

在不很大的地志博物馆的条件下，可以采用下列的复原办法：

一、把灰尘、泥垢和霉菌清洗了去。在轻微的过堂风下稍稍干燥后，用软毛刷笔或用长毛天鹅绒的垫子把轻轻附在上面的灰尘和霉除掉。生霉了的物品要在太阳下晒一个短的时间（15～20分钟），绝对不可以超过一小时（但不是水彩、色铅笔或化学墨水铅笔所涂写过的）。

二、在水中涮洗耐水物品（如：版画、石板印刷物、用石墨铅笔所画的图画等）。在纸页下衬以玻璃，平平地放在水上，不要使物品表面着湿，第20分钟使冷水和热水互换，拿出来的时候要在物品下衬以玻璃。

三、用汽油来洗涤水彩画、绘画等（但不是印刷品）。用吸水纸揉成软絮胎，并用它把放在几张过滤纸或白包装纸上的物品敷上。

四、弄平整一张不怕湿的绘画。取若干张过滤纸，在这些过滤纸当中放一张湿润了的过滤纸，当所有纸都摸得出微微发潮时（可不要湿的），就把中间那张湿润的纸拿出来，把物品放在原来的那张纸放的地方。过一两小时把它拿出来，放在两张纯白厚纸中间，用厚玻璃压在上面，玻璃上可以加上一些重的东西。在第二天，或过七、八小时拿出来。

如果是有经验的工作者，那么可以进行下列工作，不过这些工作要求有良好的素养并要求必须熟悉化学。

五、用氯化石灰清洗掉板画和绘画（但不是水彩画和色铅笔画）上的泥污、斑点等。将放在水中若干小时的物品（参照第二项），使之水平地、背面向水地放到氯化石灰的水溶液中（1%～2%，绝不可以超过），过一两分钟就拿出来，并且如同在照相馆中洗原板和相片时一样，在流水中冲洗一小时以上。这种作业可以重复，但是不能加大溶液的浓度，作用过程要求非常谨慎，必须仔细地洗涤以使之不带有氯气的有害后果。为了使氯气所带来的后果不产生作用，最好是用"抗氯剂"来中和，即用2%的次亚硫酸（硫代硫酸钠）使之中和，时间是10～15分钟，然后在用水冲洗时如同在氯气之后的洗冲时一样，不得少于一小时。

六、用双氧水来清洗板画、绘画等（不包括水彩画、色铅笔画）。如同在第二项中所指出的，把物品用水浸湿之后，把它放在白色厚纸上或放在若干张过滤纸上，用下列溶液涂刷：

蒸馏水——二份；

双氧水（商品的、3%浓度的）——二份；

氢氧化铵——若干滴。

这个作业手续常常要中止，因为常常要用带有纯蒸馏水的另种涂剂涂刷。作业手续要求极度谨慎，经过这样的手续之后就能不留下任何有害后果，因为双氧水变成水，而氢氧化铵是要扩散的。

由于担心可能有对纸有害的污染物存在，可以把双氧水（不是稀释了的）浇到石膏板上，石膏板放在距纸有一粍的纸上，把这些用箱子盖上一、二小时或更久——这要看物品的情况来决定。这样操作之后，把纸张放在浓氢氧化铵的蒸气中放置一会儿。用这种方法可以避免纸在水中因变湿润而软瘫的现象，这一点有时是很重要的。

七、用淀粉糊使纸加固。制备如浆衣服时使用的小麦粉浆液的稀薄溶液。用一般的方法（即在玻璃上）把清洗净了的纸张放到溶液中，在这溶液中放置若干分钟，拿出来，再铺上玻璃。如果玻璃曾涂石蜡，那么不用从玻璃上揭下就可以进行干燥；必须注视干燥过程，以免纸张粘上。

八、用精制胶使纸加固。取 2% 的精制胶液，往其温热溶液中注入 1% ~ 2% 的中性肥皂，并注入铝钾（白色）矾的溶液；后者用 0.25% 浓度的水溶液。在使用之前，取一份这种溶液加到精制胶的温和溶液中，把这两种溶液仔细地搅拌，搅拌槽要保存温热（但不得超过摄氏 25 度）。纸通过溶液浸到各角，如果可能的话，就用小轴压住而在空气中干燥，干燥以后用温和的（不是热的）熨斗熨平。使用明矾是为了泡制精制胶，使之变成不能为霉所蚀掉的。但是由于明矾在水解时分解出硫酸，所以最好用 0.1%（与干的精制胶重量的百分比）的蚁醛来代替明矾。

与水有关的以及与其他液体有关的一切作业手续，对于有着可溶于水以及可溶于这些液体的文字或画图的物品，都是不可以用的，因此在每次工作前都必须在极小的并且又是不重要的地方做试验，而试验本身又必须是最小规模的。只有完全确定了文字和画图的耐久性之后，才能够转入正式作业。

在有必要粘补裂开地方的时候，用纯白纸，纸要带有很大的毛边以防止出褶纹。要用纯小麦淀粉糊一直熬到透明的程度，并且在这浆糊中可以放入水杨酸（1%）作为消毒剂。

可以使用普通的精制胶或鱼膘胶（25%），但是应当记住：这类胶糊当其凝固时在体积上可能剧烈地缩小而把纸抽绉，为了防止这一后果，把一些蜂蜜（为干胶糊进行粘补，这种小麦淀粉糊用量的 25% ~ 30%）放到胶糊里。消毒剂同前。

不可以在任何借口下使用作为商品出售的名为办公用的浆糊、力士牌浆糊、长刀牌浆糊、茶苯等浆糊。这些正是纸的真正破坏者。

因为纸内含有的或往纸上涂布的一切胶凝物质都是细菌和霉类的温床，所以只有在极端必要的情形下才能用它们，而且要用最纯的材料，还必须往溶液中导入消毒剂。在把物件转移到保存地点之前必须把物件好好进行干燥。

如果板画，文件等已粘好，或已粘到厚纸上和裱在纸边上，那么照例是要使这些板画、文件之类的物品脱离旧的胶糊。这最好像下面这样做：把物品放在温润了的过滤纸下（五、六小时，甚至于一两昼夜，这要看胶糊决定），这过滤纸不是放在文献的表面上，而是放在粘在文献下面的纸上或厚纸上，如果是厚纸还要用薄薄的刀刮剥到最后一层为止。在文献上的胶糊痕迹要用不断湿润的方法谨慎地消除下去，要尽全力使文献的纸不受到损害。

纸制材料必须在厚纸盒内、包装内，或在有纯洁纸衬的套子内来保存，绝对不可以用巨大的、沉重的捆包或用绳绑在一起的办法来进行保存。保护纸质材料不着灰尘、不受气体作用，这是极端重要的。

第五节　复合成份的材料　绘画和色彩　地子

造型艺术的纪念物分为平面的和立体的两种。因为立体的造型艺术（雕刻、装饰品、首饰）从其材料以及从其材料保存方法的意义上说来，已在石、陶器、金属、纺织品等等各章节中阐述完毕，所以在这一章中将单单讲述平面的造型艺术纪念物——最主要的是绘画。

用于绘画类创作所使用的材料，是由于摆在艺术家面前的任务来决定，而任务既经确定，那么在技术上来执行这一任务的就要由画面的质地来决定。我们把这个画面称之为地子。这样，与保存绘画纪念物常接触的博物馆工作者第一个要提出的问题，这一定是地子的质地问题。

绘画可以画在任何材料上，但是经验限制着这一选择，所以实质上我们目前只有很少的几种地子，是能够使绘画多少保持得较久的，并且又能够便于工作的。最常用的这一类型的地子就是：

一、灰泥；二、木；三、粗布；四、纸；五、象骨（象牙）。

金属、珐琅、陶器以及在其他材料上的绘画，不是在绘画史上以及在博物馆内占有极小的位置（金属上的及石上的绘画），就是应当在关于其他材料的章节中（陶器、珐琅、玻璃）中来研究。

一、灰泥

平常所说的灰泥，是指由砂和好消石灰（不是风化了的石灰）和成的灰泥。用于绘画则涂三层灰泥——第一层是能和墙结合得很结实的粗糙层，第二层是较薄的层，第三层是用最细的砂子或磨碎的大理石加上好的消石灰涂成的。这工作能够在新鲜的、湿润的灰泥上（al fresco）进行，或者在干燥后的灰泥上（al secco）进行。

灰泥起着极其重要的化学变化过程，所以正确的利用这过程是在灰泥上作画的基本条件。这变化过程就是把石灰消和的时候所得出的苛性石灰〔$CO(OH)_2$〕转为几乎不溶于水的碳酸石灰（$CaCO_3$）；这种转化是在空气中二氧化碳的作用下完成的。如果我们研究大量消化着石灰的水，那么我们在水中就会发现同样的处于溶解状态的苛性石灰。它长时期的在处于水中时，表面上就能形成碳酸石灰薄膜，即所谓硝石。我们如果把这层薄膜细致地过滤出来，就能得到苛性石灰的透明溶液——石灰乳。这石灰乳就正是用来稀释干燥色粉的。很显然，当这种色粉溶液受到空气中二氧化碳的作用时，就能和正在形成着的灰泥的碳酸石灰一道形成持久的耐水色彩层。如果把新制配好的溶液刷在新鲜灰泥上，那么在灰泥内和色彩层内就同时进行着形成碳酸石灰的作用过程，使绘画和墙混凝成为一块石板。

但是在湿润的灰泥上绘画（al fresco 绘画）要求有精深的技术修养；灰泥（第三层）要一块一块地准备当天来用，没画上绘画的那一块灰泥到明天就不能用了，这一块灰泥就必须刮下去，不能做任何的修改。因此，这种湿壁画的技术就常常不如那种带有同样石灰乳但在完全干燥了的灰泥上（al secco）绘制壁画技术。当然，这就不能有以前的那种能变成板石状的性质。

除了在绘制过程上的困难外，壁画还有一个缺点——在颜料上（调色上）还要有极端严格的（局限性的）选择，因为只有极少的颜料才能够耐得住苛性石灰的作用。

为了扩大自己调色范围和简化在灰泥上进行绘画的技术，就使用溶有胶糊的水来代替石灰乳。为此，使用由皮子的碎块制成的好的动物胶（皮胶），或鸡卵（全卵或单用卵黄），或酪素。这些胶糊溶液有一个总的名称，叫作胶画法（俄：Темпера；英：Tempera。——译注）。胶画法的这个词在俄文上是起源于拉丁文动词"temperare"——即按一定比例搅拌的意思。在这里，调色范围可能扩大到非常丰富的程度，但是对于墙壁的附着力却比湿壁画术要差些。但是，酪素画却能很好的与灰泥附着。

灰泥上的绘画有时能保持几千年而毫无变化：这一切都由于载有绘画的表层条件来决定。

如果表层条件不变，如果没有温度的剧烈变化，特别是如果在墙内没有很高的湿度以及湿度没有变化，那么壁画就几乎是永久性的。胶画法的绘画——对于上述的因素就更敏感些。在湿气和温度变动的影响下，破坏现象可能表现为下列各种形式之一：一、石膏灰泥破坏，甚至墙的石（或砖）础破坏；二、色彩层剥落——这种现象对于胶画法比对于壁画法是为典型；三、霉类繁殖，破坏着墙的表面薄层。

防止这类绘画的破坏是极端困难和复杂的，实际这种工作已超出了博物馆工作人员擅长的技术范围，因为它要求极丰富的专门知识。博物馆工作者力所能及的唯一的条件，就是严格的建立像在博物馆室内条件一章中所谈过的，保持建筑物内的稳定条件。

二、木

木料能够剧烈地把液体吸到自己内部来——这种现象就首先使木板上的绘画受到限制。木料中有一些种类吸收液体较多，而有的就吸收少一些，木料的某一层往往要比另一层结实些，顺着纤维和横着纤维就有所不同。当然吸收的液体大多数是水，吸收时木料就要剧烈膨胀；而在干燥时就要在体积上迅速缩小，于是就可能顺着纤维（有时横着）裂开。干燥带来的结果是木板剧烈的变形。如果木板正好是通过原材的中心锯下来的，那么在长时间干燥的条件下，木板就一定要弯曲成为中间凹陷两边凸起的形状。当木板的一面被某种比木质膨胀得较少的任何物质覆盖上时，所有木板都要受到这种损害的。因此，涂色的旧地板往往都有板背向上弯曲的倾向。

由于注意到涂在木板上的底色的这些特性，艺术家必须采取特殊办法使木板加固，以及保护色彩层，使之能够均衡地吸收调和色彩的液体物质。同时，木板的色彩表层在色调上必须是鲜明和中和的。为了这个原故，木板就要涂上由白垩土（或由石膏）和胶糊（主要是鱼胶或皮胶）所制成的底色；为了有弹性，则常常往胶糊内加入少量的麻子油。常常在木板上粘上底布，而底布上再涂底色。

在这种底色上画起来是容易和方便的，调色不像在灰泥上绘画那样受到拘束，并且调色可能是很丰富的。我们常见的纪念物中最多的是画在蛋胶板上的。几乎一直到十八世纪的、俄罗斯小型绘画的代表作品都是这样画的。

古代的画家是使用打上蜡的颜料来画在非常薄的板上，同时还要把这薄板和颜料烤热。在十五世纪出现了新的绘画技术——油画。最初，这种画仍然是画在木板上，因为木板是老资格的、受欢迎的和研究过了的材料。这些作品中的许多作品，到我们今天还仍然保存着无可非议的状况。

但是，木料这一种材料，是能受到一切可能的危险的。紫外线对于木料起着剧烈的影响，因为这种光线能把木质氧化而使之缓慢地进行燃烧。潮湿能给木板（胶糊底布色中和色彩层中）招致致命现象：由于木料的膨胀和发干，底色会脱离木料，胶糊底色变为稀软时就再不能保持住色彩，霉类和菌类就要吞蚀这种胶糊，昆虫就能剥食木料，木质易于因腐败而朽碎，木板中间变翘起来，于是由若干部份组成的木板接缝就要散开，用以覆布纪念物以资保存的保护层，在外部破坏因素的影响下也要破坏而丧失自己的保护性质。所有这些，都能导致纪念品的完全毁灭。可是，我重复说一遍，许多木板上的绘画都保持在无可非议的状况下到达了今天。这一定要完全依赖于正确的保存条件；保护其避免见到多余的光、保护其避免潮湿、保护其避免灰尘——这些条件就可以保证木料能有很长的寿命。尽全力遵守绘画技术的一切规则就可以保证纪念品能保存其色彩层。

三、粗布

粗布作为独立的绘画地子使用是很晚的（在十五世纪）但粗布却迅速地获得了公认。这是因为：一、它使图画能卷起来而便于携带和往返运送；二、它使得加大图画尺码有了可能；三、由于若干种破坏作用而受的损害要比木板较少；四、它是易于接受画笔涂油的令人满意的有弹性的地子。

作地子的是绷在四框上的亚麻或大麻的粗布。把这个粗布，用白垩土和胶糊（加上亚麻油、或者不加亚麻油）涂上作为底色，油越多，粗布则能更多地保持光泽，保持湿润性和色彩的透明性，但油越多，粗布和色彩层的胶着力量就越少。在涂油很多的粗布上的胶画，不能保持很久，并且这种胶画还要求较厚的底色。

粗布在油画获得了完全的统治地位，并且把木板以及木板胶画完全排挤到次要的地位上去了。

尽管粗布受潮时在体积的涨缩上比木料小，但这种现象总是会发生的。与木料相同，粗布也能因光而受到损害。用胶调制的粗布底色也能因潮湿而破坏。霉类和菌类也同样不放过粗布。带有各种有毒化学污染物的灰尘把粗布浸透得比木料更坏。画框如同所有木料一样，能够受到各种破坏。框子及粗布本身的膨胀和干燥就能引起粗布垂落或重新绷紧。就是由于其他因素而受到了损害的粗布，也能丧失其韧性系数而在干燥时裂开。粗布的绷紧，在其作用开始时和以后，都受四角上的小楔子调节，所以笨拙的打开楔子就常能导致毁坏。此外，把粗布钉到框子四面上的钉子也能把布边扯开因而使粗布垂落下来。所有的打击震动、压力等都能给以机械的损害，直到使粗布裂开以及在遭破坏的地方完全失掉绘画部分为止。

这样，作为绘画的负载者，粗布不比木料坚实，可是十六世纪的大量作品看来仍然就像昨天画的似的，而这些像是昨天的东西，常常在工作者们眼看着的情况下就碎落下来。一切原因又是在于室内条件和艺术家对于绘画技术规则的严格遵守。

四、纸

各种类型的纸的主要破坏者是光（参考第四节第四项"纸"），特别是光的紫外线，因此任何稍微贵重的、纸上的纪念物，都不宜放在强烈的阳光下，甚至于散光都能对纸的耐久性起着强烈作用而引起纸的变黄。与此关联着的乃是许许多多图书馆员和博物馆所熟知的极可以标志其特征的现象。如果在展览的版画下或水彩画下面曾在或多或少较长时间内托以一张白纸，那么这张白纸就能留下放在它上面的原画的印子——版画和水彩画的色彩阻止了一部分紫外线，而这里在下面的纸上就印出了印子。根据展览的期限和纸的素质，有时候，这种印影能够极为明显。

潮湿使纸变毁的能力也是不小的，因为潮湿在相应的条件下能够促进那些以裱画纸为优异营养料的微生物迅速繁殖。可以观察出：没有空气流动而温度不低于 7~8 度的时候，如果空气湿度高于 70%，微生物就能有很大程度的发展。在摄氏 4 度时，普通微生物就不能发展。美国某些博物馆所利用的正是这一点，他们创造一种冷却器来准备着（如华盛顿国家博物馆），但是这一定要使摄氏 4 度的温度是稳定的。

其次，破坏的进展是取决于下列诸化学物质：一、在造纸时加入纸内的那些化学物质；二、存在于室内空气中的那些化学物质；三、和灰尘在一起带进来的那些化学物质。

除此之外，纸还有一个特点，就是：它有很高的吸湿性，即有从空气中把湿气吸着在纸表面上的能力。

用来创作有图画、板画、水彩画、手稿等的易变的材料就是这样的。我们仍然可以看到：除了纸的化学制造因素外，其他一切都取决于室内的正确条件和细心保存。

很易于理解：在这种地子上是没有创作巨大艺术作品的可能性的。因此，在纸上只能寄托一些容易逝去的艺术情感（图画、水彩画、以胶画法画的速写），或者写画一些需要重画的底稿（板画），只有文件是一种例外。究其实，绘画类型中，只有水彩画（即使用含有植物性树胶的水，即含阿拉伯树胶的水画成的绘画）和色铅笔画（即使用没有胶凝物质的干燥色彩而画成的绘画）是纸上常有的，这两种画本身都是最易于受到各种破坏的。关于这一点下面将要说到。

五、象牙

艺术家们搜罗水彩画细工材料时，找到了象骨制的小板。这是一种令人惊异的美丽材料，它因其半透明的性质使艺术家们能从背面涂上鲜艳的色彩。这种背面涂色从正面来看的办法，得到的是非用这种力法就传达不出其柔和性和纯水彩画色彩的闪耀的光华。

象骨会因逐渐地干燥而丧失这种半透明的性质。到现在为止，还没对象骨采取过还原的办法，虽然这些办法依我看来是可能的。当然，如果象骨正在开始粉碎和发生破坏，那么这种情况已经是不可挽回的了。但是在变成这种情况以前，我曾屡次做到用溶于松节油和酒精中的白色蜂蜡对象骨加工，提高了象骨的透明程度。从根本来看，应当承认骨板不是永久不变的，应当承认如果没有特殊的处理办法，那么象骨的干燥过程是不可避免的，因此，象骨上绘画的美妙的柔和性也会无条件地丧失。

载有绘画的材料的最主要类型，就是这一些。由此可见：每种地子都有自己固有的绘画技术，首先都有自己固有的胶凝物质，然而一切艺术纪念物的实质却不是胶凝物质而是色彩层，而胶凝物质在这种色彩层中只是起着辅助作用。

六、色彩层

这种色彩层首先是由彩色组成的，这色彩和地子（底色）在一起，不用加入一切任何胶凝物质就能形成纪念物。旧石器时代的最古绘画纪念物就是这样的。例如：在西班牙和法兰西的山洞中有名的野牛画和其他一些绘画；用炭、铅笔画成的绘画、色铅笔画。

因此，从规定着保存与复原方法的绘画材料和绘画技术的观点上看来，应当把所有艺术作品分为：一、有胶凝物质的艺术作品；二、没有胶凝物质的艺术作品。没有地子和颜色就根本不可能有绘画的或者图样的纪念物。

颜料按其性质可以很明确地划分为：一、矿物颜料；二、植物颜料；三、动物性成分的颜料。所有这些颜料，从它们的坚固性和它们的复原方法看来是与我们无关的。因此，把这些颜料分为下列四种：一、绝对不变的；二、很坚固的；三、坚固程度中等的；四、容易变化的。从古代能保存到我们现在的，当然只有第一种和第二种；但是，有一切理由和根据来猜想：其他两种色彩也曾经普遍的使用过，但是这些颜料毁坏了或者变化为别种物质了。

甲、属于第一种的只有唯一的颜料——炭（即煤灰）。最古的旧石器时期的炭绝对没有改变其颜色和其化学成份。甚至于白垩土在硫酸的作用下变为石膏时，以及从地下水中把铁吸着到表面上的时候，也要变色的。

乙、属于第二种的主要是金属的氧化物或被金属氧化物着上色的色土，即矾土（Al_2O_3）、矽土（SiO_2）或粘土（$SiO_2Al_2O_3H_2O$）；赭石（各种的黄色、红色赭石），自然赭色土和代赭，自然的浓褐色和烧浓褐色土，某些绿色土，这些都是金属的氧化物或被金属氧化物着上色的色土。这些颜色所以能染色的道理是因为铁的一氧化物和二氧化物的加水分解有时带有某种混合物，例如锰、有机物（炭及其他）。

由磨成粉状的蓝色玻璃组成的人工制造的颜料也应当属于这类。这种人工制造的颜色我们常常能在古代或中古代的绘画上见到。这种玻璃色平常都是用铜的氧化物（蓝铜矿）来制成的。

群青是蓝铜矿琉璃制的，它的蓝色在色彩上和耐久性上都是优秀的。这种群青是非常贵重的，因而只有在很贵重的纪念物上才使用它。和群青能比在一起的还有钴制的奇妙的蓝色颜料。人工地把蓝铜矿琉璃（群青）复制出来，在其质地上可以接近于原物。

丙、第三种颜料包括大量的矿物色和大量的有机色。属于矿物色的首先有绿色碳铜化合物和亚砷酸铜的化合物。这些化合物很美丽，但是它们却易因氢氧化铊和空气中硫酸而变成蓝色。某些铁的化合物（亚铁氰的化合物：普鲁士蓝或伯林蓝①、滕氏蓝），当其中含的氰在一些化学试剂（仍是氢氧化铵、油脂酸及其他）的作用下而破坏时，非常易于变绿；红色和黄色铬化物可由空气等的作用而变绿。

应当属于这一种颜料的还有若干极普遍流行的有机染色剂。由茜草根提取的茜红色素是优质的绛红——粉红颜色，它是在各种类型绘画中（壁画除外）一律可用的，它的缺点——在光线下变色缓慢。第二个色——印度蓝，它是优良的蓝色颜料，但是不能用于油画和壁画。动物性成份的颜料中属于这类的的乌贼汁色，它在光线下能缓慢地变成白色。

很遗憾，属于这种颜色的还有对于绘画来说不可缺少的白色——铅白色粉和锌白色粉，铅白色粉当空气中有硫和汞或者处于有颜色的环境内，很容易变黑，锌白色粉能够发黄和裂开。这些白色颜料的性质使艺术家在色调调和上受到限制，虽然有时这些色调在其美丽程度上是极其诱人的。

处于第二种和第三种之间的最新颜色中的是亚硫化镉制的美丽的黄色和橙黄色。但是这些含亚硫颜料的本性就不能使之与铅白色以及与亚硫化汞朱砂有持久结合，而且这些颜色还会逐渐从弱的锌白色粉混合物中变化出来而使绘画变黄；如果光线不足，这些颜色还能渐渐发黑。

丁、许多非常美丽的颜色（特别是植物性和动物性成分的），由于它们的不耐久的性质，所以形成时间极短的效果。对于下列在色彩上令人惊叹的颜色，在这一点上就要特别注意，如：洋红〔由昆虫——即由胭脂虫（学名：Pentatoma）制的〕、藤黄、印度黄等等。矿物色属于这类的是在色调上不可能以别的代替的火红色朱砂。这些颜料有的能在光线下变黑（洋红、朱砂），另一些则能完全消失（大多数的植物性黄色和绿色）或者全然变色。这些颜料主要使用在纸上或在象骨上作简易的水彩绘画。但是，大幅的绘画也不是永远能够避免使用这些颜料的（朱砂、雄黄）。

应属于易于变化的颜料的还有所有现代的合成颜料（即不正确地称之为阿尼林—苯胺——颜料的颜料），其中不包括唯一不易变化的颜料——合成茜草色素，这种颜料是复制的一种组成自然茜红色素的染色剂。这些本来是准备采用于纺织工业中的颜料，但它逐渐地也运用到艺术用颜料的生产中来，同时这些颜色在虚伪的和假想的名称下能给出美丽的、但为时过短的效果。特别令人伤心的是这些颜色却运用到根本不特别具有持久性的水彩画和色铅笔画中来。所幸的是这些颜色几乎还没有进入到油画中来。

这一个很简短的分析就指明：绘画纪念物的颜料成份竟广泛、多样、变化繁杂到什么程度。胶凝物质的存在就更能使问题复杂起来。

如果艺术纪念物不含有以及不需要有胶凝物质的话，那么情况就该是理想的，那时候最困难的一点也就会避免掉。旧石器时代洞窟的粉画、图画、铅笔画等等的情况就是这样的，就是说，选用了以纯机械的干燥方法后，颜色紧紧附着到地子上而画出绘画的情况就是这样的。但是，这种机械的附着根本是不牢固的，是易被各种机械作用破坏的，因此，关于把正在剥落下来的颜色加固起来的问题在这里就很严重了。加固的问题在造型艺术技术史中是以加入胶凝物质来解决的。

七、粘连胶凝物质

粘连胶凝物质（以下简称胶凝物质）按其性质可以为下列几种：一、水；二、胶糊；三、矿物质溶

---

① 现多称"柏林蓝"，下同。

液；四、脂肪和油类；五、植物胶；六、糖等等。

一、水如果没有任何附加物，那么它大部份是使用于最初步的工作中和起的作用是临时性的。在这种情形下重要的是使颜色溶液能浸入底色中去，那时候色彩就能够机械附着到基础上，有时这种机械的着附是相当坚固的。发生在铁化墨水上的情况就是如此。如果在制图用墨中含有硝酸银溶液作为染色剂的话，那么在制图用墨中所发生的情况也是如此的。平常需要把和水一起涂上的颜色层加固，这种加固最简单和最好的办法是用普通精制胶加固剂来达到加固的目的。例如，画在木料上的不正确地称之为壁画的吐鲁番的绘画就是这样的，如果没有加固，那么这绘画就会碎散。

二、有一种很自然的想法，就是用可以加水的胶糊把颜色层粘附在颜色层所附着的表面上（所以使用可以加入水的胶糊，是因为颜色在水里能够游动和散开）。这种胶凝物质就是：皮胶、蛋胶（开始仅用卵白，后来用全卵，最后仅使用卵黄——卵黄中也含有油）、酪素。因为这些物质在化学上是中性的，所以它们能够和一切颜料搅和在一起而不对染色剂起作用。但是要是不是适度的加进胶凝物质，或者胶凝物质非常粗糙的话（木工胶），它们当干燥时在体积上就会剧烈收缩，这剧烈收缩能引起脱离底色的现象。这种胶凝物质完全不适用于新鲜的灰泥上。

加固色彩胶层自然要用类似的物质，因此平常是使用鱼膘胶。为了有弹性，可加入蜂蜜，蜂蜜在数量上与干鱼膘胶之比为：由一比三到一比一，甚至于三比二。但是，如果不用蚁醛继续加工，这种加固则对潮湿是非常敏感的。

三、属于矿物质胶凝物质的有石灰乳，它是只用于湿润的灰泥绘画（al fresco 绘画）上。它有强烈的碱性反应，因此只有很少数的颜色能掺和上这种胶凝物质在绘画中使用。化学家兼艺术家凯莫提供了一种最新式的矿物质胶凝物质，这种胶凝物质的基础是亚磷矽氢的化合物。在这最后一种的绘画方法中，选择可靠的颜色也要受到限制，但无论如何比较广些。

矿物质胶凝物质上的绘画，普通只有在绘画地子破坏的时候才能破坏，而加固地子又是绝对困难和复杂的事情，这不仅远远超出了博物馆学者的专长界限，并且也超出了绝大多数复原工作者们的专长界限。关于使灰泥地子加固的问题还没有得到解决，并且在每一种个别情况下这问题都应当和科学权威专家们进行讨论。

四、油类和脂肪创造了油画的广泛的一类。应当属于这一类的有在蜡上的绘画，蜡按其本性是接近于脂肪的。主要的自然产物是亚麻油，如果和空气中氧气化合，亚麻油的主要组成部份（亚麻酸）就能把氧气吞进去，在体积上和重量上增大起来，并且形成透明的、有弹性的亚麻油膜，这种膜能和那载有膜的表面附着得很好，特别是当这膜能使油从它的孔隙中渗透一些进去的时候。加入了油的着色剂在膜内能够保持得很好，并且能形成可以长久保持其弹性的色彩层。浓重的致密的着色剂与油和在一起能形成不透明的层（铅白色）；轻的主要是植物性的着色剂或者所谓的漆，能形成透明的着了色的油状物，这种油状物还可以用油稀释而得出"琉璃涂剂"，它可以薄薄地涂在下面铅白绘画上。这些琉璃涂剂有时是用眼睛刚刚可以看得出来的薄层，在弗兰德人、荷兰人，以及许多意大利的巨匠（如：王爱奇、伦勃朗、铁奇安等人）的绘画中正是其主要的妙处所在。当这类物品丧失琉璃涂剂时就等于纪念物的破坏。

在油脂胶凝物质上的创作有着很长的历史，但是在其许多部份还是不够明确的。无疑地，我们常常可以从古代绘画中看出走向这类绘画的最初步骤，在纪元后六世纪中，据阿艾奇医生的证明，曾有一种绘画能代表从古代蜡画向油画的明显过渡。这也使我们想起在七、八世纪的墓葬中艺术品的发现（在法国和比利时），与发现蜡和色彩同时，这里还发现了树脂和油的残余。

关于在十四世纪用油质颜料来进行绘画，可以从弗兰德人、英国人、法国人的文件中可以清楚地知道。在十五世纪中，已经有许多有名的弗兰德的、莱茵河下流一带的，以及意大利的巨匠们（王爱奇兄弟、罗奇尔·王·戴·魏见、梅木林、安托涅罗和梅西娜、多绵尼克、魏涅奇安及其他巨匠）用这种技术来工作了。

在十六世纪中，当油画比其他各种小型绘画已占优势时，最初油画只不过是使画在蛋胶上的图画具有光泽而已。例如：拉菲尔的早期绘画就是这样的。但是油迅速地占有了第一位。油画可以在任何地子上进行——在壁上灰泥上除外；画在灰泥上时，油料就要把孔隙密闭上，墙就丧失了自然通风的作用，于是灰泥就会闷得朽坏而使油层制落下来。

五、植物胶或橡胶（希腊树胶 Comedi）能造成薄的、轻的、雅致的但是很不耐久的绘画，即所谓水彩画。

这种画要求使用容易扩散的颜色，并且如果能完全中和，还可用最易变化的动物性和植物性的、惊人美观的有机颜色，如：洋红、藤黄、树漆等等。这种画一定要和水一起（能用多少就用多少）浸到底色内去，并且附着在底色上。显然，易溶于水、无色、绝对中性的树胶也可以用于这种画。理想的树胶是阿拉伯橡胶——特种洋槐树的汁液。作为这种画的地子的常常是纸、象骨、羊皮纸。在中国及日本，常常是用大米汁浆好作为地子的薄薄丝织物、有时用荨麻织物来代替丝织物，这是我曾在黑城发掘出的水彩画中所见到的（黑城是内蒙的古城，是考兹洛夫发掘的）。看来，在远东和在伊朗除了阿拉伯橡胶之外也曾经使用了其他树胶，但是关于这点，目前还没有准确的材料。

这类绘画对光、对潮湿、对灰尘那是极端敏感的。它的真正灾难乃是一切微生物。不致改变绘画性质和色调的加固方法，目前还没有发现。

八、保护表层

绘画纪念物的本质的部分乃是它们保护层，这种保护层可能是自然性质的和人工性质的。自然性质的保护层只在壁画上可以看到，这保护层是直接导源于这类绘画的技术本身的。但用石灰乳把画画到墙上的时候，石灰乳就常常和色彩的最细微部份被吸进灰泥中去，而以后根据墙干燥的程度，苛性石灰的溶液就由于毛细管现象从底层上升到蒸发表面，即到色彩层表面上来，并在色彩上结晶成为最薄的层。在空气中碳酸的作用下，苛性石灰转化为碳酸石灰，它就形成薄的不溶于水的保护层覆在墙的整个表面。很显然，这种表层只能在湿润的灰泥绘画（al fresco 绘画）上及干灰泥绘画（al secco）上形成，而后者在程度上较差。在胶画上不可能有保护表层。

人工表层可以是矿物质、蛋白质、脂肪、油质以及树脂的。

矿物质表层只有凯莫夫绘画使用。这种表层是由矽磷氧的色彩固着剂制成。试用液体玻璃的结果失败了。蛋白表层（即胶质表层）虽然也可以用于铅笔画、水彩画，以及有时可以用于油画，但是当用于铅笔画和水彩画的时候，还没有达到完全令人满意的结果（但是，我曾经以试验方式用精制胶把画在石膏板上的铅笔画加固得相当好），在油画中如果使用蛋白能得出极坏的结果。

相反，用精制胶稀薄溶液（2%，参阅"纸"）以及特别是用酪素来加固纸上的铅笔画和炭笔画，都能得出很好的效果。用酪素加固的方法在旧的科学院中曾广泛地使用过。用酪素加固的方法是：把画放到热洗槽中，洗槽中放两份水和一份脱脂乳。把画拿到洗槽中以后，就把它拿出来，让多余的液体流下去，并把画放在擦得非常干净的，用滑石抹过的玻璃上。我手中有一些画，就是六七十年前用这种方法加工的，这些画上的保护表层的完整程度是无可非议的。

对于板上的胶画，现在是用煮熟亚麻油来作它优良的保护表层。在这一方面，古代俄罗斯艺术家是真正的名手。煮油的方法，即制备"干油"的方法，曾经是每一学派、手工行会、甚至于个体艺术家们的秘密。有时当煮油的时候，也往油内注入松脂，特别是对于贵重的作品还有时注入的是琥珀。

用于油画，主要的保护材料是树脂表层，即所谓漆。漆能够执行两种作用：保护绘画免于受外部作用以及使色彩的全部力量都表明出来，指出色彩的深度、透明程度、光泽、力量。漆类树脂的主要溶剂是单独用松节油或用松节油加上油类。酒精漆对于达到保护目的来说，只能用于纸上，并且只能使用于绘画。保护绘画的最好树脂，公认为是坚硬的柯巴脂，其次是软的柯巴脂、丹马尔脂、乳香，最不好的漆是由松脂得来的。

只有在完全干燥的（至少要待作品完成后三四个月，最好在作品完成一年后）完全干净的和没有一切临时涂抹物的（蛋白、用漆加工、肥皂等）绘画上，才可以涂漆。这种漆能够很好地保护绘画使之不受灰尘，能使光、潮湿、气体等的作用减弱。

印象派奋起反对在绘画上涂漆，因为涂漆使印象主义者所达成的、借空气和光的颤动所传达出来的错觉受到破坏。这样，在这个问题上，作品的持久性和艺术的意图是剧烈地互相矛盾着。

九、绘画的技术

由上面的叙述就可以清楚：画出一张指望着比它自己作者还要生存得久的画该是多么复杂的困难的难以达成的劳动。可是，我们现有的画都是四、五百年的，甚至于更久的，这些画的新鲜和完整程度就像一个月以前才画好的一样。所以有这种耐久性，是因为：一、精细地选择材料；二、严格地执行绘画技术的一切规则。

关于第一点，博物馆的藏品总是极其多种多样的，如果说十五世纪、十六世纪的画是画在画家自己所制备的，或者画家的学徒们在画家的监督下（即在受到极严格的监督的条件下）制备的材料上，在十七、十八世纪由学生制备材料以及自己制备材料的已逐渐减少，而制备材料形成了特别的职业和生产的话，那么在十九世纪材料就逐渐完全为工厂所独占生产了。二十世纪的艺术家甚至不能找到以前制颜色的那许多原料，因为工厂找到了另一些材料，于是艺术家也就不得不使用工厂的商品了。

但是一张画的保存完整的程度还远不能仅仅靠使用的材料来决定；在同等程度上，甚至于是在更大程度上，这种可以保存得完整的程度要取决于涂色的技术。在中古世纪，重要的作品是按条约来进行的，这些条约中把材料、工作方法、执行工作者的名字都确定在内。只允许公会会员或者有经验的享有盛名的画师的艺术团体中的人员进行这一工作。公会要求极严格正确地遵守技术规则，因为这些规则是根据几世纪来经验论的方法制订出来的，经过实验而找到了最耐久的颜色以及这些颜色的涂画方法，并且确定了在化学上不可用的、调和颜色时应当避免使用的化合物。在文艺复兴时代，代替中古世纪公会而起的是自由学徒制，画师的盛名因为学徒技术的拙劣而蒙受到影响，使得技术变成为绘画技巧的根据了。

在十八世纪，这种已经不完全的技术就搬进了科学院来。当时浪漫主义挑起了反对学院派的第一个斗争，学院派的技术规则也和学院派的作品规则一道被抛到九霄云外去了。不可以认为：技术规则的知识限制了文艺复兴时代或十七、十八世纪的巨匠们的创作或运笔的迅速，他们从小就和这些规则生长在一起，以致于只是本能地执行着这些规则而已。

因此，我们常常看到铁奇安或者别一个画师把绘画上某个地方要改画好几次，把某些部份移到别个地方以及重新构成这些地方的画面，而整个画仍然能完整无缺。相反，在十九世纪绘画上重画的地方现已逐渐剥离、晦暗、发黑了，从十九世纪三十年代起离遵守正确绘画的原则已越来越远，因为工场的竞争，把以名牌来吹嘘、掩饰其不中用的产品新的颜料都抛售到市场上来。

在博物馆，学者共同感到的现象是：绘画年代越近，它的能以保存完整的条件就越差，而最近几年的绘画摆到展览会上时就已经带着损坏的标志了。

古代的绘画通常都经过三种类型的画法：一、彩绘，即在全部色调上用流质的色彩，主要用温和的色彩来表现明暗和表现主要光点的画法；二、用含铅白的色彩，其画法多表现暗影向光，越远则用的铅白越多，这种画法用来表现暗影的深度和透明程度，突出光的效果；三、为了最后调和色调的浓淡而用透明色彩的液体涂在画面上的画法。

只有在前面的一层完全干燥了之后才可以允许着手进行下一阶段的工作，并且一定要在用松脂和油类的胶凝物质抹过的表面上进行。个别准备重画的地方要在这块地方完全干燥以后再画，或者是在用刀把这些地方刮净、弄干、擦净之后才重画。如果画家对于构画和色调的细节问题统一开始还没弄清的话，那么完成一幅画就要拖延到很长的时间。预画的草图和草图的修改所具有的意义由此可以明了。

这种琢磨、等待、谨慎，就妨碍了浪漫主义者，如布留洛夫或基普连斯基，虽然他们在技术上是经过了旧的学院式的严格训练，而且他们并不是永远都蔑视古代规则。列宾的画中，我们可以看到他最初作品《亚伊尔的女儿》保存得很完整，较晚期的作品《伊凡雷帝》成片地剥落；列维坦的画就更糟些，苏里克夫的画有不少是有致命的损伤的。

但是博物馆工作者必须把这一切都保存起来并找到防止破坏的一些手段。但是要事先地和最彻底地断定：对于绘画纪念物进行处理的好坏程度，仍是取决于工作人员的素养，如果对这件事没有精深的素养就担负起这工作来，那就会是犯罪的。

十、绘画纪念物的破坏和损害；保存和治理方法

使绘画纪念物完全破坏的损害，常常是全面的，或者可能是涉及到构成纪念物的一部。我们来研究分析这些现象，按照分析材料和技术的顺序来进行。

在绘画中纪念物基础的类型从其性质上讲来是极其多样的，所以自然的破坏现象也就将是极其独特的。

载着带有壁画的灰泥的墙以及灰泥本身，都能完全不因光线作用而受到损害。如果墙壁和灰泥没有浸透了水，那么温度甚至于在年平均变化很大的条件下，在缓慢的变化下（即逐渐地冻结和同样逐渐地变热），也不能破坏墙壁或灰泥。如果墙壁和灰泥浸满了水，就要使基础发生严重破坏，而使绘画受到破灭的威胁。

防止潮湿，是唯一的治理方法——假如还不晚的话。但是它要求一个绝对必须的条件——循序渐进，极迅速的使之干燥能够带来灰泥表层或色彩层的剥离。水，当其冻结时，除能破坏墙壁外，还能使小部分的灰泥剥离下来，并逐渐作用于深处，减低其坚固性，当墙壁干燥时，还把钙的溶解盐带到蒸发表面来，这些溶解盐在这里就结晶成为不可溶解的硝石硬皮。这时，绘画不是被盖在硬皮下面就是完全破坏。只有在极有经验的专家的参加下才可能复原，而常常是根本不能复原。

如果墙壁受到反复变化的温度和潮湿的作用，那么当墙壁覆上油层的时候，灰泥的基础就能完全破坏，不升火采暖的建筑物有时比升火采暖的建筑物较能经得住这种涂剂。

木板之类的基础受光的损害较少，但它会因温度的变化受到损害，它对于能导使木质膨胀的潮湿是极端敏感的。

潮湿能促进在表面上破坏木质的霉类的发展，促进在整个深部内制造腐败性破坏的微菌的发展。昆虫能带来很多的害处。除了一般地防止室内潮湿之外，还必须消灭一切灰尘和泥垢，因为这些灰尘和泥垢经常含有着微生物的胞子、细菌的群落以及虫卵。此外，把有害气体吸着到自己表面上的灰尘和泥垢，也能够给木质的化学破坏过程打下基础，或者促进这化学破坏过程。

粗布，一般地说来，直到完全腐败为止，都与木质的性质相仿，但是如果说木料在干燥时的破坏现象特别剧烈，那么粗布在干燥时这些破坏现象就更加剧烈些。灰尘，特别是在背面积起来的灰尘，对于粗布起很有害的作用。

木料及粗布，往往都带有不能经得住潮湿的浆糊底色。浆糊吸收了水时，底色就和绘画一起脱离下来；在潮湿的浆糊营养料里，各种微生物都能迅速地繁殖，底色的剧烈破坏常常能造成色彩层的完全剥落。必须逐渐地使作为基础的材料干燥，并同时要把正面涂上胶凝物质和进行加固（参阅以后述及的）。

光和潮湿对于纸，是非常有害的。预防的办法是把纸保存在黑暗的或者遮暗了的干燥室内。

象骨不能经得住空气的剧烈干燥，特别是在温度高的情形下。

绘画纪念物材料的主要破坏因素就是如此。

色彩层上的破坏可能因下列若干原因而发生，即：

一、因色彩色素本身的不耐久，或因色彩的性质；

二、因破坏了和色的规则；

三、因破坏涂色的规则；

四、因胶凝物质本身中的转变，即因胶凝物质的本性；

五、因色彩层与地子附着的不好，或因地子的破坏；

六、因保护表层的本性以及因保护表层中的转变。

1. 如上所述，并非所有色彩色素都同样耐久。在下列的情形下变化现象是特别剧烈的：

一、在光的作用下，黄的水彩雌黄、印度蓝等变为无色——因此古代水彩常常有微蓝的色彩（由于蓝色的丧失）；茜红色素变浅（在油画中的铅色白色里，以及在较少的情形下是在保护层的琉璃层里）；一切透明的绿色和黄色漆完全丧失色彩。

二、在光的作用下颜色的变化：黄色铬制的和锶制的色变绿；铜绿色变蓝，在与黄色镉和锶的混合物中就变褐；朱砂变黑，如果光线不充足，镉（在十九世纪末和在二十世纪中）就发黑。

三、在各种气体的作用下：铅白粉、赤铅（铅丹）和其他的铅质色彩，遇到任何形式的硫就会变黑；绿色铜色因有氢氧化铵而变蓝；伯林蓝因有氢氧化铵而变绿；印度蓝在油脂胶凝物质中变绿。

用双氧水加工（参阅"纸"），铅白粉和红色铅丹（在水彩画中）可以复原，发黑了的镉在强光下又能变成光亮的。总的观察：古代的油画应当保护它使之不受到过强的光；相反地，年代较近的（三十年、四十年的）油画就需要光，不然的话，它们的油就能变黄，而使之丧失了色调。

2. 在光下的变化有时能够恢复，而艺术家不正确地用化学方法调制的颜色却是不可以改正的。例如：铅白粉和朱砂的化合，虽然开始是极艳丽的红色，以后就变为灰色了；镉和铅白粉的化合变为晦暗；群青和铅白粉化合则变成污垢的颜色；茜红色素和铅白粉的化合，即使在强烈的加光下，也会发白；镉和朱砂的化合变成褐色等。

3. 如果艺术家是一气呵成的画成这张画而没有重复涂画和作修改（《alla prima》）的话，那么这张画就是一个统一的膜；如果这张画画得时间很长，反复重画、修改，色彩层一层层地重叠着，艺术家不等下层干燥也不用胶凝物质拂拭，那么最上层就会失去油脂形成不悦目的晦暗的斑点（画色朦胧）。当干燥了时，这种绘画就剥落下来，上面的几层就一部分一部分地掉下来。

这种令人惋惜的现象，很遗憾，在十九世纪后半以及更晚些年代的许多艺术家的绘画中，甚至于诸如列宾、苏尔克夫、列维坦等绘画巨匠的绘画中，都可以看得到。在这里修复是可能的，但是绝对要求有经验的修复专家。

为了预防逐渐剥离下来的地方损失，应当把这些地方用薄薄的白纸涂好鱼膘胶（或精制胶）和蜂蜜（一比二）粘土。如果没有蜂蜜，可以加入甘油、糖浆，甚至还可以加入糖。加工的地方饱和着胶糊，之后把纸放在上面，把纸压到加工的地方上排除空气泡，并用温的（不是热的）小熨斗轻轻地熨过，在下面放一个平整的裱装石。可以用薄的丝绢来代替用来粘绘画的纸，薄丝绢很好，因为它在绘画上几乎看不出来，并且比纸要大为耐久。

另一个取决于艺术家作画技术过程的极不愉快的现象，乃是与使用"沥青"色彩相关联着的，这种色彩是有着永远不能彻底变硬变固的特性。由于它具有绝对温和的褐色以及不平常的透明程度，所以它很久以来就吸引了许多艺术家。伦勃朗及其学生们、鲁奔士、王戴克，都曾使用过这种色彩来用于薄薄的加光，而这种色彩到现在都变了。用在补修油脂的浓厚的鲜色时（在补修中它特别诱人注意），它能形成不干的滑润层，在这滑润层上，最上一层不能够稳定地附着，因之当干燥时它就要移动位置，形成巨大的带有破裂边缘的弯曲的裂罅。我们许多艺术家的作品中的缺点就是这样。例如：基普连斯基，特别是恩·杰的晚期作品，在炎热的夏天，他的画就都"浮游"起来。沥青非常流行的时候是从十九世纪三十年代到八十年代。在我们苏联，在国外，都没有发现任何防止这个缺点的办法，只能尽全力保持这类画不受热。

4. 不管是什么样的胶凝物质，它都是有自己的生命并且能逐渐变化的。在壁画上，这些变化的结果就能使壁画加固。对于蛋胶画也几乎是如此。对于油画当其经过体积扩大期间以后，就能逐渐发生干燥、体积的缩小现象。因此，在古画上或早或晚会出现整片的裂罅网络。这种裂罅网络，在伟大的意大利画家、德国画家、荷兰画家等大师的画上是那样微小，以致于用眼睛几乎不能注意到；在别的情况下，这裂罅网络常常是很大的，甚至是令人不愉快的。在薄层上，在暗影上，它有着任意弯曲的破裂；在致密的光亮的地方，它就常常有带着尖锐边缘的直线破裂；在古老的胶画作品中，则出现不影响视觉印象的正确的网形。

当这种裂罅发生在正常条件下时，它是不危险的。如果这时候画受到潮湿和受到温度突变的作用，破裂边缘，特别是带有致密色彩层的地方，就开始稍稍突起而脱离底色，这就有了绘画碎落的危险了。

这种绘画，即有着碎落迹象的绘画，必须用鱼膘胶加固，即如前面说过的使用纸或使用丝绢糊好，作品一直保持在这种状态下，直到交到专家手里为止。

有时因为好油的不足（亚麻油、罂粟油、花生油），绘画乃用不好的胶凝物质画成：用向日葵油（半干）、板节油。这种的绘画是不可靠和无法修复的。

5. 如果作成一幅画而不注意到基础（地子）的性质，或者作成基础时没有注意到将来色彩层的性质时，这作品就注定要病态的，甚至要完全毁灭。灰泥上的油画会发生这样情形（绘画的剥离、基础的破裂）。我们也能在金属板上的绘画上看见同样的情形（金属的氧化以及绘画的剥离），在纸上的油画亦同（纸过度燃烧而破坏）。

如果用于油画的粗布有过多的油，因而其表层获得了强烈光泽的时候，色彩层就不能和基础附着在一起，这种多余的油脂性质往往正是工厂制成的粗布所特有的，特别是八十年代～九十年代的所谓"绫织"（具有织成对角线结构的织物）。因为列宾很爱用这种粗布，因此他的许多绘画不断地出毛病的原因都由于画布的质量所致，例如他画的《伊凡雷帝》就是如此。

预防的办法在这里都是同样的：用鱼鳔胶和纸来加固。复原在这时是很复杂，并且要求有丰富的经验。

在博物馆中极常接触到因基础的破坏而色彩层脱离基础的情况。这主要是涉及在木板上的以及在纸上的绘画。破坏几乎永远是由于潮湿对木料上或粗布上涂着的底色胶凝物质所起作用的结果。

这有时是局部的现象，有时是全部的。在采取任何修复步骤之前，必须像上面所述及的那样把整幅画或把受到损害的地方糊上。如果是基础的部分破坏，那么可以做局部的加固，这已经是由复原专家来做了。但是如果基础全部破坏，那么则需要把绘画移到新的粗布上——这种修复技术是远远超出博物馆科学工作者的知识范围，而且并不是修复工作者经常可以办得到的。

底色的破坏经常伴随着绘画上小块的脱落。这就需要把这些脱落的地方加固和涂上乳香——这种修复技术又是一般工作者所不能担负的，因为它要求有色调的嗅觉和对于笔法的正确掌握。

同样困难的是裱画技术，即在粗布朽坏以及粗布受到极大损害的情形下，在旧的粗布下面糊上新的粗布。把粗布上压成凹面的地弄平整以及糊裱小块的破裂，这是较容易的。在第一种情形下，把绘画画面向下放在铺着净纸的平滑桌子上，从棉花内把多余的水挤出来把压凹的地方用棉花谨慎地使之湿润，把一张白纸放在压凹的地方，其次这张纸上再放上第二张轻轻用水湿润了的较小的纸，上面再放若干张，之后放上一块厚玻璃和若干重物——放多少由粗布的厚度决定了。这样放置一昼夜——大部份只要这样就足够了——然后把所有湿润的纸张都取下来，放上两三张干燥的纸，再在这几张干纸上用温和的（不是热的）熨斗一直熨到湿润的地方干燥为止。

细小的裂纹要从背面用粗布粘上，粗布的厚度不应比要修补的粗布还厚。剪下一块比破裂处的尺码要稍大些的粗布，把粗布上浆粉洗去，把这块裱糊用的粗布各边弄成半厘米的毛边。使绘画面朝下的放在铺着白纸的桌子上，从背面精细地把所有毛边上的线弄平，尽量使之一条线挨着一条线；之后用胶糊把破裂的地方涂上（胶糊处方如上所述，即必须与蜂蜜之比为一比二，或者甚至于一比一），这时要熨平破裂各边并把毛边上的线弄靠拢。当胶糊要开始冷却，但是还仍然有粘着性的时候，把准备好的裱糊用粗布放上——这块粗布同样是涂过胶糊并候其开始冷却的。既然把裱糊用粗布尽力放好用手指从粗布下面把空气排出去并且细心地把布的毛边弄平整之后，上面放上两张纸并且在纸上用温和的（不是热的）熨斗熨过，不要使熨斗插入裱糊用的粗布下面去。

如果胶糊是稀薄的，或者胶糊过多，那么裱糊用粗布就易于从此地移动；如果胶糊含蜂蜜很少，那么在干燥时胶糊就要抽紧粗布，这种现象就使画面变凸。相反，如果从画面上得出凹陷，那么不是因为裱糊粗布不结实就是因为胶糊含有过多的蜂蜜。为了弄平凹陷，要在裱糊粗布上放第二块尺寸较小的裱糊粗布。

所有这些工作都要求工作的技能和精密性。要在不贵重的材料上来学习这种工作技能和精密性，如果没有达成完全良好的结果，那么就不要转入对好的物件进行工作。大的破裂，要提交给重要的专家，因为应付大的破裂是很困难的[①]。

6. 保护表层（即干油或漆）可能被灰尘和煤烟污染，可能因潮湿以及因高温而受到损害。对于用干

---

① 现在西欧的博物馆对于绘画的加固，以及把油画层移到另一粗布上，或者把新的粗布裱糊在旧的粗布下时，都拒绝使用胶糊而用混有树脂的蜡来代替。对于所有重要的绘画现在都是这样进行，不久以前多列斯颠城（德国）著名的修复工作者杰欧多尔·克劳杰就用这种方法把拉菲勒的有名的谢克思钦圣母像装到新的粗布上了。在我们苏联，按照旧式的修复工作是坚决反对使用蜡的，但是特列恰可夫绘画馆工场和国立俄罗斯博物馆的工场已经在这方面有着一些完全成功的经验。——原文注

油所进行的修复技术和对漆所进行的修复技术是完全不同的。干油的污染表现为干油的剧烈发暗（微微发黄是正常的）。绝对不能在任何借口下用水排除泥污，更不能用肥皂；要用松节油与油（亚麻油或向日葵油）的混合剂，以棉的碎屑浸在混合剂中，把泥污和煤烟除掉。常常泥垢侵蚀到到干油之内很深，致使这种办法还不能清除干净，那时候可以加入少量酒精（不得多于混合剂的 10%～25%）。拂拭要轻要谨慎，手的动作不要在一个地方前后移动，要迅速地在整个物品上拂拭。如果工作不成功，那么就必须停下来，最好把这工作交付修复工作者。

常常在物品上附有若干层干油，把多余的干油排除掉是要求有严格修复原工作素养的工作。如果干油用混合剂不能排除掉，就要用假漆，其次用纯酒精，有时用热酒精。在极端的情况下，为了排除时间很久的硬干油，往往使用铵皂：用肥皂轻轻把小部分润湿，以后（用刷笔）涂过氢氧化铵，再涂肥皂，这样来进行洗净作用。这种修复技术是极困难的，它要求有丰富的经验。因为氢氧化铵的微小多余份量如果没被脂肪酸合成为肥皂时，那么这微量多余的氢氧化铵就会导致色彩变化。国立俄罗斯博物馆工场完全拒用氢氧化铵，但是这工场所执行完成的工作却证明：不用像氢氧化铵之类的冒险性反应剂也行。

尽管我指出最后三种修复技术，但是我尽量用使用时的困难性和重要性（使用的责任感）来警告博物馆工作者。博物馆工作者们必须通晓这些修复技术的目的乃是为了适于监督检查，绝对不是要随便使用它们，因为它们造成的损害可能是不可挽救的。

清除油画的泥垢和灰尘，先要用天鹅绒的团刷来进行，这时候绝对不可以擦，只能撢去灰尘和泥垢。蚀进去的泥垢必须洗去。如果在画上，漆把整个画面盖得很好而粗布又是完全完整的话，那么可以用（尽管也不是太合适）温水来洗涤；洗时一定要尽可能的快和尽可能的少用水。洗时用湿润的压榨好了的海绵或大片的棉片。把污水倒在特别的桶内，海绵每次都要在特备的盛清水的杯子里涮过；画必须要垂直的立放。在洗涤之后迅速使之干燥，上面放上干热毛巾，细心地尽力使所有摸起来感到粗糙的地方干燥。如果画上有空白点，有破裂、碎落的地方，那么不可以施行这样的清涤。

更严格的洗涤要用有下列成分的所谓的乳剂①。

水（蒸馏水）：二份；

亚麻油：一份；

纯净松节油：一份；

酒精：一份，或五分之一份以上，这要看物件而定。

乳剂要很好地摇晃到一致为止，没有水就会发生油料的溶解，这当然不行。应当紧记：色彩层和泥垢是极端多样的，需要对每一件物品个别地处理，来决定加大或缩少乳剂中的水和酒精的份量。

因潮湿的作用，油色易于丧失其致密的表面，而从这表面上形成树脂鳞片，这就能使油画个别地方发白或全面发白。必须把树脂重新溶解，并用这种方法来使油画画面恢复一致。这要用彼天考费尔氏方法，他是提出这种方法的有名化学教授。

设置一个平整的箱，在其底上糊上不褪色的法兰绒或呢绒。把法兰绒用酒精弄湿后，就用箱把放在桌子上的画覆上，过若干分钟（看发白的程度如何，有时要过一小时到三小时以上）发白的现象就消失了，因为树脂在酒精蒸气中溶解了。如果是个别地方发白，那么可以在小箱下面进行彼天考费尔氏方法。但是在对贵重物品进行修复之前，这一简单修复技术也要多多练习的。泥污的绘画不可以用彼天考

---

　　① 书中提到其成分的所谓"乳剂"，在这种情况下是普通的混合剂。以前曾在这成分内加入肥皂作为乳化媒剂；而后来不用肥皂的时候，这混合剂就丧失了真正乳剂的性质，它的名称却保留在复原工作者的习惯中了。——原文注

费尔氏方法，因为全部泥污将会被漆牢牢地固定住。

在某些情况下，用新鲜乳香漆把白色斑点简单地擦去，就能够除去发白的现象。

把泥污从没有涂油的画上清洗下去是特别复杂的，特别是当底色是纯胶糊的时候，有水的存在则是完全不可容忍的。在某种情况下，能够用擦铅笔的软橡皮把这样的画擦干净。绝对不可以用面包心来擦，因为它一定会粘在绘画的深陷部分里，而排除面包心则将是很困难的。

在绘画上根本没有保护表层——这是一切不愉快事件和图画不易保存的关键性原因。这样的物品就必须保持在玻璃下面。

预见绘画所能遭受的一切偶然事件和各种损害，这是很困难的；在某些情况下就没有一些方法能保证确实地消灭损害现象。但是从上面所说的，可以导出一条对于一个博物馆物品的共同规则：首先而且是最重要的是保持博物馆正当设备条件的一切规则，特别在防潮、防止有害气体、防止灰尘的意义上。预防病害比整治一两件物品重要；而由此就得出第二条规则：尽全力防止把病害带进博物馆来，因此，如果要在建筑物内保持必要的空气条件和绝对清洁，那么在把每件新到博物馆来的物品放到大厅内或贮藏库内与其他物品并列摆着之前就必须消除其传染能力（消毒）。

博物馆必须有分析选择的房间和隔离的房间。在第一个房间里，物品接收进来，审查，仔细的洗净，把可疑的物品（带锡疫、蠹、尸蝇、霉、菌的物品）隔离起来消毒。最后，一定要有一处单独为修用的房间。

因为每一个博物馆都有其个别的条件和特点，不可能事先知道在什么地方、有什么物品、在什么条件下保存在博物馆内。因此，在一切困难的情况下就要请有试验所的以及有经验专家的中央博物馆帮助。这样的博物馆就是：莫斯科国立特列恰可夫绘画馆（新画和旧画），列宁格勒国立俄罗斯博物馆（近代画和古画、雕塑、织物、金属、陶器），莫斯科国立艺术历史博物馆（板画、图画、水彩画），列宁格勒国立爱耳米塔兹博物馆（旧画、金属、织物），莫斯科国立历史博物馆（金属、陶器、织物、皮革及其他），列宁格勒苏联科学院文物复原试验所（纸上的、羊皮纸上的文献），列宁格勒国立俄罗斯博物馆。

第四篇　考古勘察随行试验室

还是在不久以前，考古学家们去勘察发掘时，往往是不携带任何化学药品以及任何其他工具的，而在发掘现场遇到必须加固的物品时，就只能限于把它包在纸内或棉花内。

现在，每一个考古勘察队都有一定的为保存发掘品的设备，甚至有时供在发掘现场当地复原之用。因此，应当知道在田野工作中的一些必要的用具。

在随行试验室中，占第一位的必须是加固剂，即是：第一、精制胶（可用工艺的）再加蚁醛，蚁醛溶液应当有百分比的精确含量标示，纯蚁醛——40%，药局用蚁醛——10%。第二、石蜡，当装备上可以允许的时候，还要拿二甲苯或甲苯（一定要盛在金属罐中）以便用于溶解石蜡。石蜡越好，溶点就越高，因此几种难溶的石蜡是比较贵重的。如果找不到石蜡或者由于某种原因不便于携带，那么，第三、就应当携带："茶苯"胶漆以及溶解它用的丙酮。尽管我不特别推荐使用它，但是对于在现场加固物品，它是可能有用的。此外，第四、还必须有石膏。因为在勘察发掘中一定会有易碎的材料，第五、应当拿普提树皮纤维或薄刨木花。常常需要把易碎物品就地绷扎，所以，第六、要贮备普通药用纱布。第七、如果必须洗涮，那么就要贮备某种溶解剂，可以作为这种溶剂的就是汽油，虽然汽油凡是有汽车和拖拉机的地方都有，但是最好自己准备。第八、不发火的四氯化碳或者二氯乙烷。第九、还必须贮备甘油，以便可以用它防止皮革、木料、骨、织物之类物品过快干燥，这类物品往往多是被水浸透的，当其发干的时候就能够自己破坏。迅速的干燥，不仅是对于有机材料——骨、木料、皮革、织物——有害，并且对损害程度严重的铁质物品、青铜物品也是有害的。因此，能够预防极迅速干燥的甘油，可能是非常有益处的。此外，第十、不妨携带防腐剂。这种防腐剂就是任何一种剧烈芳香的消毒剂，如：麝香樟脑、石炭酸（酚）或者不挥发物质中的水杨酸。当有形成霉和菌类的一切情形下，就要使用消毒剂。用这种方法，物品就可以受到预防，特别是当这些物品要在货车中或轮船中经过很长路程的时候。

为了在现场进行保存，除上面列举的十项材料外，还必须有若干装备：一、两个铝制的或珐琅制的锅，其中小的要能装进大的里去，这是煮胶剂时必不可少的；二、汽油炉或煤油炉；三、舀杓和羹匙，以便用它往物品上浇注溶化了的石蜡；四、涂抹用的刷笔；五、喷雾器；六、移液管；七、漏斗；八、特备的溶解和加热石蜡或蜡用的器皿，这个器皿可以是陶土做的；九、防雨布的棚帐或最大型毛巾，用于在工作现场遮太阳或挡雨。

第五篇　防治害虫

在博物馆中给物品带来损害的，首先是腐朽性细菌。凡是有足够的湿度、一定的温度、有细菌的营养料以及有足够的光的地方，腐朽性细菌就能发展起来。为了防止发生腐朽，应当：一、造成干燥的绝对条件，使细菌在这些条件下不可能生存；二、采取直接消灭细菌的办法。

创造细菌完全不能生存的那些干燥条件是非常困难，而在博物馆中几乎是不可能。当然，对于特别贵重的物品可以创造带有绝对干燥条件的真空，并且这类的保存方法已经在博物馆中使用着，但是小的或中等的博物馆的情况下这种方法是难以做到的。因此，应当尽全力保持正常的设备条件。第一、我们必须保持正常的湿度，不超过70%。最好保持的适度的湿度是：60%～50%，这就能限制，甚至于完全停止细菌的发展。

第二、应当有现成的药物，能使物品材料不适于培养细菌或者能把细菌杀死。因此，当对物品进行一切加固工作时都必须注入消毒剂，因为它能够使环境变为不适于细菌发展，这消毒剂就是：麝香樟脑溶液或石炭酸（酚）的溶液。

在大规模地消毒以及消灭已经存在着的细菌时，使用蚁醛。可以把凡是有感染细菌嫌疑的物品都收集到一个房间内来一起进行消毒。房间的每一立方公尺要用浓度40%的蚁醛溶液二十五立方公分。把物品放在室内尽可能不要堆得太挤，使它们都能受到蚁醛溶液蒸发的消毒作用，把室内的窗户和门糊好之后，把玻璃管连到盛有蚁醛的烧瓶内，使玻璃管从外面插入钥匙孔内。然后加热于烧瓶，于是蚁醛的蒸气就渗到室内来。屋子在关闭状态下保持若干昼夜（两昼夜到三昼夜）之后，把它打开使物品通风。可以确信：细菌被消灭了。现在，大规模消灭细菌的工作都在特殊医药卫生机关的协助下由消毒队来进行；消毒队是经常在博物馆防治害虫的斗争中帮助博物馆的。

至于预防霉类，首先是应当确定正常的湿度。湿度越小，霉类发展的依据也越少。只是应当记住：在30%～40%的湿度条件下，霉类是不能死的，仅仅是停顿下来；而当产生高于70%的湿度时，霉类就又要生活繁殖起来，因为霉类善于假死和复活的。

在很长时间内，霉类可以在假死状态下生活，而在创造了良好条件的时候，霉类就能开始发展。因此，霉类必须杀死、消灭。这种杀霉剂仍然是用蚁醛。强力杀霉剂乃是升汞。用升汞千分之一或千分之二的极稀溶液，把感染毒类的物品拂拭过，之后把物品干燥。不可忘记：升汞是剧毒，其蒸气也是有毒的。因此，用升汞加工的物品，要相当谨慎的处理。对于博物馆来说，几乎到处都拒用升汞。

能给博物馆物品带来巨大损害的，还有最多种多样的始于几乎是微生物的昆虫微小书虱。这种小的白昆虫能从纸内把所有的淀粉物质蚀尽，并且能把任何水彩画及文献都吞噬得使它们碎落下来。

砥磨甲虫等等也能带来巨大损害。

防治这种昆虫是很困难的。它们不爱干燥条件，但是在30～35%的湿度下则能很好地复活，在很干的气候中能形成这种害虫的特别"旱干停顿状态"的变种。不可以用减低湿度或提高湿度的方法来防治这种害虫。防治它们需要用化学的、机械的、物理的，或者生物学的方法。

化学方法是毒杀的手段。这些方法可以用下列两种方式之一毒杀：一、在昆虫体内溶解其脂肪或蛋白质；二、使昆虫在吞食或呼吸时有致命的危险。最好的，当然是蒸气状的或气体状的物质，因为这些物质是到处都能渗入的；液体及固体，只有当其非常易于挥发的时候，才能便于使用的。现在英美的博物馆极为推荐使用固体的、剧烈挥发性的消毒剂，例如：钾与锖酸的化合物——锖酸加里〔商品名："旋风牌杀虫剂"（циклон）〕。

溶解剂中应当指出以前曾经讲过的那些典型溶剂：汽油、二氯乙烷、四氯化碳等。某些外国博物馆（例如美国华盛顿国家博物馆）认为：任何一件物品，如果没有经过汽油蒸气加工，那么就不应当进入博物馆内。因此，从外面进入博物馆来的物品，首先要受到汽油的加工，为此就装置一个内注有汽油的金属槽，之后在槽上放一个小网，网上放物品，把这些物品都密布起来，物品就在若干小时或若干天之内处于汽油蒸气内。汽油能够溶解昆虫的脂肪质，因之昆虫就会死亡。但是汽油蒸气一和空气混合在一起非常易于爆发，因此只有在博物馆外有完全隔离起来的房间来对物品进行加工的地方才能够使用汽油作为消毒剂。最好取二氯乙烷和四氯化碳作为消毒剂，因为它们不仅能起溶解作用，并且也能窒杀昆虫的呼吸，而在防止火灾的意义上说来，它们也是安全的。

可以用油脂物质把昆虫的呼吸孔道堵塞住。为此，用油来加工是完全合适的。如果木质物品其中有某些害虫的话，那么就取石蜡之类的油脂物质，使之在酸或甲苯中溶解之后成为液体，用来浸霉物品。石蜡本身并不能毒杀或杀死昆虫，但是它能堵塞住它们的喉咙和呼吸孔道，这样一来，昆虫就死亡了。此外，昆虫所借以生存的营养物质以及霉类，一经石蜡浸透，就能变为不可食用的了。

其次可以使用物理的方法，如提高温度。不可以指望把昆虫冻杀，因为，例如胭脂虫（学名：Pentatoma）都能安然无恙地耐过零下二十度的严寒。这部分原因也是因为昆虫不是裸露在外面生活着，而是藏在各种空隙的裂缝中间。室内温度越低，它们藏的就越深。因此，用降低温度的方法来杀死昆虫，几乎是不可能的；相反，温度升高就很容易把它们杀死。例如，在病院、旅馆或轮船中，衣服和被褥的消毒，正是使用提高温度的办法——或者放出蒸气流，或者加热，或者只用热熨斗熨过。当然，什么样的物品可能受到什么样加工的问题是应当弄清的。

如果与加热的同时使用某种化学毒杀剂，则能得出强化了的作用。应当记住：杀霉和菌类极有力的蚁醛，用来杀昆虫是无效的，因此应当使用较剧烈的毒杀剂。

最剧烈的但也是危险的杀虫剂，可以使用狭义上的毒杀物质，即用毒药来对物品加工，其中最常使用的乃是青酸和氯化苦味酸（хлорликрин）。

氯化苦味酸——是在第一次帝国主义战争中曾使用过的人所共知的一种毒杀剂。氯化苦味酸能够有力地杀死昆虫，但是如果没有专家的负责指导是不可以处理它的，因为我们有冒着把周围一切人都毒死的危险。氯化苦味酸能很长久地保存在柔软物品中，因此当某种质地不坚密的家具受到了氯化苦味酸加工时，那么就能够很长久地保存着这种毒药。因此，应当把它多多地通风。氯化苦味酸对织物、对色彩，特别是对稀释了的色彩所起的作用，还没有得到足够的检查。尽管我们有我国化学家彼得洛夫、索里道教授及其他化学家们的极一致的工作，但是他们并不是研究博物馆物品的，而从博物馆分野看来却有自己的观察结果，这些结果不允许盲目地和固执地相信那些甚至于是重要的学者们。

至于青酸或锖酸，只有在特备的消毒室内才可以使用它。在博物馆内，只有研究过这种消毒法的有经验专家经常在场的条件下，才可以进行青酸处理的工作。

主要是因为在帝国主义战争之后，当时剩了许多战争军事中没用尽的各样毒品，才开始使用起毒杀物质的。以前通常使用二硫化碳素，这种二硫化碳素应当无条件地从博物馆的实践中取消，因为它具有易发火的性质，所以极端危险。在农业中，开始在德国，后来在英美，都开始试验一些毒药对于各种农业害虫和仓库的害虫所起的作用。在这一工作中起主要作用的是美国华盛顿农业部。在我们苏联，在这方面，列宁农业科学院植物保护学院曾进行了大量的试验。所有这些广泛开展起来的工作结果，得出了科学的结论：在博物馆条件下可以使用的最好的防治昆虫的药剂是氧化乙烯气体，特别是和一氧化碳的氧化物混合在一起的时候。也可以自己制备氧化乙烯，当然这不是那样简单，并且要求严格的试验室技能，这种气体到现在还没有对博物馆物品起任何有害的作用。

尽管这是防治昆虫的良好办法，但是在没有可能得到它或制备它，只能请消毒队和苏联国防飞行化学协会帮助的地方，只有使用氯化苦味酸。如果物品材料允许的话，可以认为用溶于某种溶剂中（如二氯乙烷、二甲苯等等）的石蜡浸润是良好的办法。

必须记住：浸润过的物品在深层内能长时间地保留着溶剂，因此从这些物品中能发出剧烈的臭味，所以就要求把这些物品较长时间地保留在通风的室内。为了避免火灾危险，可以用不燃的四氯化碳（或二氯乙烷）来代替可燃的二甲苯和甲苯。

非常讨厌的而又常在博物馆中能够遇到的害虫乃是蠹鱼。关于蠹鱼，可以使用所有那些我们已经讲过的办法。

应当牢记：在防治蠹鱼中，石脑油精并不是有效的手段：可以把丝织物撒上石脑油精放在玻璃罐里，把蠹鱼的幼虫或卵放在那里，而蠹鱼将发展得很好防治蠹鱼的最好消毒的和杀虫手段乃是对位二氯苯。这是易溶于酒精的结晶物质；它可以用喷雾器喷出去，又可以装在药用纱布袋内挂在橱内，也可以放在箱子里、关闭的橱内，因之任何蠹鱼也支持不住它的作用。对位二氯苯的臭味不是有毒杀性的，也不强烈，所以人们易于经受得住它。

有一些最新的防治害虫的方法，这些方法目前虽然还没有进入博物馆的实践中来，但是却可有极大效果。首先是用超短波来加工物品，因为超短波对于一切低等生物都起着消灭作用，并且生物越属于低等的，超短波的作用就越强烈。

例如曾经进行了那些有趣的试验。如所周知：在小动物身上（如家兔、猫、之类）经常居住着昆虫。家兔受到了超短波的作用，它们身上一切昆虫都死掉了，而家兔本身却仍然活着并且毫无损害。从而，如果对于博物馆物品使用这种加工方法，就有可能达到消灭昆虫的目的而不用任何化学手段。

末了，最后的一个防治害虫的方法——生物的方法，即繁殖那些能够消灭害虫的那些生物。例如，有一种特别类型的黄蜂（学名：Vespa），它专门能够消灭小昆虫的幼虫和卵，如磨砥甲（学名：Anobium striatum）及其他小昆虫的幼虫及卵。

当然，我们能够在博物馆中繁殖黄蜂，但是这种方法仅仅是开始研究，并且将能够发现那些既能不比黄蜂太讨厌又能使我们免于受害虫损害的那些生物。在农业中，这种消灭害虫的方法已经广泛地使用着。例如，在加利弗利亚州[①]，在阿尔吉尔，在西班牙的各处杏树园中都繁殖着能够消灭杏树害虫的特殊昆虫。在我们苏联的高加索地方橘园中也使用这种形式的防治害虫的方法。

由上所述，肯定明确地得出一条原理：我们越严格地遵守博物馆条件的一切基本规则，则我们就越能减少因消灭细菌、霉类、昆虫等所造成的损害而进行的工作。因此严格地遵守这些规则乃是一种法典，不断地遵守它就能够保护藏品免于破坏，而使博物馆工作者免于在对博物馆藏品消毒、驱虫及复原方面进行巨大的、并且有时是困难的工作。

---

① 现多称"加利福尼亚州"。

1959 年出版说明

　　本书系根据一九四七年莫斯科苏联国立文教书籍出版社出版的版本译出。作者法尔马考夫斯基是一位具有多年工作经验的修复工作者，苏联博物馆科学研究所曾推荐过他的这部遗著，认为"对博物馆藏品的保管和修复很重要，应当成为每个博物馆工作者的必读参考书"。本书译文曾在一九五五年到一九五六年《文物参考资料》上发表过，现校订出版以供我国文物博物馆工作者参考。读者可根据我国各类文物的特点和具体情况，研究采用。

博物馆陈列的组织与技术

阿·伊·米哈依洛夫斯卡娅　著
宋惕冰　译

文物出版社
1959 年·北京

目　录

第一章　博物馆的陈列工作及其组织

博物馆陈列工作的意义与地位

苏维埃的博物馆是劳动人民共产主义教育的有效方法之一。博物馆通过实物的与具有说服力量的陈列，宣传社会主义建设和先进的苏维埃科学的成就，鼓励劳动人民积极地参加共产主义建设事业，帮助他们建立唯物世界观，培养苏维埃爱国主义的感情。

联共（布）党中央委员会在思想工作的问题上，对博物馆完成其所面临的任务，已经作了历史性的决议。决议指出必须将整个博物馆的工作，特别是陈列工作的思想政治水平提高一步。

博物馆遵照联共（布）党中央委员会的指示，重新审定了陈列原则和陈列方法。以往地志博物馆的陈列是有严重的缺点的，例如不研究自己的地方，不采用纪实的博物材料来表现地方等等，这些缺点主要是第一次博物馆代表大会（1930年）的错误的形式主义的方针所带来的。代表大会叫博物馆根据反历史的门·恩·巴克罗夫斯基"学派"的精神，采用了粗暴的社会学方针，对陈列中真正的博物材料丝毫不予以重视。联共（布）党中央委员会的指示公布后，地志博物馆的陈列便开始了彻底的改造。

改造地志博物馆陈列的基本条例，在俄罗斯苏维埃联邦社会主义共和国部长会议所属文化教育机关事务委员会的特别文件中已经作了规定。①

陈列工作是博物馆的主要工作。它使博物馆成为特殊一类的科学研究机关，构成博物馆工作的特点，博物馆是以它的陈列来完成苏维埃科学的任务的，那就是要在陈列中将全部的科学成果传达给人民，并反映我们祖国的自然、历史与社会主义的建设。没有陈列，博物馆便失去了它最重要的特点，变成了征集物的贮藏室，即使这些征集物在科学上经过了加工和整理。判断一个博物馆的好坏，首先根据的就是这个博物馆的陈列，因此陈列工作应当特别重视，看作博物馆全部工作的基本环节。

博物馆的陈列工作同博物馆所有其他的活动方式是有密切的联系的，陈列工作的成功与否，要看收集工作的质量与科学水平，要看对收集品研究的深度，而陈列工作又是博物馆群众文化教育工作的基础。

陈列工作的科学性质

布置陈列是一件科学工作，它基于对实物的研究与独立的科学探讨。陈列材料科学研究的深度，在许多方面都要根据对主题和对材料的研究，同时也要看博物馆进行独立的科学探讨的范围。在多数情况

---

① 《论地志博物馆关于省、边区、自治共和国及各大区地志博物馆陈列的基本条例》，在1948年地志博物工作科学研究的学术会议的常会上已经制订了，并于1949年出版，可参看1950年莫斯科新版《关于地志博物馆科学研究、搜集、陈列与文化教育工作基本条例》（该书已由中央文化部社会文化事业管理局译出印发各博物馆参考——译者注）。——原文注

下，博物馆应当依靠当地社会团体研究问题，特别是那些有关地方历史的问题。地志博物馆陈列的基本条件乃是系统地全面地研究地方，地志博物馆应当成为地方志的科学中心，关于地方自然、过去历史与社会主义改造工作主要报道的集中地。

但是假如陈列完全依靠已发表的材料，而在陈列的准备工作方面，不进行探讨工作——发掘、调查、研究档案材料、考察等，那么这种陈列只是一种科学普及工作，它的思想理论水平是有待提高的。

博物馆的陈列，不是陈列品与原文的机械的收集，而是富于创造性地、科学地研究了博物馆的特有资料（实物、文献、美术资料等）所表现主题的结果。博物馆的陈列品是由陈列的综合，即由陈列品所表现的主题构成的，由于使用了实物来表现，并由于这些物品在陈列中的感染力量，博物馆的陈列，变成了非常有效的文化教育工作的形式，这就责成博物馆工作者应负起研究每个陈列主题内容的特殊责任。

苏维埃博物馆在陈列中反映了共产主义的思想，在马克思列宁主义的基础上发展着的、社会主义国家及其先进的苏维埃科学的成就。在思想内容方面，苏维埃博物馆乃是最先进的博物馆，它们和革命前沙皇俄国时期的资产阶级的博物馆是不同的，因为它们不仅只是征集奇珍异品，而且要对征集材料进行科学研究，当做掌握在统治阶级手里的一种思想斗争工具。苏维埃博物馆和西欧、美国的博物馆也有原则上的不同，因为西欧与美国的博物馆宣扬的是帝国主义时代资产阶级的思想，反映着走向末路的资产阶级科学的堕落与危机。

因此，只有苏联的国家博物馆才能有计划地建立并不断增加，而博物馆的陈列又是建立在马克思列宁主义的基础之上的，先进的苏维埃的博物馆学第一次作为科学的课目出现，博物馆事业的理论、历史与方法第一次得到科学的研究。

苏维埃的博物馆学坚决反对反科学的陈列以及陈列方法中资产阶级的残余。它反对客观主义，反对陈列的非历史性，反对陈列内容与形式上的公式主义。

苏维埃博物馆学对陈列所提出的要求

苏维埃博物馆陈列的特色，应当是：倾向性明显，主题现实，内容在政治上是敏锐的，并具有高度的思想理论水平，整个陈列是建立在马克思列宁主义方法的基础之上的。

苏维埃博物馆的使命，乃是反映社会主义建设的巨大成就，先进的苏维埃科学的成就及其优越地位，依靠文物表现我国的历史、经济与文化，并介绍苏维埃人所正在改造的我国的大自然。

马克思列宁主义的世界观对科学和苏维埃的博物馆学提出的要求，乃是彻底地体现列宁—斯大林的布尔什维克的党性，那就是公开地、彻底地维护以工人阶级及其革命的布尔什维克党为领导的全体劳动人民的利益。

弗·伊·列宁和约·维·斯大林在他们的著作中，一致揭发了主张"纯"科学与"纯"艺术的资产阶级思想的代表。他们指出，在这些理论的背后，隐藏着一小撮企图转移劳动人民斗争目标的剥削者的利益。苏维埃的博物馆，应当对陈列中一切不问政治的、客观的态度，对资产阶级文化卑躬屈膝的态度，对资产阶级文化不加批判地接收的态度作坚决的斗争。

同样一个主题，在陈列中可以有不同的陈列法，由于不同的主题思想的倾向性和见解，观众所得到的结论也是不同的。例如，斯达汉诺夫的劳动方法，如果在陈列中只展示斯达汉诺夫的画像与高度生产指标的数字，而不说明这种方法的本质以及这个运动的群众性，那么就不能达到宣传和推广这种方法的目的。像这种只"登记"现象，而不阐明现象内容的工作方法和苏维埃博物馆的工作方法是毫无共同之处的。陈列的一切因素——原文、陈列品、标签，都要符合高度思想性的要求，符合国家的政治、经济任务，符合于先进的苏维埃科学的最新成果。

指出现象的相互关系

苏维埃博物馆的陈列是建立在马克思主义的辩证方法的基础之上的，它要求从现象的互相联系与互相制约来研究一切现象，把它看作有内在联系的统一整体，"其中各个对象或各个现象是互相密切联系着，互相依赖着，互相制约着的"。（见《联共（布）党史简明教程》第135页）由此可见，"任何一种现象，如果把它看作是与周围现象密切联系而不可分离的现象，把它看作是受周围现象所制约的现象，那它就是可以了解，可以论证的东西了。"（同书第135页）

马克思与列宁对自然发展的规律性与社会生活现象的规律性的理解，应当作为苏维埃博物馆陈列的基础。

陈列要从互相联系中展示某种现象，必须依靠主题的陈列结构，基本环节在于陈列品的综合——主题，主题由说明总的思想和互相联系的陈列品表现出来，而每一件陈列品又必须帮助观众了解其他的陈列品，和它们构成一个有机的整体。

苏维埃博物馆的陈列品不是按照范畴，按照单纯外表的、形式的标志来分类的。苏维埃博物馆的陈列品和革命前的陈列不同，它不是独立自在的客体，因为内容的共同性与陈列的明显的倾向性把包括在主题——陈列品综合中的一些各不相同的陈列品统一起来了。

陈列结构的综合性

要表现各种现象的互相联系与互相制约，地志博物馆的陈列必须进一步将陈列中的各个主题与部门综合起来。我们可以拿自然之部的景观陈列，作为综合的例子：在景观的陈列中，地形、气候、水系、土壤、植物界与动物界并不是各不相干的分成各个部门来表现，而是根据每个地方的自然区划，从它们的互相联系来展出的，这是一般反映不同地理情况的大区博物馆的陈列特点，苏联北部诸博物馆（阿尔汉格尔斯克，科米苏维埃社会主义自治共和国）或西伯利亚的博物馆（鄂木斯克，克拉斯诺雅尔斯克等），就是这样的。陈列结构的基础应当是地带——苔原地带各种类型的大森林地带，林原与草原地带等，至于一些小地区的博物馆因为处在同一地带中，它们的综合主题，则是某种类型的森林、草地、沼泽等，并须指出当地地形、土壤、植物界与动物界及其相互关系。

莫斯科省季米特洛夫博物馆自然之部的景观陈列（这个陈列是地志博物馆中首倡的景观陈列之一）是由区内的两种主要的景观构成的：雅赫罗木河的谷地与克林斯克—季米特洛夫山区。在这两种景观中，完全可以看到地理条件地形、水系、土壤、植物界、动物界的相互关系。

小地区的博物馆也可以有各种题目的综合陈列，它可以主办自然、农业（农艺生物学与农业技术）、矿产及其工业用途（例如，格惹尔陶土，与建立在这种基础之上的制陶工业）、技术作物及其加工制造的工厂、城市及城市中的工业的展览及个别集体农庄的特展等等。

这样的陈列结构才可以使观众容易了解，并受到感动。

"生活"综合

除了陈列品的综合（如上所述用陈列品表现的主题叫作陈列品综合）作为苏维埃博物馆陈列的基本环节使用之外，还有所谓"生活"综合，那就是将陈列品按产生该项现象的真实的生活情况与环境加以分类。在自然科学的陈列中，广泛地在利用生物群，表现自然情况中的自然的客体。对于历史陈列，则应表达历史时代的特点，指出一定的社会阶级的生活条件及其产生的情况。在为纪念著名人物而举办的纪念性质的陈列中，"生活"综合的陈列方法是用得最普遍的。

陈列结构中的历史主义

马列主义的陈列结构的必要条件乃是彻底的历史主义——从产生与发展中去展示现象。"辩证法要求我们观察现象时不仅要从各个现象底相互联系和相互制约方面去观察，而且要从它们的运动，它们的变化，它们的发展，它们的产生和衰亡方面去观察。"（《联共（布）党史简明教程》1949 年版第 135 页）"不是把发展过程看作什么简单增长的过程，看作量变不会引起质变的过程，而是看作由不显露的细小的量变，进到显露的变，进到根本的变，进到质变的发展过程。"（同书第 136 页）

发展过程的内容，是由对立物的斗争构成的，是由旧与新之间的斗争，衰亡与发展之间的斗争构成的，全部的发展过程应看作"前进的运动，上升的运动"。（同书第 136 页）

在苏维埃博物馆中，历史的观点对于社会现象的陈列是特别重要的，我们必须遵循约·维·斯大林的指示，他说："在估计历史上每一个社会制度和每一个社会运动时……要从这个制度和这个社会运动所由产生并与其相联结的那些条件出发。""一切都依条件，地方和时间为转移"（《联共（布）党史简明教程》1949 年版第 139 页）。

按照发展阶段划分陈列中所反映现象的重要特征，可以帮助我们表现历史主义与陈列的倾向性。陈列品的倾向性表现在对陈列思想的服从。陈列可采用比较与对照的方法，当我们把资本主义的生产关系与社会主义的生产关系相对照的时候，也可以在陈列中表现历史主义。

内容与形式的统一

博物馆陈列的性质决定于陈列的思想内容，但是表现内容的方式——形式也非常重要，因为形式是内容本身的机体，它对内容并不是不相干的东西，内容与形式是统一存在的，内容起决定性的作用，形式则由内容产生。

我们知道艺术作品的思想对艺术作品的形式（语言、风格等）有决定性的影响。博物馆的陈列，正像文学与艺术一样，它的思想性与具有巨大意义的艺术形式的力量是结合着的，因为有了形式，内容便更容易了解，更容易接受。

全部陈列品的分类与每件陈列品的艺术完整价值的装饰都应当适合陈列的主题结构，应当反映问题的本质，应当有助于说明陈列中提出的主要任务。苏维埃博物馆与展览会陈列的特色是思想内容丰富，而这种丰富的思想内容又是用特殊的博物馆语言，用鲜明的形象艺术地表现出来的。大家知道，社会主义的现实主义，乃是苏维埃各种艺术的原则，博物馆展览会陈列的艺术装饰当然也要遵守这个原则，为社会主义的现实主义而斗争，反对与苏维埃的艺术格格不入的任何倾向。

对于个别艺术家——陈列者特别是展览会的陈列者的工作中表现的形式主义，是要展开坚决的斗争的，遗憾的是这个造型艺术部门往往被认为是次要的，批评家们往往看不到博物馆与展览会陈列的巨大教育意义与社会政治意义。

陈列给观众的感觉

苏维埃博物馆陈列的建立，应考虑它给观众的感觉，这里应当照顾的不仅是个人参观的利益，而且也要保证来博物馆参观陈列的集体的利益。因为成人与学生集体经常群众性地有组织地来博物馆参观，我们要懂得视觉是容易疲倦的，因此必须创造必要的条件，使观众能够方便地看到陈列（观众与陈列品的正常距离，正确的视线角度，彩色的调配等），要记住，只有当陈列中的材料的展出考虑到它对观众所起的感情作用时，那个陈列才是容易了解的。

博物馆的陈列应当以博物馆特有的方法构成，首先依靠的就是实物，它保证给参观者生动的真实的感觉，它是陈列的基础，如有必要，也可以采用复制品补充。陈列的装饰所起的作用应当是迅速地将陈列主题的内容传达给观众。陈列的布置简洁明了，富于表现力，而装饰又合乎艺术，那么陈列才能收到容易了解的效果。

陈列工作的组织

博物馆总的远景规划常拿来作为拟定整个部门以及个别陈列主题的陈列计划的基础，在这个用来构成陈列的指导性的文件中，应指出陈列的主要问题，划出主要的部门与主题，并决定各陈列部门的相互关系，总的规划也可用图示的方法在房舍的设计图上描绘出来。

在远景规划基础上，应编制全年生产计划，列举本年度预定的陈列工作。拟定规划时，可列出各种方案，如准备扩建博物馆，博物馆陈列的改换，设立新陈列部门，用新的主题补充现有的陈列，组织展览会（临时的与流动的）等，这些方案可以根据所筹划的工作范围灵活掌握，但是方案中陈列工作的阶段基本上都是一样的，准备与设计工作愈周密，陈列计划就越完善，陈列计划的思想理论水平愈高，陈列的质量就愈能提高，而陈列就能愈快地实现。

陈列工作的阶段

陈列工作可分为下列三阶段：

一、科学工作者为陈列设计——拟定陈列的内容并替美术工作者拟定布置陈列的任务（拟定陈列计划），选择陈列品，准备实物陈列品，进行修复，装置，制作等工作，拟定制造新陈列品的任务并拟定标签。

二、美术工作者为陈列的布置设计——拟定陈列室与陈列部门的建筑与美术的布置计划及各种陈列品的布置草图。

三、实现已确定的陈列美术布置的计划：

（1）在科学工作者的督导下，美术工作者与摄影师执行美术的工作，制作并装饰各个陈列品与原文。

（2）根据陈列草图进行陈列室的装置工作（陈列室的色彩，木器等等），此事应由美术工作者监督。

（3）在美术工作者与科学工作者的共同领导之下，进行陈列品的配置和装饰工作。

陈列的工作计划

为了在确定日期内完成陈列的装饰工作，必须像建筑施工进度日程表那样，拟制精确的工作计划——逐日计划。为了正确地组织工作，也必须及时制订装饰材料的预算，以及艺术与建设工作必需的材料的预算。科学工作人员、美工人员与布置陈列室的工人的工作计划，以及人力的正确配置与经费的适当的筹划，乃是完成陈列工作的必要条件。

陈列的装饰过程，是各种各样工作的复杂的综合体，要做好这些工作，必须在博物馆工作者的领导之下，吸收各种专业人员来参加，博物馆工作者应当是掌握科学原则的专家，精于鉴定科学物品，并且还要懂得陈列方法，在艺术装饰的各种问题上，他应当胸有成竹，这样才能领导陈列工作的全部过程。

某些博物馆的工作者认为在区与省的地志博物馆的工作条件下，不必遵守全部的陈列过程的阶段，这是完全不对的，为了使陈列具有高度的理论水平，与应有的艺术性，我们应当对陈列的准备工作，花上足够的时间和注意力。

许多博物馆很成功地吸收了艺术家，请他们作职员，或按契约聘请，邀请他们在科学工作者的领导之下参加工作。但是假如不能得到艺术家的帮助，艺术装饰的任务也还是不能取消的，在这种情形下，陈列的设计者应当从事合乎艺术条件与便于感觉的装饰工作，使没有经过艺术家布置的陈列形式，也能适合博物馆技术的法则。陈列品的布置，切忌杂乱无章。堆砌粗陋的装饰图表和其他陈列品、文字字体不美观，都会影响观众对于陈列的印象。

在本书末页上介绍了陈列工作逐日计划的主要阶段，这个图表可以作为编制逐日计划图表的格式，但是在执行这一计划的时候，要根据具体条件，改变各工作阶段的时间。

有些主题的筹备工作，需要延长征集材料的时间（特别是需要做查档工作或采访工作的时候，有些主题（在有大量复制品的时候）也需要延长执行工作的期限，在需要改建陈列室的情况下，需要延长建筑工程的时间。陈列的配置工作复杂（例如有沉重庞大的物件），就需要延长安装时间等等。

一般陈列工作期限，按下列情况而定：陈设的是整个部门还是个别的主题，未来陈列所需场地的大小，参加陈列工作的科学研究人员的多寡，以及有多少美术工作者能参加陈列的装饰工作。

第二章 博物馆陈列计划与陈列图式的编制

博物馆科学工作者编制陈列计划的阶段

按照对材料的研究与选择范围，有几种编制陈列计划（主题陈列计划）的方法。首先应当确定简短的陈列的主题结构、陈列的目的与内容，以及陈列室中主题的地位，然后详细地研究问题，并选择陈列材料，根据主题结构编制发展的主题计划；在这个计划中使未来陈列的内容获得最后的表现，并指定陈列品。陈列品选定之后，应以有关每件陈列品的正确资料补充主题计划，并指出这些资料在陈列室中的配置方法，从而得出陈列品同陈列图式的一览表，或所谓陈列计划。

这些图表可以介绍出科学工作者编制陈列计划的过程。

试详细研究上面所说的陈列计划的编制阶段。

主题结构的编制

陈列工作的第一阶段是编制主题结构（主题计划）。主题结构应确定出陈列的目的、任务与题目，主题的顺序与相互关系。

编制陈列的主题结构类似拟定学术论文的计划（大纲）。

按照主题事先调查

为了研究这个原始文件，要求进行巨大的准备工作。

在工作的第一阶段就必须按照设计的主题研究材料，并且查明材料的来源地。

所谓事先按照主题作调查，是指首先编制目录提要与查看基本文献，然后进一步确定现有档案材料的数目，弄清楚物品目录簿中及博物馆的库藏中实物材料的成份。如果需要，甚至还应书面或亲自去了解中央博物馆中材料的情况。

其次，同过去研究该项或类似该项主题的科学组织和地方组织建立联系，查明与熟悉在这些组织的档案中未曾发表的原稿。

在苏维埃时期之部的主题方面，为了获得实物材料与最新的资料（数字与原文的资料），必须同地方的组织（例如省计划委员会、省土地部、区计划委员会、区土地部、区教育部、统计部、工厂、主要的国营农场与集体农庄等）建立联系。

在进行事先调查的过程中，要征求关于陈列的结构与任务问题的意见。

科学顾问与专家——区、省或边区苏维埃机关的作者（农业家、企业的工程师等）与地志机构，是可以提供这些意见的。

进行"野外作业"（发掘、调查、摄影与实地测量、收集实物）也是必要的。

主题结构的内容

应当决定陈列的任务及其目的，这样才能决定从什么观点出发、抱什么目的与拿什么出去陈列。要做好这点，有赖于准确地组织每个列入陈列的主题，并进一步决定陈列材料及其组成，必须使制订的题目限于陈列目的所产生的那些问题。

每个主题在陈列中的目的，决定了将来要选择的陈列品的成份。陈列结构中，不应当有任何偶然的东西。为了揭示主题，主题的每一个单元都要从属于整体，同其他的单元联合在一个体系里，这个体系必须适合主题，而且逻辑清楚。

同一陈列品在不同的主题中可以占不同的地位，在一种场合下是主要的，而另一种场合下，在主题的特定的解释下，可能又是次要的了。每件陈列品在陈列中，不是孤立地来看的，而是和其他陈列品有关的主题上下文来联系地看的。陈列品的这种相互依赖性，以及每件陈列品对目的的从属性，乃是陈列构造的必要条件，对于为陈列而制造的新陈列品，以及选择为表现某一现象的陈列品的类型，完全要从属于这个目的。

每个主题构造，应当以马克思列宁主义的方法和最新的苏维埃的科学为基础。政治倾向性与主题现实性，乃是编制陈列计划的必要条件。

为了给观众一定的知识，并向观众介绍一定的科学命题，陈列者必须使全部主题结构服从于上述目的，用博物馆的方法揭示主题的内容。为此，陈列品必须看来是一目了然的，从而引导观众去得出必然的结论。

确定主题结构时，突出主导的主题

很好地整理库藏，使其便于了解和研究，也就便于陈列进行必要的补充。不应当堆集陈列品。因此，在工作第一阶段，在拟定主题结构时，就必须划出整个部门以及每个主题的主要问题，决定各个主题和分题在总的陈列体系中的作用与比重。

突出主导的题目乃是正确构成陈列计划的条件之一。不可以用琐碎的东西与多余的细节来分割主题和阻碍主题的主导思想。因此，这里应当注意，某些有助于进一步研究主要专题的材料，可以收入"隐蔽的"陈列计划（补充结构、图册）中去。

陈列主题一览表

确定了陈列的任务之后，在主题结构中，开具主题一览表（在编制整个部门的陈列计划时，列出主要部门、次要部门、主题、副题、各个问题的名称一览表）。这样的一览表可以确定未来陈列的结构。主导的主题，用论题的形式或目录提要的形式表现出来。未来陈列的构造最好用图式表现。利用图式，指出材料的逻辑系统，主题的相互关系，指出关于为保持主题范围的完整性方面值得商榷的地方（某个问题所缺乏或多余的主题）。

在编制地志博物馆的陈列计划时，必须考虑到"地志博物馆陈列应当具有创造性，并应表现出当地的特色，举办陈列的原则应当灵活掌握，结合当地发展的具体情况，不能作丝毫机械地运用"。（《关于地志博物馆的基本条例》）

主题结构与博物馆性质的关系

主要问题应当由博物馆的性质来决定，陈列中应提出区、省、边区科学和国民经济方面最重要的问题。

因此，科学与国民经济方面各个主题的相互关系与比重应予以适当的配置。例如，对于阿斯特拉汗博物馆，最重要的就是在陈列中提出斯大林的护田植林的计划及其实现，以及制鱼工业的特殊意义；因为制鱼工业部门在该省的经济及全国的经济中是占很重要的地位的。

伊凡诺夫省立博物馆主要的问题，仍是展示伊凡诺夫省的纺织工人在布尔什维克党的领导下进行革命运动的历史和纺织工业的发展及其现况。

科米自治共和国的博物馆提出的，则是在社会主义建设方面的专题的陈列，展示在该共和国中占主要地位的煤、石油与森林工业。在这个博物馆的运输陈列室，一目了然地、令人信服地指出了该区从前如何缺乏交通工具，因此与国家中心远隔，以及后来怎样得到了各种运输工具，同祖国的其他各区建立了联系。

地志博物馆陈列中的一般材料与地方性的材料

全国性与地方性的材料，在陈列馆中的比例问题，也是一个重要的问题。

这个问题在自然之部与苏维埃时期历史之部，通常是用表明区、省、边区在全国的位置和有意义的地图与图表法来解决。

在革命前历史之部中，地方的历史作为我们伟大祖国历史的不可分割的构成部分而展出。

决定革命前历史之部的结构以及陈列的计划时，每个博物馆都要考虑到当地历史过程的特点，但也必定要在陈列中反映总的作为主导的我们国家历史发展的路线。"地方历史不仅应当具有历史进程的具体的地方特点，而且要合乎整个国家总的发展规律"。（《关于地志博物馆的基本条例》）

在省立博物馆的陈列中，可以根据苏联历史的马克思列宁主义的分期方法，作出完整的、有系统的关于地方历史事迹的介绍——从上古到二月资产阶级的民主革命。

区的博物馆则可以在苏联历史的主要时期范围中布置地方历史阶段的陈列，以决定总的历史过程方向的历史事件作为主导线。"在陈列地方参与俄罗斯国家机构以前的历史的时候，应该特别注意在陈列中反映出该地区与俄罗斯国家在政治、经济、文化各方面的联系"。（《关于地志博物馆的基本条例》）

远东以及西伯利亚的博物馆，必须表现边区原来居民的历史，西伯利亚并入以前俄罗斯国家的历史，最好压缩些——使用简短一些的原文与说明文。关于十六世纪前莫斯科国家的史料，这些博物馆是没有的，如果把陈列变成一部参考书，变成"纸片的"陈列——那就是没有考虑到地志博物馆的特点，以及观众对陈列的感受的条件。

决定所研究的地域的界限

必须注意地志博物馆的陈列中所反映的地方的领土，应当依地方的每个历史阶段有过的界限去观察，这种界限往往和现在的行政划分是不相符合的，然而在从事现象的研究时，也不能局限于只研究地方领土范围内的现象，有时不得不把问题扩大些，越过这个领土的界限。

例如，在研究地方境内考古学材料时，就要涉及到与其他考古学地区紧密相依的手工业区，研究时不要使该区受行政界线的限制。例如，格惹尔制陶区应当全面地研究，虽然现在这个区域位于几个行政区境内。地方的景观往往也不能完全脱离邻区来研究，因为它和邻区构成了统一的自然综合，应当在陈列中指出这种联系，即使用很少几件陈列品来说明都可以。

在我们有计划性的社会主义的国家内，各个区的相互依赖性是很大的，几乎出现在每个地方境内的新现象都同总的国民经济计划任务相联系着，构成了社会主义伟大建设工程的一部分。因此，在苏维埃时期之部的陈列中，这种联系应当特别明显。

主题结构的确定

有了主题结构才可以断定陈列的任务和内容，主题结构乃是进一步研究陈列题目的出发点。这个原始文件应在博物馆学术会议上详细讨论，并由博物馆行政方面予以批准，作为进一步研究主题的课题。

在计划中预先分配陈列场地

在陈列工作中的第一阶段；就必须拟定陈列室的计划，计划中扼要地提出主要部门与主题的配置，并指出其测度面积（墙壁与地板的面积）。这种图表，可以帮助我们断定每个主题在陈列中所占的地位，断定前后主题的逻辑关系，断定每个主题的比重。

主题计划的编制

确定了主题结构之后，即应开始陈列工作的第二阶段——编制详细的主题计划。

主题计划乃是主题内容的详细的说明，同时也决定展示该主题时所需要的一批陈列品。

陈列的设计者应深刻地研究在预先调查的过程中所得到的全部材料，并将这些材料登记在卡片上。这时要特别注意研究藏品、研究结果应编制各件陈列品与收集品的科学记述。

为主题计划编制辅助卡片

为了正确地进行组织工作，必须使用有注释的目录卡片，附有引用文与印刷和手抄原本摘要的主题卡片、剪报卡片、说明材料卡片（取自杂志、书籍、照片簿）、预定陈列品的卡片（注明藏品与登记号码），按照主题计划，适当地排列主题卡片。

假如陈列材料是由许多部门得来的，那么就制出有关这些部门的卡片（机关地址、电话号码、联络人姓名，并附上送达陈列品的一览表）。

卡片的格式

在编制主题计划的过程中，具有最重要的意义的乃是主题卡片（附有书面来源的摘要）与陈列品的卡片。试举出两种卡片的格式如下：

主题卡片的格式

主题＿＿＿＿＿＿＿＿＿＿ ＿＿＿＿＿＿＿＿＿＿＿ ＿＿＿＿＿＿＿＿＿＿＿	副题＿＿＿＿＿＿＿＿＿＿ ＿＿＿＿＿＿＿＿＿＿＿ ＿＿＿＿＿＿＿＿＿＿＿	来源（书籍、杂志、报纸的正确名称，并附有出版日期与引证）＿＿＿＿＿＿＿＿＿
原文（引用文或内容的说明）＿＿＿＿＿＿＿＿＿＿＿＿＿＿＿＿＿＿＿＿＿＿＿＿ ＿＿＿＿＿＿＿＿＿＿＿＿＿＿＿＿＿＿＿＿＿＿＿＿＿＿＿＿＿＿＿＿＿＿＿＿＿＿＿ ＿＿＿＿＿＿＿＿＿＿＿＿＿＿＿＿＿＿＿＿＿＿＿＿＿＿＿＿＿＿＿＿＿＿＿＿＿＿＿		

陈列品卡片的格式

主题，副题，分题 _____	陈列品的名称（简称） _____	陈列品的类型_____	日　期 _____ _____

陈列品的说明_____

_____

_____

陈列品的大小（或尺寸）_____

报道的来源_____

所在地（机关，藏品，目录登记号码）_____

卡片的大小是标准书写纸一半或四分之一，正面用来填写，反面不填写。假如原文太长，卡片容纳不下，可联接第二张卡片（用针扣住）。

按照计划收集材料

在研究材料的过程中，主题计划确定之后，也可以按已确定的主题计划进行收集工作。可进行关于该项主题的"田野"科学研究工作，如发掘、调查、摄影、绘画、测量、按专题收集实物等。所收集的材料都要仔细记载并加以研究。

表现陈列的内容

在主题计划中应详细揭示陈列的内容。例如，在陈列的结构中讲到陈列成份项目中的矿产时，主题计划中每种矿产，都要作出主题中所说明的问题的详尽的一览表，对于准备展出的对象具体地加以命名（例如，"含砂粘土"、"滑石"等——粘土类、明尼斯克粘土采掘场出品）。仅限于列举主题与陈列品是不对的，必须说明是从什么观点展出陈列材料的，而这种陈列材料又是怎样帮助我们表现主题的内容的。

正像在主题结构中一样，主题计划中最主要的是陈列的内容，而不是表现内容的形式，虽然我们事先就应当注意形式。只有确定主题计划之后，才能充分地展开选择适合于计划的陈列材料的工作。这样做是既可改变陈列品的数量，也可以改变陈列品的成份。

因此关于陈列品的成份与种类的草案，有时候只是事先简略作出（陈列品的准确数量并无指示）。随时可以使用的陈列品可在主题计划中列出，但不必标记准确的尺寸。主要的基本陈列品则相反，必须说明这些陈列品的尺寸。

在列举准备陈列的陈列品时，最好能对这些陈列品作简短的介绍，指出它们的来源和历史。例如指出某项陈列品是博物馆藏品中的实物，某项陈列品是某实物的复制品，或按照档案、书籍、杂志等的材料定制陈列品并附有史料的正确索引。

在主题计划中要求用数字（罗马数字与阿拉伯数字）和字母清楚明白地表示主题、副题、分题与个别问题的依属性。计划中关于每一个问题、每一件展出对象的文字必须自成段落，并在第一行前留下一定的空白。陈列品一览表往往记在用若干陈列品表现对象的名称的括弧里。例如，要展出某种建筑古迹，在括弧中应列举展示什么，形式怎样——外形（博物馆定制的写生水彩画，博物馆藏品中的模型）；设计图（某书的复本）；瓷砖（实物，博物馆的藏品）。

可以按以下的表格来分配主题计划的材料，即：1. 主题；2. 副题；3. 分题；4. 个别问题与展出的对象；5. 陈列品的名称；6. 陈列品的来源；7. 关于现有陈列品的注释。在制订表格时，应极力避免计划成为陈列品的简单的一览表，应当简洁明了地陈述计划所说明的一切问题，并且要将展示对象定出名目。

陈列计划中的重要工作是使主题的内容与结构尽可能地明了详细，并预定主题在陈列室中的次序与陈列品的成份。

在审查主题计划时，要注意主题结构是否完全说明了和正确地论述了它所提出的问题。

在主题的陈列研究的过程中，主题计划是极重要的文件，因此要像主题结构一样，经过学术会议的讨论并经博物馆的领导批准。

为计划选择陈列材料

主题计划批准之后，即可选择（由博物馆的藏品中）计划所需要的材料，并进行展出这些材料的准备工作（修复、裱装等）。实物陈列品由其他机关取得或往现场收集，同时还应准备数字与原文的材料，编制图解、图式、图表、地图、模型图样，以及底片和照片。量度了所有列入计划中的实物陈列品之后，它们的尺寸应记入陈列品的卡片里。

选择材料是一个艰巨而重要的工作阶段，为了完成这件工作，必须预备足够的期限，特别是当博物馆将大量的新陈列品添入陈列中时，应当考虑到这点。

陈列材料的确定

选择陈列品时，必须以党的观点估价它们在陈列中的意义与地位。

博物馆的工作者不仅要考证文物史料的真实性、时间、地点、作者和制作情况，他还应当指出这些史料的目的与内容，确定它的可靠性，确定它在研究某一时代上的意义，确定它在博物馆的陈列主题中的地位与性质，对于苏联历史革命前时期的史料说来，进行阶级性的分析是极为重要的，只有这样做，才不致站在某些文件与艺术作品的原作者的资产阶级或贵族的立场来曲解历史过程。在陈列品的科学记载中，这些都应当注明。

将革命前创作的图画或画像加入陈列中去的时候，博物馆工作者应确定作者的政治倾向，决定他所创作的图画符合现实到什么程度，以及作者是抱着何等目的，从什么创作立场来对待自己的作品的。例如，在关于十六世纪到十八世纪俄国的记事中，外国作者所作的许多板画，就抹杀了俄罗斯军队的功绩，对军事作出不正确的说明。

陈列中不能限于展出过去统治阶级的画像与生活用品，在这样的展出中，必须将被剥削阶级的艰苦劳动条件和贫困，与剥削者的富裕和奢侈对照起来。陈列品的注解应指出这些陈列品在真实反映时代上所具有的意义。

制订陈列计划

装订计划的第三个工作阶段，是由陈列工作者作出陈列计划。

陈列计划是主题计划的发展与确定的表现，在这个计划中，最后要决定陈列品的成份与陈列品在场地中的分配问题。这个文件用来作为陈列艺术装饰的课题，并显出主题的宽阔位置与主题的陈列表现。这个计划是根据主题计划与陈列品的卡片将全部陈列品选择好了，新的陈列品已制定好了的时候，制订而成的。在陈列计划中主要应注意陈列品确切的外部特征，决定他们在陈列中的形式与位置。

陈列计划由下列三部分构成：1. 陈列品表；2. 陈列图式和关于艺术家装饰整个陈列室任务的附录；3. 关于制造新陈列品的任务，并注明完成此项任务必备的材料。

陈列品表

陈列品表对于艺术家说乃是指导性的文件。科学工作者在制订这个表格的时候，必须尽量做到明了和准确。

为了避免陈列室内陈列品堆砌的现象，使陈列材料有条有理，陈列材料可按三个"计划"分别陈列：在屏风或垂直的陈列柜里的陈列品属第一陈列计划；在水平陈列柜里的陈列品属第二陈列计划，第三陈列计划是列入所谓"隐蔽"计划中的那些陈列品。例如放在画册、活动装置中的陈列品。陈列分成这样三种计划，便可以按照内容划出主要的陈列品，让大家都能在屏风上、在陈列柜中、在台架上看到，而将深入研究的材料列入第二与第三计划。

应当将思想方面主要的和对于表现主题最重要的陈列品划出来，作为整个部门与个别主题的主要陈列品。

这些陈列品可以说是全部陈列的骨架，并且应当在陈列的表格中指出它们的意义。

在制订图式时，必要条件是按照主题以大小、形式，或装饰特点突出主要的陈列品。

在主题计划中，陈列品的类型并不起主要的作用；但在陈列计划中，指出陈列品的类型和它的大小，指出若干陈列品的组合和相互关系、它们的数量，却是最重要的因素。

对于已有的适用的陈列品，应记下十分准确的尺寸，对于新制造的陈列品，只记下需要的尺寸即可。

例如在主题计划中，只须指出打算拿些什么来展示十八世纪房舍的外形（博物馆定制的模型，博物馆藏品中的图画，博物馆定制的同时代的建筑式样的照片）。在陈列计划中，经过最后选定材料之后，应当注明模型的比例尺寸，注明图画的作者、日期、内容、技巧与每帧图画的尺寸，标明照片的主题，图画或照片等的制作技术（水墨画、彩色照片、映画玻璃版等），并注明其尺寸（例如24×30公分）。

陈列品表的格式

陈列品表通常作在横幅复式纸上，有以下九栏：

1. 主题的名称。

2. 副题的名称。

3. 分题（各个问题）的名称。

4. 陈列品准备的名称，附每个主题顺序号码、关于陈列品的完整资料（作者日期等）。必须把主要的原文完全记在这一栏内或附录里，并须有史料的说明，说明它是从什么地方得到的。

5. 陈列品的类型（实物模型、图片、照片等）、制作技术。

6. 陈列品的尺寸（高度、长度、宽度；平面陈列品的高度大于宽度时应加注明）。

7. 陈列计划的说明（隐蔽的计划应予以注明）。

8. 陈列室中的位置（屏风的号码、陈列柜的号码、墙上或陈列室的中央等）。

9. 陈列品的所在地（藏品——博物馆物品、底片的登录号码；定制品——书籍的副本、档案的副本、模型、照片等）。

在陈列品的表上须附上完成原文与新陈列品的任务与材料。

陈列图式

陈列图式乃是陈列计划的必须部分：

1. 陈列室的图式（附路线图）。

2. 屏风与陈列柜的陈列图式。

陈列室的图式就是分配主题的陈列室计划（是在制订主题计划的过程中构成的）。在图上应注明观众参观陈列室的路线，用虚线表明的路线、大件的陈列品、陈列柜、屏风以及陈设小件陈列品的台架的位置。

屏风或陈列柜的陈列图式是它们陈列场地的作图，图上画出陈列品的布置形况。陈列品的比例尺寸必须同屏风或陈列柜的比例尺寸一致。

屏风与陈列柜应按罗马数字编号。全部陈列品，按照它们在陈列计划中的标志，在图式上用阿剌伯①数字与字母编号，并注明其简称与尺寸。

完成陈列图式的技术

陈列图式有时也绘制在座标纸上，但通常总是按照陈列品所占的面积从纸上剪下图形，再把这些图形（正方形、长方形并有陈列品尺寸与名称的标志）配置在屏风或陈列柜的图形上。做了决定性的方案之后，陈列品的图形就可以贴上。这个方法是很方便的，因为可以在工作过程中改变图式。为了更明了起见，图上的照片可以用旧照片的小片来标志，用彩色轮廓或细线条划分各种不同种类的陈列品（图表、原文、图画、实物等）。

陈列图式与陈列品表一并交与艺术家，作为设计的材料。

说明文与各个陈列品的任务

除了陈列图式与陈列品表以外，还要替艺术家制订简短的陈列室陈列图式的说明文。在说明文中，要指出那些是主导的主题，那些在装饰时应当划作主要的陈列品。

陈列品表应注明制造新陈列品的任务，并列有完成制造这些陈列品的必要材料——定制图解要附上数字；制定地图，要在地图上附上画出的对象的纲要；定制模型要附上简图和照片；定制宣传画则应附上画样、说明文字等。

只有在得到这些材料之后，只有在认识了已有的实物之后，艺术家才算掌握了未来的陈列设计的必需的材抖。艺术装饰的质量几乎完全决定于陈列计划的质量和陈列材料选择的细致程度。

制订陈列图式

在制订陈列图式的时候，科学工作者不应把陈列图式视为陈列的最后一步，不应以陈列图式来拘束

---

① 　现多称"阿拉伯"。

艺术家的工作。这些图式乃是对艺术家提出的基本任务。作为一种主要的材料，在图式中表现出主题的相互关系和顺序，各个主题与陈列品的意义，陈列品相互之间的逻辑关系。这些图式对于艺术家是很重要的，非在万不得已时，即当陈列者由于工作需要，不得已要代替艺术家进行工作时，这些图式不能拿来当作装饰的草图。

图式不能代替艺术家的工作。艺术家对于交给他的图式，可以充分发表自己的见解，只要保存了包含在科学工作者的图式中的全部要素（主题的相互关系与顺序，主题与陈列品的逻辑关系，主要陈列品的突出）。科学工作者对最后的陈列质量是负有责任的，因为艺术家制出的设计和草图，要经过科学工作者的验收。

在制订陈列图式时，按陈列家具（橱窗、台架）、个别陈列品及一批陈列品在陈列室中的布置方式，制订路线图，对于将来的陈列具有很大的意义。

在制订陈列图式时拟定路线

观众的路线图式（穿行线），要按照全博物馆各部门和每个陈列室的情况事先作出，陈列的个别部分的路线图式（例如，新添的主题或特定陈列室）必须与部门的和整个博物馆的路线联接起来。

同时，整个博物馆和每个陈列室的路线图，应当和整个博物馆的总主题订计划，以及博物馆各陈列部门的分配图式联系起来。

在制订整个博物馆的路线图时，必须考虑到各部门主题的顺序与各部门中陈列品主要的性质。整个博物馆的路线图大都取决于建筑条件。合乎理想的路线图是不必穿过其他一些部门，就能遍观一部门，同时又顾全到各部门之间必要的联系。

当然，在经过专门设计，博物馆指定的特为陈列修建的房舍中，这个条件是容易满足的，但是对于为博物馆设备的旧房舍，也要尽可能地使之符合于这些要求。为了适于观众流动，旧房舍应进行必要的改装（取消间壁，设立新门、新过道等）。

在每个部门之内，又必须做到使观众按照主题计划，循序遍观各分部。必须避免观众人流相遇，及两次通过同一陈列室的可能性。

安菲拉得式的陈列室（一系列的房间有门相通，门按同一轴心排列）内部和外表上都很美观，但是确立观众在室中的路线就不容易。在这样的陈列室中，许多陈列场地给浪费掉了，因为墙壁上开了许多窗，墙旁又设几扇门，费去了不少场地，而观众的人流（如果遇到群众性的参观）也妨碍了便利地、安静地观赏所展出的物品。

安菲拉得式的或靠长廊连接的同样大小的一列陈列室，通常是会使观众感到疲劳的。这样的陈列室也会带给陈列者许多困难，因为他要在各陈列室中用大小不一的陈列品来表现重要性不同的主题。因此将一些小的房间集合在一个陈列室里，就很解决问题了，因为这样可以使这个大陈列室打破小陈列室的束缚，房舍高大也便于放置大型的陈列品（生物群、机器等）。

对于以小型陈列品来表现的主题，可使用小型的陈列室。

没有通路的（不能穿过的）陈列室最便于组织路线图式（图一），但是将各陈列室联合成一个共同的大陈列室，或联合成宽而短的走廊过道的时候，要考虑这些陈列室之间的联系，避免使各陈列室互相孤立起来。

在有通路的陈列室中布置观众的路线，要比在没有通路的陈列室难得多。（图二）

陈列室各分部中的路线图式，应由门窗的位置，按照陈列主题顺序引导人流的陈列家具的布置情况，以及按主从关系划分的陈列品本身的排列来决定。

陈列室的参观路线，或是穿行的（在有通路的陈列室中），或是回转的。所谓回转路线，就是观众从入口的左边看起，在看过墙壁上和陈列室中央的陈列品之后，再回到出发点——入口处来。（图一）

陈列室的路线，总是从左到右，即顺时针的方向，这是因为陈列中遇到的俄文原文都从左到右来读的。同时，所有博物馆经常采用同样的从左到右的陈列参观法，可以养成观众从左到右观看的习惯，免得费时间去找寻参观的起点。为了便于观看，必须作出配置图，标出屏风的名称，把屏风编上号码，布置在陈列室的平面图上，平面图应附带注明路线。有时因为场地的关系，不得不违反从左到右的陈列方法时，这样做是尤其必要的。

依靠屏风或陈列柜的不同的摆设，在同一陈列室中可以制订纵的与横的路线图。（图一与图二）

路线图也取决于采光的方法、门户的位置等。

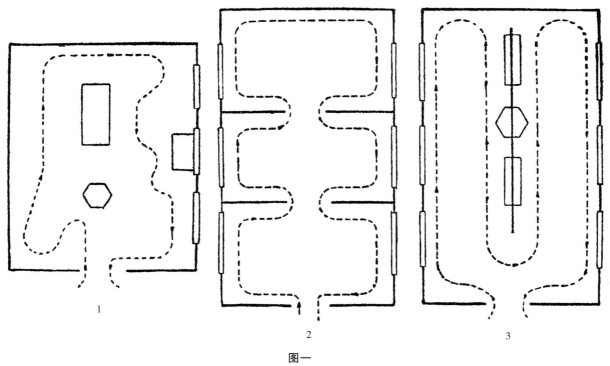

图一

1. 一面采光的，不能穿行的陈列室中的回转路线　2. 两面采光的，不能穿行的陈列室，用屏风隔开（屏风设在窗间壁上）　3. 两面采光的，不能穿行的陈列室，用陈列柜和屏风隔开（纵式路线）

对路线图的要求

在任何情形下，只有适合于主题计划、阐明了主题计划的思想、内容与结构，并且能帮助人们将注意力集中在陈列的中心思想上的路线图，才能认为是成功的。路线应当尽可能地简短精确，不致使观众两次走过同一地点，绕路线"圈子"。为了不使观众在博物馆中感到疲倦，应当节省观众的每一步，所以漫长的错杂的路线是不适合的。

路线图对参观的意义

有人认为在构造陈列时，可以忽视路线图的组织，根据的理由是：这样可以使引导员能够按照自己

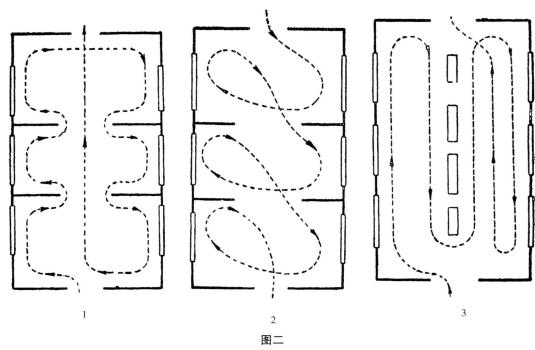

图二

1. 垂直于窗间壁的屏风的排列——回转路线，回到入口处，这种路线在陈列室中配置一个或两个主题时适到　　2. 不回复到入口处的穿行线，陈列室分成若干单独的小格　　3. 陈列柜或屏风在陈列室中心的纵列

的路线带引团体参观，而不受陈列室中规定图定的限制。这种意见是完全错误的。组织正确的观众流动路线，对于单个观众固然重要，对于团体参观也是重要的。要使单个的观众与团体的观众不致相互妨碍，并且不致产生人流的碰面，是必须这样做的。因此，在设计陈列时，应事先照顾"穿行的"和"专题的"两种参观方式。

拟制陈列室的路线时，必须考虑各种不同的观众对于陈列的使用，考虑个人的与团体的参观方法，并考虑设立"工作处"，以便深入认识材料。

陈列家具在路线图中的布置

陈列室家具的配置，在拟制路线图时具有巨大的意义。屏风与陈列柜的配置可以有助于按照主题计划所指导的顺序组织陈列室的浏览。

图三　侧面采光的安菲拉得式
陈列室的路线

但是也不应该用家具来堆满陈列室，造成一条很窄的通道，迫使观众在其间通过。地板的场地越有余裕，那么陈列室参观起来就越便利，这个陈列带给观众的疲倦就越少。在个别的情况下，因受房舍条件的限制，要将较好的场地划与主导的陈列品，有时也不得不破坏路线图的精确性。陈列柜与屏风总的布置情况，和它们对路线图的影响，应在图上指出（参看图一、二、三）。陈列柜，各个屏风，固定在一个建筑整体上的屏风，应该符合主题的划分。安排陈列品时，不应使两个不同主题的尾与首出现在一个屏风或一个陈列柜中。

按照陈列的主题结构，精确地将陈列场地划分给主要的陈列品组，可以有助于划分主题并制订精确的与便于观众参观的路线。我们现在举出的几个配置陈列家具与主导陈列品的例子，说明适当地布置陈列品，对于说明陈列的中心思想和组织顺序的主题的浏览是一个怎样有效的方法。采用了各种有效的方法，如按照陈列品的大小、照明情况、机械装置等，在陈列室中安排陈列品，对于我们正确地组织观众在陈列室中的路线很有帮助。

路线图与采光方法

陈列柜怎样安置，要看陈列室的采光方法怎样，如果光线是由上部与侧上方来的，照得最清楚的当然是墙壁与室中央。因此，最好将陈列柜摆在沿墙和陈列室的中央，换上玻璃盖。如光线是由侧面来的（通常是由窗子来的），陈列柜与屏风通常总是放在和窗间的墙壁相垂直的部位。如果屋子是两面采光的，陈列柜与屏风可置于室内两边的窗间，中央留作过道。这样得来的不是直射光而是衍射光，由于这种衍射光在玻璃中的反射小，于是物件便得到对于显露塑造与浮雕的最有利的光线。

在制订陈列图式时布置陈列品

为了不使博物馆观众很快地感到疲倦，在制订陈列图式时必须尽量使陈列场地所担负的陈列品合乎节度。要避免稠密与堆积现象，除非作为一种特殊的突出陈列品的方法，有意识地将陈列品集中在一块小的场地上。

图式中的陈列地带

在决定屏风与墙壁所负担的平面陈列品的定额时，应记住陈列地带，即便于观览的垂直面，乃是离地板80公分开始的。陈列地带高度约1.7公尺，高过陈列地带，即高过2.5公尺，通常只布置一些大型的美术陈列品——图画、大画像、版图。陈列地带场地的占用不应超过全面积百分之五十～六十，即陈列品或陈列品组之间应有距离，空下的陈列地带的总面积应等于陈列品占用的全部面积。

组合陈列品时做好组织工作，在陈列中是起着巨大的作用的。布置在屏风或墙上的陈列品，应按主题组合。布置陈列品时，应保持布置的对称，并依陈列品的大小，考虑观众到陈列品的距离。不要将陈列品缀成各种图形和花纹（如"之"字形、阶梯形、扇形等）。

最好使一组陈列品在墙上或屏风上组成长方形。陈列品组内曲折线与阶梯状愈少，则这个陈列品综合看起来愈是匀整，于是陈列品也愈醒目。

计算观众和陈列品的正常距离

观察墙上的大型陈列品时（特别是图画），离开墙应有一段距离，这一段距离要使观众一开始就能完全看见整个陈列品，然后才转入仔细的观察。通常认为这段距离应当比陈列品本身高度大两倍多。因此在制订陈列图式时，在这样的陈列地区之前要留下余地。例如大型的平面的陈列品挂得高过陈列地带或陈列品相当长，那么这个距离还要加大。

垂直于视线的平面，观察起来是最容易的。因此置于观众水平视线（高140到150公分）上的物件（图画、照片），宜放在垂直位置，位于水平视线之上的，上端应向观众倾斜。（图四）

位于水平视线之下的物件，宜置于成30到45度角的斜面上。这不仅对平面的陈列品是这样，对必须从上方而不是从侧面来观看的一些立体陈列品也是一样。安上了玻璃罩的平面陈列品的倾斜度，可以消除玻璃上的反光与反射，这样就便于观众看到它们。平面陈列品框子，构成了有限的紧闭的空间，也有助于更好地显示那些应当在主题中标出的陈列品。

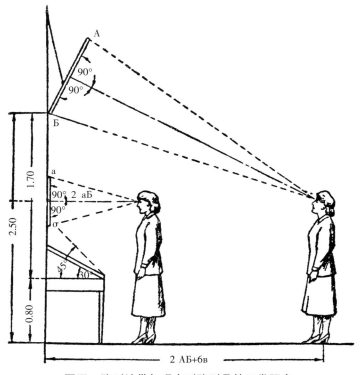

图四　陈列地带与观众到陈列品的正常距离

制订陈列图式时立体陈列品之陈设

大的立体陈列品一般均陈列在陈列室正中，中型及小型陈列品则陈列在靠墙的台架上，或集中陈列在室中央的陈列柜里。在陈列立体陈列品时，应求其体积对称均衡，不应使大小型陈列品分别集中。更主要的是大型陈列品的体积，要和陈列室的面积相称，不能过分拥挤，也不能零零散散地放一点东西，以致浪费了场地，此外还不能按曲线或几何图形陈列。总之，在陈设方面应力求对称，体积较高大的陈列品应该和体积较矮小的陈列品相互调配。

乏味的为数过多的陈列品不宜陈列，因此，在制订陈列图式时应予以删除。

陈列场所的容量

大型陈列品和陈列柜的陈列场所的容量，不应超过总面积的百分之二十到百分之三十。并应留出主要的一条过道，其宽度为 2 至 3 公尺，次要的一些过道其宽度为 1 至 2 公尺。在主导的大型陈列品之前，应留下的空地，约为 10 至 15 平方公尺，其中 0.5 平方公尺是作为过道的。

体积小的陈列品，为了便于参观起见，应该按共同的主题或依其外形编为一组。立体物件的间隔对于参观具有巨大的意义。大件物品的间隔不得小于该项陈列品的高度。

最重要的陈列部分应和路线成垂直方向，以便观众不是从侧面而是从正面看到它们。在陈列柜或屏风中央也应当使人看到主导的陈列品。为了保证陈列柜中陈列品清晰可见，应使其尽可能的靠近观众，并应以各种设备安置架子，选用彩色背景、照明灯等，使观众成到参观的舒适。

制订陈列计划时，科学工作者应估计到博物馆陈列的特点。陈列并不是简单的一本书，或是带有插图的短文或画册，陈列是以纪实的实物材料为基础，并以博物馆制造的材料和原文，作为新的补充。只有这样才可以说是用博物馆特有的方法使陈列形象化了。

选用陈列法应切合主题的内容。我们要配合各种陈列法，使陈列不致减弱其吸引力，而这种吸引力是由主题产生的，不独是由于艺术装饰的效果。

陈列室图式上陈列品的组织方法

陈列品的外表组织工作——陈列品集中及个别编组法，主要陈列品的选定法——对于阐明陈列的内容、目的、主旨、主题的划分及其相互关系，以及说明陈列的中心思想和主要的陈列对象，都是很有帮助的。

除了路线图以外，陈列品的编组和排列，在陈列品组织方面是很有作用的。编组和排列应符合于陈列品本身的内容及其主题。

中心分配法

陈列品分配的最普通的方法，是以全室中心为重点的陈列品编组法；大型陈列品放在中心，各组陈列品放在陈列柜的中央，或单独放在台架上和靠墙的陈列柜中。

国立历史博物馆①纪念俄国斯国家（十四世纪至十六世纪前半叶）的文物陈列室里，可以很明显地看到中心分配法的范例。在这个室里，陈列着当时俄国东北区的各种纪念碑，并以十六世纪工笔画的临摹本和古建筑的图画作为补充，差不多在每一个陈列柜里，都有一个中心的主题。围绕着这个主题将各种陈列品分组。陈列室中央是"十六世纪前半叶的莫斯科克里姆林宫"的模型，其出口处的墙上挂有古代克里姆林宫的巨型画幅。

一走进这陈列室，参观者马上得到陈列内容及主题的概念，即封建侯国团结在莫斯科的周围。

陈设在大厅当中的陈列品是最吸引人注意的，因此，当制订陈列图式时，应该使它们能明显地说明陈列主题的实质。国立历史博物馆十八世纪后半叶经济陈列室的正中，陈列着原始的农具，用以说明农奴制经济的落后，同时也陈列了工业的劳动工具，用以说明资本主义经济结构在封建制度内部形成的过程。在十八世纪后半叶外交政策陈列室内，占据了正中位置的是苏沃洛夫部队的武器及舰队的模型。在十七世纪俄国的文化陈列室里，在中央陈列柜窗里陈列了当时的各种书籍。

如果在陈列的内容方面没有特别需要强调的地方，则陈列品的外表组织工作不一。

陈列品线形组织法

为了显示发展过程，必须用比较的方式排列时，陈列品通常以线形陈列法或平行排列法（水平或垂直）陈设。

在自然科学的陈列里，最通用的组织法是线形组织法。国立达尔文博物馆②在它的陈列中广泛地采用了这一方法。例如，为了说明动物的变异与地理条件，陈列了一百种以上的狐狸，并附有显示地理环境对于动物变异的影响的图片。

同样可以采用线形组织法按历史时期的发展举办历史的陈列，不过必须和中心分配法结合（在各编年阶段以内）。例如，要说明都市计划的发展，就可以把同样的一系列的平板或屏风，顺次序排成一条

---

① 位于莫斯科，建于 1873 年，1883 年向公众开放，是俄罗斯从古到今历史文物的最大收藏点，下同。

② 位于莫斯科，建于 1907 年，创始人是生物学博士、教授、博物馆学者亚历山大·卡塔斯。该博物馆是俄罗斯唯一一个与世界生物进化有关的博物馆。

长线，在这条"连锁"中，用不着划出中心。然而在每个屏风范围内要划出主要的陈列品，例如都市平面图。只有在需要将一个屏风划为若干等分时，才垂直地划分陈列面积，屏风应据此截成若干片段。采用水平或垂直排列法时，亦可参用线形组织法说明生产过程。例如在屏风上端安置一系列大幅照片，说明生产过程的主要阶段，在它下面（第二排水平排列）用插图或实物表示生产工具，再下面，第三排则陈列着半成品的标本，最后展示制成品。每一阶段都可以按照垂直线来观察（操作过程的照片、生产工具、半成品），而观察全部生产过程，则可根据水平排列就知道了。此外，用线形组织法说明产品种类的改变也是很方便的。

重要陈列品陈列法

如上所述，主要陈列品首先应该按陈列的主题及其在总的陈列体系中相应的地位来陈列。陈列图式中，应规定这种方法，即凡是陈设在大厅正中，陈列柜中央，甚至支架当中的陈列品，都说明了这些陈列品较之其他陈列品是更为重要的。

陈列品的重要意义，不仅要用它在陈列或支架上的位置来说明，同时还要用陈列品的大小来说明。陈列馆制作的陈列品，是可大可小的。

但是要使小型的或不很引人注意的实物（天然物），在陈列中显得突出是极困难的。它的真实性固然能引起参观者的兴趣，但是首先要使得观众对它注意起来，这就得借助于陈设的技巧。

陈列品周围的自由空间

为了使观众的注意力集中在某种重要的陈列品上，通常在这些陈列品的周围有一个很大的自由空间。不论是什么陈列品，只要它是需要特别"强调"的，均可采用这个办法。

艺术博物馆取消了从前多列式的图片陈列，而采用了单列式和双列式。这种单列式和双列式的陈列法，能使一幅画和另一幅画相对地区别开来，而不至于使各种在内容上形式上完全不相干的陈列品混杂一团。在某种情况下，整个墙上只挂一幅画。

背景和镶边

在必要的情况下，陈列品周围所留的自由空间，可以用某种比其他陈列品更为突出而显著的背景或镶边来衬托。采用这种陈列法的先驱是列宁中央博物馆①。该馆于1939年举办了一个很精彩的陈列，将重要的陈列品如文献或史册等，陈设在特制的大理石的陈列柜内，或者是陈设在玻璃匣子或框里。这些框架和匣架、匣子的外形、质地以及天鹅绒的背景，都是特别新颖的。

陈列品集聚法

为了加强观众对显示某一主题的重要实物的深刻印象起见，可以把同一种实物集聚成群。苏军中央博物馆在一个陈列柜中集中陈列缴获的勋章的效果，证明采用集聚法是成功的。这个博物馆综合了两种陈列法，即用自由空间法陈设重要陈列品，和用集聚法使军旗室的陈列品显得非常丰富。在旗室的正中，装有台座的陈列柜中陈列着苏军攻入柏林时在德国国会大厦上空升起的第一面旗帜，在这面旗帜旁

---

① 一个专门研究列宁生平及苏共党史的机构，位于莫斯科，于1924年在今普希金街对外展出，新馆于1936年在革命广场落成并开放。

边，在一些小台桌上，放着这一具有历史意义的时期照片，以及该旗空运到莫斯科的情景。旗的周围用屏风排成"Π"字形（"Π"意即胜利——译者注），上面布满了我们英雄部队的旗帜。胜利旗的下面抛着一面希特勒的军旗，以及一堆缴获来的法西斯的旗帜，这些旗帜在庆祝对德胜利日的检阅中曾被抛在红场上①。

地志博物馆陈列历史事件时，例如伟大的卫国战争以及从十七世纪到十九世纪俄罗斯军队所缴获的战利品，都可以广泛地采用集聚法。如果具有大量考古资料，则可根据考古学采用此法。例如陈列钱币时，也要陈列钱币的贮藏器（例如钱袋、钱罐等）；因为在这种情况下不应陈列少数的钱币（它们可以另外陈列），而是要陈列大量的钱币。当我们需要大量地而不是个别的陈列农产品的时候，我们都用集聚法。如果新的农作物、谷物经常是在比较小的陈列面积上大量地陈列，那么可以使陈列生动，以便吸引博物馆观众的注意。在工业品陈列中，通常也用集聚法大量地陈列体积很小的同种产品，此外还要详细地联合展出产品的主要种类（例如滚珠、小零件等等）。

用彩色及工艺技巧使陈列突出

主要陈列品和别的陈列品不同，要用更强烈的背景的色彩区别开来，或采用特殊的工艺技巧制作背景。各种陈列中一般均采用有色的特点来使陈列品突出。在陈列计划中这点最好事先注明。

国立历史博物馆，在七年战争陈列中，用中心位置、并使背景的色彩更强烈地衬托出一列银喇叭，这一列银喇叭是奖给 1760 年攻克柏林的俄罗斯军团的。银喇叭放在军旗下面整个墙壁构图的正中，因而对于阐明陈列品的主题作了合理的强调，在挂银喇叭的平板上铺着极为鲜艳的绿色衬布。衬布的精致考究使银喇叭更为突出。

陈列品专用灯光设备

以照明艺术使某些陈列品更为显目，对于吸引观众对某种陈列品的注意力是很起作用的。例如苏军中央博物馆在陈列"胜利厅"的旗帜时，其灯光设备比各厅更为明亮。大型的展览会上，均使用专用的暗装照灯直接照射陈列品。1947 年到 1948 年在莫斯科历史与建设博物馆分馆内陈列八百年来莫斯科的设计图及其建筑物的陈列品时，成功地运用了照灯直射的方法，因为运用暗装照灯能够加强陈列品和陈列柜的明亮度。

照明及活动陈列品

电力照明及使用电力活动陈列品，对于强调某些陈列品的重要意义是最有效的。机器和工具的活动陈列能够加深印象帮助了解，同时并能吸引各种观众的注意。凡是最容易被观众忽视而轻易放过去的陈列品，应尽可能使它活动化，或使用照明以便吸引人们聚集在活动体周围仔细参观。在参观时加入一定数量的活动陈列品（但不要使之充斥陈列），可以使参观者变得非常生动愉快，将观众的注意力转移到新的生动的展出形式上去，以减轻他们的疲劳。利用活动模型、电化图表能够直接地说明动态和过程，从而强调了模型和图表本身。在地志博物馆中的苏维埃时期之部动力法正在广泛地运用着。

替换画的陈列

替换画的陈列是说明工厂、城市、乡村等面貌改变的最普通最有效的方法。例如，用映画玻璃板可

---

①　从陈列品保管的观点看，只有在临时性的陈列中，才许可这样处理旗帜。最好是用精确的仿制品来代替原物。——原文注

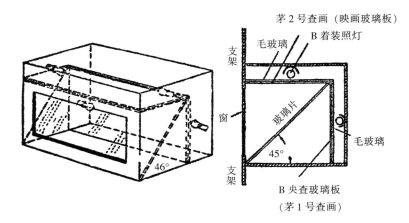

图五 替换画结构图

以显示出建设以前的厂址和旧工厂的面貌。随着开闭器的调换，可以用图画来显示新建中的工厂、工人的新住宅区等。①

透光画

双层透光画②是陈列品电气化的最有效的方法之一。因为它能在玻璃片显现的第一个形象上映出新的原先看不见的形象。这个解析显示的方法，不仅对于美术材料（图画、图表），就是对于说明文字的展出也都是很方便的。在毛玻璃上甚至能够把文字逐行地显现出来。（图六、七）

图六
1. 最初的图形 2. 补充图画后的图形

逐渐照明地图的标志，逐步照明图表和技术宣传画上的形象，对于加强陈列品的感染力，比整个陈列品同时照明的作用大得多。大博物馆的这类电化陈列，应使用自动化的设备。

---

① 一般是在小箱支架上开一矩形玻璃窗，箱顶设映画玻璃板（第2号图画）。箱中置玻璃片成四十五度角，关闭后壁映画玻璃板后面的电灯，开放上部映画玻璃板上面的电灯时，斜置的玻璃片就将上部的图画反映到前面的玻璃窗面上（见图五）。用房屋模型代替映画玻璃板也是可以的。——原文注

② 透光画的制作技术，是将基本的、经常看得见的图形，用棉花蘸着稀薄透明漆料，画在第一块玻璃片的反面，而将新的、补充的图形，用不大透光的深颜色，画在第二块玻璃片上。第二块玻璃片放置在第一块玻璃之后，二块玻璃片之后的亮匣开灯时，在第一块玻璃片上便显出画在第二块玻璃片的图形。说明文字应在第二块玻璃片上，它的背景要涂不透光的深色，但字母是半透明的。亮匣开灯，说明文字便出现在第一块玻璃片上（见图七）。——原文注

观众的积极化

观众的积极化，动员他们积极地参加陈列品的参观和研究，是提高观众对陈列品的感受性，并强调主要陈列品的最好的方法。当观众自己能够对面前的事物作出结论，当观众自己能够拨动陈列品并参加实验时，观众对陈列品的感受性就大大地提高了。在中央博物馆里，电化陈列品是很费思索的，同时又是很有趣的，它不仅作用于观众的视觉，而且作用于观众的听觉（见《苏联博物馆》1935 年第 3 期）。

在莫斯科，自学航空技术的观众，不仅可以看见飞机，而且能够到陈列馆去坐在司机台上的研究操纵术，并且可以懂得发动机的原理。这样，他就能够从陈列中得到比单从外表上环视机体更多更丰富的知识。

为了提高观众的积极性，在某种情况下为了阐明主题，在一般的陈列以外，加入公开实验的材料是有好处的。这些实验材料是能够吸引注意力的，可以经讲解员直接把它放到观众手里。有时，为了说明新型建筑材料的坚固性如石绵水泥管、玻璃板，在参观时，可以让几个人站在这种玻璃板或水泥管的上面试一试。

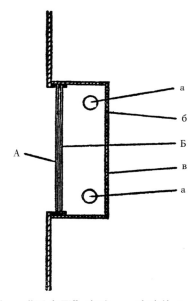

图七　"透光画"方法——玻璃片 A 上的图形经过第二玻璃片 Б 后的灯光照明以后补充了新的图形

а. 灯　б. 通风孔　в. 包绝缘材料的亮匣

但是，陈列活动陈列品，必须十分谨慎，以免由于陈列而引起其他问题，弄乱了举办陈列的基本内容及其逻辑的顺序。活动陈列品太多，也和枯燥单调的文牍式的陈列一样，破坏观众对陈列品的感受。因为适度地使用动力法展出陈列品，那么与周围的公文式的陈列品相对照，它们就会吸引起较大的注意力；但是如果所看到的陈列品，都是在不停地活动，不断地照明，那么观众很快就会疲倦了，想迅速地穿过陈列室找一个安静的地方。

陈列形式的多样化

制订陈列图式时，必须充分了解陈列形式多样化的必要性，但是同时也必须使各个陈列品在形式上、色彩上、互相联系成一个和谐的整体。要知道，过分复杂的形式，庞大的体积，不协调的色彩，以及炫目的照明，和单调的陈列一样，都会造成观众的疲劳。

立体及浮雕陈列法

在平面陈列中，采用立体和浮雕陈列法，比其他一般平面陈列法都更生动些。采用浮雕法的结果，大大改进了陈列品的外貌，使之易于了解。浮雕的形象能使陈列品更富有现实性，并能通过真实的形式完善地反映陈列品的真实内容。因此，当我们讨论陈列品的陈列方法时，就不能不提到博物馆的复制品、模型、浮雕的图案等。这些陈列品，都是极为生动而明朗的。是经过装饰的，特别是由于采用了凸起的镶边，用立体面作背景，因而改善了陈列效果，使陈列品更为突出。

综合陈列品的分组

"生活综合"是表现陈列品中心思想的方法之一，由于它的真实性和明确性，使得它对于观众富有极其强烈的感染力。

这一陈列法的基础在于：它能最忠实地传达综合形象的感染力，使之赋有真正的活力。博物馆的实践证明了这种综合性的优越性，它能够有声有色地用陈列品来代替长篇大论的分析资料。[①]

有些陈列品，如模型、画片、美丽的板画、照片，也能对观众起着虽然不是强烈的但却也是极为生动的作用。譬如，列宁格勒国防博物馆的布景箱，就是给人印象最深的。

布景箱中有一堵砖墙，被炸得裂痕斑斑，裂痕旁边满贴着广告和标语，使人回忆到列宁格勒的战争情况。有一张标语中写道："为孩子们的血和泪复仇"，旁边附注了一个简洁的说明："公民们：炮轰时，此处危险"。裂缝的左边贴着一张 1943 年 5 月 5 日列宁格勒戏院歌剧和舞会的广告。透过墙缝，像窗口洞开一样，聂夫斯克大街的断壁残垣历历在目。这些都充分说明了 1943 年 5 月 5 日列宁格勒的景象。

布景箱能够吸引观众，给他们以强烈的印象。如果把聂斯夫克大街被炸的照片，安放在普通的像架上（照片尺寸是 30×40 公分，甚至是 50×60 公分那样大），而把广告标语单独贴在一个普通的框架里，那么，观众就会毫不经心地走过去，特别是当其他材料很丰富的时候。同时，某些真实的断片，如果不综合地陈列出来，也不会使观众真正受到感动。总之，只有使陈列品紧密地联贯起来，才能使陈列主题令人信服和易于了解。

综合性陈列的基本要素

除了陈列实物以外，博物馆制造的陈列品也应在陈列之中。用原文来作补充陈列品，一般是不分散地或整套地编入陈列图式，而用一个共同的主题编入陈列品综合中去。我们审查和研究综合性的陈列时，并不排斥对组成综合陈列的个别陈列品进行研究。每一种陈列品都自有其使用范围。陈列组织者的主要的创造性的任务，就在于选择对于揭露问题本质所必须的真实资料，正确地制作新样品的类型，确定每一种类型在陈列中的地位。但是只解决这些问题还不够，还必须善于运用自己关于陈列品的知识，分析实物陈列品的特征，科学地、有步骤地制作新样品并且要善于用博物馆的观点，决定陈列品的陈列。

制订陈列图式时实物和非实物的相互关系

实物陈列品在陈列中的比重随陈列的性质而定。对于自然科学来说，实物就是陈列的主要内容，如：矿物的原始资料、生物标本、动物生像、动物实验标本、植物标本等。

其他如图表、图画、照片、电化陈列品，以及凡是与陈列性质不相抵触的陈列品，都可以作为补充材料。当然这里有一个条件，那就是补充材料不能和主要陈列品相混淆。有时新制作的样品，可能变成最重要的陈列品，特别是在主题结构关系的说明，比系统地详细地展出各无机物和有机物标本占优势的地方。譬如，植物的营养和人类起源等图画，在中央生物博物馆陈列中占主要地位就是一个实例。

在历史陈列中，应当特别注意新制的材料。历史上的真实文献是这类陈列的基础。因此不可能全面或大部地以仿制品和辅助的图表来代替它，它们可以补充史料而不能变成陈列品，也不能使陈列室变成实用教材室，因而削弱了观众对于主要陈列品的注意（特别是对于照明和电动陈列品）。但是某些博物馆又必须将地图、图画、模型等加入陈列。对于历史之部特别是苏维埃时期之部的陈列，这是一个亟待

[①] 弗·伊·列宁中央博物馆的弗拉基米尔·伊里奇·列宁的办公室，列宁格勒基洛夫博物馆的基洛夫的办公室，苏联革命博物馆的西伯利亚游击队的武器修理所和什里塞尔堡垒监狱的号房，国立历史博物馆的花纱配给者的农舍内景，国立民族学博物馆的列宁格勒俄罗斯博物馆民族学之部，雅罗斯拉夫里省立博物馆，克拉斯诺雅尔斯克区立博物馆，高尔基省立博物馆和许多其他博物馆自然之部的主要陈列品，精致的生物群和布景箱，所有以上列举的都是和主题陈列有机地配合着的"综合"的范例。——原文注

解决的首要任务。

对于经济技术陈列，实物是绝对必要的。但是由于实物过分笨重（如车床机器）因而不可能陈列时，就只能采用摹制品。某些机器或机器模型的陈列（运动状态或休止状态说明其活动原理及意义）可以补充车床的模型和工艺过程的图表、照片、宣传画等。在此类陈列中，模型和标语是最基本的，而制成品（特别是日用品）应予严格限制，并以其他陈列方式代替之。此时，灯光和活动陈列品和主要陈列品，根据形式的特征有机地配合在一起。现在这个方法正在被广泛地使用着。

在艺术陈列方面，补充材料一般很少采用。一般均运用生动的艺术创作、图画、雕刻等。当然，也有学习性的专门陈列（如临摹品的陈列），或用优美的复制画作为补助学习的补充材料。但是这种陈列由于有困难，一般均有限制。艺术陈列中，图片或其他补充材料均安置在回转架或陈列柜中。

博物馆类型对陈列装饰的影响

博物馆的类型对于确定陈列的组成及陈列装饰的性质具有重大的意义（如学校和高等大学附设的群众学习性质、精通业务的专家的专业学习性质以及儿童学习性质的博物馆等。）

如果地志博物馆的服务性质是群众性的，特别是为中小学生们服务的，则陈列的装饰要求陈列内容简洁明朗。每一个能够说明主题中心内容的陈列品，都应当十分浅显，便于参观，并且附有简要说明。每一个博物馆的工作者，都应当掌握陈列实物的技巧，要保证实物不仅浅显易懂，而且内容丰富。同时，博物馆还要会制造新的陈列品，以便更换实物或补充实物，并能确切地说明实物。

复制陈列品

大部分复制品均多少与实物相似，这种复制品，通常被叫做辅助陈列品。"辅助材料"这个术语不太准确也不方便，因为对于许多陈列来说（如技术经济等），这类科学的、创造性的摹制品往往是最重要的[①]。

展示改造自然的米丘林的方法时，果品新种的标本（摹制品）就不是辅助陈列品，而是替换在博物馆陈列易变形的实物。果园器械虽说是实物，但在这个主题中并不特别，因此成了补充的陈列品。

立体和平面陈列品

在博物馆的实际工作中，有时要将陈列品分为立体的和平面的两类，虽然这种分类并不是主要的。但同一件陈列品要依全局安排和分类的可能来决定为立体形或平面形。因此，它可以用照片来表示，也可用模型来说明，这是按其需要而定的。从技术的观点看，将陈列品分为立体的（实物或摹制品）和平面的也是有充分理由的。

陈列品是反映实际的资料

举办陈列的时候，必须估计到需要何种类型的陈列品，以及其反映实际的精确程度，进而从各方面检查陈列品是否容易了解。

博物馆的陈列中，最浅显易懂的是真实的物件（原件、蓝本、纪念品、实物），它能使观众受到直

---

① 可能有这种情形，即：某些在所谓辅助陈列品范畴内的陈列品可以作为主要的、重要的陈列品，而实物陈列品倒成了补充某种大模型、布景箱等的因素。例如在工艺过程的陈列中，压延机的模型可以成为中心的陈列品。因为这种模型必然比立在它旁边的实物——操纵台能吸引更多的观众。——原文注

接的生动的影响。

实物的复制

根据实物摹制的复制品，对于反映实际具有不同的精确程度。其中有的复制品甚至很难和实物相区别（例如镀上贵重金属的物品、模型、木器、书籍抄本、档案抄本等），除此以外尚有其他较原物或大或小的复制品（如机器模型、房屋模型），所有这些陈列品都是原物的立体复制品。在工艺方面与此相近的就是雕刻，不过它已不是什么复制，而是反映实际客体的艺术创作了。

大部分复制的平面陈列品是艺术图画，如图片、版画、素描、水彩画、木刻、宣传画等。属于平面复制品的还有纪实的照片，在博物馆内，照片按照它的摄制技巧来说也是艺术作品。

所有这些新的陈列品，都需要预先在制作过程中，进行科学地研究资料的工作。

图表陈列品

陈列中也有一些新制造的陈列品，它们的展出形式，是有条件的。它们本身不是客体，而是表明客体之间的关系（图解、图表）与客体的位置（地图、平面图）。

原　文

各种原文（说明文字与标签）在博物馆的陈列中，占有特殊的地位，因此每一个博物馆工作者，必须特别注意。

以上所述各项陈列要素有机地结合在综合陈列中，现在只作为一般陈列概念而分别略论，我们将在以后有关陈列的图式中找到例证。

第三章　陈列的艺术装饰

1. 陈列艺术装饰的任务和意义

经通艺术装饰的、有组织的精美的陈列，观众接受起来就迅速、省力得多；反之，陈列室塞满陈列柜，陈列品杂乱陈列，装饰草率，字体难看，必然会使观众厌弃，会使他们感到疲倦。

从属于陈列主题的陈列装饰应当是艺术的。立体与平面的配合，墙壁与陈列室的地面的适当运用，整个陈列室与每件陈列品在装饰中采光和着色的适当，陈列品组合的条理分明，各件陈列品的装饰和整个陈列室的总装饰的调和，所有这些艺术装饰的要素，都有助于使观众从陈列得出完整的印象，而其中每个艺术装饰的要素，都是结合着其他的要素一道完成的。

房屋、家具、采光、陈列室与家具的色彩、陈列品与原文的装饰，是相互地联系着的，它们同时又服务于一个共同的艺术的意图：即统一地、合乎建筑艺术地处理整个陈列室与各件陈列品。

陈列艺术装饰的主要任务在于：用平易近人的艺术方法，更清楚地表现陈列的内容，更美地展出陈列品。

陈列装饰中的社会主义的现实主义

苏维埃博物馆陈列的艺术装饰中的社会主义的现实主义保证了内容与形式的统一。

在苏维埃博物馆的陈列结构中，首先要求内容起主导的作用。不合内容的点缀和对表现内容没有帮助的装饰，其必然结果是形式脱离内容，变成形式主义。反之，若是装饰为内容所制约，同时又有高度的艺术水平，那么我们就能获得具有充分价值的陈列。

主题相互关联，陈列品组合得艺术，乃是博物馆陈列的基础。

每件陈列品的装饰既应和其所属主题陈列的综合联系，同时又要和全部陈列联系，一件新制造的陈列品的形式不是偶然选择来的——这个形式应当是符合于陈列品的内容，符合于整个主题的总的陈列，符合于内容的最好的表现。

陈列室的建筑装饰

陈列室的建筑装饰，不是孤立地存在的，它应当协助陈列品的展出。在博物馆的陈列中，内容与形式的统一首先表现在陈列品与所有建筑艺术装饰的要素所组成的外形适合于陈列的主题计划。制定陈列计划和陈列图式时规定的路线、陈列场地的使用率、配置陈列品组与突出主导陈列品的方法，都应遵守陈列艺术装饰计划。让我们举出一两个主题陈列的例子，说明根据主题可以研究出按陈列品在主题中的意义而加以组织的各种方法。

陈列品综合的艺术装饰

列宁中央博物馆的陈列，是系统地实行陈列内容与形式统一原则的例子。列宁中央博物馆开放于1936年，它的开放乃是修改各种博物馆陈列方法的开端。

这个博物馆所展示的，以列宁的著作《帝国主义是资本主义的最高阶段》一书为主题的陈列方法是值得学习的。

一本外表很朴素的小书（该书的第一版）成了主题重要陈列品。为了陈列它，该馆使用了整整一个台子。这本书内容虽然丰富，外表却很平常，然而从旁边经过的观众没有一个不注意到这本书的；这是因为主题的结构巧妙，科学研究的深刻，主题的艺术装饰和陈列品的组织适当。

在研究这件陈列品的陈列主题时，博物馆工作者深刻地研究了这部著作的创作历史，指出它是马克思—列宁主义学说的主要著作之一，并指出这部作品的历史情况和意义。这本书放在台中央，台脚是两个半露壁柱。这本书放在镀金的薄金属框内，框上镶有玻璃，用红色的天鹅绒作背景，大理石的石板作框底。

在陈列该书上部的墙上挂着创作这部作品时期列宁的画像。在这两件最重要的陈列品的周围，留下了很大一块空地，这块空地是用壁柱围起来的。壁柱上有关于资本主义发展不平衡的规律的摘文、《社会民主党人》报纸上登载着的列宁的《论欧洲联邦口号》、列宁的著作《无产阶级革命底军事纲领》。

在一个平陈列柜里，陈列了节自卡尔·马克思的《资本论》的一段原文和节自斯大林同美国工人代表第一团（1927年9月9日）的谈话及《联共（布）党史简明教程》的一段原文。

墙壁中央部分的两旁还对称地排列了一些材料，说明列宁对于这部论帝国主义的科学著作所作的巨大的创造性的准备工作和列宁创作这部作品的方法。

墙上还有列宁曾经工作过的图书馆的照片，列宁手稿的照片。在两个陈列柜中展出了列宁在准备著作时使用的书籍、列宁的信札、手稿、图表和斯大林的著作。窗间壁上挂有库克雷尼塞关于第二国际的漫画。

为了表现主题，利用了使重要陈列品突出的方法，即令人注目地在主要陈列品周围留下空间，并且用形式绝美的镶边去强调它①。

上面举的例子可以告诉我们关于陈列品综合的概念，为了使观众易于了解陈列内容，适当地组织陈列品，使之符合于陈列的丰富的思想性和经过精密研究目的明确的主题。其中强调主题按逻辑划分的陈列方法，主题的中心思想的说明，集中的方法，与各种使内容重要而外表平凡的主导陈列品突出的方

---

① 整个墙壁分成三部分，清晰地划分出壁柱所表现的中心。主题的主要元素，在墙壁的划分上、在陈列品的配置上、在主导陈列品的划出上，得到了恰当的表现。陈列品在墙壁中央部分的两边的精确对称也有助于使重点突出。主要陈列品因为有镶边加大尺寸，并且从墙壁的平面中与其他陈列品划分出来，还有浮雕、色彩和背景（红色天鹅绒、大理石）等，都使人更为注目。

壁柱上的重要的原文节录，用大号的印刷体、青铜浮雕与色彩使之突出。

其余用印刷方法制作的节引的原文，按照它所起的作用（综合性的原文，分组的标签，对各个陈列品的评介），用不同大小和种类的印刷字体来表现。标签不要繁杂，只有文件材料才要标签。

墙上一共不过十二件平面的陈列品。由于严密的挑选，使得每件陈列品的场地绰有余裕。手稿的照片，其大小和镶边都是一样的，每三张为一组摆在每个陈列柜之上，没有将其中的任何一件突出地划分（因为主题结构并不要求这样）。一列同样的陈列品顺着水平线排列（横列），在这里是运用得很成功的。手稿则放在观众的水平视线上。

列宁在其内工作过的阅览室的照片放在手稿之上，因为美术材料不像阅读原文那样要求就近观看。

书籍可置于陈列柜的上部，书背朝着观众，就像在书架上那样，这种办法使陈列的外貌多样化。

此外，观众在读过手稿之后，再去看书时，就更容易了解手稿和印刷的材料了。

列宁在写作自己的著作时使用的书籍，以及书上引用过的部分都指出来了，并且有列宁关于这些书籍的评论。——原文注

法，都是值得效法的。

和形式主义的残余作斗争

在苏维埃的博物馆的陈列中，内容与形式应该是统一起来的，但是有时候这个原则也有一些博物馆违反了，这无疑的是第一次博物馆代表大会的方针所带来的不良影响。为了这次代表大会而举办的展览会，在装饰上显然是形式主义的。第一次博物馆代表大会的不良影响还不仅于此，它还在相当长的时期内影响着我们的大博物馆，并且长时期地主宰着陈列的实践。

形式主义的残余也表现在博物馆陈列室的建筑艺术上，比如使用一些与内容不相干的点缀，以及陈列品的反现实主义的装饰手法等。艺术装饰不应该使观众离开陈列结构的目的性。

下面我们举几个例子来说明陈列装饰中的形式主义；这些例子都是从中央博物馆的实践中得来的。

偏颇的装饰的风格

为了迎合偏颇的形式，不惜脱离陈列的内容，结果非但不能说明问题的本质，反而使偏颇的风格歪曲了主题内容。

莫斯科的历史与建筑博物馆在 1947～1948 年的陈列中为了展出莫斯科的古代历史，使用了非俄罗斯的装饰风格。台架的框子上雕刻了难于识别的用"连字"写的原文（将近似的字母连成一体的字名叫连字——译注），台架中央放置着莫斯科古代王侯的画像（由十七世纪的官员绘像放大复制而成）。这些画像，放在旧时教堂的拱门之下，使人觉得是圣像，而且似乎是主要的陈列品。形式主义的处理手法（王侯的画像附加上克里姆林宫的平面图，每个屏风壁上都有自《年鉴》节录的文字）还表现在关于莫斯科建立的年代上。莫斯科的建立年代公认为 1147 年，但是这个陈列中却指为 1156 年（克里姆林宫建立年代）。一般观众都不大认识斯拉夫数目字，但是在放置了莫斯科建立传说复本的陈列柜中却都采用了这种数字注明日期。①

点　　缀

装饰者希望外表平凡而内容丰富的材料显露出来，这种心情是很自然与近情理的；但是应当善于运用点缀，不能使它本身获得孤立自在的意义，不能使它具有像国立工艺博物馆在 1947～1950 年的纺织工业之部的陈列那样难看的形式。

在这个博物馆的关于纺织工业的陈列之部中，每个台架和屏风的中央，都用表明工艺过程的照片与图表连缀成象征性的轮廓画，艺术家的意思是要用它来说明每个台架的内容。为了展示纺纱和织布，缀成棉花的轮廓画；为了展示丝织品，缀成一段桑树形；展示花边时，也采取同样的一段桑树形；在展示毛织工业时，则用缀成绵羊的轮廓画等②，这显然是不恰当的。

---

① 在莫斯科历史之部，完全看不到应占主导地位的马克思列宁主义导师的语录，因为这些语录按形式主义的见解，已经摆到陈列地带之外的拱门上去了。在陈列板上的语录都用观众全然读不下去连字写成。陈列品，特别是原文陈列品的奇异的风格，使观众难于了解主题。——原文注

② 在这个陈列中，纺织品编排成棋盘式，毛织品制成的绵羊也是很难看的。这种刁钻古怪的形式，并没有真实地描写现实。如果表现羊毛的加工必须展示绵羊，那也先应当展出描画羊群、剪毛工作的图画或版画，或者展出一张真正的羊皮。制成品（织物）制成绵羊的样子并不能使观众感到有趣，如果这样的"广告标志"可装点商店的门面，那么在博物馆的陈列中，它们就是形式主义的残余。——原文注

放弃真本——实物标本

1945～1946 年全苏常设建筑展览会的建筑材料之部的陈列，可以作为不善于运用实物陈列品而用装饰形式代替真实陈列品展出的例子。这个陈列不像现在所做的那样，采用天然的建筑材料来充实每个屏风，而是摒弃实物，只将一些不足道的建筑材料的标本放在屏风旁边，而屏风上布满深绿色的大小和装饰一样的板子①。

我们所举出的用形式主义的方法布置陈列品的例子再一次强调，陈列形式对于表现陈列的内容具有何等重要的意义，甚至陈列品着色不恰当，常常都会歪曲主题的原意。

地志博物馆装饰中的形式主义的残余

地志博物馆中，有时陈列装饰也给形式主义钻了空子。这点通常表现在企图用外表装饰效果来"挽救"未经深入研究的内容，以及采用各种几何图形，如星、旗等五彩背景，使代替陈列的、没有实物材料的照片展览会"增色"。

例如，有一个区立博物馆就取用了大量的菱形作为一些小照片的五彩背景。在一个联邦共和国的博物馆里，在陈列地带之上，以伟大卫国战争勋章摹制的浮雕作为饰带，而将其余所有的小照片与原文材料搁在陈列地带的范围内。有一个省立博物馆（1947 年）在当地著名人士的照片上划上一条曲线，好像是要将他们删掉似的。

1949 年改造地志博物馆陈列之前不久，许多地志博物馆的特点是，陈列内容没有重点，特别是社会建设方面，所有的陈列品都是同样重要的，陈列的形式偏重于纸面，而且显得细小、琐碎、没有表现力。这样的关于社会建设的材料，其必然的结果是形式和内容脱离，因为不适当的陈列形式歪曲了主题的内容。

2. 艺术装饰设计

艺术装饰设计的构成

艺术家根据陈列计划与陈列材料的计划制成整个陈列室艺术装饰设计（陈列室的建筑式样和家具），以及陈列品在屏风上、陈列柜中与地板上的配置草图。

这个计划通常是一些图表和简图，在特殊的情况下，可以制成模型。在简图中应作出：①陈列室投影图（自上投影）或着色的配景，对陈列室的建筑、色彩和主导陈列品的配置作一般性的介绍；②陈列室的平面图，其中包括墙面的展示图（如果设计的只是陈列室的一面那就是一面墙），以及主题与陈列品的分配图。

建筑艺术装饰计划确定之后，艺术家随即制定各个主题，和各件陈列品的草图，施以色彩，并指出原文的尺寸。至此，艺术家的陈列设计工作始告完成。

---

① 为了将这些单调的台架区别开来，艺术家在屏风上部做了一个建筑的"标志"，在其上画了建筑材料的陈列样品，陈列样品给加上屋顶，屋顶上又莫明其妙地突出一根木棍。这些形式主义的东西替换了丰富的真实的建筑材料，陈列室中间留下来了一块空地，为的显示使人眼睛发花的砖地（黑白相间），放在陈列室的后边天然建筑材料的分布图涂的是橙红色，陈列室四壁暗绿色，而地板却耀眼刺目。——原文注

科学工作者对陈列装饰所负的责任

科学工作者有权对装饰设计作出修改，听取关于艺术装饰的意见，批准或拒绝此项设计。他对陈列的艺术装饰是负有责任的，因为他完全有可能使设计达到应有的质量，艺术家不恰当地处理了陈列，常常是因为科学工作者回避陈列艺术方面的工作或者在接受设计时不表示必要的主见。

有时艺术家为了更好地完成制作设计的任务，制出了好几个方案。设计与草图经过博物馆的学术会议，邀请当地的领导组织、科学工作者和社会人士讨论之后，最后由博物馆主管部门批准。所有关于修改的意见写在设计的背面，注明日期，并加以签署。未经修改而能通过的草图应注明实施办法，最后得出一个方案，这个方案在对按约邀请的艺术家支付报酬时是一个必要的文件，而对于参加博物馆工作的艺术家说来，也是执行艺术装饰工作的正式方案。

陈列装饰的执行

陈列装饰的执行工作是由建筑装修工作——房间的刷色，屏风、陈列柜与其他家具的设备，电力设备等等构成的。根据这些工作，应在批准艺术装饰计划以后，作出专门的预算。在预算中包括建筑材料的开支（注明价值）、建筑工作（制作木器，粉刷墙壁，装修电灯等）的工作范围及其费用。所有这些工作都要在艺术家的监督之下进行。

在确定陈列品的装饰草图之后，便开始了装饰工作上最艰巨的部分，即制作新陈列品的工作。新陈列品有图解、地图、年表、图画、模型、房屋模型、布景箱以及生物群的编构等等，同时还要装饰原文的材料，在关于社会主义建设的陈列中，上面所列举的工作具有很大的比重。执行工作是在艺术家的监督与领导之下、在科学工作者的建议之下进行的。科学工作者的建议在工作的进程中应当系统地提出，科学工作者应深入了解艺术执行工作的所有细节，用解说材料帮助艺术家，及时地校正、核对陈列品与标签上的原文。在个别的情况下，科学工作者得邀请顾问（例如在技术方面）。科学工作者亲自验收制成的陈列品，或者和艺术家一道，在制订关于陈列品的验收方案时，把这些陈列品交给验收委员会①。

3. 博物馆陈列室的建筑条件

一般条件

博物馆陈列室的用途就是用最好的方式将在其中的陈列品展示出来，帮助参观者更好地了解为陈列内容所决定的主题的序列。陈列室建筑艺术装饰利用其建筑艺术的表现力的全部武库（形式、色彩、光线等）来服务于上述的任务。对于陈列品，建筑艺术是从属的，它必须替这些陈列品提供背景，提供最能表现内容、最易使人了解的环境。

博物馆内景的基本要求是形式与内容统一。陈列室的建筑要素都服务于一个共同的艺术思想，那就是有助于最恰当地、最艺术地表现陈列的内容。

博物馆陈列室的建筑工作，应首先为苏维埃博物馆的内容所决定，并且要符合苏维埃建筑艺术的要求。

---

①   这个方案作为向受委托的艺术家付酬的凭据。——原文注

按照建筑物的用途，预先设计陈列室，家具的式样也要便于观众参观，这是苏维埃博物馆所应根据的方针。

博物馆陈列室的建筑决定于陈列的性质

博物馆的性质与陈列的性质总要影响到陈列室的建筑工作。艺术博物馆的陈列室和科学与技术陈列品的陈列室，除了应具备一般的博物馆陈列室的条件之外，还应考虑到这些博物馆的特点。例如，陈设机器的陈列室和陈设雕塑与图画的陈列室，应当是不同的。陈列的性质不仅关系陈列室的建筑，而且关系整个博物馆内景的总的艺术装饰。博物馆的内景不仅包括建筑物的墙壁与家具，而且也包括所有置于其中的新制造的陈列品。临时性质的展览会的陈列室与专题陈列的陈列室也有一些不同之处，这是因为这些陈列有不同的使命。

陈列室的建筑假如不适于展示陈列品，就会降低陈列装饰的质量，并且要破坏整个博物馆内景的美感。[①]

在个别的情况下，应当"克服"不合于作博物馆的建筑物，对于那些因为有固定的建筑装饰而不适于陈列的墙壁，要用屏风遮住，特别是那些没有建筑艺术价值，也不能作为艺术古迹来作历史之部的陈列的旧时教堂的内部装饰。

非博物馆的建筑为了陈列应作的调整工作

在保存陈列室建筑，使之不受损坏时，屏风应与建筑调和，不应遮蔽圆柱、四角柱、窗子等。莫斯科城历史与建设博物馆利用旧时寺院的房舍来作陈列的例子是很有趣的。该馆的莫斯科历史之部基本上是保留了拱门下层的陈列室的建筑，但在拱门上层的苏维埃莫斯科之部便完全克服了寺院房舍的性质，组织了环形的陈列室，中部划作特别的陈列室和办公室，利用房舍的窗子来作画窗（画在玻璃上）。

建筑、绘画与雕塑的综合

苏维埃建筑学对一般房舍的内景，包括博物馆的内景所提出的重要要求乃是建筑、绘画与雕塑的综合。许多全苏农业展览会的陈列馆很恰当地运用了这种结合。陈列馆的外部和内部的建筑都加上了雕塑、饰物与版画，而且这些东西都是建筑物的有机元素。在这样的展览会上（正如列宁山上苏联各族人民博物馆的战前陈列那样）说明了苏维埃的民族建筑形式与装饰是很成功的，因为民族建筑形式与装饰乃是苏联社会主义的建筑"民族形式和社会主义的内容"的重要成份。地志博物馆的艺术装饰家在展示地方的文化时，大可以使用当地人民创造的装饰品作为装饰的要素。科米自治共和国博物馆（1947年）的社会主义文化的陈列就很好地采用了民族装饰艺术。

陈列室墙壁的装饰

陈列室的建筑，它的色彩，采光与家具的设备，在陈列艺术装饰的设计工作中是很重要的。

---

① 例如，1930年列宁格勒的城市博物馆将公用建筑物的技术模型，陈列在安尼乞可夫宫的式样陈列室内，就显得很不好看。如果把建筑艺术模型与建筑艺术图纸放在这里倒是很悦目的。雅罗斯拉夫博物馆的苏维埃时期之部是布置在旧房子里的，如果迁到另外一所房子里去，那就会大为改观了。1947～1948年高尔基立博物馆的社会主义建设的陈列室中关于园艺（将树枝插在带土的普通的匣子里）的陈列品看起来不恰当的，因为它们的背景是带有彩色的墙壁。工业陈列品放在饰有雕塑饰带和雕像的陈列室里，也是不恰当的。——原文注

光亮、高大、宽敞的陈列室最利于陈列。通常总是把陈列室涂上浅的不鲜艳的色彩，使得墙壁不显得"拥挤"，而是似乎加大了房舍，平坦的墙壁对于地志博物馆的陈列是较为便利的，因为墙壁的全部陈列面积要用屏风挡住作为布置陈列品及放置靠墙的陈列柜之用，或者就直接在墙面上，布置平面的陈列品。如果是后一种情形，要在离地板 2.3 ~ 2.5 公尺的高处安装墙檐，墙檐之下，钉上金属支柱，涂成与墙壁同一颜色，以便悬挂小件的陈列品（图八）。

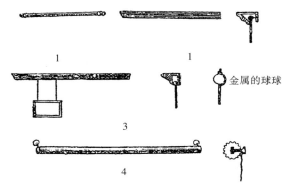

图八　悬挂陈列品的墙檐与支柱

1. 普通金属支柱　2. 木质的墙檐，暗装带有金属滑轮的支柱和系陈列品的线绳　3. 木质的墙檐暗装金属珠缘和挂框子的线绳（国立历史博物馆 1950 年）　4. 金属支柱及其暗装机械，悬挂陈列品的小框时，可转动线绳

墙檐分割墙壁的平面，使之便于观察，也可以从天花板上拉下线绳来悬挂小件材料。墙檐之下可设一带滑轮或挂钩的按有线绳的金属支柱，以便将陈列品沿墙移动。墙檐上的金属支柱带有系结陈列品的活动装设（如加里宁博物馆）是较为便利的。当然在墙上钉上钉子，悬挂陈列品也是完全可以的。在天花板下可以系上金属的支柱，用来悬挂大件陈列品。

博物馆陈列室的天花板与地板

陈列室的建筑装饰不仅是指墙壁，天花板与地板也是陈列室建筑装饰中的一个要素，并且是一个在观众观览全部陈列室的过程中起着巨大作用的因素。十八世纪到十九世纪陈列室中的天花板常饰以塑制物或安排成凹格（在拱门边缘之间或天花板木梁之间的天花板），天花板画与壁画连在一起是常见的。在这种情形下，照明装置取决于陈列室的建筑式样。在现代化的特别为陈列目的而设的博物馆陈列室里，天花板常常是平坦的，涂以白色，以反射光——天然的或人工的（暗装光源）加强陈列室的照度。在个别的情况下，天花板也用来作陈列场地；例如，用来悬挂飞机模型（莫斯科航空技术之家）及用来悬挂作为陈列品的照明工具等。

在十八到十九世纪的大厦中，镶木地板往往有很大的艺术价值，例如列宁格勒附近的宫殿博物馆（编者注：过去贵族地主等的府邸、别墅，后改成博物馆）、莫斯科的奥斯坦金博物馆等。镶嵌的技巧与镶木地板的黄色，可以使房舍照明均匀，并可以增加陈列室的美观。木质地板的涂色必须包括全部地板，因为未经涂色的地板可以破坏陈列室艺术装饰的美感。应避免使地板有过于鲜艳的色彩，因为地板的颜色太强烈了，就会强烈地刺激眼睛。方块的、带花斑的地板加上强烈的色彩对于博物馆的内景是切忌的。这样的地板，妨碍了解陈列品，使视力疲劳，眼睛发花，此外，由于有过强的光线的缘故，陈列柜与陈列品的玻璃上也有反光。在地板上铺设小毡道也是很好的办法（应经常用除尘器除去雪块或轻轻地除去尘土）。

博物馆入口的装饰

博物馆的艺术装饰不仅仅限于装饰陈列室内，博物馆的入口处，也要装饰得使观众一看便知。博物馆的正面应当以十分艺术化的牌子和招贴画引起行人的注意。

外室与楼梯口，当观众打算由此进入时，即应立刻告诉他们这是关于什么性质的陈列。天鹅绒、绸缎或布上的标语、雕刻品、版画、图画等，要吸引观众，同时作出关于整个博物馆陈列内容的介绍。

博物馆陈列室的装饰的风格

关于陈列品周围的环境应当怎样，有两种意见：一部分博物馆工作者主张环境朴素使观众注意力集中于陈列品上，而不致将观众的注意力由陈列品上移开。

有些博物馆工作者又认为应从美感观点出发，布置成该陈列品所属时代的环境（例如美术博物馆、历史与历史生活博物馆）。

第一种倾向在自然科学与技术经济的陈列中是占优势的，但是也广泛地应用到美术与历史博物馆中去。

在特为博物馆而建立的房舍中，建立属于过去时代风格的陈列室，如罗科柯式（十七和十八世纪欧洲流行的纤巧华美的建筑式样——译注），安庇尔式（创始于拿破仑一世时代的庄严的装饰式样——译注）等带着华丽的塑像装饰品、壁柱、圆柱以及该时代风格的家具，一般人认为是不恰当的。

对于历史与美术的陈列，可以使用相当于该陈列的历史时期的，具有该时代风格的陈列室，并且也可以在这样的陈列室里采用同时代风格的家具，或依照该时代风格的建筑特点制作屏风和陈列柜。例如我们完全可以在十八世纪时代风格的陈列室中，在带有玻璃罩的同时代的小书架上摆设瓷器。就是布置现代陈列室时，家具等也可以使之具有本时代风格的建筑情调（例如，在屏风上，在墙檐的装饰上）。在历史陈列中，当重建反映某个时代的文物建筑时，常按照该时代的建筑特色装饰陈列室的墙壁。

陈列室的家具设备

地志博物馆添制新的家具或为了新的陈列任务而改制旧的家具时，应使之构造简单，并尽可能地使之合于标准，因为地志博物馆的陈列要常常改变和补充，最好是使所采用的家具能够拿来为各种各样的征集物作多方面的使用。陈列柜内部装置和各类标准式样的屏风的联合装置是可以略加改变的①。

现在的博物馆和建筑组织都没有为博物馆的家具而作设计工作，所以博物馆的家具也就没有指导性的典型，因此只好综合博物馆的经验，使优秀的式样能够普遍采用。

许多千篇一律的陈列柜充塞在陈列室中，致使观众分别不出陈列品不同的重要性，致使观众难于明晰地看出眉目，将不可避免地使参观者感到疲倦。一个陈列室的装饰和其他陈列室毫无二致，这自然不是我们所希望的。我们希望地板的场地宽绰，陈列室的装饰有较多的花样，屏风和玻璃橱作为一个统一的建筑装饰来处理。

屏风在陈列室中，特别是在展览会中，常常联合构成一个建筑结构，这种装饰比起用划一的轻便的屏风作为装饰说来，有很多的优点，它保持整个陈列室的美感，同时也能清晰地划分提纲，划出合用的路线图，并灵活地改装家具以适合各种性质不同的陈列品。这种方法的缺点，对于博物馆说来，在于这种建筑装饰太笨重，主要适合于大陈列室或在不能改装的房舍中遮盖墙壁，此外，它们的花费大，要求很多的特别的材料，同时又不能轻易移动，屏风与玻璃橱联合成一个整体结构，这就使调动发生困难，因此，屏风和玻璃橱的一些整体结构只能使用一次，因为新的提纲和新的陈列要求另行划分屏风或重新安装。

---

① 本书中所采用的关于陈列装置的图样，乃是各个博物馆的经验，然而不应当看作是典型示范。博物馆工作者可以利用它们作为建立适合于自己博物馆条件的博物馆装置参考资料。——原文注

屏风的建筑装饰不能使之有孤立的意义。

现在博物馆在陈列家具的艺术装饰部门中，不再醉心于临时的展览方法了，都力求更好地使用承袭下来的陈列柜（完好、坚固、合格），并利用墙壁来悬挂陈列品。

建筑的艺术装饰应建立于博物馆的固定装置的优越成就上面。

在装饰地志博物馆的陈列室时，不要忘记博物馆陈列室的建筑中，具有决定意义的，不仅是房舍的修饰，而且还有陈列家具的构造和色彩。

4. 陈列家具

对于陈列家具的一般的要求

在陈列室中布置陈列家具的主要任务在于创造最好的条件，使博物馆的观众能在遍观各陈列物件时不感到吃力。

此外陈列家具应当预防：（1）观众可能带给陈列品的损害；（2）盗窃；（3）有害的气体、光线、尘土。也就是达到在保存和保护博物馆材料上的基本要求。

应尽可能的使陈列家具合乎标准，使其能够在各种不同的情况下多方面的加以利用。因为社会主义建设任务所提供的新的主题，要求经常补充陈列，并且改进苏维埃博物馆的陈列工作，所以这点是很重要的。

家具的统一规格

家具各个要素的统一规格不应当忽略陈列室建筑装饰的特色。陈列家具的标准化绝不是说所有的地志博物馆都应具有同一种类型的陈列柜与屏风，由标准的屏风组可以创造任何一种建筑结构。地志博物馆也可将标准的陈列柜集中起来，多样地和屏风联合，并且使这些博物馆的陈列室避免有不美观的装置。所选择的家具标准构件的尺寸，应适合陈列室的面积与高度。

起着辅助作用的陈列家具，不但应当美观，而且还应当是整个陈列室建筑艺术装饰的不可分割的一部分。但它的主要作用的还是在于使参观者注意陈列家具中所陈列的对象，而不是去注意陈列家具本身。

陈列家具的主要型式

陈列家具包括陈列柜（陈设陈列品的玻璃家具）、屏风与各种不同形式和用途的支架。

陈列柜

陈列柜是博物馆的主要家具，而且它们还是唯一陈设珍贵陈列品的家具，因为比起其他的家具来，它们能更好地保护陈列品。但是陈列柜也有许多缺点，陈列室假如充塞了过多的陈列柜，一定会使观众感到非常的疲倦，因为玻璃的反光，使得看陈列品时很感不便，再者，许多陈列品隔着玻璃看比没有玻璃看总要差些。

陈列柜按其构造可分为立柜与平柜两种，按照它们在陈列室中的位置又有靠墙的与中央的（陈列在室中央的）区别。

靠墙的陈列柜

这种陈列柜可以是立式的，也可以是卧式的，靠墙的玻璃立柜分为：（1）能搬动的陈列柜；（2）嵌入屏风的陈列柜（壁作）。通常靠墙的玻璃立柜的形式是三面安装玻璃的柜子。

我们若是说某个陈列柜做得好，那是指它保证了参观者与陈列柜之间的适当距离，减轻了观众视力的疲劳。人们的中等身材是150～160公分，其水平视线约在离地高140～150公分处。由许多次的实验得知，参观者的垂直视界是指在位于离地高150公分的水平上的陈列品处往后退40公分，不转头或低头时所能看见的空间。由参观者的水平视线起，上至48公分下至54公分，约等于1公尺，就是视界的高度。由此出发，从而规定玻璃橱尺寸。

在苏维埃博物馆的实践中，陈列柜通常不得高过2到2.1公尺。靠墙陈列柜深是由35～40公分到1公尺不等，这多半要看陈列柜的用途和置于陈列柜中陈列品的种类而定。对于陈设小件的物品，35～40公分就够了，但是陈列服装就需80～100公分。陈列品越大，陈列柜也越应该深。摆在屏风与屏风之间的陈列柜（通常是设在墙壁里）可以达1.5～2公尺之深（例如用来陈列钢架撑开的古代妇女的裙子、生物群、布景箱等），在这种情形下必须用灯光来照明，为了使陈列美观，靠墙的陈列柜离墙壁或屏风线不得超过40～50公分。在这种情况下采用天然光的话，必须在陈列柜两侧安上玻璃。

台座（陈列柜的下部）的高低要看陈列品的性质。若是展出服装与大件物品，陈列柜的柜底可降到离地板三十五～四十公分处，若是在搁板上展出小件物品如矿物、陶器等，便不使用陈列柜的下层，使陈列品的展出从距地板面80至90公分以上的地方开始。

陈列柜下层与上层的用途

苏联革命博物馆为了陈列，曾作过一次试用陈列柜下层的有趣的试验，该馆将普通的陈列柜同在地面以上40公分到1公尺的斜面陈列柜重合在一起，扩大了陈列面积。不过这种结构只能从上方来观看而不能由侧面来观看陈列品，同时还要那种不要求就近细看的陈列品，例如带大花纹的纺织品、鞋靴、在艺术形式上近于平面的物体——带画的托盘、小匣、建筑材料和标本等。

为了更好的利用陈列柜的上下部分，应按不等距离安装搁板，并且使柜顶与上边的搁板之间的距离，以及柜底与下边的搁板之间的距离，大于中部的搁板之间距离（图九）。

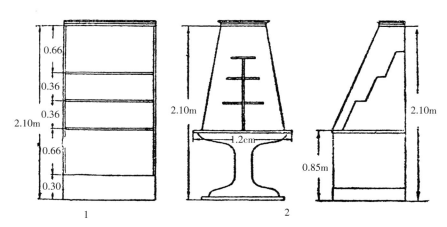

图九　陈列柜中搁板的位置
1. 靠墙的陈列柜，有台座，搁板之间距离不同　2. 斜面陈列柜的搁板与台架

立柜的长度

为了使参观者能将整个陈列柜看清，同时还能将注意力集中在最便于观察的陈列柜的中部，通常陈列柜的长是 1.5～2 公尺。高大的陈列柜为了便于观看，可从内部分成长约 1～1.5 公尺的段落，这要看置于柜中的陈列品的大小而定。列宁格勒的国立俄罗斯博物馆的陈列柜是深的靠墙的陈列柜的范例，它是特地作来为陈列穿服装的人体模型用的。

具有多面切边的玻璃橱是很有用的。这种带有铜框的小陈列柜，国立历史博物馆里也在使用。靠墙的和中央的有很多切面的大陈列柜在国立武器库中用得很成功。缩小陈列柜的体积使陈列品靠近玻璃的方法往往是正确的，但是多余的边也可能妨碍对物品的观察。

陈列柜的斜框

为了减少反光，立柜有时也装上倾斜的玻璃面（上端向后倾斜）。陈列柜里面装有梯形的托架或随着框的宽度而层层缩减宽度的搁板，附有图画或刺绣的小框子可以推到陈列柜中去（图十）。

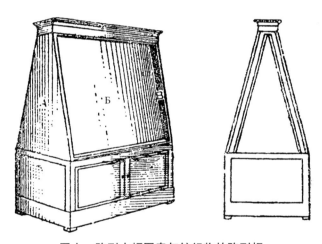

图十　陈列大幅图表与纺织物的陈列柜
A. 陈列柜可开启的侧面　　Б. 附有图画的活动壁　　В. 玻璃的框子

小陈列柜，深约 5～10～15 公分，尺寸大小是 1 公尺×0.70 公尺或 1.20×0.50 公尺，或者更大一点，柜上常制有斜框。这种小陈列柜可以用来陈列考古学上的收集物、织物水彩画、工笔画等等。

靠墙的玻璃平柜

这种陈列柜通常是带有斜装的玻璃面和深色的后壁，两侧与前面都安有玻璃，它的高度是 1.1 公尺，其中 20～30 公分是桌面以上的部分。通常在陈列柜底设有斜的底垫，使物件倾斜（图十一）。这种玻璃最宜装有下端较细的桌腿，而不宜摆在笨重的台子上。苏联科学院的矿物学博物馆，国立历史博物馆和加里宁博物馆都采取了这种靠墙的带斜面的陈列柜。

中立柜（陈列在室中心的）

这种陈列柜四边安上玻璃，好像是一个盛陈列品的玻璃盒子，它们通常有立柜和平柜（置于几上的）两种。

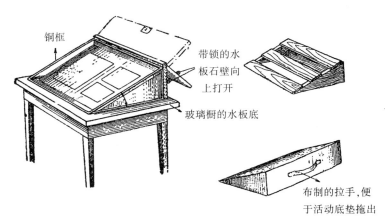

图十一　带有活动底垫和斜装的玻璃面的靠墙的台式陈列柜

中立柜的长应为 1.5～2.0 公尺，深 0.75～0.85 公尺，高 1.65～2 公尺；其中 0.75～0.9 公尺是台架部分（底层往往降低到 40 公分）。陈列柜的尺寸在个别的情况下可以按照陈列在柜中的陈列品的大小及陈列室的大小灵活掌握。

中立柜不宜做得太庞大，因为这样它们可能会堆塞在陈列室的中间。同时，还需要将内部的空间划成便于观察的小格。为了便于组织陈列室中的空间，一般多半是采用靠墙的陈列柜，而少采用中立柜。

大型的中立柜（国立历史博物馆、列宁格勒的国立人文志博物馆、莫斯科大学动物学博物馆的陈列柜）放在与窗间壁相垂直的位置，或放在陈列室的中央，柜上制有框子以插入标准尺寸的玻璃：金属的框子可配玻璃板；木质的框子则可配波希米亚玻璃板（一种钠、钾玻璃板——译注）。

中立柜，特别是专为一件陈列品或数件物品而制的陈列柜，是能将观众的注意吸引到陈列品上去的。然而这些陈列柜也有很大的缺点，因为通过它们可以看到和陈列柜取反对方向的陈列室和参观者，同时也避免不了玻璃的反光。因此人们往往将它们变成类似靠墙的陈列柜，内部用间隔划开，或者一边装上毛玻璃。国立历史博物馆的考古材料的陈列中，大陈列柜划分内部空间的方法，作为一种制度，差不多到处都在采用。

台架式中立柜

这是一种玻璃平柜，上面覆以玻璃，四个侧面也都安装了玻璃。这种陈列柜常放置在陈列室的中央，可以凑近它的任何一面去观察，它是指定用来陈列小件的物品的。为了保证有好的视角，柜底装置有向两面倾斜的底垫。这种陈列柜的尺寸是：长 1.5（或 1.2 公尺），宽 0.60 公尺，高 0.25～0.30 公尺。这种陈列柜安放在桌上或安放在腿高 75～90 公分的台架上。

联合玻璃柜

有时候立柜同台子（带玻璃面的陈列柜的平桌）联合起来。这种陈列柜兼有靠墙的陈列柜和玻璃中立柜的两种用途（图十二和十三），它们加大了陈列场地，并且便于观察性质不同的陈列品。

类似这种陈列柜的形式，带有二重的活动框子的陈列柜，对版画的陈列也是便利的。（图十三）

金属玻璃柜

金属是做陈列柜的最好的材料，因为金属可以做成薄薄的框子，不用加框栈就可以支持住大块的玻

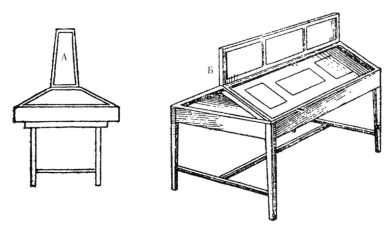

图十二　联合式中立柜，带斜面的台式陈列柜同立柜 A 结合或用小屏风 Б 相结合

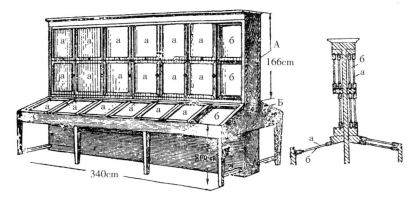

图十三　联合式中立柜有活动的框子承受纸与纺织物等材料，A 与 Б 是按螺丝钉的板子
а. 是靠外一排的小框子　　б. 是里面靠后一排相小框子

璃（见图十二、十三）。金属的陈列柜可以非常牢靠，但是它们的成本远超过木头的陈列柜。由黄铜框子镶成的大陈列柜的用处是很大的（见图十二），国立历史博物馆广泛地采用了这种陈列柜。这种构造的价值在于没有框棂，骨架的框子也薄，但是这样的陈列柜在其内部通路的安排上，是有些困难的。

　　加里宁博物馆按照这个式样，制造了更牢固的、更好的金属陈列柜。在苏联革命博物馆中，制造了一种陈列柜，用金属的支架来支持有机玻璃制成的搁扳（有机玻璃是一种新的建筑材料），玻璃板是整块的，用螺丝钉组紧在搁板的金属支架上。这种陈列柜（没有框棂），它的结构好像一个大玻璃灯罩，看起来舒适而透明，能够很优美地陈列出陈列品，因此是能吸引观众的，但是从陈列品的保护（密封性）以及陈列柜的使用（大块玻璃装卸）来说，这种陈列柜还是有缺点的。

木制的陈列柜

　　用木料来制陈列柜是普遍采用的方法。木料必须干燥坚固，以免变形。在木制的陈列柜中，应当尽可能的用大块的玻璃，以免框子上有太多的框棂（图十四和十五）。如果免不了要安上一些框棂，那么应当作一些搁板吻合在一条线上的框棂，并使搁板多靠近框的两端而空出中央的部分（图十六）。

　　陈列柜的结构应当简单，框子应当光滑，轮廓不要复杂；骨架和框子的厚度要看陈列柜所使用的玻璃的性质和大小，看情况而定。经常使用的能拆卸的立柜构造是由一些样式相同的框子（带有框棂）装合成的。

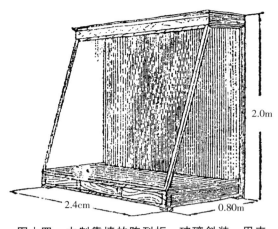

图十四　木制靠墙的陈列柜，玻璃斜装。用来陈列纸和布的材料，陈列品排列在活动的板壁上侧面开门

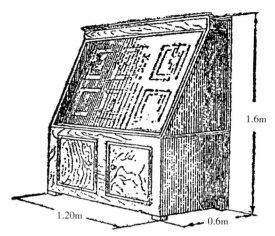

图十五　带有斜装大块玻璃板的靠墙陈列柜，框子是木制的，门开在侧面。用来陈设服装与器具

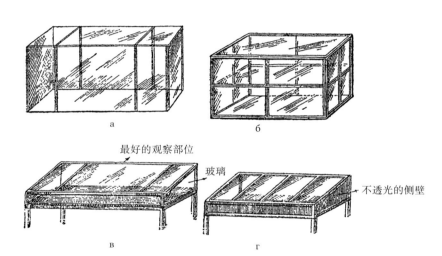

图十六　框棂在陈列柜上的位置（在没有大块玻璃的情况下）
A. 陈列柜中央没框有棂　Б. 框棂位置不当，妨碍陈列柜中央的观察　B. 框棂位置适当　Г. 框棂位置不适当

　　为了将空气过滤，可在陈列柜的框子内部看不见的地方的小壁上凿一小孔（1～1.5 分）用布蒙住。

　　博物馆几种主要的陈列柜结构最好是一样的，这样就能在不同的陈列室中，和在不同的配合中使用它们。

　　为了紧密地关上门，门上常贴上木棉和天鹅绒，或是在接合处嵌入胶皮垫。门上必须装上内锁，而不是外锁。锁的金属板应贴近框门。陈列柜的通道是从立着的框子中抽出滑动的玻璃片，并利用平柜的活动底，以免在打开陈列柜时，玻璃片的重力压弯框子（图十七和图十八）。

　　陈列柜的框子常是浅色的椴木或榛木，涂上不鲜明的色彩（如灰色、青灰色——译注）。有时也有暗褐色的框子。细长的金属框棂上可涂上黑色或褐色，这样小框子看起来就更细长了。在历史生活与美术陈列中，金属的框棂有时用青铜或黄铜制成。

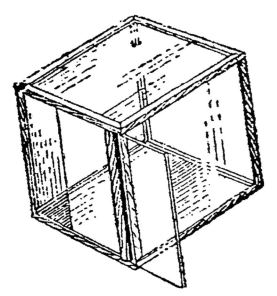

图十七　活动玻璃板：可以从边上将玻璃板由框子中抽出出来

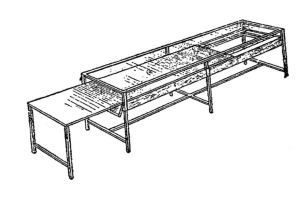

图十八　柜的活动底

玻璃罩式的陈列柜

　　没有框子的玻璃罩是木制的或金属制的带框陈列柜的一种变形。这种陈列柜近来广泛地用来罩上模型、瓷器和小件的雕刻品（图十九）。制作不带框子的玻璃罩，需要用厚玻璃板或带有打磨边缘的玻璃板，这样就可以严密地防止尘土飞进陈列柜了。这种玻璃罩可以做得很大（达 2 公尺长），但这要看玻璃板的大小而定。玻璃罩的侧面和顶是用金属的包角联接的（见图十九）。联接的方法是先在玻璃板上钻上小孔，将螺丝钉安装在金属的包角上。螺丝钉下面必须垫上橡皮和塑胶物。这种玻璃罩之所以比普通玻璃框优越，在于它没有框子，因此在里面陈设的物件看起来就好像是没有玻璃罩一样。

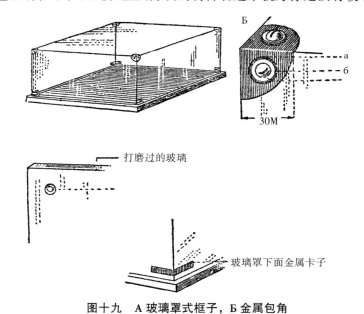

图十九　A 玻璃罩式框子，Б 金属包角
a. 胶皮垫　б. 螺丝钉和放在套内的螺丝帽　в. 电木垫衬（可用厚纸板代替）

这种办法也同样能利用来摆土壤的标本、铺修道路的材料等。这种玻璃罩的缺点是在开启时有一些困难（必须稳当地松掉螺丝钉），它没有锁，但可以将玻璃罩（如果不太大）从台子上揭去（将它提起来）。在这种情形下，陈列柜的台子要用螺丝钉和金属卡子联接起来。通常用有机玻璃来联接侧面和四角（苏联革命博物馆），而玻璃罩也用有机玻璃制造（莫斯科国立达尔文博物馆）。

特制的陈列柜

在制造陈列柜时，需要考虑到陈列品的特点，这对于满足保存的条件尤其是重要的。因此为了某几类的陈列品（例如钱币、织物等），博物馆应制作许多特别家具。

屏　　风

由于悬挂或安装陈列品的垂直平面体所构成的陈列家具叫作屏风（悬挂与直立的）和小壁（在整个的建筑结构中联成的屏风）。屏风供扩大陈列室陈列面积及用来防止墙壁因悬挂陈列品而受到损害之用。

屏风可以帮助我们将各件小陈列品联合在一个提纲与陈列品综合内，同时主要用来悬挂或粘贴平面的陈列品（美术的、图解的、地图的、图表的等等）或实物的陈列品（在斜面陈列柜中的考古综合、织物、武器等）。屏风常常和放置关于同一主题的陈列品的支架与陈列柜联合起来。屏风将陈列品和墙壁隔开，这就使观众便于观看陈列品，因为它们在屏风上摆着可以使观众清晰地看到主题。此外，屏风可以给陈列品在技巧与色彩上最有利的背景。

关于陈列品的保存与保护方面，屏风比起陈列柜来有很大的缺点，因为没有安上玻璃，也不能上锁，因此，非常珍贵的陈列品最好是放在陈列柜里。

屏风的高度

屏风的构造要参酌陈列范围的大小，即便于参观者观看的垂直面的大小。我们知道，陈列范围始于离地0.8～0.1公尺的水平面，距离地面不应当高过2.5～2.6公尺。屏风的高度常常是2.2～2.5公尺。

在有高大陈列室的特殊情况下，屏风可以高达3公尺，它的上部用来装置装饰性质的陈列品或原文，屏风的下部放置平面陈列柜，实物陈列品放在为不同性质的陈列品而设的支架上。

活动的屏风

屏风是能够活动（一面与两面的）或者是固定的（靠墙的）。活动的屏风，一般都能够立在任何地方，而不必将它钉在墙壁上。这种屏风通常用来作临时性的展览。它们的厚度是5～10公分（嵌在屏风的架子中材料的横截面），因为它们并不用来嵌入电气化的陈列品，和悬挂沉重的物件。在博物馆的各部门中各种屏风的大小应当划一，以便于转移场所，用来联成一条线等。

活动屏风的宽是1.7～2公尺，高（长）达2.4～2.8公尺，这种屏风的使用界线不得低于离地板50～60公分处。列宁格勒的国立民族学博物馆的屏风，也应当承认是靠墙屏风的合理的典型。这些屏风通到地板，屏风下部有阶梯形的托架，上面有小搁板承托陈列品。这种屏风可以有两倍宽，两面设阶梯，高度也可以增加，但不能做得太长。美术博物馆的屏风的构造，是由可以改变屏风大小的三部分构成。这种构造很好，在屏风的上部，装有悬挂陈列品的支柱。

将屏风联合成一个结构

如遇有下述的情况，即可以给全部陈列室以统一的建筑装饰：在有许多电化陈列品要求照明匣，或者有一些放在壁柜中的模型的时候，应将屏风联合成一个共同的建筑物，和墙壁保持一定的距离。这样便可以将陈列品嵌入屏风，建立一个总的观察面，在这平面之后，暗装灯匣。这种方法大大地改善了陈列室的全貌，因为它减少灯匣，使大大小小的陈列品，显得很有组织。两面用的屏风是双层的，中间留下 20～30 公分的空间，或按预备嵌入的陈列品的深浅留下更大的空间。

按照这种组织法，陈列柜嵌入屏风的平面中，形成了类似壁柜一样的东西，要求人工照明，置入屏风中的布景箱如果与靠墙的屏风平面距离不超过 0.5～0.75 公尺，也用同样方法来处理。

屏风的高度受陈列范围的高度的限制，因此这些屏风的全长，应和陈列范围的长度相等，或者分成更小的部分，为的是可以由这些部分任意组合。屏风是用有框的架子做成的，上面覆盖麻布或其他纺织物。三合板上的颜色涂料很不好看，为了使屏风具有庄严的博物馆家具的样子，涂料或蒙在屏风上的材料的颜色最好是浅些。在个别的情况下也可以用特制的裱糊纸或仿纺织物的纸张来代替布料。

屏风要做得牢靠些，不仅是只用一年而是要它耐用若干年。

屏风的装饰

历史陈列可以采用古代建筑上的式样来装饰屏风，因为在历史陈列中常有涉及古代式样的陈列室。在同时代的建筑物中，这种方法必须限于使建筑装饰适应于它所反映的时代风格。历史博物馆在 1937 年的普希金展览会上，屏风的装饰是很适当的，屏风覆以带色的麻布，并衬托了白色的塑物和时代风格的圆柱，这些都给了观众很好的印象。也可以在台架上镶上饰带和民间的木刻。

像在全苏农业展览会上所广泛采用的，利用三合板锯出现代化的饰物，是一种好办法。然而将这些饰物引用到地志博物馆（常设的机构）中去是不恰当的，因为这样它们可能成为毫无意义的装饰品，而使观众离开陈列品的观察。

支架和台子

通常应将陈列品安置在地板之上，即使陈列品（家具、子、桌子、机器等）能够很宽绰地立在地板上，也要离开地板面一些。这样可以使陈列品突出，吸引观众的注意。支架和台子可以保护物件，使之不受损害，不让参观者离它们太近。通常这种支架和台子的高度是 20～30 公分，并将它包以布料，涂上和陈列柜一样的颜色。为了改造陈列室的内景，台座是很有用处的。如果家具是过去时代的，例如是十七到十九世纪风格的家具，那么可以不搁在台座上，就将物件摆在嵌木地板上。

立体陈列品的支架

距离地板 80～90 公分，即高度等于陈列范围起点的支架是用来承托平柜、模型和不能装置玻璃的大件陈列品的。如用来承托陈列柜，通常应将支架作成桌子的形式，这样陈列室就不显得拥挤，对于第二计划的材料或辅助陈列品的保存，支架可以供作活动匣子。梯形的支架是很有用的，因为它可以将陈列品放置在不同的水平面上。运用梯级时能够从低于陈列范围的地方开始，也能高于陈列范围。我们可以将上部宽度减小的架子看作这种支架的一种变形。

某些模型，主要是建筑模型，应提到离地板 1.20～1.30 公尺的高度。在这种情形下，支架常蒙以布料（麻布）或者用刨光的木料制成。

最简便的方法是将小陈列柜、模型等钉在墙旁的小桌子上。小桌子安有很直的细柱脚，柱脚套入金属的或木质的圆圈内，这种圆圈可用螺丝钉钉在地板、陈列柜上或小桌子的木板上。这种靠墙的小桌子使用起来很方便，因为它们容易搬动同时又可以钉置在任何地方（图二十）。

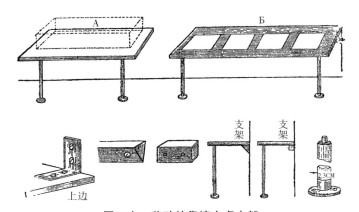

图二十　移动的靠墙小桌支架
A. 供放小陈列柜、陈列品、模型之用　Б. 变形，放置平面陈列品之用

托住陈列柜与模型的金属支架便于按照技术展出陈列对象，它既很稳固，又能够使用多次。制造这种支架可以使用旧水管，将它们镀上镍或是涂上铝粉。（图二十一、二十二）

图二十一　模型和陈列柜的金属柱脚由镀镍或涂铝粉的水管制成，可使用多次，高度不同的木架子可以增加柱脚的高度

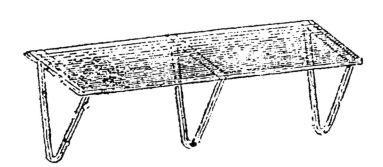

图二十二　使用金属柱脚，将屏风旁的倾斜的小桌子固定起来

在雕像与花瓶底下面，常常做上托架。其高度与宽度依陈列品的大小而定。这种托架经常由带有饰物的木框制成。对于大的重的雕像和陶器则用坚固木板或多层合板制成支架。为了保证屏风不变形，需要利用表面光滑的"牟隆"屏风（一种特制胶合板的、坚固的屏风）。圆柱形的托架现在也广泛地在采用着。

为了顾及个别陈列品的特点，往往不得不替它们制造特殊的支架。支架上所涂的颜色，通常与陈列室中陈列柜与屏风的颜色一样（通常是用平静的不触目的颜色）。使用的櫟木或是某种其他的颜色浅的木料，要包上麻布。搁置雕像的托架往往涂饰与展出对象相反的颜色（例如，对浅色的雕像使用深色的

支架）或用大理石与花岗石制成。

陈列柜的内部装置

陈列柜中，内部空间的安排是很重要的，安装搁板可以有很好的陈列效果。陈列柜的搁板多数是玻璃制的，这样就可以改善陈列柜下层的照明。许多博物馆在陈列时对于玻璃立柜的下层都不加以利用，假如要使用它们，应当使搁板与陈列柜底之间的距离等于搁板中间间隔的两倍。

搁板上的小件物品不要摆得太紧凑，因为周围若留有足够的空间，物件就要显目些。最好使搁板的宽度顺着从下到上的方向渐渐缩减。这种方法对于靠墙玻璃和两面用的陈列柜都很便利。在后一种的情况下，往往替搁板制造专门的支柱。靠墙陈列柜的面上的一些搁板有时使它也略略倾斜，为的是使观众好观察陈列品。搁板应当是能活动的，制造陈列柜时，事先就要考虑到能按陈列品的大小而移动搁板。

想在陈列柜中多放一些东西的想法是十分自然的。但是材料充斥就会使陈列不易接受，物品相互遮挡，而且投出影子。我们必须避免前面一列的陈列品遮住后面一列的。应当将物件错开布置，因此，考虑到陈列品周围孤立空间的意义时，应使陈列品的布置有很大的余地。

陈列柜内部的支架

在陈列柜内部采用各种各样的支架（各种梯形、三棱形、立方形等），以及划分中央陈列柜的垂直小板，比起搁板来，效果更好。

在布置物件时，这些设备可以更好地帮助我们表达陈列品，可以给每件物品所需要的背景，并按主题组织物品。因此也就可以在立柜的内部将立体陈列品（实物）和附属的补充平面陈列品联合成为一个整体。

在平面陈列柜里使用（插入的）支架，可保持底的倾斜度，并使柜的较远的一边接近参观者。为了陈列柜的整个底子、成组物品（在考虑到它们的主题的时候），甚至为了个别的陈列品（图二十三），需要制造这样的支架。

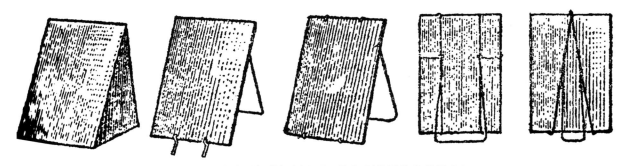

图二十三　在陈列柜的搁板上展示取倾斜位置的物品的支架

支持器

陈列柜的内部设备，除了上述的工具外，为了给陈列品最好的位置，同时使它和陈列柜的背景分离开来，在博物馆的工作中常采用各种各样的支持器（图二十四与二十五）。支持器由铁丝、金属制成，为了各种陈列品而制各种用途的特殊形式的木质的支架，苏联革命博物馆所采用的有机玻璃制的支持器是非常适用的。

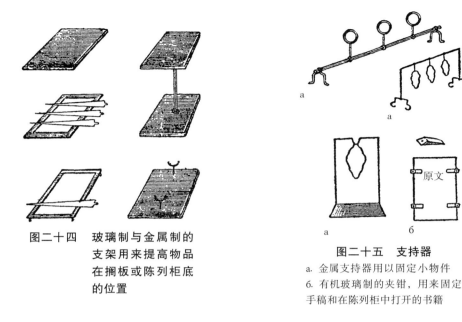

图二十四　玻璃制与金属制的
支架用来提高物品
在搁板或陈列柜底
的位置

图二十五　支持器
a. 金属支持器用以固定小物件
6. 有机玻璃制的夹钳，用来固定
手稿和在陈列柜中打开的书籍

　　许多研究家（法尔马考夫斯基、曼苏罗夫等）都着重指出陈列中物品所在的位置应当与它的用途适应，他们都强调指出不能忘记"观看的逻辑"，关于从习在的位置来看东西的习惯。比方图画应挂在墙壁上，凳子与桌子应当放在地板上而不是固定在屏风上，枝形挂灯悬挂在天花板上，杯子放在玻璃架上，洗衣杵放在陈列柜的下层，而不是挂在服装上。画像不应当挂在陈列范围以下。

隐蔽陈列计划的构造

　　为了照顾到观众因为大量的材料而感到的疲倦，为了突出每个主题中主要部分，同时又要使观众能够便利地应用所陈列的为一般深入研究用的附件材料，这部分材料可以放到陈列中的"隐蔽"计划的补充构造中和画册中。隐蔽计划的构造大大地扩展了陈列面积（有时扩展到二倍到三倍）。

　　这个构造是由一些补充的平面构成的：（1）屏风、陈列柜或桌上的一些能活动的平面；（2）像一扇门或好几扇门似的平面，安装在一个屏风面上或桌子上，在观看时可以打开或翻转，环绕中央支柱安排框扇的回转器就是一种变形；（3）环绕屏风或三棱形轴心转动的一些平面。

　　莫斯科的一些博物馆构成隐蔽计划的经验在书籍中已有详述（中央劳动博物馆《苏维埃博物馆》上有关于车辆展览会的文章，见该项刊物1932年第一期和1934年的第三期，莫斯科1941年地志博物馆工作科学研究所出版的《扩大陈列面积的方法》），在为隐蔽计划设计时，有许多图样都可以仿照采用。

　　本书所介绍的图样（图二十六至三十三）都是由中央博物馆的陈列中得来的。在隐蔽计划的采用方面，决非所有的方法都使用了，这不过是对进一步地扩展陈列面积打开了广阔的局面。

　　但是不要错误地使用隐蔽计划的构造，将它们引入到每个屏风之中，应该考虑到大量地使用参考材料对参观来说是不适宜的。个人参观的注意力也是有限的，同时屏风的花费与沉重，在增加补添的构造时也大大地增加了。

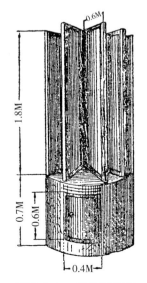

图二十六　斜角回转器

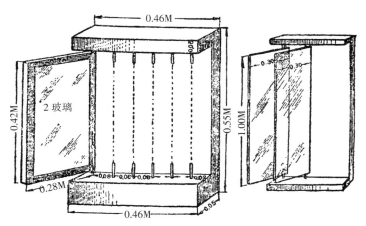

图二十七　隐蔽计划的构造，带两面玻璃的框子制成的小屏，里面插入平面的陈列品，框子固定于两扇方木之间的金属钉上，钉子扣紧在后壁上，小框或小屏是用 10 公厘厚的三合板制成的，玻璃用木条固定住。（苏联民族博物馆 1941 年）

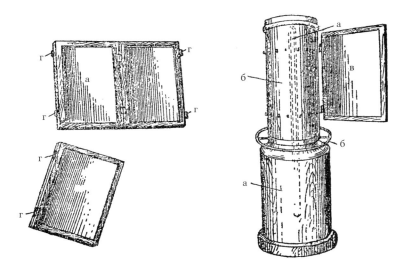

图二十八　带两面合叶框的回转器，用以陈设纸章，纺织物材料
A. 台脚　Б. 转动圆柱　а. 金属中轴和旋转圆柱的把手б　в. 玻璃　г. 合页

群众工作处的设备

为了深入地观察和研究，建立所谓"第二"与"第三"计划的陈列品时，应关心到供参观者工作的设备，在隐蔽的构造旁边最好做一些小几或凸起的构造，使观众能够在它们上面放置笔记本，记载详细的资料等。制作一些能从屏风中抽出来的条凳或者在屏风旁边设一张轻便的方凳也是很好的。中央劳动博物馆布置了一张小写字台，写字台有抽屉，抽屉里放了印写与绘图的材料。在桌子上镶上玻璃并有灯光设备，这些设备可以使参观者按照图样很快地在绘图纸上画上他所需要的零件或图形。

为了便于参观者听讲，在陈列室中设置条凳仍是每个博物馆的急务。假如在陈列室中进行序幕式座谈的时候，可以搬动的条凳，就是一种很好的设备。除了将一些轻便方凳放在各个陈列室以外，最好在接待室里也放些凳子，使观众坐着讲完全部讲解，因为这可以大大节省了观众进一步参观时的劳力。

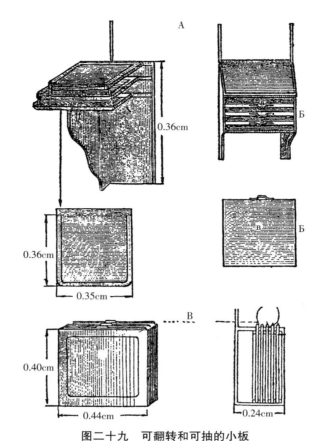

图二十九 可翻转和可抽的小板
A. 可翻转的小板 Б. 斜置的可抽出的小板 В. 立着放置的可抽移的小板

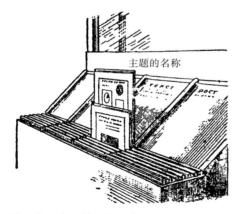

图三十 窗下的附加设备，由二十八面活动小平板组成（分四组，每组七面），它们可翻转在斜面上

供观众休息用的家具

在艺术陈列部门中经常为观众设置了便于他们仔细参观图画和休息的家具（圆椅与长凳）。在上部采光的陈列室中，通常是将这种家具放在陈列室的中央，遮蔽住安装在屋子当中的散热的暖气装备。在侧面采光陈列室中，给观众休息的椅子应放在屏风旁边或窗子旁边；其他类型的博物馆也应采用这个方法。供休息的家具和陈列室的建筑构造协调一致。应当考虑在参观博物馆的过程中，为了使观众得到休息，必须有间断。在各部门之间应当有陈设了沙发与桌子的专门休息室。这些房子里应布置绿叶鲜花（如果没有房间，即可利用梯台与走廊布置花木）。此外作为辅

助陈列的房间，可以设立一些研究室（例如，诺夫哥罗得省立博物馆在修复博物馆的房屋时，成功地设计了研究封建时期诺夫哥罗得艺术的专门研究室），同时我们应考虑在藏品室中设置专门的设备，以便在里面工作。

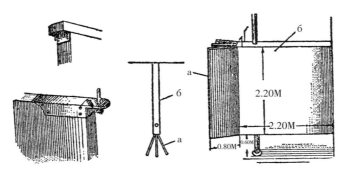

图三十一　平板 6，双层，厚 20 公分，有三张可打开的页扇

a. 页扇补充的陈列面积，等于两面平板的面积　в. 平板有钢角固定平板　г. 联接平板的细部——在附加平板上的金属夹板

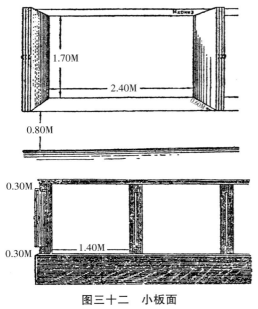

图三十二　小板面

1. 页扇划分板面，页扇可以在钉在三合板的钩绊
上移动，三合板钉在墙檐之下　2. 活动的板面

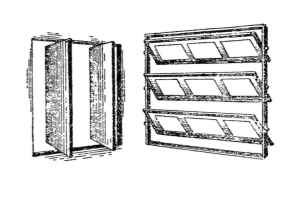

图三十三　可以绕轴翻转的板面；两面都可以使用

5. 陈列室、陈列柜与屏风的照明

博物馆照明的一般条件

　　博物馆因为要在夜间开放，同时在装饰个别的陈列品时，也需要用灯光照明，所以一般都广泛的采用了电灯照明，通常白天只利用天然光线（用灯光照明的只有个别的陈列品），在晚上是采用灯光。

　　陈列室在许多情况下是采用灯光的。例如全苏农业展览会 1939～1940 年的展览室，大部分就是采用灯光照明的，因为这样做能够均匀地照明陈列室，并且可以照明陈列所需要的任何地方，这就大大地扩展了陈列场地（墙上可以没有窗子）。许多博物馆采用日光灯，因为这种灯发出的光线不是黄色的而是近似天然光线的白光，（莫斯科加里宁博物馆和 1939～1940 年莫斯科举行的"社会主义的工业"展览会都采用日光灯照明），这个经验说明博物馆和展览会的灯光照明大有发展前途。

从美学的观点来看，照明能使陈列品更优美，它富于表现力，这是博物馆讲究照明的另一个原因。

博物馆的照明制度应保证观众以最少的劳力看清陈列品，同时又要防止陈列品有过于强烈的光线。

照明度

合理的照明应当首先保证陈列场地与陈列品有足够的照明度。足够的照明度通常约等于 60 流克司（люкс 照明单位，等于一个流明的光流均匀地分布在一平方半的面积上。流明也是光流的单位，光流由光源发出，等于一个国际烛光——光的强度单位），而图片陈列室里，可达 130 流克司。博物馆的平均照明量是由 60 到 100 流克司，阅读印刷文时所需灯光照明的照明度等于 50 流克司，这个平均量可因屋屋的条件而提高。

照明的反射系数的意义

足够的照明度不仅取决于光源，而且也取决于被观察表面的各种不同的反射系数。反射系数（反射光流和全部光流之比叫做反射系数）是由一系列的因素决定的：在天然光线照明下，房屋的装玻璃的面积（这个面积不得低于屋间面积的 25%，而房间的深度不得大于窗子高度的一倍）、观察面的质地（无光泽的表面是最好的）、被观察物件和表面的色彩等。浅色的墙壁和天花板可以加大房舍的照明度。

在关于照明的专书中，有关于各种色彩和各种质地的表面的不同反射性质的资料（B·B·美什可夫著《良好的照明给出什么》1932 年莫斯科——列宁格勒版）。按照反射系数可分为三类：第一类 0.2 以下；第二类 0.2～0.5；第三类 0.5 以上。

第一类　黑、蓝、深褐、暗绿、暗紫。

　　　　木料——暗色槲木、榉本。

第二类　红、绿、浅蓝。

木料——白桦、枞木、梨木、枫木等。

第三类　白、淡黄、淡青。

　　　　木料——白榉。

　　　　纺织物——粗布。

　　　　纸章——白书写纸。

因此可见，白色、淡黄色、淡青色利于提高照明度。

照明的均匀

为了要很好地照明，必须使光流很均匀地分布在陈列面积上。被观察物件与背景照明度的强烈对照，物件的强烈的影子，光亮的陈列品与房屋照明之间的强烈对照，都会引起眼睛的适应作用（眼睛适应于被观察表面的新的明亮度）以至使目力疲倦。在特别强烈的对照下，要完全恢复眼睛的感受力有时需要很长的时间（达 40～50 分钟）。因此在博物馆中，保证经常的照明度而不来回变换是很重要的。

照明的均匀要靠调和地应用一般的照明与局部照明（在灯光照明的条件下）才能达到。最好是免除多余的光线，例如从一片窗子带来太多的光线等。为了全面地照明房间，采用散光是很好的，通过网纹玻璃板、毛玻璃和由安装在窗上的毛玻璃制的遮光板等都可得到散光，这是指使用天然光的情况。若是用灯光照明则采用特制的带灯罩的照明设备或暗装的光源。用散光照明陈列室的时候，为了要照明个别的陈列柜（补充灯光照明），因此防止房子里照明度的强烈对照是很重要的工作。

良好的照明要求视域中没有使人眼花的光源、反射光源和其他反光，不然就会使视力大为疲劳。因此为了恰当地照明陈列品，不宜使太多的木器的表面涂上油漆，不宜用光亮的方砖铺地，不宜采用没有毛玻璃灯罩或其他防止反光的设备的光源。此外为了防止陈列品受到日光的直射，必须采用窗帘和窗帷（色调宜浅）构成均匀的照明。

天然光的照明

博物馆的天然光的照明方法有三种：上面采光（穿过装有毛玻璃的天花板和天窗）、侧光（通常是由窗子来的）和上侧光（离地板高 2 ~ 2.5 公尺的窗子）。

对于两层楼的大陈列室或是拥有两层楼房、陈列室周围像走廊一样集中了一些小房间似的陈列室、经常采用上面采光。美术陈列馆一般都是上面采光，但是其他陈列馆也有使用上面采光的（例如列宁格勒的国立民族博物馆）。天窗，可以使墙壁和陈列室的中央有很大的照明度。

为了避免直射日光，在屋顶可以用玻璃修一个凸起的天窗，把光线导向墙壁与陈列室的中央。在上面采光的条件下，墙壁除了它们的上部（陈列范围以上）以外，都能良好地照明。我国北方地区，冬季要扫除凸起的天窗上的积雪，南部地区的顶楼要按上窗帷与窗帘，以调度强烈的日光。但如果在酷热地区博物馆陈列室仍使用上面采光，那就错了。

侧面采光，侧面来的光是不均匀的，特别是由窗子来的直射的日光。为了防止对陈列不利的直射，同时又使照明均匀，博物馆陈列室的窗子不要朝南开（北部地区除外），或者是每天在一定时间用窗帷遮住。朝南的窗户侧面采光利于照明在侧面采光的情况下绘成的小幅图画、图表、立体物品等，因为这种光利于表达陈列品的立体性（浮雕、雕刻品、动物生像等）。

两面侧光在不太广阔（6 ~ 7 公尺）的陈列室中，是会妨碍陈列品的均匀照明的。因此，有时候要遮蔽一边的窗子。但是在宽大的陈列室中这样的两面采光是必要的。

采用天然侧光照明时，摆放屏风的最合适的位置是与窗子之间墙壁相垂直的位置，这样屏风承受的是侧面掠过的光，比起光线直接照明的屏风来，它的玻璃上的反射和反光就要小得多。

与窗间墙壁相垂直的屏风的最恰当的照明，是在由窗子的中心引出的成 45 度角的线两边倾角 15 度的部位上（参看 H·M·古塞夫著《建筑物中的光线》莫斯科 1927 年版）。

由于窗子之间的墙壁有时侯很阴暗，两层的屏风可置成斜角，这个角朝着陈列室的中央，或者在窗旁添加成 45 度角的小屏风，这就可以节省场地，并使屏风的照明均匀。应当注意，这样安置屏风时，屏风不得长过 2.5 公尺，因为太远了表面的照明度就会减小。

两面的陈列柜也应垂直于窗子之间的墙壁，为了防止由邻近的窗子来的反光，陈列柜的一边宜用毛玻璃遮住，这样照到陈列柜里的都是散光了，有时放在窗间墙壁旁的陈列柜要比朝着过道的做得宽些。在连接间壁的地方可设置小陈列柜和窗子成 45 度角。

窗子上可设置遮光板，高度与屏风及玻璃相齐。遮光板由毛玻璃或网纹玻璃（网纹玻璃是一种表面刻了凹槽的玻璃）制成，可以用作陈列的横幅，在它之下，放置玻璃平柜，有时在这种遮光板背后，放置反射镜，补偿由于遮光板光线受到的损失，同时发出散光。窗子上遮光板可以提高间壁的照度，也可以消灭玻璃与陈列品在玻璃中的反射，毛玻璃制的活动遮光板可以按照日光射来的方向调度照明。

上侧采光比普通的侧光能使陈列室的照明更加均匀，照度更大。取用这种照明时墙壁的陈列面积也可以大些，同时可以防止在陈列柜与陈列品的玻璃中的反射。但是上侧采光在大一点博物馆中很少采用。

陈列柜中的天然光的照明

陈列柜往往由白天的天然光通过上面的玻璃加以照明，而晚上则靠电灯照明。

为了提高陈列柜里天然光的照明度，侧面的小壁应装上玻璃。

陈列柜上面采光（柜顶安装玻璃）有很大的缺点。因为通过玻璃搁板，上面的框椽和上层搁板上的物品会将影子投在下边的陈列品上。因此我们希望装上整块的毛玻璃，这样也就可以没有框椽。

用灯光照明陈列柜

上面用灯光照明的陈列柜，为了避免灼热，必须安置绝缘的毛玻璃和通风匣或通风孔，以调济光盒中的气温。灯光照明陈列柜，有时是以安置光源来实现的，光源带有反射器，安在陈列柜的外面（图三十四、三十五、三十六）。但是在这种情形下，应考虑前列的物品可能将反照和影子投到后面的物品上去。国立历史博物馆将排灯安置在陈列柜的上面，用遮板遮蔽。遮板上可以写上关于陈列在柜中的物件的题词。

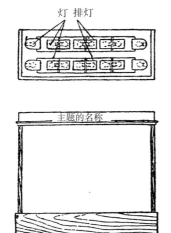

图三十四 排灯自上照明陈列柜，排灯装在柜顶遮板之后，遮板用来题词

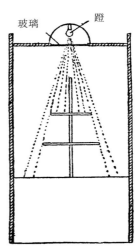

图三十五 中立柜的照明，照明方法是用暗装在柜顶中间的排灯照明，排灯有通风设备

图三十六 排灯（A）照明平柜

照明壁柜最好的方法是通过上层的毛玻璃，借光源之助来照明它们，光源可装在柜顶和柜底，有时也使用侧面的排灯（图三十七和图三十九）。但无论怎样，光源应当避开参观者的眼睛（图三十八），这种方法最利于照明内景、布景箱、服装等。

屏风的照明

在灯光照明的条件下，屏风通常是由全陈列室的主要光源照明的（最好是使用光源的反射光，光源设在屏风上端之前），补充照明应通过毛玻璃。毛玻璃置于屏风之间的间隔内，或藏在屏风上部和下部的电灯之后。防止陈列柜的陈列品在玻璃中

图三十七　上下照明的陈列柜；光源藏在遮板之后和柜底

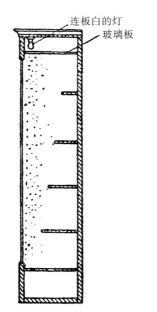

图三十八　靠墙陈列柜的灯光照明，因为有宽窄的不同搁板，便可以使光线完全照明每个搁板

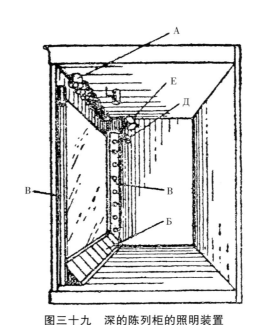

图三十九　深的陈列柜的照明装置
A. 反射镜，分为能力不同的若干组，安装在上面和下面带毛玻璃脚灯Б之后　B. 侧面补充的照明（排灯）Д和Е是直径不同的尖圆形照灯

反光是很重要的。

防止玻璃上的反光

在陈列中如何防止陈列柜上的反光是一个头等重要的问题。陈列柜和陈列品的玻璃片会反照站立在它们面前的参观者以及窗子、天花板、地板和相反位置的陈列柜，所有比陈列柜的光源更强烈的光源都能发生反照。特别不利的是将陈列柜和窗子相对，使他们受到日光直射。

消除反光的最合理的方法是比陈列室的照明更强烈地照明陈列柜的内部。在陈列室全部使用灯光时这种照明方法是最省事的，因为日光和灯光线混合使用时效果往往不好，如果有了天然光，那么防止玻璃中的反光就是极困难的事。采用浅色的背景，可以加大陈列柜的照明度，窗子上安置由毛玻璃制成的遮光板，对于加大照明度也有些帮助，遮光板和陈列柜一样高，则可以减少反光并提高陈列柜中反光的视线水平。

为了减少反光，重要的是不要使地板、天花板、墙壁的表面有光泽。调配玻璃板也可以减少反光的作用，玻璃板向前倾斜能大大地减少反光（例如画片的反光），但是大型的陈列柜中，因为技术的条件的限制，太厚太重的玻璃板不能斜放。此外，从美观上来看，这种方法也有缺点。玻璃板向后倾斜有相当良好的效果。玻璃板应当与光源方向成45度角，在窗子上的散光玻璃对于获得均匀的照明很有帮助，它能使陈列品表面有更大的照明度，并使陈列柜的小壁的玻璃窗上的反光减少到最小限度。在窗口下部的毛玻璃也可消除反光。

照明器材

灯光照明时，博物馆常选用带有护罩的装备（见 H·M·古塞夫著《建筑物中的光线》莫斯科1937年版），护罩可以将光流导向天花板，使之散布在天花板上，并遮住光源，不使它落到参观者的视域中去。为了照明某一地方，所采用的器材应将光流引向需要照明的房间里的某一处或陈列柜的某一部分上去。

6. 陈列室和陈列家具的彩色

陈列室涂饰的一般条件

玻璃室墙壁的涂饰和陈列家具的色彩应当和陈列品的色彩调和，涂饰陈列室和它的装饰品时，应考虑陈列室的照明和各种色彩的反射率符合色彩学的原理（本文中一部分的资料是取自 C·C·阿列克塞耶夫著《建筑的色彩学》，莫斯科1940年版，博物馆工作者读读这本书是很有好处的）。补充照明一节中所列出的图表，我们引用实验资料（实验资料包括球体和房间模型的内部照度），说明色彩提高房间中照明度的性质。某种色彩的反射系数越高，那么涂饰了这种颜色的房间的照明度就越大。

1. 球壁的色彩　反射系数　壁内照明

普通黑色	0.04	11.19
深 灰 色	0.10	11.94
中级灰色	0.50	21.52
普通白色	0.80	53.80
白　粉	0.90	107.60
绝对白色	1.00	无限大

2. 房屋（模型）墙壁的涂饰

白　色	0.88	157
淡 黄 色	0.74	98
淡 绿 色	0.69	92
灰　色	0.69	89
粉 红 色	0.62	68
银色的墙壁	0.89	67

　　墙壁上涂饰白色、淡黄、淡蓝和淡绿色最利于提高照明度。

　　根据已公布的资料，白色的反射率为92%，淡绿46%，黄色40%，深褐色由4～13%，深蓝6%，在照明度不够的陈列室里，墙壁应涂饰反射率大的色彩。由这种色彩得到的均匀的照明，对于陈列品的展出是非常重要的。

　　陈列室与陈列家具的涂饰乃是建成博物馆内景的重要成分，同时也是陈列艺术装饰的有效方法之一。

博物馆陈列室墙壁的色彩

　　有些博物馆的工作者和艺术家在选择陈列室与陈列家具的色彩时，总是从明亮性、鲜明色彩的涂饰（蓝色、红色、绿色、橙黄色等）、陈列室色彩的饱和性等要求发出。陈列室涂上这种鲜明的颜色往往是非常美丽的，有时涂了这些颜色的墙壁也是个别陈列品（主要是艺术陈列品）的绝好背景，但是在大多数的情况下，颜色太鲜艳的墙壁容易使注意力离开陈列品，反而使许多陈列对象变得不显眼了。参观者到博物馆去本来是为看陈列品的，结果倒看了房间。例外的只有十八到十九世纪建筑物时代风格的陈列室，因为这些建筑物是古迹，其墙壁的涂饰适于反映时代风格（例如，深蓝的涂饰和白底绿条是十九世纪初俄罗斯古典主义的特色）。

　　色调鲜明或急骤地由一种颜色转向另一种颜色，会很快地刺激视觉并使之疲劳，然而博物馆的陈设与装饰所应服从的原则乃是尽量减少视觉的疲劳。

　　因此许多博物馆工作者和艺术装饰家坚决主张陈列室与陈列家具的色调必须是不显眼的，安静的，浅的。为了使陈列品突出，采用深色的和强烈的色彩时，陈列室与陈列家具采用比较安静和浅的色彩，避免强烈的，"喧闹的"色彩（视觉的敏锐性和速度，清晰视力的稳定性会由于强烈的色彩而大大减低）。建立这样的"不显目的"色彩的环境和建立"不显目的"建筑式样的环境相似，所达到的结果是：参观者离开博物馆之后，记得陈列品而记不清博物馆陈列室的墙壁的颜色。这种色彩装饰符合于博物馆利用各种不同的装饰因素将陈列内容介绍给观众的目的。因此单色或不显眼的浅色对于一切需要长时间逗留的房间，包括博物馆在内，是适宜的。

博物馆陈列室中色彩的替换

　　单纯一色的涂饰，固然矫正了杂色妨碍安静观察的弊病，但是非常单调、枯燥，并且不能适应陈列品而变换墙壁的色彩，因此为了观察起来舒适，我们需要交换相邻的陈列室的颜色，因为眼睛给一种色彩弄疲倦了，可以从过渡到另一种色彩而获得休息（在长时间地观察某种颜色之后，如果使参观者再看看它的补色——如看过红的再看绿的等等——眼睛就可得到休息，在选择邻室的色彩时应考虑到这点）。

　　陈列室各部之间色彩的替换要求和谐，避免急骤的转变和五颜六色，只要换成色调和强度邻近的色彩就行了，用墙檐来划分开陈列围范和墙的上部时，往往使墙檐下墙壁涂饰的色调比上部的色调略深些。

　　博物馆的地理位置是要考虑的：北部地带的房间如果朝北，那么涂了白色的墙壁看起来倒变了灰色，因此在这些地带，粉饰陈列室的墙壁，最好还是采用淡黄的暖色（暖色以红、黄为主，寒色以兰色为主），淡黄颜色可以加大照明度，并使列室的照明均匀。墙壁涂饰了淡黄与淡绿可以减少视觉的疲劳，因为在光线中黄色光是主要的。最容易使眼睛疲倦的是强烈的照明和淡紫色的墙壁。

　　天花板可涂饰成淡黄色。

此外，在涂饰房间时，不要忘记所有的色彩都会因为电灯的照明而有所改变（发红），而许多的色彩（例如淡黄和淡绿）如果它们的明亮程度相等，就会融成一片。这一点在白色和淡黄色、淡兰色和淡绿色、深兰和黑色、紫色和绛红色接近时是应该考虑到的。

家具的颜色和陈列品背景的颜色

家具的颜色也应当同陈列室的一般的颜色调和，陈列柜中和屏风上的背景的色彩对于陈列的效果有很大的影响。因此需要恰当地选择背景的光彩使之充分地把物品衬托得突出，并强调出物品的特点（形状、色彩、质地、装饰技术等）。选择背景的颜色，在展示艺术工艺品时特别重要。博物馆工作者应当知道色彩学的原理，以便更熟练地使用色彩。此外，当然也需要有艺术的审美力和修养。

选择背景色彩的实用方法

我们指出几种实用的方法，帮助大家来选择恰当的背景。博物馆应制备一套有色纸板或有涂染了各种不同颜色的布料的一些纸板。布置陈列品时试将这些板子作为背景搁入陈列柜中，就容易找到对陈列品最适合的背景。一般是应该根据陈列品组的主要的色彩，选择与陈列品相调和的并强调出它们个别特征的背景。利用背景是很容易使主导陈列品突出的。陈列室采用不显目的安静的色彩（房间、陈列柜、台架、屏风的涂饰），但个别陈列柜和屏风的背景施以较强烈的较饱和的色彩，许多博物馆在这样的实践中都成功了，并且效果不坏，但是这也要考虑到参观者的视觉可能会因为多种的色彩和饱的色彩而疲劳，因而采用这个方法时要谨慎些。

背景能使物品接近参观者，使人更容易感觉到它。在这方面应当使用能表现凸凹的性质的色彩。色调饱满、温暖的彩色（白、黑、灰，叫做非彩色，其余都称为彩色）、特别是红色和鲜艳的彩色具有向前突出的性质，而非彩色没有彩色那样饱满，是寒冷或温和的，好像向后退。因此寒色用来突出个别的陈列品，表现陈列品的浮雕性（雕刻品、陶器等）。

色彩的对比

为了强调物品的形式，有时要利用物品与背景色彩对比性质。最强烈的对比是色彩的力量的对比。白色和光亮的物品在暗色背景上是显得最突出的。在白色或淡色的小件雕刻品的陈列中使用这个方法是很恰当的。例如，托波斯克或阿尔汉格尔斯克的骨雕品在陈列柜中的背景就是用的黑色或深蓝的天鹅绒，浅颜色的物件给黑色的物品围着时眼睛对明亮差别的感受性缩减两倍，当黑的东西放到白色的背景上时，感受性就要缩减许多倍。在后一种情形下，眼睛很快就疲倦了，因此白色的背景对于深色的物品是不适合的。必须考虑到眼睛在由观看深色转到浅色时是会疲倦的，白地印上大号的黑色铅字也是不适合的，但黑色的铅字在灰色的背景上却能减少视觉的疲劳（在文字简短而字体硕大的情形下）。注视物品时，对色彩的疲倦就会来得更快，色彩愈饱满，眼睛就愈感疲倦。在较大的平面上涂饰饱满的颜色时是应当考虑到这点的。博物馆中不应有鲜艳的屏风，除非需要用色彩来突出表现某个有重要内容的主题。

色彩的背景也会使眼睛疲倦，紫蓝色是最容易使眼睛疲倦的，其次是红色背景，疲劳最少的是绿色。防止视觉疲劳的方法之一是看看补色（红、黄、蓝叫作三原色，混合时可以产生其余所有的彩色，红的补色是绿色，黄的补色是淡紫，蓝的补色是橙黄），看过补色之后，就可重新恢复对引起疲劳的色彩的感受性，对于陈列柜中配置和背景邻近的色彩以及在装饰个别的陈列品时，这点是要注意的。色调对比时，物品原色的变色为补色。任何一种色彩放在它的补色背景上都会显得饱满些。我们应当利用这种性质来强调陈列品的色彩，特别是挑选同样鲜艳的色调时应当这样做。和背景面积比起来，陈列对象的面积愈小，则色彩的对比就愈强烈。因此，使得物品周围有够大的孤立空间是很重要的，然而也不应大到使人看到的尽是背景而看不到物品。

雕刻品的背景

在雕刻品的陈列中常利用平淡的（寒色、浅青色的）色彩作为背景，来突出表现放置在它前面的对象。

有时，借涂饰突出表现大型的陈列对象或一组物件时，在深色的墙壁上，常涂上浅色的斑点，但是使用这个方法要小心些。最好是在浅色的墙壁上辟出较鲜明的地段。

色彩的配合

对于陈列的彩色装饰不宜只按对比选择色彩。必须考虑到陈列室中色彩的联合和配合。到处都适用的配色的定法是没有的。选择色彩时，应考虑房屋的条件和特点，材料的作用等等。每件陈列品涂饰色彩时，都应当考虑到邻近的一些陈列品和全部陈列品综合的色彩。彩色最好是同非彩色（白、黑、灰）结合起来，温暖的彩色同深的非彩色（例如带深灰的红色），寒色同浅色（淡青和浅灰）配合起来；纯色同黑色和白色配合起来，而混合灰色的色彩同灰色配合起来。原色和补色配合起来是恰当的（红和绿，例如在浅绿的地图上，画红色的符号；黄和蓝；橙黄和淡紫）。绿色和淡紫配合是适当的，但是和蓝色、橙黄配合就很不好。红色不宜和黄色、淡紫、淡青靠近，但宜于同深蓝和白色靠近。褐色和淡青、粉红、黄色配合很好，和红色与深蓝配合就不好。白色（铅字）在蓝和深红的底色上都能很清晰地突现。

背景的质地

除了背景的色彩以外，背景的质地（材料和表面的加工）在表现陈列品上也起着很大的作用。

不要使墙壁和屏风的表面有光泽，这样就能使陈列面积上有均匀的照明度。涂饰品不应有反光，因为反光对观察陈列品有妨碍。屏风和陈列品的平板尤其不应涂铝粉。

对于屏风说来，使用表面没有光泽的涂上所需的色调的布面（细麻布），或特制的纸面和木板是最好的，但在个别的情况下，对于贵重的艺术品（例如象牙、瓷器艺术品、金、银等贵重物品）要用天鹅绒和无光绸缎。镜子不宜作为背景。

第四章　博物馆藏品——实物的陈列技术

实物乃是博物馆征集的基础，同时又是博物馆的特色，因之实物的陈列技术，成为苏维埃博物馆学的最重要问题之一。博物馆的物品按展出的技术可分为不同的若干类别：自然物品、生产技术物品、历史生活物品和美术作品。

1. 博物馆藏品（实物）——自然物品的陈列技术

博物馆自然物品的构成

博物馆陈列中的自然历史的材料是由下列五组构成，即：①地质矿物；②土壤；③古生物；④植物；⑤动物。

自然历史的材料展出形式有两种，一种是配以补充材料（插图和说明文）陈列"天然"标本的办法，即利用陈列综合的形式，表现单件的陈列品；另一种是将陈列品组织起来，在自然的环境中如实地表现陈列对象。

地质矿物的材料

地质学和矿物学的材料可采用固体矿、颗粒体矿或液体矿作为标本、矿石和固体矿物的标本宜大——其长度不得小于 10～15 公分。此类标本应置于带有斜玻璃板和梯形台垫的陈列柜中。苏联科学院矿物博物馆就很成功地采用了这种方法，陈列柜中都有梯形的台子，每件标本旁边都有标签。列宁格勒的地质调查博物馆将矿物标本放在玻璃平柜中，每件标本都有木制的小台座，小型的标本用特殊的铁丝的支持器使之固定，并使之与背景分离，以便于现看。

苏联科学院矿物博物馆曾用靠墙陈列柜，在金属小搁板上展出标本（每件标本有一个搁板）。然而照这样来布置标本，并没有保持陈列品的平衡，有时大标本放在小标本之上，显然压住了小标本，显得非常杂乱。这样的布置便破坏了"观看"的逻辑。最好是使石头采取卧式陈列，使人们觉出它们的重量，不致产生悬空的错觉。

将地质标本和矿物放在靠墙陈列柜的玻璃搁板上，排成一列或像摆棋子一样排成两列是很恰当的。计算搁板之间的距离时，应遵守在陈列柜中安置搁板的一般的规则：在任何情形下，务必使观众能看清地质标本和矿物。为此，应采用不太高的、浅的靠墙陈列柜和带斜底和斜玻璃面的玻璃平柜。

地质勘探博物馆的玻璃中立柜是值得注意的，它们是用两个玻璃平柜中间夹一个玻璃立柜组合成的。

大型的矿物标本

大型的矿物标本放置在台子和座子上，特别珍贵的矿物可盖上玻璃罩子，岩石颗粒（各种砂子等）通常总是在盒中展出。这些标本要有足够的数量，但是最好还是将它们倒在玻璃片上，弄成小丘的形状。因为在盒中展出，即使在玻璃的盒中展出，装它的东西总是比对象本身显得触目些。液体矿（石油）可用密闭的无色透明的玻璃瓶盛起来。

展出实物材料时，不要忘记全部陈列综合，因为这些实物乃是这个综合的单元。这些标本，若不补充图表和说明材料，陈列室就简直会变成保管室。雅罗斯拉夫省立博物馆的地质史的陈列是一个做得好的范例。该馆的陈列妥善地处理了陈列品综合和每个地质时期景观的重要模型之间的关系。

实物标本（装在特制的陈列柜内或装在联合式陈列柜中）配合中心陈列品和景观模型，补充以画片、地图、图表等。在这些陈列中，应有地质钻探所得到的岩心。

地质标本可以作为一个构成部分，加入到综合陈列品——地质断面等的陈列中去。

土壤材料

作为个别的标本展出土壤，不能说明土壤形态学和土壤形成过程的全貌。因此，通常总是用整块土样来展出土壤，这个整块土样包含了土壤的结构和土层的对比。整块土样常装在玻璃箱中，倾斜地放置，以保持正常的视角。土壤材料应配以每种土壤所特有的植物，美术材料和化学成份的图表。作为必要的构成元素，土壤材料还必须展示多库恰也夫—可士堆切夫—威廉斯学说中所包含的农艺生物学和农艺技术的措施。

古生物学的材料

古生物学的材料由植物和动物（无脊椎动物与脊椎动物）的化石组成。我们有时也能得到相当坚固的植物化石，但是它们多数是容易损坏的，有的脆弱到使我们不得不采取一定的办法去巩固它们。博物馆常见的陈列品，多半是植物的遗留痕迹，以及由此痕迹制出的形体。

苏联科学院古生物学博物馆用石膏板展示无脊椎动物的方法是很好的。

无脊椎动物的化石有时要用特殊的调和物胶结、浸透。为防止标本风化，可在标本上涂洋干漆，或存放在煤油中。脊椎动物化石的装配工作，一定要请专家参加。骨骼的化石常浸上胶水或置于石膏匣中。

陈列时，骨骼的残缺部分由石膏的形体代替。装配起来的大型骨骼（例如猛犸）公开地展出，位置常在陈列室的中央。装配起来的不太大的骨骼放置在陈列柜中，或放在玻璃罩里。用雕刻品来补充脊椎动物化石的骨骼的方法是可取的。假如得不到全部骨骼，因而不能展出动物化石的骨架时，则可以按照骨骼的位置，在屏风或在墙壁上装置该动物的侧面形象，残缺部分的骨骼有时可以用图画来补充。

植物学材料

植物学材料在地志博物馆的陈列中泛广地用着，特别是与自然之部的主导主题——根据米丘林和李森科的学说改造植物天性有关。一般陈列的，主要是腊叶标本、农业植物标本、果实（摹制品、湿式实验标本和图画）和综合（成套的）陈列品（例如，草地的类型、各个森林的类型、生态学的断面图、周围有植物的生物群等）。

腊叶标本可用玻璃嵌上以供陈列。植物装配在白色的次等制图纸上，纸板的标准尺寸为 28×43 公分。植物可用白色的小纸条子涂水胶贴稳。在陈列中腊叶标本不宜过多，因为同样的纸板，很快就会使参观者厌倦。对于植物的生物群和生态学的断面，可按 И·В·库兹涅佐夫与 А·N·沙弗诺夫所说的方法予以烤干（详见《博物馆的自然陈列中制生物群的方法》，地志博物馆工作科学研究所。莫斯科一九四一年版）。

木材的纵断面和横断面标本通常也算作陈列品，用来表现地方的植物。对于这些标本，必须采取适当措施，以免锯木发生裂纹或破裂，要达到这个目的，必须用特殊方法使锯木干燥和采取特殊的采伐方法（锯取木干的中部）或磨光锯口。

菌子可取湿式实验标本的陈列形式，置于罐中或像雅罗斯拉夫省立博物馆所做那样用摹制品的形式展出。

植物的种子置于试管中或置于玻璃盒中。

活植物的展出

在生物学的主题中，陈列活植物的标本是很好的。例如，国立工艺博物馆在农业之部采用了活的植物标本就非常清楚地表现了光对植物的影响。博物馆最好和当地农业组织共同在博物馆附近开辟一个实验场。这个实验场可以供给令人信服的材料，以及改造植物天性的米丘林方法、各种作物的选种、当地栽培新作物的材料。在博物馆附近的场地上展出可以帮助博物馆宣传提高收获量的 И·В·米丘林和 Т·Д·李森科的方法，宣传培植新品种的作物，宣传果木业和蔬菜业的增产（展出当地米丘林式工作者的工作）。博物馆和省土地部或区土地部每年共同组织的农业展览会是展出的恰当形式。在这样的展览会中也应当加入畜牧业。

谷物的展出

谷物的展出形式是带根的植物，束捆和谷粒。穗子通常是公开挂在墙上陈列或在墙上的橱窗中展出。束上的穗子用水胶胶在一起，束捆公开展出或搁在陈列室的中央或搁在屏风旁的矮台子上，谷粒可置于玻璃盒、瓶子、小箱——仓（柜）和陈列柜中。有时将谷粒在纸板上粘贴一层压在玻璃底下。将墙上的浅的橱窗中填满谷粒或将谷粒放在特制的玻璃平柜中并将各种谷粒分开的方法是很成功的。

技术作物、蔬菜和水果的摹制品

技术作物（糖萝卜、亚麻、橡胶植物等）的陈列形式是天然的标本——种子、植物（带根的）和摹制品（摹制品系一种可正确表达实物的大小和颜色的模型）。蔬菜的陈列形式是摹制品，但是对于一件良好的标本，必须保存它的大小（例如，卷心白菜、甜菜的标本等），并且一定要指出它们真正的重量、一公顷的收获量和获得它们的方法。水果和莓果等的湿式实验标本在陈列中通常看起来要比摹制品差得多（这是根据保存水果、莓果和蔬菜采用到糖汁为止的各种保存液体来保存其色彩与形式的经验）。关于当地米丘林式工作者的工作最好能采取天然产品的标本在展览会中展出。在常设的主要陈列中，可用摹制品来代替。在平板上将水果的摹制品和枝干（真实的）装配起来，是一种有效的展出方法。枝子也可用浮雕。

实物标本的配景

在全苏农业展览会中，广泛展出了农业的产品，产品往往配以精美的板画，板画上画着田地、花园等，例如在屏风之下的不高的台子上堆满了硕大的阿波尔特苹果，这种展出是很成功的。这堆苹果和画在板画上的苹果打成了一片，板画上画的是在集体农庄的果园中采集苹果的情形。放在屏风之前的穗束（实物），配有田野的画景，这样，便创造了实物配景的成功方法，对于背景说来，农产品变成了立体的前景。国立工艺博物馆（1941 年）就很成功地采用了这种引渡到布景箱去的更为复杂的陈列形式。该馆的前景（葡萄灌木）不知不觉地引人看到图画。

动物学材料

动物学材料的陈列形式是兽类、禽类和鱼类的生像，湿式实验标本（浸过酒精的）和昆虫学的采集物。

兽类和禽类的生像，作为最容易了解的动物学上汇集的材料，已广泛地在动物界的陈列中采用了。为了免除尘土，可将生像置于陈列柜中。这种陈列柜在结构和严密性方面，都要满足博物馆技术的要求，柜中可置樟脑（对二氯苯）以防蠹鱼。巨型的兽类生像不宜放在有两三层的搁板很密的陈列柜中。

生像可有某种动物在自然条件中特有的姿态。这种做法，就是向生物群的过渡，即在自然情况中展示动物。

湿式实验标本置于透明的器皿中，有时为了更好地显示陈列品，也可制造有色的背景，将有色的玻璃片插入，或将陈列品系在乳白色的玻璃片或深蓝色、暗绿色、黑色的玻璃片上。应当考虑到，湿式实验标本通常是会变色的，同时也很难有自然的姿态。因此湿式标本常以干式标本代替。例如，蜥蜴就不是在酒精中展示，而是用生像配景的方法展示的。鱼类也最好不要泡在酒精中，而是采用生像。可将鱼类放在玻璃匣中安装平行玻璃片，玻璃片画上水和水藻。鱼类的干式陈列系将鱼类顺躯干切开取出内脏，加以填实后将这半边鱼贴在木板或厚纸板上。

昆虫学的采集物常置于很窄的玻璃立柜中，成套地展出。这些采集物可以补充综合陈列品，在综合陈列品中，蝴蝶与甲虫不宜钉在针上，而是要表现他们在花草上的自然状态。昆虫都应排成连续的系列。

动物学的材料可以用活陈列品生动地展出。一般人认为，在主要的陈列中，活动物会将注意从主题移开，于是就可能破坏博物馆陈列室的安静。因此主张将"活的陈列品"放到特设的"活自然之隅"中去，在那里和中小学生们进行小组的讲解工作，或者就在博物馆的附近的场地上放"活的陈列品"。1946～1948 年国立博物馆在莫斯科的中央文化休憩公园组织了一个展览会，将"活陈列品"母鸡关在陈列柜里，并用它们来作实验，观众可以清楚地看到这些实验的结果。必须说明的是：在这种情况下，置有"活陈列品"的陈列柜可以表现清楚的令人信服的情景，同时能引起观众极大的注意，这些家禽也不会引起严重的纷乱；但是如果安放其他的对象，同时又不是在展览会上，而是在博物馆的陈列室中，那就未必能收到良好的效果。

在畜产的展览会上，博物馆还可以广泛利用令人信服的"活陈列"来说明生产力很高的家畜，像上面所说的那样的展览会最好由地志博物馆和地方组织共同举办。动物天性的改造可以用这种方法成功地展示出来。在主要的陈列中，可用生像、雕刻或图画展示家畜。

综合的（分组的）自然历史的陈列品

自然历史材料的最平易近人的展示方法是这些材料的综合展出。方法是将个别的陈列品按其真实的生态在自然的情况中联合成一个统一的整体，但并不是说整个陈列单元都建筑在综合的陈列品上面。许多主要的关键性的问题最好还是用"生活"综合来表现，补充一些连续的系列，有系统的采集物或主题的综合。

在大多数的情况下，综合陈列品中包含有附加部分（例如布景箱的背景等）以恢复整个的实际情景。

生态学的断面图

完全的生态学（研究自然中的相互依赖性的学问）的断面图可以说明地方的断面，说明地形、土壤、植物的相互关系。断面图和真实的对象（真实的植物标本）的尺寸不同，这就发生了某种不均衡，有了很大的限制，要求在标签中补充说明。雅赫隆河的河谷的断面图中（季米特洛夫博物馆），植物是真的，土壤的标本也是真的，并且层次分明。

地质断面图（地表按照某种直线的垂直断面的假想图）常常要加入天然标本或技巧制作上近似天然标本的材料来表示各种断面的层次。在这种情况下，可用木工用胶做成堆制的立体地形（砂层、砾石层等）。这样的断面图可以说明地质构造，将岩石、土壤、植物等的标本联成一气，说明了它们的相互关系，并说明了岩石生成的条件。

生物群与布景箱

地志博物馆的自然之部中，最普遍的综合陈列品的形式是生物群与布景箱，绘画的背景表达了动物和植物在自然环境中的真实模样。这样一些鸟兽群体最容易吸引观众，特别是对于中小学生们，可以绘出令人信服的从自然中取来的如画的情景。克拉斯诺雅尔斯克地志博物馆中的"大丛林"的布景箱的照片就是综合陈列品中构造得很恰当的一个例子。Н·В·库兹涅佐夫（罗斯拉夫博物馆）的专著就是专讲装配生物群的。本书附录中的雅罗斯拉夫博物馆的生物群与布景箱，可以看出采用了作者所介绍的工作方法能够达到怎样良好的效果。

反之，不善于赋予动物自然姿态，不善于艺术地描绘真情实景，不善于考虑细节，并予以艺术上完美的补充，就一定会制出一些粗陋的违反艺术原则的生物群。

制造生物群与布景箱的方法

应当提醒博物馆工作者，不要机械地把森林冻土带等的所有动物都联合在一个组中。例如，米鲁沁斯克博物馆和科米苏维埃社会主义自治共和国博物馆就这么不恰当地做了。这些博物馆忘记了生物群应当写实地建立起来，要符合现实性。地方的动物可以有系统地补充景观的生物群。鄂木斯克、克拉斯诺雅尔斯克和雅罗斯拉夫三个博物馆都很成功地这样做了。在后两个博物馆中，生物群是很艺术地构成的，真可称得起是一件成功的、符合于真实的艺术作品（前景是一群真物，背景是一幅艺术画），在结构上，在艺术表现方法上都是有趣的，并且完全真实地、科学地描写了动物及其周围环境。作者善于制出真正的综合，动物在这个综合中各得其所（有一些甚至不是立刻可以看见的）。优良的布景箱，如雅罗斯拉夫博物馆的"森林"，克拉斯诺尔斯克博物馆的"大森林"、"冬季森林"，鞑靼自治共和国博物馆的"蚁穴"，苏联科学院植物研究所博物馆的"沼泽"，都是可以供博物馆的艺术家学习的。

畜产的布景箱

在畜产的展示中，综合陈列品是一个适当的展出方法，这里有时正像自然科学陈列的"生物群"那样，展出农业牲畜及其生活环境。生像有自然的姿态和适当的环境：家兔在兔棚中，公鸡在鸡窝中。可以建立某种农业建筑物或建筑物的一部份的内景，再配置动物。

国立工艺博物馆很有趣地展示了牛舍，展出了牛栏、小槽、母牛的生像、电动挤乳设备。作为背景的是一幅图画，好像是继续了前景，画上标准的牛舍。

畜牧业之部的中心是展示本地培养出来的新的和改良的家畜的品种。配合这些新的家畜的品种展出，可以陈列生像、图画、照片和放大的照片。

养蜂业之部，非常有趣的是展示天然的蜂房，观众可以通过玻璃壁看到蜂房内部的组织和正在营造的蜜蜂，这种综合陈列品以动人的形式，给观众一个清晰的概念，并补充了这个主题的其他各件陈列品。

综合陈列品可以用来表现森林。列宁格勒的国立农业博物馆森林之部，前景是天然的树木的一部（一些带有树枝和针叶的树干），这部分树干逐渐转换成为壁龛中的图画。莫斯科省立博物馆（1941 年在伊斯特）的景观陈列中也采用了这样有趣的布景箱。

2. 生产技术材料（实物）的陈列技术

博物馆中生产技术材料的地位与组成

生产技术收集物（实物）在博物馆的收集物中占有巨大的地位。地志博物馆的革命前与苏维埃时期历史之部经常陈列这类陈列品。

这类陈列品（原物、实物）的主要形式是原料的标本、半成品、制成品的标本、劳动工具——器械和机器。为了清晰而完全地恢复生产过程的真实情景，常用模型、房屋型模、照片、示意图表来作补充。在地志博物馆所反映的手工业、建筑技术、交通、轻工业和重工业、农业的展出中，真实的陈列对象具有主要意义。

展示生产过程

原料的标本、半成品、劳动工具，劳动过程的展示和成品安排的次序，要说明由原料到成品的制造过程。这样的陈列构造，要求将制作技术上、材料上和感觉条件上性质不同的陈列品联合在一个组里。配置这些陈列品时，应当使说明材料的展出（例如生产过程的照片）和原料加工的展出平行，但是不要混合它们——要使参观者能看清陈列品的范畴。在屏风上将真实的样品联合成各种图形、图案是一个很不恰当的方法。

用各种各样的陈列品去描写生产过程无疑是正确的，但是在这些陈列品中，应善于将原料和半成品的展示（按照制造的阶段）和必须的、平行的、劳动过程和劳动工具的展示结合起来。这样的展示实质上是大规模的示意图（在一个或几个屏风上），配有各种各样的陈列品（实物和补充说明的陈列品——模型、图片、照片和图表——示意图、简图等）。如果陈列品表示某种机器和机组的动作时，最好将这些陈列品联合成一个综合的陈列品，使它们和示意图联合起来。

地方原料的样品应有相当大的尺寸，使观众能看清它们的结构。尺寸小的陈列品容易损坏，最好放在陈列柜中（例如纺织物）。

巨大的物件不怕空气的影响的（金属、粘土）可以不放在陈列柜中，将它们直接固定在屏风或台子上。在展览工作中，有时也展示包装了玻璃纸的原料标本。这样的陈列品就不必放在陈列柜中，而是将它们安置在屏风或台子上。

劳动工具

展示工具、车床和机器的实物是生产技术收集物陈列的主要问题。不庞大的机器和车床常常放在陈列室里，庞大的则可以用模型来代替。在陈列室中布置机器和车床时，应当估计到它们的重量，将重的机器放在楼下，有些机器还要给做些专门的座。轻便的车床和机器，为了使之略为隔开并使之提到地板之上，可放置在矮的台子上。机器周围必须做安全装置（栏杆、栅栏、绳线），遵守安全技术的主要规则，特别是当机器开动的时候。机器或车床最好是可以活动的。为了使观众看得更清楚，最好是作半成品的加工表演，使观众看到机器工作的结果。

活动的机械和机器

展示活动的器械能使观众积极起来，并帮助他们更好地掌握陈列。例如，表演用电锯锯梁木或表演用电钻在石头上钻孔。在参观者的眼前表演，常常能引起观众的兴趣。经过这样的表演之后，他们就很容易了解这些机械的图面、示意图和其他的技术性的材料了。

机器或车床的个别部分涂色，可以收到很大的陈列效果。用颜色划分机器的工作部分，就容易了解在静止中的机器了。博物馆常常不能保持机器动作，在这种情况下利用涂色的方法是尤其重要的。机器旁边可以置巨幅的示意图，图上指出和某种机器同样颜色的机器的动作，这就可以帮助参观者了解陈列。

技术物件的剖面

展示机器、车床等的另一个方法就是展示剖面或是揭露车床的个别部分，用鲜明的涂色指出切口的边缘。这个方法可以让观众看到物件的内部结构，对于活动的陈列品与静止的陈列品都可以采用。它也可以和陈列品的各个工作部分的涂色方法配合起来。展示断面在许多情况下所能给观众的知识不会比展示活动机器所能给的少，只是要善于选择断面和揭示的处所，说明陈列品中最重要的东西。

展示技术物件的零件

陈列整个构筑物或复杂机组的模型或图画时，可以补充构件（实物）的巨幅平面图。这些构件应当如实地布置。这对于表示各件陈列品之间的联系是有帮助的（例如，利用屏风的背景表示机器的动作）。

生产技术综合

生产技术的综合通常不能大规模地展示现代的大生产，譬如，我们就不能做出车间的内景。这样的主题最好是用内景的模型或房屋模型来表示，打开模型的壁或取其断面，使人能见到布置了各种机器的车间内景。这些机器要介绍生产过程的次序。用施有彩色的图面，即从上面取车间的全景（用投影画法）来代替模型也是可以的。

为了表现现代的生产，当不得不取生产技术综合（实物）的一部分时，常常选个别不大的工段或甚至一个具有车床（机器）的工作地点等。展示斯达哈诺夫的劳动方法最好也用实物和综合的形式表示经过合理组织的工作地点、劳动工具、生产合理化。这样的综合当然也应当包括招贴画、模型、图表等。

介绍斯达哈诺夫方法以前的生产情形，并指出斯达哈诺夫劳动的实效，可以用实物或模型表示组织得不好的工作地点（杂乱和脏污的机械和工作柜的内容，零件杂乱地陈放等）与合理地组织、零件机械有正确的位置、清洁模范等加以对比。

在机器旁边陈列静止的人体模型是不恰当的。静止的人体模型的姿态很难生动，要用人体模型来描写劳动过程简直是不可能的。表示现代的技术设备时，这种方法的盲目性更是明显。就是表示更原始的生产，例如手工业的生产，也要极谨慎地采用这个方法。例如，陈列中常常有织毯工、陶器匠、鞋匠等人体模型，这些人体模型很少有做得艺术的，结果所起的作用倒是将观众的注意力由生产过程上移开了。

最好是陈列良好的图画、画片、放大照片，用它们补充介绍生产技术的综合。

邀请专家当观众的面表演劳动过程来介绍生产过程是很成功的。用这种方法展示制陶、纺织、织毯、缫丝和其他主要手工业的生产，一些容易表演的生产，常常能博得观众的好评。博物馆在实际的工作中应广泛地采用这样的方法。表演地点应当用线绳围起来。

生产技术综合陈列技术的特点

生产技术综合的陈列技术和历史生活的以及其他内景的陈列技术是有些不同的。

用天然光或灯光使陈列综合得到规定的照明是非常重要的。必须采取各种方法均匀地照明阴暗的地点（涂色、遮光板、反射镜）。在晚间，机器旁应补充带灯罩的光源。

参观者应当能够接近按照安全技术规则围护起来的机器和车床。

生产技术综合放在特殊的没有墙壁的房间中使观众在较远的地方观察是不适宜的。只有从历史的观点出发（例如古老的矿井、手工业者的作坊等），表现操作技术或表演不大的生产时，陈列才能从远处观看。

我们若能走进和真实场地一样大小的煤矿的小水坑道的采矿面的综合中去（例如莫斯科的矿冶学院的博物馆），那么就比从远处看煤矿井底的设备要更有利些。

陈列实物时，应采取一切办法，消灭蛀虫，防止金属的侵蚀等，为了替陈列品创造最良好的条件，必须邀请专家来参加。

农业经济的展出

农业方面的陈列材料，按其成分来看是各种各样的。这里包括土壤、植物（谷物、技术作物、蔬菜、水果、草原植物、各种野草）、动物、农业机器、新的集体农庄村落和旧的革命前乡村的生产用的房屋。

地志博物馆的自然之部和以原始社会作为陈列起点的历史之部都可以接触到农业问题。这些问题在展示现代农业状况以及国家在农业面前提出来的一切紧要任务中得到了广泛的说明。

从展出技术的观点看，这些各种不同陈列品之中的大多数和自然科学陈列品的展出有许多共同之点。因此这里只涉及农业陈列所特有的若干展出形式。

农业展出中的综合

博物馆的陈列中，农业方面的综合陈列品有很重要的意义。在建立对比的陈列，将革命前的落后的农业同现代化的社会主义的农业加以比较时，采用综合陈列的方法尤其显得重要。

在农业技术的主题方面，劳动工具可以放在博物馆陈列室的台子上、摹制的平台上。列宁格勒的国立社会主义农业博物馆就采用了这种方法展出康拜因机和其他的农业机械，并且附带地陈列了放大照片和板画。原始的木制工具也放在摹制的平台上，或者放在灰色的粗麻布的背景上。平台的高度为 20～25 公分。

新式的庞大的农业机器，最好放在博物馆近旁的场地上。博物馆如有这样的机器，必须附加说明动作原理的简图和说明生产力的图表。

3. 历史材料（实物）的陈列技术

考古学的材料，考古学材料展出的一般方法

考古学的材料包括所有由土地中发掘出来的，或普查发现的具有历史意义的实物材料。在博物馆的陈列中，它们是展示原始社会的主要陈列材料。它们对于展示人类社会历史的后期也有巨大的意义，因为它们往往是反映经济、文化和生活的唯一史料。对于展示离我们较近的时代，考古学的材料的意义较小，只是补充以往所保存的书面的和历史生活的史料。在历史陈列中，考古学的材料使用到十八世纪，有时也包括十九世纪。

考古学的材料按其成分来说是各式各样的，并且包括经济、文化与生活各方面①。

考古学的材料通常是由同一埋藏条件联合而成，经过发掘而获得的一系列的考古学的综合。

除了这些由发掘得来的材料之外，博物馆也还可收到个别的传世品，这些传世品有时是非常有用的。遗憾的是，在这些单件物品中，许多是偶然得到的，很难按登记制登记。

考古学综合的展示

在博物馆建设的现阶段，考古学材料按考古学上的文物（遗址、遗迹、古墓葬等）分组，严格地在发掘材料中选择有限的一部分材料作为陈列品，并以地图、发掘地点平面图、照片、复原图、图画、图片、塑制品、模型和恢复原始与封建社会生活的布景箱来作为补充。

在陈列工作中，应保持材料的相互关系，辅助的陈列品只能补充和说明特地陈列出来的考古学物品。其他的发掘材料，加以编号后置入藏品室中。考古学的材料缝在平板上或放在盒子和托盘中，使专家便于深入地从事科学研究工作。在藏品室中，在许多情况下，博物馆应致力于将综合物复原，使它恰如被发现时的原状。例如，展示墓葬时，则展出整块土样的断片，保持骨骼位置和一切在骨骼之旁的杂物。窑和炉灶等的展出方法也与之相同。这样的综合有时用复原与增加补充品的方法构成。例如，按照在发掘时拍摄的照片将物品布置在平铺的土上。

居住遗址应加以复原，对于发掘出来的砖瓦应修补。石器的制造（例如工场）也要综合地展出。所有的增补部分在陈列中都应当用颜色加以区别，并预先在说明文中说明。

---

①　考古学的陈列经过了许多的发展阶段，苏维埃博物馆建设初期所保存的革命前考古学方面的陈列，巨细无遗地展出每件（由发掘所获得的）材料，在陈列柜中塞满了同一样的小件物品，缝在传统的、用红布包盖的平板上，无数的燧石制的工具和陶器的残片使这样的陈列显得一般化，令人疲倦和不可理解。考古学的陈列在以后的发展阶段中，在苏维埃的博物馆中，开始了选择考古学材料的工作，开始从考古材料分别出陈列材料和库藏的收集物。对于实物陈列品，也开始补充了地图、图画、原文，并在主题上加以分类，在第一次博物馆代表大会之后，陈列中过分扩大了社会学的公式（М·Н·巴克诺夫斯基的反马克思主义的理论），陈列中充满了原文材料，只有为数不多的几件说明这些图表的实物，并且在一个陈列柜中将一个主题中各个考古学综合中的材料放置在一起。——原文注

考古学物品陈列的构成，不要使考古学上的文物——遗址、古镇、古城废墟等发掘材料零零碎碎。要将这些考古学的文物从主题上加以综合分组说明原始社会生活的各方面，而在每组之中常常按照其类型来加以分类。例如，在狩猎的工具中包括长矛和箭，陶器则按类型（按制作技术和纹饰）分类。

从考古学陈列品的陈列技术来看，一般陈列品展出的规则仍旧是可以采用的。因此我们现在只谈到在这个历史范畴中所特有的几种陈列方法。在考古学的材料之中，可以遇见许多小型的物件，这些物件依照它们的类型应当归并成一类，并且为了使观众看得清楚，应当使它们立着放置，有时也可以固定在浅的底色的平板上。但是不可把这个方法当成唯一的方法，平常也常采用各种用铁丝和有机玻璃制成的支持器将小件的陈列品背景分开，使它更容易让观众看见。

不要把斧头安装在现代的斧柄上，也不要把箭头和长矛安装在现代的杆子上。最好是用类似表示现代工具的使用的人类学性质的图画来表现。图上不要画上握着工具的手，特别是不要在陈列中展示手的塑制品，因为很难创造出真实可靠的原始人的手的样子。用现代的人的手拿着石器，不见得是正确的样式。骨头之类的物品及骨骼必须（用虫胶）使之变坚固起来。大型动物（今天已经绝迹的）的骨骼常用金属的轴安装成一副完整的骨骼，同时可用模型来补充不足的部分。个别的动物骨骼则附加动物的图画。

金属物品

考古学中的金属制品，需要用复原的方法消除锈蚀。铠甲穿在人体模型或挂在宽阔的衣钩、衣架上，盔帽放在空心的上部有圆形木板（按帽子的形式）的帽架上或者固定在陈列柜内的一种特别的金属支架上——其高度则常与人相齐。

在考古学的陈列中最常见的是陶器的碎片。将这些碎片对合起来成为器皿，将欠缺的部分用石膏填充，并将这些修整部分涂上器皿的颜色，使它们与原物大致相似。新石器时代的器皿往往把它固定在特殊的金属三脚架型的台架上或者放在砂层内，如同在新石器时代的情况。

贵重金属的制品常常放置在天鹅绒的背景上。银制品放在蓝色或青色的天鹅绒或丝绒的背景上是非常好看的（国立历史博物馆）。金的和青铜的物品最好是放在暗红的底色上。贵重金属的小型物品用铁丝做的特别支架与背景分开。

在考古学的材料中往往可以遇到埋藏的钱币。假如要展示全部钱币，钱币可以成堆地放在容器（瓦罐等）的旁边。有时钱币分类排列，在图表中按照钱币的形式标明钱币的数量。按照这种计算方法，钱币应当有重点的展出（例如，在商业关系的主题中表明同全国的关系）。

钱币常常存放在浅的立式陈列柜中，有时嵌在能翻转过来看钱币背面的平板上或将钱币固定在金属扣针之间的平板上。还可以利用镜子的反照展示钱币的背面，钱币则用支持器立放着。但是更普通的是将钱币的放大照片和原物并列，小钱币的前面应当有放大的照片。

建筑物的部件

建筑物的个别部分陈列在台架上。窑砖和装饰的琉璃砖，也立着放在台架上或固定在屏风上。有时候琉璃砖或它们的个别部分立着粘固在特殊的设备中。莫斯科历史与建设博物馆（1950年）就成功地采用了这样的方法。使用这个方法时应当展出个别的琉璃砖作为补充，这样才能使观众看到琉璃砖的厚度和结构。

在选择考古学陈列品的背景时，应当遵循选择背景的色彩和风格的一般规则，不要使考古学物品的背景在风格方面和陈列品近似。例如，建筑木材的雕刻物不适于在胶合板的台架上陈列，应当放在覆以帆布或粗麻布的台架上。

历史生活的材料

在一组中包括一切未经考古发掘而获得的历史文物。

织　物

如果没有任何服装可以介绍时，可以陈列小的织物片，并用该时代服装的图画配合着展出。这样可以对整套服装的全貌加以补充，可以说明制造织物的技术、织物的各种花样等。尺寸小的织物样品（15～20公分）可以用玻璃装嵌起来，在它的背面作可以开启的厚纸的盖子。这可以使观众看到织物的织法和它的反面，这是国立历史博物馆的办法。在装玻璃时，必须在玻璃和厚纸之间放上厚纸条，以免织物和玻璃贴近，织物样品两面装玻璃时也用相类似的方法。

织物的样品，特别是古老的织物，通常是放在安装在台式陈列柜里或者装在框架和放在挂在墙上的浅橱窗里。小型的古代织物样品、刺绣和古代的花边可放在安装在台式装有斜玻璃面的柜中。可以用过滤纸作古代材料的背景。不应拿现代的织物来作为背景，因为它们的颜色的化学成分会带给古代织物有害的影响。

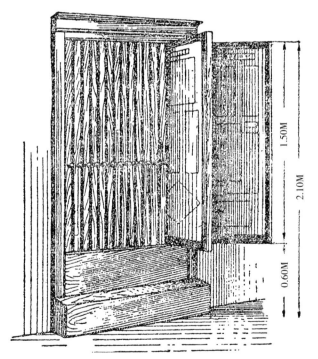

图四十　用可以抽出的装玻璃的框子展示织物的纹理

织物最好用不生锈的细别针扣住，如果没有这样的别针，则可用线钉在花边网上或垫层上。无论在什么情况下，都不要用钉钉住织物①。

为了避免织物的重力将它本身扯裂，大块的旧织物宜于放在玻璃平柜里而不宜于放在玻璃立柜里。旧的织物可以缝在布上，旧的丝织物可缝在薄布或天鹅绒上，重的旧织物可缝在用手工织成的粗布上。

展示大幅织物样品

大幅的古代织物应放在带有天鹅绒或其他布料背景的带斜装玻璃板的框中。陈设织物的玻璃柜用能够拉开的帷幕遮盖着，以防织物褪色。还有一个公认为很好的陈列方法，就是将织物和衣物放在立式的可以抽出的带框柜子内。柜框两面装玻璃，它的边缘朝向参观者。这样的框子便构成了一个完整的屏风（图四十）。这样就可以在一个不大的空间里放置大量的样品，使其在隐蔽的地位供人深入地参观。同时也可以在墙上公开陈列的橱窗中展出织物。这些橱框的优点在于能防止织物褪色。

---

①　关于博物馆的陈列品的保管与保存的问题，地志及博物工作科学研究所有两部著作专门加以论述：（1）Ｍ·Ｂ·法尔马考夫斯基著《博物馆藏品的保管与修复》莫斯科一九四七年版；（2）指令性参考书《博物馆藏品的保管方法》莫斯科一九四八年版。因此在本书中，保管的问题只触及与布置物件有关的方面。——原文注

分开悬挂织物时，在织物的边缘要缝上麻布，做成折边。然后将木轴伸入折边内。

M·B·法尔马考夫斯基推荐了一种特制的玻璃框，里面有用来缠卷布料的小圆筒，小圆筒可以移动一长段的织物（图四十一）。长段的布料最好卷在厚纸做的滚筒上使另一端放开。织物也可以放在陈列柜中，用各种方法分开悬挂在柱轴上（图四十二）或分置于柜内的台架上。

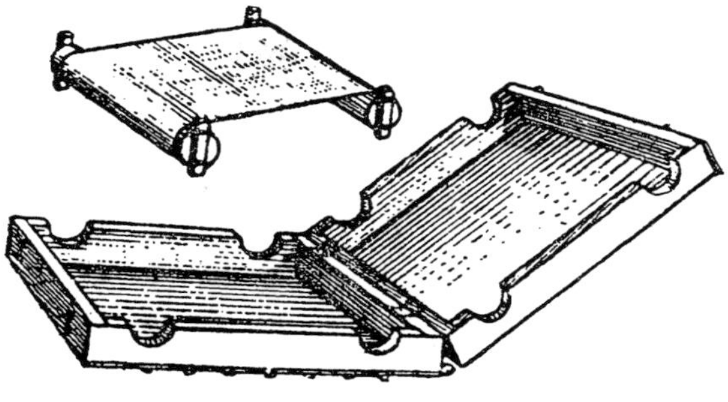

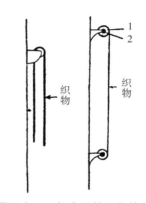

图四十一　陈列易碎的古代织物的框子（悬挂的柜框）

织物花纹的陈列方法

陈列织物时，应当展出其全部花纹、织物的宽度、边缘，有时亦可展示其产品牌号。在个别情况下，还应展出织物的背面。应当按照织物的性质把它铺展开（厚实的织物——带花的天鹅绒等）。在布置织物（轻软的绸缎时）可随意地弄成褶绉，但这种方法只在不影响织物保存的条件下才是可以采用的。在陈列柜中陈列织物时，主要的是要使织物之间的色彩调和，要布置得非常精美，并且要很好地照明。有条纹的织物，带有小花和浅淡颜色的织物应当很好地弄成褶绉。如果把带有大花的织物的花遮住了就不很恰当。对于大多数的织物来说，最有利的是用上部散光来照明，因为这种散光发出柔和的光线。在布置了织物的陈列

图四十二　柜内悬挂织物的设备
1. 缠卷织物的滚筒　2. 旋转滚筒的把手

柜中应当避免强烈的光线和浓重的影子，只有灿烂夺目的织物（缎子等）除外，因为缎子在明亮的光照之下，显得更好看些。

旗帜，特别是很陈旧的旗帜，应事先加以修整。在陈列中甚至可以用摹制品（精确的摹制品）来代替它——假如原物不够完好的话。旗帜宜置于玻璃后面，铺在陈列柜的背景上，但是不要使它有绉纹。原来的旗帜可以在短时间内放在台架上公开陈列，旗杆应当和墙壁相垂直，一幅一幅的旗帜则垂直地放下，但不得有绉褶。

衣　　服

各个时代的、各种民族的和居民中不同阶级的服装，用陈列服装的个别部分的形式或用陈列整套服装的形式予以展出。用帽子、鞋靴、装饰品等作为补充。展出整套服装是非常有趣的，因而也能使参观者更好地了解。在陈列柜中陈列服装的个别部分或这些部分的碎片时，要能使观众看清每件东西。物件之间必须保留足够的空间。背景要用色彩柔和的布料制成。选择背景及其质地时，应考虑陈列品的性质。普通麻布和印花织物宜置于带色的粗布上，而绸缎物件则宜放在天鹅绒上。

陈列服装时，经常会遇到很大的困难。最简单的办法是将衣服分别挂在衣架上。为了防止织物断裂，衣服的边缘要用布料做成包边缝上。但是，这种方法不能自然地表现衣服，不能像我们在日常生活中所看见的人们穿在身上的衣服那样。在人体模型上展示衣服可以使服装的绉褶，袖子等有自然的位置，因而可

以说明服装的特点和优点。如果服装不是整套的（例如，只有一件上服），人体模型的下部可用布料蒙住。国立历史博物馆总是用暗红颜色的丝织品蒙住穿着毛织品和丝织品衣服的人体模型的下部。

人体模型（人体模型平常多是用柳条并加以缝缀制成）最好是用不带头的。在这种人体模型上，只陈列一件衣服，不必戴上帽子。对于这样的陈列通常可以用全套服装，包括帽子、头饰和鞋子的图画来作补充，也可以用画像补充服装的陈列。画像中的人物必须和所陈列的服装同一时代，画中人所着服装即所陈列的服装或类似陈列服装的服装。为了不离开所站立的地点而能从各方面仔细观察展出的服装，可以将陈列柜中的人体模型做成能绕轴旋转的（用手力来转动或者用机械）。置于壁柜中的古老的丝织衣衫可用电灯的光线（带有侧面排灯的上部放光）照明。灯光比白昼光好，因为它不容易使织物褪色。因此不许可有直射的日光。陈设了织物和各种服装的陈列柜必须装设特制的帷幔，参观时掀开帷幔。

人体模型的采用

服装和帽子、鞋子、装饰品的展示，以前总是习惯用带人头的人体模型。民族学博物馆力图在面貌上表现一个部族的典型，然而在面貌的描画中往往陷入粗糙的自然主义。

博物馆所采用的粗制的人体模型的头部是纸糊篾扎的，因而产生了可厌的印象：面孔毫无表情，好像是一个安着玻璃眼球的假面具，而且身段也很不自然。当这种人体模型不是放在陈列柜中而是敞露地陈列，直接逼近参观者的时候，看起来特别令人不愉快。

即使人体模型有高度的艺术性，静止的身段和无表情的画孔也会妨碍总的印象，有时会使人将注意力从陈列品移开。静止的人体模型也不能表达运动的姿态。

有些博物馆所采用的人体模型是带有放置帽子的构造的光滑的平板。但是这种平板切不可以代替面孔。木板做的平的人体模型比起那种戴假面具穿真的服装或自然主义的带有玻璃眼珠的木刻的人头要讨人喜欢些。由胶合板（十公厘[①]厚）制成的人体模型的躯架，配上活动的手，是可以参照陈列品的特点布置陈列同时花费又不大的一种方法。

近来有人设计一种金属制造的人体模型，这种人体模型可以随所陈列的服装作某些改变。这种人体模型的轴心由金属（镀镍的轴心或不锈钢）仿成，模型可以沿主要支柱的轴心上下移动，因此躯体的高度可以任意调度。木制的构架的计算，必须按照人体的正常比例。因为人体模型的高度有伸缩的可能性，同时又塞了棉花和布料，所以可以使人体模型穿上任意的一套服装。我们也可制造单独的一些人体模型，穿上女人的、男人的和孩子的服装。这样的人体模型也可以在各种不同的陈列中多次使用[②]。

帽子和鞋靴

帽子和鞋靴不是服装的整体，因此可以分别放在台子上或支架上。鞋靴通常放在桌上的斜陈列柜中（放在一起或像商店那样的分开放着）。在鞋靴里面应放有特制的鞋楦或者塞以软纸做的衬垫以防鞋靴裂开和变形[③]。

---

① 旧时长度计量单位，相当于 1 毫米。

② 织物和服装的保存方法：为了保存织物和服装，必须将它们放在密闭的陈列柜中，（在木制的柜框中加上橡皮的衬垫，或者用金属的密闭的框子）。为了防止害虫（特别是飞蛾，还有蜡皮的甲虫）在陈列柜中要放置一些用小袋子装上的石脑油精或对二氯苯并按期清理。衣服要使它保持干燥，特别是皮货。——原文注

③ 皮制的衣服和皮鞋应当擦蓖麻油、凡士林或那诺林。也可以擦蓖麻油和甘油或白石蜡（两份油，一份石蜡）的混合物。——原文注

装饰品

可以将装饰品和私人生活用品（烟斗、烟盒、手提包、扇子、香水瓶子、盐瓶等）在服装部分中陈列。此外，装饰品中还有扣子，特别的镶有宝石的纽扣等。关于珠宝首饰之类的装饰品，M·B·法尔马考夫斯基主张在特殊的木制的座子上陈列，并且要能表现这些物品穿戴时的原来位置，座子上应贴上色彩柔和的天鹅绒或珍珠灰色的天鹅绒，必要时得使用金属支架。私人用具的小件物品放在小而浅的陈列柜（桌上的陈列柜或悬挂在墙上的橱窗）中陈列。陈列珍贵的装饰品和玩具的陈列柜应当很好的锁上并贴上封条。银器不要和羊毛以及含有硫磺的物品放在一起。应当避免用氯气漂白的麻布作背景，以免把氯化银弄到银器上去。骨头雕刻的物件是容易损坏的，应当用蜡予以浸固或者用假漆涂上。金属的物品应擦上特种油加以保护。

器　具

器具中包括各种各样的物品，现在我们谈的只是器皿和一些装饰住宅用的装饰品。在这些陈列之中分为陶瓷——瓷器、搪瓷器、陶制的器皿和玻璃器，金属物件（器皿、火壶、照明用具、钟表等），木制的家庭生活用具等。

陶瓷和玻璃器具

在每一个博物馆的历史生活收集品之中，陶器和玻璃器具通常占有很大的数量。它们主要的是一些器皿（茶具和食具）、作为装饰的花瓶、盘子和小的雕刻像。盘子往往放在陈列柜中，大花瓶则放在敞露的台座上。陈列柜中的搁板用厚玻璃板做成，陈列柜的后壁用镜子做成。然而这种方法并不很恰当，因为镜子的背景有两重的物像和各式各样的色彩。器皿的反面，可以用标签附上图画的照片予以表明。瓷器和洋瓷器在玻璃搁板上会滑动，所以在它们底下要垫上一些用不光滑的质料（橡皮、软木、呢绒等）制成的垫子。质地细密的陶器是容易感受音响的，因此必须防止震动，因为爆发的声音会震破陶器。为了避免震动，在搁板与台座之间或者在陈列柜脚和地板之间也要做橡皮垫子。

在陈列柜中陈列茶具和食具时，要紧的是展示这种器具中的主要的样品，特别是在能展示桌上食具的摆法（桌上放有银器、鲜花、餐巾等）的时候。如果在陈列的设计中必须加入这样的综合陈列时，器皿可布置在蒙着台布的桌子上。

陈列柜中器皿的布置方法

陈列柜中布置器皿，正像布置装饰物品（花瓶、盘子、碟子、小雕像）一样，要善于遵照主题的顺序（例如按照产品的标号、按照用途按照纪念的特征等布置瓷器时）创造美好的参观印象，并且要使大小的比例恰当。陈列品相互之间应取得平衡，它们的色彩也要调和。为了避免单调，在每个玻璃中应摆上起码数量的物品，造成可以周览的条件。可以用一套各种不同的、能够表达出陈列品的特征的台架来代替搁板。在搁板上布置物品时，应当有个中心，在中央陈列柜中，应突出大型的物件，在它们旁边集合着较小的物件，陈列家习惯用的方法是将高的矮的陈列品互相更替着，同时使器皿对称的配置着。

盘子多是使用一些特殊的支持器挂在屏风上或者是墙壁上（图四十三），在陈列柜中，盘子可以使它立起来或者是斜放着和固定的陈列柜里面。陶制的大件物品可以放在敞露的台座上——如果这些物品在现在的日常生活中还在继续使用同时又是容易修复的。

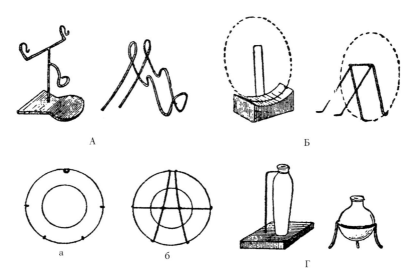

图四十三　展示器皿的设备

A. 铁丝制成的支持器，用以支持杯子和小盘子　Б. 盘子和碟子的座　В. 悬挂盘子和碟子的设备　а 正面，б 背面，Г. 小瓶的支架

小雕像

瓷制的人型在日常生活中（特别是在十八——十九世纪）是很常见的，几乎可以在每个博物馆中遇见。可将它们放在小的玻璃立柜中（最好是在靠墙的陈列柜中）错开陈列。在展览的实际工作中广泛采用的方法是采用人像颜色相反的背景，浅颜色配深颜色的背景。古代的瓷器有时放在其风格适合于陈列中所反映的时代的小橱架上。大花瓶放在托架上，有时要用玻璃罩子将花瓶罩起来（玻璃罩应当磨边），有机玻璃制成的密闭的玻璃罩也可以采用。

玻璃器皿（无色的、有色的玻璃器皿及水晶的器皿）其布置方法和瓷器一样，用深色（深蓝、黑色等）的天鹅绒作背景。

金属制品（器皿和器具）

地志博物馆的收集物中，主要是装饰的银器、青铜及黄铜的制品，钢的制品（照明器材、钟表等）。银质的陈列品，最好是放在浅的靠墙的陈列柜中，用带色的绸缎作背景，并使用各种小的座架。大型的装饰物品有时聚集在中央陈列柜中，放在梯状的台座上。陈列柜嵌入墙壁，银器放在陈列柜中的深色的天鹅绒背景上并用人工光照明是一个很好的陈列方法。陈列品应当摆成一列，以便更好地表达出每件陈列品的价值。

木制的器皿和器具

木制的日用品如木箱、纺车等，通常是放在台架上陈列而不需要用陈列柜。台座蒙上粗布和有色的麻布。博物馆中是经常有许多木刻的物件的（做姜饼的模版、纺车等）[①]。

住宅与公共建设的构件

以各个个体的形式而不是以整体的形式表现于陈列中的住宅与公共建筑的构件，一般是由建筑物立

---

① 木制的物件要求经常照顾，防止虫害（白蚁、甲虫）蛀食木器。——原文注

面的建筑细部及房间内部的构件所组成的。

住宅立面的建筑断片（例如，雕刻着台口线的窗、门等）和房间内部断片宜按照它们在实际生活中的位置予以陈列（例如，窗头线放在与寻常窗子高度相同的位置上，屋顶部分放在屏风的上部或屏风之上，花灯应挂在大厅的中央或挂在屏风之上）。灰色的或寒色的麻布，对于这些陈列品（特别是木刻）就是一种很好的调和的背景。民间艺术的陈列品可以放在屏风上。例如，在屏风的上部和底部可放置木刻模型，这些模型在制造地区上和时代上必须适合屏风上的各件陈列品。木刻原作也可以放在陈列室门的入口处（这种入口是指装饰得富丽堂皇的入口和装饰起来的门框而言）。

在陈列住宅的构件时，应加以修整，以便于从各方面恢复原作的完整性。这种情况下应当使参观者看得出修整部分。修复品应当在陈列中公开的显示它是修整复原的。为此可将木制修整部分留下不着色，或采用与原作颜色略有不同的颜色，有时候甚至可以有不同的质地，例如，用带有底色的石膏。无论怎样，复原物应当经常在标签中说明。

展示住宅最易于了解的形式是用内景或整个房屋来展示原来的或重建的住宅。内景或房屋可以建在高大的陈列室中，或将一系列的房屋设在博物馆的附近的场地上。在不能展出这些综合性的陈列品而建筑部件和家具又要加入主题陈列中去时，也应当尽量以不完全的综合形式展出。

这些陈列品应当组合起来，尽量使它们恢复在日常生活中的真实情况。例如在陈列室中，可以展出茅屋的前壁，或者在屏风上安上茅屋的雕刻部分，使它们给人一种立面的印象（窗、壁架、屋顶、雕饰、门楣等）。炉上的花砖假如不用炉子的形式安装时，就可用垂直面的形式展出。在这时，要防止陈列品受到损坏，不要把它们嵌在外面的墙壁上，应当将它们固定在屏风上。

木　器

木器不列入内景——"生活的综合"中，但应当配置起来，使之恢复综合物的一部分。例如，不必展出木器的整个一套，但可以选两把围椅，摆在壁炉旁边，壁炉上放置座钟，墙上挂上壁烛架。这种陈列可以代表一定时代风格的部分内景。

通常木器总是布置在低的台架上（高度由 20～30 公分），台架可沿着墙壁或屏风移动，有时木器也放在陈列室的中央。

这种方法可以使木器突出，使参观者注意它们，也可以更好地配置陈列品。

遇到古代风格的陈列室，室中具有该时代的木器和图画时，木器通常不提高到台架上，但是往往用线绳划出整块的陈列地段。这种围起来的陈列地段能够迅速地把参观者的注意力吸引住。此外，这样围住也可以保护木器。为了保护木器，在古代的围椅的扶手之间要扎上绳子，在普椅子旁边，要由靠背处用绳穿过坐位系住前面的椅足。为了防止木器褪色或沾上尘土要加套子，窗上要安窗幔。

地毯和挂毯

在家具的陈列品中，也有毯子和花毯，它们经常是铺挂在墙壁上（挂在带夹板的屏风上较好，因为这样就可和墙壁保持若干距离，以免受潮）。在房屋的内景中，毯子总是铺在地板上。悬挂毯子和花毯的技术（特别是旧的毯子和花毯）要求小心谨慎，以防织物断裂。毯子和花毯绝对不要折起来，通常是以展开的形式展出（不是卷着的），以便展示全部的花样。悬挂毯子和花毯要用金属棒，这种金属棒固定在屏风或墙壁上部的金属撑架上。如同处理织物一样，毯子和花毯要缝上一长条麻布（双层）或缝上一些由饰带或麻布缝制成的圈子①，圈里插入一根圆木棍，棍的两端，系上绳子，也可以采用带钩的铜棍来代替绳子，铜钩子可以挂在金属棒上，并钩住毯子的木棒（插在圈子中的）。使用这些设备，可以将毯子挂在适宜的高度。棍子和麻布不应使参观者从外面看到。木棍的两端可以嵌入墙上的撑架中（如果它们安置在必需的高度而毯子的尺寸也不太大时）。

宽的包边的上边和下边可以卷在木棒或铜管上，木棒和铜管的两端嵌入撑架的槽中。棍棒可用小齿轮扣紧。

大毯子可以固定在框子上，垫上衬垫或缝上用布条制成的里子以承受拉力（木棍插入缝在毯子边缘上的麻布中，木棍本身又拉紧框子，均一地将拉力分布在织物上）。花毯用布条牵紧在框子上，布条钉在框子上（框子的背面）或在框子的正面用框边压住。布条也可钉在金属的圆环和棒上。像刺绣架那样，将毯子或花毯拉紧在框子上也是一个可行的方法。这些设备都不应当让参观者看到。

武　　器

这类陈列品包括由弓、箭、戈、矛、刀、剑直至枪炮（小的如手枪，大的如大炮、炮弹、坦克等）的各种武器。这类陈列品中还有战士的防御武器：盔帽、胸甲、环甲和堡垒的防御设备。

若干物品（大炮、炮弹、环甲等）的陈列可以不用陈列柜，直接放在台架上或挂在屏风上。手枪应放在陈列柜中特设的支架上。小件武器和珍贵的武器（带有嵌饰的武器）应放在靠墙的陈列柜中。这些物品要安排得合理恰当，不能让任何一件挡住另外一件。珍贵的陈列品用单独的陈列柜区划开来，陈列柜内部可用各种支持器将武器布置在各种不同的平面上（不要固定的柜壁上）。大型武器（大炮、炮弹）可放在坚实的低台架上。胸甲和环甲可挂在屏风上（挂在衣架上）或者放在人体模型的台架上。

陈列火绳枪时，必须将它们的枪机朝向参观者，使他们能够看清零件结构。为了使参观者看得很清楚，在火绳枪里最好插一条火绳，并用说明补充使用这种武器的原始技术。小型的手上的武器（匕首、剑）可以放在斜面陈列柜中。其他各种武器以立放为宜，图画和图表可以说明每种武器的性能（为了防止刀枪的金属部分生锈可涂以凡士林，并须防止受潮或温度的剧变）。

铜币和奖章

在大型的博物馆中，设有专门的钱币室和奖章室。在这些室中，钱币学的材料放在带有小型陈列柜的柜中。

在只有唯一的钱币或奖章和缺乏必需的钱币和奖章时，可以陈列用电铸、印刷或放大照片等方法制成的仿制品②。这种复制的钱币和奖章也便于展出它们的反面。

奖章可放在斜面陈列柜的有色的背景上。金质和铜制的奖章最好是放在红色的天鹅绒的背景上。银质奖章宜于放在蓝色的背景上。奖章不可用东西粘住，最好是将它们固定在平板上的扣针之间（斜倾着或立着放置平板时）或用铁丝固定。奖章嵌入平板，有碍于看到它的厚度，但是可用保证两面都能看见。固定在平板（尺寸 13×18 公分）上的奖章可嵌入小框子中（夹在两块玻璃之间），然后再将这种小

---

①　圈子（尺寸 5～10 公分）是由坚固的饰带或布条制成。每圈相距 10～15～20 公分。所有的圈子缝在一块饰带上，饰带不要剪断，将它缝在毯子上，这样就可将毯子的重量分布到尽可能大的平面上（参看 М·В·法尔马考夫斯基著《历史生活物品的陈列技术》，列宁格勒 1928 年版）。——原文注

②　钱币学的收集品应该避免温度的剧变。像一切银制品一样，银币不可放在铺有用氯气漂白的麻布的陈列柜中，也不可和羊毛和含硫物品放在一起。——原文注

框子搁到放有这些框子的设备的玻璃窗中，这样就可以从正面和反面来看。

每件奖章都要有倾斜的台座和支架。把奖章立放着也是很好的。

书籍和手稿

书籍手稿和印刷文件主要是包括在地志博物馆的历史陈列的组成中，但是也可以用在地志博物馆的其他陈列中。例如，纪念性质的博物馆中就用得着书籍和手稿。

书　籍

在博物馆的陈列中，书籍包括抄本、古印本和新的印刷品，和我们同时代的出版物也包括在内。

在历史陈列中，书籍用作说明某一历史时期的文化和科学水平的时代文献，它们在陈列的总的体系中是占有独立的地位的。个别的书籍，甚至整个的图书馆，往往列入历史生活和纪念性的综合中。例如，莫斯科省季米特洛夫博物馆，H·阿波里扬宁诺夫别墅的书房的陈列中，包括了阿氏的图书，非常有趣地选择了并且说明了书房主人的文学兴趣的范围和十九世纪初的文化，书籍陈列在安有玻璃门的书一中，牟勒诺夫地方的裴特切夫斯基博物馆的有些丛书也加入陈列中了。可把书立置在书柜中使书脊朝向参观者，另外将几本书打开着。对这些综合在一起的书籍应当加以简评，指出它对于该时代、该人物的代表姓。

在内景中将书籍（合着的和打开的）放在写字台上，放在围椅前的桌子上是很适当的。给这样的陈列选择书籍，当然不是随便的。应当布置的书籍[1]，只是那些证明确实是物主在当地读过或者作者在这种情况下写过的书籍。

书籍可作为历史性的文件加入主题陈列，并且可以在陈列柜里和其他纪实性的材料、手稿，有时甚至是和图片、文具等放在一起陈列。

书籍通常伴随简短的评述。但是当书籍卷首打开，没有特别有用的资料，例如说明该书属于那种历史人物的资料时，往往可以不加书评。

古版本和抄本必须有书评，加以注音（要用现化文字写），并指出其时期。因为一般读者往往不认识斯拉夫数字和字母。外文书籍也同样需要译文的书评。

必须注意，参观者到博物馆来并不是为了念书来的。他只是看见书籍和其他的陈列品并列，认识到书名和书籍的外观。要使参观者注意古书的真实性、古书外观的特点（装订、插图、绣像、印刷体），就必须向他介绍图书事业的发展，并对文化史方面的知识加以综合性的报导。

十九世纪和二十世纪的书籍在历史性和纪念性的陈列中是用得很广泛的。中央列宁博物馆对于书籍和文献的陈列方法是特别注意的。书籍应像主要陈列品一样取来陈列。

陈列中的书籍，也可以是参考书籍提要的材料。在补充的陈列中可以按照相应的题目置入书籍，或者置入书报目录。书籍既可以在自然科学部门陈列，也可以在技术经济部门陈列。书籍还可以作为印刷生产的产品来加以陈列。

书籍的陈列技术

书籍应当斜对着观众，以便观众阅读。放在玻璃平柜中时可垫以斜台。陈列柜可带斜的玻璃板和倾

---

[1]　假如在本组材料中没有当时那样的书籍，则可用同一版本的书籍来代替。——原文注

斜的柜底（例如苏联革命博物馆），使玻璃片和书籍的平面相平行，并使人能尽可能地接近书籍，但不要与书籍接触。传单和小册子放在匣底，用厚玻璃或用有机玻璃制成的夹子夹住。国立文艺博物馆书籍的展出是成功的，该馆将书籍打开放在小型的平的玻璃匣里，柜匣斜着固定在墙上的支撑上。书籍应放在参观者水平视线或略低于水平视线，因此书籍要立放于小搁板上，陈列柜可采用浅的靠墙的玻璃箱（侧面装玻璃）。这些玻璃可不带框架，用螺丝钉装紧或者采用细金属框架。揭开的书页，在立放时，书页常常下垂，必须用细绳或细线把这些页子固定住。也可采用有机玻璃制成的夹具将直立的打开的书籍夹在两片有机玻璃之间，然后用支架支住。

在打开的书页上往往划出一些个别段落，指出揭示陈列主题的重要的地方。这些地方常用有色的线绳或用有色纸制成的指标（箭头和框条）标明。

在必须指出书中若干揭开的书页时，其中之一可展出真实的，其余的用照片。

手稿和印刷品

手稿和印刷品是多种多样的，其中包括各种文件、书简、契据、呈文、创作原稿和文件。文献主要是用在历史性和纪念性质的陈列中。

例如，К·А·季米梁节夫的书翰遗著可以作为他的书房的纪念牲的特别之部。А·С·波波夫发明无线电的档案文件也可以列入技术历史方面的陈列中（为了保存起见，手稿宜置于陈列柜中的过滤纸上，过滤纸用香草酚消毒，烤干后，垫若干层在手稿下）。

复　　本

设若不可能得到书籍，有时也复制封面和副封面的准确的复本。为了避免手稿和许多印刷文件的原本受到损失，并为了使原本不受光线和灰尘的影响，可用影印本展出。影印本用无光纸制成。陈旧的档案纸张经过特别加工之后，用来做成影印本，可以使复本与原文无异（例如国立文学博物馆陈列中的А·С·普希金的手稿）。为了便于观众阅读原文，有时复本可略为放大，这点可在标签中说明。在书评中务必指明文件名称、内容与拼音，甚至一些个别的段落（可用有色纸做成纸条在陈列品上标示出来）。证书用展开形式在陈列柜中展出，并且盖上章，用档案的准确的复本来代替原本。书刊中的每栏也可复制，原文的影印本限于所陈列的章篇。卷轴的实际长度应在标签中指明。

手稿的影印本放在垂直的平面上，外面嵌上玻璃，也可置于陈列柜中。

陈列书籍和手稿的陈列柜和屏风应当用帷幔遮住，或用布制的覆盖物遮住，以免褪色。

历史生活性质的综合展出

历史生活陈列品以综合形式陈列，综合可以完整地介绍房屋内部的式样和房屋内部的陈设，甚至可以重新恢复起一座小房屋（外部及内部）。这样一般是能引起广大观众的兴趣的。由于它是真实的生活的一面——公园中的别墅、具有纪念性的博物馆房子、古老的房屋、寺院和城堡等——因此它是最具吸引力的。

真实的内景往往保留在和它同时代的，但目前改为博物馆的房屋中（例如，穆兰诺夫的奥斯坦金博物馆、麦契夫博物馆等）。但是也可以把这类内景搬到其他的房屋中，为它们开辟适当的陈列室。

除了真实的内景以外，重建内景也是很普遍的。重建的内景由真实的物品（得自不同的地点）构成。对待重建应当十分慎重，想要配置一定时代、一定居民阶级典型的综合品，需要仔细研究文献和说明材料（关于重建历史生活综合的成功的例子是俄罗博物馆的商人画像展览会，这个展览会表现了 1840 年～1860 年中等商人的客厅。国立历史博物馆十九世纪之部重要的花纱配给者的茅屋也是一个有趣的综合物）。

构造内景的困难问题之一，是关于允许当代的补充物加入真实综合中的问题，也就是关于制造原物的摹制品（因为没有原物）的问题。这样的戏剧化的成分，一般是不应当加入的，但是在极特殊的情况下，当缺乏某些物品就会破坏整个的大综合，同时能够展出物件的准确的摹制物时，也可采用现代的补充物。任何一个重建内景应当及时在说明文字中注明，说明文应指出收集物的主要出处。

内景的陈列技术

真实的内景布置在适合于它们的房间和陈列室中，在展出技术上并无特殊困难，但宜用线绳划出陈列室陈列内景的部分，使群众不致从这一部分里穿过。内景中应加入说明时代或关于内景的收集物详细情节的补充说明材料，这些材料可布置在不大的轻便的画架型的屏风上（阿尔汉格尔斯克的别墅博物馆、奥斯坦金博物馆都使用了这种屏风）。

当真实的内景或再制的景物布置在博物馆的陈列室中时，全部内景的位置应高于陈列室地板画。所有内景的台子都要装不高的台脚。环绕内景的屏风的高度，应当适应所展示房间墙壁的高度，天花板以下不做为佳。最好在陈列室中建造一些小陈列室（对于一系列的内景），在它们面前留下宽广的过道。

内景或是内景的一部分要用线绳、低金属栅栏或玻璃围起来，并且要和观众保持一个距离。在内景的前面应当有一个很大的空地。天然光线可由陈列室的窗子通过屏风上的窗子射入。光的强度应予以调节，并且要创造具有时代特点的照明条件，并应考虑到陈列综合中窗子的尺寸。

当参观者由较黑暗的房间中看到用灯光照明的内景时，这个内景就能更好地为参观者接受。光源应当隐蔽（置于台子的上后方），采用散光，以显出最大的浮雕性。并尽量使陈列品不产生强烈的阴影。个别的情况下可以使用直射的有色光。这样照明的内景应提到地板面之上，提高到台子上。参观者和内景的距离不得小于 1.5～2 公尺。内景陈列中的困难在于电灯照明的光线比白昼光昏黄些。照明的老方法是难摹拟白昼光的，不得已采取一个折衷办法，那就是采用散光，取得柔和的照明。在这些情况下，只好顾到均匀地照明陈列品，而顾不到按照时代的特点照明。用天然光的内景可以放在陈列室的任何地点。在灯光照明内景上，日光灯是有很大的用处的。

内景中加入人体模型

将人体模型加入内景，在环绕人体模型的陈设中创造生活场面是不适宜的。人体模型不利于陈列服装，静止的人体模型也不能传达运动的姿态或适当地表达人物的面目。只有制造得很艺术的人体模型才能陈列，但不要使人体模型的面孔朝向参观者。

内景中应当有人们居留的迹象。给观众造成居住者刚刚出去，不久就要回来的印象①。

迁移房屋

房屋的内景和外景与邻近的花园、院落一起陈列是一个很有效的方法，而且是值得推广的。博物馆可

---

①　在上述商人的客厅的内景中，桌上有器皿，围椅上摊围巾，音乐匣子演奏着音乐，住宅俨然是住宅，只是没有居住者。住宅中挂有画像和同时代的服装。苏联民族博物馆的阿美尼亚之部（1940 年）曾展示过人物在饮茶。同时，在这个内景的配置中独创地使用了露台，而参观者通过陈列室的窗子可看到露台，陈列室的场地上因而不必堆满这样大的综合物。——原文注

在属于该馆的地面上构造露天的小型陈列，也可将有意义的房屋（古代农舍、土著居民的帐棚、个别具有历史意义的木屋）搬到公园或博物馆的所属地区上。这样就不仅展示了它们的外景，而且也展示了内景。

搬移木房在技术上并无特殊困难，在个别的情况下，可以用新的去代替旧的部分，但须保留结构上的特点。

在有高大陈列室的博物馆中，有时可布置整个农舍（梁赞省的博物馆、库尔斯克博物馆，季米特洛夫博物馆等都布置了无烟囱的茅屋）。这种历史生活的真实综合物往往适宜于布置在博物馆周遭的绿化地区。科洛明斯克博物馆就布置了许多古代禁猎区域（国立历史博物馆分馆），效果很好。里加（拉脱维亚自治共和国）的伯里夫达巴斯博物馆布置了许多古代禁猎区域中的木制农舍。莫斯科近郊的一些著名的别墅博物馆也补充展出了房屋周围的花园。

4. 博物馆美术品（原作）的陈列技术

博物馆中的美术材料

造型艺术作品的大宗收集品，构成地志博物馆的艺术之部或绘画陈列馆（例如，在鞑靼苏维埃社会主义自治共和国博物馆、唐波夫州[①]博物馆及其他博物馆中）。

造型艺术作品是指所陈列时代的原作。在地志博物馆中，往往将它们列入革命前历史之部和苏维埃时期之部。它们或者包含在专题陈列的综合里，或者成为历史生活内景的构件。

陈列品（造型艺术作品）是可根据博物馆所规定的一些特定的主题定做，并与各种不同种类的陈列品一同列入自然、历史及社会主义建设之部的专题陈列中，以作为其他陈列品的补充。此外，也可列入每个地志博物馆都在举办着的当地艺术家作品的展览会和造型艺术藏品展览会。

博物馆收集中的造型艺术作品是：1. 绘画（图画、镶板画、湿壁画、水彩画）；2. 版画（素描、雕板画、建筑图案）；3. 雕刻（圆雕和浮雕）。

在各绘画馆和艺术之部的造型艺术陈列中，艺术是按照各个发展阶段而陈列的，因此必须同时包含有社会主义现实主义的苏维埃的艺术。这种社会主义现实主义的艺术，是发展了并吸收了革命前艺术的优秀现实主义传统而形成起来的全新的艺术。每一艺术家的创作都应按专题陈列，不必按照各个不同陈列室中的各种不同的主题分散开来。在这些部门中，对于苏维埃艺术和民间创作的展出问题，都是应当特别重视的。

造型艺术作品的布置

在关于艺术的各个专门陈列中，应按以下方法组织各种陈列品，即：尽可能不使各种不同种类的艺术作品混合在一个陈列室里，除非是油画和雕刻。假如需要和图画一起展出该作者的各种画稿，墨笔画也可以和油画一道展出。水彩画可以和各种图画一同陈列，因为从描绘的技术和性质上看，它同图画的联系似乎比同油画的联系更大些。成组的图画，常被布置在各种回转陈列柜中。

现在，在所有大型的艺术陈列中，各种大幅的图画总是被挂成单列的。只有在特殊的情况下才是挂成双列的。邻近的图画妨碍图画的正常观赏，图画周围应当有调和的背景以及充分的空间，这种背景和

---

① 现多称"坦波夫州"。

空间有助于突出图画之美，并使参观者的视力得到休息。

对于各个油画作品，在每一个单独的场合都应当考虑到墙壁的陈列面积的大小、图画的大小、它的色彩的强度而得到适当的处理。对于一张大幅的图画，有时就要辟出整个一面墙壁。

悬挂高度

悬挂的高度决定于陈列场地的一般高度。在双列悬挂时，就不可把图画挂得太低而致使观众弯腰。陈列图画时，要遵照悬挂平面陈列品的一般规则，即：如果绘画位于参观者的水平视线之上，就应使其向前面倾斜；如果站立在图画前面的参观者在不抬起头时的水平视线是不低于通过图画的中心线的，那么图画就可以不必倾斜。布置在离地板二公尺以上高度的镶玻璃的图画，它的倾斜度能消除窗子在图画玻璃片上的反射。图画的倾斜度（离墙约 15～30 公分）应根据不同的情况予以调整。

图画前面要留下足够的空地，使观众可以遍览整幅图画，并在不致于看出图画上的个别油块的距离来欣赏它。

图画在墙上的组合

在墙上布置好几张图画时，就应当按下述方法安排墙壁的空间，使形成一条确定悬挂物的上下端空间的界线。必须力求各个场地彼此均衡，使悬挂的图画给人安静的而不是紊乱的印象。如果墙壁很长，通常总是决定一条全部作品的中心线或几个中心点，依照这条中心线来布置有关这一题目的各个主要的陈列品，补充的陈列品则安排在它们的周围。墙壁的中央部分是最能引起注意，也是最便于观看的。悬挂得对称，中心线两边得到平衡，就会很悦目。在墙壁很长时，或者按直线原则悬挂图画时（单列），大小图画的有节奏的交替是很成功的。当然，这样的布置应与内容相符合。

在悬挂图画时，考虑图画的色彩和色调具有很大的意义，要善于将色调不同的那些图画（这往往是由于各个不同的艺术家的手法）很调和的配合起来。图画的表现性质也有很大的意义。小型的绘画应当放在水平视线上或略低于此线。画像则相反，其位置不得低于水平视线，各种小画像最好不要放得太高（下边在 2.5～3 公尺的水平线上）。要将墙上的图画组织得很巧妙、很艺术，就必须具备色彩学的知识以及高度的艺术素养、鉴赏力和艺术经验。

框子的选择

为艺术作品挑选框子，对于在艺术上很成功的油画作品的组成，是具有其意义的。图画往往是装在由艺术家本人选择的，并体现着时代风格的框子里。如有这样的框子时，应当保留下来。不过框子问题也常常由陈列设计人去解决。框子对于图画是绝对需要的；框子平常都涂以铜粉或深的颜色，以便不使鲜艳的框缘转移观众对画面的注意。在选择框子时，必须征求艺术家的意见。重要的事是选择框子，这种框子要适合于图画，而按其风格说，也要与其历史时代相符合。此外，在墙上布置图画时，框子的形式和色彩必须和所采用的布置结构相协调。有时不得不将那些破坏整个布局的统一、破坏图画组合的对称和平衡的框子加以替换。有时用宽边沿的框子或带平的边沿的框子代替装饰性的框子；或者相反，采用镀金的带涡形装饰花纹的框子代替宽边框和平边框，都可以使图画很成功的取得平衡。

照　　明

为了更好的展示图画，就应力求造成图画画成时所处的那种照明条件。因此，古代的油画最好放在侧面采光的陈列室中，而对于十九世纪的图画，则使画面采光和使用上部采光都可以。对于油画来说，采用侧射光线照明比之采用直射光线来照明要来得好些，因为直射光线在玻璃片上和在画的油面上会产生反射。对着窗子的墙上，也不免要发生反射，这一点在布置装镶了玻璃的图画时，必须要考虑到。通常总是尽力设法按照光线的条件来安排图画，也就是说要使从窗口里射进来的光线的方向和被反射在图画上的光线的方向相一致。

灯光照明会改变颜色，发生反光。因此要采用带有能发生散光的毛玻璃的特殊灯具，有时也可以用小帷幕遮住光源（1939～1940 年在莫斯科举行的"社会主义的工业"全苏艺术展览会就曾采取帷幕遮住了有毛玻璃的大天窗的一面）。光源也可设在屏风之后，使光线借助于灯罩从天花板反射出去。一些博物馆采用百叶窗的经验是有益的，百叶窗可以产生柔和的散光。日光灯也很有用，这在若干具有艺术收集物的博物馆中已经很成功地采用了。

图画标签的配置

标签通常都固定在框子上，并将它们涂成框子的颜色。标签一般是用黑色的印刷字体印在喷过铜粉涂成镀金框子一样颜色的纸板或厚纸而做成的。有时也可将标签固定在布置着陈列品的屏风上，同时便把它涂成屏风的颜色。有些博物馆则用表示出墙壁或屏风的说明书代替纸板的标签，在该说明书上带有布置在墙壁或屏风上的陈列品的尺寸和编号，在号码下面的说明文句中，作出短评。在参观者手中握有这样的说明书时，就不必接近图画，站在离图画有一段便于观赏的距离的地方，就可以知道图画的作者和图画的名称了。如果没有这样的说明书，参观者为了要阅读标签，便不得不走到每一张图画的跟前，然后又重新退到适当的距离来欣赏图画，而经常这样就会妨碍参观，并引起疲倦。说明书只有一份时应当贴在墙上，如有好些份则可放在桌上，以便参观者能够同时利用它们。这个方法对于不太长的墙壁和数量不多的陈列品是很便利的。此外，这样的说明图，最好是放在博物馆导引中。

各种绘画（原作）[①]

正像图画一样，各种绘画作品必须组合起来，以便在色调的配合上能够取得一致。并且使每一件作品又都能获得为单独观察它们所需的一切条件。

一组的陈列品应沿中心线均衡地悬挂。因为各种绘画都是画在纸上的，因此必须镶嵌玻璃（带玻璃的框子或边框）。画框和同艺术作品同时做成的具有时代风格及艺术价值的框子（例如，十九世纪水彩画的边框就是这样）都应当原封不动地保存下来。绝对禁止将绘画原作贴到纸板上和别的纸上去。所有的粘补工作都要委托给艺术品修复专家去做。绘画原作可用背面带胶的小纸条贴到画框上去[②]，但这样做不能破坏原作的完整。对于保持图画的完整来说，最好的方法是将一张薄纸板或普通纸对折，在纸上挖出一个比绘画略小的空间，把绘画夹在这中间，使其边正好被画框边沿遮住而画面却从那空间露出。这种"虚装"的方法，可以展示边缘损坏了的图画，并且可以不使用胶水。

画框的尺寸和颜色依据绘画的尺寸、颜色和性质而定。太大的框边对于小幅图画，太窄的框边对于大幅图画往往都显得不好看。在选择画框的颜色时，不仅要考虑到图画的总的色调，而且也要考虑到相

---

① 这一组包括有各种不同画法的图画（铅笔画、水墨画、炭画等）：色粉笔画（用各种特殊颜色的粉笔）、建筑图—投影、透视画、房屋正面画、平面画（墨水画、水彩画）、版面（图画刻在木板、氧化亚麻仁油和金属板上，然后印在纸上）、石印印刷品和招贴画。由于陈列技术方法相同，水彩画（用透明的水彩的图画）或树胶水彩画（用不透明的水彩的图画）也列入这一组。——原文注

② 胶水只能用淀粉制胶或相片胶，所有其他种类的胶水都是不适宜的。——原文注

邻近的整组陈列品的色彩装饰，以期不使同一类的陈列品有不同的底色，也不使从意义上看来是次要的陈列品从总体中突出。对于整个陈列品或一个部门，通常都应采用白色或色调相同的颜色。有时鲜艳的图画可以不要画框而直接嵌在屏风的浅色背景上。不过使用画框还是比较好些，因为给绘画作品装各种尺寸的画框和小框（图四十五）要比给图画装画框容易些，而这能使绘画具有各种的尺寸。

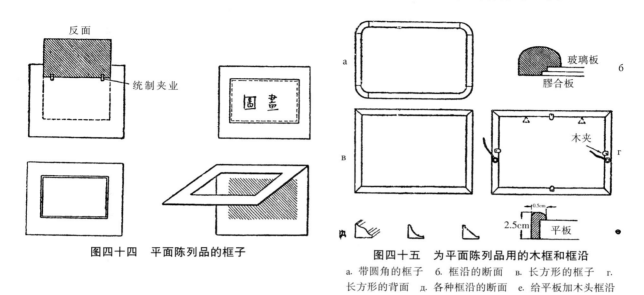

图四十四　平面陈列品的框子

图四十五　为平面陈列品用的木框和框沿
a. 带圆角的框子　6. 框沿的断面　в. 长方形的框子　г. 长方形的背面　д. 各种框沿的断面　e. 给平板加木头框沿

绘画要悬挂在墙壁上或屏风上。在绘画陈列馆中，应把它们分别陈列在一个单独的陈列室中而不要和油画放在一起。此外，各种绘画也可放在回转陈列柜中，放在不深的立式玻璃陈列柜中，以及放在带斜面的台桌式陈列柜中，有时也可将它们列入画册中。

水彩画，也像图画（特别是用粉笔画的）一样，对于光线是易感应的，它们很容易褪色。因此，除了在窗子上安设窗帷外，建议再做一些不大的缝在套在铁轴上的小圆环上的可以拉动的帷幔，将这种帷幔装在墙上和陈列柜上，以防止陈列品退色。

颜色已褪得很淡的水彩画应当用原作的临摹来代替。铅笔画通常意当交艺术品修复专家去固定，最好是用精制的和原作一样大小的影印品来代替它们。

在图画中，漫面应自成一类，因为它属于一种讽刺性的画法，特点突出并强调所描绘对象的某些特点，使观众对它集中注意，以期最尖锐的对某个现象和事件加以批评。应当承认，在博物馆的陈列中曾采用过各种原作和印制的漫画作为陈列品。现在，许多具有历史性意义的讽刺画原作，例如关于1812年之战的许多讽刺画，伟大卫国战争时期讽刺法西斯强盗的讽刺画等等正被广泛的使用着。

招贴画（原作）

招贴画也常被博物馆用作陈列品。这是一种把注意力集中于某一个问题上，并在一些附有短文的画面上尖锐地说明这个问题的一种画法。通常都把招贴画原作的印制品列入陈列，特别是列入反映我国历史的苏维埃时期之部中。我们都还记得马雅可夫斯基参加著名的"罗斯塔之窗"创立工作。"罗斯塔之窗"对于展示国内战争的历史，乃是无可比拟的纪实材料。在伟大的卫国战争时期出版的"塔斯社之窗"的招贴画，也是我们现在能够想起的。

招贴画（印刷的）可以用不装玻璃的画框展出，但是装了玻璃比较好看些。不允许用钉子或图钉钉住招贴画。招贴画应当装在玻璃窗里或者是固定在平板上，用有槽的嵌在板的平面上的小木条压住招贴画的边缘。和其他的绘画原作一样，招贴画也不可粘贴。石印印刷品也像版画和图画一样，常装置在"虚装"的画框里。

雕刻（原作）

在艺术之部中，雕像和雕刻组合通常总是被放在陈列室的正中，有时则放在墙的旁边。在这些陈列室中，通常还布置着油画作品，有些时候，甚至为雕刻作品开辟专门的陈列室。雕像（全身像和半身像）、雕刻组合和浮雕可以放入一切有关文化单元的陈列中。

雕刻作品通常是不用陈列柜就展出的，除非是一些小型的雕刻品。小型雕刻品可放在玻璃罩里。对雕刻作品最合适的光线是天然的侧光，这种侧光可以显现出作品的雕塑性。如用灯光照明，则以用散光为宜。

布置雕刻作品，如同上面已经说过的那样，重要的是要保持作品大小的有节奏的对比，以及高矮雕刻作品的交替。雕刻作品要布置在陈列室的中央。雕像和雕刻组合的周围要留下空地，使参观者得以相隔一定的距离来周览整个的陈列品。

在组合雕刻作品时，那些大型的雕刻最好靠近墙壁，使观众在周览陈列室的墙壁时，雕刻品被布置在墙壁的正中，或者是把墙壁划分为几部分。如果是后一种情况，则要在那些雕刻作品之间设下均等的间距，以沿着墙壁造成几个中心，在中央的雕刻作品之旁，布置较小的雕刻作。

在墙壁的中央布置大型的雕刻作品之后（假如它对说明主题是很重要的），就可在它的侧边间隔均等的距离放上对称的较小的雕刻作品。无论怎样都不要将大量的雕刻作品（特别是大型的雕刻作品）只放在陈列室墙壁的一边。

雕刻作品应放在结实的台座上（木制的，其表面修饰得很好的）。究竟应放在木台座上、大理石（用人造大理石）台座上，还是石膏（代替石头）台座上，应按照雕刻作品的大小和制造的材料而定。台座必须坚固，能支持雕刻作品的全部重量。台座的式样和材料应当符合雕刻作品的时代风格。假若在陈列室中设有符合于陈列室所陈列的陈列品的制造时期和风格的木器时，这点就特别重要。台座的高度应按照雕刻作品的大小和性质而定。通常人像雕刻多不符合真人的大小，尺寸或者大于普通的比例，或者是比真人小得多。为了使参观者能够看到整个的全身雕像，大型的作品（全身像）应放在高 30～60 公分的台座上，而较小的近似中等身材的作品则放在高 50～80 公分的台座。在这里，还要看陈列室的大小如何。半身像不能放得太低（其台座的高度通常为 120～140 公分），半身像的眼睛应比参观者的水平视线略高，只有小型半身像和小雕像才放在桌面上。

颜色较深的背景（赭色的、深蓝的、深绿的背景）能够更明显地衬托出浅色雕刻作品的轮廓；反之，浅色的背景配深色的雕刻作品也是一样，但是采用浅颜色的背景更能显出形象的浮雕性。白色的雕刻作品可放在天蓝色的背景上（"塔冈"地下铁道车站将大型的雕刻作品放在淡蓝色的背景上证明是适当的，雕刻作品的轮廓和凹凸显得非常清晰）。国立特列恰柯夫画廊将雕刻作品像图画一样放在中性的平静的淡色墙壁背景上。

浮雕布置在陈列室的四壁，通常是放在陈列区域的上部或陈列区域之上。对于建筑材料，重要的则是要按照它们在房屋中的普通的位置来布置。

第五章　复制陈列品的陈列技术

1. 实物的复制

在实物的复制品中，首先要研究立体的原物（实物）的复制问题。

有些立体复制品是某一对象的摹制品，而另外一些却是事先对所有必需的材料进行科学研究以后所创造的陈列品。

立体实物的摹制品（体积和原物相同）

有时候因为缺乏原来的实物，必须复制和原物同样大小的摹制品。这样的摹制品可以作为"生活"综合中的一部分，但是它也可以单独地作为主题陈列综合的组成部分。

立体物的摹制品可用各种技术由各种材料做成。人们常常制造木器的复制品——个别的标本或原物的不足的部分，复制由贵重金属制成的物件（电铸）。例如，国立历史博物馆复制了契尔东内茨的花瓶，特维尔地方侯爵波里斯·亚历山大诺维奇的猎矛等，钱币和铸钱的模子有复制品，书籍和档案文件也有与原物酷似的复本。

地方博物馆在地方历史方面如果缺乏某件陈列品，而这件陈列品在中央博物馆中只有一件，因而不能移交给地方博物馆时，地方博物馆可在中央博物馆订制复制品以弥补陈列中的空白。这点在展示地方的考古材料时尤为重要，因为精制的复制品有时可以补充发掘材料的不足。当然这种拟制不应成为凭空捏造，复制品应当在标签上加以注明。

在展示自然科学的材料时，复制品也有它的重要性。一般摹制品（形体和色彩与原物相同的模型。这种模型可用石膏、蜡以及用一种坚韧纸浆与胶水树脂石膏等混合物制成）用来展示各种容易腐烂的水果。全苏农业展览会的经验证明，在这一范围内摹制品是能达到很完美的地步的（陈列馆中科学研究工作之部就是用摹制品展示米丘林的方法的）。地志博物馆在展示农业产品时也广泛使用摹制品。例如，我们不能在陈列中长时期地保存卷心白菜，因此就可以注明原物的重量并附加详细的说明，用摹制品去代替它。标签中还必须注明：此项陈列品系精确的复制品而非实物。在自然之部可以用石膏来复制各种古生物。摹制品的质量必须很高，它们应当尽量准确地按照原物复制。

模　　型

按照比例尽量准确地摹仿立体原物的复制物件叫做模型。模型比原物要小（比原物大的模型颇为罕见），但保持了原物或部分原物的构造与技巧。模型通常用来复制"工业物品"，用来展示革命前，特别是苏维埃时期的技术经济。

模型也常用来展示机器、运输工具、房屋等。主要是用来表明它们的构造。

模型只能表现物体的一般外形。但是用断面来展示模型对于帮助观众了解物体的构造和作用是很好的。可以用模型全部地或部分地展出断面（带有截断面或开启面，可以看见陈列品的内部构造，能够去掉一部分或用透明的材料来代替这一部分）。

为了明显，可在小壁上和构造中需要注意的地方，涂上鲜明的色彩。

和工业用实物一样，模型经常补充示意图，说明机器动作的原理或物件的构造和装置。这样的示意图常常是可活动的（用手动或用电动机），它们可以帮助说明工业陈列品的功用。

活动模型

因为活动模型有很好的效果，所以广泛地采用于技术经济的陈列中，不过对于只表现物件的外貌而不揭示它的内部构造的模型仍要补充示意图。

虽然装置活动模型的费用很大，但这还不是说地方博物馆就一定办不到。只要我们争取经济部门的协助，就可以取得像火车头、拖拉机等的优良模型。对于地方的博物馆说来，这样的模型在苏维埃时期之部是非常有用处的。库兹涅茨钢铁工厂所属的斯大林博物馆中，就有高炉和其他机组的模型，这些模型已经成为这个生产部门的博物馆的主要陈列品。

比例尺寸的选择

选择正确的比例尺寸对于制造模型是很重要的。模型的比例尺寸当和博物馆或陈列室协调。这才可以按照它们的大小来和物体作比较和对照，对于有些物体的模型比例尺寸不可太小，因为比例尺寸过小，就不能看清它们的构造。中央苏军博物馆中，坦克的模型（长不过 30 ~ 40 公分）放在真实的庞大的武器旁边，看来好似儿童的玩具。在展示某物体时，若要展示其全貌，模型往往只能做得很小。反之，若只展出物件的一部分，就可将模型做得大些。

机器的模型（由于真实机器的尺寸和它们的构造的复杂）常按实物缩小五分之一或十分之一，这点必须在比例尺的标签中注明。工厂的模型的缩尺往往是五十分之一或百分之一（视房屋的大小和所占面积的尺寸而定）。油井架的比例尺寸通常是十分之一或二十分之一。主导陈列品的比例尺寸有时要大些。

原物的质地应当在模型中表明（即使模型是用和原物相同的材料做成）。金属的物件和机器不应当看了使人觉得是木制的，应使人感觉它是金属。在制作时，许多金属物件是木头来做，做好后用涂金属色泽的方法再给它涂上所需的质地。

着　　色

在使人了解上，模型的着色有很大的意义。物体外部的着色通常能达到逼真的地步。

在装饰模型和着色时，有时略去细部，只尽量准确完全地展示物件中的主要部分。

制造模型的准备工作

制造模型要求陈列的设计者进行巨大的准备工作，必须精心地选择材料，考虑全部构件。陈列的设计人必须熟悉关于陈列问题的文献材料，研究陈列物体的运转原理，取得图纸和照片，并编制模型装饰的任务书。首先要决定陈列的目的，确定哪些东西应当展示（外形、技术操作过程、构造的细部等）。这些问题要随陈列品在陈列综合中所占的地位和主题而解决。

工业物品应征求该生产部门的技师的意见。技师应指出在陈列中哪些是重要的，技师也应当审核任务书及图纸、照片。技师应该来自替博物馆制造是项陈列品的机关。

按照展示提出的任务就可决定展示的体积（物件的全部或部分）、截面的部位、模型的缩尺。这些都要由陈列的总的布置出发，并且需要艺术家一道去审视细部。进一步，我们要选择模型的质地和颜色，解决关于展示活动模型的问题，关于采用电气化的标示、照明等。所有这些，都要制成书面的制造模型任务书，并且要附上实物的照片和它的结构图纸。图纸越详尽、越准确，那么模型制造家就越容易保证模型应有的准确和质量。

制造模型，要求博物馆工作者经常在工作过程中予以监督，如有必要，可约请工程师专家以备咨询。

模型的说明书

已制就的模型，除了需要说明它的名称和缩尺的标签以外，还要编制说明书——也就是简明的技术经济规格（对于机器则应介绍生产能力、服务人员数、净空尺寸、重量等）。说明书的形式是标有数字的原文表，镶嵌并固定在模型之旁，详尽的叙述文字则置于纸夹中（隐蔽的陈列中）。

沙　　盘

沙盘是立体原物的艺术的复制品。它也是立体的，但较原物为小。

沙盘的尺寸较原物小，沙盘只要表现物件的外貌就够了，不一定要介绍物件的构造原理，而模型则要准确地介绍物件，通常还要复制活动的物件（机器、工厂等）。

按照展示的对象，沙盘可分为下列几类：

（1）地形（主要是表示地形起伏）的沙盘；

（2）景观沙盘；

（3）说明某地（森林、田野等）生产过程的沙盘；

（4）建筑计划综合物（城市、住宅区、住宅、工业联合工厂等）的沙盘；

（5）个别房屋和构筑物（外观）的沙盘；

（6）内景（生产的和日常生活的房间）的沙盘。

按照沙盘在陈列室中的地位，应区分：（1）可以从各方面观察的沙盘；（2）从一面看的沙盘——这种沙盘装在壁龛中，或放在可以从一面来观看的匣子里。

此外，沙盘可以是固定的，也可以是能活动的。

沙盘的采用

沙盘可以应用于地志博物馆各部门的陈列中。在自然之部，我们可以看到关于地质史的景观沙盘、展示地方地形的沙盘等。在历史之部，可以看到原始社会生活的沙盘、不同时代中不同阶级的沙盘、各个房屋和房屋综合的沙盘。在苏维埃时期之部，沙盘可以用来展示工业厂房和建筑物，用来展示生产的内景、住宅和社会公共建筑、城市等。

展示现代最新的复杂的技术成就时，沙盘往往是唯一的不可取而代之的陈列形式。不可能在陈列中用原物来反映技术操作过程，展出极复杂的机组和机器，但是，沙盘却能很成功地介绍某种工业车间中的工序和工作组织等。

沙盘材料的选择工作

制造沙盘的材料，必须经过十分慎重的选择，使根据所收集的材料能够作出真实的、艺术的复制品。对于复制具有历史意义的沙盘尤其要进行许多准备工作。为此，必须选择插图（图片、图画的照片）和纪实的书面材料——与之同时代人的证据、公文的记载、平面图、地图等（参看 E·N·得拉可赫鲁斯特著《关于社会陈列综合中沙盘的位置和内景的问题》，《苏维埃博物馆》1935 年第 1 期 26 ~ 32 页）。这样的复原工作要求事先进行广泛的科学研究工作，鉴定来源，以便具体地真实地恢复历史事件的情景。

陈列式的选择和沙盘的艺术装饰视沙盘在主题陈列综合中和在总的陈列体系中的地位和意义而定。

现实主义的沙盘

沙盘的艺术装饰可以采用各种形式。革命前博物馆留下来的沙盘都是些细小的零件。这样的沙盘不但不能给人关于主题的完整印象，而且往往是一种拙劣的方法，特别是在置入人体模型的时候。莫斯科历史与建设博物馆就曾犯了自然主义的毛病，在革命前工人宿舍的生活陈列中，窗帘、裙子都是用真的细纱制成，人物的面孔也涂上了种种颜色，好像市场买的洋囡囡一样。这种形式不但不能使观者注意主题；相反的，倒将注意力分散到琐细的事情上去了。特别糟糕的是"玩具式"的小人。

在同一博物馆中，另外有个工人住宅的沙盘。这个沙盘的构件不是孤立凸出的，一切都服从一个主题，服从于单一的艺术构思，表现的手法也是正确的、令人信服的、现实的。整个沙盘的结构是：将主要的东西放在前景上，后景的着色是深暗的，取消了揭示主题时一些偶然的、不重要的细节。在地志博物馆陈列沙盘中，应紧紧地把握住现实主义，那就是用可理解的、平易近人的、艺术的形式来表现内容。

在沙盘的装饰上，往往把那些不重要的细节舍弃，集中地表现主要的东西。这样，沙盘的主题就很明显。在土木建筑的沙盘中，房屋是很详尽地展出的，但房屋周围往往涂上中性的颜色（灰色或沙色），而不是自然主义地添上一些树木等。在平面的沙盘中，带有绿荫的土地常涂绿色，以作树木的图例。不过采取这样办法也应当是有限度的，因为过分图表化可能使沙盘不真实，流于形式主义。

在制造沙盘上用特写的方法突出主题中主要部分，是一个最好的方法。这种方法可收到良好的效果，并应广泛的应用。这个方法是不把许多细节展出，并且只是突出物件的一部分，把它们放大摆在前景上。其余部分放在深颜色的后景中。正像模型一样，沙盘也可以用颜色突出个别的部分，作出内部剖面和截面等。

沙盘多放在台子上。对于一系列的沙盘（例如建筑模型）须置于 1.20 ~ 1.13 公尺的高处。台子的高度决定于在沙盘上所表现的材料的性质。

动力方法

能运动的和电气化的沙盘可以大大提高观众对陈列品的了解。例如使光的指示器在某个综合的模型上逐渐地明亮和用各种字体写成的简单说明书比较起来，就能更快地向观众示明。

制造沙盘中动力的方法是很多的，可以用复杂的设备电动机等，但有时也可以用简单的手动的方法。

透视画和布景箱

透视画（出自希腊文"dia"，意即透过；"horama"意即图画，也就是一种透明的图画）是一种艺术的绘画，它不是在平面上来表现形象。而是利用透视的方法，把合乎真物大小的立体景移转入平面的图画上去，这种图画常常是借透光的方法来完成。透视画乃是图景画的一部分，而且是模仿它制作起来的。观众在看图景画的时候（例如塞瓦斯托波尔要塞图景画）就会感觉到自己是站在图景画的中心，当逐渐转身的时候，就会看见由这一点展开的全部地平线。将实物或者合乎实际大小的模型化的立体画放在前景上，使之渐次和图画融合，构成了真实的感觉（绘画是用各种颜色的光从幕布的前面和后面来照明）。透视画也就是图画的一部分，它是参观者站在图景画的中心，不需要动转身子来看的一部分图画（图四十六）。

透视画应当要求像图画一样，造成观众身临场景的中心的感觉。在平面图上透视画是为弦所切取的一部分圆周，参观者应站在圆心上，以便有适度的视角和视线达到透视画的适当距离。在准确性方面透视画与模型无异，它是一种立体的装饰性的图画。在透视画中采用了各种的比例尺寸，其中有第一景的，也有第二景的。看透视画时总是使人从一面来看，总是通过窗口朝屏风上看，在屏风之后布置透视画。

并不是任何一种题材都可以采用透视画的形式。例如机器，就要精确地复制零件，展示它的构造和动作，因此最适合的当然是用一定的比例尺寸复制模型。展示房屋、内景或房间也多采用模型。

透视画采用的题材主要是巨大的带有广阔地平线的空间，展示露天中的一组物件。透视画是一种立体画，它能够一般介绍物件。透视画中应去掉一切不重要的细节，因此不能使观众详细的、准确的研究物件，它主要是对观众的感情起作用。再者，透视画的构成正像模型一样，要求事先进行巨大的科学工作。透视画的画应当是现实主义的。

透视画的主要种类

透视画应当包括和原来实物一样大小的第一景（图四十七）。在自然之部中，生物群与作为背景的绘画放在一起是这种透视画最普遍的构成方法。在带历史性的陈列中，有时也可以用和原物一样大小的模型化的图画来代替原物。

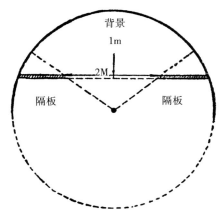

图四十六　透视画平面图，透视画占圆周的一部分（圆弧弦的一部分），
参观者应站在圆的中心。透视画的长与深之比是二比一

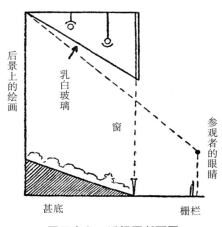

图四十七　透视画断面图

布景箱

布景箱和透视画一样，也须要符合透视画的构造的要求。它的第一景是由比例尺寸较小的立体画制成。它和由原物或真实大小的图画制成的透视画比较，用的材料不多，占地较小。

布景箱很简单，前面为立体的和中间的透视画景，后景则是不透明绘画（油画），后景备有凹壁。使立体景很自然的转换为平面景，就要靠艺术家在制造后景时的艺术能力了。后景是布置在画框上的，画框是沿着圆周的弧做的。在薄布上做成透明的、带画的背景是一个非常有效的方法。其方法是将图画用特殊的可以透光的颜色描绘而成（画在布料的两面）（正确说来，这就是透视画的定义）。利用前后的灯光加以照明（电灯是按剧场舞台的前沿电灯的方式排列）可以构成深远的感觉。用远景法构成的布景箱也是很广泛的，这种布景箱的立体空间，不是普通的图画，而是远景的缩小。后景是天的背景，天的彩色是用带颜色玻璃的灯投射的。

透视画的尺寸和配置

透视画通常是与照明有关的，并且总是放在壁后的壁龛里。透视画的窗口必须做得比透视画本身要小一些，其侧面做上隔板，使参观者看不到后景两侧的边缘。不要让参观者看到透视画的天花板，透视画的底必须使它斜对着参观者（参看图四十七）。在陈列室中，透视画的位置应与参观路线相垂直而不是放在侧面。在透视画的前面应留下自由空间。为了不使参观者过于走近透视画，应设置围栏。

透视画的尺寸通常各种各样的，这要依主题、构成透视画的要素等而定。透视画的长度与深度之比不得小于二比一，也就是深度应该等于长度之半。如果第一立体景越大，那么透视画应越深。后景不应当固定是半圆，应以弦为标准。天花板可以尽量做得高一些，不要使参观者看到后面的墙的边缘。

布景箱的布置

在布景箱中，虽然前景总是比天然的景物小些，但是它却具备大型透视画的一切构成条件。可以放在参观者的水平视线上，即 110 ~ 130 公分的高处。布景箱的中央部分应当在普通身材（约 150 公分）的参观者的水平视线上。为了便于小孩观看，每每在布景箱的前下方设梯级。

前景应选主要的物件，舍掉一些细节。在前景上，可放上大型的物件，使之强调出图画的深度。如果通过大型的桥门来展示布景箱，展示带有窗景的窗子。桥拱等，就能得到很好的效果。第一景的处理和远景的恰当的构造，在制作透视画时是主要的，其他重要问题还有如何使背景与前面的主体景物融合起来。不透明的背景是用油涂在麻布上或油布上制成，带色的照片画或布画都可用来作为背景。有时也可使用透明的带画或不带画的背景。

在透视画之上，光源之前，有时也安置毛玻璃。当透视画插入陈列柜中时，必须保持陈列柜有良好的通风设备。若有人工照明，这点尤其重要。为此，可用圆柱形的通风管，管口用棉花塞住，通过棉花来滤清空气（大型透视画的圆柱直径为五公分或五公分以上，小型透视画是一公分）。

透视画的照明

用灯光来照明，可以提高透视画的效果。暗装在脚灯中的光源，能使物件带柔和的影子，因此可以保证个别构件的浮雕性。

投射直光可以使个别物件突出，还能构成日光的感觉。在照明透视画时，宜用有色的玻璃。为了这个目的，可利用剧场用的吊挂式排灯，在灯上安上各种颜色的玻璃片。另外，也可以采用色灯信号的有色玻璃圆板。为了不使玻璃受热炸破，可将玻璃板割成玻璃条（每个灯格中装三条），并在其下装白色玻璃板。侧面的排灯可和反射镜一起用。所有的光源都不应使参观者瞧见。灯要布置在背景的后方，并须装设防火器（剧院和博物馆中，这种防火器由城市消防局制造）。灯也可以涂上所需要颜色。

透视画宜插入陈列柜中，光源不应逼近物件，光源放散的热量应当用通风的办法消除。透视画可以从侧面照明也可以用灯组从上面照明。在小的模型中，为了避免灼热，光源宜放在毛玻璃的后面或小窗的前面，小窗开在不透风的用沥青粘合的箱子的顶板上。透视画的窗最好装上玻璃，使参观者通过窗口去看。在这种情况下，不会有反光，因为照明透视画的光比陈列室的光强些。

透视画（由原物和模型制成）也是陈列品。假如远景做得很好，第一景布置得很恰当，照明条件好，而陈列品又像艺术作品一样，根据科学的基础，正确地描画了现实，那么透视画就一定能引起参观者的注意。

布景箱的运动

在透视画中，对于加入运动的机械是有若干限制的。只有在不破坏远景的条件下，才可以在第一景上加入运动的机械。例如，放上活动的料车只能与脚灯平行，否则如果车子朝着缩尺较小的第二与第三景方向深入时，就不能随之缩小尺寸。有时灯光可用来取得特殊的光线效果（例如行云、流水、火焰、黑夜与白昼的替换等）。在一个窗中，可以展示好几个透视画，其法是使它作机械的移动（像能旋转的舞台那样）。

雕刻品（复制品和新制陈列品）

雕刻品不仅在艺术之部的陈列中很有意义，它也是博物馆各种专题陈列中的构成部分，它往往可以给整个陈列室以综合的面貌。例如，列宁中央博物馆的很多陈列室的中央都放了雕刻作品，特别是艺术家为博物馆制造的雕刻品。在纪念性质的博物馆中（例如喀山的高尔基博物馆）也广泛地采用雕刻作品来充实陈列，在苏维埃时期之部的陈列中也常使用雕刻作品——地方知名人物和先进生产者的半身像、社会主义劳动英雄、苏联英雄的胸像）。

许多省立博物馆在陈列中，列入了苏联英雄——当地著名人士的雕像，并为他们辟出了专门的陈列室（例如下大吉尔斯克博物馆、鞑靼自治共和国博物馆）。

动物雕刻品，特别是巨大动物的复制品，也是常常用到的（例如国立达尔文博物馆艺术家 B·A·华达金就复制了许多动物的雕像）。在地质史的陈列中，小型的动物雕刻也是很有用的（例如克拉斯诺雅尔斯克博物馆和格罗兹内博物馆、列宁格勒的车尔内舍夫地质调查博物馆）。

博物馆有时也向雕刻家订制雕刻品的复制品，雕刻品应委托给作者。

根据某个主题订制雕刻品、半身像、群像、浮雕的时候，科学工作者必须制订任务书，注明雕刻品的内容，雕刻品在陈列综合中的地位。此外，他还要供给雕刻艺术家美术材料和文件材料，因为要使作品成为科学研究的成果，这些材料是必要的[①]。

---

① 斯大林奖金获得者雕刻科学家 M·M·格拉西莫夫制作的人类头盖骨的经验是很有益处的。他所创造的安得列·波各留布斯基、雅罗斯拉夫、牟得内等人的胸像都说明这种复制品在陈列上是有广大的前途的。他所制作的原始社会的人类的面孔很好。——原文注

绘　　画

实物复制的第二组是各动物体的平面绘画：造型艺术作品、照片和图样。

在这组陈列品之中，有绘画（图画、插图等）的准确复制品和根据一定的主题为陈列特制的绘画。制作这种"新"陈列品要求事先进行巨大的准备工作，它要保证科学的可靠性和所创作艺术品的准确性，同时它还应当是深入研究主题的结果。每张绘画都要编制任务书，决定未来陈列品的内容，并选择说明材料。

镶板画

镶板画是墙上的美术作品，通常是陈列室建筑艺术中和建筑形式有关的具有纪念性质的构成部分。镶板画通常带有装饰性的塑造的框子。镶板画往往放到划分墙壁上部的墙檐之下、拱门的上部或用木块镶嵌的墙上——通常总是位于陈列范围以上。

镶板画的制造技术有很多种类：绘画、壁画①、浮雕，这种画应广泛地在博物馆中使用，因为它是久经考验的吸引参观者的有效方法。它可以使整个陈列的主题形象化起来。

近来，由照片制成的镶板画（大型的放大照片）用得很普遍。这种画必须经过一番画描绘，因为在放大以后镶板画不够明晰。有时镶板画略为着上一点颜色。在全苏农业展览会上，镶板画是艺术装饰上不可缺少的陈列品，同时也几乎是每个陈列馆所使用的陈列品。着色的镶板画、照片镶板画、在板面上作为飞檐的镶板画也用得很广。在本书的附录中，我们可以看到克拉斯诺雅尔斯克地方的全苏农业展览会陈列馆的照片，这张照片中的镶板画陈列在陈列板以上的宽绰的面积里，画的内容是西伯利亚东部的自然景物。对于地志博物馆说来，这种方法是大大值得推荐的。在展示景观的自然之部中，尤其需要镶板画，大型的镶板画可放在陈列范围以内，使得屏风显得很富丽堂皇。镶板画应取得建筑艺术的形式，像油画一样地挂在墙上。

制作博物馆陈列用的镶板画，先要确定其内容，使之合乎该部门陈列的主题。科学工作者应将任务书授与艺术家，任务书应准确地说明主题及其内容并附有在艺术家工作时需要的说明材料。

图画（再制品）

图画不仅可列入艺术陈列中，它们在博物馆的其他陈列部门中，地志博物馆中，也起着很大的作用，因为它们可以用来表现自然、历史和社会主义建设。如果在画册中有博物馆所需要的作品，就可以按照博物馆订货的方法，复制这一主题所需要的图画。

陈列多按事先编制的主题计划构成，因而根据一定的主题订制的图画具有更大的意义。图画也是陈列品，它也是陈列综合的有机构成部分。举办陈列时，科学工作者不应忘记图画是一种非常起作用的陈列工具。图画可以补充书画材料，使反映在文件中的历史事件（例如农民或工人的暴动）得到生动的形象，它可以是主题中独立的陈列品（例如，某革命家在某地的演说，游击队司令部的建立等）。为某陈列制作专用的新的图画，和制造其他陈列品一样，应当进行巨大的准备工件。艺术家应当有明确的主题任务书和经过精选的材料。

---

① 壁画是一种画在室内（陈列室内）墙壁上的画，它是用溶解于水的颜色画在新用石灰粉刷过的墙壁上，或用掺了石灰的颜料画在已经干固的墙壁灰层上的。——原文注

历史方面主题的材料，应该特别慎重地选择，以免破坏图画中历史上的真实性。艺术家必须掌握符合主题的辅助性质的全面纪实材料，必须研究印刷的和手抄的材料，需要熟悉关于所描绘的历史事件的纪实资料，总之，应当根据已编定的计划，进行巨大的科学研究工作。图画能表现文艺主题（对某作家某部作品的插图），在纪念性博物馆的陈列中，图画能表现出人物的生活与事业（例如喀山的高尔基博物馆）。

在地志博物馆中，本地与其他城市艺术家制作的绘画与图片，能描画自然景物、历史事件和地方的当时的生活情况（在托琴博物馆中，艺术家瓦赫鲁舍夫创作了一系列的描写当地自然景物的写生画）。用绘画来表现自然环境中的动物是很成功的（例如莫斯科大学的动物博物馆）。在中央博物馆中，为陈列制作图画也有很大的意义。在许多场合下，特别是当展示外表不太显目的纪实材料时，图画是展示主题的最好方法，因为它最容易看懂，并能传达出综合的形象。中央苏军博物馆的陈列中，成功的使用了关于伟大卫国战争的图画，综合地展示了各个纪实的陈列品。苏联革命博物馆的陈列中，也广泛地使用了图画，这些画都是根据订货办法订制的。至于地志博物馆，图画多用在现阶段的苏维埃自然历史和经济文化建设陈列主题方面。

讽刺画（博物馆的再制品）

在陈列中，可以有讽刺画，即特为某个主题而制作的漫画。例如库克雷尼克塞三位艺术家，就特地为陈列创作了一系列的"古老莫斯科"的漫画，讽刺莫斯科革命前生活的阴暗面。

政治讽刺画是一种锐利的武器，同时也是极容易了解的陈列工具。在展示欧洲联合国向年青的苏维埃社会主义共和国侵犯时，深刻的讽刺帝国主义列强的漫画，是完全适宜的。

招贴画（博物馆的再制品）

在为了陈列创作的艺术陈列品之中，招贴画有很大的作用。

除了纪实的印刷的招贴画（原作）之外，还可以由原作订制带色彩或带照片的精确复制品。

此外，博物馆也专为陈列制作艺术招贴画，其题目与装饰悉从属于某一主题。

招贴画之中，特别重要和有用的是以工业和农业为主题的招贴画，因为它们能够广泛地在中央和地方举办的博物馆展览中使用。工业招贴画能使参观者认识机器，宣传斯达哈诺夫的劳动方法，还能展示技术安全规则，传授农业技术等。

招贴画的原文应当是简洁而有力的。招贴画的内容要用浅显明了的形式表达出来，使观众的注意集中到最本质的东西上去。因此，在招贴画中，常常使用对照的方法，使人将注意集中到某个主题的最重要的因素上去。为了使主题明显，招贴画通常舍弃琐碎的、不直接与主题有关的东西。例如，展示车间中的工作地点时，应明确表现的是车床与在车床前进行操作的工人，车间里其他的工人绘其侧影即可。有时画上只有握工具的手，而不画出工人的全身。

在招贴画中添加照片

博物馆中常把照片或放大的照片加到招贴画里与画相结合合为一体。画绘在玻璃上，有的需要照明，有的不需要照明。为了加强陈列的效果，使陈列品生动，可使用透光画，在先出现的第一号图画上，逐次显出数字、本文、其他图画等（中央劳动博物馆曾使用过这种透光画）。图画有时也和半浮雕性质的画放在一起（这种半浮雕画的质料有木、石膏、金属及其他各种材料）。中央劳动博物馆的斯达哈诺夫馆中，使用了各种质地的电动的和机械化的招贴画，效果甚好。

图样（博物馆的再制品）

在博物馆所制造的陈列品中，图样也是重要的一组。建筑设计图往往用着色的复制品来代替。图的尺寸，缩小或放大，悉取决于图样在主题中的意义和图样在屏风上的所占的地位。

制作尺寸合乎陈列需要的照片复制品时，常将绘画制成照片。如果建筑设计中，只有立面图和平面图，而这些图在陈列中的表现力不大，则可定制远景或投影一类的建筑材料，远景或投影上具备陈列所需要的地点。经过博物馆加工改制的图样，就能获得合乎全部陈列主题的陈列形式。博物馆取得的图样，多为蓝图或具有详图的图纸，因此博物馆工作者应当非常细致的进行工作，如审阅图样，阐明建筑物所依据材料，简化若干过于复杂的图样等。如情况很复杂，应请教顾问和专家，和他们磋商图样的改制事宜。

图样的加工制作

工业图纸的加工，首先是决定图样的详细程度。图样的详细程度，又视陈列综合的题目和图样在陈列综合中的地位而定。如果图样所从属的主题不同，那么对同样一张图样可以有不同的解释。

决定展示的内容之后，就可决定详图的取舍问题和图样应采取怎样的形式展出。

艺术家有时要按照断面图和立面图制作透视远景画，并示明其内部构造[1]。

用无光纸拍摄照片，将它放到所需要的尺寸，可以得到很好的适于陈列的图样。照片上所需要的东西，可用墨汁圈住，其余的东西则可用化学的方法抹去，方法是用硫代硫酸盐和血盐（1立升水中可含0.1立升）加工。最后图样涂上彩色，并标上题目和说明文。

图样上的文字和其他平面陈列品的文字一样，应力求压缩，但是经过压缩的文字要足以说明图样。确定图样的内容、颜色和质地以后，博物馆工作者可为艺术家编制任务书，附上图样的配置草图和说明文字。

图样的装饰

图样的装饰应视主题陈列综合的装饰性质和全陈列室所采用的装饰而定。图样的陈列方法有很多种。可以用线条在纸上画出图样，或者是制作放大的照片。无论用上述的哪种方法，图样都需要着色并附以简洁的说明文。图样尺寸应保证能看清细部和文字。即使作为辅助陈列品，图样的尺寸也不得小于24公分×30公分。

有时图样也用油质颜料制在玻璃板上面，玻璃板设有照明设备，或有不透明的背景。常用的方法还有灯光指标或渐次增加的图画。

浮雕图样

在陈列图样中，常利用浮雕性的图画，使其颜色与质地与原来真实物品接近（土地用壤土表示；建筑材料用砖或灰色的混凝土等来表示）。图样也可以由浮雕性的变成半模型的图样，方法是在图样中置

---

① 例如，如有开凿地下铁道的隧道的图样，就可根据其详图制作透视画，展开隧道内部的施工组织。这种陈列品，在全苏建筑展览会上，曾配合大型活动模型的展出，结果很成功地介绍了地下铁道中的施工情况。——原文注

入半立体的或立体的构件（例如水道管）①。

莫斯科的历史与建设博物馆中的自来水之部，许多图样都是以半立体的浮雕形式展出的，有时候，还补充了绘画的背景。

图样中添加的运动部分

在个别场合下，复杂化了的图样是很接近于模型的，因此，这种图样中，可添上用手来转动的工具（例如把手）或用马达带动的运动部分。

未经加工的蓝图或原图不宜陈列。

照片的制作

在研究某个主题时，博物馆工作者往往要专为陈列进行拍照工作，因此陈列所用照片往往是由拍照得来的。照片陈列品通常是唯一仅存的照片的复制品，或者是原来照片或复制照片的放大。这种照片陈列品能随意加工，因为它们易于复制。

照片比绘画更能真切地表现对象，因此在博物馆的陈列和展览中应用得非常广泛。

原照和翻印的照片的分别是：原照是由拍摄（室内外）实物的底片直接洗出的，翻印的照片虽也是由底片洗出，但是它的底片却是从拍摄照片、画片或原来的底片而得来的。

文字材料的照片常能替代原来的手稿和印刷材料。美术材料可以翻照，没有底片的原照也可以翻照。

照片的纪实性

从室内室外各种景物摄制成的照片，广泛地应用在博物馆的陈列和展览中。在许多情况下，特别是要准确地记录某种现象的时候，照相还是一个不可取代的方法。

中央苏军博物馆陈列了在法西斯匪徒占领期间城市与乡村遭受到的破坏的照片、德寇暴行的照片、帝国大厦上升起苏联国旗的照片。这些照片和其他许多照片材料深刻地感动了参观者，它们的真实性、历史事实的说服力在人们的脑海中留下了不可磨灭的印象②。

作为纪实材料，照片可以用到各种性质的陈列中去（例如展示优良的牲畜品种、自然状态中的动物；展示自然——森林、湖泊、山岳、河流等）。

照片不仅可以展示单个物件，而且还能展示整套的物件，甚至能展示用其他方法难于表现的事物。例如城市的全景、工作时的生产车间等。在展示生产过程和人们的活动时，最好是用一套照片。

照片也宜于展示物件的细节（按原来的大小与放大或缩小）、物件的结构（例如某种物件在显微镜下的放大照片）。

照片也是一种陈列形式，它对观众的感染力，在多数场合下，和实物材料并无二致。当然，也不能滥用照片，把陈列墙壁变成"画报"栏。要知道优良的陈列品如果用得过多，也会产生不良的效果。这

---

①　例如像在平板上装上管子的立体画，展出管子的纵剖面或者展出整个部件的切面。——原文注

②　苏军博物馆中有一套照片是中间经过一定的时期，在同一地点拍摄的。这套照片（注明了拍摄日期）说明在伟大卫国战争中不过几个月的时间就在乌拉尔区建立了巨大的新工厂，实现了党和政府关于尽快地将工业基地转移到东方的指示。这套照片比当时建成的工厂的图片具有更大的感染力。开工前工地的照片和巨大的工厂建成之后的照片对照起来，必然会引起观众的兴趣。遭受德寇侵略军破坏的顿巴斯工厂炸毁的结构、断瓦残垣都清晰地表现在具有说服力的纪实的照片上。当这些照片和说明恢复工作的照片，与由于苏联建设者英勇的劳动而恢复的建筑物的照片并列时，观众就会从这些纪实的材料上，看到恢复时建筑工程的宏伟。——原文注

点在色调和风格一样的照片集上，表现得非常明显。

主题陈列综合的照片

照片作为一种主题陈列综合的构件，在陈列中具有不同的意义。照片可以补充实物标本，展示物品的零件、物品的用途和制作过程。照片也可以有独立的性质，成为中心陈列品，在它的周围组织说明材料。例如斯达哈诺夫工作者的照片，可以用图表、文字和工具图画来补充，因为这些材料能说明工作方法的实质。在房屋建筑（住宅、公共房屋、工业建筑物）的陈列中，照片和平面图、模型同样是主要的陈列品，有时候还是最基本的陈列品。在纪念性质的陈列中，被纪念人物的照片（复制的）以及关于他的各个时期的生活和平生事迹的照片有重要的陈列意义。历史性事件的照片在主题中也可以占主要的地位。在陈列综合中，照片的作用和地位可决定照片陈列品的装饰方法和布置方法。照片还可用作其他陈列品的根据或构成部分（地图和平面图、照片板画、带照片的招贴画都用得上照片）。

照片的尺寸

陈列中照片的尺寸通常不得小于 24×30 公分。有时候图解、招贴画中的照片或拼合在一个总的平板上的照片，尺寸可以是 18×24 公分。

屏风上不可放置 9×12 或 13×18 公分的小照片，这种照片必须放大①，照片不宜用得过多。陈列面上，一般只布置一些大型的放大照片，至于为了深入研究的其他照片材料，可置入补充性的陈列结构中或画册里。不管怎样，不应使参观者感到疲劳。冗长的文字和太多的照片都会使观众疲劳，单调的照片也会迅速地减低观众的注意力。

剪辑照片——即按轮廓剪下照片然后拼成一个杂汇，这是很不恰当的，因为剪辑了的照片往往没有注释。

为了使照片便于观看，可采用照片加工的各种方法。由于有了现代化的放大方法，放大照片的复制更容易了，而且可以大量供应。

照片中的特写

照片中景物的特写，是一个引人注意的好方法。为此，必须选择恰当的摄取部位，将能够说明主题的重要景物放在前面。有时甚至只摄取物件的一部分，例如表现生产过程，可以只拍摄握有工具和半成品的手和操作程序。为此，可将同一照片印两次，先印一张现出整个镜头但景物较为浅淡的照片，然后对照地、鲜明地印出景物的重要部分。这要用两张底片，其中一张底片，除了需要明显印出的景物之外，其他的东西都要涂抹掉。

这样，在一张照片上可以有不同的景象。例如，车间全貌尽可能不显目，有时甚至只留下淡淡的轮廓，但是车床和工人又大又明显；又如在周遭建筑物的淡淡背景上，使我们需要的房屋突出地显示，或者在建筑的背景上突出建筑物的结构。

照片的取景

为了使我们需要的物件突出，弃去与主题无关的琐碎事物，在定制放大照片时，应从事照片取景和

---

① 只有古老照片的复制可以例外，因为古老的照片是重要的纪实材料，它往往是独一无二的，放大是有困难的。——原文注

裁剪的工作——能像这样加工的照片，是指博物馆拍摄的照片而言，唯一的珍贵照片是例外的。

底片和照片上的无关紧要的部分，或者应当修去的部分，可贴上纸条。这样可以大大地改正照片的缺点，在不损害照片纪实性的原则下使表现的物体更为醒目。例如房屋前面的地面太大，则可遮蔽照片的底部，相应地弄小照片的边缘，保持照片的通常 3:4 的比例。这样，在放大时，房屋就能显得大些。天空、邻近的建筑物都可遮蔽，如果房屋照歪了，也应当在这时候矫正。

在团体照片中，可以只取一个我们需要的和主题有关的人物，其他的人物可以不管。有些场合下，需要复制底片，涂掉原底上所有不必要的东西，替景物换一个背景。有时候可从照片上剪下某个物景，把它贴到淡色的背景上从新翻印。

放大照片的修正工作

修正工作对于照片的加工是很有帮助的。技术性的修正工作是指除去斑点，除去不需要的细节。艺术性的修正可以使放大的照片获得为主题所决定的形式，显示出照片上所有重要的东西，除去多余的东西。例如，要在城市建筑的主题中展示新房屋，而恰好照片是在建筑场地尚未清理、一些脚手架尚未拆除时候拍摄的，这时就应当用修放大的办法，除去照片上的偶然性的事物。放大照片时，如放得过大，照片上的若干线条就会不清楚，这时也应用修正办法来突出这些线条。底片虽可修正，但最好是保持原样，不加改动。由底片洗出的照片则可任意修正，因为万一弄坏了，还可换张新的。

关于底片放大限度的问题，最好是请教摄影师（如果陈列工作者对辨别底片的性质没有修养的话）。

照片的着色

陈列用的照片着色以后，会显得很悦目。因为灰色的照片往往与陈列综合所采用的彩色背景不相适合。因此照片需要在照片化验室中涂上不同色调和不同强度的褐色。照片涂蓝色、绿色效果都不大，涂时必须慎重细心。使用彩色照片时，更应慎重①。

一般在照片着色上所犯的粗俗的自然主义是应当避免的。

博物馆在使用彩色照片方面是有经验的。但是彩色片子很昂贵，质量还不够高。随着技术的改进，照片着色是有广阔的前途的，因为它可以广泛地在博物馆中使用。

幻灯片

使光线透过照片（天然光或人工光）的办法，能提高观众对照片材料的兴趣。为此，可将照片印成幻灯片（其尺寸最好在 30~40 公分以下）。经过修版，轻轻涂抹上颜色（如果必要的话），最后将片子放在窗前或者放在人工光源设有排灯的特制的箱匣中。说明文字写在片子上、透明纸或用油颜料写在玻璃上。在展览的实践中证明，使用大型的幻灯片（达 1 公尺）是成功的，这种大幻灯片可在窗子上（白天用天然光，晚间用灯光照明），并淡淡地着色。

不能活动的照片或幻灯片不如能活动的效果大。所以可用种种办法来使一组照片连续变换，变换的方法有手动和机械运动两种②，片子可从在小壁上所开窗孔上放映出来。

---

① 全苏农业展览会的照片板画都淡淡地着了颜色，照片上的天空也涂染了颜色，效果不坏，这是因为在着色方面有高度的艺术性。——原文注

② 片子宜联成长带，绕在暗装在壁后的鼓轮和轮子上（四十九图）。——原文注

投影灯

展示照片材料（照片与幻灯片）最完善的动力方法，是用投影灯。投影灯有许多种，其构造的复杂性也各不相同。这种方法只可以用来展示第二计划的材料，但是也可以用来展示一套基本的材料（例如某个生产过程，高炉的建筑等）①。

这里，我们举出两种复杂性不同的投影灯。这两种投影灯见图四十八和图四十九。

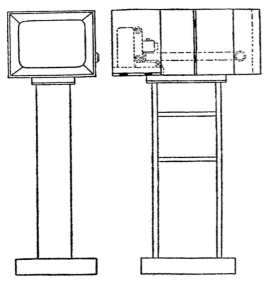

图四十八　幻灯软片用投影灯示意图（中央劳动博物馆）

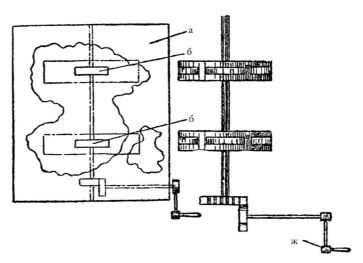

图四十九　一组美术材料在窗口 6 更换展示，窗子开在 a 上，转动是用把手 ж，把手与齿轮相联，经齿轮使带图的 г 的圆盘 в 转动

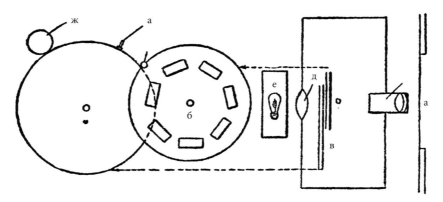

图五十　在玻璃板上轮番展示幻灯片的投影灯

a. 屏风后的灯幕　6 与 в. 带幻灯片的圆盘　г. 接物镜　д. 聚光器　е. 灯　ж. 马达的皮带轮，带动圆盘 6　з. 圆盘 в 上的轴杆，打动柱销，使圆盘子转动

---

① 近年来，博物馆和展览会所采用的投影灯中，я·А·科洛波夫式的投影灯最好，这种投影灯能自动地在银幕上调换幻灯片。幻灯片（3×4 公分）着色后，也能清楚地显示出来，这种投影灯用的幻片，数量由八个到四十八个，从容量上来看，用这种投影灯也是最便利的。——原文注

照片上压玻璃板

　　为了改善放大照片的外观，通常把放大的照片用玻璃板压边，或用玻璃板压平。这样，湿的照片就会牢固地和盖在它们上面的玻璃板贴在一起。这种照片有时需要把它的轮廓清晰的描出，要在玻璃板的背面涂染背景或制毛玻璃面，最后才将它置入透光处。有时在这种照片的背面涂上蓖麻油，用来代替幻灯片。涂过油的照片夹在两块玻璃板之间。尺寸相等的照片可组合在一块玻璃板下（用一块玻璃板压住）制作上深色的背景并加上说明。

照片透光画

　　照片材料也可以使用透光画的方法。做法是把照片上的需要加工的部分从反面挖了去，然后贴上带颜色的玻璃纸，再盖上玻璃板。当灯光通过挖去的部分时，就可现出带颜色的线条、箭头等等。在照明背景时，可以显出补充的图画。

照片模型

　　照片还可用来制作照片模型。为了将一张画分成几个景（例如前景、第二、第三、第四与后景），可以定制几张照片，把这些照片都用玻璃板压住（每块玻璃板上带有照片的一部分景）。照片嵌入玻璃板后，平行地放在箱匣中。玻璃板后的灯照亮玻璃板时，就可以造成一张画的立体画面。（图五十一）

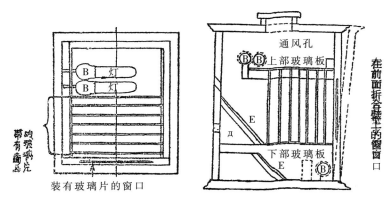

图五十一　照片模型——箱中有平行放置的嵌有图画的玻璃

这些玻璃板分为几个展示：左．平面图　右．沿 A 以下虚线的断面图　B．灯　Г．吸气孔　Д．通气孔　E．由乳白玻璃制成的反射镜

　　从卫生观点看，立体镜是不宜用在博物馆里的。加之这种镜头只能容单人看。立体映幕和彩色的立体照片（现在已着手制动画）将来可能用到博物馆里来。

电影片

　　短的电影片子可在博物馆讲演厅中放映。放映时间宜在观众参观博物馆之后。

2. 图表陈列品

　　图表陈列品是用线条和符号来展示客体之间的联系和对比关系的，线条和符号都规定出代表一定的意义。属于这类陈列品的，有图解、示意图、地图（包括平画图）。

图　　解

表示数量关系的图表叫图解。

博物馆经常采用的几种主要的图解如后所述。

线形图解

可以用来表示现象的运动的线形图解分柱状图解和条状图解两种。这两种图解都便于从每年发展的绝对数字上来表示某个现象发展情况。图上所绘的柱状线条的宽度都相同，它是按照所采用的比例尺从柱的高度上来比较的。这样可以使观众一目了然地看出大小的对比。条状图解的绘制方法和柱状图解一样，但是代表数量的指标的是取横的位置，而年度是列在纵线上，不要用别的画来代替柱状线条。例如，从小拖拉机和大拖拉机的图画上，并不能看出拖拉机增加的数字，它们只令人感到是在比较体积和马力。又如图解中画一些学生的形象来代替柱状线条，也不能令人一眼看出学生增加的数量；相反的，倒使人觉得是表示这些学生长高了。这种办法，必然的后果是使人从面积上来比较图形，但是，从面积的比较上（从平方和其他形状的比较上）是不能得到正确的印象的。绘制的图形可以同时增加高度和宽度，如果将边长为 2 公分的正方块的边加宽一倍，我们将能得到 16 平方公分的面积，也就是在实际上得到四个面积为 4 平方公分的正方块。这样，面积的比较在图解中是不恰当的，因为它不能使参观者正确地掌握。

带曲线的图解是依照两个座标制成的，用座标来表示各种数量（横座标示年度，纵座标示明现象的量度）。在垂直方向上的点，联成线以后，可示明随时间的推移数质的增长和减少。曲线可以用来表示现象发展的趋势。

结构图解

结构图解可以用来表示某个现象的组成或整体各部分的关系。可按照数质之间的百分比将图上绘的圆面积划分，或将一方块面积划分为 100 等份。横条可划分为 100 份，按数量关系划出若干小段。

为了展示量、质因时间改变在结构上所起的变化，可作出两个或若干个图形（圆或百分方块）。这些图形能清楚地表示现象在一定的时期中（在各年度中）其组成方面的改变。

用圆和图解，不仅能展示现象在不同时期中的结构变化，而且也能展示现象本身，相应地计算出圆面积。必须指出，这个方法，正像一切图形面积的比较一样，在视觉上是不足令人信服的。在制作圆的图解时，为了看得明白，可根据垂直图解底边的共同直径来比较扇形。在图解的中心是百分之百，扇形则标记百分之几。绝对数字通常记在百分之百旁边。

带同义符号的图解

博物馆陈列中所采用的第三种图解，是带同义符号的图解。每个同义符号（图形）代表相当这个符号的数字。用若干组图形（方形、圆形、钱币图形等），可以得出比较。这个方法的另一形式，是在图解上采用同义的图画。为了表现多种现象可制作标准符号。

这种方法制作的图解宜用于图册中。在博物馆的陈列中，这种图解看起来很不方便，如果数量过多，就会使人感到疲乏，因为它们都是一个样子。如果图解上没有数字（仅在图形的数字标记的说明中指出数字），那么参观者需要自己计算总数。这当然是一件极累人的事。因此，有时在一系列的图形旁边注明数字，并将图形按 5～10（最小数的倍数）组合起来。这种组合可以立刻告诉观众某种现象比另一种现象大若干倍。

虽然博物馆的陈列需要图解，但是我们不可乱用图解。到处使用图解、原文与照片，会把陈列弄成"纸上的东西"。

为陈列制作图解

为了满足陈列的要求，事先应审定由各种来源取得的数字资料。图解中指标过多，便难于使观众接受[①]。因此在每个图解上，只宜用一个数序。用这种数序，指标不是根据每个年度，而是根据图解所反映的主题决定的日期[②]。

为便于观看对照起见，往往只举出概略的数字资料（例如按五年计划举出）。展示某一现象对另一现象的地位和意义时，必须将绝对资料化成百分数。

至于每件图解的内容和展示数字资料的方法，应视陈列的类型及图解的陈列综合的题目而定。为此，在主题计划中应事先决定图解的主题、指标和制作日期，然后按照这个任务书选择统计材料。

图解的数字和文字、图解的装饰性质，完全依图解在主题陈列综合中的作用而决定。

图解的标题

制作图解的重要事项是标题醒目。标题应简单而准确地表现图解的内容。通常标题只有几个字（两个到八个字），说明内容则是副题的任务。副题也要简短，指出材料的指标即可。

决定图解的文字的份量时，应考虑屏风的文字的份量。部门和主题的名称不应当在每个图解中重复。往往把一组图解用一个题词总括起来。例如，在一组图解上，题上："某州或某区某年的工业"。在个别的图解中，州的名称都不再重复，也不再用小号字在图解的上角标明。

博物馆工作者对于他所掌握的数字材料，应进行细致的加工。陈列中的图解应当是构成全部陈列综合中的一部分，而不是统计簿中的一张纸或是其他不相干的东西。

屏风上只能挂主要的、对于某一主题很重要的图解，其余的材料应置入隐蔽的计划中去（画册中，补充性的屏风上等）。

图表的装饰

图表的装饰方法是多种多样的。科学工作者在图表的任务书中可决定图表的装饰性质。他应当考虑到整个陈列的装饰性质，应当和形式主义的倾向作斗争，不要使图表中有过多的质地不同的立体材料。形式主义的倾向通常表现在忽视指数，把它们弄成细小的不可辨识的行次，并用图画去补充基面，或者在图表上涂上某种颜色，以致使背景和补充的图画"抹杀"数字的指标。图表装饰的基本要求是：用造型艺术的方法，显示图表的内容，并将数字指标以最平易的形式传达给观众。艺术家应当规定指标的尺寸，正确地调色，在平板和整个屏风的背景上，将指标显示出来。图表装饰的色彩和性质应与邻近图表和陈列品协调。通常总是在中性的背景上展示色彩较浓的指标。

立体材料的陈列中，宜展示不带浮雕性图画的简明的图表。在平面材料多的陈列中，则可加入浮雕

---

① 为了使图解容易看，可用两种单位替代多种单位，把所有的资料改成以千计或百万计，舍去较小的数字，小数点后一位保留，小数点后第二位则用四舍五入的方法解决。——原文注

② 展示社会主义的建设时，通常是根据几个五年计划的起迄日期说明现象的变动，并可与革命前的资料作一比较。——原文注

的材料、适用的符号和插图。

图表中添入图形

在图表中加入图形或照片，可使图表具有艺术的形象性，从而能更好地表达内容。这是一个广泛采用的装饰方法。但这个装饰方法，只在用图形或照片作为背景（影画或淡色画）的条件下才能采用。指数不要写在图表的图画上，因为这样使照片给数字遮盖了，指数也给照片的背景的杂色弄得不可辨识，结果照片和指数都看不清楚。因此，图画或照片宜放在图表的一角。

有时也可用浮雕品——雕塑、木刻、电镀的金属浮雕替代平面的图画。

陈列中没有立体的原物时，才可以将实物标本，例如工业合作社的小型制品添入图表中。这种情况下，指标可以和所要表现的材料用同一材料制成。例如，木材加工工业的指标常用木材制成；表现建筑材料，指标为砖块或天然石材制成；表现金属指标由相应的金属制成等。如果基本陈列中实物标本不够，这个方法也是可以采用的。

为了使指标在背景上显目些，指标常常需要加工，做得厚一些。做得很精致时，这个方法能收到良好的效果。

图表一般是画在纸上，镶以厚玻璃板，用螺丝予以固定，或者把图表贴在厚十公厘的胶合板制的平板上，使用细框架和木条也可以。如果陈列中有许多没有装玻璃的纸面陈列品，例如工业用招贴画、照片或土建图纸，图表宜用油色画在玻璃板装起来的反面，以毛玻璃为背景，将这种图表放在透光处（窗口或亮匣口），或者涂上深的色调放在屏风上。

光的效果

图表如果是主题的中心陈列品，在这种图表中有时可以使用灯光效果。办法是藉自动开关利用电灯逐次照明数字和指标。在博物馆的实际工作中，展示图表的动力方法是大家所知道的。表演时，平面上现出立体的图形和一组图形，图形都有数字的说明，图形的立体性妨碍到它们的数字的图例。这样的图表看起来就像模型一样。因此最好是不用立体图形，而用带有电气化指标的画在玻璃上的图表。

图表的字体

图表的字体应当和整个陈列所采用的字体一致。标题字母的高度要和平板的寸尺相称，并且依整个图表的结构和整个台架的构造而定。一组图表的标题通常用一种颜色，它们的色彩要与台架上的主题和部门的题词的色彩协调。

系统图

系统图用图形表示现象的相互关系、现象的构成、各个部分对整体并列性质、过程等。

这类陈列品广泛地用在博物馆中，特别是技术经济和自然历史的陈列中。陈列中经常采用的系统图主要分以下四种：①分类图；②系谱图；③生产过程图；④运动图。

分类图表示现象的组成和它们的并列性质。例如某一历史时期的行政管理图、说明由某种矿物制成的产品的系统图等。系谱图表示某个现象的起源，有时也表示现象的发展过程。例如，用这种方法可展示自然界的进化。

生产过程图是博物馆采用的系统图中用得最广的一种，它们能展示生产过程中的基本阶段（例如各种建筑材料的生产过程）。

运动图用来展示某种机器、机床等的动作原理。

系统图的制作方法

系统图的材料务必次序井然，条理清楚，以便博物馆的参观者通过简洁明了的系统图了解主题。材料的合理划分应根据统一的、整体的标志。在表示过程的系统图上，应当清楚地决定所展示过程的基本阶段和顺序，删除掉繁文缛节。

博物馆的科学工作者应当给艺术家拟定一张草图，不要单给一张目录式的一览表就算完事。系统图上的标题和题词都要在授与艺术家的图纸上注明。

系统图的装饰

除了平面的系统图而外，博物馆工作者还可构成系统图式的陈列综合，在系统图上加入实物陈列品，并用线把它们联系起来①。

在技术操作过程中，往往可置入盛有液体的试管、原料的标本、半成品，有时也可采用塑制品、浮雕画。在系统图中用得最多的，还是画片或照片。图形加入系统图中不是为了在数量上作比较（像在图表上一样），因此使用图形是恰当的，它们能使系统图更容易了解。在处理这些图形时，可以容许一定的公式主义。零件不应妨碍观众对主要事物的观察，陈列品应使观众注意力集中在事物的相互关系上，而不应用自然主义的处理方法将观众的注意力从事物的相互关系上吸引到个别环节上。

系统图中的图形还可用几何图形（正方形、矩形、圆形）来代替，用线条或箭头表示联接。由于不容易使人了解，这个方法的好处不大。

系统图中，我们可以经常看到一些带花饰的标记，这些标记既可用作几何图形，也可用作美术图形。

系统图通常用树胶水彩画在紧绷在画框上或贴在平板上的纸上。厚玻璃板也常用作底板，在它的正面或背面用油色画上圆形，然后把这样的陈列品放在透光或不透光的地方。

系统图在主题陈列综合中的地位

系统图的布置及其尺寸、装饰性质，完全取决系统图在主题陈列综合中的地位和意义。

系统图的形式可以解决整个的主题，例如高尔基省立博物馆绘制的系谱树图就能表现动物的进化。国立安特罗帕洛吉亚博物馆中，也有结构和系谱树相类似的系统图。

有时分类图也画成"树"状，但这不能说是一个好方法。

分类图和技术操作过程图往往是中心陈列品，它能和各种实物的展出联系起来并揭示其相互关系。在不能如实地展示实物（原物）之间的关系时，系统图就是一个独一无二的方法，因为它能保证观众了解整个的主题。有时候，系统图起补充说明作用。例如，按通常的科学分类方法有系统地展示矿物时，系统图可以说明某种矿物的组成和结构。

在博物馆中，对于不同的系统图，应采用不同的构成方法和艺术表现方法。

---

① 航空化工博物馆（即现今的航空技术员之家）在整个台架上，成功地构成了飞机马达加油的系统图。图中有真的马达零件的断面，背景为画在台架上的线条和箭头。——原文注

地图和平面图

地图是对于地面的假定的缩小图，它是根据一定的制图投影的方法画成的，能表示自然现象和社会经济现象的地理分布情况。

平面图是地区不大（通常在 80 公里以内）的地图。

地图分普通地图和专用地图。普通地图的内容是地形测量的资料；专用地图的内容，除了具备普通地图的内容外，还有特殊的资料（地质图、历史地图、土壤地图等）。

地志博物馆各部门和中央博物馆常采用的是专用地图。

地　　图

地图能表示某些现象在某些地点或某些地区中的分布情况。地图、图表和某些地域单位（省、区等）带有数字资料的统计图应划分为特殊的一组。

地图图解是整个行政单位带数字资料的一种图形。例如，某省某些区的或某区某些村苏维埃的以公顷为计算单位的播种面积的增加图。

统计地图是表示某一地区单位内某一现象的相对强度（按百分比或某个量质计算）的地图。例如，省的某些区每一平方公里的人口密度，某省、某市的农业集体化的百分比。

陈列用地图的制作方法[①]

供博物馆陈列用的地图应具备博物馆陈列的一般条件，容易为观众所接受。因此，不应有过多的指标和说明文字。此外，制作地图还应当准确地选择地理材料。

地图材料的加工，是指确定地图的地理根据、决定比例尺寸和地图的尺寸、编制地图上特殊材料的指标一览表，确定图例并拟定简明的标题，说明和题词。所有这些资料，都要制成书面的任务书和装饰性质的说明书一并交与艺术家。为了保证陈列品在地理上的准确性，在任务书上应附以地图的施工说明，由博物馆工作者注明指标。制作陈列用地图，特别是历史地图（工业历史地图、农民起义地图、军事地图等）往往要求事先进行巨大的科学研究工作。在许多情况下，历史地图和平面图应根据档案材料研究。

地图的装饰

地图的装饰方法是多种多样的，所有图表陈列品的装饰方法在这里都用得上（制在纸上的地图，带加工的指标的和将某一地区图形加工的地图，带造型艺术标记、图画和照片的地图等）。地图的着色和字体也很重要。浮雕式的地图也常采用。地图的运动方法，是指地图的电气化和地图各部分的传动（机械传动和手动）。为了更便于观众观看，地图可与图画、照片、图解、图表组合起来。

究竟选择哪种地图和哪种陈列方法，应视地图在整个陈列系统中的意义和地位而定（地图有补充地图、基本或中心地图，主题的主导陈列品数种）。对于内容上更重要的地图，还要采用更复杂的装饰方法。

---

① 详见 Ａ·Ｎ·米哈伊洛夫斯卡娅著《博物馆陈列中的地图》，莫斯科 1947 年版，地志及博物工作科学研究所发行。——原文注

3. 博物馆陈列中的原文

博物馆中原文材料的组成

原文是作为陈列的有机部分，列入陈列的总的体系中的。原文用来对所陈列的材料作政治性的和科学理论性的说明。由于原文①在陈列中有不同的任务，所有原文材料的组成和作用也是多种多样的。

原文陈列品

第一类原文是原文陈列品，也就是具有各陈列品独立意义的原文。说明整个陈列或个别主题陈列目的的主导原文：标语，马克思列宁主义经典著作中的引用文，联共（布）党代表大会会议决议中的引用文，党和政府指令的引用文，革命家、科学技术和文化界知名人士的言论，都属于此类。

此外，文献的引用文，例如年鉴、手稿和印刷文件的引用文，名人书简及回忆录的引用文，诗人和作家作品引用文，民间作品的引用文等也都是独立的原文陈列品。

最后，还有图表式的带有数字的原文表、年表、各种物品一览表等。

标　　签

第三类原文是标签，从广义上说，标签是组织并组合陈列品的原文材料。标签能展示陈列品的相互关系，补充并说明这些陈列品。

按照在陈列综合中各种标签所起的作用，它们可分为：①目录（品名）标签，载有部门、主题、分题、陈列中各环节、陈列品组和各件陈列品的名称；②说明标签，替各件陈列品和陈列品组作注解，替陈列品作补充性的报道，深入地说明各件及各组陈列品的内容，报道关于整个陈列品组的新资料（例如某个历史时期的特点等）；工业陈列品的说明书也属于此类；③指示标签，例如阅览顺序的指标（线路编号、箭头、表格、注明运动路线的陈列室平画图）。此外，陈列室中还有招呼观众的标签（"请勿动手"或相反的是"向右扭转手把"、"开灯！"等）。

除了独立的原文陈列品和标签以外，原文还用标题、题词、说明的形式加入图表中，作为图表的构成部分。

在联邦共和国的博物馆以及俄罗斯社会主义联邦共和国所辖各自治共和国和省的博物馆中，原文应当用俄文和当地民族文字写出。

标签在陈列中的意义

陈列中的原文应当有助于说明陈列品整个综合所说明的主要问题。编制原文是一个重大的任务，博物馆工作者应当用简短的原文指出基本方针并说明全部陈列品。

如果没有原文，陈列就不能认为是完全的，因为原文是陈列的必要的组成部分，它影响到陈列的内容，并且要帮助参观者正确地去理解陈列所提出的现象和过程。陈列中原文的政治倾向性、整个标签对

---

① 这里我们所谈的原文陈列品，不是属于文献的原本陈列品（印刷作品——书籍、报纸等、档案印刷品和手稿等）。文献的陈列方法在"实物陈列技术"一章中已有所叙述。——原文注

陈列方针（根据马克思列宁的方法论制定）的从属性，使得标签能成为加强陈列的党性、反对资产阶级客观主义的有力武器。

在编制标签时，特别是在历史性的陈列中，必须进行阶级分析。例如，对于历史人物的画像，标签上应说明其人事迹的意义和阶级本质，单有姓名是不行的。

陈列中原文的份量

决定原文在陈列中的份量，是一件很重要的事。原文应当为陈列品命名，并予以解释，它应当对陈列品内容的说明有所帮助，但同时却不能代替这些陈列品。原文宜简短明了。在决定原文的份量时，必须考虑到观众是站在不便于观赏的地位观看陈列品，如果阅读过多的原文时，必然会感到疲劳。当参观者感到很疲劳时，他就会不愿在博物馆里再逗留了。

陈列主持者的任务，在于使观众容易接受陈列中的原文。要做到这点，必须控制陈列中原文材料的数量，用各种方法来制作和装饰原文（原文对参观者应取的位置、原文的尺寸、性质和字体的颜色）。

陈列中不可满是原文，因为这会减低陈列的感性效果。在编制陈列的图式和草图时，必须考虑原文材料在陈列中的配置①。

陈列中原文的分配

博物馆工作者首先应当将全部原文分成公开陈列用与隐蔽陈列用两种。这样，也就可以大大地减少陈列面积上的原文。在隐蔽陈列中，一部分原文放在补充平面上，另一部分则放在纸夹和画册中。在分配原文时，应当考虑"陈列导引"（如果有条件印的话）。博物馆工作者对陈列综合的全部原文应当清楚地记住，在编制各个标签时，应想到屏风上已有的部门名称，以便减少标签中的原文，避免重复。此外，陈列中如有图表陈列品（地图、系统图、图解），还应考虑它们的原文份量。指示性的主导原文应当和全部主题陈列综合的内容一致。这样，在编制陈列图式时，如何使原文相互联结以及全部原文材料与陈列品联结，就不是一件简单的工作了。

引用文

引用文应当确切，加上引号，并指明其来源出处。在大段的主导原文中引用党和政府领导人的言论时，只须注明姓氏和本名、父名的第一个字母。引自马克思、恩格斯、列宁、斯大林著作的引用文，应注明著作的名称。其他引用文须指明其出处。

陈列引用文以外，主导原文往往也有号召性质，动员观众去完成各种任务。

结论形式原文

编制结论或论题式的原文，是一个有益而恰当的方法，而且这样的原文每每可以题在整个屏风上。现在结论形式的原文在流动展览会上用得很普遍。

原文的形象性是重要的，特别是在作比较或说明数字意义的时候。但是这个方法不应滥用，因为最有说服力的，还是纪实性的原文和引用文。

---

① 原文在放到屏风上去以前，先计算原文中的字母是有好处的，因为数了字母，才好决定陈列室中观众应当读到的原文的数量（按计算，书上的一个印刷面上有两千五百个字母）。很显然，参观者不全在每个屏风上读完一个、甚至半个印刷面的原文的（这个原文的数量够一百平方公尺的陈列场地之用）。因此，在公开陈列中，字母的数量应减至最小量。——原文注

原文的分割

长段的原文，如果按顺序分割成若干小段，是会更便于观众接收的。有时候长段的原文也用插图隔开。使用分割原文的方法时宜采用短行，因为短行优于令人厌倦的长句。逐次照明起先看不见的原文，让原文一句跟一句地显现出来，也能产生良好的效果①。

陈列品的名称

陈列品的主题和陈列品组的名称，能够明确地将陈列划分成若干构成部分。各件陈列品的名称应当是简短的。在编制标签时，应当考虑到位于各陈列品组之上的名称，以避免重复。这样才可以减少各件陈列品标签上的原文分量。例如，在屏风之上用浮雕字母做工厂的名称，屏风的一部分写上陈列品组的组品："高炉车间"，另一部分则写"平炉车间"。照片之下的题词，则为"第三号高炉在修建中——某某年"、"炉料的添装工作"、"翻砂厂"。在标签上便没有必要去重复工厂和车间的名称，因为这些名称已在陈列品组的总题词中记明了。

在编制单个和成组的标签时，原文应分为主要的和补充的两种。在装饰时，可用大号字强调出应当使之突出的行次。原文应按行次分配，这样才不至于把行次弄错。应当避免移写（即外文字一字分两行写——译者注）。字间句间的空隙应均称。

说明或补充陈列品组的标签应当简短，并且在表述时要说明主要之点。

对于同类的陈列品陈列的标签格式是一样的。一件陈列品的名称，在不同的主题中，当然不会改变，但是简评可能因陈列的主题和任务而有所不同。例如，在中央动物博物馆中，兔子生像的标签除了写上它的俄文名称外还要写上拉丁文名称，并须指出这种兔子在世界上的分布地带。在地志博物馆中兔子的标签上，只须用俄文写上它的俗名，并指出这种动物在苏联和该区的分布地带就够了。在"边区的工艺兽及其猎取方法"的主题中，兔子生像的标签上应详细地指出这种动物在边区的分布地点、边区猎兔的数量（其中也包括近年的数字），如果地方上有皮毛加工企业还应指出兔皮的用途。

简　　评

在每个标签中，除了陈列品的名称之外，还要有补充的报道——简评。对于历史性的陈列品，注明陈列品的年代、作者和功用是很重要的；对于动物陈列品，要注明其分布地区和原材料的经济意义等；工业陈列品（立体的）通常要添加说明书，说明物品的数字资料和简短的技术规格（机器、建筑材料、房屋模型等）。

详细的叙述文字应置于靠近陈列品的纸板上。

标签的装饰方法

装饰标签的目的，是帮助观众更好地去理解原文，并为此创造一切必需的条件。要做到这点，必须采用各种陈列方法，特别是原文在陈列中的布置方法。例如，全陈列室的主导原文应在摆在使走进陈列室的参观者立刻可以看到的地方。

---

① 原文的电气化方法，在自然之部和苏维埃时期之部的陈列中，都可采用。但在陈列历代文物的历史性的陈列中，电气化的方法是不恰当的。——原文注

字母的高度

首先要在陈列地带的范围内决定放置各种原文的高度。由于原文在屏风上的地位不同，字母也应当有不同的高度和性质（浮雕的、平面的等）。在陈列范围之上，只应布置大型的主导原文，其位置往往是门洞之上，而不是在屏风之上。必须记住，不可让原文拉得很长（超过 2 ~ 2.5 公尺）。因为太长，一眼看不到头，并且读起来也不方便。字母高度和字体的选择，应当在博物馆工作者的参加下，由艺术家决定。只有在不得已的情况下，才由博物馆工作者本人决定。

字　　体

全部题词和图表陈列品标题上的字体必须统一。通常整个博物馆或整个部门只用一种字体。

合乎陈列要求、能使字母明晰美观的字体，有学院体、矮体字等。

动物陈列品的拉丁名称和当地的名称，应采用斜体字。

斜体字也可在其他的场合下，用来突出简评中的个别文字。

为了沿屏风的上部场地上写题词，字母的高度决定为 4 ~ 5 公分；陈列品组名称的字母为 2 ~ 3 公分，各件陈列品的名称，为 0.6 ~ 0.8 公分，简评上的字母为 0.3 ~ 0.5 公分。置于陈列范围以上的主导原文字母的高度，不得小于 5 公分；如果原文的位置比这还要高，则字母高度可达 10 公分（例如高大陈列室的山墙上的原文）。有时，为了更好地划分陈列，单元的名称宜简短，其字母高度可为 8 ~ 10 公分。

在决定字母的高度时，必须考虑陈列室的大小和整个陈列综合的陈列品的尺寸，陈列品的字母要和陈列品相称。

对于大型的陈列品（例如熊的生像），可以加大字母的尺寸；而对于小型的陈列品，有时只好不用一般的尺寸，改用更小的，使标签和题词的大小和陈列品的尺寸协调。

在任何平板（平放的或立放的）上或在纸张上写上原文时，必须使字母的高度和平面协调，不可在不大的平面上，写上过大的字母。在布置原文时，必须留下空地。太短和过长的行次都不适当。

用打字机打的标签，无论从字母的尺寸，或是从色彩上（很容易褪色）看，都不合陈列的要求。

标签的布置

在陈列柜中与在立体陈列品的旁边，标签总是斜放着，成 30 ~ 45 度角。有了这个角度，原文读起来才方便。标签往往用原纸折成双坡式屋面形，这样才能使他们立起来。标签可用玻璃纸蒙住。配了框架的标签可用立架使之斜放（好像桌上放的照片框子），或者使之固定在支持器上。有时，标签也可放在木制的三角板形的支座上，或者使用由铁丝和木料做成的支架。

苏联科学院矿物博物馆将标签放在陈列柜中的插入式斜台里是一个恰当的方法。地质标本上的标签固定在陈列品之上的台架上，用普通玻璃片盖住，以防尘土弄污。这样，标签面上也可不做框子或包边。

无论怎样，不可将标签固定在立体的陈列品上（例如，挂在兽类的生像上）。固定在和陈列品相联的台架上的标签（例如固定在鸟类生像下的台架上的标签）应涂上台架的颜色。最好是把标签斜放，像上面说过的那样（如果标签低于水平视线的话）。或者把它垂直地（不带倾斜度地）固定在陈列柜的搁板或柜壁上。为此可采用各种支持器，嵌入标签，将标签的玻璃片上的螺丝钉扭紧等。

浮雕的字母

为了使大型的题词便于为观众所接受，常常用胶合板锯成全套的各种厚度和各种颜色的浮雕字母。这种和背景分隔开来的浮雕的题词，看起来很舒适。但浮雕字母不可做得太厚（字母高 5 公分，其厚度为 0.5 公分，字母高 10 公分，则厚度为 1 公分）。成套的字母，只要涂上新的颜色，可以在不同的陈列中用上几次。浮雕字母相互间的距离应相等，并用直射光照明，使阴影落在字母之间。浮雕字母用木工用胶固在屏风上，或用细钉（大头针）钉牢。

用特殊的压印机压出来的塑胶字母非常美观，可用木工用胶固定在玻璃板或木板上。

用纸或纸板剪成的花写的装饰性字母，虽然价格便宜些，但是不能显出是浮雕的，和着色的字母比较，它的质量也差（水胶会在字母上、台架上弄上些斑点，同时字母也不能妥贴地粘在台架上）。

有时也用金属的成套的字母，但是这样的字价格很高、过于发亮。最好是改用木制的涂金属色（涂铜色）的字母。地志博物馆中，必须贮存一些木制的字母，以备陈列不时之需。

字母和背景的色彩

要使观众容易感受陈列中的原文，必须注意选择字母和字母背景的色彩。字母的背景的配合，应使字母清晰地显现出来，但是也不要由一种色彩急骤地转到另一种色彩上去，因为它们容易使眼睛疲倦，特别是用得太多的时候。最容易使眼睛疲倦的是在白色的背景上放上大型的黑色字。对于白色的无光泽的屏风，大型的题词宜采用涂铜粉的无光泽的金黄色字母。一切强烈的色彩（红、蓝、绿等）都能适当地与白色背景配合起来。象牙色的屏风宜配棕色的字。在麻布的屏风上，大型的题词可用棕色、白色或象牙色字，标签也用棕色字。灰色的屏风宜配蓝色、深红色、白色、深绿色字。在这里，标签可用白纸黑字或灰纸黑字。深色的背景极不宜配白色，因为这是由一种颜色急骤地转换到另一种颜色。标签的色调应当和陈列柜的背景或台架的色调相同，这样，字体就像写在屏风面一样，而不至于由背景急骤地转变到白色的标签上去，使白色标签在陈列面上显得像补丁一样很不好看。标签的背景应选中性的温和的色彩，这样才能使有色的字体美观。黑色字体配灰色、浅灰的背景也能显得柔和些。

总之，标签的涂色应使观众能够安静而舒适地阅读屏风上的文字。

主导原文的装饰

至于主导原文和原文陈列品的装饰，则具有与普通部门的陈列品名称不同的性质。那里许可用彩色背景将这些原文从其他陈列品划分出来。

在博物馆的实际工作中，口号和主导原文不可用大号白字做在红色的条幅上，这个方法拿去装饰俱乐部和其他房间、房屋的内部和外部都是恰当的，但是在博物馆的陈列中却不可使用。因为这种条幅与陈列品不相称，对于陈列室说来，条幅上的字也太大了。

陈列范围以上的原文，可用浮雕的大号的字母做成。浮雕字涂成金黄色或涂棕、深红等色。麻布、胶合板、人造大理石的背景上可用白色字再加上塑制的花边等。主导原文往往写在陈列屏风上或安排在窗上。原文用油漆写在玻璃板上（玻璃板的背面），字体通常用深红色，玻璃板用毛玻璃制成，置于透光处或在其背面涂上颜色放在屏风上。玻璃板上的颜色应与邻近陈列品的颜色相协调。主导原文的背景和字母的色彩，应当比普通陈列品的色彩强烈些。主导原文往往写在玻璃上或制成镂花字母，有时也加上装饰性的和塑制的镶边。在历史性质的陈列中，引用文的字体可带古代风格。年鉴中的引用文常用古俄罗斯手稿和书籍的花饰。

标签的书写技术

成组的和单个的名称的书写技术是多种多样的。书写标签的普通方法，是用手（使用毛笔）或用赛璐珞的镂花模板书写（用墨汁和树胶彩色）在画特曼纸上。印刷也是一个好方法。标签常用油色写在玻璃板上（写在玻璃的正面，以免反光）。屏风上的纸制标签必须镶以玻璃，这样做，是为了美观，也免标签被尘土沾污。未镶玻璃的纸标签只能放在陈列柜中。

征求艺术家的意见之后，科学工作者始可布置陈列柜中和立体陈列品旁的标签。

在屏风上固定标签的方法

未曾配框或未曾嵌入画框的各个陈列品的标签，常置于陈列品下的屏风上，并且一定要镶玻璃。通常标签是嵌死了的，结果在每次换标签的时候，必须换框子。比较合理的办法是将各种标签嵌在玻璃板下，在纵面的一边留一个口。这样就可以多次使用标签框，用其他的原文来替换写在或印在纸上的原文（图五十二）。

无论在那种情况下，标签须用钩环钉在屏风上，在玻璃板的边缘要有镶边，这就加大了标签的尺寸，屏风上也有了多余的框子。如果边是黑色的，那点更明显。因此为了固定标签，经常使用不带框的玻璃片，其上钻有小孔，以安螺丝钉。用这样的玻璃片（尺寸略加划一）盖住标签，标签之下垫以厚纸，最后用小螺丝钉扭紧。标签的色调假如和台架的色调一样，标签看来就像写在屏风上一般。

麻布屏风上多采用吊挂式的标签[①]，标签也是用玻璃片盖住，底下垫厚纸，但是有白铁皮的卡子（也可用罐头铁皮），其间插入弯曲的别针或铁丝（图五十二）。这个方法很简便，可以在陈列中广泛地使用。

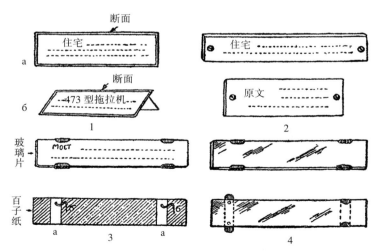

图五十二　固定的镶玻璃的标签的方法

1. 带断面的框子（a 吊挂式的，6 立式的）　2. 用螺丝钉固定的玻璃片　3. 布制屏风上的吊挂式标签（a 白铁卡子，6 别针制的钩子）　4. 玻璃片用铁皮卡子钳住

① 艺术家 Г·С·逸明于 1937 年的"苏联建筑艺术"的展览会中，曾制作这种吊挂式的标签。——原文注

第六章　陈列的安装、验收与开馆

陈列品准备陈列

陈列室和家具的装饰工作结束之后，就临到了全部陈列的安装工作。所有陈列品—实物，都要作陈列的准备，例如，复原、清洗、揩净、熨平、布置框夹和铺垫物、镶边、配框等。一切新制陈列品，也都要完工和加以安装。

平面材料的准备工作

我们现在且研究几种平面陈列品（美术陈列品）的安装方法，这些方法对于许多陈列品都是通用的。

框　　夹

美术性质的平面材料都是要装上框夹的。图画（照片、图片）可用纸条将画的两个上角自反面贴到作为背景的纸上。更完善的安装方法，是将一张纸页折成两半，在折好的纸页的一面上裁出一个方框。用这纸制夹页夹住了平面陈列品，外面再罩以玻璃。这种方法也就是将陈列品放在玻璃与厚板之间，用纸（画特曼纸和有色纸）、布（细棉布）或牛皮纸制成条子垫在四边的办法。安装环用细绳做成，装在厚纸的切口中或用一小块正方形的纸压住它贴在厚纸上。

信封式的框子

信封式的框子能使用多次。对于临时性的展览会，定期展览会，这个方法是很适用的，因此每一个博物馆中都应当备有若干尺寸划一的框子。

信封式框子适用于陈列照片①、图片、木刻画（参看 B·伏依诺夫著《木刻展览会的设备》，1928年莫斯科版）。但完全不适于陈列腊叶标本、彩色粉笔画，也就是不适于作易碎的及易涂抹的陈列品的陈列框。信封式框子平放或直放都可以。图五十三清楚地展示了信封式框子的构造。玻璃片与厚纸之间，必须两面都垫衬窄的厚纸条，以便能将陈列品插入和取出。

信封式框子，公认为是装照片的好框子。除了可以多次使用，能大大节省材料和费用外，还能缩短安装的时间，因为若干种尺寸划一的信封式框子是事先做好了的。临到悬挂时，材料装起来也快。我们知道，那些紧紧框好的陈列品有时是必须重新配框子，因为玻璃可能由于厚纸的变形而碎裂，或者因为

---

① 考虑到照片和场地的尺寸，照片用信封式边框，如常有如下的尺寸（以公分计）：24×30（如照片为18×24）；35×40（如照片为24×30）；40×50（如照片为30×40）；55×65（如照片为50×60）。——原文注

阳光的灼热、温度的变化等使纸制的框子折断。但是，信封式框子却没有这些现象，因为它有厚纸做的舌盖可容伸缩。因此，对于照片和新制的陈列品（图片、水彩画）说来，信封式框子是一种合理的安装工具。

框子与框沿

横截面构造不复杂、事先配好胶合板或厚纸的框子也是一种很好的安装工具，因为这种框子有几种划一的尺寸，而且能够多次使用。用带槽的木条（由山毛榉、橡木和其他坚硬的木材制成）给框子中的陈列品（建筑图纸、图解等）镶边。木条的宽度视平面的宽度而定，通常约为 2.5 和 3 公分。薄的平板，则以平木条（白色）镶边。

在屏风和陈列柜中布置陈列材料时，应遵照艺术装饰设计。如果陈列图式编制得适当而准确的话，安装过程（陈列品的布置）一般是不会占很多时间的。

如果在布置陈列品时发现了设计中的某些缺点，如分组不得当，色彩不调和等，必须在安装过程中，改变屏风或陈列柜的图式①。

陈列品的悬挂

着手布置陈列品之先，应完全结束陈列室装饰工作。全部细木工程、油漆工程、玻璃工程和电气工程都应完工，并加以验收。只有当最后清理房间的工作完毕之后，陈列品才能拿到陈列室里来。平面陈列品的悬挂工作，通常是在艺术家和科学工作者的监督之下由木工来做。陈列品的悬挂，必须准确地保持设计图纸上标示的距离。设计图纸艺术家通常叫作"安装图纸"，它是各个屏风和陈列柜的艺术装饰设计。这个设计又是根据陈列图示编制而成的。在悬挂陈列品时，非常重要的是，在安装工作中不放过任何缺点。悬挂与布置应保持成一直线。陈列品不可挂成曲线，不允许看到钉子。木制字母应当沿准尺钉上，应使之成直线，使它的行次间隔均匀。

对于陈列说来，各个部分的齐整是很重要的。如果各个陈列品挂得不好，安装得不恰当，陈列的面貌就会是杂乱无章的。

支　　柱

为了挂图画，在墙上或屏风上要安装金属的支柱②。支柱要使人不易看到。应将它们与墙壁或屏风涂成一色。悬挂图片的线或绳也要染上同样的颜色。线的一端系在支柱上，另一端则穿过和系结在图片或图画的框子的挂环中，以便将陈列品提升至需要的高度并使之带倾斜度（如果必要的话）③。禁止将钉子钉入框架来系绳。绳子应按垂直线沿墙壁垂下，这样可以一眼看出偏斜，不至因挂斜了而破坏陈列面总的安静的外貌。为了将绳索固定在支柱上，也可使用小钩。悬挂沉重的物件，可用铁丝代替绳索，用拧过的铁丝则更靠。在大型的博物馆中，为了悬挂图片，常采用一种金属条代替绳子。这种金属条上备有调整悬挂高度的卡子（图五十四）。

---

① 按照图纸，将每个屏风的陈列品在地板上事先作布置的演习是有好处的。这样可以实地检验未来的悬挂效果，并可使木工顺利进行工作。——原文注

② 木支柱应当做得厚实些，使之具有必需的安全系数。能够不用这种木支柱，最好不用。——原文注

③ 如将挂环装在框子两侧的中点以下即可使图片带有倾斜度。挂环愈往下，倾斜就愈大。调整倾斜度的目的是使图片尽量与视线垂直。——原文注

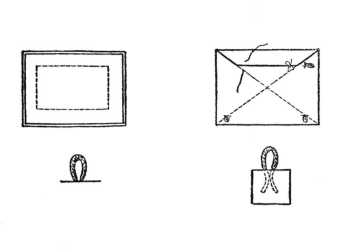
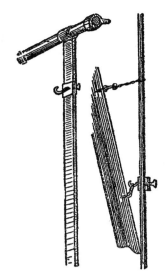

图五十三　信封式框及固定安装环的方法　　　　图五十四　固定图画的铁条

图片的框子越是庞大沉重（特别是带有玻璃板的框子），所选的绳索就越要牢靠才行。为此，可在绳索中，加入铁丝，甚至干脆就用铁索。装草图的小框，通常用细绳挂上，绳子穿入框子背面的挂环中。框子有时也可用钉子钉在屏风上。为了使钉子不至被看到，在框子的背面应有特殊固定的钩环。

装了玻璃板的陈列品，常挂在钉子上，但安装环不应被看到。

固定平面陈列品

装上玻璃板，或装在胶合板上的陈列品（地图、图解、系统图、幻灯板、照片）常用金属的托钩固定，托钩用螺丝钉旋紧在屏风上。本节有各种托钩的样子（图五十五）。这些托钩都是用来固定玻璃板的。标有字母 a 的托钩，其壁面成与玻璃板紧接，其他标有字母 a 的托钩，壁面与玻璃板之间有一段距离。

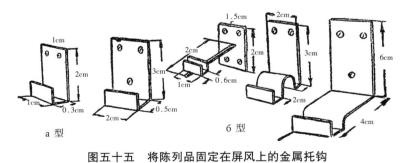

图五十五　将陈列品固定在屏风上的金属托钩
a 型．使玻璃板紧贴屏风的托钩　6 型．使玻璃板和屏风隔开的托钩

a 型托钩用边沿光滑的铁皮或白铁皮制成，任何钳工场都可以制作托钩；6 型托钩的断面比较复杂；в 型托钩还有需要焊接的部分。

嵌玻璃板的陈列品，有时要用螺丝钉扭紧。为些，事先需要在玻璃板的角上钻孔（孔洞和板边的距离当为 2～2.5 公分）。玻璃板的钻孔工作应委托给专家去做。平板上的陈列品用螺丝钉固定，或用由白铁皮、铁料等制成的小环钩挂上。拧紧螺丝虽然要花许多时间，但是也较牢靠。

用木条固定陈列品

　　利用木条来安装平面陈列的方法，也是值得注意的。这种方法，通常用在展览工作中。在固定的陈列中，也很适用。这个方法的要点，即将一系列的陈列品联合成组，陈列在一块平板上，板上用带槽的小木条划分，然后用垂直的木条嵌合，最后用螺丝钉固定。这种方法，可以将小型的零碎的材料很好的组织成纵的或横的行列，陈列品的宽度一样，看起来非常悦目。

　　使用这种安装方法（图五十六）时，陈列品不需要加框，也不需要镶玻璃板，而备制的木板可以为各种材料在不同的陈列地点使用多次。这个方法对直行陈列横行陈列都很适用。陈列品按纵列安装时，宽度一样而高度可以不同。若按横列安装时，高度一样，宽度（长度）就可以有改变。镶玻璃的陈列品和不带玻璃的平板也能这样安装，但是陈列品的厚度应当适合刻在木条上的槽边。如果不合适时，可用割下的胶合板垫在陈列品之下①。

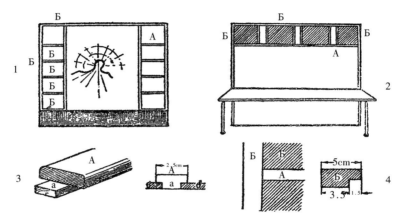

图五十六　用木条固定陈列品的方法

1. 陈列品排成纵列的屏风　2. 陈列品横列的屏风　3. 横木条 A 和扣住陈列品 Б 的凸边；直木条将所有横木条 A 用螺丝钉固定在屏风上

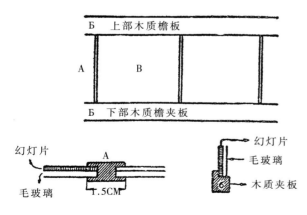

**图五十七　用木质檐板 Б 之间的金属条
A 固定幻灯片或玻璃板 B**

　　在屏风上，将幻灯片排成横列时，可用金属条代替木制的横条。在这些窄狭的金属条中插入幻灯片（大型的达 30×40 公分，24×30 公分），其后置有毛玻璃，用毛玻璃的条子将幻灯片分开。金属条可用扣住全部幻灯片的平条的槽边压住。

　　大型的幻灯片可用这些金属条联成整体，插入窗前的屏风中，晚间用人工光线照明（图五十七）。

　　1940 年斯摩棱斯克博物馆采用了马格尼托哥尔斯克博物馆馆长 Д·В·彼得可夫制作的临时展览用的屏风。这种屏风乃是上述固定平面陈列品不是钉上的，也不是用螺丝钉扭紧的，全部结构用整

---

　　① 这个方法，最先使用得很成功的是常设的全苏建筑展览会。该常设展览会的建立，系基于战前每年在莫斯科高尔基中央文化休憩公园举办的莫斯科建设展览会。——原文注

图五十八   标签的承座

个屏风的框架支住。因为木条可用各种方法布置，各种式样的平面材料就能用背景的条子划分开来。木条也可用来固定安装在平板上的浮雕材料或固定在平板上的立体材料。

陈列品的配置

安装是陈列布置过程的最后一个阶段。全部陈列品（包括原物与再制品）的布置是按照设计，在艺术家与科学工作者监督之下进行的。设计愈准确，安装工作就愈能迅速进行，因为每件陈列品的位置，事先就在图样上决定了的。

由于在陈列的准备过程中陈列品是单独研究的，所以在陈列图式上，很难预见形状和色彩不同的各种陈列品总的配合情况[1]，因此，在陈列柜中布置立体材料时，可以作若干修正（例如，在布置陶器上）。

有的时候，需要和艺术家合作，在陈列柜中作好几次尝试性的布置，直至找到满意的方式为止。例如，要想在陈列柜中将若干件服装恰当地布置起来，非经多次尝试布置不可。

如果在布置小型立体陈列品和次要的陈列品上，可以对陈列图式作若干修改，"当场"来筹划安装工作，那末对于大型的立体陈列（特别是在公开的陈列中），任何不合于已制图式的修改，应视为陈列设计的失败。因为主要陈列品地位在作陈列设计时就决定好了的。全部陈列的布置以主要陈列品为骨干，若是改动一个环节，就会破坏总的陈列计划，破坏整个艺术装饰的设计。

对于不可走近的陈列品，周围应用绳线做围栏。活动的机器、机床等必须遵守安全技术规则。一切立体原物、模型、塑制品等都应镶装玻璃罩，多数美术陈列品也必须镶装玻璃罩。

陈列品的运输

在陈列室中布置立体陈列品时，对于立体陈列品由保管室运往陈列室的运输工作应当特别慎重。为了不使陈列品受到损坏，应使用专用的带有滚珠轴承的小车、滑车、各种担架和曳索[2]。对于沉重的陈列品（特别是机器）要敷设特殊的基础或垫板，提升工具用抗重机（千斤顶）或专用的带滚子的脚手台。沉重的雕刻品，也用类似方法提升到台座上去。

陈列的开馆

陈列的悬挂和布置工作、标签和主导原文的布置工作、电动陈列品的动作情况的检验工作做完之后，安装工作才算完毕。科学工作者应将陈列品详细地登记下来（按照陈列品的名目）作为陈列交工的方案。陈列经过审查，陈列验收方案经过签字后，可作社会性的预展。这时，博物馆的学术会议可配合

---

[1]   如果陈列品很多，在编制陈列图式时，宜作尝试性的安装（例如在地板上布置平面陈列品）。——原文注

[2]   参看 M・B・法尔马可夫斯基著：《陈列品的运输问题》1941 年列宁格勒版；地志博物工作科学研究所的指导性参考书《博物馆藏品的保管方法》，1948 年版。——原文注

举行。陈列经过社会人士审查，并作修正之后（重要的改变，应作出补充方案），就可以开馆了。开馆的仪式要尽可能地隆重些，通过报纸、无线电广播，并用散发参观券的方式广泛地通知住居民。

开馆应带有社会性质，它应当是城市与区（省）的文化生活中一桩大事。在准备陈列的同时，应准备博物馆导引指出陈列有那些部门，或准备关于陈列主题的小型传单。博物馆导引的出版宜与开馆同时。

讲解员

陈列开馆之后，管理时期就开始了。讲解员（或科学工作者）对陈列的参观方法应事先研究，并须掌握全部的陈列材料，研究文献的来源，并向专家征求意见（如果有必要的话）。如有专业讲解员，则科学工作者、陈列员应给专业讲解员授课，讲解陈列，指出来源等。

陈列主题文献的编订

在准备陈列的过程中，一切科学研究的结果必须由专人或集体创作的方式写成原稿交存博物馆归档。这些原稿应尽可能地在博物馆的刊物上刊登，或者在其他的出版物上发表。陈列的全貌、各个主题和各件陈列品，务必进行查验并拍下照片。各部门的科学工作者应作陈列工作报告归档。如果在科学工作者的工作计划中不定出时间用来对研究主题所收集的材料进行装饰和整理，那么工作材料、摘录、插画等就不能制成卡片归档。

陈列品的一览表通常是在开馆之后，根据对各个物件的研究和科学的记述编制而成。

陈列工作的继续

陈列工作不能因为开馆而结束。必须注意陈列主题中的新东西，并及时更换材料或加以补充。要知道，陈列是不能永远停留在已有的形式上的，而是和生活一同前进的，它不能落后于科学、技术和文化的先进成就，它生活在苏维埃博物馆的新鲜的内容中。

因此，博物馆陈列的内容与形式，应不断地加以改善，但是不可局限于拟制各个主题的内容。博物馆陈列与组织与技术问题，也应当受到博物馆工作者的注意。苏维埃博物馆学的发展，是与从实践中学习、先进经验的综合、博物馆的集体工作紧密地联系着的[①]。

苏维埃的博物馆学，素来富有革新精神，它应当创造性地解决陈列领域中的方法问题。在研究与采用新的陈列方法上，苏维埃博物馆工作者，正面临着无限的广阔天地。

在陈列工作的组织与技术上，不可能有现成的方案，更不必说刻板的公式了。因此，上述一切不应作为现成的方案来使用。

苏维埃博物馆乃是科学研究机关，我们不应忘记批评与自我批评在科学工作中的意义。"谁都承认"——约·维·斯大林同志说道——"如果没有不同意见的争论，没有自由的批评，任何科学都是不可能发展、不可能进步的。"（见约·维·斯大林著《马克思主义与语言学问题》俄文版第30页，莫斯科，1950年）

---

① 作者藉此机会，谨向对作者作过许多帮助，为本书提供了材料的一些博物馆和博物馆工作者致以谢意。作者特别应当致谢的是：国立历史博物馆的秘书Г·П·马里茨基，艺术学博士К·А·沙洛维也夫，Г·А·诺维茨基教授，历史学硕士П·Г·雷琴斯基与地志博物馆工作科学研究所的工作同人：Ф·Н·彼德罗夫，П·И·加尔金娜教授，生物学博士Н·Н·普拉维尔士可夫，К·Г·米加也夫，А·Б·扎克斯，М·П·西木金，И·П·伊凡尼茨基，Г·Н·塞列布连尼可夫，Я·И·林可夫，О·И·伊凡诺夫，К·А弗罗琴斯基，А·Г·多姆布罗夫斯基。上述同志对作者都作过宝贵的指示。——原文注

1959 年出版说明

　　本书系苏联博物馆工作科学研究所一级研究员阿·伊·米哈依洛夫斯卡娅同志根据多年的工作经验写成，于 1951 年出版，是现有评论博物馆陈列工作的唯一专著。作者根据马克思列宁主义的观点和方法，论述了陈列设计、陈列技术以及陈列品安装、验收等全部工作过程和工作经验。本书译文从 1954 年起曾在《文物参考资料》上连载，在当前我国技术革新和文化跃进的形势下，为了满足读者的需要和要求，特将译文重加校订出版，以供博物馆工作者、展览工作者参考。

博物馆工作概论

（初　稿）

文化学院文物博物馆干部学习班编写

文　化　学　院

1961 年 11 月·北京

刊印说明

　　一九六〇年我院"文物、博物馆干部学习班"集体编写了两本书稿：《文物工作概论》和《博物馆工作概论》。由于书稿系学员同志在学习期间匆促写成，一般说来还不够成熟，而《文物工作概论》则更为单薄一些。

　　初稿写成以后，我们曾印发给一些单位征求意见。一九六一年春天，即组织人力进行研究处理，并请几所博物馆提供照片插图，打算待原稿经过反复修改补充以后，正式出版。同年夏天，我院奉令撤销，各项工作都要迅速办理结束，在这种情况下，原定的出版计划，就不得不改变了。因此，决定将《文物工作概论》交有关部门作为资料保存，将《博物馆工作概论》以"初稿"形式排印出来（不附图片）分发给学员同志作为纪念和参考。

　　《博物馆工作概论》在排印前，我们曾作了一些修改。但因时间匆促，加之对博物馆工作的现实情况不够了解，可能有些地方不甚妥当，甚至个别地方还会有错误。

　　我们深深地感到：自从党中央提出"调整、巩固、充实、提高"的方针以后，过去对某些问题的认识，已经与当前形势不相符合了。《博物馆工作概论》中，也存在这种情况。例如对许多工作（包括建筑、设备）要求都提得过高、过急了一些。我们相信，同志们在阅读此书时，对于这一类问题以及其他不尽正确的理论阐述和经验介绍，一定会注意到的。

文化学院 1961 年 11 月

目　次

第一章　我国博物馆事业的发展道路

第一节　解放前我国博物馆历史的回顾

一、博物馆的悠久历史渊源

博物馆在我国是有着悠久的历史渊源的。虽然在古代没有博物馆这一名称，但是，像陈列和收藏文物、进行考古研究等史实，在古书上就有很多记载。如：《论语》中曾提到的鲁国太庙（即周公的庙堂），就是纪念周公这位历史人物的。当时，人们还往往把比较重要的文物放在太庙里，《春秋》桓公二年记载："夏四月，取郜大鼎于宋，戊申，纳于太庙。"后来，这种形式又有了发展。汉代大史学家司马迁的《史记》中曾经记载："余读孔氏书，想见其为人。适鲁，观仲尼庙堂，车服，礼器，诸生以时习礼其家，余低回留之不能去云。"从上述记载中可以看出，人们把周公庙、孔庙视为博物馆的萌芽，并不是没有理由的。因为，它已具有类似纪念性博物馆的雏形了。

文物的收藏工作，在我国也很早就开始了。历代的宫室、祖庙、武库等都可以看作是当时收藏文物的地方。例如，《周礼》就曾记载："春官之职，掌祖庙之收藏，凡国之玉镇太宝藏焉。"《晋书·张华传》提到："元康五年①十月……武库火……累代之宝及汉高斩蛇剑、王莽头、孔子屦尽焚焉。"到了宋代，文物的收藏更加丰富。宋人蔡绦在他所著的《铁围山丛谈》中说："政和间②上方所贮至六千数百器……"可见藏物之多。为了贮藏这些文物，书中还说："宣和殿后，又创立保和殿，左右有稽古、尚古、博古等阁以贮之。"对文物的收藏，以后各代都很注意，尤其是到十八世纪清代宫廷的文物收藏更为丰富，范围更加广泛。清代除将历代所收藏的文物，如青铜器、玉器、法书、绘画、古书、瓷器、古钱、古镜、古印等集中在皇宫外，还大量搜集与制作我国著名的手工艺品，如景泰蓝、金银器、刺绣、缂丝，雕刻、漆器等。

对文物的整理与研究，在很早以前，我国就有不少人从事这方面的工作，并且取得了相当大的成绩。像司马迁就非常注意古迹，在他的历史著作——《史记》中充分地运用了自己所搜集的文物资料。如在《周本记》中谈到了周公的墓葬所在，《春申君列传》中记述了春申君的故城和宫室。汉代文字学家许慎利用青铜器上的铭文作了文字变迁的研究。西晋的学者们整理了在汲县战国魏襄王的墓里发现的竹简，编出了有名的《竹书纪年》。到了南北朝、隋、唐时期，随着遗迹、遗物的不断发现和收藏的增多，对遗迹、遗物的记录更有着进一步的发展。宋大观初年（约公元1107年），王黼等把皇帝收藏的钟鼎、鉴盘、弩机等八百三十器，摹绘形制、铭文附以考释，著成《宣和博古图》。宋代，由于收藏古文

---

① 公元259年。——原文注
② 公元1111年~1117年。——原文注

物的丰富和对器物研究工作的发展，研究金石器的就形成了一种专门的学问——金石学。著名的金石学家吕大临著的《考古图》就是金石学中具有代表性的著作。他把古青铜器仔细地绘图、测量、考释铭文、记录出土地点，并联系到历史传说和诸家的研究意见，加以研究、考证。此外，还有《宣和睿览集》、《宣和书画集》等都是类似现代博物馆藏品目录的著作。清乾隆时期，清理了宫里的旧藏，由当时著名的金石学家编辑了《西清古鉴》、《石渠宝笈》、《秘殿珠林》等图谱或目录，为我国的历史学、考古学提供了重要的研究资料。以后，我国研究金石学的范围扩大了，对货币、镜鉴、砖瓦、玺印和封泥都有了更多的研究，也有很大的成就。在铜器的研究方面有了进一步的发展，如阮元著的《商周铜器说》和《周乐器说》，对铜器的制作和用途都作了考证。程瑶田的《考工创物小记》是根据古器物解释《周礼考工记》的，对车、矢、戈、矛、角、爵、钟等进行论证。所有这些研究活动，在旧社会，由于受到时代和条件的限制，带有很大的局限性；但是也为近代博物馆开展科学研究工作积累了一些经验，他们的研究成果，对今天古器物的研究是有参考价值的。

我国对方志的研究也很早。如《书经》的《禹贡》可以看做是关于方志的最早著作。书中记载了我国古代的方域、地质、物产分布等情况。汉代人写的《山海经》详细地记录了当时我国山川形势、土地、物产、古迹的情况，内容更加丰富。随着发展生产的需要，以后，各个朝代都很注意方志的研究，著书也更多。隋、唐时期李吉甫的《元和郡县图志》是方志书中有代表性的著作。到了宋代，方志的研究已形成了一门学问叫作"方志学"。明、清以来，编志之风更加盛行。明代张邦政在重修《满城县志》序言中说："今天下自国史外，郡邑莫不有志。"研究方志对地方的历史、地理、资源等情况的了解都很有帮助。有关方志的著作则为近代博物馆（特别是地志性博物馆）进行对地方的研究提供了宝贵的资料。

以上所述关于我国古代的文物陈列、收藏和考古研究等活动，虽然在当时是为封建统治阶级服务的，但它们遗留下来的实物和著作，却给今天的博物馆提供了一定的物质条件和参考资料。

二、近代博物馆在我国的出现

二十世纪初期，近代的博物馆在我国出现了。十九世纪末，我国有一些主张向西方学习的人物"提倡西学"，"振兴实业"。于是博物馆的创建也被提上议事日程。例如1895年上海强学会章程中就主张"开博物院"，并认为"文字明，其义有不能明者，非图谱不显；图谱明，其体有不能明者，非器物不显"。他们抓住了博物馆之有实物这一点，提出："今创设此院，凡古今中外，兵农工商各种新器，如新式铁舰、轮车、水雷、火器及各种电学、化学、光学、重学、天文、地理、物理、医学诸图器，各种矿质及动植类，皆为备购，博览兼收，以为益智集思之助。"首先正式办起博物馆的是强学会会员张謇。1905年，张謇在南通师范学校开始筹办"南通博物苑"。他在《南通博物苑品目序》中说："清光绪乙巳以师范教授博物之须有所征也，始营苑于校河之西，徙荒冢千并民居三十许为之，要于举物而已。而需征者广，集物亦颐，民国三年甲寅，乃粗成天然、历史、美术三部，品物凡二千九百有奇。"这种博物馆在宣传现代自然科学方面起过一些积极作用，有一定的进步意义。但是，这种博物馆在帝国主义、封建主义的压迫和统治下是很难得到发展的。

1911年的辛亥革命，推翻了清朝。1912年，反动政府在北京国子监旧址，筹办了历史博物馆。1914年，利用故宫前三大殿和文华、武英两殿成立了古物陈列所。1925年，成立了故宫博物院。1933年，在南京筹办了国立中央博物院。上海、天津、浙江、河北等地先后也有博物馆的建立。

由于解放前的旧中国是一个半殖民地半封建的国家，那时候，除了统治阶级所办的博物馆以外，还有帝国主义国家为奴化中国人民思想、掠夺中国资源和进行间谍活动而举办的博物馆。如1874年，英帝国主义在上海成立的"亚洲文会博物院"；1883年，法帝国主义在上海成立的"震旦博物院"；1916年，日本帝国主义在东北大连成立的"满蒙资源馆"，在青岛成立的"山东产业馆"；美帝国主义在1919年成立的"成都华西协和大学博物馆"等。这些博物馆是帝国主义对我国进行文化侵略的工具，也是它们掠夺我国文物的前哨。他们到处打着博物馆的旗号，盗窃我国的珍贵文物，破坏我国的历史文化艺术遗产。近百年来，帝国主义千方百计地勾结反动政府、封建官僚和买办资产阶级及古玩奸商，把我国的珍贵文物大量地盗运出口。而美帝国主义则是掠夺最多的头号盗窃犯。

早在1797年，贩卖鸦片到广东的美国商贩，就已在广州一带搜刮我国的文物。此后，美帝国主义通过各种阴谋活动，进行秘密的或公开的劫掠，不仅使我国敦煌、云冈、龙门、天龙山、南北响堂山、巩县石窟寺等处历代石窟艺术的精华遭到史无前例的浩劫，并且还盗走了数以万计的古画、古书、铜器、玉器、陶瓷、雕刻等历代艺术的珍品。

美帝国主义强盗对我国人民犯下了不可饶恕的滔天罪行之后，还摆出一副人类文化保护者的面孔，进行诡辩，企图为自己的罪行开脱。如大盗窃犯普爱伦和北京的古玩奸商勾结，把我国河南龙门石窟最精美的北魏石雕《帝后礼佛图》凿走，彻底破坏了这个著名的艺术雕刻。可是，这个普爱伦在他所写的《纽约市艺术博物馆所藏中国雕塑》一文中却说："1933~1934年之间，这浮雕被人凿碎盗走后开始在北京古玩市场出现，当时只有两个美国博物馆（指纽约市艺术博物馆和纳尔逊艺术博物馆）在努力挽救它。"可是，事实却又是怎样呢？1952年三反五反运动时，我们在北京古玩奸商岳彬家里，发现了普爱伦亲笔签名所订立的凿碎《帝后礼佛图》的合同。因此，到底是被谁凿碎盗走，是谁"在努力挽救它"，昭然若揭了。这就是美帝国主义强盗的逻辑，真是无耻之极！给予那些伟大艺术品以惨劫的难道不正是美帝国主义强盗吗？美国的哈佛大学福格艺术博物馆、纽约市艺术博物馆和费城艺术博物馆等许多博物馆就是靠掠夺我国和其他国家珍贵的历史文物起家的。这些博物馆实际上都是赃品罪证馆。这就是美帝国主义所炫耀的"西方文化"的内容之一。

解放以后，帝国主义者对于我国的历史文物，虽然无法再像解放前那样肆无忌惮地盗窃掠夺，但是，盗窃阴谋并没有完全停止。1961年春天，美帝国主义和蒋匪帮勾结，把蒋匪帮盗运台湾去的珍贵文物的全部精华，凡九类共二百五十三件，借去"展览"，即其显例。此外，帝国主义还在用各种卑劣的手段，勾结个别坏分子暗地盗窃我国历史文物和贵重图书出口。因此，我们必须时刻提高警惕，继续打击帝国主义对我国文物进行盗窃的各种阴谋活动，并与之坚决斗争。

三、党领导下的革命根据地和解放区的博物馆事业

党向来是重视文物、博物馆工作的。当新民主主义革命还没有在全国范围内取得胜利的时候，有些革命根据地和解放区就倡议举办过博物馆或展览馆。在极其艰苦的革命战争环境里也是非常注意收集、保护历史文物和革命文物，开展陈列展览工作。如在第二次国内革命战争时期，就曾提倡建立革命博物馆，收集、陈列革命纪念物及战利品，通过革命博物馆向群众进行思想教育，鼓舞革命斗志。有些老革命根据地还建立了革命陈列馆，专门保存革命烈士的遗物。抗日战争时期物质条件很差，但是，仍然配合当时的中心工作，积极地举办各种展览会向群众进行宣传教育。如：1939年，陕甘宁边区举办了规模巨大、为期十二天的工业展览会，展出边区的工业产品二千余件，观众数达万人。我国人民的伟大领袖毛泽东同志还参加了开幕典礼并讲了话。第二年，继续举办第二届农工业展览会，展品增至七千余件，共展出十七天，观众三万余人。1943年的生产展览会则和边区劳动英雄大会同时开幕，展期二十天，观

众五万余人。在延安举办的这几次展览会和其他抗日根据地举办的各种展览会，成为总结与交流革命斗争和生产建设经验，贯彻党的方针政策，提高群众革命觉悟的工具之一，在推动各抗日根据地的生产建设、对敌斗争及各项工作上起了一定的作用。

抗日战争胜利后，在革命圣地延安成立了"陕甘宁边区革命历史博物馆筹备委员会"积极开展了搜集革命历史文物和建馆的工作。在各个解放区，也很重视这项工作。1948 年 10 月 10 日，中共中央东北局决定在哈尔滨建立东北烈士纪念馆。纪念馆里陈列了在党的领导下东北地区的人民英勇的革命斗争史迹和革命烈士的遗物。通过这些陈列展览使广大的参观者受到了深刻的革命传统教育。

革命根据地和解放区的博物馆，是教育人民的有力武器之一，在中国人民的伟大的革命斗争中发挥了它应有的作用。

第二节 解放后我国博物馆事业的发展

1949 年中华人民共和国成立，博物馆事业在党的领导下也和其他文化事业一样，有了巨大的发展。

我国社会主义博物馆事业的发展，大致可以分成以下三个阶段：

一、从 1949 年到 1952 年是博物馆事业发展的第一个阶段。

解放后，中央和地方政府部门相继成立了专门管理和保护文物事业的行政机构。颁布了一系列保护文物的法令、办法。同时，接管了帝国主义和反动政府所举办的博物馆，并对它进行改造。积极清除和剔出在陈列中具有封建、买办和帝国主义的思想毒素的陈列品，肃清这些思想在博物馆中的影响。党和政府指出博物馆的任务是：进行革命的爱国主义教育；帮助人民大众正确地认识历史，认识自然，提高政治思想觉悟与生产热情；以历史唯物主义和辩证唯物主义的思想观点，组织陈列展览，配合一定时期的政治运动，向广大人民进行反对帝国主义、封建主义、官僚资本主义的思想教育。对博物馆的干部队伍也进行了整顿。根据党的"团结、教育、改造"的方针，对原有的工作人员组织他们参加土改、镇反、三反、五反、抗美援朝等各项政治运动，提高其思想觉悟。在博物馆的组织机构方面也进行了整顿，不断地调整和补充藏品，建立群众说明工作制度。这样，博物馆就在本质上起了变化，逐步成为为广大劳动人民服务，为党和国家向人民群众进行爱国主义和社会主义宣传教育的工具。在这个期间，博物馆与有关部门合作举办了大量陈列展览，如关于土地改革、镇压反革命运动、反映抗美援朝的伟大斗争以及宣传过渡时期总路线等的陈列展览。通过这些陈列展览教育了广大群众，提高了他们的政治觉悟和生产热情。人们对博物馆的看法也有了很大的改变，不再认为博物馆是"古董摊"、"古玩铺"。博物馆事业呈现出生气勃勃、欣欣向荣的新面貌。

中国人民为了推翻帝国主义、封建主义、官僚资本主义的反动统治，曾进行了长期的革命斗争。在长期的斗争中遗留下大量的革命遗迹和革命遗物。解放后，这些遗迹和遗物，就成为向全国人民进行革命教育的工具之一。因此，在改造旧馆的同时，就开始积极筹建以恢复革命遗址原状为主要内容的革命纪念馆和以反映我国革命斗争历史为主要任务的革命博物馆。在这个时期，中央成立了中国革命博物馆筹备处；在上海，成立了中国共产党第一次代表大会纪念馆；在革命圣地延安，成立了延安革命纪念馆。为了纪念我国无产阶级文化的伟大旗手鲁迅先生，在北京、上海、绍兴三地成立了鲁迅博物馆（或故居）。在党的领导下，这种革命博物馆和革命纪念馆，在我国各地逐步地建立起来了。

在改造旧馆的基础上，各省、市出现了一批新筹建的地志博物馆。筹办地志博物馆，是我国博物馆事业发展的一件大事，它使博物馆事业与政治、经济、文化建设结合得更紧了，它能更好地为完成国家和地方的各项政治、经济、文化的建设任务服务。

到1952年底，全国已有博物馆40余所，比以前增加了将近一倍。不仅是数量的增多，更重要的是这些博物馆的性质和解放前的博物馆有着根本性的区别，它成为党和国家重要的宣传教育工具之一。

二、我国从1953年起，开始了第一个五年计划建设时期。在这期间，博物馆事业有了更合理、更有计划的发展，并进一步配合社会主义建设和社会主义改造的需要，举办了一系列的陈列展览。同时，也和存在于博物馆事业中的资产阶级思想和资本主义道路进行了一系列的斗争。这是我国博物馆事业发展的第二个阶段。

和资产阶级思想的斗争，首先表现在整顿巩固地志博物馆的工作上。地志博物馆是全面而又有重点地反映地方自然、历史发展、革命斗争和社会主义建设的。特别是通过"社会主义建设时期"的陈列展览，配合地方的社会主义革命和社会主义建设事业，提高了广大人民的政治思想觉悟。但是，有些人却认为国民经济建设的陈列展览没人看。这些人也就对搜集社会主义建设时期的文物和组织"社会主义时期之部"的陈列展览不感兴趣，不愿意地志博物馆为政治、为生产服务。我们对这种思想进行了批判，坚持贯彻执行地志博物馆的方针、任务。如山东、内蒙古及其他省、自治区博物馆在这期间都相继完成了陈列或者举办地方社会主义建设的展览，并且受到了广大群众的欢迎。在整顿和巩固地志博物馆的过程中，苏联及其他社会主义国家的经验给了我们很大的帮助。

在建立纪念性博物馆的工作中和资产阶级思想的斗争也是十分尖锐的。纪念性博物馆应恢复纪念建筑及其内部的历史原貌，这样才能以真实的革命的历史情景向观众进行革命传统教育。但是有些人在资产阶级思想的影响下，却忽视原状布置的作用，一味追求所谓规模气魄。对这种思想进行了严肃的批判以后，纪念性的博物馆才得到健康的发展。全国新建的纪念性博物馆，少部分是纪念古代人物的，如杜甫、蒲松龄等。大部分是纪念近代和现代革命历史事件和革命人物的，如毛主席的韶山故居，孙中山在广州、上海的故居，南京太平天国纪念馆（1961年改为太平天国历史博物馆），广东农民运动讲习所，南昌八一起义纪念馆，瑞金、西柏坡等地的革命纪念馆等。

为了总结我国博物馆工作的成绩和交流经验，进一步明确博物馆工作发展的方向，以及响应党所提出的向科学进军的号召，1956年5月，文化部召开了第一次全国博物馆工作会议。会议期间，交流了经验，讨论了博物馆事业发展的远景规划，肯定了我国博物馆的基本性质和基本任务，明确了它是党的宣传教育机构，科学研究机构和物质文化、精神文化遗存、自然标本的主要收藏所。这次会议的召开，使得博物馆工作的基本方针、政策、原则进一步明确，指出了前进的方向，大大地鼓舞了全体博物馆工作者的信心，为进一步推动我国博物馆事业稳步地向前发展创造了条件。

但是，有一小撮资产阶级右派分子，顽固地坚持资产阶级的政治立场，他们一再拒绝接受党的领导，不愿意走社会主义道路，极端仇视社会主义的博物馆事业。因此，他们趁1957年党开始进行伟大的整风运动的时候，就认为"时机"已到，和社会上的右派分子串通一气，对博物馆事业进行恶毒的攻击，叫喊甚么"外行不能领导内行""马克思列宁主义是教条"等等谬论，阴谋篡夺党对博物馆事业的领导权。要不要党的领导，要不要走社会主义道路的两条道路的斗争，在我国博物馆事业中就很明显地摆出来了。广大博物馆工作者通过鸣放辩论、摆事实讲道理等方式对资产阶级右派分子展开了激烈的斗争，彻底地揭露了他们的政治阴谋，粉碎了他们反党反社会主义的种种谬论，打退了他们的猖狂进攻，从政治上和业务上加强和巩固了党对博物馆事业的领导。随着反右派斗争的胜利，开始了人民内部的整风运动。整风运动对博物馆工作者是一次深刻的社会主义思想革命，大大地提高了他们的思想觉悟。

由于党的正确领导，两条道路斗争的胜利，我国博物馆事业经过合理部署、有计划地发展，到1957

年，全国各种类型的博物馆已发展到了 72 所，为 1949 年的三倍多，并且改变了过去博物馆只集中在少数大城市，忽视边远地区和少数民族地区的情况。经过整顿，干部队伍比以前纯洁了，政治质量也有所提高。陈列展览工作在百花齐放、百家争鸣的政策指导下，质量也有很大的提高。

三、1958 年以后，在党的总路线、大跃进、人民公社三面红旗的光辉照耀下，我国博物馆事业也出现了新的局面，开始进入了第三个阶段。

在这个阶段里，全国有些省建立了小型的县（市）博物馆。这些县（市）博物馆（有的地方叫展览馆），曾经举办许多展览对群众进行宣传教育，在当时起过一定的作用。

为了适应向人民群众进行历史唯物主义和社会主义教育的需要，各地又建立了一批纪念馆。在这些纪念馆中，纪念我国古代杰出人物的有张仲景[①]、李时珍、杜甫、三苏[②]、八大山人[③]、蒲松龄等纪念馆。而更为重要、更大量的是结合保护遗址、建筑而建立的有关近代、现代史的英雄人物和革命斗争事迹的纪念馆，如孙中山、李大钊、林祥谦、聂耳、刘胡兰、董存瑞以及洪秀全、林则徐、秋瑾等英雄人物的纪念馆。纪念革命斗争事件的，有三元里人民抗英斗争纪念馆、黄花岗起义纪念馆、中华全国总工会旧址纪念馆、井冈山纪念馆、后田暴动纪念馆、辽沈战役纪念馆等。近百年来，我国各个重大革命历史时期的重大革命历史事件，一般都在革命遗迹、遗址的基础上建立了纪念馆。

中国革命博物馆、中国历史博物馆、中国人民革命军事博物馆等中央大型专业馆的建立，是两年来我国博物馆事业大跃进的集中表现。

1960 年 3 月，文化部召开了第二次全国文物博物馆工作会议。会议提出文物博物馆事业必须在党的领导下，继续坚决贯彻执行党的社会主义建设总路线，坚持政治挂帅，坚持群众路线，更好地向人民群众进行社会主义、共产主义教育，为促进生产的发展而服务。会议强调指出全体博物馆工作者必须大力加强马克思列宁主义和毛泽东著作的学习，认真钻研业务，坚决贯彻百花齐放、百家争鸣的政策。这次会议不是一般的业务经验交流会，而是一次生动形象的毛泽东思想的学习会。会议起到了武装思想，明确方向总结经验，增强信心的作用，促进了博物馆事业更好地为政治、为生产、为工农兵服务，使博物馆事业更稳健地沿着社会主义大道继续前进。

第三节　建国以来我国博物馆工作的基本经验

建国以来，我国博物馆工作在毛泽东思想的光辉照耀下，取得了丰富的经验。总结这些经验对我国博物馆工作有着非常重要的意义。现将建国以来我国博物馆工作所取得的基本经验概述如下：

一、党的领导，政治挂帅

我国的博物馆事业，是党的宣传教育工具之一，它的根本任务就是以社会主义、共产主义思想教育人民，传播科学文化知识，它是为无产阶级革命的利益服务的。为了实现这一目的，它必须由党来领导，必须坚持政治挂帅。党对于博物馆事业的领导和在博物馆工作中坚持政治挂帅是博物馆事业的生命线。解放以后，我国博物馆事业之所以能够沿着社会主义道路健康地发展，正是由于中国共产党的正确

---

① 张仲景，汉代名医学家，有《伤寒论》《金匮要略》等著作。——原文注
② 三苏即苏洵、苏轼、苏辙父子三人。——原文注
③ 八大山人即朱耷，明朝宗室，为明末清初著名画家。——原文注

领导。

博物馆是用实物向广大人民进行宣传教育的。因此，陈列展览必须有明确的政治倾向性，必须用马克思列宁主义的立场、观点、方法来分析和揭示自然界或人类社会的真实面貌，以正确的科学知识和革命精神教育人民。那种没有明确的政治倾向性的陈列展览，是说明不了自然界或社会历史问题的，也就达不到提高人民群众的思想觉悟和科学文化水平的目的。所以，博物馆的陈列展览必须政治挂帅，这样，才能真正成为党和国家对人民群众进行社会主义、共产主义教育，促进生产发展的工具。

二、坚决贯彻与执行党的社会主义建设总路线和一套"两条腿走路"的方针

社会主义建设总路线和"两条腿走路"方针的基本精神就是要求进行社会主义建设的时候，遵从事物发展的规律，把客观可能性和主观能动性统一起来，充分调动人民群众建设社会主义事业的积极性与创造性，尽可能快地发展我国的社会主义事业。1958 年以来，我国博物馆工作之所以能取得很大的成绩，正是由于正确贯彻与执行党的社会主义建设总路线和"两条腿走路"方针的结果。"两条腿走路"的方针，在博物馆事业中的体现，就是：既有中央举办的大型博物馆，也有省（市）举办的中、小型的博物馆；既有文化系统举办的综合性、专业性以及纪念性的博物馆，也有其他部门举办的专业性博物馆。这些博物馆之间还体现着互相支持与协作的关系，普及与提高的关系。在博物馆的工作方面，既有固定陈列，也有临时展览；既有馆内陈列展览，也有馆外流动展览。这样就使得博物馆工作更加机动、灵活。

当然，贯彻"两条腿走路"的方针，并不意味着工作不分轻重主次，而是要根据国家社会主义建设的需要，和博物馆事业本身的情况，既有主导，又有配合，既有冲天干劲，又有科学分析，积极而又稳健地发展我国的博物馆事业。那种片面地贪多贪大，求新求全，只重数量不重质量的思想和"两条腿走路"的精神是背道而驰的。党的社会主义建设总路线和一套"两条腿走路"的方针是马克思列宁主义普遍真理和中国革命具体实践相结合的体现，博物馆事业必须全面地加以贯彻。

三、坚持群众路线，加强内外协作

博物馆事业贯彻群众路线，一方面要运用馆外的社会力量，帮助博物馆做好他们力所能及的工作。因为，博物馆是向群众进行宣传教育的机构，当群众知道博物馆对他们的教育作用以后，很愿意支持博物馆的工作。只要运用适当，就能充分发挥他们的作用。另一方面，是充分发挥馆内一切工作人员的积极性，做到领导、专家、群众三结合。博物馆内有许多业务工作，是要专家来做的，忽视专家的作用是不对的。但是，专家要善于集中群众的智慧，才能把工作做得更好。因此，在党的领导下，实行专家与群众相结合是非常重要的。

搞好协作，是群众路线的一个重要方面。博物馆的工作涉及到许多方面，陈列展览的内容很多，思想性与科学性很强，艺术表现又要求多种多样；因而，博物馆在开展活动时，不论是人力、物力和场所等，都需要得到有关方面的支持与协作。当然，开展协作必须和自力更生相结合，而且只有在发挥自身的积极性、创造性的基础上才能充分发挥协作的优越性，那种只靠外援而自身不作刻苦努力的依赖思想，也是不对的。

四、正确贯彻党的百花齐放、百家争鸣的政策

百花齐放、百家争鸣的政策，促进了我国文学艺术与学术研究的繁荣发展。几年来的经验证明，在

博物馆事业中也必须正确贯彻百花齐放、百家争鸣的政策，才能促进博物馆事业的繁荣和发展。

人们的主观认识和客观事物之间是有矛盾的。只有执行百花齐放、百家争鸣的政策，提倡独立思考，自由讨论，发扬"坚持真理，修正错误"的精神，才能正确解决认识发展过程中的主客观矛盾，从不认识或认识不全面到认识全面，从是非难辨到得出正确的结论。实践证明：如果企图用行政命令或者是个别人主观下结论的做法来解决博物馆工作中的学术研究问题，是行不通的。毛主席教导我们："对待人民内部的思想问题，对待精神世界的问题，用简单的方法去处理，不但不会收效，而且非常有害……只有采取讨论的方法，批评的方法，说理的方法，才能真正发展正确的意见，克服错误的意见，才能真正解决问题。"①

博物馆工作既是群众性的文化工作，又是科学研究工作。它的各种活动一般都要经过科学研究。如陈列展览，它的内容是反映自然界或人类社会历史发展规律的，不仅要有鲜明的政治倾向性——即思想性，还要有高度的科学性。科学性要求正确反映事物，不允许有任何虚构或歪曲。但是，只是由于掌握材料的差别，观察事物的角度与深度的差别，处理问题的方法和探索解答问题的途径的差别，就会产生各种认识上的分歧和矛盾。因而，在陈列展览中即使是表现同一问题，也会出现不同的意见。应该认为这是合乎认识发展的客观情况的。这就需要我们展开自由讨论，以求得正确或比较正确的意见。为此，在陈列展览同一科学问题上，不同的博物馆可以表现出不同的意见，这样就有助于对这一问题的研究和探索，求得正确的解决。那种认为博物馆陈列展览中不能贯彻百花齐放、百家争鸣政策的想法，是不正确的。

博物馆陈列展览内容的思想性、科学性，是要通过一定的艺术形式来体现的。只有具有强烈的艺术感染力，具有鲜明的民族风格和地方色彩的艺术形式，思想性、科学性才能得到充分的发挥，广大工农群众才乐于接受。

实践证明，提倡艺术上的不同形式和不同风格的自由竞赛，就能使我国博物馆的陈列展览形式丰富多彩。陈列展览的形式和其他文艺形式一样，如果只有"一花独放"，无论这朵花怎样好，总不免单调贫乏，是不能满足群众需要的。当然，艺术风格上的多样性和政治方向的一致性必须结合起来。艺术必须从属于政治，并为政治服务。

五、必须建立一支又红又专的干部队伍

我国的博物馆事业是党的整个革命事业的一部分，要发展博物馆事业，必须相应地建立一支又红又专的干部队伍。这个队伍应该包括大批的新干部以及从旧社会过来的、愿意为工人阶级服务的知识分子。

不管任何一项工作，在有了正确的路线、方针、政策之后，还要有能够正确贯彻执行路线、方针、政策使之付诸实现的干部。博物馆的陈列展览及其他各项工作都是为了向人民群众进行宣传教育的，这一目的能否实现及其实现的程度如何，与博物馆工作人员的马克思列宁主义水平和业务熟练程度有直接关系。干部的政治思想水平越高，业务技术越熟练，工作的效果就越大。反之，思想水平不高，业务能力不强，工作成效就不大。

博物馆工作的干部必须又红又专。只有又红又专，才能在博物馆事业中正确贯彻执行党的路线、方针、政策，才能做好各项业务工作，从而最大限度地发挥博物馆的战斗作用。

---

① 《关于正确处理人民内部矛盾的问题》第八部分。——原文注

所以博物馆工作者一方面要努力提高思想觉悟，一方面要加强业务学习。在业务学习方面，由于博物馆的工作所牵涉到的内容比较广泛，因此，可以学习的东西很多。每个博物馆工作者，要根据馆的性质、业务范围和自己所从事的工作，确定学习内容。除了有关的专业学科外，博物馆学的基础知识，则是每个人都必须具备的。学好专业学科和博物馆业务，并不是一件轻而易举的事，要刻苦钻研，坚持不懈，才能真正学到一点东西。如果不精通业务，尽管"红"了，仍然不能在工作上做出成绩来。

第二章　博物馆的性质、特征、基本方针和任务

第一节　博物馆的性质

我国博物馆主要是党和国家的宣传教育机构，也是科学研究机构，又是物质文化、精神文化遗存和自然标本的主要收藏机构。

十多年来，我国博物馆根据各自的特点，从历史、革命、文化、艺术、自然科学等方面，以实物为基础，举办了多种多样的陈列展览，并通过各种辅导形式，开展自己的活动，以揭示社会发展与自然发展的客观规律，宣传辩证唯物主义和历史唯物主义，宣传毛泽东思想和党的方针政策，提高全国人民的社会主义、共产主义思想觉悟，以及科学文化水平，为社会主义革命和社会主义建设作出了一定的贡献。所以，它主要是宣传教育机构。

博物馆为了更好地进行以上的工作，必须加强科学研究。这是因为博物馆的各项业务活动都应该建立在科学研究的基础上，诸如陈列展览的内容和艺术设计，文物的征集、鉴定和保管、修复以及群众工作等，都有许多科学研究的内容。从这个意义上说，所以博物馆又是一个科学研究机构。

同时，博物馆为了举办以实物为基础的陈列展览，必须搜集和保藏国家的物质和精神文化遗存及自然标本，因此，博物馆又是文物、标本的主要收藏机构。

博物馆作为宣传教育机构、科学研究机构和文物标本收藏机构的这三种性质，是密切联系、绝对不可分割的，但是以宣传教育为中心。一切征集、保管、科学研究工作，都是围绕宣传教育这一目的来进行的。宣传教育工作为搜集、保管和科学研究工作提出任务，并促进这些工作的开展；而作好搜集保管和科学研究工作，又促进宣传教育工作的发展和提高。

博物馆是属于上层建筑的范畴，是一定社会政治、经济的反映，反过来又为一定社会的政治、经济服务，因此，它不可能是什么"超阶级"的东西。但是，有些人却往往把博物馆说成是"超阶级"的。其"理论"是博物馆"对于社会上一切阶级，一切不同年龄的人们，各有相当的教育与娱乐的设备"。[①]试问，在历史上曾经有过反动统治阶级为了被统治阶级的"教育"和"娱乐"，即为了被统治阶级利益服务的博物馆吗？什么时候有过符合于一切阶级的利益的博物馆呢？显然，在阶级社会里是根本不会有的。资本主义国家的博物馆是为资产阶级服务的，那些博物馆都掌握在资产阶级手里，专供他们本阶级的享受和娱乐。无产阶级和广大劳动人民连最起码的谋生权利都没有，他们经常遭受失业和挨饿的痛苦，那里还有什么兴致到博物馆去"娱乐"呢？在旧中国，劳动人民连进博物馆的一张门票也买不起，就更说不上什么"娱乐"了。所以反动统治阶级办的博物馆，对于社会上的一切阶级绝不可能是"一视同仁"的。

---

① 陈端志：《博物馆学通论》第45页，上海市博物馆1936年发行。——原文注

我国博物馆作为科学研究机构，它的科学研究工作是服从于党和国家的需要的。是为了揭示社会发展与自然发展的客观规律，是为了表现社会主义革命和社会主义建设中的伟大成就，归根到底，是为政治、为生产、为工农兵服务。任何科学研究违背这一目的性，都是错误的。

帝国主义和现代修正主义者，力图把他们的博物馆说成是为众人服务的科学研究机构，宣扬"科学至上"，说什么"科学研究是没有阶级性的"，这是骗人的鬼话。

在美帝国主义的博物馆里，他们到底研究些什么呢？不外是研究如何宣传宗教迷信、宣扬杀人武器的威力，研究如何劫夺他国文物的办法……一句话，他们的研究，是为了帝国主义的侵略政策服务的。这不是有力地揭穿了科学研究"没有阶级性"的真面目吗？

我国博物馆作为文化遗存和自然标本的主要收藏所，它是以高度的负责精神，收藏和保护好我们祖国的珍贵的文物、标本和资料。但是我们收藏和保护文物、标本，是为了向广大人民群众进行宣传教育，因此，我们的收藏是有选择的，不是客观主义的有什么收藏什么。我们是站在无产阶级的立场去收藏文物。所收藏的文物、标本，都要是对阶级斗争和向大自然作斗争有用的东西；而不是客观主义地凡物皆保，有什么保管什么。帝国主义特别是美帝国主义的博物馆就根本谈不上什么保藏文物，而是道道地地的脏物收藏所。美帝国主义向全世界进行侵略，摧残人类历史文化，它们把被侵略国的文化珍宝恣意破坏了之后，就将许多文物资料劫运到美国去，摆在博物馆里。这是摧残人类文明的罪证。美帝国主义这种破坏世界文明的罪行，人们总有一天要和它清算的。

第二节　博物馆的特征

明确了博物馆的性质以后，还要进一步明确它的特征。正确地理解博物馆的特征，对我国博物馆的实际工作有着极为重要的意义。甚么是博物馆的特征呢？以实物为基础，组织成形象化的陈列展览，通过陈列展览进行马克思列宁主义、社会主义的宣传教育，为无产阶级的利益服务，就是它的特征。

通过陈列展览的形式，向群众进行宣传教育，是完全符合人们认识的发展规律的。毛泽东同志说："任何知识的来源，在于人的肉体感官对客观外界的感觉，否认了这个感觉，否认了直接经验，否认亲自参加变革现实的实践，他就不是唯物论者。"[①] 又说："认识的真正任务在于经过感觉而达到思维，到达于逐步了解客观事物的内部矛盾，了解它的规律性，了解这一过程和那一过程间的内部联系，即到达于论理的认识。"[②]

博物馆以实物的鲜明生动的形象，作用于观众的感官，使观众感到亲切，易于接受陈列展览所表现的内容。所谓"百闻不如一见"，就是群众对陈列展览的生动的评语。因此，以实物材料组成的陈列展览的形式，向群众进行思想教育，传播科学文化知识，是博物馆有别于其他宣传教育形式（如学校、图书馆等）的特征。

博物馆是国家（或地方）文化宝库之一，它搜集和保藏着全国（或地方）的物质文化、精神文化遗存及重要的自然标本。这些实物藏品是历史上、科学上、文化上珍贵的财产，不仅是陈列展览的物质基础，也是进行某些科学研究的重要材料。博物馆如果没有实物藏品，将失去其存在的意义。

博物馆保藏着大量的实物，如已经绝迹的动植物遗骸化石，及稀有的有重大价值的动植物标本，人

①　《毛泽东选集》第 276 页，1952 年北京第二版。——原文注
②　《毛泽东选集》第 275 页，1952 年北京第二版。——原文注

类社会发展史各个阶段的阶级斗争遗物，如生产工具、生活用具、文化艺术品以及社会主义时期文物等。这些实物给科学研究提供了便利条件，使研究者在同一时间里，能够获得各个历史时期的散存在各地的某些实物资料，在比较和对照之下进行研究。

由此看来，实物在博物馆事业中，是极为重要的。但实物并不是自然地就能起作用的，必须在正确的思想指导下才有可能真正发挥作用。

我们承认实物是博物馆的物质基础，但也承认收藏实物是为了达到一定的政治目的，是为政治、为生产服务的，收藏本身并不是目的。博物馆通过对实物的组合运用来宣传马克思列宁主义，向群众进行爱国主义和共产主义教育，揭示生产斗争和阶级斗争的规律。因此，实物必须服从政治的需要，以政治支配实物。

在强调政治是灵魂的同时，也必须强调实物是基础的重要性，忽视任何一面，都是片面的。实物和观点应该是辩证的统一。把实物和观点割裂开来，在陈列展览中，只摆出一大堆实物，不提出自己的观点，不说明赞成什么，反对什么，或者是只有观点而没有实物，仅仅以一般辅助性材料代替实物，都会影响博物馆的宣传教育效果。

综上所述，可见以实物为基础，通过陈列展览进行宣传教育，为无产阶级的利益服务，是博物馆工作的特征。

第三节   博物馆的基本方针和任务

我国博物馆事业是社会主义文化事业的一个组成部分。党对文化事业的方针是为无产阶级政治服务，为生产服务，为工农兵服务。这也就是我国博物馆事业的基本方针。

为无产阶级政治服务，在现阶段就是为社会主义革命和社会主义建设服务，就是为党的中心工作服务。解放以来，我国博物馆在为政治服务方面作出了显著的成绩。它根据各个时期政治斗争的需要，通过基本陈列和临时展览积极投入重大的政治运动中去，使博物馆成为党的一种宣传工具。譬如，通过革命史的陈列，宣传了我国人民在党的领导下的艰苦斗争的历史和优良的革命传统。通过"社会主义时期"的陈列，宣传了我国社会主义建设所取得的伟大成就。通过揭示我国大自然面貌的"自然之部"的陈列，展示了全国或者某一个地区的自然环境和丰富的资源，从而就更能加强人民对建设社会主义的信心和力量。在举办临时展览方面，如在解放初期，在土改运动中，举办的"土改展览会"，在"三反"、"五反"运动中的"三反五反"展览等，在提高广大人民的思想觉悟和道德品质方面，都起了一定的作用。

为政治服务，应当贯穿在博物馆的全部工作中。因为博物馆的各项工作，都是直接或间接服务于当前或长远的政治需要的。那些结合各个时期政治运动、生产中心所举办的专题陈列或临时展览，其政治目的比较明显；而那些根据不同馆的特点所举办的长期陈列或不是结合中心的一般展览，也是为了政治需要。归根到底，同样是为政治服务的。总之，博物馆的一切陈列展览，目的在于从各方面提高群众的政治思想觉悟和科学文化水平，鼓舞群众的革命斗志和生产积极性，从而更好地进行社会主义革命和社会主义建设。因此，任何好的陈列展览，不是直接为政治服务，就是间接为政治服务；不是为当前的政治运动服务，就是为长远的政治需要服务。

同样，博物馆反映生产斗争和为生产建设服务，也有直接和间接的区别。一般基本陈列多半是间接为生产服务的，但在可能条件下，举办一些灵活多样的专题陈列，就能更直接地为生产服务。例如大办农业、大办粮食展览和农业八字宪法展览等等。即使在自然、历史、革命史、艺术等基本陈列中，内容虽然不是直接反映当前生产，但也贯穿着劳动创造世界、热爱劳动的思想内容，因此，这些陈列也可以说是起着为生产服务的作用的。

当然，博物馆要为政治、为生产服务，必须根据每个馆本身的性质与特点，从实际出发，不能勉强去做。一方面要考虑到当前需要，一方面要考虑到长远需要。对于基本陈列的作用不能忽视，不要为了配合当前的临时任务，而任意增减某方面的材料，打乱了正常的陈列体系。

文化艺术事业必须面向工农兵，为工农兵服务。这是一个根本性的问题，原则性的问题。博物馆事业是文化事业的一个组成部分，当然也必须面向工农兵，为工农兵服务，把工农兵作为自己的主要服务对象。因为工农兵占我国人口的绝大多数，是革命和生产的主力军，是社会物质财富、精神财富的主要创造者和保卫者，是社会历史的真正主人。但是，在旧社会，剥削阶级剥夺了他们享受文化生活的权利，也剥夺了他们参观博物馆的权利。现在，则起了根本的变化，无产阶级掌握政权，人民当家作主。我们必须把千百年来人类遗留下来的物质文化、精神文化遗存，归还给劳动人民，用它来为劳动人民服务。

十多年来，博物馆事业在为工农兵服务的方针指导下，和其他文化事业一样取得了巨大的成就，也创造了许多为工农兵服务的行之有效的办法。例如将展览送到工厂、农村、部队直接为工农兵展出，这就是一种很好的形式。但是应该指出，为工农兵服务的问题并不是所有的博物馆工作人员都认识得很清楚了。例如过去就有过这样一种看法：认为为工农兵服务是文艺工作的方针，和博物馆关系不大。而在大城市的某些博物馆，在安排服务对象上，有时对工农兵就考虑的不够。对陈列内容的阐述，不从工农兵的阶级情感出发；组织陈列不很好地考虑工农兵群众的需要；陈列中文字说明的编写，不从工农兵现有的文化水平出发，不管工农兵能不能理解；不积极地将富有教育意义的展览送到工矿、农村、部队作巡回展出。所有这些都是不符合为工农兵服务的方针的。

要贯彻为工农兵服务的方针，还必须正确解决普及与提高的关系问题。有的人片面地认为博物馆是科学研究机构，强调提高的一面，忽视普及的一面，关门研究，为提高而提高；也有的人认为搞陈列是提高工作，搞展览是普及工作；因而只注意陈列的质量，对展览的质量就不加重视。这些观点都是片面的。当然，那种一年到头下乡搞临时展览，而不考虑本馆的长远建设，逐步地开展科学研究工作，以提高基本陈列的质量，也是片面性的做法，同样是不对的。

正确的做法，应该是遵循毛泽东同志《在延安文艺座谈会上的讲话》中的指示，即："在普及的基础上提高，在提高的指导下普及。"普及和提高是不可分割的，二者互相推动，互相影响。博物馆既要作好普及工作，也要作好提高工作，而只有正确地贯彻了普及与提高相结合的方针，才能更好地为工农兵服务。

总的说来，我国博物馆事业的根本任务，就是在党的领导下，在社会主义建设总路线的光辉照耀下，更高地举起毛泽东思想的旗帜，为政治思想战线上的社会主义革命，为反对现代修正主义的反动思潮，为彻底肃清资产阶级的政治影响和思想影响，为提高人民的社会主义思想觉悟和科学文化知识水平，为促进社会主义建设事业的发展，积极地发挥自己的宣传教育的作用。

为实现上述总的方针、任务，博物馆的具体任务主要是：

一、通过博物馆的特有形式，广泛地宣传毛泽东思想

毛泽东思想是我们一切工作的指针。用毛泽东思想来武装广大人民群众的思想，是博物馆工作的首

要政治任务。因此，博物馆和纪念馆的陈列展览都必须在毛泽东思想的指导下，突出陈列展览的主题思想，揭示客观事物的本来面貌和发展规律，使正确的主题思想像一条红线一样贯穿在各种陈列展览之中。尤其是革命博物馆和革命纪念馆，宣传毛泽东思想的任务就更为重要。群众通过参观陈列展览能更形象地、更深刻地领会毛泽东思想，学习毛泽东同志认识客观世界、掌握客观规律、改造客观和主观世界的立场、观点和方法，以提高政治思想觉悟。

宣传毛泽东思想同时要正确地宣传党的路线、方针、政策。党的路线、方针、政策是毛泽东思想的具体体现。博物馆可以结合党的中心工作，通过陈列展览，对党的路线、方针、政策进行宣传，而在革命史和社会主义革命与社会主义建设的陈列展览中，更要经常地进行党的方针、政策的宣传，反映正确执行党的方针政策后所取得的伟大成就，提高群众的政策水平，教育与鼓舞人民沿着党所指引的道路胜利前进。

为了提高群众的社会主义觉悟，博物馆还必须进行爱国主义、国际主义和革命传统的教育。这也是思想教育的一个重要组成部分。博物馆可以通过历史、革命史、艺术以及自然方面的陈列展览，以真实感人的形象，帮助人民加强对伟大祖国历史、自然、社会发展美好前途的认识，加强对劳动人民具有无比智慧和力量的认识，继承和发扬我国劳动人民发奋图强、艰苦奋斗的优良的革命传统。

毛泽东同志再三教导我们说："帝国主义是中国人民的死敌，也是全世界人民的死敌，我们同帝国主义的斗争，是你死我活的斗争。""结束帝国主义主要是美帝国主义的侵略和压迫，是全世界人民的任务。"[①] 因此，博物馆必须把反对帝国主义的斗争，当作一项主要的宣传任务。通过陈列展览，揭露帝国主义的一切阴谋诡计，把近百年来帝国主义特别是美帝国主义在我国所犯下的滔天罪行揭发出来，粉碎帝国主义的所谓"西方文明"的本质，使广大人民进一步认清帝国主义的反动面目，进一步认清同帝国主义的斗争是一场你死我活的斗争；只有消灭了帝国主义，全人类才能真正过着和平幸福的生活；鼓舞群众反对帝国主义斗争的革命意志，加强社会主义阵营的团结，加强全世界人民的大团结。

在保卫马克思列宁主义的斗争中，现代修正主义是当前国际共产主义运动中的主要危险。以南斯拉夫铁托集团为代表的现代修正主义者，披着马克思列宁主义的外衣，大肆宣扬资产阶级思想，为帝国主义效劳。他们篡改、诬蔑、歪曲马克思列宁主义；企图抹杀社会主义与资本主义的区别；抹杀无产阶级与资产阶级的矛盾；企图调和两个阵营、两种制度、两个阶级之间的你死我活的对立。竭力鼓吹同帝国主义"积极共处"、"和平合作"，以及资本主义正在"和平长入"社会主义等等，企图以此欺骗人民，从思想上、政治上瓦解无产阶级革命，瓦解社会主义阵营，破坏世界人民反对帝国主义正义斗争的统一战线。现代修正主义是地地道道的帝国主义的代理人，帝国主义将更多地利用现代修正主义者为它的侵略政策和战争政策服务。因此，和现代修正主义作斗争也是博物馆一项严肃的战斗任务。博物馆应该通过中国历史发展的史实，来粉碎修正主义的谬论，来捍卫马克思列宁主义和无产阶级革命的学说。在陈列展览中要正确地表现出在马克思列宁主义与中国革命具体实践相结合的毛泽东思想指导下中国革命发展的道路，以彻底揭露现代修正主义者的反动观点，帮助广大人民对修正主义作坚决的斗争；保卫马克思列宁主义，保卫社会主义阵营的团结，加强无产阶级的国际团结，推进社会主义、共产主义的革命事业的发展。通过历史陈列用无产阶级的辩证唯物主义和历史唯物主义粉碎现代修正主义者的诡辩论的唯心史观。用阶级分析的理论粉碎现代修正主义者虚伪的阶级调和论。通过对中国现代革命史和社会主义建设的陈列，用科学的马克思列宁主义革命学说揭穿现代修正主义者所宣扬的"和平过渡"、"和平长

---

　　① 见 1958 年 10 月 1 日的《人民日报》。——原文注

入"社会主义的种种谰言。

二、服务生产，促进生产力的发展

要促进生产力的迅速发展，就必须促进技术革命和文化革命运动的深入开展。刘少奇同志在中国共产党第八次代表大会第二次会议上的报告中指出："积极实现党的社会主义建设的总路线，积极实现技术革命和文化革命，将使我国的社会生产力大大地发展起来，将要大大地提高我国的劳动生产率……"①从刘少奇同志的报告中可以看出，技术革命、文化革命对于发展生产、提高社会生产力具有重大意义。因此，我们必须紧密配合技术革命、文化革命运动，举办有关陈列展览，为促进"双革"运动的开展服务。这两个革命运动是永无止境的，是万古长青的运动，只要人类社会存在，就会不断地进行下去。因此，为技术革命、文化革命服务，是博物馆的一项长期的任务。

工业和农业是两大基本物质生产部门。按照这两大生产部门的特点，我们党已经制定了"以农业为基础，以工业为主导，在优先发展重工业的条件下，实行工业和农业同时并举"的方针。根据这个方针，博物馆为生产服务，必须以工农业生产部门为重点，运用陈列展览形式，以促进这两大物质生产部门的生产发展。

在现阶段，当党中央提出大办农业、大办粮食的方针之后，对于为农业服务就显得更为重要。农业是整个国民经济的基础，是生活资料的主要来源。只有农业得到大发展，才能为国民经济其他部门提供劳动力，才能为工业提供更多的原料，也才能扩大工业品销售市场，保证整个国民经济有计划、按比例地发展。因此，农业问题，是关系到整个国民经济的问题。毛泽东同志说："我国有五亿多农业人口，农业的情况如何，对于我国经济的发展和政权的巩固，关系极大。"② 因此，在现阶段，我们必须根据农业生产的情况，来研究博物馆的特定任务，安排博物馆的工作。有关的博物馆，要根据自己的特点，利用各种展览形式，为促进农业生产的发展服务。

至于那些以历史、革命史为内容的博物馆、纪念馆，在为发展生产服务方面，也不是无用武之地的。它们还是可以根据自己的特点，举办适当的陈列展览，有的放矢地对群众进行宣传教育；启发他们学习我国劳动人民的生产斗争经验；继承和发扬革命先烈、先辈们的克服困难、艰苦奋斗的优良传统和大无畏的革命精神，并把它运用到当前生产斗争中去。这样，在提高政治思想觉悟的基础上，群众就可以发挥更大的革命干劲，推动生产建设的持续跃进。只要能这样做，博物馆就可以为生产的发展作出贡献。

三、普及科学文化知识，为科学研究服务

解放前，我国广大劳动人民由于身受三重压迫，没有受教育的权利，因而文化落后，文盲很多。这是我国社会生产力发展的极大障碍。现在我们要高速度地发展社会主义的经济和文化，就要求广大劳动人民迅速地掌握现代的科学文化知识。博物馆是社会主义的宣传教育机构，它所收藏的各种自然标本和文物，是普及科学文化知识的实物资料；我们必须尽可能地利用这些资料，为向广大劳动人民普及科学文化知识服务。

博物馆所收藏的各种物质文化、精神文化遗存和自然标本，不仅是向劳动人民普及科学文化知识的

---

① 《社会主义教育课程的阅读文件汇编》第三编139页，人民出版社1959年9月第一版。——原文注
② 见《关于正确处理人民内部矛盾的问题》第三部分。——原文注

物质资料，也是科学研究部门进行有关科学研究所需要的第一手资料。如进行地质、冶金、陶瓷、造纸、建筑、纺织、农业、医药、戏剧、舞蹈等等的研究，都可以从博物馆找到有用的资料。这些资料，如果能被充分地利用，无疑将会促进科学事业的发展。1956 年周恩来同志在中共中央召开的关于知识分子问题的会议上，曾经指出："为了实现向科学进军的规划，我们必须为发展科学研究准备一切必要的条件……必须加强图书馆、档案馆、博物馆工作……"[1] 博物馆对于科学研究负有提供资料的责任。我们应该和科学研究部门密切联系，根据他们的需要，积极提供实物资料，更好地为科学研究服务。

四、大力开展征集工作，为祖国保藏珍贵文化遗产

我国是一个地大物博、历史悠久、富有光荣革命传统的多民族国家。它是世界上文化发达最早的国家之一。从遥远的古代起，我们的祖先就劳动、生息、繁殖在这块广大的土地上。因此，在祖国的每个地区，无论是地上、地下，都遗存着或多或少历史文物、革命文物、民族文物，还有多种多样的自然标本。尤其是随着社会主义革命和社会主义建设的不断发展，一切都处在急剧变化之中，大量的生产资料和生活资料，都将不断地成为历史材料。对此如能及时征集、保藏起来，对于研究社会发展史、阶级斗争、生产斗争史以及向人民进行社会主义、共产主义教育，进行爱国主义教育、革命传统教育，传播科学文化知识，都有着重要意义。

博物馆是国家的（或者一个地区的）物质文化、精神文化遗存和自然标本的重要收藏机构，它对于祖国的文物、标本和典型的现实资料，有责任进行广泛的征集和保藏，使国家的这些珍贵的文化遗产不致于遭到散失和破坏。只有这样，才能不断地为新的陈列展览、为科学研究准备更多的实物资料。因此，大力开展征集工作，科学地保管好祖国珍贵的文化遗产，是博物馆事业的一项经常的重要的任务。

此外，有条件的博物馆对收藏的历史文物、革命文物、自然标本和典型的现实资料，还可以选择富有教育意义或富有科学研究价值的加以编辑出版，通过这些出版物，更广泛地向人民进行教育和为科学研究提供资料。

---

[1] 《关于知识分子问题的报告》第 41 页，人民出版社 1956 年二月第一版。——原文注

第三章　博物馆的类型

第一节　划分博物馆类型的意义

从上述博物馆的基本性质和特征以及它的方针、任务来看，博物馆和其他的文化教育及科学研究机构是有区别的。但是，具有共同的基本性质和特征的博物馆，并不都是一模一样，也是有区别的。这就出现了博物馆的多种类型。

研究博物馆类型的问题，就是在明确了博物馆的共同的基本性质和特征的基础上，进一步明确各类不同内容的博物馆的特殊性和特点的问题。

划分类型对博物馆工作有什么意义呢？划分类型在于使各个博物馆认识自己的特点和工作规律，使工作方向明确，目标清楚。这样，就能够根据各自的特点和活动规律开展工作，充分发挥自己的特长，更好地贯彻和完成党和国家对自己所规定的方针、任务。而对整个博物馆事业来讲，就更便于统筹安排，根据国家建设和人民的需要，结合各类博物馆的不同特点，相互分工协作，更好地进行宣传教育工作。

根据什么来划分博物馆的类型呢？首先应该是根据博物馆的主要内容。博物馆所反映的内容是构成博物馆的特性的最基本的因素，也是划分博物馆类型的基本依据。如内容是反映历史方面的，就应划入历史类的博物馆；内容是反映自然方面的，就应划入自然类的博物馆。一个大的类型内还可以根据内容的不同划分得更细一些，如同样是历史类的，还可以根据它不同的内容划分为一般历史类博物馆、革命史类博物馆或专业历史类博物馆等。再如同样是反映自然的，还可以根据它不同的内容，划分为地质类博物馆、生物类博物馆等。其次是根据博物馆设立的意义、它的基本活动形式以及它的活动对象等来分类型。如为了纪念某一事件或某一人物而设立的博物馆，就属于纪念性博物馆；以儿童为活动对象的博物馆，就属于儿童博物馆等。

根据以上所述，目前我国的博物馆大致可以划分为三大类，即：专门性博物馆、地志性博物馆、纪念性博物馆。在每一大类中间，又可以细分为若干类别。如在专门性博物馆中，又可分：历史类、革命史类、文化艺术类、民族类、自然类、生产和科技类等。在纪念性博物馆中，又可分为古代的，近代、现代的，人物的，事件的等。当然，这种划分并不是机械的一成不变的，一方面将随着生产建设的发展和人民对文化生活的需要，博物馆将会出现新的类型；另一方面，类型的划分可粗可细，而且常常互相交错。划分它，只是为了工作上、管理上的方便，不是为了使事情复杂、繁琐起来，因此，一般不宜分得过细。

第二节　专门性博物馆

一、专门性博物馆的性质和特点

专门性博物馆是内容比较专一的博物馆，它以历史、革命、生产、科技、文化、艺术、自然科学等各个不同专门内容为主要表现对象，与综合性内容的博物馆有所区别。如地志性博物馆是地方性的同时是综合性的。它综合而全面地表现地方的自然、历史、建设等各个方面。而专门性博物馆则是集中表现自然、历史、建设中的一个部分，或者是表现一个部分中的某一个方面。专门性博物馆既可以是地区性的专门博物馆，也可以是全国性的、以全国为内容的专门博物馆。专门性博物馆和纪念性博物馆也不同，它不具有纪念性博物馆那种纪念历史事件或历史人物的纪念性质。我国各专门性博物馆，都以特定的内容和范围作为自己反映的对象，因而虽同属于专门性博物馆的大类，但因所反映的内容不同，又可分出不同的类别，如历史类、革命史类、自然类、科学技术类等等。同一类别的专门性博物馆又因范围的广狭不同，还可以再分为细类，如生产科技类的工业、农业等等，自然类的地质、生物等等。各种专门性博物馆虽然由于科学性较强，但同样应当是为工农兵服务的，也同时应当因馆制宜地为专业研究者提供便利，为他们服务，那种认为某些专门性博物馆特殊，只能供少数人研究鉴赏，是不对的。

二、专门性博物馆的分类及其任务

我国专门性博物馆由于经济建设和文化建设发展的需要，它的种类越来越多，分工越来越细，所涉及的范围越来越广，所反映的内容越来越深刻，它是目前我国最为丰富多彩的一个博物馆类型，一些新成立的中小型专门性博物馆，如泉州海外交通史博物馆、自贡市盐业史博物馆、上海医史博物馆等等，都是很有特色的馆。

专门性博物馆目前大致可分为六大类：

1. 历史类：包括全国的或地方的通史、专史、历史遗址、遗迹——古文化遗址（如西安半坡遗址博物馆）、古陵墓（如北京定陵博物馆）、地主庄园、贫雇农住宅、手工业作坊等等。这种类型的博物馆，根据各自的不同特点，搜集研究全国的或某一地方、某一民族的历史文物、文献资料，组织通史、专史或地方史的陈列展览。通过调查研究和科学发掘，收藏历史遗存，特别是那些反映阶级斗争、生产力与生产关系变革、发展的历史遗物。遗址类博物馆还要保护有关的遗址、遗迹原貌，或进行必要的复原，组织辅助性陈列。通过遗址、遗迹及辅助性陈列，进行历史唯物主义教育和阶级对比教育。

2. 革命史类：包括全国的或地方的革命史、革命军事史等等。这类博物馆，主要反映我国的旧民主主义革命、新民主主义革命以及社会主义革命和建设的三个时期历史，展示我国革命斗争的丰富经验；阐明毛泽东思想和党的路线指导中国革命胜利的伟大意义；向群众进行党史教育和革命传统教育及社会主义、共产主义思想教育；搜集、保存有关革命史、革命战争史的文物、资料以及革命先烈、革命前辈的革命纪念品、日记、回忆录等等；保护革命遗址、遗迹；为研究中国革命史、党史以及革命军事史提供资料。

3. 文化艺术类：包括综合性内容的艺术、美术、工艺博物馆，也包括单项内容的建筑、陶瓷、织绣、绘画、雕塑、音乐、舞蹈、戏剧、电影等专门性博物馆。这类馆搜集和研究我国古代、近代、现代各种文化艺术珍品，组织综合的或者某一专史的陈列展览，表现我国人民无比丰富的艺术创造才能，反映各个时期我国文化艺术的发展情况和民族特点；向群众普及文化艺术知识，继承和发扬我国民族文化艺术的优秀传统，为创造我国社会主义的新文化服务。

某些在宫殿建筑或民间特殊建筑遗存基础上建立的文化艺术类的博物馆，如故宫博物院、广东民间工艺博物馆，还应该保存、保护这些建筑艺术。宫殿部分也可适当地复原封建时代帝王的生活原状，用以揭露统治阶级荒淫腐朽的生活。

4. 民族类：包括民族学、民族史及有关少数民族历史的遗迹、遗址博物馆。可以是某一民族的通史，也可以是某一社会发展阶段的断代史。这类博物馆应该依据党的民族政策，搜集、保存反映我国各个民族历史发展的文物，资料及各民族所创造的民族文化珍品，并以此组织陈列展览，阐明党的民族政策的伟大，展示我国各兄弟民族的团结和共同建设繁荣富强的社会主义祖国的革命意志。

5. 自然科学类：包括自然历史、天文、地质、矿产、土壤、古生物（生物又可分为动物、植物）等等。这类博物馆对于专业科学研究、教学或者某一方面的生产建设的作用很大。虽然专业不同，但都是搜集、研究、保藏、陈列有关自然方面的标本、资料，展示我国富饶的自然资源和自然发展的客观规律；反映党领导我国人民在认识、利用和改造自然方面所取得的伟大成就；帮助群众树立辩证唯物主义世界观；普及科学知识；鼓舞群众建设社会主义的信心；为科学研究、教学和生产建设服务。

6. 生产和科技类：包括工业、农业、水利、交通、科学技术、医药卫生等等。这类博物馆反映了我国各个生产部门的科学技术发展的情况，特别是反映我国解放以后，在党的领导下，各个生产部门在科学技术方面，在生产建设方面，所取得的辉煌成就；反映我国人民为改变"一穷二白"的面貌所表现的那种发奋图强艰苦奋斗的坚强意志和革命精神以及在技术革新、技术革命中所取得的成就；同时搜集、保藏有关生产和科学技术方面的历史上的、现代的各种发明创造的珍品和各种具有典型意义的文物、文献、资料、标本，为生产建设和科学技术研究提供资料，为我国社会主义建设事业的发展服务。这一类博物馆在推广先进经验、推动生产建设和科学技术的发展中作用很大。

此外，如学校博物馆、工厂博物馆、儿童博物馆等，也应列入专门性博物馆的类型之内。

第三节　地志性博物馆

一、地志性博物馆的性质和特点

地志性博物馆是地方性、综合性的博物馆。它的内容主要有：自然部分、历史部分（包括近代现代革命史）和社会主义时期等三大部分。这三大部分组成了地志博物馆的完整的陈列，使观众能在很短的时间内，概括地了解一个省（自治区）或一个专区的概貌。地志博物馆具有一般博物馆的三种基本性质，所不同的是，它却是带有地区性的。突出的特点为：既是"地方性"又是"综合性"，从而有别于全国性和专门性的博物馆。地志博物馆的性质和特点，决定了它的工作和活动，必须面向全地区，掌握全区的过去、现在以及未来发展趋向的全面情况，有计划、有重点地进行文物、标本的征集、采集和发掘工作，将那些反映地方自然、历史、革命斗争和社会主义建设的具有历史价值、科学价值的珍贵实物、标本和文献，及时搜集、保存起来；进行科学研究；举办关于地方自然、历史、社会主义革命和社会主义建设方面的陈列展览，开展宣传教育活动。

对地志博物馆的"地方性"和"综合性"，不能孤立地看待。它和全国性、专门性的博物馆既有区别，又有联系。特别是在陈列内容上，既要突出地方特点，也要注意与全国的结合，正确地说明地方与全国的关系，地方在全国中的地位和作用。片面地强调地方，孤立地表现地方，甚至和全国相脱节，都是不妥的。陈列上的"地方与全国相结合"，是局部与整体的关系，是地方与中央的关系。不是把地方性与全国性的文物、资料简单地并列在一起，而是要从历史发展过程的相互依存的关系中，说明地方是伟大祖国的一个组成部分。祖国是一个统一的整体，而地方在社会主义革命和社会主义建设中的一切成就，都是在中央的统一领导下取得的。当然，那种以全国代替地方，忽视表现地方特点的做法也是不好的，这样做，将会失掉地志博物馆的特点而和全国性的博物馆没有什么差别了。

地志博物馆的三大部分，虽然它们的性质和内容各不相同，但是它们是互相联系，而不是彼此孤立的。它们从地方自然面貌、历史发展、社会主义时期三个不同的方面去反映一个地区的全貌。因此，三个部分是完整的统一体，缺一不可。那种认为地志博物馆的任何一部分内容可有可无或者三部分可以孤立地陈列，都是与综合反映地方全貌的原则相违背的。

当然，这并不是说有了地志博物馆，地方就不再需要举办专门性博物馆了；或者只能办地志博物馆，不能办专门性博物馆了。这也并不是说地志博物馆的三个组成部分是丝毫不能改变的，为了更好、更全面地反映一个地区的全貌，三个部分是可以适当合并，或者在三部分之外，再增加别的内容的。如有人就主张"自然部分"和"社会主义时期部分"合并，或在民族较多的地区的地志博物馆中增加民族部分等等。这些意见都是可以考虑的。这样做将使陈列内容更丰富，重点更突出，地方特点更明显。

二、地志博物馆的意义和作用

地志博物馆是我国社会主义新型博物馆的主要类型之一。地志博物馆通过对地方的研究，搜集、保存地方的文化遗存和自然标本，组织关于地方的自然、历史（包括革命史）、社会主义时期的陈列展览，向群众进行宣传教育。地志博物馆全面地反映地方的自然环境、自然富源、历史发展、当前的建设情景，并展示地方无限美好的未来。通过展示地方革命和建设的发展规律，宣传毛泽东思想和党的领导在这一地区所取得的伟大胜利。地志博物馆有省一级的，也有专区（市）、县一级的。上级馆对下级馆在业务上有辅导关系。各级地志博物馆与地方的政治、经济、文化建设结合紧密，能够把地方人民在革命斗争和生产斗争中所取得的伟大成就和丰富经验反映出来，宣传开去，动员与组织地方人民为实现党的各个时期的政治、经济、文化建设任务而奋斗，因而成为地方的宣传教育工具之一。

三、地志博物馆各部分的陈列任务和范围

1. "自然部分"陈列的主要任务，是反映地方的自然面貌，展示地方建设的自然环境和自然资源，说明党领导当地人民在生产斗争中利用和改造大自然的成就。从地理环境、资源等方面，搜集、保存有关自然环境（包括：山川、气候、水利、交通等）以及自然资源（包括：矿产、动物、植物等）的标本和资料，并以这些标本和资料组成形象化的陈列、展览，向群众进行思想教育和科学知识教育。地志博物馆"自然部分"的陈列不应当是纯科学的陈列，它必须从生产建设出发，说明自然环境、自然资源与人类活动和社会主义建设的关系，揭示自然发展规律，使广大群众认识和掌握自然规律，并且鼓舞他们利用自然规律去改造自然界，使自然界更好地为人类服务，这是和单纯的标本陈列有着本质上的区别的。

2. "历史部分"陈列的主要任务，是以历史唯物主义的观点，研究并搜集、保存有关地方古代史、

近代史、现代史的实物资料，然后组织陈列和展览，反映地方历史的面貌，揭示地方历史发展的规律，丰富观众的历史知识。

由于各地区地志博物馆对地方历史的研究情况有所不同，有些馆还没有很好地进行。对于这些馆，要求一下子摆出一个完整的历史陈列是比较困难的，只能从实际出发，先摆一段或一部分。

3. "社会主义时期部分"陈列的主要任务，是反映地方人民在中国共产党和毛主席的领导下，在社会主义革命和社会主义建设中所取得的伟大成就，和社会主义制度的无比优越性；反映毛泽东思想和党的路线、方针、政策的无比正确和伟大。因此，社会主义时期部分的陈列是地志博物馆极端重要的一个组成部分。因为仅有新民主主义部分的现代史陈列，而没有建国以后的大发展大胜利的陈列，就不能使观众认识全面。有人认为建立了工农业展览馆以后，与地志博物馆的社会主义时期部分的陈列有重复，想撤销或削弱这部分陈列，这是不合适的。因为两者是各有重点的。地志博物馆社会主义时期的陈列是从历史发展的角度来体现毛泽东思想，主要表现这个时期党的方针、政策，社会主义革命和社会主义建设两条总路线的制定和贯彻，而以典型实物作为例证。而工农业展览馆则主要是体现贯彻党的方针、政策、路线以后所取得的成就，表扬先进事迹，交流先进经验。当然，由于社会主义建设还正在进行，所以这一部分陈列，在设计上有一定的困难。搞好这部分陈列展览，关键在于加强马克思列宁主义和毛泽东著作的学习，以及党的路线、方针、政策的学习；在学习和研究的基础上，搜集、保存关于地方各个时期的社会主义革命和社会主义建设方面（包括政治、经济、文化等）的典型文献、实物和组织陈列展览，不断地加以丰富、修改和提高。在陈列内容上，应当结合地方的具体情况和特点，实事求是地组织陈列展览，反对那种贪多图大以及消极等待的想法和做法。

第四节　纪念性博物馆

一、纪念性博物馆的性质和特点

纪念性博物馆，通称为纪念馆。一部分人物纪念馆又常称为故居。它除了和一般博物馆有共同的基本性质和任务之外，同时还具有纪念形式。它一方面是对历史上某一重大事件或某一杰出人物进行研究的机构和通过这一事件或这一人物进行宣传教育的机构；同时又是有关这一事件或这一人物的遗物、资料的收藏机构。另一方面，由于一般以特定的纪念性遗迹遗址的原貌作为建馆的主要条件，因而它又突出地有别于一般的博物馆，而成为一个具有特点的博物馆类型。

纪念馆的特点，在于它所纪念的对象都是属于我国历史上已经肯定的重大事件和杰出人物，这些事件和人物都在不同方面不同程度上推动了历史车轮的前进，为中华民族作出了必要的贡献，因此，这些事件和人物长期以来在人民之中就有着广泛而深远的影响，是广大群众所爱戴与景仰的对象，是我们民族的光荣和骄傲。纪念馆大多数是在有关这些光荣历史事件或人物的纪念遗址或地点上建立的，而且一般是通过历史原貌的复原陈列来反映历史事件的真实情景，和历史人物的工作、生活、斗争的实况，使人在参观时产生"如临其境，如历其事，如见其人"的印象。这种原状陈列和辅助陈列的特点，正是纪念馆和一般祠堂、陵园、纪念碑等纪念形式所不同的地方。

二、纪念性博物馆的意义和作用

我国是一个历史悠久文化遗产丰富而又富于革命传统的国家。历史上有过许多伟大的革命家、思想家、科学家、政治家、军事家、文学家和艺术家，还产生了很多的民族英雄和革命领袖。这些古代和现代的杰出人物，在政治、军事或在科学、文化的某些方面，做了有益于人民的事情，对民族发展和世界文明有着不同程度的贡献。因此，他们在广大人民群众中永远不会被遗忘。人民采取各种纪念形式，如建立祠、庙、碑、坊、塔，乃至端阳节吃棕子、划龙舟等来纪念他们。今天的纪念性博物馆，是过去许多民族纪念形式的丰富和发展。但是，过去的一些纪念形式，如祠、庙、碑、塔，其中有不少是统治阶级为了巩固他们的统治地位，以麻痹和恐吓人民，愚弄群众而建立的。如反动统治阶级纪念孔子，其目的不是为了宣扬孔子在教育上"有教无类"的伟大思想，而是利用孔子向人民灌输封建的正统思想和道德教育。而在一些革命根据地，我们也建立了很多如公略亭、博生堡、红军纪念碑等纪念性建筑，但是我们的目的却是为了教育人民更好地继承先烈革命精神，激励革命斗志，为革命事业服务的。再看外国的情况，法国统治者为了纪念拿破仑在侵略战争中的"功勋"，把拿破仑在与奥俄战争时所缴获的一千二百尊大炮铸成了巨大的樊多姆园柱，园柱上立着拿破仑的铜像。然而法国的无产阶级却把樊多姆园柱视为沙文主义与国际仇恨的象征，当巴黎公社出现的时候就把它推倒下来。① 巴黎公社失败以后，园柱又被反动的统治阶级恢复原状。可见古今中外，人们所要纪念的人或事，无一不是从阶级利益出发，又最后为阶级利益服务的。阶级不同，对所纪念的对象和目的也就完全不同。

解放后，我们党和国家颁布了一系列的保护地上地下文物遗迹的法令。1961 年 3 月国务院又通过了《文物保护管理暂行条例》和第一批全国重点保护单位名单，把各地很多重要的纪念性建筑和文物遗迹、遗址，从湮没无闻和频遭破坏的情况下，发现和挽救出来。其中有许多文物和纪念品经过搜集以及修缮复原之后，已建立为纪念性博物馆。像今天这种有革命的新内容的纪念性博物馆只有在人民掌握了政权之后才能建立和发展起来。我国已经建立起来的纪念性博物馆，除少数是纪念古代人物之外，绝大多数是纪念近代、现代历史事件和伟大人物的，其中又以纪念中国共产党所领导的新民主主义革命以来的重大事件和伟大人物为主。如纪念历史重大事件的，有上海"一大"纪念馆，南昌八一起义纪念馆，遵义会议纪念馆，瑞金、延安、建屏西柏坡纪念馆等（纪念革命战役的战迹博物馆，也可归入这一类）。纪念人物的，有北京、上海、绍兴的鲁迅纪念馆，广东、上海的中山纪念馆，山西的刘胡兰纪念馆等。在纪念人物的纪念馆中，多数是一馆纪念一人的，也有一馆纪念多人的，如东北烈士纪念馆，长征纪念馆（纪念 22 勇士），福建泉州历史人物纪念馆等。

还有一种纪念的形式也应当提出，即一般的烈士陵园是不属于纪念性博物馆的范围，但有的烈士陵园是兼有陈列馆的，而陈列馆内容又是为了配合陵园所纪念的人物和事迹的。这种烈士陵园，不仅具有纪念性质，而且还具备了博物馆以实物陈列为手段来进行宣传教育的特点，如南京雨花台烈士陵园、通化靖宇陵园等。因此，在广义上说，这种烈士陵园陈列室带有纪念性博物馆的性质。

另外，从复原遗址的范围来看，有的纪念馆是复原全部遗址，有的是复原部分遗址。前者如瑞金的叶坪（第二次国内革命战争时期中央工农民主政府旧址），就是由整个村落里面的革命遗址构成一个大的纪念馆；后者如原北京大学红楼的毛主席、李大钊同志办公旧址，它们仅把毛主席和李大钊同志在红楼中的一间办公室复原，对整个红楼，乃至整个北大旧址都不恢复。这种局部保存和复原的纪念性旧址，有的可以辟作纪念馆，有的也可作为纪念室或文物保护单位，立牌说明并加以保护即可。

新型的纪念性博物馆建立的目的与作用，就在于保存这些极为珍贵的历史的、革命的遗址（包括一定范围的典型环境）、遗物，通过纪念性建筑的原状陈列或者伟大人物的活动事迹，形象地、真实地向

---

① 见马克思著《拿破仑第三政变记》。——原文注

广大人民群众进行革命传统教育和爱国主义、共产主义的思想教育。因此，建立纪念性博物馆应该慎重选择，要选择那些为人民群众所熟悉和尊重的人物、事件的典型性的遗址、遗迹，来建立纪念性博物馆。一般性的遗址、遗迹，不一定都要建立纪念馆，可作为文物保护单位加以保护。纪念性博物馆的宣传教育作用很大，特别是有关新民主主义革命历史的纪念性博物馆，更是宣传毛泽东思想和学习党史的重要的场所。当广大观众在这里看到了中国革命斗争的艰苦性和复杂性，革命先辈们与群众同甘共苦，与敌人顽强战斗的陈列时，莫不深为感动，受到极其深刻的革命传统教育。

三、纪念性博物馆的陈列原则和范围

一般纪念馆的陈列，可分为两部分，即原状陈列和辅助陈列。前者是就纪念建筑遗址的原貌，进行复原，是纪念馆陈列的主要部分。后者是利用未做原状布置的多余的建筑或新建筑，组织与所纪念的事件、人物有关的，一定范围的历史陈列或资料陈列，一般属于纪念馆的辅助性陈列部分。

1. 原状陈列——纪念建筑和遗址本身就是纪念馆最主要的陈列品。它的原状布置的原则是"恢复原状，以存其真，宁缺勿滥，突出'红线'"。忠实地保存纪念建筑内外的历史原貌，不能任意改变内外的结构、形式、色调以及附属装饰的原状。但对教育意义不大，不能表现纪念的主题思想的建筑物或细部结构，也不必全部复原。这就是说，既要防止粗暴地改变原状，也要防止自然主义的倾向。复原必须严肃认真，经过切实可靠的研究考证以后，才能进行，宁可暂时空缺也勿无根据地滥恢复。

我们知道，恢复原貌的目的是为了通过历史的原状向观众进行教育，以收到更好的效果。那种追求"富丽堂皇"以致造成破坏历史原貌的做法，显然是不对的。例如许多新民主主义时期的革命遗址，常常是极其简陋的，这正说明了过去的革命斗争是在极困难的环境中进行的，更能显示出当时的艰苦卓绝的革命奋斗精神。如果为追求富丽堂皇而任意改变原貌，新加花样，就会造成对历史真实的严重歪曲，降低了或甚至抵消了遗址本身所具有的感染力量。在建筑内部复原上，特别是有关人物生活原状的复原上，要根据政治思想（红线）的需要，有所选择，防止单纯追求生活细节，而忽视政治倾向性。历史真实性要服从政治性，不能"为真实而真实"。

2. 辅助陈列——进行辅助陈列的目的，在于为突出所纪念的事件或人物的主题思想，即为突出红线服务；在于帮助观众更概括、更全面、更深刻地对所纪念的事件或人物的了解。因此，辅助陈列必须贯彻政治倾向性与历史真实性相结合的原则，既要防止见物不见人，也要防止夸大个人在历史上的作用，还要贯彻少而精的原则。辅助陈列的上下限范围，应紧紧结合人物、事件与本纪念建筑遗址有关的活动范围。除了头尾可以有适当的联系交代外，一般不应任意推前与拉长。如纪念某一事件的史迹原状纪念馆，其辅助陈列的上限和下限就要紧密结合所纪念的事件，最多发展成为这个历史事件的这一阶段的陈列，而不适宜于发展成为整个历史事件或整个革命史的陈列。例如南昌八一起义纪念馆，其辅助陈列应当突出说明中国革命必须掌握武装斗争这一思想，因此应该集中力量把"八一"起义这个事件，加以详细陈列；至于整个中国人民解放军建军史的陈列，则应该由中国人民革命军事博物馆担当起来。这样，也解决了馆与馆之间的分工问题，体现了各馆不同的特点，使每个馆的个性更为突出。

辅助陈列的场地，可以利用多余的不需要复原的纪念建筑进行布置，也可以在纪念区附近另盖新建筑，但必须和原状陈列区分开来。如广州毛主席主办的农民运动讲习所旧址纪念馆，里面属于学员宿舍的建筑有三座，除了一座进行复原陈列之外，其余两座便可以拿来作辅助陈列室使用。如果纪念性建筑本身过于狭小，又无多余的房舍可以利用，则可以在纪念性建筑附近另建房屋解决。新建房屋以靠近纪念性建筑较为适宜，以免参观不便和隔断彼此的呼应联系，但要注意保持纪念建筑、遗址的一定范围内的典型环境。

四、纪念性博物馆的经常任务

纪念性博物馆，除了通过原状陈列及辅助陈列，经常有计划地组织和吸引广大观众到馆参观，以进行革命传统教育之外，还必须认真地保护好纪念性的建筑物，不使遭受任何毁损，同时，要把调查征集作为经常性的重要工作之一。凡与纪念对象、人物有关，或与建筑中所发生过的事件有关的文物、纪念物和资料（包括革命回忆录、传记等），均应深入调查、征集或访问记录，以便不断充实和改进陈列内容。调查征集是一项艰苦、细致的工作，应该充分利用一切线索，耐心地进行调查核对，这样，在复原时遇到某些一时无法解决的悬案，也就有可能得到进一步的解决。例如广州农民运动讲习所纪念馆在复原讲习所使用的凳子时，关于凳子的样式就有三种说法，而三种说法都有一定的根据。经过了反复对证，才得到正确的解决。因为室内布置常常是变化的，不同的人在不同的时间来过这个地方，就会留下不同的印象。在经过多方核对之后，就要选择意义最大的那个时期的情况来复原。

特别是属于新民主主义时期以来的革命纪念馆历史陈列的复原，依靠有关老干部和领导同志的指导更有重要的意义。因为他们都是那个时期或那个事件的亲身经历者或见证人，他们所提供的回忆材料，都是活的党史材料。所以，我们进行复原工作，一方面要注意书本上的党史材料，另一方面要注意活的党史材料。

除以上三大类型的博物馆以外，还有一种形式需要提出的，这就是展览馆。展览馆也是我国近年来运用比较普遍的一种宣传教育形式。展览馆多半是临时性的，内容也比较不固定。虽然在某些形式和特点上与博物馆有相同之处或近似之处，但还是与博物馆有着很大的差别。有一部分展览馆是准备向博物馆过渡的，它们可以划入博物馆的范围之内。

第四章　科学研究

第一节　科学研究的意义和目的

科学研究是博物馆日常工作的重要内容之一。博物馆的主要业务活动，都应该在科学研究的基础上进行。为了使陈列展览具有高度的思想性、科学性和艺术性，就必须对陈列展览的内容进行全面而系统的科学研究，探索出客观事物发展的规律，并通过相应的艺术形式生动而有力地表现出来。在进行讲解时，要研究怎样讲解才最通俗易懂，为广大群众所乐于接受。例如，历史陈列，首先应该根据社会发展的规律，根据阶级斗争是推动历史发展的动力和劳动人民是历史的创造者这一客观真理，去全面搜集、研究有关的历史人物和事件，研究如何通过实物在陈列展览中给以突出的表现；同时还要研究讲解时怎样把这一"红线"告诉观众，这样才能更好地发挥宣传教育的作用。同样的陈列展览主题，由于科学研究的深度不同，它的宣传教育效果就有很大的差别。文物的征集和保管工作，也是和科学研究分不开的。征集之前，应该先进行科学研究。在科学研究的基础上制订征集计划，才能避免见什么就收什么的盲目征集的现象发生。同时，对于征集到的文物、标本，还必须作科学记录并加以整理。否则，文物标本就会因为缺乏必要的科学记录而失去价值。博物馆所保管的每一件文物和标本，都应该经过科学鉴定，在肯定其政治的、历史的、科学的或艺术的价值之后，才能作为博物馆的藏品。没有经过研究、鉴定，就不能成为藏品，更不宜于在陈列展览中出现。还有，在保管方法上，从分类编目到庋藏保护，也要进行一系列的科学研究工作，利用最新的科学技术成就来进行保管，达到"妥善保管、取用方便"的目的。由此可见，博物馆只有很好地进行科学研究工作，才能保证陈列展览、征集保管和其他业务工作质量的提高。

正是由于科学研究在博物馆工作中占有重要的地位，所以党一向就很重视这一工作，几年来所取得的成绩也是很大的。这主要表现在陈列展览内容不断丰富，各项业务活动的质量不断提高，宣传教育作用日益显著。许多博物馆还通过科学研究，编辑出版了图录、考古发掘报告、专题研究论著以及通俗读物等等。这些成绩首先是应该肯定的。但是，这并不是说全国博物馆的科学研究工作已经做得很够了。实际上，有些馆的科学研究工作做得还不够深入，有些陈列展览、出版物和其他业务活动的质量还不够高。因此，各博物馆还必须大力贯彻百花齐放、百家争鸣的政策，继续加强科学研究工作。

科学研究工作应该有明确的目的，决不能为研究而研究，博物馆科学研究的目的，主要是从本身业务需要出发，研究和探索陈列展览内容所需要体现的客观事物发展的规律及其重大问题，和各项业务工作的规律及有关问题，并把研究的成果体现在陈列展览中和检验实际工作中，以不断提高陈列展览及其他业务活动的质量，使之更好地为政治、为生产、为工农兵服务。而这种科学研究，又是以馆藏文物、标本为主，结合其他文献资料来进行的。一切企图使博物馆的科学研究工作离开这一目的的想法和做法，都是不对的。

科学研究工作是博物馆的经常性的工作之一，要持续不断地进行。由于客观事物和人们的认识不断在发展，在自然界和社会生活中不断出现新的事物，因此，我们不能把博物馆的科学研究停留在某一个阶段上，而必须一步一步地向前探索。

我国社会主义建设事业正在迅速发展，博物馆也必须不断地提高工作质量，包括科学研究工作的质量，以适应社会主义建设事业发展的需要。再从人民的需要来说，博物馆通过陈列展览向群众进行教育，提高其政治思想和科学文化水平；当群众的水平提高以后，反过来又会对博物馆提出更高的要求，促进博物馆工作质量的提高。所以，博物馆工作决不能停滞不前。它必须在科学研究的基础上不断充实，不断改进，推陈出新，从而不断提高陈列展览的质量，更好地满足人民的需要。否则，就要落后于客观实际，赶不上时代的发展，就不能起到博物馆应有的宣传教育作用。

有人认为，科学研究工作只是在筹建新馆或举办新的陈列展览时才需要进行。但事实证明并非如此。只不过是在筹建新馆或举办新的陈列展览时，进行科学研究工作显得更重要、更集中、更迫切罢了。在旧馆或日常业务活动中，仍然需要进行广泛的科学研究工作。不然，就很难提高工作质量，尤其是陈列展览的质量。

以上所说是科学研究为博物馆本身业务需要的一方面。此外，还有为其他科学研究部门提供有关资料的一方面。因为博物馆所收藏的文物、标本是社会和自然发展的实物遗存，是研究有关学科的第一手材料。博物馆拥有这些材料，并且进行了科学研究，是有条件向其他科学研究部门提供有关资料的。

第二节　科学研究的内容和重点

博物馆的科学研究工作贯穿在许多业务活动中，范围非常广泛，归纳起来，有两个方面：一是陈列展览内容的专业研究，一是博物馆学的研究。

一、陈列展览内容的专业研究

专业研究即对某种专门学科的研究，它是由博物馆的类型及其具体性质、任务所决定的。不同类型、不同性质的博物馆，其所要研究的专门学科也就有所不同。即使是一种类型的博物馆，其业务范围也往往包含着若干专门学科，如自然博物馆就有自然地理、动物、植物以及矿产资源等等。

各个博物馆都应该根据本馆的业务范围开展有关的科学研究。例如，革命博物馆和革命纪念馆，就要着重研究党史，研究毛泽东同志的著作，研究革命的基本理论，和党在各个时期的路线、方针、政策，以及革命各个阶段上的重大问题。革命纪念馆还要研究所纪念的人物与事件在整个革命过程中的地位和作用，以及与革命人物、革命事件有关的各方面的资料。

历史博物馆则要着重研究阶级斗争的历史，劳动人民的历史，生产发展史，人民群众在历史上的作用，历代的政治经济制度和科学、文化、艺术的发展，以及历史科学方面悬而未决的重大学术问题等。

地志博物馆所要研究的范围一般比专门性博物馆更广泛，包含的内容很多：有关于地方的历史、自然地理、动物、植物、矿产资源等等。

专业研究的内容，就是博物馆所要陈列展览的内容，应当根据陈列展览的需要选择研究专题，有重点地进行研究，博物馆研究专门学科的目的在于熟悉并掌握这一学科的特点及规律，以便在陈列展览中正确地反映出来。如研究中国历史，就是要熟悉和掌握中国历史发展的特点和规律。对于中国历史发展的特点和规律，毛泽东同志曾作过精辟的论断，他说："中国历史上的农民起义和农民战争的规模之大，是世界历史上所仅见的。在中国封建社会里，只有这种农民的阶级斗争、农民的起义和农民的战争，才是历史发展的真正动力。"[1]

二、博物馆学的研究

博物馆学是研究博物馆事业的科学理论和工作方法的一种学问，它所研究的范围，主要有以下几个方面：

1. 研究博物馆学的一般原理，探索各种类型的博物馆的基本性质和特点；研究博物馆与社会经济基础及其他上层建筑的关系。

2. 研究博物馆事业的发展史，探索博物馆事业在不同社会发展阶段的不同阶级性质、作用、特点及其发展规律。

3. 研究博物馆各项工作的一般原则及工作方法，如陈列展览、征集、采集、发掘、保管等工作的原则及其科学方法等等。

新中国的博物馆事业和其他社会主义建设事业一样，解放以来，有了很大的发展。但是，关于博物馆学的研究，却还有待于大力开展。到目前为止，有关论述博物馆工作的理论、历史等问题的著作还不多，阐述博物馆的陈列展览、征集、保管、科学研究和群众工作等专门问题的书籍也很缺乏。而博物馆学的研究，对于提高博物馆工作的质量是非常重要的。因为，如果只有专业学科的研究，而没有博物馆学的研究，就很难提高陈列展览和其他业务工作的质量。过去，有些人对于博物馆学的重要意义认识不足，认为所谈的只是有关工作方法方面的东西，不是科学，不值得研究。这种看法是不对的。应该认识，进一步加强对博物馆学的研究并出版专著，给全国博物馆以理论和业务上的指导，这是目前的重要工作之一。

博物馆的科学研究，内容较多，因此，必须有计划地进行。一般说来，应该以陈列展览为纲。为什么应该以陈列展览为纲呢？因为，陈列展览是博物馆各项业务活动的中心，是博物馆全部业务活动的集中表现。陈列展览的质量反映着博物馆全部业务活动的质量。博物馆收藏文物、标本并不是为收藏而收藏，科学研究也不是为研究而研究，其主要目的都是为了通过陈列展览，向群众进行宣传教育。要进行陈列展览，就必须征集和保藏文物、标本。但是，如果对征集、保管、陈列展览及群众工作等不进行科学研究，这些工作的质量就不容易提高，势必也就影响宣传教育的效果。所以博物馆的科学研究工作应该以陈列展览为主导，使陈列展览、征集、保管和群众工作等方面的研究紧密地结合起来，充分发挥其相互促进的作用，更有效地提高博物馆工作的质量。

怎样以陈列展览为纲进行科学研究呢？具体的做法，我们认为应该是：（1）根据陈列展览的任务，拟订陈列展览计划；（2）根据陈列展览的需要，制订征集展品的计划；（3）对征集来的文物、标本进行科学分类、研究、鉴定和编目登记；（4）研究怎样利用最新的科学方法保藏文物、标本；（5）根据陈列展览的需要，研究如何修复、复制文物和制作标本；（6）研究怎样才能做好群众工作，以充分发挥陈列展览的宣传教育效果。

第三节　科学研究的原则和方法

博物馆的科学研究是一项重要的工作，必须以毛泽东思想为指导。因为毛泽东思想是马克思列宁主

---

[1]　《毛泽东选集》第595页，1952年3月北京第一版。——原文注

义的普遍真理同中国革命和建设的具体实践相结合的典范，是马克思列宁主义的创造性的发展。马克思列宁主义的世界观，是科学的世界观，它不仅能够正确地反映客观世界，认识客观世界，而且能够按照客观事物的发展规律来改造世界。毛泽东思想则是运用马克思列宁主义的世界观来认识、指导中国革命和建设的最伟大、最正确的思想。所以博物馆的科学研究只有遵循着毛泽东思想的指导，才能获得预期的效果。

博物馆进行科学研究还必须加强党的领导，坚持政治挂帅。事实证明，只有在党的领导下，科学研究工作，才能有明确的政治方向，才能有组织有计划地进行。博物馆的科学研究是为了提高博物馆各项业务活动的质量，主要是提高陈列展览的质量，如果违背了这一原则，进行所谓自由研究，那就是没有政治挂帅，就要走到错误的道路上去。

博物馆的科学研究必须贯彻百花齐放、百家争鸣的政策。经验证明，这一政策是十分正确的，它促进了文艺和科学事业的繁荣和发展。毛主席在《关于正确处理人民内部矛盾的问题》中教导我们："艺术和科学中的是非问题，应当通过艺术界科学界的自由讨论去解决，通过艺术和科学的实践去解决，而不应当采取简单的方法去解决。"因此，博物馆的科学研究工作应该提倡独立思考，自由讨论。只有通过周密、深入的思考，反复研究，相互争论，才能使真理愈辩愈明，使认识逐步提高，才能逐渐获得正确或者比较正确的结论。

在科学研究中，有些问题经过争论意见仍不一致，可以暂时不作结论。但是，要注意不要因为有些学术问题一时无法下结论，就影响业务活动的开展。例如在中国古代史分期问题上，关于封建社会开始于何时，有人认为开始于西周，有人则认为开始于春秋战国之交，究竟哪一种意见正确，目前还很难得出结论。但是，博物馆的历史陈列却不能因为还没有结论就停止陈列。同样，某一个陈列展览，也不能因为在艺术风格、艺术形式上存在着争论，而把它停下来。各馆应该根据本身的条件，选择一种适合本馆情况的论断来组织自己的陈列展览。当然，展出之后还可以继续研究、讨论，如果确实证明另一种论断更为正确的时候，还可以进行修改，只有经过不断研究，不断修改，才能逐步完善。至于艺术风格和形式，则是随着陈列展览内容的需要而确定的，在服从内容需要的前提下，允许"百花争艳"，灵活地运用多种多样的形式，来反映丰富多彩的内容。

博物馆的科学研究工作，还应该贯彻"古为今用"的方针。在这里，我们要谈一谈"厚今薄古"问题。在博物馆来说，对"厚今薄古"，不能理解为对今的要多研究些，对古的要少研究些。因为这是要根据各个馆的具体情况来考虑的（其他部门的研究工作也是这样）。例如革命博物馆，它主要是研究近代和现代的东西；而历史博物馆，主要还是研究古代的东西。为了实际工作的需要而研究古代的东西，并不能说是"厚古"。本来提出"厚今薄古"，是就当时学术研究的某种情况来说的，那时候确实有一些人"言必称三代"，认为愈古愈好，钻在古东西里拔不出来。那种研究，根本没有明确的目的性，不是"古为今用"。那显然是不对的。今天，在博物馆的科学研究中，要贯彻"古为今用"的方针，主要是要求我们以正确的立场、观点，对待古代的东西。研究的目的，是为了继承文化遗产。归根到底，是为了有助于解决今天的问题。因此，对任何文化遗产，我们都必须批判地继承。毛主席在《新民主主义论》中教导我们说："清理古代文化的发展过程，剔除其封建性的糟粕，吸取其民主性的精华，是发展民族新文化提高民族自信心的必要条件，但是决不能无批判地兼收并蓄。"① 我们研究古代的东西，必须分别"精华"和"糟粕"，使精华为我们所用，使它为社会主义建设服务。

---

① 《毛泽东选集》679 页，人民出版社 1952 年 3 月北京第一版。——原文注

博物馆开展科学研究，必须从实际出发，理论和实践统一。研究的目的，在于解决工作中的实际问题。研究范围，必须以博物馆的业务为中心，从干部的现有水平出发，从学习马克思列宁主义和毛泽东著作做起，在实际工作中边干边学，循序渐进，做到逐步精通本行业务。各个馆要根据本馆的特点和条件，一方面总结实践中的经验，使之条理化，然后再把比较成熟的经验，运用到工作实践中来指导实践。这样循环往复，不断提高，经验就逐步带有理论性。另一方面，还要在社会上已有的科学研究成就的基础上，开展与业务有关的某种专业学科的研究，利用其最新成果，经过自己的加工，正确地反映到博物馆陈列展览之中。有关专业学科中尚未解决的重大问题，也应进行深入的专题研究，争取尽快地消灭陈列展览中的空白点。从工作实际出发，服从陈列展览的需要，服从社会主义建设的需要，理论和实践统一，这是博物馆开展科学研究所必须遵循的重要原则。

进行科学研究，要贯彻群众路线，做到个人与集体相结合，专家与群众相结合，馆内与馆外相结合。科学研究是一种复杂的脑力劳动，在多数情况下，都是个人独立钻研。但是，个人的精力和智慧毕竟是有限的，集思可以广益，在个人研究的基础上开展必要的和可能的协作，将会有助于研究工作的顺利进行。当然，某种研究要不要协作，采取何种方式协作，应当根据具体情况而定。专家与群众相结合，主要是指专家要善于集中群众的智慧，运用群众创造出来的一点一滴的成就，来丰富、充实自己的研究内容。群众是智慧的海洋，只有相信群众，虚心向群众学习的人，才能从这个海洋中吸收到自己所需要的东西，自己的研究，才会取得丰硕的成果。馆内与馆外相结合，主要是指某些带有共同性的专题，可以与兄弟馆、其他科学研究机构、高等学校互相协作，进行研究。这种内外结合，可以节省研究的人力和时间，往往是事半功倍，效果较好。

根据目前需要和长远需要制订科学研究计划，按照计划，有领导、有目的、有步骤地进行，是胜利完成博物馆科学研究工作任务的重要条件。全面规划是毛泽东同志经常教导我们的一项重要的工作方法。博物馆应该根据社会主义建设的需要，结合本馆的实际情况，制订出科学研究计划，分别轻重缓急，作出全面安排，加强计划性，减少盲目性。

第五章　陈列展览

第一节　陈列展览的意义和基本原则

陈列展览，是博物馆向群众进行宣传教育的主要手段。陈列展览水平的高低，是衡量一个博物馆工作质量的主要依据。随着社会主义政治、经济的不断发展，日益显示出陈列展览的作用。在为工农兵服务方针的指导下，它已和广大人民建立了密切的联系，成为他们文化生活的一部分。陈列展览之所以能够发挥这种作用，是由于它能够科学而又形象地揭示自然和社会历史发展的规律，易于为群众所理解和接受。

当我们估量陈列展览在宣传教育中的作用时，自然会联想到，这一工作与博物馆的其他工作是紧密联系在一起的，如文物管理工作、实物的搜集工作、科学研究工作和群众工作等等。只有正确地安排了这些工作并解决了它们之间的相互关系，陈列展览工作，才能更有效地发挥其作用。因而，不能片面地、孤立地强调某一项工作的重要性。

陈列展览是一项政治性与科学性都很强的工作，它是以毛泽东思想为指南，以党的基本方针、政策为依据，通过科学的实物例证和辅助材料表现出来，不应该出之于主观想象，更不允许浮夸。同时，陈列展览的内容并不是永远一成不变的。世界上一切事物都处在不断变化之中，整个社会的政治、经济在不断地发展着，因此，主动地根据新形势的需要，依据党的政策，有计划地修改、补充现有的陈列展览内容是非常重要的。

陈列展览并不是把实物无目的地随意安放，而是对事物进行高度的政治概括，把最生动具体的实物例证、科学资料加以组合，有规律地摆在人们面前，使这些不会说话的实物，在事实上作着最有力的发言，给人以雄辩的说服力和巨大的感染力。经过十多年来博物馆的工作实践，我国博物馆陈列展览的质量已迅速地得到了提高。我们深切地体会到，要作好陈列展览工作，有些基本原则，是必须遵循的。这些基本原则归纳起来是：突出思想红线；政治倾向性与历史真实性相结合；突出重点与照顾各方面相结合；少而精与丰富多彩相结合；内容与形式的统一和实物与辅助陈列品相结合。现分别简述如下：

一、突出思想红线

突出思想红线，是陈列展览工作的一个最根本的原则，是一切陈列展览的灵魂。这一原则贯彻得是否正确有力和彻底，直接关系到陈列展览的质量。

陈列展览中的突出思想红线，就是指陈列展览必须是以毛泽东思想为指导，以党的方针、政策为依据。例如，古代历史陈列应当表现为劳动人民的历史，阶级斗争和生产斗争的历史；革命史的陈列，应当表现为人民革命斗争胜利的历史，毛泽东思想胜利的历史；军事史的陈列，应当表现为人民革命战争、解放战争胜利的历史，毛泽东军事思想胜利的历史；自然部分的陈列，应当以自然辩证法的观点，表现人类认识自然、征服自然、利用自然的历史；如此等等。

但是，要正确体现这一陈列原则，就必须首先解决以下几个问题：1. 是政治挂帅还是实物挂帅，即是以观点去统帅材料，还是以材料来左右观点；2. 是陈列事物的本质，还是陈列事物的现象；3. 是用具体事物具体分析的方法和阶级观点与历史观点相结合的方法来组织陈列，还是用形而上学的方法来组织陈列等等。只有这些问题正确地解决了，突出红线的原则才能体现出来。

我们都知道陈列展览是党向人民群众进行思想教育的手段之一，不是古玩铺、杂货摊，因而，陈列中所展出的材料，都应当为鲜明的政治思想观点所统帅。每件陈列品都是具有鲜明的倾向性，服从于一定的主题思想的。虽说各个陈列品，在地位和作用上有主次之分，有"将帅和士卒"之分，但凡出场的都是有其一定的政治任务的，都是能说明某一方面的问题的，不能有不起任何作用的陈列品。这就是说，一切陈列品都应根据一定的思想观点要求去取舍，让陈列品跟着思想观点走，而不能是思想观点跟着陈列品走。其正确的关系应当是材料和观点的统一，不能把材料和观点割断，讲材料时必须有观点，讲观点时一定要有材料，而且，一定要有明确的观点去统帅材料。

但是，这一问题，并不是所有的博物馆工作者，都认识得很清楚的。有一部分人，往往把实物的作用，不加分析地、片面地夸大到不适当的程度。把陈列展览必须以实物为基础的问题，错误地认为是"实物第一"，用实物来支配人的观点。当然，实物是重要的，因为实物是揭示事物本质的例证。然而，并不是所有的实物都是能代表本质的。只有用正确的观点，加以去粗取精，去伪存真，才能使每件实物都有自己的鲜明个性，以此来体现陈列展览的主题思想，有效地达到对事物本质的揭示。例如，在古代历史的陈列展览中，表现农民起义的问题，表现的是起义的目的，不只是起义的过程；是要揭示社会发展史的动力的所在，而不只是表现阶级斗争的一些现象。

同时，在揭示事物发展的本质过程中，既要表现主导的一方面，也要表现相互依存的另一方面；既要表现当时的经济制度，又要表现上层建筑；既要表现物，更要表现人。这样，就会更有力地显示出祖国历史的全貌，使观众能了解过去我国光辉的历史和人民的伟大创造力，并从中受到启发和鼓舞。

过去有一些陈列展览常常是罗列实物，罗列现象，把陈列展览不是当成手段，而是在客观上不自觉地当成了目的，因而，也就常常不自觉地产生客观主义或形而上学的缺点。其特点往往是片面地、孤立地、固定地看问题，不是统一地、辩证地看问题。辩证唯物主义和历史唯物主义告诉我们，认识和表现事物，必须正确运用阶级观点与历史观点相结合的原则。这一原则，是正确体现政治挂帅、突出红线的一把钥匙。过去有些陈列展览，由于某些博物馆工作者在处理陈列展览中的许多问题时，往往自觉或不自觉地以片面的主观随意性，强加在某些客观事物上，常常把现象当本质，把支流当主流。他们对陈列展览中的一切实物材料的选择使用，不是采用具体事物具体分析的方法，而是从个人爱好出发，很少考虑到展出的政治实效。这就使得这些陈列展览的质量不高，影响了宣传教育的效果。

我们既要用阶级观点去分析历史上的一切重要人物和重大事件，又要历史地看问题。所谓历史地看问题，就是不能用现在的标准去要求过去。这在古代史陈列中尤为重要。我们固然要看到过去不进步的一面，更要看到进步的一面。如果要求过去把现在的好事都办了，是不合科学的。例如，今天看奴隶社会制度不好，但比原始社会是进了一步。今天看封建社会制度不好，但比奴隶社会是一个进步，历史唯物主义者既是历史发展阶段论者又是不断革命论者，决不能用简单化的方法，非历史主义地看待历史问题。一定要让人民群众在陈列展览中看到历史是不断在进步，科学文化不断在发展和提高，世界面目正在日新月异。

陈列展览中的突出红线这一原则的体现，关键在于各种陈列展览的主题思想，都必须以毛泽东思想为指导，以毛泽东同志对各种事物发展规律的论断为准绳。特别是革命史和军事史的陈列更应当把毛主席著作作为主要的依据。如果离开了毛泽东思想，就会成为迷失方向的陈列展览。

二、政治倾向性与历史真实性相结合

什么叫历史真实性？一般说就是还历史以它的本来面目，也就是指那些最本质的能代表事物发展主流的东西，而不是真实的个别现象。有些人的认识却不是这样，他们往往把个别现象看成为历史本来面目。如在新民主主义革命史的陈列中，有人认为在遵义会议以前的某些阶段，毛泽东思想在党内不占统治地位，因而不能突出。这就是没有看到历史的本质。他们不懂得"毛泽东同志的道路，是最正确最完全地代表了我们党的历史，代表了中国民族与中国人民近代革命的历史。不管毛泽东同志在某几个历史时期，不能在形式上、组织上决定全党的行动，然而也正在这种时期，就愈加明白地表示出真正的我们党的历史，中国无产阶级与中国人民的正确的革命方向，是在毛泽东同志那里，是以毛泽东同志为代表为中心而继续着，存在着，发展着"[①]。在陈列展览中要贯彻政治倾向性与历史真实性相结合的原则，就要善于抓住事物的本质，而不要从现象上看问题。

陈列展览不能讲假话，所反映的事物，必须是真实的，这是对的。但是，并不是一切真实的东西都可以陈列或者都要陈列，一定要有所取舍。这不是方法问题，而是政治性问题。

过去，在陈列展览工作中，有些人搞不清楚真实性与政治性两者的关系。对于哪些该陈列，哪些不该陈列；哪些该突出，哪些不该突出；历史真实都陈列出来有无副作用等等问题，没有明确的认识。有人认为只要是有科学记录的历史的真实物证，都可以陈列，反对根据政治要求来取舍。他们认为不把历史真实都陈列出来，就是"违背历史真实"。这显然是一种忘记了陈列展览的政治目的的自然主义倾向。该陈列不该陈列的标准，并不仅仅由于它是否是历史真实，最根本的依据还是人民的利益，社会主义革命和社会主义建设的利益。例如，为了表现农民起义的作用，揭露封建统治阶级对农民阶级的压迫本质是重要的，但是，如果因为表现统治阶级的压迫把当时的社会仅仅描绘成为一片黑暗悲惨，不突出人民的苦斗，使人看不见人民斗争的主流，看不见社会的发展进步，就起不到对群众进行爱国主义教育的作用。又如，民族问题的陈列，由于旧社会反动统治阶级的压迫剥削所造成的各兄弟民族间的纠纷，虽也是历史真实，但如果看不见我国各族人民在历史上的团结融合的主流的一面，而把它表现为一片混乱，就不会收到积极的效果。

正确处理反面材料是一个重要问题。在陈列展览中，我们发扬什么，反对什么，都要表现出来。这里应该注意正面要压倒反面，反面的出现，只是为了更有力地说明和突出正面。例如，十七岁的共产党员刘胡兰牺牲在敌人屠刀之下：从现象看，敌人的气焰一时固然嚣张，但从本质上看，共产党员那种革命的英雄气概，威武不屈和革命的乐观主义精神，却又把敌人压倒了。因此陈列中就应该着重表现刘胡兰那种蔑视敌人的大无畏精神。再如，新民主主义革命史陈列中的第一次国内革命战争失败部分，"四·一二"蒋介石反革命政变，大量屠杀共产党人和革命群众等都是历史真实，但是为了教育后人，应该从人民前仆后继的英勇斗争方面来揭露蒋介石的阴险毒辣的手段，来歌颂人民在那艰苦的岁月里在党和毛泽东同志的领导下，高举革命红旗，继续斗争的不屈不挠的伟大精神。既要使观众看到革命的曲折性、长期性和艰巨性，又要使观众看到在革命低潮时，人民仍然坚持与反动统治者进行斗争的英雄气

---

① 刘少奇：《论党》43～44页，解放社1950年8月再版。——原文注

概，从而受到教育，得到鼓舞，而不必详细介绍黑暗统治的本身。

三、突出重点与照顾各方面相结合

突出重点主要是指突出事物在其发展过程中带有决定性或关键性的方面，也是每一陈列展览单元中起主导作用的部分。但突出重点的同时，对陈列展览中的非重点也不应有重大的遗漏。如有重大遗漏，往往不是技术性的问题，而可能是政治性的问题。这是举办每一个陈列展览都必须慎重考虑的。如在全国性的革命史的陈列中，反映革命斗争的内容，就要注意到各个地区的群众斗争和武装起义，各个时期各个根据地的建立，各方面的军事活动等。因为，这不是几个领导人的活动的问题，而是代表一个地区、一个方面广大群众的问题。所以，这些方面不应该有重大的遗漏。又如，在历史陈列中表现历史人物的问题与少数民族的问题，陈列哪些，不陈列哪些，哪些该用什么方式、方法去表现等，都要认真地加以考虑。

突出重点与照顾各方面，它的正确关系应当是以表现重点问题为主导，根据需要与可能，尽力照顾各个方面。

要贯彻这一原则，应注意防止两种偏向：一是认为突出重点，就是意味着只表现几件大事，把事物的发展看得非常简单；二是认为照顾各方面，就是意味着要面面俱到，不分别主要和次要，重点和一般。我们的陈列要求做到既中心突出又大事不漏；既看到决定事物发展的主流，又看到与主流有关各方面的不可分割的联系。从而给观众一个概括而又完整的印象，如中国人民革命军事博物馆关于第二次国内革命战争的陈列，就是在反映各地区、各部队斗争情况的基础上，突出了中央革命根据地的斗争活动。再如，中国革命博物馆的新民主主义革命史陈列的第二次国内革命战争时期部分，就重点突出了毛主席所领导的秋收起义和井冈山革命根据地的建立，同时，也适当表现了各地区的武装起义和各个革命根据地的建立等，即其显例。

四、少而精与丰富多彩相结合

少而精的原则是关系到群众观点和教育效果的重大问题，它的实质则是提高陈列展览的质量。

以实物为主体的陈列展览，不同于以文字论述的教科书。这就决定了陈列展览的内容，应该就事物发展中的大关大节，经过高度综合概括，归纳为几个既有代表性而又紧相连结的场面。在任何陈列中，要想把一切都予以表现，不仅不可能，也是不必要的。处理陈列内容，如果采用"平分兵力"的办法，什么都想交代，而什么也没有交代清楚，其结果，搞得很松散、冗长，观众看得疲劳不堪，印象反而不深。

少而精的关键在于精。少并不等于精，精也并非一定就是少。精不仅代表质量，同时也有一定的数量在内。我们的陈列展览既要少而精，又要丰富多彩。两者是互相矛盾、互相制约的，同时又是统一的。丰富多彩，不仅指内容的多样性而言，也包括陈列形式、陈列气势在内。在少而精的前提下，适当强调丰富多彩，是允许的。少而精，并不等于稀稀拉拉，好像一棵树把桠枝都砍光，只剩下一个树干，这样就会显得单调，不能给观众以完满的印象。因此，要注意防止两种偏向：一是认为少而精就是数量越少越好，过分地删除材料，压缩内容，强调"疏朗"，而疏朗超过一定限度，就会变得空荡和单调，变成"地大物稀"，使人感到内容贫乏无力。一是顾虑少而精会影响对内容的系统阐述，会影响对陈列主题的表达，会影响丰富多彩，会影响陈列气势等，于是，舍不得删除那些不重要的情节，尽量地加大

面积，堆积文物，其结果必然是把中心问题和中心陈列品淹没在大量次要情节和众多文物的海洋之中，以致减弱了陈列的效果，

一个陈列，只要使观众能记得内容的大关大节和主题思想就可以了。用不着像教科书那样，按年、月、日把大小事情都搞得一点不漏。因此，对那些应该突出的一定要千方百计使之表现得丰富有力；对那些应该简略的要坚决删除，忍痛割爱。陈列的实物，一定要选择科学性强，感染力大，有典型性、代表性的，使观众从这些文物中，能够领会到主题思想并获得深刻印象。一般说：陈列面积不宜过大，展出线不宜过长。因为观众不可能用两三天时间看一个馆的陈列。看陈列要看、听、记、走，很容易使人疲劳。展出线过长，观众往往不能从头到尾看完，反而收不到预期的教育效果。一般应以在三小时内能看完（包括听讲解）陈列的内容为适宜。临时展览会与博物馆的陈列不同，不能同样要求，但一般也要注意尽可能的少而精。

五、内容与形式的统一

政治与艺术统一，内容和形式统一，这是陈列展览工作必须遵循的原则。

陈列形式，就是陈列的艺术形象。它主要是指：陈列建筑、陈列设备、陈列布局、文物组合、陈列的艺术装饰（包括文物的装饰、美术品、沙盘、模型、布景箱、图表等辅助陈列品的制作）以及整个陈列气势的创造等等，这些都直接关联着和影响着陈列内容的表现效果。内容是主导的，陈列形式是依存于内容的，因而，陈列形式就必须服从于陈列内容的需要。

形式是由内容决定的，不同的陈列内容，必然会有不同的陈列形式。因此，陈列形式不应该公式化。

内容决定形式，但是，形式又反作用于内容。正确反映内容的形式，能使内容更容易被观众所理解，收到更好的效果。

在坚持内容和形式统一的原则时，应该防止两种偏向。一种是在形式设计中，片面强调形式的相对独立性，不研究内容，不从内容出发，把内容和形式割裂，为形式而形式，甚至要内容服从形式。另一种是忽视形式的作用，单纯考虑内容，不考虑用最适宜的形式予以表现。不论是前者或后者，都会影响陈列的质量。因此，在这个问题上，正确的态度应该是：对于一定的陈列内容，应尽可能采用相适应的完美的形式来表现，使陈列在政治性、科学性、艺术性三方面，都达到应有的高度。陈列形式的设计，应该体现革命现实主义与革命浪漫主义相结合的精神。从内容的要求出发，进行不违背历史真实和生活真实的一定程度的艺术夸张也是允许的。为了有效地贯彻内容与形式统一的原则，除了以上要求之外，还要求内容设计人员和形式设计人员在工作上的正确结合。负责形式设计的必须熟悉陈列内容，参加内容的讨论。从拟定陈列内容计划到形式加工，现场布置，两者必须始终紧密配合，切实协作。要共同拟订计划，使陈列内容和形式统一于整个意图。

六、实物与辅助陈列品相结合

实物是博物馆陈列展览的物质基础，是表现陈列内容的首要例证，具有很大的说服力和感染力。但是，要系统而深刻地揭示客观事物的发展规律，只有实物还是不够的。这是因为：一方面，由于某些原因，所能收集到的实物，总是难以满足陈列上的需要。另一方面，综合、概括地反映事物的内在外在的联系和意识形态，往往非单体的实物所能胜任，因此，要搞好陈列展览，总要有一定的辅助陈列品来补

充，使陈列内容更丰富完整。辅助陈列品可以弥补实物在表现上的局限性，在一定范围内更能将陈列的各种实物联成一个整体，更概括地揭示陈列的本质，帮助观众更好地理解陈列展览内容，加强展出效果。

因此，我们不能因强调实物是陈列展览的物质基础，而忽视对辅助陈列品的运用，把它看成是可有可无的，当然，如果过分夸大辅助陈列品的作用，不适当地过多地运用辅助陈列品，甚至在陈列中压倒了实物，变成几乎都是图表、模型展览，同样也是不对的。

实物是基本的，辅助陈列品也是不可少的，在一定情况和一定条件下，辅助陈列品也可能成为中心陈列品。

上述陈列展览的六项原则，我们认为是博物馆陈列展览工作主要经验的积累。认真贯彻这些原则，对提高博物馆工作的质量，是具有重大意义的。

各类型博物馆因陈列展览的内容、性质不尽相同，应当根据自己的特殊情况，在上述基本原则的指导下，因馆制宜地确定自己的具体原则，切实解决本馆在陈列展览中所遇到的实际问题。

如地志博物馆是地方性的，陈列展览的内容应当以地方为主，但还要解决陈列中全国和地方如何结合的问题。这就是地志博物馆的一个特殊问题。要解决这一问题，就要正确处理整体与局部、中央与地方的关系。在突出地方特点的同时，要能看出全国发展的概貌，体现出中央对地方的领导。如果孤立地显示一个地区和地方的特色，脱离全国和中央，就会产生片面性，反而达不到在整体中突出地方的陈列目的。但地志博物馆是地方性的，应当以地方内容为主，那种以全国代替地方或生硬的"地方加全国"或"全国加地方"而不是把两者有机地结合在一起的做法，显然也同样达不到以全国为纲，突出地方的陈列目的。

以全国为纲，突出地方，在地志博物馆的各部分陈列中，必须有各自的具体要求。如自然之部的陈列，应该以表现本地区自然环境、主要资源，开发、利用和改造自然的成就为主，同时，又要表现出地方是全国的一部分。使观众了解到只有在党中央和毛主席领导下，以及其他地区支持下，本地方的人民才能创造出伟大的成就。

历史之部的地方通史陈列，要用地方内容去表现地方各个历史时期的阶级斗争和生产斗争，生产力和生产关系的发展变化，又要表现地方历史是全国历史的一部分。地方革命史陈列，要用地方史的内容去突出表现毛泽东思想的伟大胜利，要表现党的路线方针政策在地方的胜利，要表现党中央对地方的领导。

其他各种类型的博物馆，在研究拟订自己的陈列展览的具体原则时，也应当既要符合以上基本原则的要求，又要能体现自己的特点。

第二节　陈列展览工作的基本方法

陈列展览工作一般要经过制订陈列计划、现场布置和审查修改等三个阶段。但是，这三个阶段可以根据所筹划的工作范围，灵活掌握，并不是不可变动的。

一、制订陈列计划阶段

陈列计划包括属于陈列准备阶段的各种计划，陈列品选择和总体设计等。

编制陈列计划是陈列展览工作的重要于端，是博物馆的科学研究工作的一个重要方面。编制陈列计划的全部过程，就是科学研究的过程。每一个环节的处理都要求有科学的态度和进行深刻的钻研。陈列计划的政治思想水平愈高，陈列质量就愈高。在工作进行中，虽然计划通常需要不断地修改和补充，但制订计划仍然是一个不可缺少的严肃任务。

1. 陈列计划

陈列计划的制订，可以一步走，也可以分两步走。所谓一步走，就是在特殊情况下，可以提纲、细目一并提出。但通常是分两步走的。即先编陈列提纲，然后编具体的陈列计划。它们的区别在于提纲是比较概括的、原则的，而具体计划则是具体的、细致的，要注上陈列品，甚至画出陈列草图。

陈列提纲是未来的陈列的简略计划。提纲是根据主题思想的要求，将所有各类主题与付题，按照逻辑关系与时代顺序列排出来。它是陈列方针的体现，是主题思想与陈列目的的具体化，也是陈列据以行动的纲领。一个陈列和展览能否达到高质量的要求，在很大程度上取决于陈列提纲制定的好坏。

在编制陈列提纲之前，应当先进行务虚。实践证明，每一个不同性质的陈列和展览，究竟要突出表现什么问题，并不是一开始就很明确的，这就必须组织工作人员很好地学习毛主席的有关著作，进行漫谈讨论，以统一认识，统一思想。但是务虚必须与务实结合起来，要明确解决陈列的主导思想和重点。陈列的主导思想，一般是指突出红线问题。一个陈列和展览，不管其规模大小，都应当首先解决红线问题。只有如此才可以确定提纲的基本线索和重点，并进一步确定主题。以历史博物馆为例，当确定了阶级斗争和人民群众是历史的创造者的这条红线以后，其基本线索就是指：例如原始社会部分原始群居时代的原始氏族公社的形成、发展和解体等问题。重点就是指中国猿人阶段群居生活和丁村人阶段的群居生活等问题。然后在"中国猿人群居生活"的题目里再一一确定主题。确定主题，以表明陈列的内容，这是陈列的主要任务。在通常情况下，拟了陈列主题就意味着提纲的编成。陈列提纲必须反映陈列的目的和要求。因此，要使提纲的每一部分都能符合陈列要求，使人一看就知道这一条提纲是在说明全部陈列中的哪一个问题，它和其他提纲有些什么关系。要做好这一点，必须准确地组织每一个列入陈列的主题，必须使制订的题目限于陈列目的所要求的那些问题。每个主题的实现，又决定了将来要选择的陈列品。

陈列提纲中，每一个主题，都不应该是彼此孤立的和偶然地排在一起的，而是互相有着内在联系的统一体。主题的每一单元都要从属于整体，而每一主题之间又保持着明显的联系。在制订陈列提纲时，还要决定各个主题及分题在总的陈列体系中的作用与比重，突出主导的主题乃是正确构成陈列提纲的条件之一。

编制提纲时，为了突出地交代问题也可以在不违背历史发展的基本过程的情况下，适当打破历史顺序，使用集中表现的方法。例如中国现代革命史的陈列为了突出毛主席关于抗日民族统一战线的策略思想，可以将反对国民党第一、二、三次反共高潮及国民党统治区的民主运动集中起来，加以表现。但是如果因为突破了历史顺序而违背了主题思想，就不要因此而改变顺序勉强集中。

编制陈列提纲时，常常会遇到一些政治性和学术性问题。属于政治性的问题，例如历史陈列中的中外关系、民族关系等，革命史陈列的如何表现党内的斗争等。属于学术性的问题，如关于古代史分期，古代历史人物的评价等。这些问题解决得是否恰当，影响很大，因此，必须慎重处理。属于政治性问题的解决，要先收集材料，组织研究，进行讨论，把观点和解决办法摆出来，然后由领导上认真研究，提出进一步解决的方案，并报请上级领导机关审查批准。关于学术性问题，可以根据馆内外的专家学者在争鸣中比较趋向一致的意见，在馆内进行讨论，取得比较统一的认识后，再决定取舍。

编制陈列提纲还必须先对博物馆现有藏品进行了解和研究，使提纲建立在博物馆现有藏品的基础上。但是，编制时也不能受现有藏品的局限和约束，要把可能征集到的新藏品估计在内，要尽可能地去征集。没有足够的实物时，应该设法适当表现。

当陈列提纲拟出了之后，要开具主题一览表，以报请领导机关审查和组织馆内同志提意见。

有了陈列提纲就给其他各项工作提出了任务和要求，下一步工作就是编制具体陈列计划。

所谓具体陈列计划，就是指除了拟出部分或单元的主题以外，还要拟出付题和分题，以及表现主题、付题、分题的陈列品目录。具体陈列计划是陈列提纲的详细说明，其中包括陈列主题、付题及分题内容的具体说明，和对各组陈列品的简略叙述。但应注意层次不能太多，一般以二、三层标题较为适当。

编制具体陈列计划的基本任务，是根据提纲内容的需要，组织陈列品和揭示陈列品。其基本要求是：

（1）政治性鲜明。

（2）大众化。具有为群众所喜闻乐见、一看就懂的形式，讲解词要通俗易懂。

（3）民族特色。陈列形式应结合当地的民族习惯、生活风貌和地方特色进行设计。

（4）量体裁衣。根据馆的藏品、建筑、设备等主、客观条件，实事求是地进行设计，防止求大求全，脱离实际。

（5）留有余地。墙面和地面空间的内容排列要防止庞杂、拥挤，头绪要简明，要注意疏朗、大方。要考虑到以后调整、补充的需要。

所谓组织陈列品，并不是简单地把这些陈列品分别安排到每个主题和付题内就算完了，它必须使选出的实物作适当的配合，集中反映主题思想。恰当地把那些有内在联系的实物加以组合，利用每件实物所具有的特殊作用，和彼此间的关系，使这些实物更好地更有力地去发挥它们所包含的最本质的因素。把实物的不同作用作适当的配合，就可加强它们的表现力和说服力，从而加强陈列的思想性和科学性。这种全面地处理实物，即从相互关系上去安排实物的做法，不仅能使人们从陈列中获得比较全面的印象，而且，这种做法本身就是辩证唯物主义在陈列中的体现，如中国历史博物馆，关于陈胜吴广揭竿起义的表现，以毛主席对农民战争动力作用的评价语录作为主导展品，然后用灯光地图说明起义的规模，绘画说明起义事件的特点，摘用司马迁《史记》中关于起义的文字语录说明起义的影响，通过《阿房宫赋》和《阿房宫手卷》说明起义的历史背景和特征，并利用涉古台和大泽乡两遗址的照片增加历史气氛，利用记载关于西汉生产发展的历史材料，说明起义对于生产发展的作用。这样就显得主题的政治倾向性十分鲜明，不仅解决了起义的原因、过程、作用和交代了当时社会的阶级斗争的各种内外在联系，同时也歌颂了劳动人民的勤劳勇敢和聪明智慧。这就是将陈列品加以组合表现和恰当安排的比较成功的一个例子。

组织和揭示陈列品的第二步工作，就是要确定陈列品的位置和形式。陈列品位置的安排，主要的是要看它说明了什么问题而定。如山东博物馆陈列的汉画像石刻，有的是作为石刻艺术品陈列的，有的是把画像石刻的内容作为古代冶铁和纺织的旁证材料而陈列的，说明问题的角度不同，陈列的位置也就不同。因此，为了恰当地安排陈列品的位置和形式，有意识地揭示陈列品内在的本质，就必须深刻地理解陈列品本身所具有的思想和政治意义，掌握陈列的基本主题思想，科学地分析研究陈列的目的和有关资料，并结合对辅助陈列品、美术品以及对建筑特点的全面了解，才能最正确地确定陈列品的位置，并选择出适当的表现形式。

但是，并不是所有的博物馆都是这样来处理陈列的文物的。如有些博物馆在原始社会的新石器时代陈列部分，只是把那一时期的陶器、石器不分主次、不加区别地摆在那里，这样使观众仅仅知道了这些陶器、石器是什么地方出土的，却不能从这些陈列品及其说明中，了解到人类曾经在生产力极端低下的条件下，如何进行了艰苦的集体劳动，为了生存和自然作斗争的情况。这种陈列使陈列品主题性格不鲜明，位置不突出的就事论事的作法，其效果是不好的。

形式主义与客观主义的处理文物的偏向，在有些博物馆中也是存在的。如有的博物馆为了追求陈列形式的所谓"美观"，把古代钱币不分形制和年代，布置成五花八门的图案，这与表现钱币的内容毫不相干。但有人却认为它能吸引观众，是"美"的表现。还有一些博物馆在陈列文物时纯客观地把文物布置在那里，不作任何进一步的表现，没有倾向性，只让观众"自然地"理会陈列品的意义。

当然，也有不少博物馆在处理形式表现内容方面是做得比较成功的。如中国历史博物馆用大型布景箱表现中国猿人的居住环境和生产、生活情况，用集体猎取野兽的油画表示当时的生产关系，用轮廓线示意图说明当时的生产工具的使用，形象而有力地反映了中国猿人的生产和生活面貌。

在确定陈列品的布置形式和位置的时候，还必须研究陈列品在承担表现陈列要求上的地位和作用。有些陈列品在表现主题上可居于主导地位，有些则居于次要地位。此外，陈列品在表现陈列要求的程度上，有的很明显，一看就清楚；有的则不太明显，有的甚至是潜在性的。在这种情况下，我们研究陈列品的任务是：最后确定陈列品；确定主导陈列品；研究每一陈列品对陈列要求所能表现的程度。

这里所说的最后确定陈列品是指从内容上着重研究：这一组陈列品对于陈列展览是否完全必要；这一组陈列品能不能鲜明地实现主题的要求；这一组陈列品中哪些是主导陈列品。

主导陈列品在一个主题和付题的全部陈列品中是起着重点承担主题思想的作用的，因此，研究一个主题的主导陈列品就成为我们组织陈列品时的首要工作。这首先就要求仔细地研究一个主题或付题的主导思想是什么，看哪些陈列品能够实现主题思想的要旨。其次，是研究陈列品本身在历史上科学上和艺术上的价值，以及从历史、科学和艺术的哪一角度去表现主题，表现的程度如何。

陈列品的表现程度，还决定于有关的辅助材料与表现方法。因为主题要求和陈列品的表现能力往往不相适应，这是由于陈列品在表现上的局限性所造成的。用必要的辅助材料、文字说明和好的表现方法，就能够弥补由于陈列品的某些局限性所造成的缺陷。

当确定了表现主题与付题的陈列品，对它们进行了研究并确定了陈列品的位置、形式和作用，以及辅助陈列品和文字说明对主题与付题的表现作用之后，编制具体陈列计划的任务也就结束了。

2. 陈列品的选择

对陈列品研究的程度如何和陈列品选择得是否恰当，直接影响陈列的质量，因此，必须十分重视这一工作。

选择陈列品一般分初选和精选两步。在库房初选时，尺度要宽些，以便精选时可以比较研究。陈列时再精选一次，是按照主题要求来取舍，尺度要严些。但这种分两个步骤的作法，并不是绝对的，要根据各个陈列的具体条件来确定。为了尽量减少文物的损坏，精选次数不宜太多。珍贵文物和最容易损坏的文物，选好后可暂时放在库房里，不要随便搬动，到布置时再提出来。

陈列品的选择包括实物、文献、照片等。但在选择时还应当进一步分类，这种分类，应以陈列品在陈列中的作用和特征作为标准。例如，生产工具为一类，文化艺术品为一类，这样分的好处是便于将来陈列时选用。在选择实物时，一定要选择表现生产斗争和阶级斗争方面的材料，选择在发展过程中的新物品，能压场的大件的和成套的物品，以及与当前政治经济有联系的物品。为配合中心任务而举办的临时性展览的陈列品，更要注意选择那些最新近的物品，更具有代表性的物品。重要的文献，如党的决议、文告的原件和原稿等，是最珍贵的材料，必须优先选用。照片、古画、拓片的选择，应注意与实物相联系，共同表现主题。例如，如果选用了宋代的犁头，就应当同时选用说明犁头如何使用的拓片或轮廓线示意图。因为观众看了犁头以后，就会首先产生犁头如何使用的问题，而说明当时耕作情况的拓片或轮廓线示意图，就能解答这些问题。此外，对于那些能够表现对立面和能突出正面形象的反面材料，也可以适当选用。但选用时，必须严格，不能过多过滥，要注意政治效果。

陈列品的研究与选择，可以根据陈列展览的性质、规模和已有藏品的数量和质量，采取不同的方法进行。但共同的要求应当是：陈列品必须具有政治倾向性和科学性；具有典型性、代表性和表现主题的能力；要少而精。

选择陈列品有人从个人爱好出发，只要是个人所喜欢的，不管和陈列内容有没有关系；或单纯从器形出发，只要表面完整、美观，不管它有没有代表性，能不能说明陈列的主题思想，就决定选用。有的是强调了历史真实性而忽视了政治倾向性，缺乏阶级斗争和历史唯物主义的观点。除了以上属于观点性的问题外，还容易出现两种情况：一种是当藏品多了，便不认真、细致地进行选择，马马虎虎，草率从事；另一种是当藏品少了，又不是千方百计地设法弥补，而是随便砍掉主题，削足适履。如果确因没有实物，无法表现，内容可以压缩，但不能随便删除。如果根据陈列提纲的要求，还缺少若干陈列品，可以拟出目录，有计划、有目的地补充征集。

3. 总体设计

总体设计是陈列展览工作的基本环节之一，它是实现陈列计划的"总导演"，关系到陈列方针和陈列主题的体现，如果对这一重要关键注意不够，会直接影响到陈列工作的正常进行。因此，博物馆的领导者必须十分重视这一工作。

陈列计划主要还是文字的东西，陈列品怎样布置，从这种文字计划中是不易看出的，总体设计就是将文字计划具体化，从内容到形式，统一安排，统一平衡，统一色调，有主有次，全面地进行布局。

总体设计的内容为：（1）陈列布局；（2）文物组合与陈列图式；（3）研究确定风格气势；（4）提出辅助陈列品、美术作品制作的要求；（5）总体平衡；（6）研究并明确施工和实现计划过程中应注意的问题。

（1）陈列布局必须考虑到如何突出思想红线，结合建筑特点，决定陈列如何开头，如何结尾，如何分段，每个段落、每个陈列室如何突出重点，同时决定陈列路线、照明等问题。根据一般经验，陈列布局最好是：在一个陈列室内，主题居中，重点居中，左右对称，空间疏朗。参观路线由左至右单面环行。

（2）陈列图式的任务是确定主题、付题、分题在陈列室的位置和分配比例，各组陈列品的组合和位置，决定参观路线。在制定陈列图式以前，必须先做全面规划，根据实有陈列面积，按各主题的陈列品情况进行分配。重点内容，面积多些，一般内容，面积少些。

陈列图式，一般有两个内容：①陈列室的图式，即陈列平面与壁面分配图式，它是陈列提纲的平面分配的设计。②屏风与玻璃柜的陈列图式，它是每一主题的陈列品的陈列设计。

陈列室的图式就是各陈列室主题分配的计划。在图式中要表现出主题的相互关系和顺序，主题与陈列品的关系，陈列品相互之间的关系，和主要陈列品的突出。在图式上应注明观众参观的路线，这个路线必须考虑到保证文物安全与群众参观的方便，注明大件的陈列品、玻璃柜、屏风以及布置小件陈列品的台架的位置。

屏风或玻璃柜的陈列图式上，要画出各个陈列品的布置情况。

这两种图式就是陈列计划的图式化，也是现场布置时的施工图纸。

（3）研究并确定陈列的风格气势。不同性质的博物馆，对风格气势应有不同的要求。但每一个博物馆都应力求具有民族风格、民族气魄和地方特色。在气氛和色调上，必须朴素、淳厚、大方，同时要与建筑特点相协调。

（4）研究确定辅助陈列品和美术作品的规格与制作要求，它们的位置、基本造型、大小、质料和色彩等等，要有全面观点，要进行综合设计，避免孤立地设计某一项目，而不管其它。譬如设计语录的形式时不考虑到图表形式，就是不好的。各类辅助陈列品之间应该有统一又有变化，避免因变化不当而杂乱，或因统一不当而单调。

关于辅助陈列品和美术作品制作的要求，应当是：第一，要强调质量，注意科学性，造型、大小、色彩要与内容和建筑物相协调，要少而精，坚决反对粗制滥造。第二，要能突出主题思想，内容清晰，工农兵看得懂，讲解方便。第三，要形式大方，气势统一。第四，要经久耐用，结构简单，造价低廉。

（5）总体平衡是依据内容的主次，作形式上的平衡。这一工作非常重要，它直接影响到陈列内容的政治性问题。因为哪些内容突出到什么程度，与摆的位置、设备的大小与造型、每件文物的装饰等，有直接关系。因此，艺术设计应随内容的变化和设计水平的不断提高而不断进行平衡。

（6）研究并解决施工和实现计划过程中所遇到的各种问题。根据一般经验，在施工和实现计划过程中，经常会遇到以下两个问题：第一、在施工中常会有变化，如因所需要的设备、辅助陈列品不合要求，要重新制作；或因情况变化，原来的设计不合要求，需要重新设计。这就要求对加工制作随时进行检查，修正那些与所要求不相符合的地方。至于地图的绘制，因为常常涉及到历史上与现在的国界等问题，一定要严肃认真地处理。这不是技术性问题，而是政治性的问题。对于任何施工制作，都要有具体的检查、指导、签字、验收等手续，这是整个陈列准备工作中很重要的一个环节，必须给以相当的重视。第二、由于内容设计和形式设计一般是分别由陈列人员和美术人员去做的，因此，在内容和形式上，常常会出现不统一的地方，或者意见不一致的地方。这个问题可以在加强总体设计这一环节中求得解决，即领导、陈列人员、美术人员三结合，在设计中加强研究，加强意见交流，使不同的意见，通过讨论取得统一。在内容上，美术人员要多听取陈列人员的意见，在形式上，陈列人员要多听取美术人员的意见。当然，陈列人员对于形式的意见和美术人员对于内容的意见，也是彼此都应当虚心听取的。这样在经过充分研究讨论以后，再作出形式上的统一平衡。

二、现场布置阶段

现场布置是实现陈列计划的决定步骤，但仍然是设计工作的继续。如果准备工作进行得相当充分，陈列品的安放图式拟定得详尽而正确，则全部安装布置的过程不应当占用很多的时间。但是如果认为现场布置只是机械地按陈列图式进行布置，那也是不对的。因为所制订的计划，尽管已经经过了多次研究，但纸上的计划和图式，毕竟与实际有相当距离。在布置时，还需要经过反复修改、变动，有的甚至可能会被完全推翻。往往是现场布置多久，也就需要修改多久。因此，在现场布置中，不要被计划束缚住头脑，要更加重视工作中的现实情况的变化。当然，也不能因此而忽视陈列计划的指导作用。因为完全离开了计划，就是盲目地进行工作，效果是不会好的。

现场布置阶段的工作，是艰巨而复杂的。为了避免和减少返工，在正式安装、布置以前，进行试陈，是十分必要的。

试陈一般分为两种：一种是根据提纲光摊材料；一种是内容、形式大致全摆出来，看内容和形式的统一。

经过试陈，可以避免走大弯路，可以取得经验，树立信心，为全面布置创造有利的条件。但是，试陈只能解决比较明显的重大问题，而不能解决全部具体问题。具有试验性的现场原状布置，比试陈优越，因为它是完全按照设计计划的原状布置的，一切问题都会暴露出来。但是，面积较大、安装工程较多的陈列，现场原状布置，费工费时。因此，这种做法不能普遍使用，一般可以选一段重点去做，或者根据各馆的具体情况考虑采用其它试陈方法。

举行试陈或原状布置的目的之一，是请领导机关和领导同志现场审查；组织专家现场参观、座谈提意见。对于领导和专家们的意见，必须认真地加以研究，然后，对陈列计划作必要的修改与补充。

布置工作分现场安装和布置陈列品两个阶段：

现场安装是将各种陈列柜、台座、屏风、支架、沙盘、模型以及大型陈列品等等，按照修改后的陈列图式进行摆放和安装。只有这一工作完成后，陈列品的布置工作才能比较顺利地进行。

陈列品的布置，在编制的具体陈列计划和陈列图式中就已经作了安排。在实地布置时，所要注意的问题主要是：保证陈列品安全；陈列品的内容必须与主题要求相一致；边布置、边研究、边修改、边提高；分工合作与统一要求相结合。

对陈列品的提取、布置和装饰，都要首先注意安全。为此，要在现场安装和布置过程中，不断向所有工作人员进行保证陈列品安全的教育，并采取先清洁家具后布置陈列品的做法，以减少乃至避免事故的发生。

避免陈列的内容与主题思想不符合，是布置陈列品时必须注意的一个问题。这虽然应该在陈列设计中就要注意到，但在现场布置中还必须加以注意。因为我们对主题思想的认识是逐步深化的，要想陈列内容逐步得到充实，必须不断地对陈列品进行精选，严格按照能否表现主题要求的原则来取舍，不允许拿不能反映主题的陈列品来充数。

布置陈列品不是机械地实现图式、计划，必须边布置、边研究、边修改。对于政治性问题，要根据上级领导机关的意见进行修改；对于学术性问题，则多请教专家。在内部试陈时，也可以邀请部分有代表性的观众参观、座谈，请他们提意见。

在陈列品布置中，要注意陈列主题的统一、全部陈列的系统性、完整性和联贯性。在形式上既要各显特色，富有变化，又要注意规律化与统一。

研究陈列内容的表现方法，是艺术设计和现场布置很重要的内容之一。表现方法必须服从内容的要求，同时还应随陈列展览的性质不同而有所变化。一般常用的表现方法有如下几种：

1. 中心陈列法。是指把最主要的主题安排在陈列室地面和墙壁的主要地位，最主要的陈列品放在人们注意的中心地位。每一个副题和玻璃柜都要突出中心内容，其他的陈列品都围绕着中心材料来陈列。如果是以一个革命领袖人物为中心，围绕它的应当有当时这一领袖人物的著作手稿、信件和与他有关的各种重要活动的历史材料。

对重要陈列品加以装饰使它能突出，也是中心陈列法的表现手法之一。

重点内容或重要陈列品应摆在显明的位置，用支架、垫板或其他特殊装饰使之与其他陈列品有所区别。为了使观众注意力集中在重要陈列品上，可以在它的周围留一个适当的空间。尤其是重要的大件陈列品、雕塑等，它的周围更需要留出一定的空间，便于观众观看。

2. 组合陈列法。是指把那些有内在联系的陈列品作有系统、有联系、相互配合的展示，而不是让它们孤立地出现。这样，可以互相说明，和加强陈列品表现主题思想的能力。这是一个感人深、收效大的很好的表现方法。

3. 对比陈列法。是指用陈列品揭示矛盾，进行尖锐的比较的一种方法。例如，旧社会和新社会的生活对比，先进与落后的对比，好人好事与坏人坏事的对比等等。这种陈列，使人容易看清问题的所在，而受到启发和教育。

4. 对称陈列法。所谓对称，就是陈列品的摆放的位置是相对地协调一致。假如用五件陈列品来表现一个主题内容，选一件主导陈列品放在中心，它的两边再对称地各摆放两件陈列品。用这种方法布置陈列品的特点，是整齐、规律，观众容易接受。不会因杂乱无章，而使人感到头晕眼花。它是我国博物馆最常用的陈列方法之一。

5. 集中陈列法。为了使观众对某一主题能有深刻的印象，可以集中地陈列成套的集品或相当数量的同类物品。例如，中国历史博物馆为了表现明代"统治阶级不断加重了对人民的压迫"的主题，成套地陈列了江西省南城县明益庄王墓出土的有二百多人组成的乐俑队和金、银、玉器，北京定陵地下宫殿中随葬的大量的金银器、珠宝等等。同一性质的实物集聚成群地陈列，可以加深对主题的表现。例如，中国革命博物馆在一个玻璃柜内集中陈列了各革命根据地政权的印章，以说明当时革命政权的大量建立。中国人民革命军事博物馆集中陈列了从敌人手中缴获来的旗帜和"勋章"，以说明敌人的惨败。这种陈列方法的效果也是很好的。

6. 原状陈列法。由于原状的历史真实性强烈，印象完整，它能给观众以极大的感染力。这一方法多用于纪念馆以及博物馆中贫农住宅、手工作坊的陈列。例如，中国共产党第一次代表大会、遵义会议、南昌起义、绍兴鲁迅故居等纪念馆，都是采用原状陈列法。

7. 轮廓线示意图法。这种方法是把实物与轮廓线示意图结合在一起。对于形象地表现主题内容，尤其是表现生产工具的使用，装饰品的位置等，具有明显的作用。例如，中国历史博物馆在表现中国猿人制造和使用生产工具和生活用具时，就采用这种方法。

以上所介绍的几种陈列方法，是我国博物馆陈列中比较常用的。但是，它并不能完全概括十多年来我国博物馆在陈列方法上的实践经验。这些方法，可以在一个陈列里同时兼用，也可以部分使用，它们也不是各自孤立的。方法是由于内容的需要而产生的，而内容是千变万化的，表现方法当然也就必须不断创造和丰富。我们相信，随着我国博物馆工作质量的提高和陈列内容的丰富，必将创造出更多的新的陈列方法。

三、审查阶段

当陈列布置完成后，须由上级领导机关和馆内负责人、专家进行内部审查，检查陈列布置是否合乎要求，有无原则性的错误，同时提出修改意见。

进行内部审查最好能和现场会议相结合，边审查、边研究，使存在的问题逐个得到明确并加以解决。

审查同意并经过修改后，由领导机关批准举行公开预展，再经广大群众进行审查，最后正式开放。开放也并不意味着陈列工作的结束，陈列仍然需要不断地进行修改、补充和提高。因为，客观事物在不断发展，新的东西不断发现，人的认识也在不断提高，陈列必须紧随着研究水平的提高，新材料的征集，而进行修改和充实。

第三节　语录和文字说明

用语录揭示主题内容，是陈列展览中不可缺少的组成部分。选择无产阶级革命导师的经典著作做语录能简明扼要、一针见血地道破主题思想，揭示出主题的本质，并对展示主题思想，起着主导作用。因此，语录要具有高度的概括性和指导性。

选用语录，应该严肃、慎重，在领会其精神实质的基础上，准确地选用，不能断章取义，造成政治性的错误。用党的文献、领袖的著作做语录时，应当注意在历史转折的大关大节上，突出运用。

语录选择的范围大致有以下几个方面：

选用无产阶级革命导师马克思、恩格斯、列宁、斯大林和毛泽东同志的经典著作中的文字作语录，是最能反映主题中最本质的思想的。例如，中国革命博物馆关于新民主主义革命时期的陈列，用毛泽东同志"星星之火，可以燎原"的题词作为单元开始的语录。这是当革命处于低潮时，毛泽东同志以坚定的信心对革命形势作出的科学预见，它教育和鼓舞了所有的革命者。

以党的政策、决议中的文字做语录，来反映有关陈列的主题思想，也是很重要的。因为党的政策、决议，是指导革命事业取得胜利的保证。各博物馆都可以根据需要摘录其中最重要的部分做语录，用来揭示陈列主题。

为了揭示有关主题，可以引用历史文献中生动易懂的文字做语录。这既可展示历史真实，又能弥补文物还不能充分表达主题思想的缺陷。例如中国历史博物馆在陈列中摘录《史记·主父偃传》中的"男子疾耕，不足于粮饷，女子纺绩，不足于帷幕。百姓靡敝，孤寡老弱不能相养，道路死者相望，盖天下始畔秦也"。用这一段文字作语录，来揭示秦朝统治者施行暴政的情况，人民穷苦到吃不饱、穿不暖，大量死亡，因而，纷纷起来反抗，终于爆发了陈胜、吴广的揭竿起义。但是，因为古书上的文字较深奥，许多观众不易看懂。为了使观众都能理解，在引用时，最好能同时附上经过认真翻译的语体文。

对历史上农民革命领袖、伟大的思想家、政治家、军事家、科学家、文学艺术家的文献进行摘录，用来揭示主题思想，也能收到很好的效果。如上海鲁迅纪念馆在表现鲁迅的童年生活的主题中引用鲁迅《短篇小说选集》序言中的话，即"中国的劳苦大众，从知识阶级看来，是和花鸟为一类的。……但我母亲的母家是农村，使我能够间或和许多农民相接近，逐渐知道他们是毕生受着压迫，很多苦痛，和花鸟并不一样了"。这样用鲁迅自己的话，揭示鲁迅的家庭出身和童年时期劳动人民对他的影响，也能起着一语道破主题的作用。有的博物馆在自然之部的陈列中，引用了苏联生物科学家米丘林说的"不能等待自然的恩赐，要向自然去争取，这是我们的任务"。这句话作语录以揭示自然之部陈列的主题思想——即更多地认识自然的规律，以改造自然，使它为人类服务——也是有说服力的。

应当特别指出的是引用群众的诗歌、民谣展示有关主题，是一种很好的方法。如中国革命博物馆在新民主主义革命时期的陈列中，反映中国共产党领导下的第一次工人运动高潮，引用了安源工人编的诗歌："直到1921年，忽然雾散见晴天。有个能人毛润之，打从湖南到安源。提议要给办工会，劳动工界结成团。"有力地向观众说明了毛泽东同志领导下的安源工人运动，受到了广大工人的拥护，工人们都积极参加了。

引用古代文献、古代名人著作和群众的歌谣，与引用革命导师的经典著作和党的政策、决议做语录，是有区别的。两者所处的地位和所起的作用，都有很大的不同，这是应该注意掌握的。

在陈列展览中还有一项重要的文字工作，那就是文字说明。因为组织一个陈列或展览，内容比较丰富，在总的主题内容下，又分出若干副题、分题和陈列品组，还要通过具体的陈列品来揭示主题思想。为了更好地揭示主题思想，弥补陈列品本身存在的局限性，还必须借助于文字说明。文字说明的作用就在于用尽可能精炼的词句阐明陈列展览的内容和贯穿主题思想的实质，揭示陈列品之间的内在联系，补充实物难以表达的思想内容，从而帮助观众了解陈列展览的内容，提高展出的效果。

　　文字说明必须服从于陈列展览的政治需要，积极地为它服务。因此，作文字说明首先要求具有鲜明的阶级观点和历史唯物主义观点，要有鲜明的政治倾向性。拥护什么，反对什么；歌颂什么，暴露什么；是非必须十分鲜明。对革命人物和劳动人民要歌颂，当然应以历史发展的观点来衡量历史人物，根据历史人物的功绩，实事求是地加以评价。

　　其次，文字说明要具有鲜明性、准确性和生动性。力求简明扼要，通俗易懂，要尽量使用群众的语言。必须用的古字、冷僻字、难读字要加注音、注解。必须引用古代的著作时，要同时译为语体文。此外，文字说明最好能带有故事性。如中国历史博物馆以"陈胜、吴广揭竿起义"、"夏禹领导人民征服了洪水"等作标题，首先抓住了表现主题"起义"、"征服洪水"，同时也富有故事性，因此，使观众易于联想到"揭竿起义"和"禹王治水"的故事情节，群众既易看懂，文字又少而精。

　　文字说明，大致可分为三类：一、各种标题；二、主题、副题、分题、陈列品组的说明；三、单件陈列品的说明。

　　各种标题就是指主题下边的副题、分题、陈列品组的名称。这是文字说明工作很重要的一个部分。它的作用在于揭示副题、分题、陈列品组的中心思想，是用一两句话概括说明的。因此，标题的要求是概括、鲜明、中心突出。各个副题、分题，以及各陈列品组彼此之间应该有密切的联系。标题和内容一定要结合起来，彼此呼应。如标题是"光辉灿烂的唐代文化"，则内容一定是充分地表现出唐代的天文学、医学、印刷术、诗歌、文学、雕塑、壁画、建筑、书法、音乐、舞蹈等方面丰富多彩的陈列品。这样的标题才是表里一致的，而不是大标题，小内容（即标题帽子大而实物例证不足）。标题要有鲜明的政治倾向性，应从正面提问题。如中国革命博物馆表现第一次国内革命战争失败的那个单元的标题为"中国共产党领导人民抗击反革命逆流的斗争"，正面地表现革命力量并没有被吓倒、被征服，而是继续和敌人斗争，这是历史的主流，并且也暴露了敌人的罪行。这样做，比用"四·一二反革命政变"、"第一次国内革命战争的失败"等类标题的政治性要鲜明、突出得多。一个单元或组往往包括的内容较多，在编拟标题时，就要反复研究内容，应该抓住主要方面加以集中突出，既要概括，又有中心。如第一次国内革命战争时期，各地的农民运动材料较多，但是，要以毛泽东同志所领导的农民运动作为表现中心，标题应为"农民运动——毛泽东同志的《湖南农民运动考察报告》的发表"。在有些情况下也可以就具体事件作标题，如"古田会议"、"遵义会议"、"土地改革运动"、"人民公社运动"等，这就要取决于具体事件的名称是否带有概括性和普遍性。

　　副题、分题、陈列品组的文字说明，并不一定都要全部写出来，要根据陈列展览的特点、需要来考虑。这类说明不同于标题。标题只用一两句话进行概括，而这类说明常常是用一段简明的文字。因此，它又具有承上启下的作用，把副题之间、分题之间、陈列品组之间紧密地联系起来构成一个有机体，这样就把主题思想串联起来了。

　　陈列品的说明，就是对每一重点事件、人物、雕塑、绘画、模型、布景箱、地图以及辅助材料等作出说明。这类说明在文字说明中占有最大数量。一般是采用卡片、标签的形式。它的目的最主要的是扼要阐明陈列品所具有的政治意义、科学价值和表达主题的作用，并交代历史文物的名称、年代、来源、事件或文物的特点等内容。另外，在必要时还可以向观众介绍有关的历史知识和文物知识。

　　写陈列品卡片说明和写其他说明一样，要有明确的政治态度。如在历史陈列中，介绍宋代的瓷器，不能仅仅介绍是什么时代的，在哪里出土，是由官窑或民窑烧制的，以及瓷器的精美程度等等，而是要透过现象说明本质，要和当时的生产力的水平结合起来，并把民窑的艺术造诣和民间手工业生产的发展情况表现出来，才能说明当时生产力的发展，从而说明这些瓷器为什么能达到这样精湛的程度。这样才是抓住了陈列品的本质。这就有了阶级观点和历史观点，说明要简炼，要生动。如介绍明代戚继光的"刀"，写成"明代民族英雄戚继光指挥军民抗倭斗争所使用的刀"，这样的说明既能给观众以文物方面的知识，又能使观众受到爱国主义的教育。

第四节 辅助陈列品

一、辅助陈列品在陈列展览中的作用

在陈列展览中，常用的辅助陈列品，有各种图表、地图、模型、沙盘、布景箱和美术作品。

辅助陈列品是陈列展览不可缺少的组成部分之一。在特定情况下，有些辅助陈列品还被当做中心陈列品使用。它配合着实物并同实物材料结合成有机的整体，共同承担着完成主题内容的重大使命。它对提高陈列展览的科学质量和政治质量，增强宣传教育效果，具有重大的作用。辅助陈列品在陈列展览中能发挥这样的作用，在于它能够弥补实物陈列品的局限性，对事物加以综合、概括或细部的分析；阐明各种现象间的关系和它们之间的区别和联系，发展过程和趋向；表现出客体在空间和时间上、数量和质量上的情况和变化等等，从而使观众更好地领会陈列展览内容。

当然，指出辅助陈列品作用的目的，是为了引起人们的注意，是要给辅助陈列品在陈列展览中以应有的地位，而不是为了贬低实物陈列品在陈列中的主导地位。实物材料是陈列展览的基础，在一般情况下，它总是处于主导地位，而辅助陈列品则居于从属地位。但是，在某些情况下，辅助陈列品也可以被用来做为某一陈列组的主要的、中心的陈列品，如有些图表（地质图、土壤、生物进化系统图），模型（如地形模型、矿床模型）和布景箱（动物和植物景观、中国猿人生活等），以及部分艺术作品等。

二、辅助陈列品的制作

辅助陈列品的确定、设计和制作，必须根据陈列内容的需要，符合陈列主题的要求，考虑到陈列室建筑的特点、陈列布局和辅助陈列品在陈列单元、陈列品组中的地位、作用等各方面的因素，经过细致全面的研究后，订出具体的各个辅助陈列品制作的规格、形式和要求，然后，在设计人员指导下，根据准确的资料，进行加工制作。制作辅助陈列品，不应追求"电气化"、"自动化"，标新立异，要防止形式主义，避免浪费。

1．图表、地图的制作

各类图表和地图，是博物馆陈列展览中被广泛应用的一种辅助陈列品。它是以各种简明的线条和符号形象化地概括地展示事物之间的发展联系和对比关系；某些事物和现象在地区上的位置和分布；某一或某些现象在一定范围内的相对强度（质、量的比例关系）等。它的目的和优点，是可以使复杂问题在表现上变得简明一些。

图表和地图，在展出上必须从属于一定的主题事物，才能发挥作用。它是为了表明事物之间的联系（图解、图表）与位置（地图、平面图）的一种形式。

现将陈列上经常使用的图表、地图，及其在制作上的基本要求，分别说明如下：

（1）比较图 比较图常常是以形象的图解方式进行数字的概括，借以表现事物发展的趋向或进行数量和质量上的比较。例如，用来表示国家或地区经济发展的情况，工农业及其它生产部门产品的产量、产值的增长情况，技术革命、技术革新前后产品产量的对比，农村人民公社土地机耕面积逐年增长情况等等。

比较图的表现形式是多种多样的，在陈列中应用较普遍的有曲线图、直线图以及带有同义符号的图解等。

制作比较图时，首先要根据主题内容，确定图表的内容和数字。为了使图表清晰醒目，在内容上要简明扼要，在图表中不能允许与内容无关的数字、图形存在。

数据是比较图的基础，为此，图表中所采用的数字一定要准确可靠，有代表性。为了便于观众掌握，图表中数字指标不宜过多，有时也可以将比较繁琐的绝对数值变成相对的概括数值（如百分比）。在表现时间观念上的数字单位也应从简，如为了说明第一个五年计划期间国民经济中工业总产值的情况，可以年为单位，而用不着以月来作单位计算。用来表示某些现象在单位地区内的相对强度（质量的对比关系），可将数字换算成百分数。一切所引用的数字都必须是国家已经对外公布过的数字。

制作的比较图往往采用同义符号或示意图形来表示，在这种情况下，也要附上具体的数字，使图形和数字配合起来，观众就更容易掌握。否则，如果只有示意图形，则只能给观众以多寡、大小的笼统印象，而不能形成明确具体的数字概念。

在图表中有时可配合一些图形和照片，或装饰一些浮雕和雕刻等。有些展览也可采用以真实的物品来做数字指标，如说明某地小麦、棉花的产量指标，就用小麦和棉花来代替图形。

图表的色彩要和整个主题陈列中所采用的色调和谐，一般图表的背地以较清淡为宜，而指标数字则用鲜明的色调，以示突出。图表的标题和数据的字体要工整一致，使观众在正常的距离内能看得清楚。

（2）示意图　示意图是用简化了的图形来表示各种现象的相互关系和联系，现象的构成和各个部分对整体的并列性质，以及事物的运动过程等的一种图表形式。这种图表形式在博物馆、展览馆多用来表现经济技术方面的内容。在自然部分和历史部分陈列中，有时也采用。

陈列展览中经常应用的示意图，有分类图、系谱图、结构图、生产过程图、运动图、轮廓线示意图等多种。

①分类图，如自然部分陈列中的动物分类、植物分类、土壤分类系统表等。有时也用来表现某种原料所制成的工业产品的系统表。在历史部分陈列上用来表现某一社会历史时期统治机构的行政系统表等。

②系谱图是用以展示某一现象的起源，有时也表示现象的发展过程。如展示自然界的进化（如生物的进化、地球的演化）等皆属此类。

③结构图常用来把构造复杂的对象，给以平面图解，使观众一目了然。如机器的结构图、断面图，古建筑的剖面图等。

④生产过程图主要是用来表现某一技术部门的生产过程。如各种采矿、机械和纺织，以及某些产品的生产过程等。

⑤运动图是用来展示某种机器、机床的动作原理。

⑥轮廓线示意图常用在历史性的陈列中，用以表示古代生产工具的使用，装饰品的位置，生产工具的复原等。

示意图的制作内容、规格、装饰等，应该根据该图在陈列主题中的地位、作用而确定。如有的示意图是为了说明整个陈列主题的内容，作为中心的陈列品时（如过程图、系谱图常常是这样的），就要求制作的尺寸较大，装饰要突出醒目。

示意图的内容组织必须条理分明，简洁易懂，与主题无关的部分应一律删掉。

示意图多半是平面图，但有时也可以把实物和示意图结合起来，组成综合陈列。即在原示意图上加入实物，并用线条把它们联起来。如大连市自然博物馆在表现煤的综合利用的专题陈列中，就采用了这种方法，受到了观众的欢迎。

（3）临摹图和展示图 临摹图多用于历史性和艺术性的陈列中，如壁画临摹，艺术品的花纹临摹等。展示图是将立体物上的花纹图案，全部予以平面展开，使观众获得完整印象，有助于增加艺术品的陈列效果。这两种图在故宫博物院的历代艺术馆中使用较多，效果甚好。

（4）地图 地图在博物馆中，是大量应用的一种辅助陈列品。主要是用来表现有关政治、自然、社会经济和文化等现象在地区中的位置和分布情况。一般可分为两种，即一般地图和专用地图。在博物馆陈列展览中用得较多的是专用地图。这种专用地图与一般地图有其共同之处，也有其不同之处（如历史地图、自然地理图、经济地理图等）。在专用地图中还有一种统计地图。统计地图是为了表示某一地区某一现象的相对强度的比例关系而绘制的，如人口密度图、各种作物耕作面积图、作物产量图等。

陈列展览用的地图，要符合科学性的要求，特别是地图中所表现的材料（如历史地图中的农民起义、行军路线、战区范围以及各种自然经济地图等），必须在制作前进行细致深入的研究，不能草率从事。凡涉及到古代或现代的国际疆域等问题，应该特别注意。对古代国际疆域，应本着历史真实性要服从于政治性的要求。对于现代的我国疆域和边界的划法，应严格按照国家的统一规定去划，不能有丝毫差错。

陈列用的地图，同科学研究和教学上用的地图，应该有区别，必须考虑到观众的接受能力和主题内容的要求。因此，内容要求简化、清楚，不能在一张图上容纳过多的材料和说明文字。对重要的内容，要加以特殊的表现。

地图的着色和字体的选择是制作上的一项重要工作，往往由于色调选择不当，就降低了展出效果。

2. 模型、沙盘、布景箱的制作

模型、沙盘、布景箱，是陈列展览中占有相当比重的一种辅助性陈列品（有时也作主要的中心陈列品用）。这些新制的或复制的陈列品是在下列几种情况下被采用的：

（1）由于缺少原件实物，或因原件实物容易损坏，为了妥善保护，而不用来陈列。

（2）由于原件实物过于庞大，或其它原因（如正在使用着的重要生产工具等）而不能用来陈列。

（3）用部分实物或标本不能全面说明的复杂的自然现象或社会现象。

（4）在较短的时间内要说明事物长时期的发展变化过程，或事件的经过（如历史上某战役的经过）。

（5）在陈列中利用有限的陈列面积而要表现出自然环境的综合景观，如自然地理景观、植物群落、动物生活景观等。

模型、沙盘、布景箱在陈列中的作用是相当大的，它不仅能给观众以形象的具体概念，和对表现的对象具有真实感觉，而且由于这些辅助陈列品是对于客观现象进行了进一步的概括，使之更具有典型性。因此，在观众的头脑中可以形成对某一现象更为完整的概念。

模型 模型是按照一定的比例较精确地仿照原物而制作的。模型规格的大小，应根据在陈列中的地位以及陈列的总体配置，陈列室间大小而确定。在一般情况下，模型都比原件小（个别情况有比原件大的），但它却保持了原件部分或全部的构造。这种模型，较大量的是用来表现各种生产工具、生产设备、房屋建筑、科学技术创造，以及部分的历史文物和自然标本等。一般的模型只是表现物体的外部形态，如果作成带有切断面的模型，如带有切断面的矿床成因模型，对观众了解物体的内部构造，帮助是很大的。在展示模型时，特别是机器模型，如果能配合展出该物件的示意图，效果则会更大。最近几年来，在博物馆、展览会里，活动模型的展出数量日益增多。如历史博物馆展出的古代科学技术发明的一些模型，对帮助观众进一步了解陈列品的性能和作用，有良好的效果。

模型的制作所要求的真实性程度和准确性很高。为此，在制作模型之前，设计者必须进行充分的准备工作。设计人员事先必须熟悉和了解制作对象的基本构造和原理。如属工业品应该同生产部门密切协作，取得帮助和指导，如有可能最好委托原生产部门加工制作。画在设计图纸上的模型要力求完善，数据精确，比例尺选择得当。

模型在着色时，应力求能保持原物所具有的色调，在质地上要有真实感，如有的机器模型是木制的，最好能不让观众看出是木制的。

沙盘　沙盘一般是用以表现地区的外貌的。它是按照原来的形状，根据一定的比例制成的。沙盘在博物馆陈列中应用也很广，特别是地质博物馆中。在自然陈列中一般是用来表现地形、地质、矿床等。在历史陈列中可以用来表现古代社会生活的情况和古文化遗址、古城遗址的情况。在革命史陈列中，用来表示革命根据地和战场的情况。在社会主义建设陈列中，用来表现城市规划、工厂厂房和车间的生产工序，居民点配置及某项事业的远景规划等。

制作沙盘时，准备工作是极端重要的。沙盘的素材，必须经过很好的选择。有些沙盘在制作前必须由设计人员和美术工作人员亲临现场参观调查，绘制草图后，再进行具体的施工。对于表现历史性材料的沙盘，进行充分的调查研究和鉴定更属重要，这样才能更真实地恢复历史事件的本来面貌和现实生活的原状。

布景箱　布景箱这一表现形式，在博物馆的陈列里经常使用的。一般都设置在墙里面或壁龛里，以透视画作背景，装置成弧形，在自然景观中有时可将植物和动物合并在布景箱中展出，例如森林中的猛虎、高山上的青羊等。中央自然博物馆的昆虫景观，中国历史博物馆的山顶洞人生活布景箱，制作上都是比较成功的。它们的特点是能够表现出在自然环境中动植物生活以及人类社会生活的真实情况。

布置布景箱时，箱口必须比背景上的透视画面积小一些，透视画的底部必须是斜对着观众，它的深度等于长度的一半。顶部的天空要高，不要使观众看到天空的边际，以及顶部两旁隐蔽着的灯光。

背景前面布置的景物，要有代表性、典型性，要删除一些琐碎的部分。前景中所设置的景物，要按照透视学的原理，把大型的放在前面，往深处逐渐缩小，以至和后面的背景画自然地融合成一体。在布景箱中也可以装置电动设备，使景物可以发生变化和运动。如全国农业展览会里展出的人工降雨的布景箱就是比较好的一种电动布景箱。

布景箱的规格大小，应该同陈列中的总的布局相协调。

3. 美术品的制作

美术品在博物馆的陈列展览中占着重要的地位。它能以感人的艺术形象，深刻地描绘出各种自然现象、历史事件以及人类生活的面貌，塑造出历史人物的伟大形象，使陈列更显得丰富，主题思想得到生动的表现，对观众有很大的感染力和鼓舞作用。美术品在博物馆里应用的比较广泛，就如自然、历史、革命史等各种陈列中，也得到广泛的应用。

美术品在历史部分陈列中，例如，表现历史上人民进行政治斗争、生产斗争和生活方面的绘画、雕塑等艺术作品（如关于农民起义、武装革命斗争、工人暴动、罢工、古代人们的生活的绘画，以及革命领袖、著名的历史人物的塑像和画像等），可以补充书面材料之不足，使反映在文件中的历史事件和现象得以生动地再现。

美术品在表现地区的自然景观和动植物生态方面，也是一种非常形象化的表现方法。如表现某一地区自然概况的写生画、表现动物生活习性生态的雕塑等。

为了使博物馆陈列的美术作品能丰富多彩，而又具有独特的民族风格，在美术品的选择上必须照顾到多种形式，特别是具有独特民族风格（如国画）的一些形式。在绘画方面，可以采用油画、国画、版画等（如在中国革命博物馆里陈列出来的，为了说明帝国主义侵略中国的情况的《时局图》，和为了说明封建统治者对人民的残酷剥削的《官与民之负担》的政治讽刺画，效果都很好）。在雕塑方面，可采用石雕、铜雕、木雕、瓷雕、漆塑、彩塑等。

博物馆陈列用的各种美术作品，都有着明确的表现目的，它是根据陈列主题内容的要求而进行创作或摹绘的。为此，博物馆的美术作品应该是主题鲜明，目的明确，生动形象。特别是历史方面的绘画、雕塑，在制作之前，为了保证有明确的政治倾向性和历史真实性，艺术家必须研究有关创作主题的一切文献资料和历史事实的材料，明确陈列主题的要求，使创作的人物形象及有关的表现内容，符合当时的时代特征（如人物的服饰、房屋的形式、使用的家具式样等，都应该有所根据，符合当时历史的真实情况），不容许主观随意地创造。在研究历史资料的过程中，对历史资料记载的考证，必须具有历史唯物主义的观点。因为，有许多历史事件和人物（如农民起义战争和人民的革命领袖），过去是一直被统治阶级所歪曲的。

对陈列中的摹绘品，必须保持原作的风格和特点，不能任意加以渲染或增删。如有的作品是多份的，又不出于一人之手，则应选择其中最有代表性的作品做为蓝本。

创作自然景观方面的绘画，艺术家应该到野外的典型地区进行写生。

各种美术品的制作规格、形式风格等，应该是根据陈列计划的要求以及该件美术品所反映的事物在陈列中的地位和作用而定。在进行加工制作之前一定要有明确的计划。

第五节　陈列展览的艺术装饰

一、艺术装饰的重要意义

博物馆的陈列展览是以典型的实物为基础，配合以形象的辅助材料，通过艺术的表现形式，使观众正确理解和掌握陈列展览中的思想内容。但无论陈列品本身如何典型、生动和富于表现力，都必须通过适当的组合，用陈列的特殊语言、鲜明的形象和一定的气势表现出来，才能更有效地达到上述目的。这就是艺术装饰工作的任务。

陈列中，单凭摆一些实物是不能深刻地揭示出陈列对象的本质，及其所包含的全部内容的。必须经过艺术设计和装饰之后，才能收到良好的效果。中国历史博物馆在中国原始社会的陈列里，采用了轮廓线示意图的形式，表现当时人们制造和使用生产工具和生活用具的状况，是一项比较成功的经验。这样的表现方法，不仅克服了单纯文物堆积的现象，做到了把文物和人的活动紧密结合，而且也弥补了文物本身表现能力的局限性，从而更深刻地揭示了陈列品的本质。观众在参观时也感到分外的亲切和真实动人。

在陈列中，有时还会遇到陈列内容非常复杂，陈列品多种多样，形状、大小、色彩、质地各有不同，而且又都是必须陈列的情况。可是如果经过艺术设计和组合加工之后，就会使眉目清楚，条理分明，形象生动，不仅使人感到内容充实，而且也给人一种美的享受。

但是，往往也有本来可以组织得很好的陈列内容，却被不好的艺术装饰所破坏。例如，艺术装饰的风格、色调、气氛与陈列内容不调和、不一致，庄严的内容却配以轻佻的色调，大跃进的内容却缺乏胜利热烈的气氛；或将陈列品任意摆放，实物堆砌得密密层层，缺乏主次，缺乏必要的空间，令人感到窒息；或在装饰的风格上缺乏统一，五光十色，彼此不相呼应，造成观众视觉上的疲倦；或者装饰得过于繁琐、复杂，将观众的注意力引导到次要的陈列品或华丽的装饰上去，而重点的、主导性的陈列品，却不能显示出来，该突出的未突出，不该突出的却突出，喧宾夺主，减低了教育效果，有时甚至在政治上造成错误，如把反面的材料放在压倒一切的正面位置，或给反面材料施以鲜明的、喜气洋溢的色调等等。这些都是在艺术装饰工作上常见的一些毛病。

陈列展览的艺术装饰是从属于陈列主题要求的。既不能把它当作万能的，也不能把它理解为只是消极被动的、机械的。艺术工作者只有在理解陈列展览主题思想，熟悉陈列品的基础上，运用马克思列宁主义的观点和方法，采用正确的陈列展览艺术装饰手法，才能很好地完成任务。

二、艺术装饰的基本要求

陈列展览的艺术装饰，是艺术工作领域中的一个部分，为了保证陈列展览具有高度的思想性、科学性和艺术性，在从事艺术装饰的创造性活动过程中，下面一些基本要求，是不能被忽视的。

第一，陈列展览的艺术装饰必须保证内容和形式的统一，贯彻"政治标准第一，艺术标准第二"的原则。

博物馆的陈列展览，有了正确的内容，还要通过一定的艺术装饰表现出来才易于为观众所接受。但这里所说的艺术装饰，只是表现内容的手段，而不是目的。陈列展览中所采取的一切艺术装饰的手段，都是由陈列展览的内容所决定的，是服务于内容的。因此绝不能把艺术表现形式理解成为与内容没有本质联系的一种"外形"。

辩证唯物主义的美学把形式与内容看做是不可分割的、彼此相互联系的统一体。在内容和形式二者的关系上，首先是陈列展览内容决定着艺术表现形式，形式是应内容的需要而产生的，但这并不是说艺术装饰只是消极的被动的因素。事实上，艺术表现形式对陈列展览内容起着反作用，有时是很重要的作用。形式固然要以内容为转移，但形式也能有助于或有害于对内容的表现。当着艺术表现形式与陈列展览内容相适合的时候，就能使陈列主题思想得到充分的表现和发挥，更加鲜明突出；反之，当着艺术表现形式与陈列展览内容不相符合，陈列主题思想的表现就要受到限制，甚至为不好的艺术表现形式所破坏。为此，艺术装饰的题材、风格都必须同内容取得和谐一致，应该是完美的艺术装饰同正确的陈列内容融合成为一个有机的整体。

在陈列展览的艺术装饰工作中，是存在着一些问题的，这就是形式主义和自然主义的倾向。形式主义的一种表现是片面地强调艺术装饰相对独立性的一面，夸大它在陈列展览中的作用。在进行艺术设计时，不是根据陈列计划和陈列品的特点，并结合建筑特点，进行全面研究，然后制定出艺术装饰设计的方案，而是事前就主观地设计出一个统一的规格，要求一切陈列内容，不论其性质、时代特征如何，一律要服从这个统一的规格。另外一种表现是表面地、机械地理解内容和形式的联系，对陈列主题思想不进行深入的研究，从概念出发，做简单的处理，将形式和内容的关系庸俗化。如有的在表现毛泽东同志关于"帝国主义和一切反动派都是纸老虎"的论断时，就用三合板做底衬，以三合板的花纹来象征纸老虎的虎皮颜色，这就不能体现毛主席说这话的实质。又如在有些陈列展览中，靠增加许多与内容不相干的装饰和点缀，如过多地用了五角星、红旗、几何图形等作背景。这些做法在设计者看来，虽然是企图突出陈列主题，实际上往往是削弱了主题。

陈列展览艺术装饰工作中的自然主义的倾向，一种表现是对艺术表现形式的重大意义认识不足，不是用尽可能完美的艺术形式来表现内容，而是用各种艺术手段进行堆砌，成为实物的附加部分，二者不能和谐地融合在一起。虽然有时也采用一些手法，想从表面上装饰一下，但缺乏合理的想象，又没有艺术性，只是沉醉于枝节内容的点缀，而使主体部分被淹没。观众从陈列中根本看不到主要的东西，自然主义的另一表现是在自然部分的陈列中，特别是在景观制作上，表现为在强调真实性的情况下，否定艺术上的概括，要求将特定地区自然界中所有的对象，一草一木毫不遗留地搬到景观中来。这不仅是不必要的，也是不可能的。博物馆的景观所要求的真实性，是和科学技术现象的记录，有着根本的区别。博物馆的经过艺术加工后的景观，不是机械地反映现象，而是在复杂的现象中，经过深入研究后去概括地反映现象，这是最鲜明、最典型，而又最富于特征的现象。

在陈列展览的艺术装饰设计中，所以存在着上述形式主义和自然主义的倾向，关键在于没有正确理解形式和内容是辩证统一的关系，没有贯彻毛主席所指示的"政治和艺术的统一、形式和内容的统一"，"政治标准第一，艺术标准第二"的原则，而是把它们看做彼此孤立的，缺乏内在联系的东西。

第二，在进行艺术装饰设计时，必须体现百花齐放、推陈出新的精神。采取一切最有效的艺术表现手段和陈列艺术技巧，以保证主题思想的突出，不能千篇一律，平铺直叙。

要运用艺术装饰上的一切方法和技巧，帮助观众从复杂的现象中，迅速地分清陈列内容的主题思想和主要的、主导性的陈列品，使观众了解到陈列的重点是什么，本质是什么。要想做到这一点，艺术工作者必须在设计之前，对陈列计划和陈列品进行细致的研究和分析，掌握全部陈列内容的精神实质和区分出内容上的主次，熟悉主要陈列品，并选择各种适合的艺术手法去表现。然后将主要的部分，布置在突出的地位，并加以艺术形象的烘托渲染，关键地方要装饰得引人注目。将其它与之有关的辅助材料环绕在重点的周围，和重点内容组成一个有机的整体。做到重点和一般相结合，本质和现象密切联系。

重要的陈列品，是陈列上最能说明本质问题的材料，因此，必须把它摆放在显著的中心位置，使观众首先就能看到。

在主要陈列品中还有最基本的主导性的陈列品。对这些陈列品必须从一切艺术装饰手法方面和陈列布置方面给予充分的表现，使之从一般的陈列品中间显露出来。但是应该注意不能单纯为了突出重点，而破坏了主题的完整性，要照顾到陈列内容的连续性，以及内容之间的有机联系。

第三，博物馆陈列的艺术装饰，一定要具有民族风格。要像毛泽东同志所指出的，具有"……新鲜活泼的、为中国老百姓所喜闻乐见的中国作风和中国气派"[①]。

装饰艺术在我国有悠久的历史，是我国民间应用较为广泛的一种造型艺术，在内容、风格、表现手法和使用材料等方面，都有独特的民族风格，表现出我国人民的高度的艺术水平和创作才能。对待民族的装饰艺术遗产，必须认真严肃，要批判地继承，在传统的基础上，不断地革新和创造出社会主义的装饰艺术的形式和风格。在今天社会主义的时代，人民的思想感情和生活方式等等都和过去有着根本的区别，如果在艺术装饰上仍然因袭守旧，不能反映出时代的精神，陈列效果必然会受到影响。各地博物馆、展览会在艺术装饰方面，已创造出许多好的经验，如全国农业展览会采用的版画，以及其他博物馆对各种绘画、雕塑的运用，都是比较成功的。

第四，在进行艺术装饰设计时，应该从各馆的性质、任务和陈列展览的内容出发，把陈列室与家具

___

① 《毛泽东选集》第497页，人民出版社1952年3月北京第一版。——原文注

的色彩、形式，陈列品与说明文字牌的装饰等，互相联系起来，在统一的思想指导下，做到整个陈列展览的立体与平面的配合、墙壁与地面的运用适当，陈列室与每件陈列品的装饰形式、着色和采光运用恰当，陈列品组合的眉目清晰、条理分明，各组陈列品的装饰与整个陈列室的总装饰要形成和谐的艺术的统一体。

由于博物馆的性质不同、内容不同，陈列展览的艺术装饰的风格，自然也应该有所不同，而不能千篇一律。例如，历史性博物馆的艺术装饰要庄重、朴素、大方；纪念性博物馆的艺术装饰应该严肃、静穆，处处都能引起参观者的敬仰和怀念。这样，陈列展览的效果就会更好一些。

第五，陈列展览的艺术装饰，必须坚持适用、经济、美观的原则。艺术装饰本身就应该是美观的，但是，必须注意适用、经济。一些与内容无关的，纯属装潢性的装饰，是不必要的。盲目采用价格昂贵的材料，认为陈列展览不涂饰金粉、银粉，没有丝绒、绢、锦的背衬，就不能显示出气魄等求新求阔的思想，应该坚决反对，要大力贯彻勤俭办馆的方针。

三、陈列室的艺术装饰

陈列室的一切艺术装饰，都必须有助于增强陈列品的宣传教育效果。

陈列室的装饰应力求简单朴素，保持室内宽敞明亮，有充足的空间，装饰形式应该和陈列内容密切结合，要有民族的、时代的风格。在艺术博物馆的陈列室里，可采用一些好的艺术图案、绘画、雕塑等装饰，以增加艺术气氛。

陈列室艺术装饰的另一个要素，就是色彩的选择和运用。恰当的背景色彩，能使陈列品突出，显示出陈列品的特点（如形状、质感、颜色、装饰风格等），并能给观众以舒适之感。反之，色调运用不当，或者五光十色互不和谐，或者色彩单调，贫乏无力，其结果都会减低观众的兴致，影响陈列展览的效果。因此，在运用色彩时，必须根据陈列内容的要求、特点，按照各种色彩的性能，运用适当的技巧，使它们和谐地结合起来。

为了使陈列品衬托得突出，在整个陈列室内建立一个统一的和谐的基本色调是非常必要的。选择统一的色调，首先是背景色调，一般是以陈列品所组成的陈列单元中占优势的一种颜色为标准，而采用一种与它相协调的色彩来做背景。至于陈列室的墙壁、天棚、陈列橱柜、假墙、屏风、陈列品的背衬、台座等背景的色彩，一般是以中和的、安宁的淡色系的基调为最适宜，如白色、米黄色、淡绿或木料的本色。因为采用淡色的背景，不仅使陈列品突出，观众在视觉上感到舒适，而且也有利于增强陈列室的照明度，并有增大陈列室内部空间的感觉。

陈列室的家具色彩，不宜杂乱，以一二种素淡颜色为宜。亦可利用木料的天然色彩，显露出木质纹理的本色。此外，陈列室的墙壁和家具，最好是外表没有光泽，以避免由于光的反射、折射作用而造成的陈列品面上照明度不均匀的缺点。

当然，强调背景的统一基调，并不等于一点变化也不要。在较大的博物馆，特别是地志性的博物馆里，如果将陈列室和陈列家具的背景，都施以单一的淡色的色调，就显得太单调，容易引起观众疲倦，减弱观众的兴趣。因此，适当地变换背景色调是完全必要的。特别是个别的屏风、展品的衬板的背地，有时也可以采取强烈的饱和颜色，以强调某些陈列品的特征和重要性，会有助于提高观众的兴趣和注意力。

陈列品的艺术装饰主要目的是为了烘托和突出陈列的主题思想。陈列室里所有陈列品，并不都是主要的、主导的。因此，在艺术装饰上，首先要把那些内容重要的陈列品，突出地强调出来，摆放在中心的位置上，或者是放在陈列橱柜的显著地位，与一般的、次要的陈列品区别开来，使观众立即就能看到它。

在主要的陈列品中，也还有基本的、主导的陈列品。对主导性的陈列品，除了在位置上给予突出的地位外，还必须装饰得醒目，引人入胜，以加深观众对它的印象。如摆放在中心地位，用特殊的、较高的台架或台座使之突出。如果主导性陈列品和一般陈列品处于同一条陈列线上，也应将其位置向前或向高处移动，有时也可以使主导性陈列品同一般性陈列品保持一定的空间，以显示主导性陈列品的重要地位。将主导性陈列品放在特别的陈列橱柜内或台座上，以及用特制的衬板或镜框衬托起来，效果也是较好的。

为了突出主导性的陈列品，在艺术装饰上要采用一切有效的手段，予以特殊表现，对那些极端重要部分要装饰得光芒四射，如党的重要会议，革命领袖著作，或历史上的农民起义，重要语录等，可运用鲜明、热烈的饱和色调。有时也可采用丝绒、绢、锦等做为背衬的底色，加强陈列照明，将同类物品集聚在较小的面积上，呈饱和状态，或对陈列品有重大意义的部分，加以放大表现等等，都会引起观众强烈的兴趣。但要防止脱离陈列主题，不顾陈列品的特点而做形式主义的表现。

在装饰每一件陈列品时，应该考虑到陈列品本身在性质、造型、质地、色彩以及陈列品正常的存在状态中的特征，采取相应的艺术手段，加以处理。

对革命文物的装饰和布置，必须以严肃的态度来对待，在装饰上应该保持稳重、朴素的风格，如有的博物馆将抗日战争时制造的土地雷，用质地光彩夺目的绸缎做衬托，就很不合适。

在装饰陈列品时，恰当地选择衬色对表现陈列品有着很大的作用，例如给白色或明亮的陈列品以比较暗的衬托，光泽华丽的陈列品放在粗制的麻布衬地上，而光泽较差的陈列品则配以色彩较强的衬托。这种色彩上的明暗，如果对照、配合得恰当，不仅可以增强陈列品的特征，而且可以提高陈列品的色彩效果。

第六章　征集工作

第一节　征集工作的意义

征集工作，是博物馆为取得适合自己需要的实物、标本以及其他各项资料所进行的工作。它为博物馆的各项活动建立和扩大物质基础，因此，在博物馆的全部工作中，占有重要的地位。

博物馆的宣传教育工作主要是依靠以实物为基础的陈列展览来进行的。离开了实物，也就没有了陈列展览工作。实物的数量不足或质量不高，陈列展览的质量也就不会高。只有在征集了大量的为陈列展览所必需的实物时，陈列展览的质量才能得到保证。同时，陈列展览内容的不断充实、更换和日趋完善，也需要征集工作源源不断地为它提供更多、更好、更新的实物资料。总之，没有征集工作，便不能保证陈列展览工作的顺利开展。

其次，征集工作还负担着为科学研究工作提供资料的任务。博物馆的各种实物、标本和重要的文献资料是研究各有关学科的第一手的材料。征集这些材料，对于有关学科的研究工作，是有很大作用的。例如我国西南地区有些兄弟民族，解放以前，还过着原始社会或奴隶社会的生活，今天，在党的领导下，已发生了飞跃的变化，直接过渡到社会主义。如果我们认真地把反映这些兄弟民族在解放前的有关的历史材料征集得来，再以马克思列宁主义的观点加以研究、整理，将会大大地有利于科学研究工作的开展。有时，某些重要的实物和文献资料的发现，往往可以解决研究工作上一些悬而未决的疑难问题和纠正某些不正确的结论。因此，今后必须进一步做好征集工作，为科学研究工作提供更多更好的研究资料。

再次，征集工作对收藏祖国历史文化遗产也担负着重要的任务。我国是一个历史悠久，文化灿烂的国家，文化遗产十分丰富。通过征集工作把它们收集起来，由国家加以保存，用以继承和发扬祖国的优秀文化遗产，这不仅对当代人民有用，而且对子孙后代有用。所以，征集工作不仅具有重大的现实意义，而且还具有深远的历史意义。

建国以来，我国博物馆的征集工作，成绩是很大的。各种文物资料和自然标本的征集，其规模之大，收获之丰富，都是空前的。例如，截至1959年为止，据不完全的统计，仅征集到的革命文物即达四十多万件，历史文物达八十多万件，古旧图书达一百八十多万册。征集工作所取得的这些成就，已为我国博物馆事业奠定了比较牢固的物质基础，从而使博物馆有可能广泛地开展各种宣传教育和科学研究活动。新的陈列展览建立起来了，原有的陈列展览、内容更加丰富，质量更加提高了。由于藏品数量的增加，为科学研究工作提供的研究资料也比以前增多了。所有这些，都充分说明了征集工作的重要作用。

博物馆必须把征集工作列为重要的经常工作之一。因为我国正处于日新月异的社会主义建设时代，形势发展很快，新的东西不断出现，旧的东西不断被移动、被改造，被淘汰。有许多材料如不及时进行征集，时机一失，便难寻找。特别是革命文物、社会主义时期的文物、民族文物等，更要抓紧征集，以免散失。有些人把征集工作看成可有可无，或者把它当作一种临时突击性的工作，"头痛医头，脚痛医脚"，所有这些想法和做法都是不正确的。有一些博物馆只是在建馆初期或者是在要建立新的陈列展览时才注意到征集工作，一旦陈列展览初步完成之后，便认为征集工作是不需要的了，把它搁置一边，等到新的需要到来，才又不得不临时突击。这种临渴掘井的办法，很容易造成工作上的被动和混乱。而且由于缺乏充分的研究和准备，所征集到的材料，在质量和数量上也往往难以满足工作上的实际需要，浪费了人力物力，也影响了工作。由于这种对征集工作所采取的不正确的态度，往往使许多有可能征集到的文物、标本和其他资料，遭到了散失和破坏，造成不应有的损失。这种缺点必须加以克服。为了更有效地开展征集工作，各个博物馆都应当制定长远的征集工作规划，事先进行调查研究，做到心中有数，有准备、有步骤地去进行。这样，征集工作便能取得主动，获得较好的效果。

为了做好征集工作，正确认识博物馆工作与文物工作的关系，也是很重要的。本来文物工作和博物馆工作的关系就非常密切。我们说，在文物的发掘、搜集、管理方面，文物工作是博物馆工作的前哨，也可以说，文物工作是博物馆开展活动的基础。但是在向群众进行宣传教育方面，博物馆又是文物工作的第一线。文物工作应当给博物馆工作以支持和促进，积极提供文物资料，满足其需要，从而使文物资料充分发挥其应有的作用。而博物馆则应当和文物工作（包括文物普查、发掘、保护和流散文物的搜集）取得密切的配合，经常注意接收他们移交的文物，这是博物馆征集工作极为重要的一方面，如果离开了和文物工作的紧密配合，博物馆也就不能获得必需的文物资料。

总之，只有通过各方面的努力，把征集工作做好了，博物馆的藏品才能得到补充，陈列展览等工作才能顺利进行。

第二节 征集工作的步骤和基本要求

征集工作一般可分为三大步骤，即制订计划、实地征集、整理与总结，也就是准备、行动、结束三个步骤。

一、制订计划

制订征集计划，是征集工作的第一步。其目的在于加强工作的计划性，避免盲目性，以求多快好省地完成征集任务。制订计划的过程，即准备工作的过程，也是调查研究的过程。因此，必须认真地对待这一工作，并着重研究和掌握以下几个基本要求。

1. 明确征集工作的目的性。即必须明确为什么而征集，应当征集什么，怎样选择材料。有人忽略征集工作的目的性，在工作中碰到什么便拿什么，实际上这是为征集而征集，是纯客观主义的征集。也有人单纯从个人兴趣和偏爱出发，或者为了猎奇而进行征集，其结果往往是好坏不分，把一些无关的东西征集来了，而把一些需要的东西却放过了，从而造成浪费和损失。至于过去有的资产阶级右派分子竟然叫嚣"假的也是好的"，这就最明显不过地暴露了他们拒绝为无产阶级政治服务的阴谋。我们坚决主张征集工作要有鲜明的目的性，其目的就是：（1）保证陈列展览的需要；（2）保证科学研究的需要；（3）收藏祖国优秀的历史文化遗产和珍贵的自然标本。我国历史上遗留下来的文物相当多，新东西又在不断出现，要把它们都收到博物馆来是绝不可能的，也是不需要的。因此，征集时必须进行认真的研究和选择。特别是对于难以数计的现实材料必须选择那些具有更高的典型性和代表性的去征集。否则，征集过滥，反而会成为保管工作的包袱。但是，也要防止因为一时的认识不足，征集工作做得不及时、不深入，而把有价值的文物资料漏掉。保证陈列展览的需要是征集工作的首要任务。为此，征集工作应该围绕陈列展览中的红线的需要去进行。如现代革命史陈列，便应当大力征集反映党的路线、毛泽东思想的各种实物、资料。当然，保证陈列展览的需要，并不是征集工作的唯一目的，因为博物馆不仅是宣传教育机构，而且也是科学研究机构和物质文化、精神文化遗存、自然标本的主要收藏所。因此，对于各种珍贵的历史文物、自然标本，不论陈列展览对它是否需要，都必须注意征集。也就是说，对于每一件文物标本的取舍，都要视上述三方面的需要与否而定，任何单纯强调一方面而忽视另一方面的想法和做法都是不正确的。

2. 各种类型的博物馆，根据各自不同的性质和任务都应当有不同的征集范围。例如：历史类型的博物馆是征集各种出土文物、流散的历史文物、文献资料、历代的科学和艺术珍品等。革命史类型的博物馆是征集鸦片战争以来各个革命时期的文物、文献资料、回忆录、传记、照片等。艺术类型的博物馆是征集适合本身需要的从古到今的各种艺术作品。自然类型的博物馆是征集岩石、矿物、土壤、古生物和动物、植物等标本。地志类型的博物馆是综合性的地方博物馆，征集范围较广，包括地方历史的、革命的、自然的和社会主义时期的各种文物、标本、资料。

除全国性博物馆（如中国革命博物馆、中国历史博物馆等）外，省、市、自治区、专区博物馆都应当着重征集本地区范围以内的物品。各个博物馆根据本身的性质任务和区域范围，确定自己的征集范围。这样，一方面使得一切有价值的文物标本资料都能得到妥善的保护，从而发挥其应有的作用；另一方面也使不同类型的博物馆各按其范围进行征集，避免发生所得非所用的现象，以及避免人力、物力、财力的浪费。各博物馆弄清自己的文物征集范围，是必要的，但是，仍应注意协作，要有全局观点。有些材料虽然本馆不需要，但有收藏价值，也应注意征集，用以支持他馆或暂时保藏起来，不能使它遭受损失。

3. 必须特别重视革命文物、社会主义时期文物和民族文物资料的征集。这不仅是因为这些文物资料对于向人民群众进行思想教育，促进我国社会主义建设事业具有更大的现实意义，还由于这些文物资料正在迅速消失，如不抓紧征集，将来便湮没难寻。如革命战争时期使用过的武器、服饰、文件，经过技术革命和技术革新运动之后不再使用的生产工具，飞跃发展的少数民族地区过去使用过的落后的生产工具、生活用具等，现在都因为失去了实用的价值，正在被废弃或改作别的用途。由于这些东西多半不属于金、银、玉、石之类，在未经宣传教育和实地鉴定以前，群众往往不知道它具有什么价值，也不会注意收藏，因而很容易散失。这也就是特别强调要重视征集这类文物资料的原因。

近几年来，博物馆对于革命文物、社会主义时期的文物、民族文物的征集工作有了很大的进展，做出了不少成绩，尤其是革命文物的征集工作，成绩更为显著。但是，就整个形势发展的需要来看，就博物前本身的需要来看，这一方面的工作仍然还做得很不够，需要进一步加强。例如有关近百年来阶级斗争、生产斗争的文物资料征集的还很不全面，还不能很好地反映这一时期的历史全貌。对于社会主义时期的文物，特别是能说明社会主义政治、经济、文化等方面发展变化的重要环节的具有典型性、代表性的实物资料，征集得还不够，还不能满足实际需要。有人认为征集社会主义时期的文物摸不着规律，事情很难办。实际并非如此。社会主义时期的文物是客观存在，征集这些文物也是有其规律可循的。虽然在目前的工作中，还有许多问题没有得到解决，但将来总是会解决的。因此，我们不能以此为借口，而不征集社会主义时期的文物。

现在，博物馆的陈列中，存在着越接近现代文物越少的情况，这是一种不正常的现象。它大大降低了博物馆的宣传教育作用。今天的现实就是以后的历史，今天不注意对社会主义时期和近百年来的文物进行有计划的征集，对若干年以后的人民群众来说，其损失是难以弥补的。因此，各有关博物馆都必须明确认识征集革命文物、社会主义时期的文物和民族文物是一项光荣而又迫切的政治任务，应当采取各种积极措施，制定长远规划和具体计划，加强这方面的工作。当然，我们强调要重视革命文物、社会主义时期文物、民族文物的征集，绝不意味着可以忽视历史文物的征集了。事实证明，我们对于一切珍贵的历史文物从来是非常重视的。那种轻视历史文物的思想同样要受到批判。在这里，必须着重指出征集工作中的两种偏向。一种是：只要古的，不要今的，一切以古为贵，越古越好，认为近代和现代的东西都没有什么意思，不值得征集。另一种是：忽视征集古代文物，只要今的，不要古的，认为只有近代现代的东西才具有重大的教育意义。这是两种相反的想法和做法，但对文物征集工作都是有害的，应该注意纠正和防止。

4. 征集工作必须建立在调查研究的基础上。通过调查研究，才能制订出主观要求和客观实际相符合的征集计划。有关的工作人员不仅要具备必要的专业知识，还要对陈列展览大纲或修改补充陈列展览的计划、基本藏品和科学研究计划进行综合的研究，弄清需要征集什么，已经有了什么，还要征集什么等。然后进一步明确本次征集工作的任务、目的、范围、对象、重点，并对征集地区和征集线索进行深入的调查、分析和作必要的访问（如阅读该地报纸、公社史、工厂史等文献，访问有关人员等），选择那些既有典型性、代表性，而且材料丰富，线索可靠的地区作为征集点。经过这样的调查研究，才能保证征集工作沿着正确的轨道进行。

制订征集工作计划，要做到目的明确，对象具体，重点突出，线索可靠，人力、时间、路线安排合理。计划订出之后，要广泛地征求有关部门和有关人员的意见，特别是馆内陈列、保管和研究人员的意见，进行反复的修改、补充，使之更加完善，最后报送党委和主管文化部门审查批准。制订出了征集计划，就标志着准备阶段的结束，实地征集工作的开始。

二、实地征集

实地征集是征集工作主要的阶段，工作人员应当具有严肃认真的工作态度，不怕艰苦，勇于克服困难，虚心向群众学习，和群众打成一片。同时，在工作中还要注意以下几点：

1. 各种征集工作，必须经当地党委批准，并在党委的领导和统一布置下进行。建国以来，征集工作有很大的成就，这些成就都是在党的正确领导和亲切的关怀下取得的。各级党委不仅给征集工作规定任务，发布指示，经常督促检查，并且还派遣干部，组织各部门力量，发动群众来参加征集工作，及时解决征集工作中的各种重大问题。事实证明，只有紧紧依靠各级党委的领导，按照党的指示办事，征集任务才能完成得好。我们必须坚决反对以各种借口使征集工作脱离党的领导以及离开当地中心工作另搞一套的做法。征集人员每到一个地方之后，应该首先向当地党委汇报工作计划，听取党委的指示和安排，在工作中必须经常请示汇报，坚决地贯彻党委的每一指示，密切结合当地的中心工作，来开展征集工作。

2. 坚决贯彻群众路线。群众路线是一切革命工作的根本路线。只有坚持贯彻群众路线，相信群众，依靠群众，才能做好征集工作。我国人民一向是珍视祖国的历史文化遗产的，散布在全国各地的无数文物古迹，到今天仍能保存下来，都是和广大人民的认真保护分不开的。特别是解放以后，广大劳动人民不仅成为国家政治上的主人，还要做文化上的主人，因而更加珍惜祖国的一切优秀的历史文化遗产和革命纪念物。许多人积极地把世代相传的历史文物，献给国家保存，便是很好的说明。不论地下或地上的文物，群众都比较了解它们的线索，只有依靠了群众，发动了群众，才能发现线索，然后进行征集。各地博物馆征集工作的经验证明：群众发动的愈广泛，愈深入，收获就愈大。一经向群众说明了征集工作的意义及范围、对象之后，群众不仅纷纷报出自己收藏的文物，并且通风报信，提供线索，甚至互相动员，协助征集，一般说来效果都比较好。

3. 密切结合中心工作与生产任务，服从并服务于中心工作和生产任务。博物馆是整个社会主义文化事业的一部分，这就决定了它必须为无产阶级政治、为生产建设事业服务。在工作中不能不顾或影响中心工作与生产任务。征集工作也是如此。为此，征集工作应当：（1）在不影响中心工作和生产任务的原则下安排工作时间，必须很好地掌握生产季节，特别是在农村进行征集工作，应当安排在农闲的时间，农忙期间应该坚决停止，尤其不应搞大规模的征集工作。否则，必然会分散群众从事生产的精力，影响生产。同样，在其他中心工作和生产任务繁忙的情况下，都应当把征集工作放在服从的地位。党的八届九中全会公报中指出，在农村一切非生产性事业，都应当是"农闲多办，农忙少办，大忙停办"。这个原则，征集工作以及博物馆的其他工作也必须坚决贯彻。（2）征集工作人员在进行工作时要善于把征集工作和当时当地的中心工作和生产紧密结合起来。在工作和生产中征集文物，这不仅对中心工作和生产有利，对锻炼和提高工作人员的思想觉悟有利，同时也对征集工作有利。只有把征集工作与中心工作和生产密切结合起来，才能把征集工作做好。（3）征集工作为中心工作和生产服务，还应当努力征集那些具有现实教育意义的材料，把它们组织起来，举办各种展览，用来宣传政策，总结成绩，交流经验。

4. 在可能的条件下，征集成套的材料。所谓成套，即是指具有有机联系的，可以全面、系统地说明某一方面问题的一批材料。例如征集一个地区的民族文物，便不应当仅仅征集有关兄弟民族人民生活风俗习惯方面的材料，如果条件允许，还要征集反映社会性质、阶级斗争和生产斗争方面的材料。不仅要征集以前某一个历史阶段的各种材料，而且要征集从过去到现在每一种社会形态的有关材料，要征集解放后兄弟民族在党的领导下从落后的社会形态向社会主义飞跃的有关材料。又如采集关于植物病虫害的标本时，不仅要采集受害植物本身的标本，同时还要采集害虫的标本（各个发育阶段），及其生长环境的标本。只有征集到这样成套的文物标本，才能系统的、全面的说明事物发展的过程以及它的各个方面和它们互相之间的联系，才能反映事物的本质，才便于陈列展览和科学研究之用。对于社会主义时期文物资料的征集应该注意选择一些工作基础较好，典型性、代表性较大的地区和单位（如一个公社、一个工厂）为重点和它们建立经常的联系，定期向它们征集各方面的有关材料。以便采用解剖一个麻雀的办法，通过一个重点单位的成套材料的研究和陈列来反映社会生活的发展变化。重点单位的确定，应以各级党委所确定的有关工作的重点为重点。

5. 征集工作的对象不应该仅仅局限于实物本身，对实物以外的其他有关材料也要同时注意征集。因为征集工作的目的是要通过所征集到的物品举办陈列展览来揭示我们所要说明的问题。因此，所征集的对象不应仅仅限于实物。当然，实物是陈列展览中最有意义、最形象的第一手材料，应当首先注意征集，如考古发掘品、稀有文物，特别是那些与重要事件相联系的唯一纪念物，例如，1949年人民解放军横渡长江战役中第一只驶抵对岸的木船，抗美援朝战争中著名的上甘岭战役阵地上仅存的一颗弹痕累累的树桩等等。但由于种种原因而征集不到实物或者只能征集到一部份实物的时候（如年代久远的农民起义，紧张的斗争情况下发生的革命事件，早已去世的历史名人和革命烈士等有关的实物），那些可以反映事实情况的文献资料，如回忆录、传说、民歌、民谣、照片等，都是十分珍贵的材料，应当重视征集。有些实物由于移动、收藏和陈列上的不便（如建筑物、壁画、固定的标语、大型机器等），需要用模型、照片等代替，对这些材料，也要注意征集。

6. 就地进行科学的原始记录。科学的原始记录是保证藏品是否具有科学价值的关键。文物、标本及其他各项资料之所以有价值，是由于它能说明自然、社会、历史某一方面的问题，而每一件藏品之所以能说明问题，是因为有原始的科学记录。如果没有原始记录，将因为没有科学根据，而不能作陈列和科学研究之用。有些博物馆，以前对这一方面的工作做得不大好，缺乏严肃负责的科学的态度。在征集时以取得物品为满足，不认真进行原始记录，有的记录不符合科学要求，有的甚至完全没有原始记录，有的把记录弄丢弄乱，往往造成难以估量的损失。因此，征集工作一定要做好科学的原始记录，并做到以下几点：

（1）记录时尽量查清并记明征集品具有什么政治意义，能说明什么问题，可以作什么观点的证据。不清楚的问题，要想尽办法当时了解清楚。

（2）记录必须完全合乎客观实际情况，应当忠实于事物的本来面貌，是什么便记什么，不加主观臆断。

（3）应注意与实物资料有关的各种人物事件的记载，而不应局限于征集对象本身的内容。

（4）当物品已经被发现时，便立即将一切情况按要求作详细记载，切勿以后整理时才追记。那样，不仅不能有完整而正确的记述，而且还会因为物品本身混杂不清，造成张冠李戴的错误。

（5）各种文物、标本、资料，依据其不同情况，按规定的内容进行记录，不可不记、漏记或少记。必要时，还需另加记述或附以其他佐证材料。

（6）记录要条理分明，词句通顺，字迹清楚。

在征集过程中除了按规定进行原始记录外，还要记征集日记。征集日记着重记录原始记录中一时无法解决尚需进一步查清的问题，以供继续调查和分析研究之用。

科学的原始记录除文字是主要形式之外，还要辅以必要的照片和绘图。征集工作人员应当掌握这些方面的知识和技能。

三、整理与总结

文物、标本及其他各项资料征集到手之后，接着就要进行整理与总结工作。

整理工作的目的是为了使文物、标本及其他资料及时得到妥善的保管和便利于鉴定、分类等工作的进行，不使它遭受积压和损坏。整理工作的内容包括对文物进行清洁、消毒和作出临时性的保护措施，进行初步分类和编号、造册，以及对工作中所作的原始记录和其他资料进行清理分类和登记。然后按照登记清册将各种文物资料向保管部门——办理移交入库手续。

文物整理与移交入库手续完成之后，即应就本次征集工作的经过情况、收获、经验、存在问题以及对今后工作的意见等进行认真的讨论，作出工作总结。总结工作的过程是科学研究的过程，其目的在于肯定成绩，吸收经验，为以后开展征集工作积累参考资料，不断提高征集工作的质量。

第三节　征集工作的基本方法

征集工作是博物馆取得藏品的手段。它包括对存在于社会上的各种文物的征集，也包括对埋藏在地下的古文物、古生物化石的发掘和各种标本的采集，不论是前者或后者，在方法上都有其共同的地方，也有其不同的地方。

建国以来，全国各博物馆进行了规模巨大的征集工作，并且积累了丰富的经验，特别是创造了一套行之有效的"两条腿走路"的工作方法，这是征集工作的基本方法。

一、专业工作人员征集与群众征集相结合

群众参加征集是征集工作的一个方面，但是更重要的是专业人员的征集。征集工作必须有一定的专业人员来进行，因为他们最了解博物馆补充藏品的需要，对于征集的目的、范围、重点最清楚，有实际的工作经验和鉴定、整理、记录等知识和技能。有了专业工作人员才能更多地获得适合博物馆需要的材料。专业工作人员和群众在征集工作中的正确关系应当是互相结合，专业人员依靠群众发现线索和取得材料，群众在专业人员的动员和指导下按照科学的要求进行工作。这样，才能很好地完成征集任务。

动员群众进行征集工作，首先是必须紧紧依靠党委的领导和支持，其次是深入地做好宣传工作。宣传的内容主要是根据征集的任务，宣传征集的意义、目的、范围、对象，宣传有关文物的政策法令，普及文物知识，动员群众提供线索，协助征集。

宣传要结合实际，生动具体，通俗易懂。宣传的形式应当灵活多样，包括运用会议、电影、幻灯、大字报、黑板报、座谈、宣传画、展览、讲演等，但是要力求短小精悍，易于为群众所接受。在征集工作的过程中将征集到的文物拿出来举办小型的文物展览（征集初开始时可以从馆内带出一部分文物来举办），是一种很好的宣传形式。它运用真实具体的实物进行宣传，群众最容易接受。他们很快就懂得什么是文物，文物的作用，以及征集、保护文物的重要意义和方法等。这种征集展览同时并行，用展览带动征集，以物引物的方法，对推动征集工作的进展有很大的作用。

宣传工作不仅每个专业征集人员要做，而且要大力争取有关部门的配合，以加强宣传力量。但是，一般的宣传工作，一定要和对个别地点、个别单位、个别人的深入细致的思想动员工作结合起来进行。重点宣传的对象，是根据已经初步掌握的线索，已知该处的文物较为丰富，有需要征集的文物或者可能有需要征集的文物来选择确定的，而不是去盲目试探。这就要特别重视对于革命前辈、先进集体和先进人物的重点访问工作。实践证明，通过各种形式（如个别拜访、开座谈会、写信等）访问老红军，老干部，老区群众，是征集革命文物最重要、最有效的方法。

宣传时，要结合群众的具体思想情况，因人因地制宜，防止教条主义的说教；更要防止因方式简单、态度生硬，引起群众的反感。

在动员群众进行征集的过程中，必然会出现不少对于征集工作特别热心的积极分子。他们与群众联系比较密切，应该特别重视对他们的培养，帮助他们学习文物知识及其他有关的知识和技能，告诉他们博物馆征集藏品的长远规划和一定时期的计划，通过他们了解情况，动员群众。在这一地区的征集工作结束之后，还应和他们保持必要的联系，经常发给他们参考材料，请他们到博物馆来参观和参加博物馆举办的某些活动。

二、博物馆自行征集和与有关部门协作进行征集相结合

博物馆的征集工作，经常是自己组织力量进行的。但是与各有关部门协作，也是做好征集工作的一个重要方面，协作的内容有两方面：一方面是工作上的协作，如与科学研究机关、高等学校等联合进行文物征集以及考古发掘和标本采集；同海关、银行、古旧书店、废品收购站、文物商业部门联系，请他们为博物馆提供文物情报，代为征集文物，在废旧物资中拣选文物；博物馆则帮助他们进行文物鉴定，协助展览会办展览，配合它们进行征集工作，并在展览会结束之后，根据博物馆补充藏品的需要成批地接受其展品。另一方面是在以自力更生为主的原则下，与其他文物部门实行文物资料的互相支援。这种

相互支援的形式有借用、代为复制、抄录、照相等。建国以来，文物征集工作的协作，大大促进了我国博物馆事业的繁荣和发展，在兄弟馆和有关部门的协助下，大批新馆建立了起来，原有的博物馆的藏品更加丰富，陈列内容也更为充实，文物、标本、资料的作用得到了更充分的发挥。

三、经常性的征集和临时性的征集相结合

博物馆的征集工作，应该是经常性的。一方面要组织人力经常出外进行征集；一方面要指定专人在馆内接受群众送上门来的文物。由于博物馆本身有固定的地址，影响也较大，常常有许多群众把文物送到博物馆来捐献或希望出售。博物馆应当热情地接待他们，并认真地办理接受捐献或收购的手续，切不可采取不闻不问，或者草率从事、不负责任的态度。博物馆应该从各方面为送文物上门的群众提供方便，哪里有群众要送文物便派人到哪里去。各种有关征集文物的群众来信、口头询问，都要认真给予答复。尽可能满足送文物的群众提出的各种要求，如发给收据或证明，在陈列中注明文物收藏单位的名称或收藏人姓名，为他们制作文物复制品和照片，当他们希望看到自己的文物时，应尽量给予方便。这样才能获得群众的信任，扩大征集工作的影响。

博物馆的征集工作，除了上述经常说的征集以外，还需要注意在必要的时候组织一定的人力进行临时性的征集。把经常性的征集和集中力量进行临时性的征集结合起来。集中力量进行临时性的征集，通常是适用于以下一些情况：有的由于时间性的限制，不能经常进行，如季节性的标本采集工作等；有的是由于某种运动展开以后，需要即时组织力量征集有关的材料，否则运动过后，征集便会发生困难；还有的是由于陈列展览工作的需要，要求在短时期内征集到所需的材料等。临时性的征集，往往只征集一种文物、标本、资料或解决某一方面问题的材料，而不能把范围拉得太大。

以上所述，是博物馆征集工作，特别是对于存在于社会上的文物资料征集工作的一些方法。不论采取哪种方法，在征集的时候，如果需要付出代价的，应即坚决支付。如需予以一定物质鼓励的，也应予以鼓励。

此外，博物馆的考古发掘和标本采集在方法上还有一些各自的特点需要注意。

一、考古发掘

考古发掘，是博物馆藏品的重要来源之一。博物馆进行考古发掘的目的是为了补充陈列上、科学研究上和文物收藏上所需的材料，并配合国家基本建设工程保护文物。博物馆离开了考古发掘材料，便不能够建立起真正的历史陈列，便不能为历史学的研究工作提供有关材料。因此，各历史专业博物馆、地志博物馆都应当重视考古发掘工作。低估这一工作的作用，而局限于对地面上流散文物的征集是不够的。

考古发掘工作，便是用科学的方法揭示古代人类活动的遗址或墓葬的内容，用以恢复古代历史的真实面貌。是否采取科学的发掘方法是考古发掘与一切"挖宝"式的破坏性发掘的根本区别。因此，考古发掘工作者必须具备考古学的专门知识和经验，掌握科学的发掘方法。这里仅就其中需要注意的几个基本问题，作简要的叙述，关于具体的专业知识还须发掘工作者进一步研究有关著作和参加发掘工作的实践，才能掌握和运用。

1. 田野调查：进行田野调查是考古发掘工作的第一个步骤，目的在于发现和确定具体的发掘对象。博物馆进行田野考古调查工作必须从博物馆补充藏品的需要出发，通过科学研究确定调查地区和路线。在调查工作中要紧紧依靠地方党委和群众，了解线索和解决调查工作中的问题。田野调查勘探的结果为确定具体的发掘对象提供了丰富的材料，而具体的发掘对象的选择，主要是依据博物馆进行陈列、研究

等工作的需要，以及为了配合基本建设工程施工的需要，参考该遗址、墓葬所包含文物的质与量，有无自然毁坏的危险以及进行发掘工作方便与否等情况而定。关于进行考古发掘的审查批准手续应按国务院颁发的《文物保护管理暂行条例》的规定办理。

2. 发掘工作：发掘工作就是揭示古遗址或古墓葬内容的过程，是考古发掘最重要的过程，必须严格按照科学的发掘方法进行，在发掘工作中应注意以下各点：

（1）在发掘过程中要时刻注意遗物的出现而不使其遭受破坏或与地面的物品相混杂。

（2）认真识别遗址的堆积层（堆积层是研究年代关系的根据），并特别注意分层发掘、分层记录。

（3）遗址中出土的一般性遗物与重要遗物以及地层不明的遗物，要分别存放，分别记录、登记，以便于根据不同对象进行整理研究和保护。

（4）对古墓葬的墓室结构形式，葬具及其遗迹，人骨架葬式和随葬品位置、放置形式和他们的相互关系等均应特别注意，不能使其被搞乱或受破坏，并一一加以记载。如果遗物失去了必要的记载，便失去了说明一定历史问题的依据而变成为无用的"古董"。

3. 发掘记录：发掘记录是考古发掘的科学根据，极为重要，在整个发掘过程中都要认真地进行。对于发掘记录的要求是能够在发掘以后仍能按照记录和暴露的遗物等恢复发掘前的原状。发掘记录有文字、照相和绘图等，三者要配合运用。记录内容要求按规定填写，不可遗漏。

4. 整理研究：发掘工作必须贯彻边发掘边整理的原则，及时整理出土文物，以免因拖延积压而造成损坏和混乱。整理工作的内容包括器物清洁，脆弱物品的巩固，器物分类、定名、定年代和对器物的用途、制造方法、陈列及研究价值等方面进行研究并提出初步意见。

5. 编写报告：编写考古发掘报告是考古发掘最后的一项重要工作。编写发掘报告的任务在于通过图片与文字，科学地反映发掘工作的情况和收获以及研究成果，供有关方面研究参考。报告内容应当既有全面详细的介绍，又有重点深入的论述，文字通俗易懂，图文并茂。报告不仅要反映发掘工作的情况，而且要反映考古发掘工作人员自己的研究结果。报告的形式可以多种多样，要敢于创造，不应受一两种"惯例"的约束。

古生物化石的发掘与考古发掘有所不同。它只要求地层清楚，并不要求特别注意化石的存放位置及其相互关系，而最重要的是保留化石的整体和进行科学记录。完整的化石是陈列展览和科学研究的宝贵材料，因此，发掘中要特别注意保护，使它不遭受任何损坏。化石发掘有其特有的科学方法，必须遵循（化石发掘人员应通过对古生物学的钻研及参加发掘工作的实践，掌握这种知识）。

二、采集自然标本

采集岩石、土壤、矿物、动物、植物等自然标本的工作，是自然和地志性博物馆的主要工作之一。博物馆自然部分的陈列和有关自然科学的研究工作，主要是通过各种标本来进行的。各种自然标本的取得，除了向有关部门（如研究机关、标本培殖场、地质勘探队等）征集外，还需要自己直接去采集。因为只有通过有计划、有目的的直接采集，才能够得到符合需要的各类规格的标本。

采集自然标本的工作，是一项细致的工作。矿物、植物、动物等不同性质的标本，有不同的采集方法。即使同一性质的标本也有不同的采集方法，如动物界的昆虫和鸟类，植物界的低等植物和高等植物等，采集方法都不相同。采集工作人员应当努力学习有关的采集知识和技术，关于各种不同的具体采集方法，可以去钻研有关的专门著作，这里不详加论述。下面主要谈一下博物馆在进行采集工作中一些具有普遍意义的、需要特别注意的问题。

1. 根据博物馆的需要采集标本：博物馆的自然标本采集工作与专门的科学研究机构、学校、标本供应机构有所不同，它是为了陈列展览的需要和为科学研究提供必要的资料（特别是陈列展览的需要），因此，采集工作要根据博物馆的需要有目的、有计划地进行。

2. 采集完整的标本：采集的标本，应该力求完整，如植物标本，便应当采集花果叶根等各部分齐全的标本，并应选择无瑕疵的没有被虫咬和没有明显伤痕的。如采集动物标本，射击小鸟时不能用较大的子弹，否则会把鸟的羽毛肢体打碎散。因为只有完整的、没有损坏的标本，才具有陈列展览和科学研究的价值。

3. 要携带完备的标本采集工具、设备和器材：标本采集和其他物品的征集不同，它有两个最主要的特点，第一是要利用各种专门的工具才能取得实物，第二是要进行田野保存性的加工。这就决定了进行标本采集工作时要携带工作时所必需的专门工具、设备和器材。如采集动物标本用的猎枪、子弹、捕捉网、猎袋等；采集植物标本用的枝剪、树皮刀、掘铲、采集箱、标本夹等；采集矿物标本用的小铁凿、小铁锤等。还有标本加工处理所需的消毒箱、窒杀箱、标本纸、酒精、甲醛液、广口瓶、干腊夹板等；还有其他用品如海拔表、温度计、指南针、放大镜，以及记录、照相、绘图的器材等。离开了这些工具，便不能进行采集工作。

4. 及时进行保存性的加工处理：动植物标本采集之后，很容易腐烂、变质、变形和受到其他的损坏，因此必须及时进行科学处理。如根据不同的动植物进行剥制、浸制、压制等。有些动物要经过毒气熏蒸，去掉寄生的微生物羽蚤等，并且要按照不同标本的质地轻重、形态大小等分别装箱存放。

5. 作完整的田野记录：和征集其他材料一样，采集的标本必须具有完整的科学原始记录，以保证其科学价值。因此，采集人员必须特别注意随时记录。

6. 注意复分标本的采集：为了交换、利用和保藏，一份标本常常是不够的，如果受到损坏，更一时无法弥补。因此，采集标本时，凡是有可能的都要采集复分，一般以三至五份为宜。

第七章　保管工作

第一节　保管工作的意义与工作原则

博物馆作为物质文化、精神文化遗存和自然标本的主要收藏机关，这就确定了它担负着保护和管理祖国文化遗产的任务。博物馆收藏的文物、标本和资料都是具有科学价值、艺术价值、纪念意义的。它不仅是陈列展览的物质基础，而且是进行科学研究工作的重要资料，同时，博物馆保管好这些藏品也是为后代子孙保存宝贵的文化遗产。

博物馆的保管工作，包括保护和管理两个方面。所谓保护，就是用科学方法使藏品本身的物质变化，尽可能的控制到最低程度。例如藏品的外部形态、内部结构以及自然环境对藏品所引起的一切物理和化学的作用，经过科学方法的处理，都可以使其影响缩小，变化缓慢。所谓管理，就是用科学方法，对藏品进行登记、分类、鉴定和存放等，做到有条不紊，各有固定的存放地点，随时可以提供陈列、展览和科学研究之用。

保管工作是博物馆的基本工作之一。数以万计的文物集中在博物馆，如果保护不妥，管理不善，就有可能成批毁坏，使有科学价值、纪念意义的文物、标本变成无用的废品。例如书画、文献，如果保护不慎，就可能在一个雨季里遭受到霉菌、害虫的侵蚀。又如纪念物中的革命文物，由于登记方法不善，形成失群、失号或记录不确，因而就丧失了应有的价值，而这种损失是无法弥补的。保管工作对党、对人民、对子孙后代，都担负着重大的责任，任何轻视它的思想都是不对的。

要做好保管工作，必须掌握以下几项基本原则：

一、政治性与科学性相结合

保管工作的政治性和科学性相结合，主要体现在藏品鉴定工作上。就是要用无产阶级的观点，对藏品进行分析，作出正确的鉴定。要揭示出藏品在科学上、艺术上的价值，以及它在政治上的意义和作用。只有具备了这个基本条件，才能使陈列，展览及科学研究正确运用这些藏品，达到为政治服务的目的。如果单纯强调藏品的所谓科学性，而不从为政治服务的角度去考虑，这就走上了为"保管而保管"、"为提供文物而提供文物"的歧途。反之，如果忽视了科学性，对藏品不进行"去伪存真，去粗取精"的工作，缺少科学的鉴定，也就很难达到为政治服务的目的。

二、安全保管与取用方便相结合

保管不仅要保证藏品的安全，而且要做到取用方便，二者不可偏废。因为如果只顾取用方便，不顾安全，往往会使藏品遭受到破坏和损失，那也就谈不上什么取用方便了。反之，如果只顾保管安全，而规定许多不合理的、繁琐的管理制度与手续，结果造成取用不便，同样使工作遭受损失。因此，我们要根据既安全又方便的原则，采用切合实际的管理方法和科学的保护方法，以不断提高保管工作的质量和效率。

三、土法和洋法相结合

我们的祖先千百年来积累了很多关于文物保护和修复文物、标本的经验，例如囊匣盛放、药物杀虫、书画装裱……都是适合我国的具体情况，因而是行之有效的。对于这些经验，我们应该给以科学的总结，并加以继承和发扬。同时，对于国内外现代的保护和管理文物的先进经验与方法，我们也要认真学习，有选择地加以运用。

第二节　藏品管理

做好藏品的保管工作，不仅要有科学的保护方法，和必要的建筑物与设备，还要有科学的管理方法。有了科学的管理方法，才能保证藏品的安全及取用的方便；同时，还可以为弥补保护技术不够和库房、设备不足等创造有利条件。藏品管理，包括登记、分类、编目、排架等工作，最重要的是要对藏品作出正确的鉴定与科学记录，揭示出藏品的价值，以便更好地为陈列、展览服务，为科学研究提供便利。管理方法必须既科学、严密，而又简便易行。我国博物馆事业正在迅速发展，藏品的数量也正在不断增加，这都要求保管工作做得更好一些。只有不断研究，创造和运用更好的管理方法，才能适应这种形势发展的要求。现将管理工作的主要内容分述如下：

一、藏品分类

藏品分类，是将进馆的文物、标本、资料等进行科学分类，以便于登记、编目、保护及提供陈列展览、研究的使用。博物馆的藏品种类繁多，不仅性质各不相同，而且质料也互有差异，如果不进行科学的分类，登记编目工作就不好做，也不能按藏品的质料分别采用不同的保护方法，也不便于提取使用。

目前我国各地博物馆对藏品分类的方法不完全一致，有按质地分类的，有按用途性质分类的，也有按时代分类的。一般都是按藏品的质料（或制作方法）和用途性质（或时代）两种方法同时并用。各博物馆可以根据分类的基本原则，按照本馆的性质、特点和藏品的多少，制定出自己适用的分类方法。例如自然标本可以按自然科学上采用的分类法进行分类。历史文物可以按性质分传世品和考古集品，再具体分类。传世品一般都是征集来的流散文物，可按质料分石器、玉器、陶器、瓷器、铜器、铁器、其他金属类、骨器、砖瓦、石刻、漆器、织物、印章、钱币、书画、杂类（如砚、墨、纸、景泰蓝等）和有科学艺术价值的辅助材料（如复原的模型、复制品、照片等）等。成组的集品文物，例如一组有重要科学价值的墓葬发掘品，一批可以说明某个重要问题的文物和资料，一批有连带关系的革命文物等；由于这些文物存在着政治上、科学上不能分割的内在联系，所以在按质地分类以前，必须先做好集品卡片，避免分散后没有记载而失去联系。革命文物、社会主义时期文物可以按时期、事件及质料、用途分为文件、武器、服饰、书籍、货币、旗帜、徽号、印章、照片、生产工具、生活用品及以具有科学价值的辅助材料及其他资料等。此外，如民族文物较多的博物馆，可以将其单独分为一大类。总之，关于类目的繁简，各博物馆也要根据本馆的情况，及藏品种类的多少来决定。以上的分类方法及分类的类目，只是作为举例说明。如某类藏品过少可以和相近似的类合并，过多的也可以再分小类。但特别珍贵的藏品必须单列一类，采取特殊保管措施。革命文物，在地志博物馆里为了陈列的方便，也可以和社会主义时期文物合并为一大类。革命文物和反革命资料应分别登记编号存放，不得相互混杂。

二、藏品鉴定

藏品鉴定是一项细致而复杂的科学研究工作，它的任务，是要将博物馆所保存的藏品，经过研究给予全面的政治评价和科学概述。有些藏品，从表面上看来，其经济价值很低，甚至是不值分文，但经过鉴定，肯定了它的政治意义或科学价值，就可能成为无价之宝。反之，从表面上看来，好像是珍贵的东西，如做不出正确的鉴定或失去了鉴定，也就谈不上有什么价值，可能成为一般藏品甚至废品。所以，博物馆的藏品一定要做出正确的鉴定。只有这样，才能使研究工作和陈列工作建立在真正的科学基础上。

藏品鉴定工作，是有重要作用的，各博物馆对它应给予足够的注意。

做好藏品鉴定工作的基本要求是，要用辩证唯物主义和历史唯物主义的观点、方法，正确地揭示藏品的最本质的东西，评定它在政治上，学术上的意义和价值。对每件藏品要肯定它的名称、作者、产生的年代、地区和它的来源等。鉴定不仅要揭示藏品本身的历史，还要涉及与其相联系的重大事件，从而反映出当时的社会背景。例如对《清明上河图》的鉴定，不仅要对作者张择端生平和他的高度的艺术成就加以叙述，更重要的是要介绍图中所反映的汴京的景象，和各阶层人民的生活情况等。

进行藏品鉴定工作必须坚持馆内与馆外、专家与群众相结合的方法，和贯彻百家争鸣的方针。只有通过大家自由讨论，才可能对每一件藏品作出正确的结论，才能保证多、快、好、省地完成藏品鉴定任务。

三、藏品的入藏

博物馆的藏品从入馆到上架存放，一般有四个步骤，即：收入、登记、编目制卡、上架。

1. 收入

收入是根据保管工作的原则，确定藏品是否符合入藏条件，符合条件的就办理入藏手续，填写收入凭证，收入凭证主要是用以办理藏品入馆的相互交接手续，同时也可以作为藏品的原始根据。以后汇订成册又可以代替总登记帐。

2. 藏品登记

藏品登记主要是为了完成馆内的财产登记手续，对入馆藏品作初步的整理，为下一步编目制卡工作做好准备，并作为清点、注销、拨交的重要凭证。通过登记，可以全面地掌握藏品情况，做到心中有数。藏品入馆完成收入手续以后，根据收入凭证及其他有关文字材料填写藏品登记簿。

藏品登记一般采用分类登记。登记簿是一类一册，但亦须根据各馆藏品的数量而定。如果藏品不太多，则可只设一本总登记簿，而以分类卡片代替分类帐的作用。登记号按藏品收入先后的顺序，自一号起可以至无限号。但在顺序号前可加注类别号，例如：假设鸟类标本的类别号为 5 号，那末收入的第一件鸟类标本，登记时即写 5·1。集品的登记方法，是同一组集品的文物应登记在一起顺序编号，例如：假设集品类号由 21 号开始，那末 1954 年收入第一批集品中第一号文物，即写 54·21·1，第二号写 54·21·2，第二批集品中第一号文物即写 54·22·1。藏品的登记规定以一件一号为原则，如藏品完全相同时，可若干件为一号，但须注明件数。凡由若干件组成一个不可分离的完整体时，应登为一号，以整体为主，其他为附属品。登记手续完毕后，即将藏品的登记号写在器物上，一般用磁漆写，视器物的颜色深浅不同确定用白色黑色或红色，以便使号码鲜明。号码要写在器物隐蔽的地方（背面或底部），不要写在器物表面文字或花纹上。衣服或丝织品的号码写在布签上，缀于藏品的背面。如细小文物不能直接标志，则可缀挂卡签或标写在盛装文物的匣盒上。

3. 编目制卡

编目制卡就是将入馆的藏品根据科学鉴定的结果，用文字详细著录在编目卡片上。这样就能使陈列和研究人员，从卡片的记录中，对每一件藏品有一个概括的了解，从而判断是否取用这件藏品。同时编目卡片也是进行藏品提取、统计、清点等工作的主要依据。因此，编目制卡实际上就是对登记过的藏品作进一步的研究和整理。

编目制卡必须根据科学鉴定的结果，认真填写有关藏品的名称、作者、年代、地区、来源以及藏品在政治上、历史上、文化艺术上、科学上的意义和价值。同时，要详细而精确地写明藏品的形状，记录馆内外与藏品有关的重要资料，以便利用此卡可以迅速地提取出所需要的藏品。

编目卡的排列，各馆可以根据陈列研究参考的需要自行规定。例如：自然标本可按照自然科学所采用的分类方法排列。历史文物可按历史时代及器形排列。革命文物及社会主义时期文物可按历史阶段、运动、事件等排列。

考古发掘品与其它文物一样，每一号文物制一张编目卡，但要以一个墓葬或遗址的一条探沟所出土的文物为一类，在每一类的前面设一墓葬或遗址发掘情况的登记卡，卡上记述墓葬或探沟的情况。

编目卡片是保管部门的一套基本卡片，各馆根据具体情况还可以另制一至二套卡片，按陈列、研究部门的需要来排列。此外，如藏品数量较多的博物馆，亦可根据工作需要制出各种辅助卡片，如专题卡、品名卡、时代卡、人物卡、集品文物卡等。

4. 藏品上架

藏品上架是藏品入藏过程中的最后一个步骤，它是把已经分类编目完毕的藏品，按一定的方法进行排架入柜。排架方法的好坏，对藏品的提取，及藏品的保护等工作的质量有着很大的关系。因此，藏品上架的方法是既要便于迅速提取，又要便于藏品保护。排架的方法一般是按藏品的质料及制作方法相同的放在一起，然后按号码的顺序排列（但自然标本是按各学科的系统分类排列），以避免质料及制法不同的藏品在一起相互影响，发生矛盾。珍贵的及保密性的藏品，应保存于条件适合的库房或保险箱内。过重或体积过大的藏品可以另放。革命文物和反革命资料（包括实物及资料），要分别存放，不可混淆。

四、藏品的提取、统计、注销工作

1. 藏品提取

凡因陈列、研究、修复、复制、摄影等工作需要提取藏品时，必须办理提取手续，填写提取凭证。馆外借用藏品时（珍贵和保密性的藏品不能借出），必须正式办理出借手续，详细注明文物的保存情况，经有关领导部门批准后，方能借出。

2. 藏品统计

为了掌握藏品增减情况，在每一季度及年度终了时，应将藏品增减情况作一次统计。

3. 藏品注销

馆际之间藏品的交换或是调拨，须报有关部门批准后，方能进行交换或调拨，并由保管部门办理藏品注销手续。支出凭证要汇订成册，以代替藏品注销清册。

在藏品中如发现无保存价值的非文物，需要剔除时，由保管部门提出初步意见（或组织审查小组），报有关领导部门批准，方可注销，并办理藏品注销手续。注销凭证要汇订成册以备查考。

第三节　藏品保护

藏品保护，是保管工作中主要的工作之一。其基本任务是防止藏品发生不应有的陈旧和破坏现象，使其完整无缺，并保持固有的形态、色彩，不失去其历史特点。

我国是一个历史悠久、文化发达的国家，几千年来广大人民在收藏各种物品和标本的实践中，都创造和积累了很多宝贵的经验。例如唐宋以来传世的书画，保存了一千多年至今仍完好无损。对防虫防蛀，也有许多传统的经验，如江西、福建使用樟木箱、樟脑，北方使用茶叶、艾草，都是很好的办法。又如装运文物，利用囊盒盛装保护，防止机械性的损坏，也是非常有效的。此外，在保存自然标本方面，各地区在不同的条件下储藏谷物、鲜果、蔬菜和药材，以及保护服饰、皮革、绸缎等都有丰富的经验。这些技术，今天还在使用着并且行之有效。我们应该取其精华，加以提高。

在使用各种保护方法的时候，必须坚决贯彻土洋结合、因地制宜、因陋就简的方针，使传统的与现代的方法相结合，中法与西法相结合，并不断地加以改进提高。任何忽视中国的传统方法，醉心于西洋的方法，或者片面重视传统，墨守成规，不去推陈出新，都是不对的。

我国地区辽阔，分布在全国各地的博物馆，所处的自然环境和物质设备条件不尽相同，有的甚至悬殊很大，因此保护藏品的方法不能强求一律，应该因地制宜。如干寒地区，应着重研究防寒、防沙、防尘的问题；潮湿多雨的地区，应着重研究防潮、防虫、防腐的问题。各博物馆应该根据自己的特点和物质条件，采用和创造不同的保护方法。有条件的博物馆，可以较多地采用现代科学的方法，如利用机械通风换气；污浊空气进行过滤；设置暖气，解决冬季保温问题。条件较差的博物馆，可以适当利用自然通风。只要掌握了气候的规律，利用窗户通风，同样可以达到要求。总之，经过具体分析，因地制宜地采用多种多样的方法，完全可以做到消除人为和自然因素对藏品的破坏作用，达到妥善保管，延长藏品寿命的目的。

藏品受到破坏的因素，除了意外事故，如地震、水火灾害或战争等以外，一般的人为的损坏和自然因素的损坏有以下几种情况。

一、人为的损坏

1. 由于运送藏品时包装不善，取放不当或失慎，以及剧烈的震动，都能使藏品受到损坏。为了避免这些机械性的破坏，工作人员必须注意以下几点：

（1）搬动或运送藏品时，必须小心谨慎，轻拿轻放。运送时最好把文物装入软囊匣（可以增加弹性）、袱套或是用棉花软纸等隔开。重要的古生物化石须用多层棉纸水浸包扎，外加木丝、稿草等以免震动或互相磨擦，并绝对避免在雨、雪、严寒、风沙天气运输。

（2）装箱时应按文物的质地、大小、轻重、软硬不同分别处理（应特别注意藏品的突出部分），如金属和玻璃器、石料和陶瓷器都是不能杂陈的。

（3）取放时必须特别注意不能提取文物的薄弱环节及易碎的部分，例如铜器不能提环吊耳，应拿住支承力最大的地方。此外，还要预防藏品受到间接的剧烈震动，例如不能在存放文物的柜外进行震动打击等操作。

2. 由于受到损坏的物品未能及时修复，使其损伤面积扩大；或因为修复时处理不善，也会使藏品受到损坏。为此必须经常检查，发现损坏的藏品应及时修复，并保证修好。

3. 由于保管人员平时保管不慎，或由于检查制度执行不严，而对藏品生虫、生霉的现象未能及时发现，或是发现了没有及时进行处理，因而病菌蔓延，使藏品遭受到损失。由于库房的玻璃橱柜受到震动或门户的砰然关闭等也能使藏品受到机械性的损坏。为此，保管人员要十分小心谨慎地工作，时刻注意不使藏品受到碰撞和激烈的震动。平时要坚持执行检查制度，经常检查板架、挂钩、环圈、绳子等是否坚固，检查放在板架上的藏品重心是否稳定等，如果有问题，要及时解决。发现有生虫生霉的象征，要立即隔离进行消毒。

二、自然因素的损坏

1. 温湿度的影响

温湿度掌握不好，往往是引起藏品损坏的主要原因，我国有很多地区，一年当中总有一段时间是处于潮湿多雨的季节。在这个季节里藏品最难保存。因此要进一步了解和掌握温湿度对藏品的影响，创造良好的条件。

对藏品直接发生影响的因素是干湿度的剧烈变化。在博物馆中保持正常的温度，对于藏品的保护起着主导的作用。虽然温度本身对藏品并不产生十分强烈的影响，但是它却直接关系着湿度的变化，而湿度变化，则能引起藏品膨胀和收缩。例如有机物吸收了空气中的水分之后，纤维膨胀，排出水分又重新收缩，就会造成藏品的变形、干缩、开裂、外皮脱落等现象。尤其是质料不同的物质，当温度升高后，在不同部位上发生不均匀的膨胀时，特别是由几种膨胀系数不同的材料所制成的藏品，这种不均匀的膨胀更为严重。由于温度能直接影响湿度，温度的变化反应在相对湿度上。温度越高，空气含水量越多，也就是空气中包含水分的能力越大，当含量相同时，温度越低，相对湿度越高，温度高则相对湿度低，因此，用调节温度的办法就可以保持相对湿度。当温度过高超过了限度时，物品如靠近采暖器，或受到太阳的直射等，能使有机物排出水分或气体，因而进行分解发生变质。此外，一些低熔点的东西，如蜡、胶泥、沥青等在高温之下能熔化。而锡器及盛水或浸以蚁醛的器皿，因严寒而冻结的时候会产生膨胀力而造成损坏。

湿度的剧烈变化，一方面引起物品的机械性破坏；另一方面，水分过多时还能引起物质的化学变化和化合物的分解。此外，水分还能加强其他因素的作用，如加强光线的作用，空气中的化学污染物的作用。同时，湿度很大时，有机物容易成为繁殖动植物性病害的营养料（如蕈子、霉、细菌等）。根据以上所述，保持正常的温度、湿度，对于保证藏品的安全具有很大的意义。最适宜的温度是当相对湿度为50%~65%时，冬季的温度是从10℃~18℃，夏季的温度是不高于25℃。温度一天的变化不超过2℃~5℃。湿度变化不超过3%~5%。为保证具有稳定的温湿度，需要做到以下几点：

（1）当季节交替时，尽可能缓慢地平衡户内外温度，冬季采暖时，最好不要中断，如必要中断时，温度要逐渐升高或降低。

（2）避免强烈不均匀的加热，藏品不应靠近采暖器及通风设备口。

（3）有条件的博物馆可以采用定期的机械通风，一般博物馆可采用自然通风，如利用门、窗进行通风，起调节室温和排除潮气的作用。炎热的夏天，应在早晚天气较凉时进行通风，以免室外的高温影响藏品。通风时要选择干燥的天气，如外边空气潮湿则停止通风。参观者众多时应加强通风。

（4）当潮湿过度时，可以提高室内温度，以减少室内相对湿度，即在高温下也要如此。

（5）藏品由湿度较大的房间搬到湿度小的房间时，如有条件要先在中间过渡室里待6小时后再搬，以免温湿度的突然变化，使藏品受到损害。

（6）保存藏品的箱子及橱柜等，必须十分紧密，以隔绝潮湿空气。如广东省博物馆采用阳江皮箱（涂漆的牛皮箱）保存字画、丝棉织物皮货等，效果很好。由于该箱皮外涂漆，箱盖的企口很深，封口紧密，外界潮湿空气不易透进，起了很好的防潮作用。这就是因地制宜的防潮先进经验。

2. 光线的影响

光线对藏品的颜色影响很大，甚至会破坏藏品的完整。一般影响最大的，有波长很短、能起化学作用的紫外线，和波长很长、能起加热作用的红外线。至于直射的阳光，作用更加剧烈。反射光、散光也会起破坏作用。这些光线会引起藏品颜色的变化，如褪色、发白、色调变暗和失去光彩等。一些物品受光以后会失去经久耐用的性能（织物尤其是丝织品最容易感光）。光的作用遇到水分后，则更加剧烈。当然，光也有有益的作用，例如，它有恢复油画颜色变暗的作用，及大大减少害虫繁殖因素等。但总的说来是害多益少的。

如何保护藏品不使它受光线的影响呢？

（1）不要使阳光直射藏品，窗户要用帷帘或涂色遮阳。

（2）在存放易感光的物品的橱柜、玻璃柜上设置帷幔（参观时拉开），同时易感光的物品最好在人工照明下展览。

（3）电灯照明设备，不要挨着藏品。不要用弧光电灯，以免射出紫外线。

3. 空气中的气体成份、尘埃和烟灰的影响

空气中含有各种气体，这些气体都能对藏品引起化学作用，因而产生一定的影响。如氧和水在一起时，能引起多种物质的氧化，像油画的油质变硬，铜、铁、锌、铅等金属的腐蚀。二氧化碳和水在一起能产生溶解作用，溶解大理石等。硫化氢对铜、银、铅和许多颜料发生作用，使颜色变暗。氯和水化合能使染色完全褪色，还能使金属腐蚀。此外，文物中的脂肪酸、蜡、油、污垢，出土文物中的盐和酸都不利于保管的安全。空气中含有尘埃、煤烟、沙粒等能引起文物擦伤。尘埃中含有物质微粒遇有水分时，也起化学作用，尘埃中的胞子和昆虫卵都是滋生病害的源泉。

防止的方法：

（1）必须经常打扫，保持清洁，清除污染物、尘土、煤烟，并与锅炉房隔开。

（3）厕所、污水坑等必须和陈列室、库房隔离，并要经常打扫。

（3）陈列室内要经常通风，观众过多时，更须加强通风。如发现有害气体时，必须停止通风，刮风时必须关闭窗户。

4. 动、植物性病害、虫害影响

博物馆的藏品，按其所制成的材料，可分为有机物和无机二类，由有机物构成的藏品，如果保管不善，那就容易受到动植物性的病害和虫害的直接损害。凡室内通风不足、黑暗、空气潮湿及尘埃，都容易产生危害藏品的细菌。植物性的病害，多系细菌、蕈类、青苔、地衣、藓类、水藻等低等植物，其中霉菌对藏品的危害面最广。空气中和尘埃里到处都有霉菌的胞子存在，这些胞子，只要遇到适宜的温度，和无光的环境，就能很迅速的繁殖，由藏品的表面逐渐蔓延到内部，促使有机物的分解、变化、损坏。霉菌一般在70%～80%的相对湿度下，最容易滋生繁殖，滋生繁殖的最低极限为40%的相对湿度。当湿度低下时，霉菌虽然停止繁殖，但并不死亡，而是形成休眠的状态，渡过不良环境。及至湿度一旦

增高，便又苏生繁殖起来。一切纺织品、皮革、纸张、书籍、木材、植物标本等都容易受霉菌的危害。如果发现木材、纸张等有生霉、腐败臭味，木材变得松软，木质光泽发暗、发潮，敲击时声音发哑，就是蕈类损坏藏品的象征，发现后必须立刻搬走，进行干燥及消毒。

防止霉菌的繁殖必须做到以下几点：

（1）保存或陈列这些藏品的房间一定要明亮，保持干燥通风及空气清洁。对采光不良及很少人进出的房间，如地下室、搁楼等，应当经常换气，并按时检查。

（2）发现藏品生霉或受蕈类感染时，必须立刻隔离，并用蚁醛进行蒸熏消毒。不易感光的藏品，应在阳光下晒晾，待物品干燥后，才能进行排霉的工作。

（3）霉菌常出现在用胶糊粘连的物品上，因此，在胶糊内加硼酸或蚁醛液等，可以预防霉菌的感染。

（4）使用消毒剂时，必须注意药剂对藏品颜色的作用，要根据藏品质料、颜色的特点，选择消毒剂。

动物性的虫害，包括多种昆虫和鼠类。危害藏品的昆虫，计有 70 余种，其中最普遍和危害性最大的有几种蛾子的幼虫，几种甲虫的幼虫及地毯虫等。飞蛾的幼虫能蛀蚀毛皮、羽毛、毛织品、干制及剥制的动物标本，有些蛾子的幼虫也会侵蚀纸张和其他材料，阴暗和空气潮湿、温暖（超过 15℃）能够促进蛾子的繁殖。有些甲虫的幼虫能蛀蚀干燥的木器、建筑物的木质部分等，还有能蛀蚀谷类产品、书籍、纸浆制品、纸板、干木材、干制动物标本等。此外还有地毯虫能蛀蚀皮革及昆虫标本。

防止这些虫害必须做到以下几点：

（1）凡是有可能被害虫蛀蚀的新入馆的藏品，必须先行消毒，才能入库。消毒剂一般是用蚁醛、六六六、对位二氯苯或二硫化碳熏蒸。如使用二硫化碳进行消毒，必须注意此药剂有毒，且易燃烧。对位二氯化苯是一种比较好的杀虫剂，它对人的毒性很微，但对蛀虫的毒性很大，既能用做熏蒸消毒，也可以作为预防药剂。

（2）如发现藏品被虫蛀蚀时，必须立即隔离消毒。

（3）我国传统防虫的方法，是用樟木箱、樟脑及烟叶等。这是既方便、经济而又有效的办法。樟脑虽无杀虫能力，但却是很好的驱逐害虫的药剂，因此，目前我们仍普遍使用它预防害虫。

（4）在库房及陈列室中保存这类藏品的家具的门、盖，必须紧密，以防尘埃、潮湿及蛀虫进入。

（5）防止苍蝇和鼠类。苍蝇虽然不蛀蚀藏品，但它们留下的痕迹（苍蝇屎）不易去掉，因而，也能使藏品受到损害。为了防止老鼠，平时绝对禁止工作人员把食品带进陈列室和库房。

博物馆藏品的种类很多，但总的可分为无机物和有机物两大类。无机物藏品如金属、陶瓷、玉石、岩石、矿物、土壤、化石标本等。有机物藏品如木器、漆器、皮革、纺织品、纸张、动物标本、植物标本等。此外还有由无机物和有机物混合制成的藏品。因为它们构成的质料不同，所以保养的方法也各有不同，现分别简述如下：

1. 金属

空气潮湿和其他气体的污染，都能对金属（除黄金白金外）和金属制品起有害的作用。如氧和氯在潮湿的空气中，能很快引起金属尤其是钢铁的腐蚀。低温能使锡的内部构造改变。高温或直射的阳光能使金属上的画珐琅、镶嵌细工等混合技术的物品，因为膨胀系数不同而易解脱。尘埃中的沙粒能擦伤金属。一切柔软而富于展性的金属，如金、银、锡、铅等以及金属丝的细工精制品都容易受到机械性的损伤。特分述如后：

黄金和白金：一切自然因素对它们都没有危害作用，但很容易受到机械性的损伤，特别是比较柔软的黄金很容易引起压弯、擦伤、揉皱。因此，这类藏品应当放入套子或软垫盒子里，防止互相碰撞。除灰尘时要用软的毛刷。清洗污垢，可以用醚、汽油、中性肥皂的泡沫或10%的氢氧化铵水洗涤，然后用蒸馏水洗净晾干。

银：由于银的性质柔软，所以容易受到机械的作用，同时也易受到化学因素的作用。例如银制品的发暗、变色，就是由于受到亚硫酸化合物的作用，形成亚硫酸银的黑色或深灰色薄层，或受到氢氧化铵和氯的作用，形成氯化银的棕色、灰色或淡紫色的薄层，以及接触了含有酸类的食物形成了黑色硫化银的结果。银遇到樟脑也能变暗。所以在保管上应该注意保持房屋清洁，没有尘埃和气体污染物；不能用有汗的手接触银器；凡是刺绣和装饰品（钮扣等）上有银的都要用黑纸包上；衣服上有银线或银装饰的绝对不能用石脑油精、樟脑等防虫；清洗银器不能用氢氧化铵，因为它对银会起有害的作用。

锡：是一种白色柔软的金属，低温对它的危害最大。如锡制品长久保存在低温下，便会开始出现灰色的斑点，即所谓"锡疫"。因为低温能使其内部构造发生变化，由白锡变成易碎的灰锡。如温度逐渐下降，则由灰色小斑点，变成小的突起，再成小凹陷，许多凹陷结成一片，最后就形成锡面分解的粉末。"锡疫"可以由一件传到另一件。当温度40℃～50℃时，灰锡又会转变成白锡。锡制品除了能感染锡疫外，还容易受机械性损害，因而保存锡的房间必须保持在18℃以上的温度，如发现有锡疫病征应立即隔离，并放入纯水中煮一小时。

铅：是一种软的灰色金属，遇到氧的作用，表面会迅速出现一层白膜，这种白膜即一氧化铅，有防止铅本身进一步氧化的作用。如潮湿空气中二氧化碳过多时，铅受到二氧化碳的作用，能覆上一层灰色或棕色的碳酸盐的薄膜，这也是一层保护膜。铅制品受到酸的作用时很容易破坏，脂肪和油类也能使它受破坏，同时，由于性质柔软也易受机械性的损坏。所以保存时，决不能堆压在一起，必须每件单独存放。房间须干燥，并防止铅受到酸的作用。铅器上形成的保护膜不必除去。

铜：青铜、黄铜，它们都会受到过分潮湿及各种气体的损害。如青铜在潮湿的空气中能形成氢氧化铜或氧化铜的绿色薄膜；由于硫化物的作用形成黑色的硫化铜及蓝色的硫酸盐；由于碳酸气的作用形成淡绿色的碳酸铜盐；由于氢氧化铵的作用形成蓝色或深色的氢氧化铵铜盐。对铜主要的和危害最大的是氯，氯在青铜的表面形成含氯的盐类和氯化盐的褐色斑点，叫做"粗锈"或"恶锈"，并且能从一件金属器物传到另一件金属器物。古代青铜器，一般均覆上一层薄而均匀的膜，这叫"古铜绿"，它是碳酸铜盐的化合物，对铜器没有什么危害，可以不必清除。但必须注意不要与氯接触，以防止在"古铜绿"的下面再形成"粗锈"。

保存铜器的方法：

（1）库房必须保持干燥，没有尘埃，室内空气要不受气体污染物的污染，不能用汗手直接接触铜器。

（2）清洗铜器可用毛刷和中性肥皂在热水中洗，水中决不能加氢氧化铵、酸类、白粉，不能用金刚砂等洗刷铜器，洗后用清水洗净、晾干。

（3）为了防止出现"粗锈"，可以用碱化处理，即将铜器放在温暖的水中（每天换水），直到水中不存有氯盐为止。碱化后，为了尽快干燥，可浸入酒精中，然后火烤加热到80℃，等它凉了以后即可保存。

（4）防止机械性损坏，不要互相重叠放置。

（5）我国古代保护铜器，曾经采用过打蜡的方法，即将铜器表面的锈除去，然后涂蜡，再用火烘匀。它的优点是可以防止空气中的潮湿和接触酸类以及防止空气中的污染物对它所引起的有害作用。这种保存铜器的办法还是比较好的。

铁：铁在干燥的空气中变化很慢，但潮湿的时候，容易与氧和氯化合而生锈（腐蚀）。铁器带了尘土泥沙，也能促成生锈。铁器必须放在干燥而没有尘埃、没有气体污染物的库房里。清洗铁器可在热水中加入阿莫尼亚，洗涤后放入酒精中半小时，然后晾干，涂一层枪油或凡士林。一般粗面铁器如生产工具等，可以不必擦光，近代的锋刃器如刀、枪等，除特殊者外，一般需要擦光保存。嵌花和烧蓝的枪支等物，除不能涂油外，亦不能用砂纸打磨。

2. 玉石

精细工艺所用的石料可分为硬石和软石两类。硬石有玛瑙、玉石、花岗石、水晶、翡翠、蓝宝石、角石等，性质很坚硬，是由硅酸盐成份构成的。蓝宝石对酸类的感受性很大，可使兰色变成灰色，因而，必须注意不使蓝宝石受酸类的作用。软石有石灰石、大理石、孔雀石、条纹玛瑙等，它们的特点是硬度很小，是由钙和镁的化合物构成的，容易受外界的作用和机械的损坏。如大理石很容易感受酸类的作用，碳酸和水的结合能使大理石溶解。亚硫酸气体和水蒸气结合形成硫酸，能将大理石（碳酸钙）转变为可溶于水的石膏。还有，大理石和石灰石裂隙如有水分一遇水冻结膨胀，能使其开裂，所以，必须防止大理石受到酸类的作用。露天放置的大理石要尽可能防止不受水的影响，洗涤大理石可用10%氢氧化铵溶液。

3. 玻璃、陶瓷、珐琅

玻璃、陶瓷、珐琅等由于制成的材料脆弱而易碎，因而随时有受到机械性破坏的可能。所以，保护时要十分谨慎小心。摆在架上或橱柜内应注意不要互相接触碰撞，并垫上胶皮垫或绒垫，以免位置滑动。搬移这些藏品时要用双手拿住，特别要托住物品的底部，不能拿住纤细易碎的部位。潮湿能使玻璃发暗，模糊不清。低温能使它容易破碎，温度的剧烈变化也能使玻璃裂开。上釉的陶器和上珐琅的金属，由于膨胀系数的不同，能使珐琅龟裂，并自行脱落，因而必须防止它们受到剧烈的温度变化和过度受潮湿。

我国保存这类藏品的传统方法是用囊盒来保护，它的好处有四点：（1）可以防止机械性损坏。（2）可以防止温湿度的剧烈变化。（3）防光线。（4）防止人手的直接接触。

用囊盒保存这类文物（尤其在运送时）是一个比较安全可靠的办法。它的使用范围并不局限于以上文物，其它文物也可以使用。

4. 木器、漆器

木器的损坏有两个方面的原因：一是木材能吸收水分，因此，空气中的干湿度就会影响其缩胀，造成歪、裂、解脱、腐蚀等现象。二是木器的装饰多用染色、上蜡、擦光、油漆、镀金、镶嵌等。这些部分受到光线、空气、天气的变化，会发生不同的影响。例如，阴暗及过分潮湿，能使油漆变色、剥蚀，不仅有损美观，也失去防湿的作用，因而变形变质。

为了保护木器，应使收藏木器的房间保持相对湿度在50%～70%之间，经常保持清洁，透阳光，这样还可以起杀菌作用。但木器要避免直射的光线，也不应放在窗口和迎风的地方，以及暖气管近旁，以免受到不均匀的冷热发生翘裂。发现虫害要立即隔离，并通风晾晒，或用3%蚁醛液消毒。搬动木器不可任意推拉，也不要握住纤细或突出的部分，以免开胶脱榫。

中国漆器有木胎和夹纻两种。出土的漆器因温度骤然变化，水分不断向外蒸发，因而木胎收缩，漆皮脱落，器物变形，以至损坏。到目前为止，尚未有最好的办法保护出土的漆器。根据各地博物馆的经验，归纳起来大体上有三种方法：一种是逐渐干脱法，就是使漆器所含的水分，尽量缓慢挥发，如贮藏在细沙中、鲜绿豆中或涂油保存等都是属于这个方法。第二种是浸制的办法，就是基本上将漆器浸在水中，加入防腐剂保存，或浸入甘油中保存。第三种是脱胎换骨的方法，就是将漆器内的腐败木质全部剔除，重新用手术将漆皮粘在同样的器模上。第一种方法处理夹纻漆器或木质腐烂不多的漆器是比较有效的。第二种方法对腐烂程度较深，纤维破坏较多的最为妥善，而缺点是取用不便。第三种是取用虽然方便，但仅保留了器物的外形，却改变了质料，失去了文物的特点。总之，保护漆器的妥善办法，尚待进一步研究与提高。

5. 纺织物

制造织物的材料有动物性纤维（如毛、丝），植物性纤维（大麻、亚麻、棉花），和化学性纤维（人造丝），这些织物一般都是经过染料加工的。使织物受损的原因有四个方面：

（1）光线的作用。光对一切纤维和染料都能起破坏作用，但程度各有不同。受光的损害作用最大的是丝织品，尤其是人造丝，能使其失去耐久性。受光的作用最大的还有麻制品。此外，光还能使织物的颜色褪色，尤其是安尼林染料褪色最甚。因此，库房的窗户和陈列织物的橱柜，都应挂上帷帘，以免阳光的直射；同时，库房内纺织物品应放在没有玻璃的橱柜内。

（2）温度湿度的作用。温度的高低对织物的作用不大，但过度的烘烤是危险的。因此，必须把纺织物远离采暖设备。湿度过高对织物纤维及颜色都有损害作用，能促使生霉生菌及蛀虫繁殖，但空气过分干燥时也能使纺织物变得脆而易坏。因此，保存这些藏品的库房及陈列室里必须保持正常的相对湿度（40%～70%），并保持清洁。

（3）空气中尘埃及空气中气体污染物的作用。尘埃的危害是它能藏在纺织物的深处不容易除去，而使织物变脏，同时，在尘埃中还带有有害的化学物质、霉菌的芽胞和昆虫的卵等。空气中的气体污染物既能对各种纤维起破坏作用，也能对织物的颜色和装饰物起破坏作用。为了防止尘埃侵入，必须把织物放在严密紧闭的柜内。

（4）虫害。由于纺织物都是由有机物构成的，所以很容易受到霉菌和昆虫的破坏。预防的办法，可以在柜内放些石脑油精、樟脑等驱虫药剂。使用石脑油精，不能直接撒在藏品上，必须装在小纸袋里。否则，它能形成污点，且能使白色毛皮变黄，使银质饰物变黑。如果害虫已经在织物上繁殖，那就必须进行彻底消毒。

6. 纸张、文献

纸张的耐久能力，由于造纸原料的质量、加工用的物质以及加工方法的不同而有强有弱。外界的因素对纸张的影响，首先是温度湿度的剧烈变化。湿度不足会引起纸张干燥，失去弹力而容易折坏。湿度过大，特别是直接浸湿会引起翘曲，并使纸张变色。其次是光线的破坏作用，尤其是直射的阳光所起的作用更大，不但能使纸张变色、褪色，而且还能使纸张因受热过度而过分干燥，变脆而易破。空气中的污染物，能使纸张引起化学作用，水分亦能加强化学作用，使纸上出现棕色的污点。煤烟和尘埃能使纸张变脏，并且还是感染霉菌胞子的源泉。纸张中的胶水和浆糊是各种害虫的营养物，因而也是培养虫害的良好环境。害虫可以在纸上造成红色、蓝色、白色、绿色等斑点，并能促使纸张腐朽。保存纸张的方法是库房内保持正常的温度和40%～60%的相对湿度，并应有通风设备。放置纸制物品的柜子要紧密，不能靠着潮湿墙壁存放，防止过度受热（不靠近采暖器）和阳光的直射。库房、书库等必须经常打扫。每年都要把一切纸张文件材料取出进行彻底的通风、除尘。如发现有霉菌的纸张，必须使其干燥后再除去霉菌。如用阳光照射不得超过10～15分钟。

博物馆保存纸张更多的是经过书写印刷的文献资料。中国传统的纸张文献，由于纸的纤维和书写用墨的特点比较容易保存。而近代的木浆纸，如报纸等是很难保存的，尤其是两面书写和使用铅笔蓝墨水书写的纸张文献，使用或陈列过久，字迹会擦失、褪色。其主要的保护办法是要避光、干燥、避灰尘。对珍贵的纸张文献，要用卷夹、卷盒和密闭的橱柜保存（具体做法可参考国家档案馆的保管方法）。

7. 毛皮

毛皮的损坏原因和保藏的方法与毛织品相同。对毛皮危害最大的是蛾子。防止的方法是要保持室内正常的温度和湿度，保存毛皮的柜子内要放对位二氯苯、石脑油精或樟脑等。最好是将已经刷干净的毛皮包以缜密而光泽的纸，再放入柜内。故宫博物院保存毛皮的方法是将它存放于具有锡板的木箱内（珍贵的皮衣由于防止压叠，保护毛尖，是一衣一柜处理）。实践证明，这确实是保藏毛皮、防止飞蛾蛀蚀的比较妥善的办法。箱子内加上锡板，主要是它能隔绝外界温度和湿度的剧烈变化，以保持箱内的干燥。

皮革由于潮湿能生虫、生霉甚至腐烂，但在湿度不足的空气中也能使它失去伸缩性或发生开裂。保存的方法是必须保持库房的正常湿度（最好是65%～70%的相对湿度）防止阳光照射和靠近采暖器，以免引起过分干燥。硬化过干的皮革，可用甘油、麻油、羊毛脂等擦拭。

8. 壁画、国画

壁画是绘在古代的宫殿、庙宇、墓葬等建筑物的壁上，拱门和藻井上的。使壁画受到损害的原因有以下四种情况：

（1）由于湿度的剧烈变化，因墙壁和壁画底层的膨胀系数不同，因而使壁画剥落，或结合不牢固。

（2）由于墙壁受到震动、冲击等机械性因素的影响，因而出现裂缝和凹陷的现象。

（3）由于物理和化学性的原因使壁画底色剥离和脱落，形成粉末状的突起小泡，同时还能引起颜色的变化。壁画底层因硫酸的作用能变成疏松似霜的薄层或使画面皱紧。

（4）壁画会由于受潮而生霉，还有苔藓植物，也能使壁画受到损害。

保存的方法必须注意通风，采取一切措施防湿潮、防灰尘、防阳光的直射。故宫博物院用胶矾水保护壁画，是一项传统的办法。因为胶能起结合加固的作用，而矾有防潮作用。

纸地绢地画的保护，主要是防潮湿、防灰尘、煤烟和阳光直射。舒展画时要慢而用力匀。陈列时要有轴托，不能过分拉紧。珍贵有轴的书画，少数的可用函匣保存，多数的要制专柜存放，但注意不能重叠堆压。卷子画亦可用函匣存放并把樟脑粉包成小包装入匣或柜中。

9. 照相资料

保护照相资料，与保护玻璃和纸张一样，应当注意温度和湿度的条件。因为照相底板上的乳剂，对过分的潮湿、高温、光线，以及化学因素和机械作用的影响很敏感。如过分的潮湿，尤其浸湿，会引起乳剂的膨胀，形成乳剂与玻璃脱离、沉淀、皱纹和起泡等现象。温度和湿度的变化能使照片卷曲。此外，玻璃底板还很容易打碎。因此，保存照相资料的库房必须注意防光、防热、防湿，最好按尺寸大小将照片和底板保存在分格的专用橱柜、盒子或抽屉里。照相底板，特别是胶片，应单独装在纸袋里，袋上要记载底片及照片的编目号码及简单说明，然后，按号码顺序或分类存放。绝对禁止用钢笔将号码写在照相底板上，拿底片时应注意不要用手指接触乳剂，亦不能用手指拿着底片的一角。冲晒出的照片，也可粘贴在相夹内保存。粘贴要用质量好的胶水。此外，装照相资料的橱柜要定期通风。

10. 角、骨、琥珀

角骨很容易碎裂，湿度的剧烈变化和过干能使它收缩，卷曲，分成鳞片和薄片，以致完全毁坏，有时还怕昆虫的侵蚀。因此，应防止角器、骨器受阳光的直射，防止靠近采暖器，脱落时可用鱼胶粘合，清洗须用中性肥皂。象牙浸水或剧烈的干燥都可以使白色变为黄色，或干翘、龟裂。出土的骨骼、骨器因碱化关系，通常很脆弱而松软，所以往往要在发掘的现场用酮酮进行加固。保存骨骼要使它避免受湿和不均匀的干燥，防止直射阳光，或靠近采暖器等。骨器应放入有玻璃的橱柜中，让足够的光线照射进来，因为骨器在光亮的地方不容易变暗，但必须防止阳光直接照射，清洗要用中性肥皂水或汽油、酒精等。

琥珀是一种坚固的第三纪的化石树脂。它能溶解于热油中，琥珀的熔点是 350℃～370℃，而在 120℃～130℃温度下它就变软。因而，高温对琥珀有很大的危险，能使它裂开或粉碎，同时温度的突然变化或浸水后受到冻结也能使琥珀破坏。

11. 岩石标本和矿物标本

保管岩石和矿石标本，要防止温度的剧烈变化，防止潮湿和灰尘。如果不能保证干燥和温度经常均匀，那末由亚硫化物和盐类组成的矿石（小型），最好放入大口瓶内，并用石蜡封口。为了预防尘埃和机械性的损坏，每一件藏品都要存放在箱子内、柜内或盒内。为了预防藏品的褪色，必须保存在阴暗处，特别对那些见阳光褪色的矿物标本，如绿柱石、黄宝石等要密封于柜内或纸匣内。标本上的灰尘，可用软刷刷去，除了容易溶解的盐类粘土外，可以放在温水中用刷子清洗，然后用酒精晾干。有些具有针状结晶体的矿石标本除灰尘的工作非常困难，因而，这些标本最好保存于玻璃罩内。

12. 土壤标本

这类标本都应当保存在一面镶玻璃的柜子或盒子里，主要是防止灰尘、湿度和温度变化的损害。因为潮湿能促进土壤霉菌的繁殖，所以保存的房间一定要干燥。

13. 古生物化石标本

动植物的化石必须小心保管，要防止尘埃和受到机械性的损坏，尤其那些易碎的标本应放在垫上棉花的匣子或柜子内。大型的骨骼化石标本与动物骨骼保存法相同，为了避免破裂，可在已损坏的地方用石膏酪素溶液加固。

14. 动物标本

动物标本按其制作的方法，可分为浸制标本和剥制标本二大类。

（1）浸制标本：将标本放入玻璃器皿中注入防腐药剂进行保存的叫做浸制标本。浸制这个方法，在我国民间有悠久的历史。如日常生活中制醉枣、醉蟹虾，各种生物药酒和蜜浸食品等都属于这一类。浸制标本虽然不受尘埃或害虫的影响，但会受到强烈的光线和低温的损害。因而，浸制标本应存放在橱柜内，使它们受不到直射阳光的作用。瓶口要涂以石蜡或凡士林，并用猪或牛的膀胱将塞子蒙上，以免药剂蒸发。同时必须注意 2%～4% 的蚁醛液会冻结，不能把蚁醛浸制标本保存在没有采暖的房间。新收集的酒精浸制的标本应检查酒精的浓度，因为，酒精渡度低于 70%，那末藏品以后会腐烂，所以得换上新的。浸制标本的酒精因会吸收标本体内的脂肪物质变成棕色或黄色，所以，过一定时间以后必须重换，尤其是放在陈列室的标本。

（2）剥制标本：动物的剥制标本，最容易受到害虫的损害，因而，剥制标本的库房必须保持正常的温度与湿度，要有通风设备，并避免阳光直射。存放藏品的柜子、箱子要紧闭，尤其当雨季的时候，更应注意防湿。每一件新入馆的藏品必须进行预防消毒，以后每年一次。消毒剂可用对位二氯苯或二硫化碳。消毒后的标本柜中，仍要放一些驱虫药品如樟脑、六六六粉等。对位二氯苯气化时会留下沉淀物，所以不能直接撒在藏品上，必须装在小匣或小包中。每年对藏品必须进行二次检查，最好是在四至五月、八至九月。剥制标本除了容易生虫外还容易生霉。生霉的标本，必须先使它干燥后，再除去上面的霉。坚硬的藏品如骨头、贝壳等生霉，只要简单的洗去就行。干制昆虫标本特别脆而易碎，很容易损坏，因而，取放都要小心。除了陈列的昆虫标本外，匣子一般要平放。昆虫标本也同样要受到灰尘、霉、光线和害虫的损害。陈列的昆虫标本，绝对不要放在直射阳光下，最好在玻璃柜上挂上帷幔。为了防止灰尘，放置昆虫的盒子要紧闭。除去昆虫上的尘埃及霉，必须先将样本软化，以后再用甲醇或纯汽油浸湿的软刷刷去。

15. 植物标本

植物标本分为压制标本、浸制标本和植株标本三类。

（1）压制标本最好能装入纸套内，再放入柜内保存。保存压制标本最重要的是房屋必须干燥，保持干度到65％，橱柜必须紧闭。因为，潮湿可使植物标本生霉、生虫，并能使其变成暗褐色，强烈的阳光能使其褪色。为了使标本不受虫蛀蚀，可以在柜内放些樟脑块或樟脑粉，最有效的方法是用对位二氯苯或二硫化碳进行消毒。有些植物如十字花科、大戟科的植物很容易受虫蛀，为了预防可涂以3％～5％氯化汞酒精溶液，它可以长期防虫。植物的浸制标本的保存方法与动物浸制标本同。农作物的植株标本很容易生蛾子，除了使用以上各种消毒剂外，还可用氯化钴进行熏蒸消毒，效果很好。熏蒸后的标本柜内仍要放些防虫剂如樟脑、六六六粉等。

以上只是藏品保护工作的一般概述（广义的来说，如使用古建筑和纪念建筑的博物馆，这些建筑本身，就是一座文物，也要进行妥善保护）。从表面看来，藏品的种类繁多，保护的方法多样，但是，经过科学的分析和归纳，实质上保护工作最主要的，就是要掌握日光、温度的相互关系以及它们对藏品所起的影响。这也就可以说是基本抓住了藏品保护工作的主要关键。此外，由于各地情况不同，使用以上的方法须经过试验并参考有关的专门书籍。在工作中要总结经验，并相互交流经验，以便不断改进和创造出更新、更好、更省、更适用的保护方法。

保管好博物馆藏品，使其不遗失，不损坏，并防止一切有害因素起破坏作用，使藏品不致过早的陈旧，这对于博物馆以完好的实物向人民群众进行宣传教育和科学研究工作有着十分重要的意义。作为博物馆的保管人员，应该很好地负担起保管文物这一光荣任务。保管工作人员怎样才能做好这一工作呢？

（1）必须根据实际情况，制订必要的保管制度，如藏品登记及提取制度，库房管理制度，藏品检查制度，温湿度记录制度，防虫防腐消毒制度，珍贵藏品特别保管制度等。所有这些制度都要求认真制订并贯彻执行。

（2）必须坚决做好四防工作（防火、防盗、防潮湿、防虫蛀）。定期检查库房里的灭火器和水龙头是否合用，并按期更换药剂。库房内严禁烟火，不得携带或存放易燃性和爆炸性的物品。一切橱柜必须配锁，对珍贵藏品应作到特别的登记和严格的保管。为了防潮湿、防虫蛀，要定期进行检查，及时做好防虫防腐工作。每日记录温湿度情况，经常做到通风换气，按时进行晾晒。

（3）每个保管人且要不断地提高思想水平和业务水平。要知道，热爱博物馆事业，热爱保管工作，也就是热爱我们伟大的祖国和伟大的人民所创造的财富。那种看不起保管工作，认为保管工作是事务工作，看摊子，没有科学研究，因而不安心工作的思想是不对的，必须加以克服。保管人员必须不断地学习专业知识和较广泛的科学知识。既需要深入到群众中去总结广大人民创造的丰富经验，又要创造性地吸取苏联和其他国家的先进经验，并创造新的保护方法，使保管工作不断地完善。

第四节　修复、复制及标本制作

文物和标本的修复、复制及自然标本的制作，是博物馆不可缺少的一项工作。

文物和标本的修复是指对文物和标本运用各种科学方法，清除后天的附加物或修补残缺部分，恢复其固有的面貌。如考古发掘的文物、古生物化石等都需要进行这种处理。修复有时是为了清除一切附着于文物和标本上的有害物质，阻止其危害性继续扩大。

文物标本的复制是根据原物进行重份的制作，以便扩大陈列展览和科学研究之用。有时在陈列中，由于保护条件的限制，某些珍贵文物、标本不可避免地会受到不同程度的损坏，在这情况下，以复制品代替原物，既不影响陈列效果，又能保证文物和标本的安全，并延长其寿命。

有些文物虽经科学的保管处理，但仍然有毁灭的可能，在此种情况下，也可以用复制品，以便流传后世，使后代人看到"复本"如见"原物"。我国有些古代珍贵绘画，原物很早就失传了，但我们今天还能看到它的复制品，如晋代顾恺之的《洛神图卷》、唐代张萱的《虢国夫人游春图》等，都是宋人复制的。这些复制品对研究古代文化，提供了可靠资料，在保存文化遗产上起着积极的作用。我们今天进行文物复制工作，也起着为后代人保存文化遗产的作用。

生物的标本制作是将采得的动物和植物通过科学的加工处理，制成标本，保持其原有形态和特点，以便于长期保存，备作陈列展览和科学研究之用。

由于修复、复制及标本制作，带有一定的技术性，而且过去大多是用传统的旧方法进行的，因此，在这方面保守思想较为普遍，容易满足于老一套的做法。但经过总路线、大跃进和技术革命、技术革新等各项运动，出现了不少先进的修复、复制、制作标本的技术。我们对于最新科学技术的作用及其应用，应该予以足够的重视。条件较好的博物馆要多多研究采用。要自力更生培养专业人员，并可与各有关科学研究单位及专业部门，经常取得联系，共同研究解决一些新的技术问题，如新的科学仪器的掌握使用等。今后，我们要继续贯彻土洋并举，传统方法与最新科学方法相结合的方针，并积极开展技术革新和技术革命，将博物馆的修复、复制及标本制作工作向前推进一步。

一、文物修复

修复工作不能看作是单纯的技术工作。要知道，一切文物都是祖国的文化遗产，在修复当中，要重视历史真实，不能凭主观想象改动原物的面貌。也不能以文物作试验品，一次不行再来二次，以为即便弄坏了自己还可以修。尤其要注意的也是最常见的，是由于形式主义思想作怪，强求一致，有时竟公然去改动原来部分，使旧的服从新的，颠倒主从关系。所有这些都会使文物遭到破坏，必须坚决防止。一件文物不论其损残程度如何，能保存到现在已经是一件不容易的事，如果经过我们的手，不但没有将它修好，反而弄得更坏，那将是一件不可饶恕的罪过。因此，在修复过程中，应该注意下列几点：

1. 在修复前，要与保管部门、专业研究人员对文物进行反复研究，确有科学根据地弄清了它的大小、形状、纹饰，然后再动手进行修复，如果尚未弄清楚或没有十分把握可暂不修复。

2. 为了陈列上的需要，复原部分要求做到与其余部分基本相仿（这是与考古修复的区别），但也要显示出一定的区别。细心看的时候，可以看出哪些是原来的，哪些是复原上去的。

3. 对不同的文物，应进行具体分析研究，分别处理，反对以不成熟的技术，随便地使用在珍贵文物上。不要将赛璐珞、有机玻璃等，作为万应良药，到处乱用。同时在修复工作中，不能只图眼前过得去，要注意遗留在文物上的酸碱类等所发生的化合作用，是否会引起文物的变质。

4. 修复工作一般都称"原状"复原。所谓原状复原，就是恢复文物的本来面貌。如一件革命文件，在白色恐怖时期，某革命烈士，为了保存它将它缝纳在鞋底内，因而现在的文件上绳孔累累。我们修复时，一定要保留绳孔。这样，既可显示文件本身的历史意义，又可说明在白色恐怖下，革命的人民，为了保存党的一个文件，是如何艰难。

修复方法：在进行修复时，首先确定原制品的材料类别、性能和其形状，并做好文字、绘图、照片的记录，然后确定如何修复。

修复用的原料尽可能与原物一致，万一不可能，可改用相近似的物质（如修铜器用铜焊就要有一千多度的高温，会损坏原物，所以一般改用锡）。修复时尽量采用原制作的方法和工作程序。

文物的质量不同，残损的情况不同，修复方法也就各异。而且，因科学的日益进步，修复文物的新技术，将不断出现。这里仅作一般介绍：

1. 铜器和其他金属器的修复

铜器上常见的铜绿，一般是碳酸化合物，对铜器本身损害不大。出土铜器中有一种氯化物存在，对铜器带有极大的危害性，清除这些有害物质，一般采用我国传统的技术，如物理的方法，就是用手术刀、刮刀或有关磨研材料来擦除，然后涂蜡用火烘。化学的方法就是用果酸浸蚀，一般用山楂或酸梅捣成烂泥，涂到铜锈上，过些时，则铜锈变软即可取掉，再用水冲洗干净涂蜡。

修复破碎铜器时，先仔细将碎片对起来，花纹裂缝一定要对准确，裂缝靠里面磨干净用锡焊固，缺的地方用铜或锡补上去。雕刻花纹，着色时先将虫胶溶解在酒精中然后再加颜料。

修复金器时，将金箔放在水银中，等溶化后，用铜棒蘸着涂到器物上，再用火烤，使氧化汞消失，即成金黄色。

修复金银错时，先在器物上按原样雕刻花纹，然后将细金银线嵌进去，这种方法的缺点是容易掉。最新的方法是先刻花纹，然后根据上法鎏金，再经过打磨，使刻纹中的金留下，其余去掉，这种方法比较好。

2. 陶器、石器的修复

陶器和石器出土后，一般是用毛刷或刮刀将土斑除掉，必要时可用水浸洗或者在水里浸过后用3%的盐酸溶液洗掉，再用清水浸净。

陶器破碎常用虫胶加热粘接，陶片的接口处亦需要加热处理。

石器破碎，可用胶片溶解于酮丙酮中粘接。

陶器和石器原有破片，掉失不全者，多用石膏去填补。

大理石器破碎现在最新的方法是用人造树脂的胶来粘接，填补多用补牙用的白水泥和大理石粉混合。

3. 玉器瓷器的修复

通常遇到的情况是机械性的损坏打碎，可用酮丙酮胶粘接。

4. 丝织品及字画的修复

到目前为止还只有传统的裱装法。这种方法在我国流传已有一千多年历史，可追溯到两晋、南北朝。最好的有所谓"苏裱"，指苏州传统方法。裱装用的浆各地稍有不同，北京的用浆多将面筋取掉，裱的东西软，韧性不大。上海的则不取面筋，裱的东西硬，韧性较好。广州的是用石花菜煮浆（先漂洗掉盐分）比较硬，不易变霉，雨季不易裂开。以上裱装用浆的不同都与地区的温度和湿度有密切关系。

5. 壁画的修复

修复壁画包括两个方面。

（1）清洗画面。清洗画面一般可用馒头或软橡皮擦，如果遇有烟熏或带油分的情况可湿洗。用什么溶液比较适当，要根据实际情况研究决定。

（2）加固画面。加固画面有两种方法，一种是在墙壁上加固，可用灌浆的方法处理，使墙壁牢固，不致于脱落。然后先用酒精喷画面，等干燥后，再用明矾和胶溶液喷，必要时可多喷一两次，如果颜色层裂开或翘起来，就将胶注射或用毛笔涂进去，然后压平使它粘接。另一种是将移下的壁画衬托牢固。办法是先将壁画的背层涂上蜡和松香混合物，然后按切下的壁画大小作一木框，成窗格形，将壁画背面放入框内，以等量的石灰、砂、砖末调水加上麻等纤维铺上去，使壁画和木框凝结在一起，再将画面用前法清洗，对画面缺落的部分暂付阙如，不可任意补绘失真。

我国以前修复壁画，多根据粉本描绘，这种粉本是壁画的底本，壁画绘成后，底本小样被保存下来，遇有损坏情况，则按原样补画，故能新旧吻合。如现存的宋画《朝元仙仗图卷》，据考证也是古代壁画粉本。

二、文物复制

复制对象的选择，根据各馆陈列展览和科学研究的需要而定，但要弄清原件出于什么时代及来龙去脉，并且确有科学根据。

复制品采用何种材料及制作方法，根据复制数量的多少及其具体要求而有所不同。少量的复制品基本上可以用同样的材料与同样的操作方法，做到和原件一致。大量复制品的用料，可考虑用代用品，操作方法可考虑用机械操作等不同方法。

小件金属器可用原质料复制，大件器物为了节约原料可用代替品复制，如用石膏代替。

书画文件复制，少量的可用构摹的方法或以照相幻灯等代替构稿子，大量的可以用印刷复制。

雕刻品或塑造品可用翻模子方法，用原材料则工序比较麻烦，而且造价也高。大量复制一般用石膏代替，既省工又省料。当然，在某种意义上讲，不如用原材料好。因此，必要时也可用原石雕刻。

进行复制工作要有科学的态度，不论数量多少，复制品的内容及表现手法、色彩特征，都要忠实于原物，除有可靠根据恢复原状者外，不得轻易增减。

另外，也不能采取自然主义的态度，如古代绘画，就不要保留其破旧污染痕迹，无价值的题跋和收藏印章也可以不必复原。因为，科学的复制工作是要做到保证历史的真实，保持它的时代的面目，而不是"做旧"，不是为了研究收藏者的历史渊源。有关历史记录，可以在鉴定的记录中用临摹照相等方法解决。

复制方法，在我国有悠久的历史和传统的经验。早在一千多年前就有了书画和铜器的复制，如晋、唐的书画，多是宋人复制的。铜器中我们见到的所谓宋仿，也就是宋代人仿制商、周、秦、汉等朝代的铜器。清代中叶铜器仿制发展到更高阶段，如阮元所仿制的铜器（如散氏盘）就是最好的例子，至今还为人所称道。再如洛阳仿制唐代的彩陶雕，景德镇仿制的古代瓷器都是举世闻名的。复制工作的传统技术经验，我们必须加以继承，并推陈出新，不断改进提高。

三、标本制作

动植物标本是有机物，当采集以后，应及时加工处理，不然就容易腐烂损坏。在制作加工过程中，必须保持生物本身的体形、色彩和自然特点等，不允许随意改动，而影响其真实性。

一般动物标本的制作方法，因使用目的和要求不同可分为以下五种：

1. 剥制标本：适用于制作鸟类、哺乳类、两栖类、爬行类及鱼类等脊椎动物。由于填装的方法不同，又可细分为假剥制和姿态剥制。假剥制标本，体积不大，便于存放，一般是供研究参考之用。姿态剥制要求显示出生活时自然姿态，生活特点，主要是供陈列展览和宣传普及科学知识用。剥制的方法是将动物的肌肉、骨骼和内脏全部除去，仅留其皮毛，然后通过加工制作，使其恢复生态。主要操作过程分五个步骤：（1）剥制前的准备和处理（包括处死、量大小尺寸，揩去血渍等）。（2）剥皮。（3）涂药。剥皮以后涂以防腐药膏或砒霜粉于皮内。（4）填充。较大的动物可用木刨屑、竹丝、麻草等有弹性的纤维填充。在填充物内必须加上砒霜粉或樟脑粉以防虫蛀。（5）整形。最新的方法是采用塑料造形，这种方法更能保持生物的自然姿态，并能避免蛀虫的侵蚀。

剥制时应注意以下事项：

（1）剥皮前必须用棉花塞住动物的口和肛门。剥制时必须等它体温完全消失，躯体僵硬，以免血液流出，将毛色染污。

（3）剥制兽类标本时，必须保留头骨，随同标本保存，以备将来鉴定研究之用。

（3）较大兽类皮革剥下后，一定要经过明矾食盐水的浸制，以防止脱毛，待收敛后，用清水洗洁除去盐分。

2. 浸制标本：浸制标本的方法，一般适用于制作较小动物，如鱼类、两栖类、爬虫类、节肢动物、软体动物、环形动物、扁形动物，以及高等哺乳动物和人类的组织、器官以及幼小植物、果实等。通常用作浸制的药品是 4 ~ 10% 的福尔马林溶液，或浓度为 70 ~ 80% 的酒精。

将标本洗净后，直接浸于药液内。较大的标本，还必须注射少量的药剂于体内，以防内部腐烂。但是，准备制作骨骼的小脊椎动物和供陈列展览研究用的棘皮动物（海星、海胆、海参等）、软体动物等，都不能长期保存于福尔马林溶液中。因为福尔马林内含有蚁酸，能使骨中钙质和介壳的石灰质消失变软，失去贝壳上的光泽。在此情况下可改用浓度为 70% 的酒精浸制。植物标本颜色深浅不同，为了保存其固有色泽，可根据不同的颜色，用不同的药剂处理（可参考有关著作）。浸制手续完毕后，即将瓶口用石蜡或凡士林封闭。

3. 干制标本：干制的方法适用于大部分的昆虫，棘皮动物的海星、海胆等。干制昆虫标本的方法有：

（1）针刺法：将毒死的昆虫整理后，用昆虫针固定于木板上，待风干后即成。

（2）展翅法：此法适用于具有大翅膀的昆虫，如蝴蝶、蜻蜓等。先将它固定在展翅板上，较大的可将其内脏取出，填以棉花，待风干后取出存放于昆虫盒中。

4. 骨骼标本：凡以骨骼支持身体的动物：如脊椎动物，都可制骨骼标本，其制作方法，可分为四个步骤：（1）去皮、去肉、去内脏；（2）修除附着于骨骼的结缔组织；（3）脱脂和漂白；（4）装置和整形。

5. 压制标本：是制作一般植物标本的方法，将修剪整理完竣的标本，用夹板夹上施加压力，直到标本完全干燥后，再将压妥的标本平放在台纸上，用胶粘或线缝使其固定。用此法所制得的标本，其特点是便于保存，可供大量收藏，以提供陈列、科学研究之用。

第八章　群众工作

第一节　群众工作的意义

博物馆的群众工作，包括组织广大群众参观陈列展览，向观众进行讲解说明，举办各种讲座，组织流动展览，辅导教学等群众性的宣传教育工作。它通过各种形式的活动，直接和群众接触，向他们宣传社会主义、共产主义思想，传播文化科学知识，以提高他们的思想觉悟和科学文化水平。

向群众进行宣传教育，是博物馆的主要任务之一，而群众工作便是为实现这一任务服务的。

博物馆进行宣传教育工作的主要形式是陈列展览，因此，群众工作首先应围绕陈列展览来进行。做好群众工作，就能够更广泛地动员和组织群众来馆参观，使陈列展览和更多的人见面，从而更大地发挥其宣传教育的作用。在群众参观陈列展览的过程中，群众工作首先是组织群众真正看好陈列展览，使群众能够比较全面系统地参观陈列展览的内容，和了解陈列展览所要表达的主题思想。在群众看陈列展览的时候，再进行鲜明、生动的语言解说，有目的地引导观众去认识主导的展品、重点的主题，帮助他们了解整个陈列展览的大关大节、思想脉络；并且，根据观众的职业、知识水平和参观目的等的不同，向他们作深浅、长短和重点不同的讲解，以满足他们的需要。

群众工作不仅有助于陈列展览更好地发挥宣传教育作用，而且，对陈列展览质量的不断提高也有很大的作用。因为群众工作和群众有直接的联系，能通过各种方法调查了解群众对博物馆的陈列展览和其他工作的各种意见和要求。博物馆可以根据群众的意见和要求，修改补充陈列展览的内容。这样，就能提高博物馆陈列展览和其他各项工作的质量。

陈列展览是博物馆主要的宣传教育形式，但并不是唯一的形式。为了更好地向群众进行宣传教育，还必须采取其他的形式，例如，可以根据馆的性质、藏品和陈列展览的内容，举办讲座，组织流动展览，辅导教学，编辑出版图书等进行宣传教育活动。

由此可见，群众工作是位于博物馆与广大群众接触的最前哨。没有群众工作的有力配合，便不能充分发挥陈列展览的教育作用。没有群众工作，必然要影响整个博物馆宣传教育任务的实现。因此，做好群众工作是博物馆的一件大事。也正因为如此，建国以来，我国各大中型博物馆一直把群众工作当作自己的重要工作之一，都普遍建立起专门负责群众工作的部门，培养了大批群众工作人员，不论在组织参观，讲解陈列，举办流动展览、讲座和报告会等方面都做了很多工作，取得了相当大的成绩，因而，使博物馆的宣传教育活动呈现出一种生动活泼的局面。今后进一步做好群众工作，加强对群众工作的研究，对于提高博物馆工作的质量，将有着重大的意义。

应该认识，博物馆的群众工作是党的宣传工作的一部分，博物馆的群众工作人员是党的宣传员，是思想战线上的战士，肩负着十分光荣的任务。为了能够胜任这一光荣任务，每一个群众工作人员都必须努力提高政治思想水平和专业知识水平。那些不重视群众工作，低估群众工作的意义和作用，甚至认为做群众工作"没有什么作为","没有什么学问"等思想，都是不对的，必须加以纠正。

第二节　群众工作的基本要求

博物馆的群众工作是严肃的思想工作。要做好群众工作首先必须政治挂帅。政治挂帅，就是要注意工作的思想性，在各项宣传教育活动中立场明确，是非分明，反对自然主义、客观主义和追求庸俗趣味的脱离政治的倾向。比如，进行对外宣传和组织观众的工作，就应该着重向群众介绍博物馆的性质和任务，介绍陈列展览的主题思想，说明参观博物馆可以给他们哪一方面政治思想教益，使群众对于博物馆有一个正确的概念，在来馆参观之前，能够概括地了解陈列展览的内容。参观有了比较明确的目的，就容易使陈列展览达到预期的宣传教育效果。决不应该单纯为了争取观众，而作缺乏政治思想内容的"商业广告"式的宣传。讲解工作也要紧紧掌握住陈列展览的中心思想，尽可能地结合当时的政治形势进行讲解，通过对实物的介绍，把陈列展览所要阐明的思想观点讲清楚，突出陈列展览的红线。而不能就实物讲实物，把讲解变成为没有思想内容的文物、标本的解释。

其次，在群众工作中还应该有严肃的科学性，也就是要有实事求是的精神。在编写参观指南、讲解词、讲演稿、说明书及其他宣传品时，事前应该经过细致的研究，内容要真实，有充分的科学根据，语言要准确。讲解说明要据题发挥，不能离题乱扯，更不能说假话。

科学性就是真实性，但是科学的真实性不是现象上的真实，而是本质上的真实。不能用孤立、静止和片面的观点去看问题，必须看到事物的本质、事物的联系和事物的发展。因而，在讲解工作中，就要讲解陈列展览的本质，而不是只讲个别实物；要讲整个陈列展览的联系，而不是将某一部分孤立起来讲；要讲事物的发展过程，而不是把某一事物强调得已发展到顶，再没有发展的余地。在解答观众所提出的问题时，要有实事求是的态度，"知之为知之，不知为不知"，不能强不知以为知。群众工作的其他方面也是一样，对于客观事物不能夸大，也不能缩小，要如实地反映事物的本来面目，这样才能收到好效果。

再其次，因为群众工作是文化宣传工作，应该生动和具有艺术感染力。形式要灵活多样，语言、文字要生动活泼，感情态度要真挚动人。这些东西看来只是属于表现形式的问题，但是对内容却有很大的影响。如果没有丰富多彩、生动活泼的艺术表现形式，就会使内容大大减色。例如，作讲解工作，如果只是在那里干巴巴地背解说词，毫无动作表情，就不可能使观众受到感染，就不可能收到应有的宣传教育效果。出版物如果缺乏必要的艺术装饰（从文字、图版到装帧），也会使宣传教育效果受到一定程度的影响。

思想性、科学性、艺术性，三者是互相联系而不可截然分开的，当然，应以政治思想性为主，科学性和艺术性必须服从、并统一于思想性。

群众工作是博物馆工作为群众服务的桥梁，它每天都要和群众直接接触，为群众服务，向群众进行宣传教育，是群众的教师，也是群众的服务员。因此，做群众工作的人员必须具有一切为了群众，全心全意为群众服务的观点。对待群众要积极、主动、亲切、热情，在思想、感情上同群众打成一片，使群众到了博物馆如同到了自己的家里一样，高兴而来，满意而去。事事为群众打算，处处方便群众，想尽办法研究群众的不同特点和不同要求，给予最大限度的满足。群众工作应该从各方面考虑广大工农兵的需要，像讲解工作就必须用工农兵的语言，富有工农兵的感情，采用为工农兵所喜闻乐见的形式。即使是出版一本很小的导引手册，在内容、文字和形式等方面也要考虑到群众的方便。内容要生动简练，文字要通俗易懂，尽量少用专门名词（必须用时一定要加注解），也可以考虑加拼音字母，以便于群众阅读，同时还要便于携带。至于举办流动展览、讲座、报告会和主动把展览送到工农兵群众中去，必须考虑群众的生产忙闲，只能为生产服务，不能妨碍生产，要坚决贯彻闲时多办，忙时少办，大忙不办的原则。

群众工作的任务是光荣而又艰巨的。要作好群众工作，就应该很好地学习。除了学习政治之外，还要积极钻研业务。学习业务的主要原则是：做什么学什么，边干边学。积极参加布置陈列展览的主要工作过程，掌握陈列展览的主题思想，了解其内容，熟悉各种展品。并且要学习与本馆性质和任务有关的学科。例如，在历史博物馆工作就应该学习中国通史；在革命博物馆工作应该学习近代史和党史；在自然博物馆工作则应该学习自然科学等。此外，还要学习语法、修辞，和掌握教育学心理学方面的基本知识，以及学习一定的表演技能（如讲解时语音、声调和表情等）。群众工作还要求尽可能地结合当前的中心工作和工农业生产进行宣传。因此，还应该随时注意学习时事政策，学习党和国家的重要指示和法令。最后，群众工作者特别需要向群众学习，学习工农兵的语言，了解群众的思想感情，了解工农兵的生产和生活，了解他们的需要与要求。在民族地区的博物馆，还应该学习民族政策和民族语言，了解民族的风俗习惯。总之，只有首先作好群众的学生，才有可能作群众的先生。

第三节　开展群众工作的几种主要方法

建国以来，我国博物馆的群众工作虽然创造了不少工作方法并且积累了许多经验，但是，决不能因此而感到满足。今后还应当努力总结过去的经验和创造新的工作方法，以不断提高工作质量。下面仅将目前我国各博物馆进行群众工作所普遍采用的一些主要方法简略地介绍一下。

一、对外宣传和组织观众的方法

为了充分发挥陈列展览的宣传教育作用，吸引更多的人前来参观，就应该加强对外宣传和组织观众的工作。对外宣传的目的是为了扩大博物馆的影响，吸引更多的观众，使群众了解博物馆的性质和任务，了解博物馆所举办的陈列展览的意义和目的，并概括地了解陈列展览的内容。组织观众的目的是为了有计划地分期分批接纳观众来馆参观，避免出现人多时过分拥挤或人少时冷冷清清的现象，并且把观众分别组织起来，以便针对不同情况进行讲解，使讲解工作收到更好的效果。

对外宣传有多种多样的方法，如编辑出版参观指南、说明书、文物图录、藏品目录和专题介绍的小册子、论文、连环画，摄制幻灯片、电影，布置广告橱窗，张贴广告、招贴画等。此外，还可以利用报纸、杂志、黑板报、大字报、广播等进行宣传。各馆可以根据具体情况和条件分别采用。但是，不管采用什么方法，都要求做到准确、鲜明、生动，富有吸引力，又要实事求是，不能过分夸张，更不容许有任何虚构。

组织观众是一项细致的工作，首先要和广大群众及有关单位联系，根据陈列展览的内容和群众的需要，确定参观的主题，安排参观的时间。其次要依靠各部门的党组织，以及和这些部门的工会、共青团等组织密切合作，共同发动和组织观众，不能只靠博物馆少数的群众工作人员"单枪匹马"地去干。

在组织观众时，如果可能的话，可以把不同工作性质、不同文化程度的人分别组织起来。把情况大致相近的观众安排在同一时间参观，以便于确定参观重点，和作因人制宜的讲解。

组织观众要和宣传工作密切结合起来，要使群众明确参观的意义和目的，以及参观对自己能得到那些有益的东西，把来馆参观变成自己的需要。安排参观的时间，也要和群众商量，决不能把组织参观形成为向群众分派任务，更不能妨碍他们的生产和工作。

二、讲解的方法

讲解工作是群众工作的中心环节。其目的是为了使观众更好地理解陈列展览的内容和主题思想。讲解人员的首要任务是引导观众看好陈列展览，把引导看和进行讲解密切结合起来，在引导看好的前提下讲好。因为陈列展览主要在于看，讲解只是看的一种重要的辅助形式，而且能完全听到讲解的总不是观众的全部。

讲解必须从陈列展览的内容出发，根据不同对象作不同的讲解。因为博物馆每天所接待的观众来自四面八方，他们的职业、年龄、文化程度、参观目的以及参观重点各有不同，所以讲解方法要灵活多样，因人制宜，能长能短，能深能浅。对有组织的观众应该进行有准备的讲解，因而，就要在事前作好预约联系工作，了解参观者的需要，和他们共同拟定参观计划，有目的地进行准备，使讲解做到"有的放矢"。观众来馆后要热情接待，在进入陈列室之前，应当把他们分成若干小组，以免拥挤而影响参观。参观前讲解人员应将陈列展览的内容、主题思想以及有关的参观注意事项，向观众作简要的介绍。观众在事先有了必要的精神准备，对参观内容有所了解，然后再引导他们参观并进行讲解，这样参观的效果就会更好。对于个别来馆参观的观众，也应该尽量设法向他们作适当的讲解。例如，可以在入口处把观众临时组织起来，分批引入陈列室或展览室参观，以便于讲解。但是，采取这种方法时，态度要和蔼、热情，不愿集合在一起的就不要勉强。对于这些观众可以在参观过程中通过突出的讲解把他们吸引到陈列展览的中心，然后再进行系统的讲解。还可以采取在人多的地方，利用观众的自然结合进行重点、系统的讲解。总之，讲解的方式方法要灵活，要尽量方便观众。

要做好讲解工作，还应该注意研究观众的心情和尽可能地适应观众的要求。例如，有的观众到博物馆来的目的只是作一般的浏览，借以开扩眼界；有的观众到博物馆来只打算参观他所需要参观的重点部分，其他只是顺便看一下；有的观众却是为了进行某些专题研究，因而对某些陈列品需要进行仔细的观察和了解。各个观众的情况不同，要求不同，因此，需要我们善于根据不同情况，有的放矢地进行讲解，不能强求一律。如果观众在详细看，就可讲得详细一点；如果观众比较匆忙，看来不能详细参观，就可讲得概括一些或只作重点讲解；对于要作某些专题研究的观众，我们应该了解他所需要研究的对象，主动地给予比较详细的介绍。观众如果提出疑难问题，应该尽自己所知道的和能回答的范围给以正确的回答。如果解答不了，就把问题记下，请馆内外专家定期给以解答，不要轻率地回答，或作不负责任的回答。

讲解可以采取多样化的形式，除了一般所采用的谈话式的讲解之外，还可以采取诗歌、快板、对话、答问等形式。当然，讲解形式是为内容服务的，只有根据陈列展览的内容来选择恰当的讲解形式，才能收到更好的效果，决不应该为了追求形式而对主题思想的正确表达有所忽视。一般说来，活泼多样的讲解形式，宣传鼓动性较大，比较适用于各种展览，而基本陈列特别是纪念性的、革命史和历史性的以及学术性较浓厚的陈列，则要求讲解严肃。有些展览运用"现身说法"的讲解方法，能够取得较好的教育效果。但是，这种方法只有在特定条件下才能采用，条件不具备，则不能勉强。总之，各种讲解形式都有各自的特点和优点，各馆可以根据陈列展览的内容和目的，选择采用。在采用多种多样的讲解形式时，要根据具体情况，经过统一考虑，适当安排，避免千篇一律。

编写讲解词，也是一项十分重要的工作。讲解员进行讲解，事前应有充分准备，不能临时想到什么就讲什么，讲解员应该根据陈列提纲自己编写讲解词，讲解哪一部分，就深入钻研哪一部分。讲解员只有熟悉陈列品，熟悉陈列展览的主题思想及其表现方法，熟悉陈列展览所要求达到的宣传教育目的，才有可能把讲解词编好。编写和修改讲解词可以采用个人、群众、领导三结合的方法，即由讲解员个人编写，集体讨论研究，最后经领导审查。在讲解过程中，还要搜集群众的反映和了解实际效果，不断加以改进，使它日趋完善。一篇好的讲解词应该是思想性、战斗性很强，又能准确、鲜明、生动地表现出陈列展览的主题思想，有虚有实，简练紧凑。讲解词要准备两套以上，可长可短，能深能浅，具有较大的伸缩性和灵活性，这样才能做到因人制宜。

讲解工作是一种语言艺术，语言的正确流畅、清晰易懂、生动活泼，对于表达陈列展览的思想内容能起十分重要的作用。因此，每一个讲解员都必须注意语言的运用，要努力加强语法修辞的修养，要把话说对、说准确，不能含糊不清甚至说错，要选用最适当的词汇来表达所要表达的思想，不能词不达意，使观众误解或费解。要用普通话进行讲解，不能用难以听懂的方言土语讲解。讲话要干净利落，不要带有各种口头语和夹音，不要有废话。要根据陈列展览的内容和观众的反映，掌握语音的变化和讲解的速度，有高有低，有快有慢。比如，讲到重要关键时声音可以高一些，一般的叙述可低一些；观众多可高一些，观众少可低一些；观众远可高一些，观众近可低一些；在强调一个重要问题时，可以适当地重复。每一句话和每一段落之间要有长短不同的停顿，让观众有思考的时间，不能像发射机关枪那样进行讲解。但又不能太慢，而落在观众参观的后面。讲解应当和观众的看结合起来，看到哪里讲到哪里，看完讲完，使观众的视觉和听觉同时得到感受，产生更深刻的印象。

讲解人员的姿态、表情、动作都以能够最有效地吸引观众参观陈列内容为原则。也就是说，不要有与揭示陈列展览内容无关的动作表情。要善于运用指示棒吸引观众的视线，要指导观众站在最适当的地点参观。讲解时，既要能照顾到站在面前的全部观众，也要照顾到所要讲解的每一件展品，因此，讲解员还要善于为自己选择最适当的地方进行讲解。要能看到展品，同时又要能看到观众，时刻注意到观众的反应。

当讲完全部陈列之后或者在讲完每一个大的单元之后，讲解员还应当向观众有重点地说明所看过的陈列展览的主题思想，即时作出概括性的结论（可以用归纳的方法，也可以用演绎的方法来进行）。这对于加深观众的印象，加强陈列展览的教育效果有重要的作用。

讲解人员要注意搜集观众的反映、意见和要求，特别是在观众看完陈列展览后，要鼓励他们用口头或书面的形式发表意见。这些意见，对提高博物馆各方面的工作质量是很有帮助的。

为了提高讲解员的讲解质量，特别是那些经常直接为教学和科学研究服务的博物馆，可以请有关方面的专家和教师给讲解员讲"讲解员怎样运用陈列展览为教学和科学研究服务"的问题，以帮助讲解员克服不熟悉运用陈列内容以辅导教学的困难，使讲解生动，有的放矢，观众更容易接受，更容易理解。

三、流动展览的方法

流动展览是博物馆深入工农兵，为中心工作服务的一种很好的工作方式。它的特点是筹办快、装备轻、花钱少、收效大，机动灵活，便利群众。流动展览可以及时地配合党在各个时期的中心工作和各项政治运动，把展览送到工厂、农村、部队、学校，宣传党的方针、政策，反映社会主义建设新成就，推广先进生产经验；推动文化革命和技术革命，向群众进行共产主义教育。因此，流动展览可以适当推广。特别是接近基层和接近农村的博物馆应该根据实际需要，尽可能地多举办一些流动展览。

要办好流动展览，首先应该很好地研究党的方针、政策和当前群众的需要，从而确定展览的目的和内容。流动展览为了携带方便，不可能像基本陈列或大型展览那样搞得系统全面，只能着重解决某一方面或某一具体问题。因此每一个流动展览都有它特定的政治目的和一定范围的内容。这就应该根据党的方针、政策、当时当地的中心工作和群众的需要，确定展览内容，精选展品，编排主题结构，编写说明，制作辅助材料，安排展览路线和日程，及时而又迅速地进行流动展出。在展出过程中，还可以结合征集工作，就地取材，就地补充，运用当时当地新发现的有用的材料，充实流动展览的内容，使展览收到更好的效果。流动展览每到一地，首先应该向当地党委请示，按党委的指示进行工作。还应该主动地与有关部门联系，共同协作。

流动展览的宣传活动，应该特别注意适应农时、注意生产季节，闲时多办、忙时少办，大忙不办，利用群众休息的时间开展活动，不能影响生产。可以在群众集中休息的地方或在俱乐部展出，可以结合会议、在会场展出。流动展览也可以和其它文艺单位联合组成综合文化服务队，一齐下乡下厂。除了博物馆自办流动展览之外，还要注意辅导群众自办展览、培养业余展览积极分子。

四、辅导教学的方法

向广大青年学生进行爱国主义、共产主义思想教育与科学技术知识的教育，培养他们成为有科学文化知识、有共产主义思想觉悟的劳动者，博物馆也担负着一定的任务。博物馆和一般的学校不同，它是通过由实物资料所组成的陈列展览进行直观教育的。直观教育感染力强，能给学生比较深刻的印象，是辅导教学活动的好办法。因此，无论是城市或农村，博物馆经常要接待学生前来参观，他们在观众的人次中占了较大的比重。例如，上海自然博物馆动物馆对观众进行了分析，经过一个多月的统计研究，他们发现该馆吸引了许多学生，其中不少学生是特地来复习功课的。

博物馆辅导教学活动的方法很多，比较普遍采用的有：组织学生参观、提供教学参考资料和辅导学生开展课外研究活动等。

组织学生参观，以陈列馆作课堂，以标本、布景箱、生态图和电动模型为教具，使学生看到在学校中不易看到的一些实物资料，使学生把在学校中所学到的书本知识和实物资料结合起来，可以丰富学生的知识，引起学生学习和研究的兴趣，加深对书本知识的理解。在组织学生参观之前，应该作好充分的准备，加强和教师、学生的联系，了解教学内容和教学中存在的问题，根据教学内容和要求与教师共同确定参观目的和参观计划。还可以请有经验的教师帮助讲解员熟悉教材内容，然后编写讲解词。以便提高讲解质量，使学生听了容易接受，容易理解。辅导教学的参观可分为：课前准备性的参观，现场教学性的参观，课后复习性的参观。三种参观都是根据教学的需要而确定的。因此，应该尊重学校教师的意见。组织辅导教学的参观要照顾到教学进度，每次参观的范围不应太广，以免分散学生的注意力。

提供教学参考资料也是博物馆辅导教学的一种方式，特别是对于离博物馆较远的学校，更具有实际意义。博物馆除了陈列展览之外，还收藏着许多文物、标本、资料，这些都是帮助学生学习各有关学科知识的宝贵材料。博物馆可以通过编辑出版图片、图录、画册、幻灯片等方式提供教学参考资料，可以通过供应或出借复制品、标本、模型、照片等方式提供教学参考资料，也可以通过举办流动展览、布置科普画廊和放映科教影片等方式提供教学参考资料。各种类型的博物馆都可以根据本馆的性质和任务，尽量利用自己所收藏的实物资料，提供有关的教学参考资料。提供教学参考资料也要熟悉学校的教学内容，了解教师和学生的实际需要，"有的放矢"。所提供的资料要和课程内容相结合，才能起辅助、补充的作用。

辅导学生开展课余研究活动，对于丰富学生的知识，提高学生学习和研究的兴趣具有一定的作用，这也是辅导教学的一种方式。博物馆应该根据学生的爱好与兴趣，结合本馆的特点，在学校教师的统一安排下辅导学生组织课余研究小组，并辅导他们开展研究活动。博物馆应该根据他们所研究的内容，组织他们经常来馆参观有关的陈列展览，向他们作专题报告，指导他们制作标本、模型，并且可以允许他们参观陈列以外的部分藏品。如果博物馆有参考研究室的设备，也可以让他们到参考研究室进行观察、研究、临摹或实习，使他们获得更多的知识。课余研究小组所要研究的内容，也要求和课程的内容相结合，但是可以比较专门一些，不一定完全受课程的限制。

五、举办讲座的方法

举办讲座也是博物馆进行宣传教育活动的重要方式之一。博物馆举办讲座应当根据本身的性质和任务，从馆内藏品和陈列展览的内容出发，密切结合各个时期的政治形势和中心工作，结合当时当地群众的需要来确定讲座的内容和计划。各种类型的博物馆都可以根据本身的特点举办有关的讲座。讲座的内容是多种多样的，如关于历史、革命史、伟大人物或烈士生平、地方志、社会主义革命和社会主义建设、各种自然科学和文学艺术等内容的都可举办。举办讲座也有多种多样的办法，有定期和不定期的；有在馆内举办的，也有到工厂、公社、部队、学校举办的；有博物馆自己举办的，也有和其他单位合办的；有向部分听众直接讲的，也有通过广播、电视向更多群众讲的，也可以是通过报刊用书面形式发表的。特别是与当地广播电台协作，举办经常性的广播讲座，把报告送到群众中去，是一种很好的方法，可以较多地采用。内容可以一次讲完，也可以分成若干次讲完。举办讲座的准备工作要认真做好，了解听讲对象的要求，确定报告内容，编写讲座提纲或讲稿，讲座的内容应当生动活泼，通俗易懂，少而精。要注意运用馆藏的文物、标本、图片、资料，这是博物馆举办讲座的重要特点和优点，不能忽视。

六、组织“博物馆之友”的方法

为了与有关单位和博物馆爱好者建立固定或长期的联系，过去有些博物馆建立了“博物馆之友”的群众性组织。这种组织可以机关、学校等集体单位为对象，也可以个人为对象。在参观、听讲座等活动上，博物馆可以给这些成员一定的方便。但是，这些成员也要帮助博物馆做一些工作，如反映文物线索等。“博物馆之友”的工作如果开展得好，可以进一步发挥博物馆的作用，对提高博物馆的工作质量也有一定的帮助。

除此以外，博物馆把陈列展览的内容摄制成电影，送到更多的群众中去，也是为工农兵服务的一种方法。这项工作应与有关部门协商合作进行。另外，有一些博物馆的工作人员如担任历史部分和自然部分的讲解员，根据自己所担任的业务工作，到工厂辅导职工学习各种科学知识，兼任职工业余学校的历史和自然科学课程的教师，或在其他学校兼课。实践证明，这也是博物馆进行宣传教育工作，为群众服务的办法之一。这样做，还可以促进工作人员知识水平的提高。这种做法也是可以考虑实行的。

博物馆开展群众工作的方法是多种多样的，这里所介绍的只是常用的几种。今后还必须在实际工作中不断创造出更多更新的方法，以便更充分地发挥博物馆在宣传教育上的作用，更好地为工农兵服务，为社会主义事业服务。

第四节　编辑出版工作

博物馆的编辑出版工作是宣传教育工作的一种重要方式，是博物馆的群众工作的一部分。它的任务是以博物馆的陈列内容、藏品和活动为中心，编辑出版各种有关的图书，配合博物馆的其他工作，向群众进行宣传教育，为科学研究部门提供资料。

建国以来，我国博物馆的编辑出版工作取得了很大的成绩。全国各博物馆编辑出版了不少发掘报告、藏品选集、图录、图片、论文、专著、通俗读物、教学参考材料、不定期馆刊以及导引手册、说明书等。有些出版物在思想性、科学性和艺术性方面，都达到了一定的水平。这些出版物在配合陈列展览向群众进行政治思想教育，普及科学文化知识，提供科学研究资料以及在对外文化交流等方面都起了相当重要的作用。但是，目前就全国范围来说，在一部分博物馆中编辑出版工作还没有被引起足够的重视，还没有去积极进行。因此，我们应该充分认识到编辑出版工作的重要意义，并把它从现有的基础上提高一步，以适应客观形势发展的需要。

博物馆编辑出版的内容，应根据本馆的性质、任务以及工作的需要和条件的可能而定。但是，就其所包括的范围来说，主要有以下三个方面：

一、以博物馆的陈列展览为中心，编辑出版导引手册、说明书、画册、图片、通俗读物、教学参考材料和摄制电影片、幻灯片等。通过这些向群众介绍博物馆的性质和作用，介绍陈列展览的内容，介绍陈列品及与陈列品有关的人物、故事和科学技术知识等。

二、以博物馆的科学研究为中心，编辑出版博物馆的藏品图录、目录、文献资料、调查报告、发掘报告、采集报告、科学研究论文、学术专著，复制书画、拓片、印刷品、手稿、照片等，介绍博物馆科学研究的成果，介绍富有参考、研究价值的陈列品及藏品，为国家建设事业及科学研究工作服务。

三、以博物馆本身的业务为中心，编辑出版有关博物馆学方面的业务、技术知识的专著、论文、小册子、经验总结、报告、计划等，传播业务、技术知识，交流工作经验，以不断提高博物馆工作者的理论水平和业务能力，提高博物馆工作的质量。

博物馆的编辑出版工作是一件严肃的政治思想工作，必须十分慎重地进行。任何一种出版物，都要首先保证政治质量，符合党的政策精神，同时，还要保证有一定的科学性和艺术性。博物馆的主要负责同志必须亲自领导这一工作。为了做好这一工作，必须坚持政治挂帅，既要注意普及又要注意到提高。不仅要编辑出版言之有物，生动活泼，通俗易懂的读物，以满足一般群众的需要，也要有计划地编辑出版一批思想性、科学性、艺术性较高的专门性著作，以满足科学，艺术工作者参考、研究的需要，这样才有利于更好地继承和发扬我国优秀的文化遗产。

博物馆应该把编辑出版工作作为经常的重要工作之一，有目的、有组织、有计划地进行。如果条件许可，可以建立适当的组织，如编辑出版委员会或小组，确定编辑出版的方针和任务，作由长远的计划，积极进行。在工作中还要有具体的安排，采取有效措施并争取有关部门的协助以确保计划的实现。

第九章　建筑和设备

第一节　建筑和设备的特点

博物馆建筑是根据各种博物馆的性质和任务的需要，以陈列室、藏品库为主体的建筑物。博物馆设备是指博物馆各项工作尤其是陈列、保管工作上所使用的器具。它们是博物馆的基本建设项目，是博物馆工作所不可缺少的。

博物馆建筑，一般包括陈列室、观众休息室、藏品库、技术工作室、办公室、职工生活住宅等部分。博物馆设备一般包括建筑设备、家具设备、技术设备等部分。

博物馆建筑和设备，虽然分这许多部分，但是，应以陈列室建筑、藏品库建筑和陈列、保管所需用的设备为主体。这是由博物馆的性质和任务所决定的。

由于博物馆是一个文化教育机关，它的基本任务是举办陈列展览，向群众进行宣传教育，因此，博物馆的建筑必须以陈列室建筑作为主体。一个博物馆建筑的好坏，固然要从许多方面来衡量，但它在很大程度上是取决于陈列室建筑的好坏。陈列室的门、窗、墙壁、地板、天花板的安排，光线、色调、参观路线、休息室的处理，都要适合陈列展览的需要。展览室应具有一定的灵活性，有较大的空间和墙面。博物馆的设备，特别是陈列设备，其造型、大小、高矮和位置的安放，必须符合陈列内容的性质和需要，同时又要和建筑特点相适合。展览的家具设备，应有更多的适合于展览用的屏风、假墙、台座等。

由于博物馆又是文化遗存和自然标本的保藏所，它必须把藏品库建筑作为一个重要构成部分。因为要保存这些文化遗存和自然标本，不仅要有科学的保护和管理方法，还要有相应的适合藏品保管的藏品库。这就要求藏品库建筑要为防止自然和人为的破坏创设条件，如藏品的入藏和提取的方便，以及保证藏品的安全等。藏品库建筑，从地址的选择、建筑的布局，到建筑的坚固程度，防火、防震、防潮、防尘、防虫的能力，光线和温湿度的处理，都要充分适合保存和管理藏品的需要。如果条件许可，还可根据不同的藏品性质，建筑不同的藏品库。消防、排水、调节空气等建筑设备，首先都要确保藏品库的安全。保管家具设备，从橱柜到箱盒，也必须是坚实经济适用，并且适合于性质不同、大小不等的藏品的运输、存放和提取。藏品库的建筑，只有在充分注意了以上这些问题以后，才能切合实际需要。

由于博物馆要进行科学研究工作，博物馆的建筑，除了陈列室、藏品库以外，还要有进行科学研究活动的研究室，以及为进行博物馆的正常工作所必需的各业务与行政部门的办公室等。同时，博物馆根据需要与可能，还可以辟出一些专题陈列室，以供配合某些学术研究及专题陈列之用。这些都要求博物馆建筑能够有效地保持安静。

另外，博物馆建筑和设备，还应根据不同类型博物馆的特点而有各自的具体要求。例如，历史革命史类博物馆的建筑，在造型上要显示出历史发展和革命斗争的庄严朴素，气势雄伟，同时，由于平面陈列品较多，陈列室要有更多的墙面可以利用。自然博物馆的建筑在造型上要显示自然博物馆的特征，同时，由于立面陈列品较多，陈列室一般需要有较大的空间。美术博物馆的建筑在造型上要更多的显示出我国艺术传统的特色，陈列室要有更多的墙面陈列地位，而且对光线的要求更高。在民族地区的博物馆建筑，除了一般使用上的要求外，在造型和结构上还要显示出当地民族建筑的特色。其他各种类型博物馆，都有自己的特点和特殊需要，博物馆建筑应当根据具体条件来适应各自的特点和特殊需要。

博物馆建筑和设备，还应该考虑各地区的地理、气候特点和其他物质条件，并且要根据整个经济文化建设情况，照顾到需要与可能，不能片面地不恰当地求大、求全、求快。有的博物馆为了等待新建筑，却放松了陈列展览工作和对已有建筑的充分利用，这种做法是错误的。还有的博物馆没有在建筑中分清轻重缓急，建造了不必要的华丽的大厅，有的忽视陈列室建筑使用要求，都用低窗，缺乏起码的墙壁陈列面积，这种做法也是不对的。

新中国成立以来，我们新建和改建了不少博物馆建筑：一是建造了一定数量的现代化的大型博物馆建筑；二是建造了不少中小型一般规模的博物馆建筑；三是大量的利用和改造了旧的建筑。在目前我国正在集中力量进行社会主义经济建设的时候，博物馆建筑，不能花费太多的国家资金，在这种情况下，应该尽量利用和改造旧建筑。

北京中国历史博物馆、中国革命博物馆、中国人民革命军事博物馆、民族博物馆（即民族文化宫）、北京美术陈列馆、北京农业展览馆等，是代表大型建筑的（除北京美术陈列馆外，其余都在 1959 年内建成）。其中，中国历史博物馆和中国革命博物馆两馆一起合成一座雄伟壮丽的建筑物，浅黄色的外墙，金黄翠绿的琉璃瓦，入口处矗立十一孔方形柱廊，建筑形式极其庄严明朗，布局上是以陈列室为主体，采取单面侧窗采光和单面环行路线，顺着参观路线有着方便的环行休息廊，整个建筑和设备都是现代化的，反映了我国博物馆建筑的高度艺术水平。

贵州省博物馆是代表中小型建筑的（于 1956 年建成），是双层建筑，整个建筑以陈列室为主体，采取了双面高窗采光，环行路线，建筑形式朴素大方。

还有少数专区和市、县，就地取材，本节约原则，建造了一些小型的、简易的砖木结构的博物馆，很适合地方举办各种陈列展览的需要。有些博物馆是改造旧建筑为陈列室。例如过去的宫殿庙宇和其他具有历史艺术价值的建筑，略加改造，即可作为陈列之用（利用旧建筑以不破坏建筑原貌为原则），既保护了这些建筑，发挥了它的作用，同时又节省了建筑费用，是符合节约原则的。在目前，这种改造利用旧建筑的作法，更具有现实意义，是值得提倡的。

我国博物馆建筑和设备大都体现了适用、经济、美观的原则，它批判地继承了悠久的民族传统和丰富的历史遗产，创造了具有民族形式、地方特色的博物馆建筑的新风格，显示出我国博物馆建筑和设备的较高的艺术和技术水平。

第二节　建筑的基本要求

博物馆的建筑，首先要便利博物馆开展各项活动，以实现其基本任务。为此，在建筑的各个方面，都有着特殊的要求。

一、地址、外形、方位和规模、布局

博物馆建筑的地址，必须选择在位置适中，群众经常聚集，交通方便而又环境幽静的地区。因为博物馆是群众活动的场所，应该便利群众的集散往来。如果把馆址选择在偏僻难寻、交通不便的地方，便不能符合上述要求。但为了避免市音的干扰、尘灰的侵袭，使群众能安静地参观，使陈列品不致受到损坏，又不能把博物馆置于热闹的商业和工业区中心，而要与街道、厂房和其他建筑物有相当的距离，周围有足够的防火地带和绿化区域，使之环境幽静，空气新鲜，光线充足。同时还要求地势高爽、排水通畅，以免因地基潮湿、雨水倒灌及淤积，而损害陈列品和妨碍群众的往来。

博物馆建筑本身一般都是建筑艺术较高的建筑物，它首先从外貌上给人以较好的印象，并且它还显示着一个地区的建筑艺术和文化发展的水平。所以，外形的设计，是博物馆建筑不能忽视的一个重要方面。博物馆的外形要求美观大方，轮廓分明，布局完整，气势协调，体态端正而稳重，富有民族特点和地方色彩，并能充分地表现出不同性质博物馆的特点。

博物馆建筑的坐向，特别是陈列室和藏品库的坐向，力求朝南，要尽一切可能避免朝西。朝西的建筑物由于日光的直接照射和由西晒所引起的室内高温，都能损坏陈列品，而且会影响群众舒适地参观和讲解人员进行工作。

博物馆建筑的规模大小，要根据所在地区的城市建设规划、人口多少、政治、经济、文化的发展，自然和物质条件以及博物馆不同的性质和藏品数量多少等具体情况而定。但一般都不宜过大，因为群众不可能用很长时间来参观陈列。如果博物馆面积过大，路线过长，就会使观众注意力分散，精神疲劳，而减低陈列展览的效果。相反，面积不太大，陈列内容少而精，更容易为观众所接受。陈列面积的大小应以观众在三个小时左右能够看完陈列为原则。一般省级博物馆的陈列面积以 4000～5000 平方米到 7000～8000 平方米较为合适。藏品库房的面积一般应占陈列室总面积的五分之一或三分之一左右为宜。如全部建筑不可能同时施工，那就要作好整体规划，留出一定的发展余地。

建筑的平面布局，即各种不同用途的建筑物的配置，应根据博物馆的特点和开展各项工作的需要，进行全面规划，统一安排。不合理的布局，不仅影响外形的整齐、美观，更重要的是会影响工作的开展。

博物馆的全部建筑，基本上可分为陈列室部分、藏品仓库部分、技术工作室部分、办公室部分、职工生活住宅部分。

陈列室是博物馆全部建筑的主体，面积也最大，应配置在进大门以后正面最显著、群众最容易找到的地方，其周围要有较大的绿化区域，用以美化环境，调节空气，拦阻尘沙和供观众休息散步。正面应有广阔的场地，以便于观众的结集和车辆的停放。在距离陈列室入口不远处最好能有一个比较宽敞的售票厅（室），使观众在刮风下雨、严寒酷暑的气候条件下，也能在室内购买门票，同时，这样的售票亭，也是观众在室内回旋的场所，在这里可以供应茶水和出售导引手册等出版物。陈列室的入口处还需设有专为观众存放衣帽以及在参观时不便携带的其他物品的房间。在沿陈列室附近要有若干陈列施工工作室，以便工作人员布置陈列展览时施工和临时存放器材、陈列品。博物馆修改和补充陈列展览是一项经常的工作，工作时工种众多、人员纷杂、陈列品来往也很频繁，如果没有一定的工作场所，不仅工作不能顺利进行，而且对陈列品的安全也十分不利。为了便利负责群众教育工作的部门进行工作，其办公室应设在各陈列室之间的中心地区。规模较大的博物馆，在陈列室沿线并应配有若干讲解人员休息室。给观众使用的休息室、盥洗室，要密切结合陈列路线作合理安排。休息室对于消除观众疲劳，保证参观效果，有重要的作用。规模比较大的博物馆还可以分别设置接待集体观众和贵宾用的专门休息室。

较大的专业博物馆和地志博物馆，如工作必须，可以在陈列室的后门或侧面设有作各项宣传活动用的讲演厅，但须另有出入口，和参观路线分开。中小型的博物馆特别是小型博物馆则不必专有这种建筑，可以用会议室等相适应的建筑进行这些活动，以充分发挥建筑物综合利用的效能。

藏品库的布局以保证藏品安全为原则，力求和陈列室等其他建筑分开，并保持相当的距离，但为了藏品运输的方便，又不能距陈列室过远。另外，它和陈列室都应当在其他建筑物的上风地带以避免万一发生火灾时受到威胁。保管工作人员办公室、警卫室，为了工作的便利，可设在库房总入口的附近，但不要在库房之内。在库房附近最好还应配置藏品隔离室或临时库房（放置征集来而未经移交和未经检查消毒的文物、标本和其他资料）以及消毒室和晾晒间。同时，还要选择一个位置适中而又能保证安全的小广场作室外晾晒藏品之用。

文物修复和复制、标本制作和修理、书画装裱、模型制作、拓片、照像、化验、印刷、绘图、晒图、临摹、雕塑以及木工、电工等工作室都应根据各馆规模和性质、工作需要、物质条件、技术条件等具体情况决定设置与否。凡是工作不需要或条件不具备的都不要设置；凡是可以不单独设工作室的则可不必专门设置或少设置。上述这些工作绝大部分都是和藏品分不开的，因此，工作室需要设在距库房不远的地方，以便于藏品的搬运，但又不能置于库房区域之内，与库房建筑之间要有一定的防火地带的距离。

博物馆各部门的办公室除负责群众教育和藏品保管部门的办公室为了工作上的方便和陈列室及藏品库房配置在一起外，其他办公室和研究室、图书资料室、会议室等最好单独联为一组，置于环境比较安静的地点，而与陈列室、藏品库相分离。这样，既不至于因陈列室地区人来人往各种声音的干扰而影响工作，又不至于接近库房而影响藏品的安全。办公室与陈列室的距离不宜过远，要考虑到往来的方便。

工作人员宿舍、食堂及锅炉房、浴室等建筑应位于较远的地点，并和其他建筑有明显的间隔，不从博物馆大门出入。

所有交通路线的安排都要和参观路线明确分开，更不能容许有穿过陈列室的现象。藏品库最好有较为宽阔的可以通行大型车辆的单独出入路线。

在安排全部建筑的平面布局时，还必须注意到为以后事业发展的需要留有扩建的空白地皮。各项建筑物都应根据需要与可能全面规划、统一安排，分清轻重缓急动工兴建。在兴建时，应首先把陈列室与藏品库建好，因为这是博物馆进行工作最急需的建筑物。

对于旧建筑也应根据因陋就简的原则尽量利用，或经过适当改造后加以利用。利用和改造旧建筑，只要求基本上不影响陈列展览和藏品保管，不应同建立新馆有同样的要求。在结构上要避免过大改动，更不需要增加不必要的装饰。

二、陈列室的建筑

陈列室是博物馆的主体建筑，所占面积最大，位置最明显，经常接触成千上万的观众，是博物馆进行宣传教育工作的主要场所。依据陈列展览工作的特点，陈列室的建筑有自己的特殊要求。

陈列室的高度、跨度、长度是否合理，直接关系到陈列室是否有足够的空间。最好的陈列室空间是柱子少、墙面多，能充分展示立体、平面的陈列品，能按照陈列内容的发展自成段落，观众置身其间，不因过高、过宽、过长而感到空洞单调，也不因过低、过狭、过短而感到沉闷，能安静而舒畅地把注意力集中到陈列展览的内容上去。因此，在确定高度、跨度、长度的时候，应以能充分展示陈列展览内容，方便群众参观为原则，要注意不同性质陈列室的气氛需要，立体和平面陈列品及陈列设备的高低大小、人的视角的舒适度、最高人流量等不同情况。一般陈列室高约五米左右，大型博物馆的陈列室可高至 6～7 米，跨度不超过 20 米较为适宜，最好没有柱子。长度可以是一贯到底的穿通式。这样，能加强陈列的系统性，便于因陈列内容的不同需要灵活地选择合宜的长度。也可以是根据陈列内容划分两段的间隔式。间隔式较之贯通式有更多的优点，如在每大间陈列室的门口都有出入口，可以使观众随时不穿过其他陈列室而任意进入任何一个陈列室。这样不仅方便群众参观，而且，可以因修改陈列展览等工作的需要，随时关闭任何一个陈列室，既便利工作的进行，又不影响整个陈列、展览路线的安排，其他部分的陈列展览可以照常开放。同时，室室有门，对于保护展品的安全也十分有利。因此，这种间隔式的陈列室可以普遍采用。跨度与长度之间，根据陈列内容和观众视距应保持一定的比例，一般以 1：2～1：3之间的长方形为合适。总之，博物馆的陈列室无论高度、跨度、长度比一般的民用建筑都要大些。

在利用旧建筑中，以民用建筑较多，能找到空间比较高大的当然很好，否则只要高度在 3.5 米以上，并有相应的宽度和长度就够了，不要因为扩大空间而过分地改动建筑的结构，影响建筑的坚固和花费大量资金。

凡有条件的地方，陈列室要尽量采用低层建筑至多不能超过三层，因为无论从参观路线的顺畅，陈列品运转的方便，荷重问题的处理，以及减轻观众疲劳来看，低层次都要优越得多。

陈列室的通风，有自然通风和人工通风两种。通风的主要目的，是使室内空气流畅，保持一定的温度，以便妥善地保存陈列品和使观众能舒适地参观。我国博物馆目前一般都以自然通风为主。无论采取哪一种通风方式，通风口最好不占用或尽可能少占用陈列用的墙面，并且上面要有防尘设备。

陈列室采光强弱是否合度，直接关系到陈列品能否很好地展示出来，观众能否清楚舒适地看到它们；这是影响宣传教育效果的重要因素之一。陈列室的采光，分为天然光和人工照明两类。虽然人工照明便于控制，而天然光的优点更多。采用天然光，装置和维修的费用经济，有完全的光谱照到陈列品上，颜色逼真，观众在天然光下感觉也最习惯最舒服。目前我国博物馆大都采用天然光。天然光有三种：（1）顶光，也就是利用天窗采光；（2）斜角光，也就是利用高窗采光，由于采光面的多少，又分为单面、双面二种；（3）侧光，也就是侧窗采光，由于采光面的多少，也分为单面、双面两种。这三种采光各有优缺点和适宜的用途，主要是表现在是否便于更多的墙面利用，照明均匀，感觉开朗，空气流畅等方面。而这一些都是陈列室采光所必须做到的基本要求。在采光上还必须注意立体和平面陈列品的多少，因为它们对照明的要求是不同的。立体陈列品最好斜角光照明，能使轮廓分明。平面陈列品最好顶光照明，能够均匀地受光不至于明一块暗一块。同时要注意避免日光直射带来过多的紫外线，影响陈列品的安全。为了调节室内的明暗，避免阳光直射，还可以采用窗帘。我国陈列室建筑采光一般以高侧窗和侧窗采光为多，也有采用各种采光方式相配合的混合采光方式的，也有以不同内容的陈列室，根据陈列品的特点采用不同的采光方式的。各个博物馆应根据自己的特点和要求，经过具体研究而后决定。

在利用旧的建筑中，一般都是侧窗采光，需要注意的是窗口小照明不足，可以扩大窗户增加光源，也可以配合以适当的人工照明。墙面少，可采用隔屏的方法解决。

陈列室参观路线的安排，直接关系到观众能否方便地看到系统完整的陈列展览内容，能否避免拥挤和混乱，减轻疲劳等问题。交叉重复、曲折迂回和东分西散、混杂不清的参观路线，必然会影响观众参观陈列展览的系统性和完整性，群众参观时也必然会产生拥挤混乱的现象，增加观众的疲劳，降低参观效果。必须尽力避免。各个陈列室应当紧密连贯地安置在一条行进线上。比较固定的陈列室和经常变动的展览室以及专题陈列室不要在一条线上相互穿插，以保持内容的系统性。更重要的是沿参观路线要有四通八达的出入口，并和休息室、盥洗室相结合。便于观众随时可以出入，和因修改陈列展览等工作需要时关闭部分陈列室而不影响全部参观路线的通畅。只给观众一个出入口，强迫他们看完全部陈列展览才能走出陈列室的做法，既不方便观众，也不利于工作。路线安排要力求通畅、宽敞，容易辨认，使观众进入陈列室不需要任何附加标志的指引，就能在很自然的行进中看到系统完整的陈列展览内容，毫不感到受路线的约束。各种指路牌、牵引线的出现，一般是因为参观路线安排得不合理，要努力避免。参观路线不宜过窄，要有一定的空间，使观众参观时有进退活动的余地，并可防止拥挤。展品愈高大，空间就应当更大，否则，由于视角的限制，容易使观众头颈疲劳，影响参观。根据上述要求，参观路线一般以单线环行或双线环行比较合适。

陈列室的内部装饰力求明快、朴素、大方。墙壁以柔和淡雅而悦目的单一色彩为宜，不可灰暗，也不可五色缤纷，鲜艳夺目。细部装饰尽量朴素。灯形要简单一律，不宜采用吊灯和各种枝形灯，最好是把灯泡装在按有平面玻璃的天花板内或用日光灯。总之，室内装饰的目的在于能把观众的注意力引向陈列品，而不能去分散观众的注意力，影响陈列展览的教育效果。

电化系统最好全部使用暗线，把电线暴露于陈列室的地面和墙壁上，既不美观又不安全。并且博物馆不能有临时性的配电装置。陈列室取暖设备也要安置在不妨碍墙面利用和影响室内美观的地方，最好是装在墙壁内。

为了重型展品（机器、古铜器、重型武器等）能够展出而又不致于发生损坏建筑物的危险，陈列室楼板要力求坚固，其荷重能力应较民用建筑为大。

地面要平而光，粗糙的地面，磨擦系数大，观众参观时容易产生灰尘和声响，不利参观和陈列品的保护，同时对清洁工作也非常不便。地面硬度过大和太滑容易增加观众的疲劳，也易发生音响。因此，以选择比较柔软平光而又不太滑的地面为佳，并须防止地面反潮现象的发生。

楼梯的坡度、宽度和荷重能力都要充分照顾到减少观众的疲劳和拥挤以及便于陈列品的运送等。尽可能坚实、宽阔和比较平直，不可采用螺旋式。

要采取各种措施控制回音和杂音的干扰，不使影响讲解，便于观众安静地参观。

陈列室必须有完整的消防系统，消防设备的位置在既不显目而又容易找到的地方。

为了方便陈列品的运输，各个陈列室的大门要宽大，并且不要装门槛，以便通过最大的陈列品。

在墙壁和屋顶建筑上，应注意尽量减少幅射热，厚度要比较大一些，必要时最好使用隔热材料，如隔热板、隔热瓦等。

除上述各项而外，还需要考虑到防地震的问题，比较高层的建筑要有避雷设备。

三、藏品库的建筑

建造藏品库的任务在于保护藏品的安全。因此，藏品库的建筑必须达到以下几个基本要求：防火，防潮，防尘，防盗，防震。

藏品库要尽量和其他建筑物分开，并间隔有相当距离的防火地带。和邻近的建筑物之间最好设有阻火壁，以防止火灾的蔓延。

建设结构力求坚固厚实，最好用钢筋水泥和防火材料建造，避免使用木结构。墙壁和屋顶应有比民用建筑更大的厚度，使之能更好地发挥防火、防潮、防热、抗冷的作用。

藏品库对在本地区可能发生的最高级的地震，应当具有足够的抵抗能力。建筑以低层建筑为最适宜，既便于藏品的运输，也不必担心楼板负重过多而发生危险。如果不得已而采用高层建筑时，则要坚固的楼板（不低于陈列室楼板荷重量）。楼梯要坚实、宽阔、平直。地下室由于在通风、采光、防潮及藏品搬运等方面都有较多的缺点和困难，不宜用作藏品库。库房的空间要求宽敞，以便于各种不同大小的藏品的放置，并为增加新藏品留有余地。

　　库房内经常保持干燥、温暖、空气新鲜，防止潮湿和藏品发霉，是保养藏品的必要条件，所以一定要有足够的通风孔道或其他通风设备。

　　库房内有充足的光线，对于保持室内一定的湿度，防止细菌的寄生繁殖很有作用。阴暗的库房对保养藏品是不利的。因此，每个库房都要有足够的窗户来采光，但同时又要避免日光的直接照射。库房坐向最好朝南，所有窗户皆配上窗帘，用以调节光线。通风和采光的门窗孔道，都应安装防尘沙和防昆虫侵入的设备。输送水暖热风的干线管道不宜由藏品库内通过。

　　藏品库要建在水位较高的地点，并有完整流畅的排水系统，以防雨水倒灌和淤积，致使地面潮湿而损害藏品。上下水道要定期检查、疏通，使之经常畅通无阻。

　　各地区的博物馆，因为自然条件的不同，在建筑上要特别注意解决与保护藏品安全有关的问题：如寒冷干燥地区的抗冷采暖和防尘，温暖多雨地区的防潮湿，多风沙地区的防沙，都要分别采取相应措施，安置必要的防护设备。

　　藏品库房大门要宽大而没有门槛，以便藏品的搬运。规模较大的博物馆，藏品库房大门，最好能通行载重汽车。为了保护藏品的安全，门窗应特别严实，最好都采用金属制品，窗口（特别是靠近地面的窗口）需要装室内百叶窗或金属栅栏。

　　照明设备，尽可能都用电灯。电化装置都需要有良好的绝缘衬垫，最好是采用暗线装置。在没有电的地区或者电路发生故障时，可用干电池或保险式提灯。藏品库内严禁用蜡烛、汽灯和煤油灯照明，因为它们最容易引起火灾。

　　藏品库内要有十分完整的消防系统，各种防火设备和器材要安置在每个库房附近最容易找到的地点，并且经常检查其效能。博物馆每个人员都应学会使用这些设备和器材。为了防雷电的袭击，在库房建筑的顶端应装有避雷器。

　　珍品库房，要求有更高的质量，在各方面都有最严密的防护措施，以确保珍贵藏品的绝对安全。

　　规模较大、重要藏较多的博物馆，藏品库的建筑，还要考虑到在一旦发生突然事变的情况下，能够防止战争破坏力量的必要措施。只要帝国主义还存在，就有发生侵略战争的土壤，我们对此必须有高度的警惕。

　　在利用旧建筑作为藏品库时，应本因地制宜、因陋就简的原则，只要坚固耐用，力求能够防止火灾、潮湿、虫害和盗窃便可使用，或加以必要的改造后使用，不必求新。对于旧的也不要作过大的改动。建筑上某些缺点，还可以通过加强保管工作来谋求解决。

　　博物馆的其他建筑物，因为需要不同，都有各自的特点（特别是各种技术工作室）。根据不同的工作性质，在建筑上也都要分别有各种不同的具体要求。

　　博物馆的建筑，一定要根据勤俭建国、勤俭办一切事业的方针进行设计、兴建或改建。应当强调，决定博物馆工作质量的主要不在于建筑等物质条件的好坏，而是决定于在工作中，是否坚决贯彻党的方针、政策，决定于工作人员主观能动作用发挥的程度，决定于陈列、展览工作做得好不好。因此，对于那些单纯在建筑方面求新、求大、求全，认为没有好的建筑物便不能工作的见物不见人的思想，必须加以批判。各个博物馆都要发扬艰苦奋斗的优良作风，在建筑上根据需要与可能，因地制宜、因馆制宜、因陋就简。能缓建的则缓建，能少建的则少建，能小建的则小建，能不建的则坚决不建。能够利用旧建筑的也要尽量利用旧建筑。

第三节　家具设备的设计原则

博物馆的家具设备，主要是指陈列和保管工作所使用的器具。

陈列、保管设备，不仅要保证文物、标本的安全，同时，陈列设备要便于广大群众的参观，保管设备要便于文物、标本的入藏和提取。

由于我国博物馆事业的蓬勃发展，博物馆工作对陈列、保管设备的需要，日益增加，同时，陈列、保管设备又是博物馆中数量多、费用大的基本设备。因此，我们在设计过程中，必须政治挂帅，正确掌握设计原则，否则，仅仅单纯从技术上着眼，就必然会使所需要的设备，不切实用，为博物馆工作带来损失。

在陈列、保管设备的设计工作中，必须注意以下三个基本要求：

一、符合陈列展览和保管的内容需要，并和博物馆建筑相协调

陈列、保管设备必须符合陈列展览和保管的内容及使用上的需要。否则，就会脱离实际，不能充分发挥它应有的作用。

陈列展览的内容是多方面的，它所涉及的问题也很多。例如陈列品的数量问题、体积问题和质类问题，一般陈列品和特殊陈列品的问题，重点陈列部分的问题，陈列的统一性和连贯性的问题，划分段落的问题等等。这一系列的问题，都是与陈列设备密切相关联的。陈列设备能否符合陈列展览内容的需要，就要看它能否合理地解决以上一系列的问题。例如：陈列品数量的多少和体积的大小，就决定陈列设备数量的多少和体积的大小。当然，这是大体情况，事实上决非如此单纯。有些较大的陈列品，一件就需要一个设备；有些较小的陈列品，就可以许多件组合起来容纳在一个设备里。这样，就不能机械地把陈列品的数量和体积作为考虑陈列设备数量和体积的绝对依据。往往一个陈列品与好多设备上的问题发生关联。例如，陈列品体积的大小，一方面涉及陈列设备体积的大小，另一方面也涉及设备的数量、负重和使用材料等问题。不仅如此，陈列设备的设计还必须考虑陈列展览的面积以及和建筑相协调的问题。例如：高大的陈列展览室内，安装过小的陈列设备，就显得不相称；反之，较小的陈列室内，安置庞大的陈列设备，也不协调。所以，陈列设备的大小，一方面要依据陈列品的情况；另一方面又要适应建筑的情况，既要适用，又要尽可能使观众获得视觉上的舒适。不仅设备的大小要和建筑相协调，设备风格还要和建筑风格相协调。

当然，所谓陈列设备必须符合陈列展览内容的需要，并不是说每一次陈列展览都要另外设计一套符合内容需要的陈列设备。一个博物馆的陈列展览内容会不断变更和修改，而陈列设备是比较固定的。因而陈列设备的设计，必须考虑到尽可能能够适应几种不同陈列展览内容的需要，特别是陈列展览内容变动较大的地方性博物馆或展览馆，它的陈列设备在使用上必须具有更多的灵活性。

保管设备的设计，同样必须符合保管内容的需要。藏品的数量、体积、质类以及如何分类、保管、特殊藏品和一般藏品等都是设计保管设备必须认真考虑的问题。例如，在藏品质类问题上，由于金属器和陶瓷器质类的不同，保管设备的需要也就有所不同。

保管设备与建筑相协调的问题，主要是保管设备在库房中使用的面积和高度的问题。为了便于藏品的入藏，保管和提取，应该有比较宽畅的库房，保管设备与库房容纳量应该保持一定的比例，一方面要充分发挥库房作用，另一方面也不能因设备过多、过大，形成拥塞现象，影响收藏、提取工作的进行，

同时，又要考虑到藏品的发展情况，应该留有余地，为藏品的不断增加作好准备。

二、要具有民族形式和新的风格

博物馆的陈列设备要具有民族形式和新的风格，陈列设备既是陈列使用的器具，也是艺术造型，必须适用和美观相结合，既不能只顾美观而忽略适用，也不能只顾适用而忽略美观。但是，适用是主要的，美观是次要的，应当在适用的基础上注意美观。同时，在陈列设备上，不要有过多的图案、雕刻或纹饰，否则，它们会喧宾夺主，容易吸引观众离开陈列品和陈列内容，影响参观效果。

设计陈列设备，要善于吸取民族传统的精华，把我国劳动人民在家具陈设中所表现的智慧结晶，作为优秀的遗产继承下来，并参考国外经验，创造出为人民大众所喜爱的新风格。

创造陈列设备的民族形式和新风格，必须反对那些不切实用，带有封建复古性或具有洋气的不健康的形式。也不要追求奇形怪状。形式变化要单纯，要概括使用传统技法，不要故作夸张，轮廓线条要统一、协调和美观，雕刻装饰只能作为个别处理，要简洁朴素、大方、明快，色调要和谐，一般以木质的本色比较适宜。陈列全国性内容的设备，艺术风格要富于概括性，不要用个别民族、个别地区、个别历史时期的艺术风格作为基调。地方博物馆陈列设备设计，也要发扬所在地区的优秀传统，创造新的风格。

三、要求规格统一、结构合理、工料节约

所谓规格统一，主要是要求一个馆的陈列设备能制定成几种类型，具有整齐、统一的格调，更有利于陈列上的使用。

设备规格统一，可以使整个陈列风格更加协调；特殊的或者需要突出的陈列品，可用特殊的设备陈列。在统一中又有变化，这不仅能够使一般陈列品和特殊陈列品得到合理的处置，而且对突出重点，保证主题思想的完整，加强陈列气势，具有更重要的作用。

制定陈列设备的规格，必须首先根据陈列品情况、建筑特点、馆的性质等进行反复研究，分析归纳，然后确定设备的不同类型和各种类型的尺寸、结构、比例、色调、用料以及布置空间地位等。

博物馆的设备要求结构合理，一般是指结构在实用意义上的合理。对陈列设备来说，不但需要实用上的结构合理，如适宜于负重、防尘、装锁等，同时还要求形式上的结构合理，也就是说，既要保证文物、标本的安全，还要考虑观众参观的效果。例如结构、用料上的过于粗笨或单薄都是不适合的。陈列橱柜的过于粗笨，虽然在实用意义上说，比较坚固，但是，它却大大影响了观众视觉的舒适，削弱了参观的效果（陈列大型文物的陈列柜，结构和形式应该比较稳固和厚重）。

近几年来，我国博物馆在陈列设备的设计中，已取得了丰富的经验，今后再加努力，可以逐步达到更加完善的境地。

对保管设备来说，结构合理，固然也涉及形式结构合理的问题，但是，更主要的在于实用，也就是必须做到既能保证文物、标本的安全，又能做到提取和收藏的便利。

在博物馆设备的设计中，要求节约工料，直接体现着勤俭办馆的精神。节约工料应从多方面考虑，要做到结构合理，不但要目前适用，还要经久耐用。工料节约不但要算大账，还要算细账。在选用材料方面，应该就地取材，避免远程运输。材料规格不必强求一致，尽可能量材使用。现在我国博物馆设备，主要是采用木制。在设计中，如铜料和其他贵重金属等，应该尽量避免使用。在不影响设备质量的

前提下，要尽可能利用旧料，以减少国家新料的供应。所采用的木料必须坚实、干燥，并要注意防蛀、防裂、防潮、防油脂。做工切记重叠繁琐，必须采取简括、朴素的手法。

此外，在条件不具备的情况下，不能新制设备，可以利用适当的旧家具或者加以改造后使用。这也是符合节约原则的。

博物馆设备的种类，在陈列方面的主要有橱、屏风、镜框等多种，在保管方面的，主要有橱、架等多种。

陈列设备的种类、特点和要求是：

橱，是陈列设备的主要部分。形式可分为坡面橱、壁面橱、中立橱三种类型。坡面橱宜于斜面陈列。由于橱面斜度与观众视线相适合，所以，参观时比较舒适，在陈列布局上，也有一定的便利，但是，过多的坡面橱陈列，又会引起观众长时间的俯视而感到疲劳。壁面橱宜于壁面陈列。中立橱宜于中心位置的陈列，并便于四面参观，突出重点展品。壁面橱和中立橱的高度，既要适合一般人的体高视线（陈列展览面一般离地不低于10公分），同时也要根据陈列品的特点决定。陈列品大的宜于远看，小的宜于近看，远看视线幅度就大，近看视线幅度就小。

屏风，主要形式有座屏、联屏两种。宜于对陈列系统的分段和一般壁面陈列。它们的特点是：制作方便，使用灵活，并容易与建筑协调，减少临时性设备的感觉。联屏用多扇屏风板联接而成，屏风板可以根据需要增加或减少，具有更大的灵活性。

台座，按照用途可分为两种类型：一种宜于在陈列中承托露置的大件文物模型或雕塑等；另一种是保证陈列品放置稳固的特殊设备（也叫落嵌座），它对突出某些陈列品具有相当作用。台座的大小、高低、风格，必须服从于陈列品的大小、表现主题能力的大小，并考虑到陈列布局与其他设备和建筑特点相统一协调等进行设计。

镜框，为壁面陈列的主要设备。一般多为长方式，可分大型、中型、小型三种。应该定出规格，不宜类型过多，以免观众感觉混乱，影响参观效果。特殊镜框的尺寸可以根据特殊需要来决定。边框宽狭，应与镜框大小或镜心面积相称，边框装饰应朴素大方，不能喧宾夺主。

保管设备的种类、特点和要求是：

橱，是藏品保管中最主要的设备，约可分为四种类型：一种是内部不用隔层的，或者只分为固定的一层至二层，宜于用作保管体形较高的藏品；一种是用活动隔板隔成几层的，每层高低可以随意调整，便于按照藏品不同高度分层排列保管；一种是带抽屉的，一般抽屉较浅，便于卷轴式藏品的保管或其他数量多、体积小的藏品保管；一种是上部分层，下部带抽屉的，便于不同高低的同类藏品，可以分别排列保管。橱门一般为两扇，在库房面积较小的情况下，用四扇折叠式的，比较方便。门缝应紧密，便于防尘。橱身不宜过高，以便于藏品的存放和提取。

架，是较简便的保管设备，作用与橱相近。架上也用固定的或者活动的隔板作隔层，便于保管一般体积较大、数量较多的藏品。架身不宜太高，架上应有可以收放的布帘，以便于防尘和遮蔽光线。

其次，是在内部糊有软垫的箱匣设备，便于保管易碎的藏品。有的箱匣内部，又以一层或几层的小匣座组成，装为一箱。每层小匣座也都糊有软垫，层层叠起，相互保护。这种设备的特点是：藏品容纳量大，安全可靠，便于小件藏品按类按组集中保管，箱匣上加以分类编号，更能放置灵活，提取便利。

在保管设备中，为了藏品运输的便利，宜有轻便灵活的文物运输车，车上须有软垫设备，以保护藏品在运输中的安全。其他保管设备，如温湿度表、藏品卡片橱等，也是保管工作所不可缺少的。

至于为群众参观使用的设备，主要有桌几、休息椅、栏干、饮水台、意见箱、污物箱、花架等等。

由于这些设备，为一般群众所使用，因此，在设计中必须多为群众着想。休息椅等的设计，应考虑到最大限度地满足观众休息的舒适。在某些陈列室中，设置适当的休息椅，以消除观众的疲劳，更为重要。一切群众使用的设备，都要力求坚固耐用，其形式设计必须做到既不影响观众参观，又能与陈列设备和建筑相协调。

第四节　建筑和设备的管理

博物馆建筑和设备，是博物馆开展各项工作所不可缺少的，它是国家在博物馆事业上的基本建设，也是国家财产的一部分。因此，对博物馆的建筑和设备认真进行保护和管理，防止受到损坏，经常保持整洁美观，不仅是对博物馆工作的负责，也是对国家财产的爱护。那种只顾使用，不善于保护、管理，或者看到轻微的损坏而不加重视的做法，都是不对的。

建筑和设备受到损坏的因素一般可分为两类：一类是自然的因素，最显著的如潮湿、虫蛀、灰尘、日晒和气温等。另一类是人为的因素，最显著的如火灾、机械性损坏（挤压、摩擦）等。由于博物馆是群众活动的场所，建筑和设备经常接触大量群众，人为的损坏因素较多。我们应该根据博物馆建筑和设备遭受损坏的原因，采取有效的保护方法，制订严密的管理制度，以防患于未然。

对博物馆建筑和设备进行保护和管理，应该是全面性的，但也必须根据它们的特点、使用范围来考虑。由于陈列和保管是博物馆工作的主要部分，因此，保护和管理工作的重点应该放在陈列室、库房建筑和陈列、保管设备上。

博物馆建筑和设备的保护管理工作，主要是以下几方面的内容：

一、防火

火灾的危害性最大，它不仅会损坏博物馆的建筑和设备，而且会使观众和文物受到损害。因此，博物馆的防火工作，尤其显得重要。除了组织消防力量，设置足够的消防设备，并与城市消防机构取得密切协作以及做好防止火灾蔓延的积极准备而外，还必须随时注意火警的引起，尽一切可能来杜绝火灾的发生。气候干燥、易燃物品的处理不善、电线走火和吸烟等等，都是容易引起火警的。因此，在陈列室、库房应该禁止吸烟和使用容易引起火灾的灯烛。在文物修复工场用火，如进行金属焊接等，更要特别注意安全。

二、防潮

潮湿对于博物馆建筑和设备的损害也不小。季节和气候的变化，如霉季雨水多，空气潮湿，夏季的暴雨，冬季的冰雪等，如果不能妥善地防范和处理，都容易造成损害。防止潮湿应从多方面考虑。在建筑方面，必须及时做好屋顶、墙基、地基等容易受损部分的防护，切实注意防止屋顶的漏雨侵水，并须了解排水、引水设备的配置和使用情况。特别是搁漏、自来水管、排水管、阴沟等是否坚固通畅，尤须密切注意。平时应该掌握天气预报，根据天气变化，采取积极措施。在台风季节，更要组织力量，预先做好防汛的准备。为了保持室内的温湿度，必须注意通风。在严寒地区，还应该在室内装置保暖设备，以防止冰冻的损害。至于设备的防潮，除了季节、气候变化的影响应该注意外，有时在清洁卫生工作中，由于用水过多而常常引起脱胶和变形的情况，也是应该特别注意的。

三、防蛀

建筑的木材结构部分和木制的设备，常常因为自然条件的影响，容易发生虫蛀，其危害性也是相当严重的。防除虫蛀损害，应该首先对博物馆建筑的木材结构部分和设备进行全面、细致的检查，了解虫蛀的分布情况，并及时采取措施，使用一定的药物和器械，加以杀灭。白蚂蚁损害是虫蛀损害最严重的一种，我们必须千方百计采取最有效的措施，加以防除。对尚未遭受虫蛀和已经遭受虫蛀的部分，如果可能隔离的，应该加以隔离，以防止虫蛀的蔓延。尚未遭受虫蛀或有虫蛀可能的部分，也应该加以全部消毒。在利用旧建筑、旧设备的情况下，更应该加强虫蛀的防除工作，因为旧建筑和旧设备，常常是最容易发生虫蛀的。

四、防尘

灰尘对于博物馆建筑和设备的损害，看来好像是很轻微的，因之人们常常容易忽视它的危害性。实际上灰尘的危害性并不小。只要隔一个相当长的时间，不清除灰尘，就可以看出它对博物馆建筑和设备所起的损坏作用。在博物馆建筑外部防止灰尘的侵蚀是很困难的，主要是在建筑物内部，采取防除灰尘的措施。一方面勤加打扫，细心拂拭，不让灰尘有积存的余地（包括门窗、玻璃、地板、墙壁、通道和天花板等处的除尘，以至建筑外部的环境清洁）。另一方面是在条件许可的情况下，充分利用防尘设备和器具，进行有效的防除工作。例如，在观众进口处，设置棕毯，可以防止观众脚上的灰尘带入室内。在陈列室、库房、观众休息室等处的通风口，装置防尘设备，可以使室内灰尘，显著减少。作为陈列保管设备的橱柜，除了结构缝口必须紧密外，在橱门口也应该装有防尘设备。此外，在陈列室、库房、观众休息室、通道等面积较大的地区进行除尘，可以利用吸尘机。在除尘工作中，必须密切注意对建筑和设备各个部分的安全保护，更应该保证文物、标本的绝对安全。使用清洁工具，也应该根据不同的清洁对象，而有所不同。在除尘过程中，常常因为用水过多，以致损污地板，或者使设备结构发生脱胶、变形等现象，这也应该竭力避免。

此外，如燕、雀在博物馆建筑上做巢，也会损污建筑和影响美观。鼠啮的损害，更有严重的危害性，如有发现，应该迅速集中力量，彻底扑灭。由于陈列室内容的更换或库房藏品的调动，常常会损污壁面，以及设备在搬动中发生挤压、摩擦、碰击等。有时因为设备的放置不妥，长时间受到日光曝晒，也会造成木料的开裂或不平。

如何做好博物馆建筑和设备的保护和管理工作？根据一般经验，应该注意如下几点。

一、必须加强专职人员和群众的思想政治教育

加强思想政治教育，是做好一切工作的保证。对博物馆专职的保护、管理人员，也应该加强思想政治教育，使他们懂得，博物馆建筑和设备的保护、管理，关系着博物馆文物、标本和国家财产的安全，从而树立高度的政治责任感。在工作中，不仅要勤勤恳恳，而且要求能随时提高警惕，防止突发性损害的出现，反对麻痹大意和轻视保护、管理的不正确的想法。还要教育工作人员，破除迷信，不断改进保护和管理的工作方法。同时，也要经常对广大观众进行这方面的教育，要求他们随时注意对博物馆建筑和设备加以爱护，使它不受损坏。

二、统一领导，分工负责，相互协作

博物馆建筑和设备的保护、管理工作，是一项细致复杂的工作。建筑和设备是两个方面，这两个方面又各有相同和不同的特点。例如，建筑和设备的消防，虽然同是消防问题，但是，它们的具体要求，又各不相同。因此，在进行各项具体工作中，必须有明确的分工，才能很好地完成任务。同时，由于保护、管理工作的面广量大，因此，又必须在统一领导、全面安排的前提下进行。

三、必须与陈列、保管工作相互配合

博物馆的陈列、保管工作，是博物馆全部业务工作的中心。博物馆的建筑和设备，主要是为陈列、保管服务的，因此，博物馆建筑和设备的保护、管理工作，必须与陈列、保管工作相配合。例如：建筑、设备的修理和调整，应该根据陈列、保管的需要来进行。而陈列、保管工作的开展，也必须充分考虑到建筑、设备的可能和条件。又如陈列、保管工作在作某些调动的时候，就必然会要求设备也有所调动。有目前需要的设备，也有暂时不需要的设备，在这样的情况下，管理设备的部门，就应该把目前需要的设备，很好加以配合，把暂时不需要的设备，分别存放在一定的储藏室，集中管理起来，以便下次需要。

四、必须专职人员与群众相结合

博物馆建筑和设备的保护、管理工作，由于它的复杂多样，光靠少数专职人员的努力，是不可能把工作做好的。因此，要经常进行宣传。发动全馆群众积极参加。而专职人员则要注意对他们进行技术指导。

五、必须坚持定期与经常、重点与一般相结合的检查

对博物馆建筑和设备进行保护、管理，必须首先掌握建筑和设备的全部情况，对可能发生或者已经发生的损坏情况，进行分析、研究，以提出对各种损坏的防止或处理的措施。但是，这一系列的工作，只有在普遍深入的检查基础上，才有可能进行得好。因此，对博物馆建筑和设备的保护和管理，必须首先重视检查工作。进行定期与经常、重点与一般相结合的检查，是做好保护、管理工作的关键。例如，规定在霉季、雨季和重大节日之前，进行全面、深入、细致的检查；在平时，也应该作经常性的检查。在检查中，应该特别注意建筑的局部变化、裂缝和沉陷等情况，地板的负重以及避电、绝缘、消防等，也是检查的重要对象。消防检查除了平时要注意外，应该每月作一次定期检查。检查必须做到发现情况，及时处理。

六、必须建立一定的切实可行的制度

为了按照一定的要求，对博物馆建筑和设备进行持久、有效的保护和管理，制订一定的制度，是非常必要的。这些制度的内容，应该着重在前面所提到的防火、防潮、防蛀、防尘等方面进行考虑，订出既严密又切实可行的保护、管理制度，并认真贯彻执行。